U0067377

晚清
教育政策
演變史
（1862～1911）

黃士嘉 | 著

黃士嘉

學歷：國立高雄師範大學教育學博士

　　　台北市立師範學院教育學碩士

經歷：國小教師

　　　國立空中大學組員

　　　台北市立社會教育館輔導員、組長、研究員

　　　台灣省政府教育廳科員、股長、秘書

　　　國立空中大學兼任講師

　　　國立勤益技術學院、雲林科技大學、中台科技大學、

　　　朝陽科技大學兼任助理教授

現職：教育部中部辦公室督學

　　　中台科技大學、亞洲大學兼任助理教授

考試：78 年教育行政人員高等考試及格

　　　93 年薦任公務人員晉升簡任官等訓練及格

榮譽：教育部 87 學年度「推動青少年輔導工作」有功人員

著作：專書：《師範教育史論集》、《教育輔導論集》（與

　　　李麗真合著）

　　　期刊文章：教育史哲類 12 篇、教育行政類 20 篇

伍·序

　　黃君士嘉，勤奮好學、力求上進；在完成碩士學位後，又考入高雄師範大學博士班繼續深造，而於九十三年度撰成博士論文〈晚清教育政策之研究（1862-1911）〉，獲得博士學位。黃君在台北市立師範學院國教研究所肄業期間，嘗問學於我，其碩士論文〈清末師範教育制度研究（1897-1911）〉，由我指導完成，故我對於黃君的求學生涯一向頗為關注。其博士論文我亦曾仔細閱讀，深覺其架構完整、資料豐富、立論嚴謹、研究方法適當，尤以所獲結論，可供當前教育決策之參考。初試啼聲，便有如此成績，殊為不易。

　　黃君現服務於教育部中部辦公室，爾後以其所學應用於教育行政工作，當亦多所助益與貢獻。茲值其論文梓行問世前夕，爰綴數語於前，以為序。

九十五年仲春

張・序

　　近四十年來，教育學門的研究受到科技新工具的發明和統計量化的便捷，多數學者或研究生都愛選擇教育的實際問題，做問卷調查、行動觀察的實徵研究，而對於教育史哲的理論探討，則鮮有興趣。這種現象，一方面固然與學術文化的功利趨向有關；另一方面，史哲的研究需要閱讀大量的第一手歷史資料或哲學經典，又得浸潤在其中、慎思明辨，才能得出清晰的史實和明白的思想脈絡。所以，在教育學門中，選擇教育史哲作為研究的專題，對研究者而言，實在是件心智挑戰的工作。

　　黃士嘉博士研究清末師範教育的萌芽、師範學堂的學生訓導管理等問題，頗有心得，並於民國八十三年以〈清末師範教育制度研究（1897-1911）〉一文獲得台北市立師範學院教育學碩士。黃博士經過長達十年的沉潛，廣蒐遍讀晚清一手史料，終於以〈晚清教育政策之研究（1862-1911）〉一文，獲高雄師範大學教育學博士學位。

　　學術界對晚清的研究，多從宮廷的紀實、政治的運動、外交的關係、學堂的設立等方面立論，至於對晚清教育政策的主張、制定與實踐的史實演變，只有從黃君的博士論文中，方得一窺全貌。黃博士運用兩百一十餘種的晚清一手史料，詳盡說明教育政策演變的背景，並且按時間的進程，分析說明洋務運動時期的教育政策是以學習西洋技藝為目的，維新運動時期的教育政策旨在提倡政治體制的根本改革，慈禧新政時期的教育政策重點在建立國家教育制度，直到立憲

運動時期的教育政策，才以培養現代國民為主旨。

　　晚清自鴉片戰爭失敗起，國祚日衰。正如嚴復在〈論世變之亟〉一文中所說：「觀今日之世變，蓋自秦以來，未有若斯之亟也。」歷史是一面鏡子，以過去的教育史實為鏡，可以知曉現在教育政策訂定的是非。黃博士在近兩年中，將他的博士論文重加修訂，並加上「回顧與前瞻」一章，更以新名《晚清教育政策演變史（1862-1911）》出版。我有幸得先閱讀該書全稿，又欽佩黃君的治學嚴謹和醒世有誠，是樂為之序。

張克甫

序於高雄師範大學教育系九十五年四月五日

周・序

八〇年代，台灣進入教改的年代，民間各項改革主張蜂起，政府為了因應此風潮，也順應民意開始推動各項新政策。然而曾幾何時，原本一片叫好的教改，十年後，竟然淪為過街老鼠。九十三年，批判教改的聲浪達到高峰，「誤國誤民」之聲迭起，為何短短十年間情勢竟有如此重大轉變，顯然是過去在決策與執行過程中出現重大疏漏，才會如此。各方論述原因甚多，但是個人認為主要因素之一，是倡議者及主事者欠缺歷史的視野，未能從過去經驗中汲取教訓，以致一再重蹈覆轍而不自知。事實上，這種場景依稀似曾相識，回顧歷史，我國引入西方學制，起於晚清，當時不僅是教育改革，更是教育革命，因為傳統的教育制度與理想完全被推翻，代之以西方制度。在無前例可循的情況下，因此前人盲目地模仿日本與歐洲，橫向地將西方學制移植到中國，以致付出了相當的代價。可惜這段教訓，很少國人及教育行政同仁能夠瞭解，以致今日決策時，又同樣犯了抄襲與躁進的錯誤。

黃教授士嘉博士，個人與兄論交已逾十年，他的碩士、博士論文均以「中國近代教育史」為題，先後鑽研晚清的師範教育與教育政策。他的投入，對於原本是冷門的教育史學門，不啻增加一位生力軍。更難能可貴的是，他是第一線的教育行政人員，任職教育部中部辦公室，平日忙於繁瑣的行政業務，竟還願意「冒險」選擇「歷史研究」，益發令人敬佩。此外，他平日公餘之暇也勤於寫作，已有數種教育史專

著出版。今日將其高雄師大之博士論文〈晚清教育政策之研究〉改寫後以《晚清教育政策演變史（1862-1911）》為名付梓，值得恭賀。該書的特點是將歷史、教育政策及教育行政理論三者結合在一起，使吾人不僅瞭解晚清教育政策的歷史演變過程，更透過教育行政學理的分析，而讓人能深入瞭解政策背後的決策模式與影響因素，進而能以古鑑今。這種兼具教育行政及歷史兩種視野的做法，正可以補充過去歷史學者研究教育政策有關學理基礎的不足，以及教育學者處理教育政策時歷史背景與脈絡知識的不足；同時也可以一矯先前所述，過去官民教育改革人士所欠缺者。本書的問世，將有助於彌補此缺憾，又有助未來兩個領域的教學與研究。特此為序，以誌其長。

周愚文

謹誌於台灣師大

九十五年三月

作・者・序

　　晚清五十年的教育演變，實為中國新教育之開端，對後來的教育制度亦發揮奠基的功能。筆者在碩士班就學期間，即對晚清教育史的研究產生極大的興趣，如今在此領域耕耘已逾十年；本書的出版，實際上是個人在這方面研究的階段性成果。

　　本書針對晚清五十年的教育政策進行研究，探討影響的背景因素、政策的主要取向、制定歷程及落實政策的具體策略，並檢討政策的執行成效。本書將晚清教育政策的演變分為四個時期，其主要取向分別為：洋務運動時期──「學習西洋技藝」；維新運動時期──「提倡根本改革」；慈禧新政時期──「建立教育體制」；立憲運動時期──「培養現代國民」。除了對教育政策的主體進行研究外，筆者首次嘗試運用「菁英模式」、「團體模式」及「垃圾桶模式」等三種決策理論，以解釋教育政策的決策歷程。

　　本書可提供修習「中國近代教育史」大學生及研究生之教科用書；其中有關教育政策發展的重要脈絡取向與珍貴史料，對中國近代新教育的發展可以有清楚而統整的概念，更可用以觀照現今台灣教育改革種種問題與解決策略。本書亦可作為「中國近代教育史」研究人員之重要參考著作，提供研究者一個不同的研究模式，讓教育理論與教育史料在研究過程中產生密切的互動關係。而中國新教育之發展歷程就如同現今台灣教育改革之過程，兩者之做法如出一轍，所以許多教育改革過程之困境與挫折，應可在本書找到有關的解

釋模式及解決之道，實可作為教育行政同仁及教改人士避免重蹈覆轍之參考著作。筆者以十餘年從事教育行政之資歷，輔以親身參與教育政策制定、執行與檢討之經驗，行文用筆應當具有相當程度的說服力，希望讀者有置身其中之臨場感，進而產生共鳴。

筆者十餘年的研究心得，認為從事晚清教育史的研究，除了史料的證據之外，更需要感情的融入，因此需要「同理的瞭解」，更需要「同情的理解」。因此，在面對極為繁雜的史料，筆者學會發揮創造力與想像力，將已經辭世的歷史人物和他們的奮鬥過程所遺留下來的史料，集合在一起，形成一種有機的連結，嘗試讓這些歷史人物與自己直接對話。雖然他們都已是作古之人，但是透過他們的文章奏摺，筆者似乎可以清楚地聽到他們正述說著晚清的故事。透過他們的文字，似乎已經走進他們的世界，與他們分享著那一個時代的苦與樂、悲與喜。他們的論述，無論是慷慨激昂，或是平鋪直敘，總是能夠引起我的共鳴和閱讀的興趣。受到他們「捨我其誰」豪情壯志之感染，筆者對人生有了異於從前的不同詮釋，而「尚友古人」的收穫，更讓筆者有機會重新思索工作的意義與生涯的選擇。

本書的出版，筆者要感謝許多貴人的相助。

感謝周教授愚文、林教授天佑、張主任德聰的積極推薦，是本書進入編輯程序最主要的推動力量。

感謝伍教授振鷟、張教授光甫、周教授愚文為本書賜序。伍教授係筆者的碩士論文指導教授，是引領筆者進入該研究領域最重要的啟蒙恩師，多年來極為關心筆者的生涯發展。張教授係筆者的博士論文指導教授，是一位令人感動的

儒者與為人師表的典範，讓我有表達自我意見的機會，讓我有一種倍受肯定的快樂，如果缺乏他的指導，筆者的人生大夢難以完成。周教授係筆者多年來經常請益的一位良師，是目前國內中國教育史研究領域的大師，更是吾輩年輕學者應當學習的典範。

感謝心理出版社洪董事長有義、林總編輯敬堯，願意提供一位年輕學者展現研究成果的機會，林怡倩小姐等出版社先進細心與耐心的進行編輯與校對工作。本書的順利出版，應由他們獲得最多的掌聲。

感謝我的愛妻——李麗真老師，她是筆者從事研究最重要的精神支柱，更經常以敏銳的觀察力和與眾不同的智慧，一語道破我的寫作瓶頸。因為她的鼓勵和支持，筆者才能順利地完成這一件生涯中的大事，藉著本書的出版，希望與她共享這份成長的快樂和喜悅。

黃士嘉

謹序於台中
九十五年八月六日

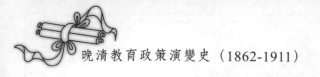

晚清教育政策演變史（1862-1911）

目 ● 錄

附錄次

第一章

緒　　論

晚清教育政策的發展，最早必須溯至道光十八年（1838）十一月，皇帝諭頒林則徐欽差大臣關防，命他前往廣東查禁鴉片煙。由於林則徐強硬的禁煙手段，英人對他是仇恨交加。然而，英國煙商不服林則徐強制繳煙的政策，遂向英國政府請求支援，英政府乃決心以武力迫使中國退讓，於道光二十年（1840）五月，挑起戰事。以當時中國之國防武力，絕非英國對手，幾經和戰不一、舉棋不定的措施後，因戰事節節敗退，終於在道光二十二年（1842）正式與英國簽訂《南京條約》，並開五口通商、賠償煙價等。

鴉片戰爭以後，中國的失敗激發有識之士訴求變法，有關變法策略的論述甚囂塵上。但是，也僅止於紙上作業而已，並未見具體的行動。經過近二十年的時間，才在英法聯軍攻陷京師之後，正式展開追求自強的洋務運動。

咸豐十年（1860），恭親王奕訢等人奉皇帝之命，留在北京與英法議和，簽訂《北京條約》後，奕訢等於十二月三日奏〈通籌善後章程摺〉指出：「各夷以英國為強悍，俄國為叵測，而法、美從而陰附之。」而「大沽未敗以前，其時可剿而亦可撫；大沽既敗而後，其時能撫而不能剿；至夷兵入城，戰守一無足恃，則剿亦害，撫亦害。就兩者輕重論之，不得不權宜辦理，以救目前之急。」在此摺中，奕訢等人酌擬章程六條，以統計全局，第一條即建議「京師請設立總理各國事務衙門以專責成也」。（《咸豐朝夷務始末》，卷71）

咸豐皇帝於十二月十日，批准設立「總理各國事務衙門」（以下簡稱總理衙門），以專責辦理涉外事務，並任命奕訢和大學士桂良、戶部左侍郎文祥等管理該衙門，其中以奕訢為首席總理大臣（夏東元，1992：28）。

總理衙門成立，代表洋務運動的開始，而負責推動洋務事業者，在中央以奕訢為主導人物，在地方則以曾國藩、李鴻章和左宗棠為主要的執行者，他們被統稱為「洋務派」。洋務派以「學習西洋技藝」為教育政策的主軸，其目的就是魏源所說的「師夷長技以制夷」。換言之，透過學習西方的各項科學技術，達到富國強兵的目的，以制伏前來侵犯的西方各國軍隊，更進而

使中國上臻世界強國之林。綜觀洋務派所舉辦的教育事業，最主要者有二：一是開辦西式學堂，一是派遣學生出國游學；這些事業都是為洋務派的政治、經濟、軍事和外交活動服務的，是洋務運動過程中極為重要的組成部分。

　　洋務派開辦西式學堂的目的，在於培養辦理洋務的人才、科技實業人才及軍事人才，因此，該時期所成立的學堂不外三類：外國語文學堂、實業學堂、軍事學堂。這些學堂的創辦，雖然都只是獨立存在，並未形成完整的教育體系，但卻已經導致中國傳統的舊式教育制度與結構逐漸面臨瓦解、崩潰，而中國的新式教育也在此時進入萌芽階段，這些學堂更成為中國教育由傳統邁向現代的重要里程碑。其中最早設立者為京師同文館。

　　同治元年（1862）七月二十五日，總理衙門感於辦理洋務人才缺乏的壓力，奏〈遵議設立同文館摺〉，請於京師設立同文館，以造就翻譯人才，期能應付日益繁瑣的外交工作。總理衙門認為：「欲悉各國情形，必先識其語言文字，方不受人欺蒙。各國均以重資聘請中國人講解文義，而中國迄無熟悉外國語言文字之人，恐無以悉其底蘊。廣東、江蘇既無咨送來京之人，不得不於外國中延訪。」於是，聘請由英國威妥瑪（Thomas Wade）所推薦的英教士包爾登（Rev. J. S. Burdon）為洋教習，以漢人徐樹琳教習漢文，並令徐樹琳暗中稽察包爾登之言行。這就是同文館的雛型。初設時，總理衙門已於上奏前，即同治元年（1862）六月十五日，先令挑定之學生十人到館試行教習，並要求洋教習只能教導學生學習語言、文字，不准傳教。除此之外，總理衙門並酌擬章程六條：一是請酌傳學生以資練習也；二是請分設教習以專訓課也；三是請設立提調以專責成也；四是請分期考試以稽勤惰也；五是請限年嚴試以定優劣也；六是請酌定俸餉以資調劑也（《同治朝夷務始末》，卷8）。

　　至於游學運動的興起，則以同治九年（1870）曾國藩接受容閎之建議，於同治十年（1871）奏請挑選幼童赴美國游學，成為中國以公費派遣游學生赴美國學習之首例。同治十二年（1873），沈葆楨奏請派遣福建船政學堂學

生赴法國學習，此舉即成為公費赴歐洲游學之開端。

　　洋務派在其權力範圍內，孜孜矻矻地辦理一些具有自強希望的教育事業，和諷刺洋務派專學西方「奇技淫巧」，強調恢復中國舊有文化即可救中國的守舊派，幾乎是壁壘分明、針鋒相對。最後，洋務派所期待「師夷長技以制夷」的計畫和理想，終究只是一個無法實現的美夢，他們的做法和努力，在中日甲午戰爭時，遭受極為嚴厲與無情的挑戰，日本人將這些以速成訓練為主軸的新式教育所懷抱的願望，打擊得歸於幻滅。因此，又出現要求檢討洋務派的措施，以求改進的聲浪。

　　此時，以康有為、梁啟超為首的維新派，取洋務派而代之，成為倡導改革的新力量。光緒二十一年（1895）三月二十一日，《馬關條約》簽訂後，在康有為的策劃下，由梁啟超發動廣東、湖南舉人上書都察院，請求清政府拒絕換約，其他各省舉人紛起響應。條約互換之前，康有為則邀集十八省舉人一千二百餘名，於四月八日，作大規模請願，這就是歷史上有名的「公車上書」（「公車」即指「舉人」）。

　　這份請願書是康有為所起草，陳述戰守之方及他日自強之道，一開頭即指出上書之目的在於：「為安危大計，乞下明詔，行大賞罰，遷都練兵，變通新法，以塞和款，而拒外夷，保疆土而延國命。」同時，康有為強烈反對割讓台灣給日本的條約內容，因為「棄台民即散天下」，既散天下，則大清國必定難保；而且，一旦日本要求割讓台灣之野心得逞，各國列強必群起效尤，如法國將問滇越，英國將問藏粵，俄國將問新疆，德、奧、義、葡、荷等國，亦將有所覬覦之地，屆時若各行省盡割讓予列強，僅存元首，中國又豈能生存？所以，康有為主張「言戰者固結民心，力籌大局，可以圖存，言和者解散民體，鼓舞夷心，更速其亡。」因此，他提出四點建議，請光緒皇帝採納：一、下詔鼓天下之氣；二、遷都定天下之本；三、練兵強天下之勢；四、變法成天下之治。有關四點建議的內容略述如下（康有為，1973：131-154）：

　　第一，康有為建議光緒皇帝下罪己、明罰、求才等三詔。因為罪己之詔，可以「激勵天下，同雪國恥，使忠臣義士，讀之而流涕情發，驕將懦卒，讀之而感愧忸怩，士氣聳動，慷慨效死。」明罰之詔，可以使主和辱國之樞臣、喪師失地之將帥、辱國通款之使臣、守禦無備之疆吏等，「或明正典刑以寒其膽，或輕予褫革以蔽其辜」，則朝廷肅然，海內吐氣，忭頌聖明，願報國恥。而求才之詔，可以使天下賢能之士獲得提拔，「凡高材不次拔擢，天下之士，既懷國恥，又感知遇，必咸致死力，以報皇上。」因此，「苟三詔既下，賞罰得當，士氣咸伸，天下必距躍鼓舞，奔走動容，以赴國家之需。」所謂下詔可以鼓舞天下之氣者，此也。

　　第二，康有為考察自鴉片戰爭以後五十年的中國情勢，認為「吾之款和輸割，皆為都畿邊海之故」。所以，建議「非遷都，智者無所聘其謀，勇者無所竭其力，必將坐困脅割盡而後已」。而他認為遷都的最佳地點則是西安，因為該地可以「扼守函潼，奠定豐鎬，建為行在，權宜營置」。而且，遷都後必須「妙選將才，總屯重兵，以二萬萬之費改充軍餉，示之以雖百戰百敗，沿海糜爛，必不為和」。如此一來，「日本既失脅制之術，即破舊京，不足輕重，必不來攻，都城可保，或俯就駕馭，不必割地議和亦成，即使不成，可以言戰。」所謂遷都可以定天下之本者，此也。

　　第三，康有為建請光緒皇帝應選將、購械、練兵，以強天下之勢。選將之道，「貴新不貴陳，用賤不用貴。……宜選振作有為之人，不宜用衰老資格之舊。」因為老將氣衰不能用，且外國戰備日新，老將多恃舊效，昧於改圖，故致無功。至於各縣草澤中，皆有魁梧任氣忠義謀略之士，責令州縣各薦一人，拔十得一，屆時才不勝用，必有干城之選，足應國家之急者。在購械方面，因為以當時局勢已不及自行製造，必須「選精於製造操守廉潔之士，專購英黎姆斯槍數十萬，以備前敵，並廣購毒煙空氣之砲，禦敵之衣」，才能以器械精良之利，有恃無恐。在練兵方面，康有為認為南島之地，島民有四百萬人之多，其人富賈巨萬之資，以數千計，且通達外情，咸思內歸中

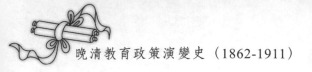

國，團成一軍，以雪國恥。因此應該「選派殷商，密令舉辦，派公忠智略通達商情之大臣領之，或防都畿，或攻前敵，並令聯通外國，助攻日本。」

第四，康有為主張立即變法，以救中國於危急存亡之際。他指出：「今之為治，當以開創之勢治天下，不當以守成之勢治天下；當以列國並立之勢治天下，不當以一統垂裳之勢治天下。蓋開創則更新百度，守成則率由舊章，列國並立，則爭雄角智，一統垂裳，則拱手無為，言率由則外變相迫，至不守不成，言無為則諸國交爭，必至四分五裂。」而且，以當時戶部的統計，中國的歲入僅七千萬銀，日本卻要求二萬萬銀之賠償，是使全國臣民上下，三年不食，乃能給之。「與其以二萬萬償日本，何如以二萬萬外修戰備，內變法度哉？」再者，康有為提出，變之之法，富國為先，其法有六：鈔法、鐵路、機器輪舟、開礦、鑄銀、郵政；如能完成這六項富國之法，則國不患貧。但國以民為本，不思養之，是自拔其本也，而養民之法有四：務農、勸工、惠商、恤窮。最後，還必須教民；因為萬民得教，才智之民必多，則國強。總之，變法之道有富國、養民、教民等三項，若執行無礙，則變法即可以成天下之治。

康有為等人所上之請願書，都察院雖未轉呈光緒皇帝御覽，但已流傳京滬地區，儼然成為變法之大要。且在上書之後，康有為與梁啟超又結合有識之士，藉由創辦《中外公報》、組織「強學會」、創設「時務學堂」等方式，積極從事維新改革思想之傳播。

光緒二十四年（1898）正月八日，康有為上〈統籌全局疏〉，指出：「萬國之勢，能變則全，不變則亡，全變則強，小變則亡。」而變法要義，須先舉三事（康有為，1966：1-8）：

第一，大集群臣以定國是：請光緒皇帝大集群臣於天壇太廟，「或御乾清門，詔定國是，躬申誓戒，除舊布新與民更始。」令群臣具名上表，「咸革舊習，黽勉維新。」

第二，立對策所以徵賢才：設上書所於午門，日輪派御史二人監收，許

天下士民皆得上書，「其有稱旨者，召見察問，量才擢用，則下情咸通，群才輻輳。」

第三，開制度局而定憲法：設制度局於朝廷內，選天下通才十數人，入直其中，「王公卿士，儀皆平等，皇上每日親臨商榷，何者宜增，何者宜改，何者當存，何者當刪，損益庶政，重定章程，然後敷布施行，乃不謬案。」在此疏中，康有為主張制度局之設，尤為變法之原。且宜立十二局分其事：法律局、度支局、學校局、農局、工局、商局、鐵路局、郵政局、礦務局、游會局、陸軍局、海軍局。

後來，康有為又為了旅順、大連的問題，提倡聯合英、日以抗俄，梁啟超再集合各省舉人上書，可說是第二次的「公車上書」。此外，康有為更組織「保國會」，期能完成六件事：「一、為保全國家之政權土地；二、為保人民種類之自主；三、為保聖教之不失；四、為講內治變法之宜；五、為講外交之故；六、為仰體朝士講求經濟之學以助有司之治。」當時入會者計康有為、梁啟超等 186 人。光緒二十四年（1898）三月二十七日，首次開會地點在粵東會館，由康有為演講，一開始即指出：「吾中國四萬萬人，無貴無賤，當今日在覆屋之下、漏舟之中、薪火之上，如籠中之鳥、釜底之魚、牢中之囚，為奴隸、為牛馬、為犬羊，聽人驅使，聽人割宰，此四千年中二十朝未有之奇變。」（楊家駱，1973：399-412）

梁啟超更指出，召開保國會之意在「令天下人咸發憤國恥，因公車諸士而摩屬之，俾還而激勵其鄉人，以效日本維新志士之所為，則一舉而十八行省之人心皆興起矣。」而在這場保國會的首次演講中，集朝官二品以下，以至言路詞館部曹，及公車數百人，樓上下座皆滿，康有為演說時，聲氣激昂，座中人有為之下淚者。其具體效用，則在解散之後，各地志士紛紛繼起，自是風氣益大開，士心亦加振勵，不可抑遏。（梁啟超，1979：73-81）

正因為保國會的影響層面廣泛，形成一股波瀾壯闊的保國風潮，遂引起守舊派的大加詆毀。首先是御史黃桂鋆，於光緒二十四年（1898）閏三月，

奏〈禁止莠言摺〉，指責保浙會、保滇會及保國會，各會之成員「無權無勢，無財無位，赤手空拳，從何保起？抵制外人則不足，盜竊內政則有餘」；又批評他們是「名則保其桑梓，實則毀其家邦」；因此，立會之風萬不可長（黃桂鋆，1973：464-466）。但光緒皇帝閱摺後，置而不問。其次為御史潘慶瀾，仍然繼續糾劾保國會，軍機大臣剛毅則主張查究保國會成員，但都遭拒，光緒皇帝更說：「會能保國，豈不大善，何可查究耶？」糾劾風波始告段落。

四月十日，恭親王奕訢病逝，維新派少一大阻力，四月十三日御史楊深秀、四月二十日侍讀學士徐致靖相繼上奏，請定國是，光緒皇帝在不畏守舊派反對聲浪的情況下，毅然於四月二十三日頒布《國是詔書》，宣誓推行維新事業，實施變法。值得一提的，光緒特別指出：「京師大學堂為各行省之倡，尤應首先舉辦，著軍機大臣、總理各國事務王大臣，會同妥速議奏，……以期人才輩出，共濟時艱，不得敷衍因循，徇私援引，致負朝廷諄諄告誡之至意。」（《光緒實錄》，卷 418：15）《國是詔書》既下，「百日維新」於是開始。光緒皇帝更於二十五日上諭內閣：「翰林院侍讀學士徐致靖，奏保通達時務人才一摺，工部主事康有為、刑部主事張元濟，均著於本月二十八日，預備召見。湖南鹽法長寶道黃遵憲、江蘇候補知府譚嗣同，著該督撫送部引見。廣東舉人梁啟超，著總理各國事務衙門，察看具奏。」（《光緒實錄》，卷 418：17）由《國是詔書》的內容及立即召見維新人士的做法來看，光緒皇帝對於改革的決心實毋庸置疑。

百日維新在康有為的策動下，論述變法的奏摺紛紛上呈，光緒皇帝之上諭亦相當積極，百日之內計頒布 168 道諭旨（註 1）。綜觀全部論述變法的奏摺，大致可歸納為教育學術、經濟建設、軍事改革與政治改革等四大類，其中以教育學術乙類，最獲維新派之重視。維新派在「提倡根本改革」的教育政策主導下，擬定包括興辦學堂、改革科舉、翻譯外書、選派游歷、倡辦報紙及獎勵創新等六大項具體措施，希望藉由教育的改革，帶動國家全面的

革新。

　　光緒積極推動新政的動作，引起以慈禧為首的守舊派之憂慮，於是密謀推翻新政。而維新派由於勢單力薄，難敵守舊派的強大壓力，終於敗下陣來。光緒二十四年（1898）八月六日，慈禧宣布訓政，結束了僅有 103 天的變法維新，更於八月八日幽禁光緒皇帝於南海瀛臺。至此，百日維新之政策，除京師大學堂獲得保留外，其餘一概推翻，一切恢復舊觀，所有教育改革之活動又幾乎歸零。

　　慈禧扼殺了百日維新，造成了一場幾乎使國家毀滅的滔天大禍。等到八國聯軍開到北京，她在倉皇出奔、如同喪家之犬的窘境下，才知今後命運繫乎外人喜怒，乃假光緒名義，宣布變法，並下詔罪己，動機實為對外獻媚（郭廷以，1980：362-363）。

　　光緒二十六年十二月十日（1901），慈禧假光緒名義下詔變法，並諭令內外大臣督撫條陳改革朝章、國政、吏治、民生、學校、科舉、兵政（《光緒實錄》，卷 476：8-10）。此詔所提變法的主旨，與張之洞的《勸學篇》如出一轍，因為此次的變法是由張之洞擔任主導者。光緒二十六年十二月二十六日（1901），慈禧下詔罪己，但仍不忘為自己脫罪，指責部分地方官、將領及部分王公大臣，乃「庚子拳亂」的禍源；同時要求將光緒二十六年（1900）五月二十四日以後，七月二十日以前之諭旨，一概彙呈後銷除（《光緒實錄》，卷 477：13-16）。

　　光緒二十七年（1901）五月起，張之洞與劉坤一聯名上變法三摺，實際是由張之洞所撰擬的。第一摺（光緒二十七年五月二十七日）重在興學育才，包括設文武學堂，改文科、停武科、獎游學。第二摺（光緒二十七年六月四日）論整頓中法，列舉治、富、強三原則及辦法十二端。第三摺（光緒二十七年六月五日）論採行西法，凡十三端，如派游歷等（張之洞，1966：卷 52-54）。

　　張之洞以變法三摺及其《勸學篇》為變法之張本，如火如荼地展開改革

的行動，這在歷史上稱為「慈禧新政」。張之洞以「建立教育體制」為教育政策的主要方向，做了四件大事：頒布學堂章程、廢除科舉制度、改革教育行政制度、頒布教育宗旨。

慈禧新政的推動，在張之洞的主導下，似乎頗為順利，教育政策的執行亦極具成效。然而，正當張之洞擬定的癸卯學制公布後一個月，光緒二十九年（1904）十二月，日本與俄國為了爭奪中國東三省的領土，引發一場對中國未來發展極具關鍵性的重要戰役——日俄戰爭。在這場戰爭中，日本始終居於上風，而俄國卻處於屢遭痛擊的窘境。最後，兩國在光緒三十一年（1905），接受美國總統羅斯福的調停，簽訂和約後，結束了這場中國領土的爭奪戰；俄國將在中國所享有的全部利益無條件讓渡給日本。

日俄戰爭期間，已有部分有識之士，觀察到日本勝算極大，於是開始呼籲中國向日本看齊，學習日本實行君主立憲。俟戰爭結束後，主張立憲者更是振振有辭，強調日本戰勝俄國的不是因為武力，而是由於立憲政體戰勝專制政體；因此，主張立憲的論述更匯聚成一股強大的壓力，不斷地向朝廷進言或施壓，要求將中國的專制政體改為立憲政體。

光緒三十一年（1905）六月十四日，朝廷簡派五大臣出洋，考察各國政治，揭開滿清政府籌備立憲的序幕。光緒三十二年（1906）夏，出使各國考察大臣陸續返國之後，提出實行憲政的建議，朝廷遂於七月十三日頒布諭旨，宣示預備立憲先行釐定官制，此即歷史上所謂的「預備立憲詔」（《光緒實錄》，卷 562：8-9）。自此以後，有關立憲的議論愈來愈多，無論大小臣工，無論士人輿情，皆自各個角度提出對於立憲的看法。

立憲的倡議者，無論出洋考察大臣、京內外官員政要或民間輿論，皆將立憲的關鍵指向「立憲國民的資格」，即如何培養現代國民。唯有人民具備足夠的知識水準，並在預備立憲期間瞭解憲法的精神與內容，並充分練習憲政經驗，才能建立一個健全無弊的立憲國家。而此一任務自然交付教育單位，於是教育單位被賦予造就立憲國民的重責大任，其成敗將攸關憲政的順

利推行與否。因此，「培養現代國民」即成為立憲運動時期的教育政策主軸。

　　學部在擔負起培養現代國民的責任之後，開始規劃具體的實踐措施，這些措施大概包括幾項：一、重視女子教育；二、規劃實施強迫教育；三、推行憲政教育；四、實施社會教育；五、整頓學務。

　　然而，學部雖然規劃九年的預備立憲方案，卻因革命黨推翻滿清政府，學部的計畫宣告無疾而終。晚清教育政策的發展，至此亦劃下一個不甚完美但可接受的句點。

附　註

註1：根據楊家駱所主編的《戊戌變法文獻彙編第二冊》之資料顯示，上諭計有316條，如自光緒二十四年四月二十四日的《國是詔書》起算，截至七月二十七日的上諭，由光緒皇帝主導之上諭計有168條，奏議計有109篇。剔除非百日維新期間所上之奏摺，及守舊派之糾劾上奏，則維新派所上奏摺計有 59篇。

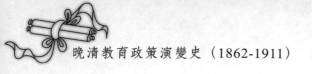

第二章

教育政策演變的背景

教育制度與其他制度同樣是整體社會文化的產物，如社會無重大或基本之變革，教育很難脫離社會的脈絡而獨立演變與發展。中國的教育制度歷經虞夏商周諸朝而逐漸形成，至春秋戰國時期因社會的動盪不安、政治體制的更迭頻繁，導致教育制度產生基本上的重大變革。自秦漢樹立，沿襲約二千餘年的教育制度至晚清，因逐漸與西方文明的接觸，對整個社會所產生的衝擊是相當強烈的，這種衝擊發生在政治、經濟、文化，甚至於軍事等層面。一時之間，企求變法、維新以圖存的言論，甚囂塵上，要求以教育改革作為變法之基礎的呼聲，更是不絕於耳，因此形成中國教育史上前所未有的大變革（黃士嘉，1996）。

具體而言，影響晚清教育改革方向的主要因素來自於三方面：一、傳統教育的困境；二、列強勢力的擴張；三、有識之士訴求變法。這三個因素即是影響晚清教育政策演變的主要因素。本章即就這三個因素予以探討。

第一節　傳統教育的困境

本節將分為四個部分予以說明：一、敘述清代傳統學校教育之概況；二、描述清代科舉制度實施的情形；三、探討傳統學校教育所面臨的困境，指出其不得不做大肆更張的理由；四、對科舉的內容及實施過程提出批評，指出其各種難以解決的流弊。

壹、清代傳統教育概況

清朝自建國以後，其教育制度係沿襲明代舊制而稍有損益，直至總理衙門奏設京師同文館，才開始出現現代化的西式學堂；所以，清代的傳統教育，即指同文館設立以前的教育制度。傳統教育包括學校制度與科舉制度，這兩者之間又有密切的關係。

清代傳統的學校制度分為三級，每一級都與科舉制度相對應。初級為府

州縣學，設於各府州縣，須童試及格者，始得入學。中級為國子監，設於京師，須府州縣生員升貢者，或鄉試及格者，或經特許者，始得入學。最高級為翰林院，亦設於京師，須會試與殿試及格的進士，始得入庶常館為庶吉士（陳啟天，1969：2）。以下分別敘述學校制度與科舉制度的概況。

一、學校制度

㈠府州縣學：清世祖勘定天下之後，曾諭令賑助貧生，優免在學生員，官給廩餼。順治七年，諭禮部曰：「今天下漸定，朕將興文教，崇經術，以開太平。爾部傳諭直省學臣，訓督士子，凡理學、道德、經濟、典故諸書，務研求淹貫。明體為真儒，達用為良吏。果有實學，朕必不次簡拔，重加任用。」（國史館，1990：3148-3149）表示朝廷對於府州縣學的重視。

各學教官，府設教授，州設學正，縣設教諭，各一人，皆設訓導以佐理學務。學生稱為生員，分為廩膳生、增廣生、附生等三類；初入學時，則稱為附學生員。儒童入學考試，最初使用四書文、孝經各一題，後又曾增加小學、書藝、經藝等；聖祖先後頒〈聖諭廣訓〉及〈訓飭士子文〉於直省儒學，雍正間，命考試時增加背錄〈聖諭廣訓〉之規定，遂成為定制。學生入學之後，必須接受月課、季考，除四書文外，尚須兼試策論。但是，嘉慶以後，逐漸減少月課的舉行，自此「教官多闒茸不稱職，有師生之名，無訓誨之實矣」（國史館，1990：3149-3150）。

㈡國子監：所謂國子監，即「國之貴游子弟學焉」之意。順治元年，置祭酒、司業及監丞、博士等官；設率性、修道、誠心、正義、崇志、廣業等六堂，為講學與肄業之所，各分內班與外班。肄業的學生，有貢、監生兩類；貢生又分為歲貢、恩貢、拔貢、優貢、副貢、例貢等六種，監生又分為恩監、廕監、優監、例監等四種。學生學習期限以六個月至二十四個月不等，期滿撥歷部院練習政體，三月考勤一次，一年期滿後送廷試（國史館，1990：3136-3139）。

國子監總管為祭酒，明代時僅用一人。但清代卻滿、漢各一員，由於滿漢祭酒時常意見衝突，無法做好國子監的管理工作。故雍正後，增設管理監事大臣，以尚書或內閣大學士充任。至於國子監辦理情形：六種貢生，除例貢外，其餘時稱「五貢」；科目之外，由此入仕者謂之正途。但因五貢出身的監生常不在監讀書，讀書者不過百餘人，編為內班；不能在監讀書者，編為外班，亦不過百餘人；其他監生則散處全國各地，多不為人重視（陳啟天，1969：6-7）。而所有監生又可以經過朝考而授官職，所以清代國子監不太受讀書人重視。

㈢翰林院：清代的翰林院與明代相同，不但是皇帝的文學侍從，而且是國家最高學術教育機構，可以教導皇帝與庶吉士，為全國高級政治人才的培訓所（陳啟天，1969：7）。設掌院學士，滿、漢各一人，負責國史編纂工作，備左右顧問；其部屬包括侍讀學士、侍講學士、侍讀、侍講、修撰、檢討等，負責纂修實錄、史、志，充提調、總纂、纂修、協修等官。至於庶吉士，則由新科進士入館讀書，無定額，分習清、漢書，吏部疏請簡用大臣二人領教習事，三年期滿考試，分派官職（國史館，1990：3290-3291）。由是以觀，翰林院的職掌乃在培訓國家的高級文官，凡欲入仕及日後仕途飛黃騰達者，能夠進入翰林院是最佳途徑。

以上所述三種學校，均為國立性質的教育機構，必須有規定資格者始得進入；其目的在為科舉實施預備教育，學生入學校學習的唯一目標就是在科舉考試中及第。至於無資格入學的或志不在舉業者，另有書院補充府州縣學及國子監之不足，講學風氣的自由程度則較國立學校為高，是儒生另一條讀書的途徑。

二、科舉制度

㈠童試：係指未入學的讀書人（稱為童生），為進入各省府州縣學的考試。過程相當嚴格，必須經過三個階段：第一次為縣試，由知縣考試本縣報名

應試的童生，非本籍者不得冒籍與考，非身家清白者，而有廩生認保者，亦不得參加考試。第二次為府試，由知府考試所屬各縣縣試及格者。第三次為院試，由各省學院按臨全省各府州考試及格者。院試及格者，始具入學資格（陳啟天，1969：12）。童試的錄取名額，清初視文人多寡，分大、中、小學；大學四十名、中學三十名、小學二十名，以後歷位皇帝都有刪減名額之舉。

　　㈡鄉試：每三年舉行一次，對各直省的府州縣學諸生進行考試，中式者稱為舉人，第一名稱解元。以子、午、卯、酉年的八月九日為鄉試首場，第二場八月十二日，第三場八月十五日。首場《四書》三題，《五經》各四題，士子各占一經。二場論一道，判五道，詔、誥、表內科一道，三場經史時務策五道。鄉試前，由提學使先行考試精通三試者錄送，以杜絕濫送。在監肄業貢、監生，由國子監考送。倡、優、隸之家，與居父母喪者，不得與試（國史館，1990：3171-3172）。

　　㈢會試與殿試：鄉試後的第二年，試舉人於京師，稱為會試，中式者為進士，第一名稱會元；考試科目與鄉試相同。天子親策於廷，稱為殿試，名第分為第一、二、三甲；一甲三人，稱為狀元、榜眼、探花，賜進士及第；二甲若干人，賜進士出身；三甲若干人，賜同進士出身。殿試臨軒發策，以朝臣進士出身者為讀卷官，擬名第進呈，或如所擬，或有更定。一甲狀元授翰林院修撰，榜眼、探花授翰林院編修；二、三甲進士授庶吉士、主事、中書、知州、知縣等官（國史館，1990：3171-3172）。

　　以上所述為科舉考試之大概，其中鄉試與會試首場均試八股文，第二場士子所寫亦多為雷同抄襲，所以有「名為三場並試，實則首場為重」的弊病。

貳、傳統教育的弊病

一、學校弊病

　　清代傳統教育出現哪些問題？龔自珍在〈乙丙之際箸議第六〉一文中，

有深刻的描述，他說：「一代之治，即一代之學也；一代之學，皆一代王者開之也。」因此，他相當稱道古代政教合一的做法，若在盛世，則可以使政令實行於全國，若處衰世，至少亦可以「抱殘守缺，纂一家言，猶足以保一邦、善一國」。但是，後世則不然；由於政教分家，使得全國「道德不一，風教不同，王治不下究，民隱不上達，國有養士之貲，士無報國之日」（龔自珍，1975：4-5）。此外，後世的小學已經廢除，專有大學；「童子入塾，所受即治天下之道，不則窮理盡性幽遠之言。六書九數，白首未之聞。」（龔自珍，1975：195）

嚴復也批評傳統教育的問題說：「學術末流之大患，在於徇高論而遠事情，尚氣矜而忘實禍，推而論之，中國宜屏棄弗圖者，尚不在八股。」同時，他指出士子的研究對象和教育內容有兩大類，對於國家強盛均無助益。第一類標舉考據之說、治古文詞、古今體或忘情於各種書法的字體之中，「然皆無用之學，凡此皆富強而後物阜民康以為怡情遣興之用，而非今日救弱救貧之切用也。」第二類則主張學者學所以修己治人之方，以佐國家化民成俗而已；然而，「所託愈高，去實滋遠，徒多偽道，何裨民生也哉？」（嚴復，1966：112-114）所以，他覺得不但八股文該廢，就連目前的兩大類學術傾向，亦應亟謀改革之道。

龔自珍和嚴復已點出傳統教育大概的問題所在，茲再整理傳統教育之弊病如下，以便說明。

第一，傳統教育過於重視文藝教育，忽略科學和實用。這種傾向引導士子終日消耗精神於準備科舉的書本，易使人誤解一切的學問盡在其中，除此之外，生活上瑣碎細事，任何實用性的學問，都不足以為學，亦無研究之價值。

第二，傳統教育過於重視古代經典的學習和研究。《四書》、《五經》是學校的基本教材，而且科舉考試也要求士子必須通經致用，所以士子必須耗費精神於這些經典之上，無暇他顧；事實上，真正能通經致用者是寥寥無幾的。

第三，傳統教育以儒學為宗，強調治心修身，忽略富國強兵之道的講求。自從漢武帝罷黜百家、獨尊儒術以後，儒家成為傳統教育中正統的教育指導思想；但儒家所強調的是如何修養自己的心靈，對於外夷主張王道，反對以暴制暴；所以，接受儒家深刻薰陶的士子，通常無法擬出對策以抵抗來自西洋的敵國外患。

第四，傳統教育的目的即在科舉中式，一切的教學內容和過程，均以科舉為依歸。學校必須以科舉的改變而調整方向，必須以科舉的科目為教學的科目，缺乏自由研究的彈性空間；更因士子必須精研八股文，於真正的學術無甚裨益。所以，學校是科舉的附庸，沒有自己的教育理想。

第五，傳統教育過於重視教條，目的在培養全國統一的士子人格。清代歷位皇帝都極為重視對士子的訓飭，所以制定許多教條，強調君臣應有的倫理觀念。順治九年（1652），訂定教條八條，刊立臥碑置於明倫堂之左，藉以曉示諸生。康熙三十九年（1700），頒布〈聖諭〉十六條，要求儒學教官定期傳集學生進行宣講；四十一年（1702），又御製〈訓飭士子文〉，頒行直省各學。雍正二年（1724），將每一條〈聖諭〉都做了極為詳盡的解釋和探討；三年（1725），御製「朋黨論」，頒發各省學政刊刻刷印，齎送各學，令司鐸之員，朔望宣誦。乾隆五年（1739），欽頒〈太學訓飭士子文〉（魚返善雄，1974；崑岡，1976，卷389：1-11）。

二、科舉弊病

清代科舉以八股取士，其目的在鞏固君權、招撫士子而已，並非為培養人才而設。所以，當國家遭遇西洋外夷的侵略時，士子也無能為力、束手無策。歷代討論科舉制度弊端者極多，茲整理分析如下：

㈠科舉制度禁錮人才

朱熹認為學校科舉之教，其害有不可勝言者。他指出：學校的貢舉制，

「名為治經，而實為經學之賊，號為作文，而實為文字之妖。」考官命題，又喜歡出奇招，讓舉子無從準備，而「於所當斷而反連之，於所當連而反斷之，為經學賊中之賊，文字妖中之妖。怪妄無稽，適足以敗壞學者之心志，是以人才日衰，風俗日薄。」所以，他認定「時文之弊已極，日趨於弱，日趨於巧小，將士人這些志氣，都消削得盡。」（張之洞，1966：131-133）

顧炎武指出，八股之害等於坑儒。他說：「昔人所待一年而習者，以一月畢之。成於勦襲，得於假倩。卒而問其所未讀之經，有茫然不知為何書者。故愚以為八股之害，等於焚書。而敗壞人才，有甚於咸陽之郊所坑者。」（顧炎武，2004）

梁啟超認為，科舉制度無法拔擢真正的人才，反而是奇才異能者可以獲得科名。他說：「非科舉之能得人才，而奇才異能之人之能得科舉，斯固然矣。然奇才異能者固能得之，闒冗汗下者亦能得之，則將何擇也？由今之道，無變今之法，雖進士之額裁至數十，舉人之額裁至數人，而猥濫如故也。」（梁啟超，1974：27-28）

由是以觀，科舉制度非但無法培育人才，甚至禁錮士子的智慧，使士子原有的潛能都消失殆盡，已經到了不得不改革的地步。

㈡科舉制度破壞士子心術

顧炎武指出士子參加科舉考試的心態，只求中式，不求學術精進。他說：「今則務於捷得，不過於四書一經之中，擬題一二百道，竊取他人之文記之。入場之日，抄謄一過，便可僥倖中式。而本經之全文，有不讀者矣。率天下而為欲速成之童子，學問由此而衰，心術由此而壞。」（顧炎武，2004）而且，為了中式，可以不擇手段，以高價請人將模擬試題寫好答案，於平時即熟背，一到考試時，再將已經背好的答案寫出來；一旦猜對題目，便可僥倖錄取。

黃宗羲也認為，大部分的士子參加考試時都是背著答案進考場的。他

說：「但取科舉中選之文，諷誦摹倣，移前掇後，雷同下筆已耳。」所以，以如此方法錄取的士子，豈能為國所用？（黃宗羲，2004）

龔自珍也有相同的看法，他指出：「今世科場之文，萬喙相因，詞可獵而取，貌可擬而肖，坊間刻本，如山如海。四書文祿士，五百年矣，士祿於四書文，數萬輩矣，既窮既極。」（龔自珍，1975：344）

嚴復則指出，士子於平時則人手一編共同的講義，藉以為中式之用，所以對其心術之破壞，亦已相當徹底。他說：

「八股法行，將以忠信廉恥之說，漸摩天下，使之胥出一途，而風俗亦將因之以厚乎？而孰知今日之科舉，其事效反於所期，有斷非前人所及料者。……用功之日，則人手一編，號曰揣摩風氣，即有一二聰穎子弟，明知時尚之日非，然去取所關，苟欲求售，勢必俯就而後可。夫所貴於為士，與國家養士之深心，豈不以矯然自守，各具特立不詭隨之風，而後他日登朝，乃有不苟得不苟免之慨耶？乃今者，當其做秀才之日，務必使之習為勦竊詭隨之事，致令羞惡是非之心，旦暮梏亡，所存濯濯，又何怪委贄通籍之後，以巧宦為宗風，以趨時為秘訣，否塞晦盲，真若一丘之貉，苟利一身而已矣，遑惜民生國計也哉？」（嚴復，1966：106-108）

綜合上述的看法，科舉制度的考試方式和出題內容，大部分已為士子所熟悉，並且仰賴死背，再於考試時將參考答案直接移植到試卷上，即有中式的可能，養成士子投機取巧的心理，斲傷士風的情形相當嚴重。

㈢科舉制度使士子學非所用

梁啟超於光緒二十二年（1896）作〈論科舉〉一文，指出士子消磨精神體力於舉業之中，終究一事無成而已。他說：

> 「試事無窮已之日，即學子無休暇之時，日月逝於上，體貌衰於下，而向之所謂博通古今、經營四方者，終未嘗獲一從事也。若夫瑰瑋之士，志氣不衰，衝決羅網，自成其志者，千百之中豈無一二人哉？然其中材以下，汨沒此間而不能救者，何可勝道。況此一二人者，苟非為科舉所困，而移其衝決羅網之力量，以從事於他端，則其成就，又當何如也？」（梁啟超，1974：28）

就他的看法，如果讓士子不再耗費精神於八股，改而從事其他有用於營生之計，必定會有奇才異能者出於其中。

　　嚴復亦認為，科舉制度重視傳統經典文藝的結果，使得士子成為唯一可以念書的人，其餘農工商諸人等，皆無從認識文字。但是，士子一旦落第，或是雖中式卻無適當的職位，只會令他們學非所用、無所是事，養成游手好閒的惡習，成為中國社會最大的蠹蟲；不但無法對社會有所貢獻，就連養活自己都有困難。所以他說：「十年之間，正恩累舉，朝廷既無以相待，士子且無以自存。」（嚴復，1966：108-109）

㈣科舉制度造成士子冷漠看待西方文化

　　中國士子對西方文化的冷漠態度，可由兩方面來觀察。一是江南製造局在同治四年（1865）成立後，曾設有翻譯局專辦翻譯西方著作，但其出版物的銷售量卻非常小。根據統計，從一八六〇至一八九〇年代中葉，翻譯局僅賣了約一萬三千本，但日本在明治維新時代的情況則與中國大相逕庭。在日本，福澤諭吉所著的《西洋事情》，於一八六六年出版之後即賣出二十五萬本。二是在一八八〇年代的後期，梁啟超曾就讀廣州兩所著名書院，但他從未學到西方學術，書院裡的課程仍局限在傳統的儒學中。在光緒二十一年（1895）以前，介紹西洋新知的課程都被摒除在諸書院之外。然而，一八七〇年代的日本，西方學術已經占有顯著的地位，且到處可見西方書籍，可

見日本已經相當熱衷於西方學術的學習（張灝，1987：303-304）。

根據前述，科舉制度已經養成士子只讀書不治生活之事，而且只讀科舉所需之書，不研究生活實用材料的習慣。士子也變得毫無謀生的能力，一旦未能試場得意，亦唯有得一落難秀才之名，於中國社會的貢獻是微乎其微的。

第二節　列強勢力的擴張

晚清的中國境內，曾經發生過五次極為重要的戰爭，包括：中英鴉片戰爭、英法聯軍、中日甲午戰爭、八國聯軍及日俄戰爭，其結果都刺激清朝政府進行政治、軍事及各項內政的改革。（註1）

壹、中英鴉片戰爭：激勵變法訴求的出爐

晚清變法最主要的原動力，乃是與外來民族發生頻繁的接觸，受到西洋基督教文化重大的衝擊，而戰爭則是最直接的衝擊。如果沒有戰爭的失敗，也許中國自大的天朝心態就沒有消滅的一天；如果沒有戰爭的失敗，也許中國還沾沾自喜於數千年來的悠久文化。因此，在這裡有必要就近代中國初嚐的慘敗戰爭——鴉片戰爭，作進一步的探討。

鴉片來自外國，於唐代始相傳入中土。後於十六世紀末，因與煙草合製為鴉片煙，未久即流行於各省，甚有開館賣煙之情事。雍正七年（1729）以其淫蕩傷人，遂予禁止。然其所禁乃為鴉片煙，而非鴉片本身。在販賣鴉片的洋商中，葡人之外，英人亦在其列。但英人對華之貿易商品，起始鴉片非為大要，及至發現鴉片大有銷路，遂全力以赴，後來更取得印度鴉片的專賣權，且獎勵栽種，壟斷運銷，自此鴉片對中國之毒害日深。雖經嘉慶朝以「伐性戕生」之由禁煙，卻未能有效遏止。及至道光朝，林則徐以國防和財政上的理由主張禁煙，且論述其可怕後果最為道光帝心驚，因之嘉許其行，命林氏賡續執行禁煙政策（郭廷以，1980：49-55）。然而，鴉片輸入中國

的情形究竟有多嚴重？根據魏源（1967：3441-3444）的統計：嘉慶元年（1976），輸入中國的鴉片數量1070箱，預估價值約535,000銀圓；道光元年（1821），輸入鴉片的數量已增加為三倍，計 3591 箱，預估價值約1,795,500銀圓；道光二十年（1840）的情形則更為驚人，輸入數量爆增二十餘倍，達 28,444 箱，預估價值更高達 14,222,000 銀圓。總計自嘉慶元年至道光二十二年，46 年間，英商輸入中國的鴉片數量共336,077箱，預估價值更達 162,341,500 銀圓。（註2）

林氏因對鴉片深惡痛絕，遂採強制手段壓迫英商繳煙。英人對中土之覬覦由來已久，但仍不願以鴉片一事輕起戰端。然因在華英商不服林氏之強制繳煙政策，乃回英大肆渲染在華之英國官民已遭暴力挾持，失去自由，認國家已同遭污衊，此辱絕不可忍。英官義律（Charles Elliot）在道光十九年（1839）答應繳煙後，更兩度致英相巴麥尊（H. J. T. Palmerston）的報告中，一再建議英政府採取軍事手段，給予中國重大打擊（郭廷以，1980：62）。自此，英政府遂決心以武力迫使中國退讓，乃於道光二十年（1840）五月，挑起戰事。以其時中國之國防武力，絕非英國對手，幾經和戰不一、舉棋不定的措施後，因戰事節節敗退，終於在道光二十二年（1842）正式與英國簽下《南京條約》，並開五口通商、賠償煙價等。

鴉片戰期，國內有識之士已逐漸體認到內憂外患即將紛至沓來。如道光二十一年（1841），廣東按察使王廷蘭認為：中國將一蹶不振，從此不僅為外邦所輕，更恐無賴匪徒漸生心於內地。戰後簽訂條約的耆英，在他道光二十三年（1843）的密陳機宜一摺來看，已顯示對時局有一番新的見解。摺中指出：當時官民形同烏合，上下離心，怎能與同心一致、士氣激昂之英軍相抗衡？（郭廷以，1980：82-87）其對國人「一盤散沙」的弊病之看法頗為中肯。

鴉片一役的挫敗，使中國政府威信盡失，遂引發更多的戰爭與內亂。如道光三十年（1850）至同治三年（1864）的「太平天國之亂」，咸豐六年

（1856）的「英法聯軍」之役，在在刺激朝野人士的改革議論。

　　鴉片戰爭之後，中英雙方訂定《江寧條約》，重點如下（汪毅等，
1983a：206-210）：

　　一、永遠割讓香港予英國。中國准將香港一島給予英國君主暨嗣後世襲
主位者，長遠主掌，任其立法治理。

　　二、開放五口通商。中國允准英國人民帶回所屬家眷寄居沿海之廣州、
福州、廈門、寧波、上海等五處港口，貿易通商無礙，英國君主派設領事管
事等官住該五處城邑，專理商賈事宜，與各該地方官公文往來，令英人按照
所開之例清楚繳納貨稅鈔餉等費。

　　三、清廷賠款 21,000,000 圓，分四年攤還。

　　四、兩國公文往來均用平等格式。

貳、英法聯軍攻陷京師：促使朝廷展開洋務運動

　　滿清政府雖然在鴉片戰爭中失敗，被迫開放五口通商，但是對於國際情
勢依然懵懂未明，所以咸豐即位之初，即採用強硬政策，致使中外關係呈現
緊張的狀態。然而，外國人豈肯容許中國再度閉關自守，不僅已經獲得的權
利必須完整維護，甚至得寸進尺，亟謀擴張在中國的通商機會，並攫取更多
的特權。咸豐四年，英法美俄四國聯合要求修約改訂稅則，以便其貨物入
口，清廷不但未允許其請求，並且態度極為高傲；辦理夷務之人又素昧外
情，給予外人難堪，外人因此積憤已久。咸豐六年（1856），發生「亞羅號
船」事件，英法遂聯合稱兵進犯；七年（1857）秋，攻陷廣州，中外關係更
趨緊張（吳相湘，1976：14）。

　　咸豐八年（1858），英法美俄四國公使再度聯合致函清廷，要求儘速派
員於上海議訂新約，否則即將北上。朝旨答覆令其回廣東交涉，外使認為不
滿，遂乘軍艦直航渤海；而清軍海防毫無設備，大沽砲臺遂被外兵占據，消
息傳回京城，群臣情緒為之大憤，紛紛上疏主張迎戰。如侍郎潘祖蔭指出：

前兩廣總督葉名琛因不知良民可用，一味地畏懼英夷之船堅砲利，使得中國在鴉片戰爭失利，釀成二百年來未有之大恥；現今四國公使已抵達天津，如任其要挾，與之議和，從此將「逆燄愈張，國威愈損，此後隱憂將有不忍言者」；因此，他認為「方今之計，議撫不如議戰，用兵不如用民。……明降諭旨激以大義，未有不爭先用命者，結果必操勝算。」（吳相湘，1976：14）朝士尹耕雲亦力言主戰，「夷人猖獗太甚，萬不能和，請旨決計用兵以申天討而伸國威。」他又指出：「戰則百年無事，守則數十年無事，出於和則敵一再至，未有不覆其國者也。」（吳相湘，1976：15）

廷臣雖然紛紛主戰，但是咸豐皇帝受到肅順的影響，仍依違於和戰之間，未有定見。因為，肅順對於外情並未完全熟悉，幸得平時常與郭嵩燾、尹耕雲談論夷務；如今尹耕雲強力主戰，但郭嵩燾卻認為：「洋人以通商為義，當講求應付之方，不當與稱兵」，如果以「信」與「義」應付夷人，便能順利化解此一危機（吳相湘，1976：15）。肅順本人對於夷情難於把握其是非利害，而兩位好友對和戰的見解又紛歧至此，因此無法決定迎戰或議和，連帶地使得咸豐猶豫不決，遲遲未能做出決策。

朝廷處理夷務的態度搖擺不定已如前述，而在軍事設施上亦未曾有加強的現象，其實軍事的弱勢是相當令有識之士擔憂的。雖然在咸豐九年（1859）五月，與英軍交戰時，主將僧格林沁曾以重砲擊沉英國軍艦四艘，傷其眾多官兵，令咸豐皇帝士氣大振，主戰派再度激奮不已，可是主張議和的聲浪亦未嘗消失，所以大挫英軍的結果，只是令英軍加強戒心而已。再加上俄國因私利關係，從中挑撥英法對中國用兵，因此英法早已暗地裡集結重兵，摩拳擦掌、蓄勢待發。

咸豐十年（1860）六月初，英法軍艦已齊聚大沽口。六月十三日，英法聯軍兵船數十艘，突然進犯渤海灣，來勢洶洶，似有必戰決心。然而，此時咸豐戰意已經動搖，並認識到「決裂之後，兵禍連結，迄無了期，只圖快於一時，而遺永患於將來」，遂諭令主將僧格林沁及直隸總督恆福，「不可因

海口設防嚴密，仍存先戰後和之心，總須以撫局為要，不得畏難自阻。」（吳相湘，1976：25）但是，英法聯軍既已有備而來，尋戰之心已決，自然不肯輕言議和。一方面對於清廷派出的議和官員顯現出極為高傲、輕蔑的態度；一方面又乘機發動攻擊，致使天津、塘沽相繼失守，清軍已呈現節節敗退之跡。

八月三日，英國參贊巴夏禮持公使照會至通州，表示簽約之意，並擬進京親遞國書。可是，駐守通州之親貴大臣載垣等，以親遞國書「事關國體，萬難允許」，遂嚴詞拒絕，而巴夏禮又執意必須完成公使交代的使命，雙方各自堅持己見，僵持不下。而載垣等又拘泥於傳統思想，誤認夷人親遞國書於皇帝，為有礙國體之奇恥大辱，遂命僧格林沁擒獲巴夏禮，以為如此可令聯軍退兵，穩操勝算。豈料聯軍久候巴夏禮不歸，即向清軍進攻，雙方激戰結果，清軍死傷慘重，被迫退守在通州至京城的要道上——八里橋。僧格林沁見聯軍實力堅強，自知已無戰勝把握，遂擅自致書英法公使請和，表示一切約定條款均可允准，請聯軍停止前進；但是，聯軍依然於七日進犯八里橋，僧格林沁等雖力戰，卻不敵聯軍攻勢，清軍潰不成軍，只好退守京城（吳相湘，1976：34-35）。

八月七日，聯軍進犯八里橋的同時，清廷雖未獲致敗訊，咸豐卻已自知京城難守，出京之意已然萌生，遂諭命恭親王奕訢為議和全權大臣，速與英法公使磋商。八日卯時初（約清晨五時許），咸豐召見親貴大臣後，出京之意已堅，雖然群臣伏地力爭諫阻，仍無法動搖咸豐棄守京城之心。倉卒間出宮，御膳及舖蓋帳篷均不及準備，狀極狼狽。俟帝后出京消息曝光後，京師人心恐慌不已，官眷商民人等紛紛出城逃避，自彰儀門至保定一路，車馬行人擁擠不斷；而僧格林沁等守軍亦為之士氣大沮，在垂頭喪氣之餘毫無備戰之心，儼然已為敗戰之軍。恭親王等則留駐圓明園附近督辦一切事宜，但該王大臣等雖日日磋商應付之計，卻遲無定見，只能仰天長嘆而已（吳相湘，1976：35-37）。

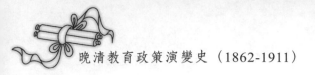

　　八月二十二日，京城守軍潰敗、四處逃竄，聯軍揚言焚燒圓明園。深夜亥時，聯軍鼓號齊鳴，開拔至圓明園，先砍伐樹林，隨即焚燒宮室殿宇及翰林花園；一時之間，流氓亂民乘機四起，西郊鋪戶民房遭洗劫一空。二十三日子時，聯軍又焚燒德勝門角樓，並向西直門開砲，恭親王等大臣各自奔逃；直至午時，王大臣等手執白旗投降，緊接著，則有《中英法北京條約》之訂定（吳相湘，1976：38）。

《北京條約》的重點如下（汪毅等，1983 b：348-354）：

　　一、外人在北京設使館，並增開口岸。中國將廣東之瓊州、潮州，福建之台灣、淡水；山東之登州；江南之江寧等六口，及與英國通商之五口，准令通市無異。其江寧俟官兵將匪徒勦滅後，始准法國人領執照前往通商。

　　二、自由旅行與經商。英法人欲至內地及船隻不准進之各埠遊行，皆准前往，然務必與該國欽差大臣或領事等官預領中法合寫蓋印執照。至於通商各口地方，法國人或長住或往來，聽其在附近處所散步、動作，毋庸領照，一如內地人民無異。

　　三、自由傳教。天主教原以「勸人行善」為本，凡奉教之人，皆全獲保佑身家，其會同禮拜誦經等事，概聽其便。凡按第八款備有蓋印執照安然入內地傳教之人，地方官務必厚待保護；凡中國人願信崇天主教，而循規蹈矩者，毫無查禁，皆免懲治；向來所有或寫或刻奉禁天主教各明文，無論何處，概行寬免。

　　四、外國享有領事裁判權。法國得在中國所開各口岸設立領事等官，俾憑辦理該國商民交涉事件，得與各地方官公文往來，並稽查遵守章程，中國地方官與該領事等官均應以禮相待，來往移文俱用平行。

參、中日甲午戰爭：引發制度的全面變革

　　中日為朝鮮內政改革問題所引發的「甲午戰爭」，中國戰敗，不但洋務

運動的執行成果被判失敗，更簽訂賠償金額極高的《馬關條約》。茲將日本發動甲午戰爭的經過概述如下。

光緒十年（1884），日本趁中國忙於對法戰爭之際，煽動朝鮮親日派，發動「甲申政變」，企圖奪取朝鮮政權，卻遭到駐朝鮮清軍的鎮壓。日本遂以此要脅中國，於光緒十一年（1885）派宮內大臣伊藤博文到中國，與李鴻章簽訂《中日天津會議專條》，條約規定：將來朝鮮若有變亂重大事件，中日兩國或一國要派兵，應先互相行文照會。此一規定，承認日本向朝鮮派兵的特權，為日本爾後挑起大規模的對清或對朝鮮的侵略戰爭，埋下禍根（郭孝義，1990：164）。日本自與中國簽訂《天津會議專條》後，即積極展開軍事部署，強化軍事力量，準備伺機侵略中國。

光緒二十年（1894）三月，朝鮮東學黨叛亂，震動漢城政界，朝鮮政府遂向清廷請求派兵，支援鎮壓東學黨之亂。日本認為這是奪取朝鮮、侵略中國的絕佳良機，於是極力勸誘清廷出兵朝鮮，並向中國保證絕無他意。清廷對日本的勸誘不察其內在陰謀，遂派直隸提督葉志超、太原總兵聶士成率兵1,500人，於五月三日自天津乘招商局之輪船出發赴朝鮮；五月六日抵達仁川，並駐紮在牙山，意在就近平亂而已，無控制朝鮮之圖。日本見清廷已中計派兵朝鮮，乃以「保護僑民」為名，亦陸續出兵一萬餘人，且占領自仁川到漢城一帶的戰略要地，大有向清軍挑釁的意味（左舜生，1977：35-38；李守孔，1979：93-94；郭廷以，1980：269；郭孝義，1990：165-166）。

中日兩國陸續派兵朝鮮之後，東學黨人見狀四處逃竄，於是亂事得以暫時平息。清廷鑒於亂事已定，為免滋生事端，遂向日本表示應履行《天津會議專條》之撤兵規定，日本卻以「監督朝鮮改革內政」為由，拒不退兵。而且，日本政府更訓令駐紮在朝鮮的軍隊，可以不惜一切手段，務必求與清軍一戰。後來，日軍挾持朝鮮王，扶植成立一個傀儡政府，並強迫朝鮮政府頒布詔書，表示邀請日軍驅逐駐紮朝鮮的清軍。至此，中日關係已經決裂。

日本在朝鮮拒不退兵之事，消息傳至中國，輿論認為中日已無法避免一

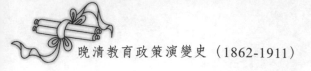

戰，於是要求清廷增兵朝鮮，以實力阻止日本繼續進犯朝鮮。然而，清廷領導核心卻出現和戰態度不一的內部衝突。主戰派以光緒皇帝的業師——戶部尚書翁同龢為代表，強調中國應該預備戰事，務必與日本決戰，光緒亦贊成宣戰。主和派則以慈禧為首，因為她擔心戰爭會影響即將為她舉辦的「六旬萬壽」慶典；而主辦外交的李鴻章，亦認為不應輕與日本開釁，甚至不備戰自救，卻奢望透過外交管道尋求列強出面支援（李守孔，1979：94；郭廷以，1980：268-270；郭孝義，1990：166）。

李鴻章在慈禧的授意下，即刻進行外交斡旋。先後曾向俄國公使喀西尼和英國公使歐格納提出請求，希望以外交手段說服日本自朝鮮撤兵。然而，兩國政府均以自身利益為考量，擔心出面調停將無益於在華利益的保持，於是皆採取默認日本行動的態度。後來，李鴻章又向德、法、美等國提出請求，亦均遭拒絕。在請求列強調停的舉動失敗後，李鴻章只得硬著頭皮準備應戰。於是，一面電令牙山駐軍備戰，一面調遣馬玉崑、衛汝貴等部隊約一萬四千餘人，速往朝鮮支援（左舜生，1977：42；郭廷以，1980：270-272；郭孝義，1990：166-167）。

光緒二十年（1894）六月二十三日，日本不宣而戰，在朝鮮豐島海面突襲中國船艦，展開為期約七個月的「中日甲午戰爭」。在戰爭期間，歷經數次海陸會戰，中國的北洋艦隊與陸軍屢戰屢敗。若分析其敗戰原因，則以費正清的評論最貼切，他說：

「中國的第一場近代戰爭，竟然只讓一位省級的巡撫一肩去扛，就好像那是他省內邊境自衛的事。清室確已被指責為無能的外族，但是清朝的問題不能只利用外族一詞就交代過去。問題顯然在於其帝制政體本身、帝制下行政的虛有其表、帝制政府結構上之不可能成為近代化的中央統治力。」（費正清，1994：245）

光緒二十一年（1895）正月十九日，清廷任命李鴻章等為中國全權大臣

前往日本，與日本全權大臣伊藤博文等人商議條約內容於日本馬關。自二月二十四日至三月二十一日止，經過五次會商，最後於三月二十五日，在清廷許可下，李鴻章同意簽字。此條約即影響台灣前途至鉅的《馬關條約》。

《馬關條約》的重點如下（汪毅等，1983 c：1101-1108）：

一、中國承認朝鮮確為完全無缺、獨立自主之國家，故凡有妨礙獨立自主體制者，如向中國朝貢之禮等，嗣後完全廢絕。

二、中國割讓奉天省南邊、台灣全島及所有附屬各島嶼、澎湖群島諸島嶼，將管理地方之權，併將該地方所有堡壘、軍器、工廠及一切屬公物件，永遠讓與日本。

三、中國將庫平銀貳萬萬兩交與日本，作為賠償軍費之用，分作八次交完。

四、中國應與日本速訂「通商行船條約」及「陸路通商條約」。包括增開口岸、自由通航、允許日本臣民自由貿易。

肆、八國聯軍再陷京師：維新制度的恢復

慈禧扼殺了百日維新，縱容拳匪仇殺外國人，結果帶給中國人一場難以想像的浩劫；最後以誅殺所謂的罪臣，實際上是代罪羔羊，並與十一國簽訂《辛丑和約》為落幕。茲將八國聯軍進攻中國的情形，扼要敘述如下。

光緒二十六年（1900）初，拳匪在京津一帶的勢力已經逐漸壯大，慈禧亦曾多次假借光緒名義，頒布剿匪諭旨。然而，拳匪勢力並非朝廷所能掌控，其迅速發展已令各國駐京公使備感威脅；於是，英、法、美、德四國公使奉各國政府密令，曾經兩次照會滿清政府，限兩個月內剿滅拳匪，否則不排除以武力干涉，自行採取保護使館的舉動。

滿清政府在列強諸國的壓力下，不得不採取剿匪的措施。直隸總督裕祿接獲清廷的指示，對拳匪採取鎮壓的行動，而拳匪除與裕祿所率的清軍激戰

外，仍不停止對教會勢力的打擊。結果是拳匪獲得暫時性的勝利，清廷則處於剿撫兩難的局面。軍機大臣兼刑部尚書趙舒翹，懾於拳匪的強大勢力，主張以撫代剿，並借拳匪力量報復列強諸國的侵略。而直隸總督裕祿卻認為應積極鎮壓，以杜絕列強武裝干涉中國內政的藉口，藉此保護京師的安全。於是，慈禧採取折衷辦法，採取和平解散拳匪的做法，以為如此即能達到解除拳匪的威脅，並對列強的進一步干涉予以阻止。因此，拳匪在慈禧的默認下，獲得一個擴大勢力範圍的良機，於是大舉進入北京城，在京城各地廣設壇口，城內居民亦紛紛參與對抗列強諸國的行列。根據統計，至五月底止，僅北京一地之壇口即達一千餘處，拳匪人數更激增至數十萬人（郭孝義，1990：219-220）。

正當拳眾積極擴展的同時，聯軍武力亦已逐漸進逼北京城。先是五月中旬，列強軍艦已齊集大沽口外，因為大沽口不適合大型軍艦進入，且大沽口已設置多座威力強大的砲台，聯軍在不得其門而入的情況下，乃佯稱保護僑民，擬將四、五艘小艇開入港口內；直隸總督裕祿不察，允其所請。當時守砲台者為湘軍宿將羅榮光，戰意頗旺，聞聯軍小艇已進入大沽口，除驚覺意外，乃極力阻擋；唯因聯軍武力已依計畫進入大沽口，遂與砲台守軍展開激戰。截至五月二十一日，大沽砲台完全失守為止，聯軍陸軍部隊死者 33 人，傷者 103 人，戰艦被擊中而傷者四艘，水兵死傷者 119 人。羅榮光在砲台全毀的情形下，備感責任重大，歸其住家手刃眷屬曰：「毋令辱外人手！」遂即攜一僕人隨之，不知所終；他日於砲台下尋得羅榮光與僕人屍體，始知羅榮光及其家眷已經全數赴難。因此，羅榮光亦成為聯軍進入中國後第一位殉職的將領。天津隨即宣告淪陷（《清史稿》〈列傳〉，卷 254；左舜生，1977：189）。

大沽砲台未全毀之前，慈禧已經依違於和戰之間，不知所措。五月二十日起，連續召開四次御前會議，討論和戰策略，於五月二十三日正式決定對外宣戰。五月二十五日，慈禧頒布詔書，向八國聯軍全面宣戰。自此以後，

聯軍遂得一積極動用武力進犯中國的藉口。聯軍攻陷天津後，隨即展開進入北京的計畫；唯因軍隊集結不易、缺乏聯軍統帥及盛暑行軍不易等三個原因，乃遲至七月二十日始正式攻陷北京城（左舜生，1977：191-192；郭孝義 1990：223-224）。慈禧見時局混亂，自知已無法在深宮操縱全局，即於七月二十一日與光緒逃亡西安。

七月二十二日起，聯軍特許各國部隊公開搶劫三日，其後各國部隊更繼以多次的私人劫掠。北京居民所受之物質損失甚大，但其詳細數目，實無法統計。雖然各國於事後均互相推諉責任歸屬，但其劫掠的行為卻已是昭然若揭，而瓦德西在其日記亦對各國部隊的搶劫暴行，有極為詳細的描述。他指出：在英國，官兵皆將掠奪而來的財物全數繳出，在大使館正式拍賣，所得依軍階高低分派，故無人視搶劫為暴行；在日本，掠奪之物例歸國家所有；在俄國，舉止粗野，掠奪之外，更將各物毫無計畫地予以粉碎；在法國，對此搶劫行為絕對不落人後（王光祈譯，1966：65-67）。

瓦德西對於聯軍在中國造成的浩劫，亦曾提出以下的總結心得與感想：

> 「中國此次所受毀損及搶劫之損失，其詳數將來永遠不能查出，但為數必極重大無疑。所最可惜者，即真正對於此次戰事有罪之人，反受損失極小。又因搶劫時所發生之強姦婦女、殘忍行為、隨意殺人、無故放火等事，為數極屬不少，亦為增加居民痛苦之原因。」（王光祈譯，1966：69）

由此觀之，八國聯軍在天津和北京造成的災禍，實在是筆墨難以形容，中國方面真正遭受的人員傷亡和財物損失，為數更難以統計，且恐怕永遠都是一個解不開的謎團。

八國聯軍在京津一帶造成的災難，慈禧似乎無法真正體會與感受，她所擔心的是聯軍是否藉此機會要求她下台。因此，慈禧在聯軍的壓力下，陸續懲處與拳亂有關連的中央和地方官員，期能稍解聯軍對她的注意力。經過將

近一年的磋商，慈禧在看過條約內容並無對自己不利的規定之後，才允准李鴻章和奕劻於光緒二十七年（1901）七月二十五日，與俄國、德國、法國、美國、日本、奧地利、義大利、英國、荷蘭、比利時、西班牙等十一國駐京公使簽定《辛丑和約》十二條。拳匪之亂與八國聯軍之禍，至此始暫告平息。

《辛丑和約》的重點如下（汪毅等，1983 c：1861-1869）：

一、懲辦祖護拳匪之中央樞臣及地方官員。

二、對於外國被殺者表示哀悼之意，並派專使前往各該國致意。

三、將諸國人民遇害被虐之城鎮，停止文武各等考試五年。

四、賠款。中國支付各國之賠償金額計海關銀 450 兆，按年息四釐正，由中國分三十九年攤還，還本期限自一九○二年一月一日起至一九四○年十二月三十一日止，利息可以展期攤還，但亦應加計年息四釐之複利。中國應就所有賠款的財源提出擔保。北河、黃浦兩水路均應改善，並由中國撥款相助。

五、中國允准禁止軍火暨專為製造軍火之各種器料運入中國境內，光緒二十七年（1901）七月十二日，諭旨禁止進口二年，嗣後如諸國以為有仍應續禁之處，亦可將二年之限續展。

六、中國應將大沽砲台及有礙京師至海道之各砲台一律削平。

七、中國應允准諸國自行酌定數處，留兵駐守，以保京師至海通道無斷絕之虞。

伍、日俄戰爭：引爆立憲運動

瓦德西在光緒二十七年（1901）初，曾向德皇提出一份報告，主要內容乃在討論列強瓜分中國的相關問題。他認為，以中國當時「武備之虛弱、財源之衰竭、政象之紛亂而論，實為一個千載難得之實行瓜分時機」。然而，他雖然相信以中國的實力，必然無法應付列強之侵略，但分析列強在中國的勢力範圍與野心之後，卻認為瓜分中國乃一絕對不能實現之計畫（王光祈

譯，1966：155）。

　　瓦德西分析中國積弱的原因。他指出，中國在四百年以前，許多地方常較歐洲各國為優，但因幾項原因導致目前積弱的國力：

　　一、外無敵患，遂養成一種不能戰爭之民族性格。

　　二、上流階級對外國情勢一無所知，一味地驕傲自大、盲目反對白人。

　　三、官員充滿腐敗氣息，毫無精神可言。

　　四、皇室不能振作，產生不了有為之人（王光祈譯，1966：157）。

　　列強瓜分中國的計畫非但無法實現，瓦德西更相信中國有再度強盛之理由，因為進一步分析中國目前的形勢之後，認為中國具有以下的優勢：

　　一、中國人具備出人意外的勤儉巧慧，以及守法易治的國民性格。

　　二、中國下層階級，在生理上實較歐洲諸國的工廠區域之下層階級更為健全。

　　三、中國人並未完全喪失勇於戰鬥的精神，由此次的拳民運動即可看出。

　　因此，瓦德西相信：「倘若中國方面將來產生一位聰明而有魄力之人物為其領袖，更能利用世界各國貢獻與彼之近代文化方法，則中國前途，尚有無窮希望。」而中國一旦強盛之後，將立即衝擊俄國在滿洲的利益，所以，俄國將汲汲於保護該國在中國東北一帶的長期利益，並且會起而採取主動積極的強烈舉動（王光祈譯，1966：158）。

　　中國免遭列強瓜分，除拜各國各懷鬼胎的野心所賜之外，更受到美國「保存中國領土完整和行政完整」的原則之助。於是，俄國要脅中國與之訂立密約，以取得東三省和蒙古新疆一帶的經濟政治特權，當然會受到美國的強力反對（左舜生，1977：262）。而俄國為《辛丑和約》後的退兵問題，乃與日本爆發中國領土爭奪戰。

　　俄國在東三省的駐軍，本該在《辛丑和約》後逐步撤退，不料俄國以中國應同意其在東北的築路開礦權為由，拒不退兵。李鴻章本為中國與俄國交涉之全權大臣，亦因俄國之毀約，積憤成疾，於光緒二十七年（1901）九月

二十七日午時，以七十八歲高齡去世。李鴻章去世後，清廷改派慶親王奕劻
及軍機大臣王文韶，擔任與俄國談判之代表。直至光緒二十八年（1902）三
月一日，《中俄東三省條約》終於簽字，重點包括：

　　一、俄國允將東三省交還中國。

　　二、中國應保護俄國之公私事業及職員工。

　　三、俄國同意自簽約日起，分三期退兵。

　　四、中國應賠償俄國鐵路重修及養路各項經費（李守孔，1979：
172-173）。

　　光緒二十九年（1903）三月，第二次撤兵期限已屆，俄國卻以種種理由
不履行條約，且於三月二十一日向中國外務部提出新要求，並要脅中國不得
告知其他列強諸國。然而，紙畢竟包不住火，消息依然曝光，不但引起京師
大學堂師範館與仕學館學生之集體抗議，甚至引起日本、美國與英國之強烈
干涉。六月二十日，俄皇指派遠東大總督，授以維持滿洲秩序及與外國交涉
之全部權力；俄國的行為已經將東三省一帶視同俄國殖民地，必然引起日本
之關切。經過將近六個月的長期交涉，至十二月時，日俄兩國仍未達成具體
協議。十二月二十二日，日海軍於仁川追捕俄國主力艦俄羅斯號；二十三
日，日軍又偷襲俄國停泊於旅順之戰艦；二十五日，兩國遂同時宣戰（李守
孔，1979：173-174）。

　　日俄戰爭期間，日軍隨時展現主動出擊的戰鬥力，多次打擊俄軍，俄軍
被迫不得已，乃於光緒三十一年（1905）八月七日，接受美國總統羅斯福之
調停，在華盛頓附近之樸資茅斯島與日本簽訂和約。和約規定，俄國除將本
土庫頁島南半部割讓予日本外，同意日本在朝鮮享受軍事及經濟上之卓越利
益，並將南滿鐵路及旅順、大連之租借權無條件轉讓給日本（李守孔，民
68：174-175）。

　　由此觀之，日俄戰爭的結果，日本成為最大的贏家；不但可以無條件獲
得俄國在中國與朝鮮之所有利益，且還接收俄國的部分領土。至於中國，當

日俄戰爭初期，中國輿論以為日本代中國主持正義，並且以日本之連戰皆捷，稱頌日本立憲成功，始能大敗俄國。然而，直至《日俄和約》簽定後，中國人始幡然悔悟，知日本對於中國一樣覬覦已久，對中國之害更甚於俄國。於是，滿清政府派出奕劻等人，自光緒三十一年（1905）十月二十一日起，至十一月二十六日，與日本連續會議二十二次，簽訂《中日東三省事宜正約》三款，附約十二款。透過此一條約，中國被迫承認日本接收俄國在中國的一切利益。

　　總結晚清中國境內的五次重要戰爭，除日俄戰爭中國未參與戰役外，其餘四場戰爭，都是中國與列強諸國之間的利益爭奪戰。中國為維護自身的利益而戰，列強諸國為搶奪自身在中國的利益而出兵。但是，中國都是歷次戰爭的最大輸家。為何清廷與外國交戰，屢屢失利？茲將原因分析如下：

　　一、清廷領導核心對於和戰的態度舉棋不定，戰爭期間又表現得極為懦弱無能，無法激發參戰將士之愛國意志，導致許多參戰官兵臨陣脫逃，影響軍隊士氣，最後並將敗戰之罪諉過於第三者或直接指責奮戰的官兵。

　　二、涉入戰爭的官員、將領，各憑己見、各扶其主、各自為政，無法統一對外的力量。

　　三、併發基層群眾的對外抗爭行動，減少與列強談判的籌碼。

　　四、簽訂不平等的賠款、割地、通商條款，影響國內社會和經濟發展至鉅，導致軍事設備擴充困難，戰鬥力逐步減低。

　　五、無法記取敗戰的教訓，軍事戰略與武器裝備不圖改進。

　　根據本節各段的敘述，發現中國在歷次戰爭失敗之後，通常就是以賠款、割地、開放通商口岸、允許外國人自由進出、貿易與傳教等條件為結局。由此觀之，列強勢力逐漸入侵中國的方式，主要依靠三種力量：軍事、商業和宗教；而且，軍事力量所扮演的角色正是商業力量和宗教力量的堅實後盾。因為，列強充分運用其強大的武力，以其船堅砲利的相對優勢，將商人和傳教士護送到中國的領土上，成為商人和傳教士最有力的護身符和擋箭

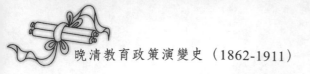

牌；一旦商業利益蒙受侵害和損失，或是傳教事業遭遇阻礙，軍事力量必然義無反顧地挺身而出，為商人和傳教士掃除所有眼前和可能產生的障礙。

軍事、商業和宗教等三種力量，同時向中國推進的局勢下，中國政府和人民根本無招架之力，隨時隨地處於相對的弱勢，只有挨打的份。為何中國會成為被侵略的對象？為何列強縱使遭遇強大的阻力，仍然不改其入侵中國的野心？原因在於：列強的這三種力量是有組織、有系統的，且是有計畫的進犯中國。

中國軍隊的裝備與列強相較之下，簡直是天壤之別；列強以最先進的科學技術發展軍備，中國卻仍執著於以騎馬射箭、舞刀弄棍為榮。

在商業的組織上，中國傳統將商賈貶於相當低落的社會地位，而以正統儒家自居的士大夫更是恥談利益，所以商業的發展極為緩慢；但列強卻以公司制度的模式，將商人做有機的整合，有組織地發展商業，更有計畫地向海外拓展商機，牟取更高的商業利益。

在宗教力量方面，傳教士在不平等條約的庇護下辦理學堂，並因保護條款而獲得發展，這些學堂與西方列強的侵華活動緊密相聯，企圖培養能夠取代封建士大夫的新型知識份子，以控制或影響中國社會未來的變化（何大進，2004）。

清政府的京內外官員及在野的知識份子，面對這幾場戰爭的失敗，重新思索中國在世界上的定位，分析列強強盛的條件，以及中國何以積弱不振的原因，由此引發一連串的改革訴求與行動。就在這片改革的聲浪中，教育制度被要求配合國家總體政策，培養能夠應時而變，並能有效學習列強致勝之道再予以推動的人才。

第三節　有識之士的訴求

鴉片戰爭中國失敗以後，以迄清朝國祚結束之前，有識之士根據對時局

的觀察，發現國家已經處於危急存亡之秋，若不亟圖自強，則亡國無日矣；由於擁有這種感受者愈來愈多，變法的訴求遂應運而生。在這段約七十年的時間裡，有人極力陳述變法的必然性，認為實施變法乃勢所必然，無可避免，亦不得逃避；有人根據不同外患的刺激，提出各種變法的內容，指出實施變法的可行途徑。

職此之故，本節擬就兩個部分予以探討：一、闡述變法的必然性；二、描述變法的主要策略。

壹、變法為時勢所趨

晚清變法訴求的風起雲湧，起於鴉片戰爭之後；但是，龔自珍在鴉片戰爭之前即有變法的理念。他在道光九年（1829）的〈上大學士書〉一文中表示：「自古及今，法無不改，勢無不積，事例無不變遷，風氣無不移易；所恃者，人才必不絕於世而已。」（龔自珍，1975：319）這段話有兩個意思：一、強調變法為必然要走的路，自古至今皆然；二、指出人才不絕於世，才是國家長治久安之計，為以後的變法策略，提示一條可以努力的明確道路。

既然變法為歷史的必然現象，於是龔自珍鼓勵朝廷與臣民奮發振作，勇敢地擔負起改革的時代任務。他強調，如果自己不變法，必有人代為變法，屆時朝廷已經滅亡。他指出，也許朝代十年一變、五十年一變，都是因為朝廷「拘一祖之法，憚千夫之議」，聽任臣民自甘墮落所造成的。既然「一祖之法無不敝，千夫之議無不靡」，與其給予來者改革的機會，不如自己從事改革；況且每一朝代的興起，豈不都是因為改革前代之弊端？而前代所以興起，又豈非改革前代之弊端？（龔自珍，1975：5-6）

鴉片戰爭以後，中國的局勢不幸幾乎被龔自珍言中。英人以船堅砲利的強勢作為，打開閉關自守已久的中國口岸，將其商業和宗教透過軍事力量強行輸送到中國，並聯合其他國家打擊中國，至此已有「他人代為變法」的危機。於是，有識之士乃開始認識當前的變局（註3），進而訴求變法，積極

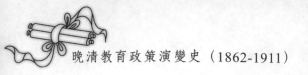

建議朝廷推行改革。

　　王韜指出，當前的局勢已經到了變革之時。他說：「泰西數十國悉聚於一中國之中，此古今之變局，運會之轉機。懷奇抱智之士，無不思翻然為自強計。集各國之人才，以供一國之用，正在今日。」（王韜，1983：23）然而，他看到的卻是：西人到中國二十餘年來，輸入各種科學技藝，無奈中國人或輕視之而聞風不動，或一味地擔心害怕，不知變通。他頗為痛心地說：

> 「西人來此，群效其智力才能，悉出其奇技良法以媚我中國，奈我中國二十餘年來，上下恬安，視若無事，動循古昔，不知變通。薄視之者以為不人類若，而畏之者甚至如虎，由是西人之事毫不加意，反至受其所損，不能獲其所益，習其所短，不能師其所長。」（王韜，1983：273-274）

　　由此以觀，絕大部分的中國人尚處於渾渾噩噩、懵懂未明之勢，對於西洋科學技術或視如奇技淫巧，以為不足學，或視為奇材異能，以為無力學。所以，王韜積極提出變法的主張，期待喚醒沉睡的中國人。

　　甲午戰爭之後，王韜所擔心的情形依然未能改善，甚至有愈演愈烈之勢，於是引發更多的變法訴求。光緒二十一年（1895），嚴復在〈論世變之亟〉一文大聲疾呼，強調當前的局勢確實已經到了不容吾人忽視的地步，他說：「觀今日之世變，蓋自秦以來，未有若斯之亟也。」因此，當前的急務就是亟圖自強之道，令中國轉禍為福，轉危為安：「謀國之方，莫善於轉禍而為福，而人臣之罪，莫大於苟利而自私。」（嚴復，1966：15）然而，當時士大夫的觀念卻愚蠢到令人痛心疾首，嚴復抨擊之：「士生今日，不覩西洋富強之效者，無目者也。謂不講富強而中國自可以安，謂不用西洋之術而富強自可致，謂用西洋之術無俟於通達時務之真人才，皆非狂易失心之人不為此。」（嚴復，1966：23）

　　光緒二十二年（1896），梁啟超在其〈論不變法之害〉一文中，指責那

些阻礙變法者是「泥祖宗之法，而戾祖宗之意」；因為縱觀清代歷史，歷位皇帝都有變法的案例，係以本朝之人變本朝之法，豈有反對者之「祖宗成法不能變」之理？因此，他認為即使康熙、雍正生於當時，必知變法之急行，絕不會猶豫。而且，他強調泰西諸國處於多國並立之勢，彼此狡猾相待，隨時隨地想著要併吞對方，甚至互相猜忌，稍有不知振作，即有亡國之虞；所以，「廣設學校，獎勵學會，懼人才不足，而國無與立也；振興工藝，保護商業，懼利源為人所奪，而國以窮蹙也；將必知學，兵必識字，日夜訓練，如臨大敵，船械新製，爭相駕尚，懼兵力稍弱，一敗而不可振也。」由此以觀，泰西各國均日日亟思突破自己的限制，創造出更多前所未有之器物和制度，以增強國家的競爭力；唯有如此，才能夠在競爭的局勢中生存下來。最後，他積極呼籲變法之必然性，希望國人亟圖改革。他說：

「法行十年或數十年或百年而必敝，敝而必更求變，天之道也。……法者天下之公器也，變者天下之公理也，大地既通，萬國蒸蒸，日趨於上，大勢相迫，非可閼制，變亦變，不變亦變，變而變者，變之權操諸己，可以保國、可以保種、可以保教，不變而變者，變之權讓諸人，束縛之，馳驟之。」（梁啟超，1974：5-6）

直至庚子拳亂、日俄戰爭以後，張謇等立憲派積極推動實行憲政，其時的中國，最大的憂患仍在實施自強有名乏實，不在外侮之侵擾。張謇特別憂心：「國不亡而日演亡國之事，不亡亦亡，國亡而自治精神不變，雖亡猶不亡，況今日中國尚未至於亡乎？」所以，他期望國人能夠認清局勢，力圖振作，於亡國前先圖拯救，點滴為之，以免後悔莫及。他說：

「國不亡而先救，與國亡而後救，其用力必少，其成功必多。救之之道，功不必期其速，事不可遺其小，唯事貴有恆，非一蹴可幾，得寸積尺，得尺積寸，各本固有之地位，以謀發展機會，必能有濟，若徒震人之大，自

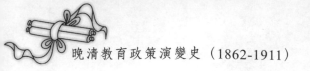

餒其小而不為，恐天下將無可為之事。」（宋希尚，1966：357）

貳、變法的主要策略

變法的共識也許已經存在，但是有識之士對於變法的途徑，採取的方法，也就是所謂「自強之道」的看法，仍然有相當大的歧異。大致可分為四類看法：

一、造機械

鴉片戰爭期間，林則徐與英人交戰的過程，見識到船堅砲利的威力，已經有仿照戰船、槍械、利砲的想法。

當時一位安慶府的監生方熊飛，即上〈請造戰船疏〉，力言戰船可以御夷。一開始，他就指出：「英夷犯順，荼毒生靈，所以猖獗日盛者，以我軍徒守於岸，無戰船與之水戰耳。」並分析海戰的情勢：「沿海有警，則戰場在水。我軍若有戰船，散布水面，夷船不過三、四十隻，其來必乘風濤之便，不能一時俱到，乘其大幫未至，纔到數船，即放砲轟之，隨來隨剿，既可省力。」所以，他建議將防守無益的經費，移作造船練兵之資，或許一時之間所費不貲，但日後卻可省下更多的軍費。如果擔心造船必待時日，恐怕緩不濟急，則一面修造戰船，一面雇大商船以為因應，雇大漁船以協助官軍，「但能善乘風潮，亦可出奇制勝」，待戰船造成，則可消除憂慮。他並信誓旦旦地表示，戰船一成，我方必穩操勝券，英夷必不敢再犯，其疏云：

> 「戰船一造，即操必勝之權。……逆夷聞修戰船，諒必心驚膽喪，不俯首求款，即望風而潰，不戰而自遁。戰船之修，宜及此時，亡羊補牢，三年蓄艾，未為遲也，迨夷匪蕩平，即以此船巡洋緝盜，武備張而不弛，遐方畏而胥懷，長治久安，在此一舉。」（方熊飛，1967：3039-3046）

二、培人才

　　清廷鑒於鴉片戰爭的失利，在於戰船武器不如英夷，於是開始加強軍備的充實與改良，遂形成一股以學習西洋技藝為政策主軸的洋務運動，一切的新措施都以強化國防為優先。但是，除了加強軍備之外，最重要的是人員的訓練，廣泛地說，就是要培養國家需要的人才，這與發展武力是相輔相成的。

　　王韜即指出，人才是國家強盛之所繫，新措施如果缺乏適當的人才，則一切將化為烏有。他說：「今竊見內外人才習為軟熟，其弊之漸，必至委靡不振。」而造成人才委靡的原因，全在於「不喜切直而悅謟諛，以至鯁亮者退，柔媚者進」。或許在現有的人才中，確實有一二有為之人，但確因為官甚久，習氣太重，而顯得「老成持重，其作事不肯擔持大利害，其居位亦無大榮辱，恬緩取容，寖成風尚」（王韜，1983：277）。

　　因此，他建議分八科取士，拔擢優秀人才，其詳細辦法如下：

「一、直言時事以覘其識；二、考證經史以覘其學；三、試詩賦以覘其才；四、詢刑名、錢穀以觀其長於吏治；五、詢山川形勢、軍法進退以觀其能兵；六、考歷算、格致以觀其通；七、問機器、制作以盡其能；八、試以泰西各國情勢利弊、語言文字以觀其用心。」（王韜，1983：277）

　　由此可見，王韜在現存的科舉考試制度下提出變通的辦法，希望藉此拔擢應時勢所需之人才。

三、講西學

　　甲午戰爭一役，將洋務運動的變法成果毀於一旦，促使知識份子再度思考變法的途徑。嚴復提出講求西學的辦法，因為「今之夷狄，非猶古之夷狄也」。今之稱西人者，非僅「善會稽、擅機巧」而已。他們所發明的汽機兵

械，只不過是其浩瀚學問中的一小部分而已，即使天算格致之學，「亦其能事之見端而非命脈之所在」（嚴復，1966：18-19）。真正值得學習的地方，是西洋人的觀念和文化，以及他們研究學問的態度，他比較中西在各方面的差異，如下：

> 「中國最重三綱，而西人首明平等；中國親親，而西人尚賢；中國以孝治天下，而西人以公治天下；中國尊主，而西人隆民；中國貴一道而風同，而西人喜黨居而州處；中國多忌諱，而西人眾譏訐。其於財用也，中國重節流，而西人重開源；中國追淳樸，而西人求驩虞。其接物也，中國美謙屈，而西人務發舒；中國尚節文，而西人樂簡易。其於為學也，中國誇多識，而西人尊新知。其於禍災也，中國委天數，而西人恃人力。」（嚴復，1966：20）

因此，他主張應該徹底講求西學，因為無論練兵、財政，舉凡國家一切大小政事，無一不需要西學的幫助。

四、辦學堂

光緒二十二年（1896），梁啟超著〈論變法不知本原之害〉，指出：「變法之本在育人才，人才之興在開學校，學校之立在變科舉，而一切要其大成在變官制。」（梁啟超，1974：11）所以，變法的根本途徑在於培育人才，而人才的培育要從開辦學校做起，而開辦學校又必須先從改變科舉制度著手；然而，所有措施的執行都必須仰賴改變官制，從政治體制層面徹底改革之後，才能夠暢行無阻。

綜合本節各段的敘述，晚清七十年間，中國的士大夫雖然已有普遍的變法知覺，但卻未能形成一股積極變法的共識和行動，導致言人人殊，一人一把號，各吹各的調。於是，變法的訴求仍然不斷地出現，對變法途徑的主張也各有不同，但皆在實際情形的需要下所提出的策略。而這些訴求變法的聲

音及其提出的策略，都影響國家整體政策的導向，也對於教育政策的演變有
具相當程度的指揮作用。

附 註

註1：有關五次戰爭的爆時間、結果及其引發的效應，請參閱筆者
　　　博士論文，頁22，表2-1。

註2：有關英商輸入中國鴉片之詳細情形，請參閱筆者博士論文，
　　　頁23-25，表2-2。

註3：根據王爾敏（1985：173-236）的研究，自鴉片戰爭以後，以
　　　迄清朝結束前，表示出對當前變局認識的論述，總共有八十
　　　九人以上；其中以王韜、薛福成及鄭觀應等三人所提次數最
　　　多，生平言及變局之處均不下十次之多；李鴻章、康有為及
　　　陳熾亦不下五次。所以，這股主張變革的浪潮，對於讀書人
　　　的影響，一定相當普遍。

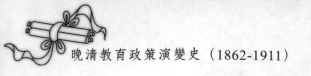

第三章

洋務運動時期的教育政策

——學習西洋技藝——

　　洋務運動的主要做法是學習西洋技藝，它的原始目的在魏源《海國圖志》的〈序言〉講得非常清楚——「師夷長技以制夷」。換言之，就是透過學習西方的各項科學技術，達到富國強兵的目的，以制伏前來侵犯的西方各國軍隊，更進而使中國上臻世界強國之林。

　　本章將分為四個部分探討洋務運動時期之教育政策：一、以龔自珍、魏源及林則徐為代表人物，說明他們對於英國人的看法和瞭解，探討他們「師夷長技」的洋務主張；二、以恭親王奕訢、曾國藩、李鴻章及左宗棠為洋務派的代表人物，說明他們推動洋務事業的開端與大概情形；三、探討洋務運動時期所舉辦的西式學堂及游學運動；四、探討恭親王與守舊派對於洋務教育的論戰。

第一節　「師夷長技」的洋務主張

　　林則徐是近代中國第一位奉皇帝諭旨查禁鴉片的重要官員，由於對鴉片的深惡痛絕，促使他深入瞭解鴉片煙的來龍去脈，並對英國進行極為深入的理解，所以，他也可說是近代中國的大臣對英國有系統認識的第一人。

　　魏源則依據林則徐所贈送的各項西方資料，完成近代中國第一部認識西方的鉅作——《海國圖志》，他也是近代中國海防思想的先驅人物。

　　至於龔自珍，與林魏二人過從甚密。他與魏源經常討論學術的問題，世人並稱「龔魏」；而他對於林則徐之查禁鴉片，雖無法在實際行動上給予支援，但卻曾給予相當大的精神鼓舞。再者，他對學術界的影響，可以梁啟超（1995b：64）的評述以蔽之：「晚清思想之解放，自珍確與有功焉。光緒間所謂新學家者，大率人人皆經過崇拜龔氏之一時期。初讀《定庵文集》，若受電然，稍進乃厭其淺薄，然今文學派之開拓，實自龔氏。」因此，龔自珍可說是近代思想界上最早的一位啟蒙人物（陸寶千，1999：152）。王炳照（1994：8）則稱譽他，「是中國人中間最先從麻木狀態中驚醒的一員」。

壹、變法的倡導者：龔自珍

　　龔自珍生於乾隆五十七年（1792），為清朝盛世之末期，亦為中國產生大變動前的時代。他的家庭為讀書世家，祖父龔敬身，為乾隆朝進士，官至禮部郎中；父龔闇齋，乾隆六十年（1795）中式本省鄉試舉人第五名，嘉慶元年（1796）成進士，會試第三十一名，殿試二甲第十八名，曾任禮部主事等官；母段淑齋，為小學訓詁名家段玉裁之女，飽讀詩書，曾著有《綠華吟謝詩草》。自珍在此家學淵源的氣氛下成長，日受長輩教誨及詩書之薰陶，奠定極為良好的傳統學術基礎。甚至其妹龔自璋，亦能詩工書，手書母親所著詩草一冊，字體極為娟秀（龔自珍，1975：589-593）。

　　龔自珍紮實的傳統學術素養，與其科舉功名似乎沒有正面的相關。嘉慶十五年（1810）秋，時年十九歲，應順天鄉試，由監生中式副榜第二十八名；二十三年（1818），年二十七歲時，應浙江鄉試，中式第四名舉人；以後各年，屢次參加科考均不如意。直到道光九年（1829），時年已三十八歲，會試中式第九十五名，殿試第十九名，賜同進士出身；四月二十八日朝考，欽定題〈安邊綏遠疏〉，自珍臚舉時事，灑灑千餘言，直陳無隱，閱卷諸公皆大為震驚，然而卻以楷法不佳，不列優等（龔自珍，1975：595-618）。

　　龔自珍在科名之路不甚順利，但卻時有倡導變法的論述，積極呼籲朝廷應即刻實行變法，以挽救國家的命運，而且他對於西洋國家也已經有一些粗淺的認識，這在當時的知識界，顯然是相當難得的事。本段擬就龔自珍對內與對外的主張，闡述他的變法思想。

一、倡導變法改革吏治

　　龔自珍的對內主張，是在強調變法的基礎上，注重吏治的改革；他也提出忠臣應該表現的行為，並嚴詞抨擊清朝吏治的敗壞，描繪官場的弊病，指出許多官場人才培育的問題。

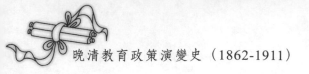

（一）闡述變法的理由

龔自珍在道光九年（1829）的〈上大學士書〉一文中表示：「自古及今，法無不改，勢無不積，事例無不變遷，風氣無不移易；所恃者，人才必不絕於世而已。」（龔自珍，1975：319）這段話有兩個意思：一、強調變法為必然要走的路，自古至今皆然；二、指出人才不絕於世，才是國家長治久安之計。

道光十八年（1838）正月，龔自珍年四十七歲，就其壽命而言已屬晚年階段，此時期他雖喜談佛學，但仍關心時政，並未放棄經世的理想，於是上書禮部堂官，闡述四司政體宜沿宜革之事，提出三千餘言的建議（龔自珍，1975：606-607、621）。由這兩次的主張和建言來看，經時濟世乃是龔自珍一生無法忘懷的志業。

龔自珍強調，如果自己不變法，必有人代為變法，屆時朝廷已經滅亡。他指出，也許朝代十年一變、五十年一變，都是因為朝廷「拘一祖之法，憚千夫之議」，聽任臣民自甘墮落所造成的。既然「一祖之法無不敝，千夫之議無不靡」，與其給予來者改革的機會，不如自己從事改革；況且每一朝代的興起，豈不都是因為改革前代之弊端？而前代所以興起，又豈非改革前代之弊端？（龔自珍，1975：5-6）職此之故，他鼓勵朝廷與臣民奮發振作，勇敢地擔負起改革的時代任務。

（二）期望忠臣再現

龔自珍認為君臣應以不重視富貴溫飽相勉勵，而是必須依靠禮義道德予以維繫。他說：「臣之於君也，急公愛上，出自天性，不忍論施報。人主之遇臣也，厚以禮，繩以道，亦豈以區區之祿為報？」如果獲得豐厚的物質報酬，就勤於工作，一旦失去這些優厚的待遇，就怠惰因循，不再戮力從公，那就是奴僕的作為，不是士大夫所應該有的現象（龔自珍，1975：28）。

　　何謂忠臣？龔自珍指出，唐、宋興盛時的官員和士大夫，均頗能以學問互相激勵，而恥言溫飽之事。然而，晚清士大夫及官員的行為表現，所關心的竟然是自家土地肥沃與否的問題、家具損壞不足的問題；以至於「車馬敝而責券至，朋然以為憂，居平以貧故，失卿大夫體，甚者流為市井之行」的現象。造成這些現象的原因，則在於官員的待遇微薄；不但缺乏糧食，更有可能因為繳不出房租而受到房東的追逐。因此，內外大小之臣，只有思考如何保全家室而已，不復有所作為；上負君主知遇之恩，豈是無心，其實是貧苦已極。職是之故，龔自珍期待提高官員的待遇，「使內而部院大臣、百執事；外而督、撫、司、道、守、令，皆不必自顧其身與家」；如果能令內外官吏皆忘其身家以相為謀，則君臣上下必能同心，何事不成？何廢不舉？（龔自珍，1975：29-30）綜合上述，龔自珍雖然期許所有內外官員均能自許為忠臣，以國家社稷之興衰為己任；但亦不至於高談闊論，僅要求官員戮力從公而無贍養之策；因此，他對於官員的要求是有其物質基礎的，希望透過合理而足夠的待遇，使得官員皆毋須操煩家計，而能專心為國為民服務。

㈢揭發官場弊端

1. 官吏毫無廉恥心

　　龔自珍認為：「士皆知有恥，則國家永無恥矣；士不知恥，為國之大恥。」然而，當時的內外官員類多不知廉恥，至於身為三公六卿等大官者，其於古代大臣風範不但未嘗目覩耳聞，甚至連作夢也無法做到大臣該有的行止，由此可見官員之氣節已經相當腐敗，斯文盡掃地；原因無他，全因為朝廷無心培養官員的氣節。因此，龔自珍強調朝廷應以教導官員知恥為施政之要，例如在唐、宋盛時，大臣講官，皇帝即賜坐、賜茶，使大臣能夠從容地在便殿之下講學，暢論古道，並藉此鼓勵鴻儒博學之士興起。如果大臣無廉恥之心，所有的士大夫都會模仿，以至於士人、平民百姓也都會群起效尤；如此一來，集合全天下之人，皆辱國、辱社稷、辱其身家，渾渾噩噩過日

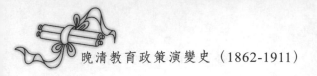

子，則國家還有存在的機會嗎？（龔自珍，1975：31-32）

　　至於培養官員廉恥心的做法，龔自珍希望朝廷藉由禮節予以培養，他說：「厲之以禮出乎上，報之以節出乎下；非禮無以勸節，非禮非節無以全恥。」（龔自珍，1975：32）

　2.官員受到極多的束縛

　　龔自珍強調法令規定對於治理國家的重要，無論君臣都應該遵守。然而，身為天子者，訓飭百官使之共治天下，應該充分授權，讓臣屬有發揮能力的空間和機會，因此僅須責以治天下之效，不必干涉其處理政事的具體措施（龔自珍，1975：34）。

　　龔自珍基於以上的概念，用以觀察當時的總督、巡撫及司、道等京外官員，認為他們既無大賢之才，甚至只會奉公守法畏罪而已，實無大作為可言；原因在於當時的官場生態，全天下事鉅細靡遺，皆受成例的束縛，所以雖然總督之尊，亦不能發揮自己從政的理想。也許皇帝的尊貴表現在決策果斷，不在端拱無為，但皇帝也只須總其大端即可，至於內外大臣之權，則亦不可以不重；如果大臣均無權，就會造成諸多弊端（龔自珍，1975：35）。若不亟圖改革之方，徒等產生弊病之後再思變革，則為時已晚，甚至對於政事的破壞，已經無可救藥了。

　　簡言之，皇帝僅須主導政策層面，掌握大原則，並以此原則作為考核臣屬之據，至於執行時的技術層面，則應完全任由臣屬自行決定。再者，對於獎懲的原則，他強調內外臣工若有大罪，則應處以重罰而無寬貸，若僅是小差錯則應赦免，莫以嚴苛的細微規定以束縛其身。如此行之，龔自珍認為吾人將可見到「堂廉之地，所圖者大，所議者遠，所望者深」的盛世榮景，後世子孫亦將稱贊此景為盛世之聖君賢臣之所為（龔自珍，1975：35-36）。那麼，欲立萬世不墜之功業，豈有不可得之理？

　3.官員任用的問題

　　在中央官員方面，龔自珍首先稱道古代用人制度之良善。古代任官必屬

專人專職，使一人終其畢生精力於一業，如此始能專心致力於該項事業，成為一位專家，將政事處理得完善而妥當。然而，後世官員幾乎是所學非所用，所用又非所學（龔自珍，1975：116）。基於從政前應充分學習的觀念，龔自珍提出一套士子學習的方案，如下：

「自古英君誼辟，欲求天下駿雄宏懿之士，未嘗不以言；人臣欲以其言裨於時，必先以其學考諸古。不研乎經，不知經術之為本源也；不討乎史，不知史事之為鑑也。不通乎當世之務，不知經、史施於今日之孰緩、孰亟、孰可行、孰不可行也。」（龔自珍，1975：114）

他期待透過這一套妥善的學習方案，促使士子在從政前均有所準備，俾於從政後措置裕如。

　　在地方官員方面，龔自珍希望朝廷能夠採取官師合一的制度，任用優良的地方官，以發揮移風易俗的功能。他說：「黨正即一黨之師，州長即一州之師，明矣。上而鄉遂之大夫，亦即鄉遂之師。……君與師之統不分，士與民之藪不分，學與治之術不分。」並以漢朝的實例，認為「西京風俗，最為近古，抑其時去三代雖不遠，而治術頗雜霸，文、景外非盡賢主，然而戶口蕃息，風氣淳龐，何也？蓋善任守令也。」因為一位優秀的地方官，除了在治理地方事務上有適當的措施，對於教化民眾亦應擔負起重責大任（龔自珍，1975：115）。由此可見，龔自珍對於地方官的權責分化過於細微認為極不妥當，並希望朝廷發揮統整的功能，課以地方官治術與教民之責，使每個地方都能培養出善良的風俗習慣。

4.官員升遷的問題

　　龔自珍認為官場的人才培育產生相當嚴重的問題。他指出，官場按資格升遷的制度，從三十歲入仕，成為宰相、一品大臣時，已經是視茫茫、髮蒼蒼、齒牙動搖、垂垂老矣、精神疲憊，對於國事亦無大裨益，僅是以其老成之典型，誇耀於新進人員而已（龔自珍，1975：33）。即使因故而去職，但

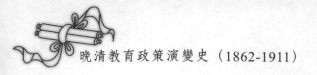

有能力的年輕一輩亦無法起而相代，此為辦事者所以日漸不足的根源。

　　資格未深之人，雖勤苦備至，亦無快速升遷之途徑；欲勇往直前者受到勸阻，戀棧無為者深知避免懲罰之道，使得中材之人常懷僥倖心理，智勇雙全之人卻常有遭受束縛之怨；更遑論有人可以協助皇帝建大功、立大業。因此，造成極為特殊的官場心態（龔自珍，1975：33-34）。無論資淺或資深，人人只喜歡做大官，不喜歡做大事，因為做大事或許為資格所限，未必能善其終；只要大錯不犯，即使小錯不斷，亦有機會成為顯宦，那又何必做大事？這種心態導致官員幾乎都奄奄一息，毫無生氣。因此，龔自珍認為這種以資格為用人依據的升遷制度，已成為官場弊端之根源，亟應謀求變革之道。

5.守舊者壓制人才

　　龔自珍曾做政治小品〈病梅館記〉，以影射社會對人才的扭曲和壓制。他充分運用其掌握文字的高超能力，感歎當時人才已如病梅般奄奄一息，並指出人才乏絕的情形：「左無才相，右無才史，閫無才將，庠序無才士，隴無才民，廛無才工，衢無才商，巷無才偷，市無才駔，藪澤無才盜，則非但鮮君子也，抑小人甚鮮。」而且，當時的世代已淪落為衰世（龔自珍，1975：6）。人才者，自知將受到戕害，遂起而要求變法以求治，然求治常有不得；至於離經叛道者，則日夜唯恐天下不亂，豈會關心人才的問題？龔自珍目睹當時局勢的亂象，對於人才的乏絕更是憂心忡忡，於是發出令人深省的警語：「履霜之屫，寒於堅冰，未雨之鳥，戚於飄搖，痺瘵之疾，殆於癰疽，將萎之華，慘於槁木。」（龔自珍，1975：7）由是以觀，龔自珍尋求變法和盼望人才出而推動變法事業的心是如此的急切，因為他不忍心見到國家的衰敗。

二、處理洋務的主張

　　龔自珍的對外主張，表現在他注意洋務的問題，包括對於西洋國家的認知，並提出對付英方的策略。

(一)對西洋國家的認知

龔自珍在〈西域置行省議〉一文中曾說：「天下有大物，渾員曰海，四邊見之曰四海，四海之國無算數，莫大於我大清。」（龔自珍，1975：105）在他的觀念裡，除了中國外，還存在著許許多多無可算數的國家，然而，他的思想是以中國為世界的中心國家，中國仍為世界最大之強國。他也曾舉出西洋諸國，如英吉利、意達里亞等四國，是屬於「貢無定額，無定期」的臣屬國（龔自珍，1975：118-119）。已經進一步地表示他對於西洋開始有粗淺的認識。至於對英夷的瞭解，他則早在道光三年（1823）的〈阮尚書年譜第一序〉即說：「粵東互市，有大西洋，近唯英夷，實乃巨詐，拒之則扣關，狎之則蠹國。」（龔自珍，1975：229）由是以觀，龔自珍對西洋的瞭解和認知，應當成型於鴉片戰爭之前的十餘年。這種對西洋的認識，在當時風氣還相當保守的環境裡，當士大夫還立志窮畢生精力於研究傳統學術的時代裡，龔自珍的見識已在一般人之上，實屬難能可貴。

龔自珍對於西洋技藝的認識，則在其〈西域置行省議〉一文中表現出粗淺的看法，他說：「文移官事，往來經戈壁，皆帶泉水，應頒製西洋奇器，物小受多利行者；又宜頒設高廣護風之具，田中可用者，令仿造。」（龔自珍，1975：107）由此也可看出，他已經有利用西洋奇器的想法，以改善中國部分的民生問題，這又能代表他高人一等的時事見解。但是，他對於某些西洋不急之物，如呢羽毛、鐘錶、玻璃、燕窩等，則表示應該禁絕，毋使輸入中國，避免衝擊蠶桑、木棉等中國農產品所帶來的商業利益（龔自珍，1975：169）。

(二)對付英方的策略

道光十八年（1838）十一月，皇帝諭派林則徐為欽差大臣，賦予前往廣東辦理查禁鴉片煙的重責大任，龔自珍即作〈送欽差大臣侯官林公序〉以

贈，極言戰守之策，對林則徐之鼓舞應當極大。在此序中，他認為鴉片煙是促使中國經濟衰敗之原因：「自明初開礦，四百餘載，未嘗增銀一釐。今銀盡明初銀也，地中實，地上虛，假使不漏于海，人事火患，歲歲約耗銀三四千兩，況漏于海如此乎？」而且，他將鴉片比喻成漢世五行家所說的「食妖」，會使人「病魂魄，逆晝夜」；因此，他建議對吸食者應該處以「絞刑（繯首誅）」，販賣、製造者，及軍人吸食者，均應處以「割頸之刑（刎脰誅）」。由此可見，他對於鴉片煙也是深惡痛絕，幾乎將所有查禁的希望寄予林則徐一人；所以他才會對林則徐表示：「公此行此心，為若輩所動，游移萬一，此千載之一時，事機一跌，不敢言之矣！」（龔自珍，1975：169-170）

既然對鴉片煙如此仇視，龔自珍則建議採取強硬的手段以對付英夷，他向林則徐建議三項：

第一，建議林則徐係一文臣孤軍前往，因此駐紮澳門時，應該充分體會皇帝頒關防使節制水師之深意，多攜重兵一同前往。

第二，嚴格要求限制英夷的活動範圍，「宜勒限使夷人徙澳門，不許留一夷，留夷館一所，為互市之樓止。」

第三，動用武力對付英夷，建議林則徐應講求火器，並立即審慎考慮，曾經使用於乾隆中葉攻打金川的火器營，是否方便使用於海上？調查廣州是否有巧工能製造火器？考查胡宗憲的《圖編》，是否有可約略彷用者？並力勸林則徐如帶廣州兵赴澳門，可以多帶巧匠，以便修整軍器（龔自珍，1975：170）。

由是以觀，龔自珍主張以武力對付英夷的態度是相當堅定的，似乎有制勝的把握。

後來，龔自珍在道光二十年（1840）十一月九日作〈與人箋八〉，時值鴉片戰爭已經爆發，他對付英方的態度則有極大的改變，也許是見識到英方的船堅砲利，轉而強調應將國事的治理擺在第一位。這時的他，抱持著「家

齊而後國治」的理念，認為治理國政就如同處理家務一般（龔自珍，1975：341）。

　　當時的中國，「民之驕悍，不畏君上」，就如同上述「金玉其外，敗絮其中」的家庭，簡直是前所未有的困境。他又以鴉片煙為例指出：「今之中國，以九重天子之尊，三令五申，公卿以下，舌敝唇焦，於今數年，欲使民不吸鴉片煙而民弗許，此奴僕踞家長，子孫篡祖父之世宙也。」可見鴉片煙的盛行，就連皇帝與大臣亦無能為力，無法約束自己的臣民戒煙，如何能令鴉片煙真正絕跡呢？有鑒於此，龔自珍認為，「即使英吉利不侵不叛，望風納款，中國尚且可恥而可憂」；中國已經自取衰敗，本身即有嚴重的內政問題，何須外人用兵或侵略；因此，他認為當前的要務就是將內政妥善地處理，實在不宜「圖英吉利」（龔自珍，1975：341）。

貳、禁煙欽差：林則徐

　　道光十八年（1838）十一月十五日，皇帝諭旨頒給林則徐欽差大臣關防，命其前往廣東查辦海口事件，所有該省水師兼歸節制（林則徐，1966：621）。此道諭旨使林則徐正式成為晚清查禁鴉片煙的重要人物，更因他強硬的禁煙手段，令英夷對他是仇恨交加；而他公開銷燬鴉片煙的大動作，則使他成為中國境內人人稱道的禁煙英雄。

　　林則徐奉旨初至廣東查禁鴉片時，由於經常與外人接觸，欲知己知彼，曉暢西洋事務，明白世界情勢，而飭人著手翻譯有關西洋的書籍和著作，後來編輯成《四洲志》，是中國境內以西洋人談西洋最早的書，並為新地志之嚆矢（梁啟超，1995a：453）；同時命人翻譯《澳門月報》及《華事夷言》，並蒐集輪船機器各圖說（孫子和，1985：171-172）。由此以觀，林則徐雖身為傳統儒家知識份子，但在面對不甚熟悉的英夷時，不僅不會對瞭解英夷情勢一味地排斥，甚至還悉心蒐集相關資料，顯見其見識在當時實屬難能可貴。因此，魏源對林則徐相當推崇，他說：「中國官府全不知外國之政事，

……驕傲自足，輕慢各種蠻夷，不加考究。唯林總督行事全相反，署中養有善譯之人，又指點洋商通事，引水二三十位，官府四處探聽，按日呈遞。」（駱雪倫，1985：184）

　　林則徐為世人所敬重者，為其查禁鴉片煙之毅力與決心，尤其是他對鴉片的瞭解與防治之道的周密，亦足堪當時與後世公職人員之表率。本段擬就兩個部分予以探討：一、探討林則徐在廣東查禁鴉片煙的歷程；二、分析他對付英夷煙商的強硬做法。

一、積極查禁鴉片煙

　　林則徐在湖廣總督任內，即對鴉片煙的危害深惡痛絕，並已主張嚴禁的政策；及奉派至廣東擔任欽差大臣，更完全表現出對鴉片煙的深入瞭解，而其強硬的嚴禁手段在此時更是表露無遺。

㈠湖廣總督任內的禁煙章程六條

　　道光十八年（1838）閏四月，嚴禁煙論者鴻臚寺卿黃爵滋，以銀漏為立論重點，奏請重罰吸食鴉片煙者。他認為：「耗銀之多，由於販煙之盛，販煙之盛，由於食煙之眾，無吸食自無興販，則外夷之煙自不來。」所以主張對吸食者處以極刑，方為治本之圖；應該限期一年，命令所有吸食者戒絕煙癮，逾限即論以死罪（郭廷以，1980：53）。對於黃爵滋的奏請，道光皇帝詔命各省督撫議覆，時任湖廣總督的林則徐也提出看法，而且是少數支持嚴禁的督撫之一。

　　林則徐認為現任督撫嗜煙者約占半數，彼等豈肯搬石頭砸自己的腳，對於嚴禁之論必「陰持異議，模稜其辭」。因此，擬妥禁煙章程六條後，即先寄請其弟林元掄（時任兩江總督幕府），轉請兩江總督指教，希望獲得支持，勿與自己的意見相左。因為，他不忍心見中華民眾，「盡甘飲酖以自殺」，決心為黃爵滋之後盾，務必專摺入奏，乃提出禁煙章程六條。

1.煙具先宜收繳淨盡，以絕饞根也。

2.各省大吏，應即通飭各州縣出示，勸令人民自新。

3.開館販土以及製造煙具各罪名，均應照原律一體加重，並分別勒限繳具，以截其流。

4.失察處分，宜先嚴於所近也。

5.地保牌頭甲長，本有稽查奸宄之責，境內有煙土煙膏煙具，均應著令查起。

6.審斷之法，宜預講也（周維立，1966：11-12）。

由是以觀，林則徐在奉旨查煙前，即已注重鴉片煙對國家與人民的危害，而所提章程六條，實已涵蓋治本與治標之策略，顯見其對防範鴉片煙的擴大是相當用心的。

(二)對鴉片煙的深入瞭解與嚴禁的決心

林則徐認為鴉片煙對中國的毒害，使中國每年外溢金銀數千萬，「漏卮不塞，足以貧民」；被誘惑吸煙者眾，上自官府縉紳，下至工商優隸，以及婦女僧尼道士，「隨在吸食，痼癖不除，足以弱種」。他說明鴉片來自英國，乃屬奸商貪利售私，流毒中華，其害甚於洪水猛獸，英夷商以此毒物貽禍中華，食其肉亦不足為報（周維立，1966：11、24）。而且，因鴉片而亡之人，更甚於砒霜毒酒，只不過不自覺而已（林則徐，1966：759）。

由於對鴉片的認識更深，使他也極為關心家鄉與親人的情形。他在寫給夫人的家書中指出：聞親族子弟，有樂此不疲者，「一入黑籍，身體即墮，今後將永遠提不起精神，辦不成大事」，實為林氏之不幸。尤其他更擔心在京任官的長子，在無法抗拒眾多誘惑的情況下會染上煙癮，因此特別交代夫人要「馳函痛戒之」；同時在家的次子和三子，他也囑咐夫人應嚴格教誨，必以不染煙癮為是。而他馳書親友，亦多以此相戒（周維立，1966：3、9）。

林則徐鑒於鴉片對中國毒害之深，所以曾極為認真地研究其毒性，他描

述鴉片煙的特性，為「有氣無形之物，故可吸入呼出，往來於五臟，雖其氣已去，而其味常留」。而對人體造成的傷害，林則徐的描述又極為逼真和深刻（周維立，1966：8、13）。一旦沉溺於鴉片煙的毒害中，將為其所困，然而如果知道戒煙，不過困於一時；假使沉溺而不知戒除，則將賠掉性命為止。

　　因此，林則徐抱持著禁絕鴉片煙的決心，於奉旨抵達廣東後，發現鴉片觸目皆有，十戶之中，吸者半數，而官場中人染者亦多，覺得可恨之極，決定採取行動嚴格禁止。於是，先發出告示，禁止人民吸食，如果官吏違犯，即刻革職；人民違者，立即懲處。另一方面，即飭令廣州道與外夷商量，爾後禁止運入，目前積存的煙土，由官府依原價收買，悉數焚燬；如不從者，聽夷商自行運回；再不然，則奏請皇帝使用武力制止。無論如何，絕不使鴉片繼續流害中國為原則。他在給夫人的家書中提到，「鴉片一案，今尚未了，現正竭力交涉，余為國為民，堅守此志，不掃除毒卉，誓不甘休，外夷雖狡，余總不懼。」儘管夫人擔心他的安危，希望他「見可而進，知難而退」，但是，他卻早已抱定決心，百折不回；甚至曉喻夫人，「此雖保身保家之善謀，然非人臣事君致身之道」，並安慰夫人，他服官已久，亦稍有閱歷，決不至於「鹵莽滅裂，貽身家以憂」（周維立，1966：3、8-9）。後來，他向煙商表示：「若鴉片一日未絕，本大臣一日不回，誓與此事相始終，斷無中止之理。」（林則徐，1966：656-657）由是以觀，林則徐對於英夷運用鴉片牟取商業暴利，更毒害中國人的行徑，已經到了不共戴天的地步，若不能斷絕，誓不撤退。

(三)恩威並濟的禁煙作為

　　林則徐奉旨抵達廣東後，即拜訪熟悉夷情的地方人士，並集合廣州粵秀、越華、羊城等三所書院的學生六百餘人，舉行「觀風試」；命四題以試之，一是鴉片集散地及設棧者姓名，二是零星販戶，三是過去禁煙弊端，四是禁絕之法。試卷不寫姓名，令學生盡情書寫，於是販賣者姓名遂得以完全

掌握，水師納賄漁利欺矇官吏等情形，亦一一浮現（李守孔，1979：9；郭廷以，1980：59）。

除了瞭解鴉片泛濫的情形，積極和迅速的取締之外，他還必須面對廣東人民，尤其是煙商和吸食者的懷疑心態，因為他們相信林則徐就像其他的欽差大臣一般，是無法堅持下去的。故林則徐主張嚴屬頒行論死之罪，而寬以一年之期限，相信即使吸食者極多，亦可於期限外無人觸法；否則，人民因見執法不嚴而生玩法心態，不但未戒者不肯戒，即已戒者亦必故態復萌，稍縱即逝，恐怕仍無法剷除惡習（周維立，1966：25、26）。

此外，他充分運用保甲制度，協助查禁鴉片煙，「通飭各屬，逐鄉選舉公正紳士，議立族黨正副，挨次編查保甲，使之保良攻匪，有犯即擒。」他相信，如能有效運用保甲制度，則能「以功令之嚴奪其物，以袪所嗜，是一人之癮眾人斷之，既立死罪以懾其心，復飭收繳以去其疾迫之，以不得不斷之勢，正所謂以生道殺民，而比間族黨間變化愧屬之方備焉，保受和親之俗成焉。」（林則徐，1966：761、770-773）由是以觀，林則徐期望透過保甲制度，強迫令廣東人民的聲息相通，如此一來，販煙及吸食者之舉動必無法瞞過鄰居的耳目，終將一一為官府查獲，達成嚴屬禁煙的目的。

嚴刑峻法固能遏阻鴉片煙的泛濫，但林則徐本著仁人之心、慈悲為懷之意，亟思根本協助煙癮者戒煙之法，於是他開始尋找以傳統中藥戒煙的處方。首先，他研究吸食後，因何精神抖擻？煙癮來時，因何呵欠頻作，精神疲憊？並指出，果有決心戒之，則非難事，只須立志堅定；身體強壯者，無藥方亦可斷絕，只是煙癮極深，身體衰弱者，必須輔以戒煙藥方（周維立，1966：12-13）

其次，林則徐經過和粵中名醫商榷之後，開發出忌酸丸與補正丸二種，採取攻補並用之法，「攻者所以蕩滌其渣滓，消融其穢濁；補者所以培養其元氣，堅固其精神」，所以同時服用頗有功效，絕無流弊，煙癮之戒絕，大有可望。因此，示諭全省，限吸食鴉片者，一個月內自行前往官府報到，購

丸服用，三個月後再呈報官廳，報告戒煙情況，確實戒絕者，給予自新之路；如至死仍不悔悟，則從嚴究辦，決不姑息。經過一段時間的勸導之後，他極為欣慰地表示，戒煙丸發行後，購服者已有一千餘人，戒煙成功者竟達十分之九，「天佑大清，或得因此掃除毒屬，誠皇家之福，而亦蒼生之幸也。」並在家書中關心家鄉戒煙情形，提醒夫人如親友中有吸食者，應速勸其購服，「速除惡癖，勿貽後悔」；尤其更應嚴格告誡家人，絕對不可染上煙癮（周維立，1966：8-9）。

後來，由於忌酸丸與補正丸二種，需錢數較多，無法普遍推廣吸煙者服用。於是，林則徐再開出兩帖簡便戒煙藥方，花費極少，收效極速，一為四物飲，一為瓜汁飲。隨著家書寄予家人，命家人速照藥方抄錄，刊印三萬紙，免費將藥方散發於鄉里之間，俾使「窮鄉僻壤之地，與臺奴隸之微，苟一念知悔，無論有錢無錢，皆可立刻配合，則惡癖易除，而顯戮可免矣。」（周維立，1966：14、15）由是以觀，林則徐雖屬於嚴格禁煙論者，但在嚴刑峻法的背後，仍然藏著一顆不忍人之心，總希望以最溫和的手段，協助中國人有效戒絕煙癮，因此才有多帖戒煙藥方公諸於世，勸人購服，可見「不教而殺謂之虐」的理念，應是他查禁鴉片煙的主要原則之一。

㈣收繳煙槍

林則徐將查禁的焦點放在煙槍之收繳，因為他徹底瞭解煙槍對於吸食者之重要性；沉溺於鴉片者，簡直以煙槍為其性命。所以欲去煙癮，必先去煙槍，就如同禁止賭博必將賭具一併嚴禁（林則徐，1966：776-778）。他相信，查禁鴉片煙而未收繳煙槍，簡直與無查禁相同，只是白費工夫而已。

㈤防範弊端

林則徐認為鴉片獲利最厚，弊端亦最多；「有賣放正犯真贓而以從犯假贓報獲者，有獲時係真贓而侵吞偷換解時變作假贓者，詐偽叢生，何所不

至。」然而，不得因查禁行動可能有弊，就停止查禁（林則徐，1966：
775-776）。於是，查禁過程必須密查暗訪，而充當眼線之差役，更應嚴防
其栽贓誣陷；先將擔任眼線之人，徹底搜索檢查，確定無所夾帶方准上前查
煙，查獲煙犯時，即令差役將如何查獲情形，當堂詳細供指，使煙犯聞知，
無可狡賴，然後再向該煙犯追究鴉片來歷，以成信讞，而杜弊端。總之，
「天下事利弊適均，但願早日一律肅清，永絕奸夷夾帶，則鴉片之來源盡
絕，栽贓之弊，亦可不禁而自無矣。」（周維立，1966：31）

二、對付英國煙商的策略

　　道光給林則徐的諭旨是屬於全面性的訓令，表示允許其在必要時可以採
取類似戰爭的行動。但是，這不是林則徐最希望的，因為他曾向道光解釋：
「竊思鴉片必要清源，而邊釁亦不輕啟。」若要避免戰爭的情況出現，就必
須溫和地採用胡蘿蔔與棍棒，即「恩威並濟」的策略（Wakeman: 1987,
220）。於是他深入分析英商情勢，對其有更進一步的認識，並展開積極的
作為與英夷周旋到底。

㈠深入分析英商情勢

　　林則徐抵達廣東時，即表示「夷情詭譎異常」，現有鴉片在外洋躉船，
未必甘願回國，因此極有可能「計窮思遁」或「擇地圖邊」，唯有宣示國
威，乘勢盡行驅逐，以為清源之計（林則徐，1966：624）。由此可見，林
則徐的態度是相當強硬的。但是，他雖然委請廣州道與英夷辦理交涉，要求
今後不得來此販運，違者並禁絕其貿易，卻未知有無成效（周維立，1966：
3）。所以，林則徐對於驅逐英夷的行動，並無十足的把握。然而，他也認
為夷人最重然諾，即議一事訂一期，從不爽約，其視甘結之事為絕無僅有，
愈不肯輕易具結，愈知其具結之可靠，就愈不能不向其飭取，應該設法辦
理，直使該夷「計窮心懾」（林則徐，1966：866-867）。

　　林則徐對於英商的狡猾，可說是防之甚密。他曾指責英商查頓，僅係英方所屬之港腳人，為商人中之一奸販，並非英國有職之人，其盤據粵省「夷」館，已歷二十年，「混號鐵頭老鼠，與漢奸積慣串通，鴉片之到處流行，實以該夷人為禍首。」而且，其以「狡點性成，轉恃天朝柔遠之經，為伊護符之計，其因售私積資，以成巨富。」（周維立，1966：25）後來，他曾經擬具曉諭英吉利國王檄文一份，呈請道光御覽，表現出他以大中國的心態，對英方訓飭之意，時時出現威嚇與教訓的語氣。這份檄文有幾個重點：

　　第一，指責英國煙商以鴉片荼毒中國人性命，其罪實不可赦。

　　第二，展現中國泱泱大國的風範，對於首犯煙商均給予寬貸。

　　第三，表示中國對於英國經濟發展及商人生計的幫助，要求英商自省，並帶有恐嚇的語氣，揚言以閉關絕市為手段。

　　第四，勸導英國政府應將鴉片樹全部剷除殆盡，以造福子孫，若有敢再行栽種者，應即嚴懲。

　　第五，宣示查禁鴉片之決心及自首免罪之規定，若有違犯者，無論中國人或夷人，一律依照新規定予以嚴懲（周維立，1966：26-27）。

　　觀察這份檄文的內容，可知林則徐雖然已經有動用武力的準備，但仍存在著先禮後兵的心態，希望透過較溫和的方式，讓英商自行斷絕鴉片。

(二)展開查禁行動

　　道光十九年（1839）二月四日，林則徐決定採取強硬手段，要求英商繳煙；遂要脅居住在陸地的英商，責令將躉船所有煙土盡行繳官，許以免治既往之罪，並酌給犒賞，以獎其悔懼之心，嗣後不許再將鴉片帶來（林則徐，1966：637-639）。是日除要求英商繳煙外，並令其出具甘結，必須聲明：「嗣後來船永遠不敢夾帶鴉片，如有帶來，一經查出，貨盡沒官，人即正法。」（林則徐，1966：655）

　　二月十日，英商非但不肯繳煙，顛地等甚至圖謀乘夜脫逃，經查知截回

後，採取封艙手段，將英商住泊黃埔之貨船，暫行封艙，停其貿易；並酌量加添暗防之兵役，凡遠近要隘之區，俱令明為防守，不許英人出入往來；仍秘密要求弁兵不得輕舉肇釁，務必以靜制動為主，意在「不惡而嚴，而諸夷懷德畏威，均已不寒而慄。」（林則徐，1966：641-642）

二月十三日，義律稟覆情願呈繳鴉片，時距撤退買辦之期業已五日，英國商館內食物漸形缺乏，當即賞給牲畜等物二百數十件。並據呈明共有20,283箱，重量超過二百數十萬斤（林則徐，1966：642-643）。

林則徐所以膽敢遽以強硬手段要求英商繳煙，因其就經濟的觀點，分析英商勢必會遵照辦理。他指出，即使英商不賣鴉片，專作正經貿易，而其獲利亦得以在三倍之上。既然中國為利源之所在，誰不爭相而來，即使英商不來，他國豈肯不至？所以鴉片之禁，不但宜嚴於中國人民，實可倍嚴於英商（林則徐，1966：695-698）。

(三)震驚廣東的銷煙過程

繳煙政策既已奏效，朝廷本欲解送京師，但恐中途滋生弊端，遂命林則徐就地銷煙。於是，林則徐積極而謹慎地籌劃銷煙作業，首先必須尋覓貯存鴉片的場所。所以煙土均放置虎門，因無適當民房廟宇可供貯存，因此合併數所，圍築外牆，添蓋高棚，內派文職正佐十二員，分棚看守；外派武職十員，帶領弁兵一百名，晝夜巡邏（林則徐，1966：720-721）。

銷燬的過程中，林則徐觀察商人表情之後認為，「胥賴聖主德威，俾中外咸知震讋，從此洗心革面，庶幾咸與維新。」（林則徐，1966：747）

經過兩次的銷燬程序，終於在五月十五日銷燬完成。銷燬期間，曾當場挐獲欲偷煙之犯人，前後共有十餘名，均即立予嚴行懲治；並有賊匪於貯煙處所，乘夜爬牆鑿箱偷取煙土，亦經內外看守各員弁巡獲破案，已經發司嚴審，均按律重辦。銷化完畢後，林則徐並當場訓諭煙商：「天朝禁絕鴉片，新例極嚴，不但爾等素不販賣之人，永遠不可夾帶，更須傳諭各國夷人，從

此專作正經貿易，獲利無窮，萬不可冒禁營私，自投法網。」（林則徐，
1966：719、748）

參、國外地理知識的開拓者：魏源

　　魏源生當清朝由盛而衰的關鍵時期，他目睹滿清政府的腐敗、貪污及無
能，致使民生凋蔽、政治措施失當，因此產生對時局和人民的關懷。他已經
清楚感覺到，不能僅僅依賴傳統的思想材料作為研究的對象；他也隱約感受
到，如果中國人要和西洋人打交道，就必須有一套新知識來應付這一新的局
面（駱雪倫，1985：183）。

　　道光六年（1826），他應江蘇布政使賀長齡之邀，參與主編《皇朝經世
文編》的工作，並寫了一篇敘言，這篇敘言正標幟著魏源經世思想的成熟。
道光九年（1829），魏源參加第三次會試未中，遵酌增例，以內閣中書舍人
候補，因此「得借觀史館秘閣官書，及士大夫私家著述、故老傳說，於是我
生以後數大事，及我生以前上詑國初數十大事，磊落乎耳目，旁薄乎胸臆。」
（魏源，1981，敘：1）由於這段特殊的經歷，為他撰寫《聖武記》奠下紮
實的史料基礎。鴉片戰爭爆發後，魏源得知林則徐已遭革職並遣戍的消息，
萬分氣憤，親自趕到鎮江，與林則徐相晤。林則徐向魏源口述戰爭的經過，
並將自己多年來蒐集的材料和《四洲志》一書初稿，交給魏源，囑其整理出
版。因此，魏源發奮著述，於道光二十二年（1842）陸續出版對於後世影響
最深的兩部著作──《海國圖志》和《聖武記》（王炳照，1994：18）。

　　《海國圖志》是中國近代最早的百科全書，它是當時關心時務的知識份
子必讀之書（王炳照，1994：24）。魏源的撰寫動機是希望國人瞭解夷情之
後，以便有效禦敵或款敵。他說：「同一禦敵，而知其形與不知其形利害相
百焉；同一款敵，而知其情與不知其情利害相百焉。」具體的目標則是：
「為以夷攻夷而作，為以夷款夷而作，為師夷長技以制夷而作。」撰寫的依
據，除了林則徐編譯的《四洲志》之外，再據歷代史志、明代以來各島之島

志及近日夷圖夷語，博採周諮，參酌其他人的議論加以發揮。與其他類似著作的差異，在於他人皆以中國人談西洋，魏源則以西洋人談西洋。然而，他並不認為依據此書的內容切實執行，即可有效駕馭外夷，因為這僅是治標之策，「此為兵機也，非兵本也，有形之兵也，非無形之兵也。」而治本的作法則是先弭平人心之積患。人心之積患為何？魏源認為，非水、非火、非刃、非金、非沿海之奸民、非吸煙販煙之莠民，而是「人心所以違寐，人才所以空虛」。所以，凡是有血氣者，均應奮發振作；凡有耳目心知者，均應切實規劃講求。他也指出袪除積患的具體做法，如下：「去偽、去飾、去畏難、去養癱、去營窟，則人心之寐患袪其一；以實事程實功，以實功程實事，艾三年而蓄之，網臨淵而結之，毋馮河，毋畫餅，則人才之虛患袪其二；寐患去而天日倡，虛患去而風雷行。」（魏源，1967：5-8）簡言之，魏源撰寫《海國圖志》的根本用意，即是呼籲國人應確實袪除積弊，並務實地研究夷情，始能抵禦外夷的侵略，並以此為中國追求自強的各項事業奠定良好的基礎。而綜觀全書所言，係以英夷為假想敵，設計規劃出對付英夷的完善做法，是一套相當完整的海防思想。梁啟超對該書有褒有貶，他說：

「魏書不純屬地理，……中多自述其對外政策。所謂『以夷攻夷』、『以夷款夷』、『師夷長技以制夷』之三大主義，由今觀之，誠幼稚可笑；然其論實支配百年來之人心，直至今日猶未脫離淨盡，則其在歷史上關係，不得謂細也。……中國士大夫之稍有世界地理智識，實自此始。」（梁啟超，1995a：453-454）

　《聖武記》是魏源對於鴉片戰爭失敗沉痛感受之餘的著作，他的撰寫動機正如該書的敘言所述：「晚僑江淮，海警沓至，愾然觸其中之所積，乃盡發其櫝藏，排比經緯，馳騁往復。」其目的在「溯洄于民力物力之盛衰，人才風俗進退消息之本末。」（魏源，1981，敘：1），表示他想對於清朝為何會從當初國力鼎盛的局面，卻在道光之後成為積弱不振的地步，進行一番

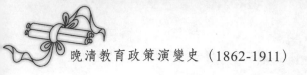

徹底的研究。

　　本段擬以上述魏源的三部著作，分析他的經世思想及其海防思想的梗概。

一、經世思想

　　魏源（1966，卷7：16上）曾說：「天下無數百年不敝之法，無窮極不變之法，無不除弊而能興利之法，無不易簡而能變通之法。」由此可知，魏源的經世思想是以變法為其根本的，強調行之久遠的成法必有變革的一天，唯有隨時體察變革的需要，才能使國家長治久安。他代賀長齡所作的《皇朝經世文編》敘言，實為晚清經世運動的宣言，更是倡導變法的重要文獻；該敘言提出四個觀點，幾乎顛覆傳統士大夫研究學問的途徑。一、講究事實；二、探求器物的原理原則；三、制度的取用必須適應時代的變遷；四、研究事物必須旁徵博引、集思廣益（《皇朝經世文編》，〈敘〉）。

　　魏源亦代賀長齡作《皇朝經世文編·五例》，標明經世學者的主要目的：一、講究實用；二、強調正反兩面的論述；三、研究當代之制度與其歷史沿革；四、注重功效與應變技術（《皇朝經世文編》，〈五例〉）。若就現代觀點以評論這些目的，看來似乎稀鬆平常，並非高言妙論；但在政治和學術氣氛仍極為保守的晚清，提出這些目的是需要有相當大勇氣的；而魏源敢於做出這樣的嘗試和呼籲，稱其為變法的先驅人物，實當之無愧。

　　魏源的經世思想除了上述的原則之外，對於治國的原則和軍事議題也都給予高度的關注。他認為，一個國家欲得治理，必須有足堪任用的人才及完善而執行嚴密的法令規定，他說：「財用不足國非貧，人才不競之謂貧；令不行於海外國非羸，令不行於境內之謂羸。」所以，過去的聖王不以財不足用為國患，而以人才不足為國患；不擔心無法逞志於四方的夷人，卻擔心國境之內法令不行。因此，治理國家的最高境界便是人才足用、令出必行，他說：「官無不材，則國楨富，境無廢令，則國柄強；楨富柄強，則以之詰奸，奸不處，以之治財，財不蠹，以之蒐器，器不窳，以之練士，士無虛

伍。」如果能達到以上的境界，就不必擔心夷人之侵擾，更毋需擔憂禦侮無方（魏源，1981，敘：2）。

魏源運用相同的原理，將治國的原則搬到軍事上，強調軍令與軍吏之重要；假使軍法無威嚴，軍吏皆窳才，則人民必定輕視國家的領導者，國家亦將動盪不安。因此，賢能的領導人應該以軍令飭天下之人心，以軍食延天下之人才。如果人才皆蔚為國用，則軍政修明，人心肅然，則國威必定遠播；如此一來，必能上臻「一喜四海春，一怒四海秋，五官強、五兵昌，禁止令行，四夷來王」的強國之林（魏源，1981，敘：2）。

至於軍政人才的培育：他強調「兵者專門之事，非倉卒嘗試可能也。……國家軍政，內寄本兵尚書，外寄邊方督撫。」因此，欲儲養中央與邊疆之軍事人才，則必自兵部司員開始，應該選擇「幹濟之士，使為職方武選二司，出為兵備道」；平常無事之時，使該等人員熟悉山川險要之形勢，以及士兵之強弱、將領之良窳，並瞭解敵情（魏源，1981，卷14：19）。

在選拔文武人才方面，魏源強調應彈性變通，適才適所、量才適用。因為，各省各地民風不同、習俗各異，對於軍職和文人的看法亦有差異。有些地方文風鼎盛，願從軍者寥寥無幾，如江南之蘇松太倉、浙江之杭嘉湖；而有些地方的人民則喜好從軍，勇於作戰，如江北之徐州壽春，浙東之處州（魏源，1981，卷14：26）。

因此，魏源提出變通文武試兩項具體做法。一是由督撫會同提學使，檄示各郡邑，願裁武試增文試或願裁文試增武試，皆聽其便；如此一來，江南浙西之學校必定更加發達，而江北浙東之騎射更能奮發振作。二是由督撫會同提督總兵，奏定營制，「遠免僉兵於財賦文學之區，而以其額廣募邊郡之驍銳，散布於腹內諸郡各標，併其缺，優其糧」；於是，「江南浙西無冗糜之餉，而江北浙東無額少之營」。總之，文武人才之選拔的最高原則是：「不以鄒魯之文學，強燕趙之慨慷，不以豐沛之剽悍，責吳越之秀良；量地陰陽，量材柔剛，視執額例之一定，齊風氣於五方。」（魏源，1981，卷

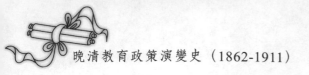

14：26）

　　在執行軍令方面，魏源強調號令必行之重要性。具體作法有二：第一，安鄉民；第二，防奸細（魏源，1981，卷 14：6）。

　　由此可知，魏源對於國家政令與軍令之徹底執行，有其相當高程度的堅持，而其具體做法亦可謂鉅細靡遺；務必要能使眾人之心團結為一心，眾人之志集合成一人之志為最終目的，始能使國家強盛、戰勝外侮。

二、海防思想

　　魏源鑒於鴉片戰爭的慘痛教訓，因而有《海國圖志》之作，從此發展成為他的海防思想。以下將分為幾個部分予以敘述，包括魏源對英人的瞭解、倡導改良軍事設施與武器、闡述養兵練兵之法、論述守備之道、款夷之策及攻戰策略。

㈠對英國的瞭解

　　魏源運用岳飛「以官軍攻水賊則難，以水賊攻水賊則易」的概念，提出「以海夷攻海夷」的攻戰策略；但是，「籌夷事必先知夷情，知夷情必先知夷形」，因此他非常注意夷形、夷情的分析。

1. 分析英國與其他國家之間的關係，他提出三點看法（魏源，1967：109）：

　　　　第一，英國最擔心的是俄羅斯攻擊印度：因為英國在其屬地印度栽種鴉片，歲收稅銀千餘萬，俄羅斯覬覦已久，如英國調遣印度兵船，進犯中國，深恐俄羅斯乘虛攻其印度。故英國之懼怕俄羅斯者，不在其國都，而在印度是否將會失守。

　　　　第二，英商罷市，我國臣屬廓爾喀隨即稟報駐藏大臣，願出兵攻擊印度，當時若允許廓爾喀騷擾東印度，而俄羅斯侵略西印度，則印度將有瓦解之虞，英夷必有內顧之憂。

　　　　第三，法國與美國均記恨英國，應充分利誘：三國到廣東從事商業

活動，以英國最為桀驁不馴，而美法二國最稱恪順。自罷市以後，英國出以兵船防止諸國繼續從事貿易，各國皆已記恨在心，揚言如果英國久不退兵，亦必各回國調兵船與之講理。

根據上述三點見解，魏源認為當時中國實有可乘之機，可藉法、美二國的力量攻擊英國；然而，坐失可乘之機的原因，則是當時辦理洋務者的問題。他痛批主事者昏昧無知，辦理夷務官員昧於夷情，坐失可以反攻英夷的大好機會。

2. 從商業活動的角度剖析英商的情勢。魏源認為，英國最需要中國提供的貨品以茶葉為最大宗，其次為湖絲；而英國輸入中國之貨物，則以鴉片的數量最多，其次是棉花。因此，英國對茶葉的需求就如同中國對鴉片的殷切渴望一樣。然而，導致英商激變、引發戰爭的導火線，並非繳煙的問題，而是因為繳煙之後停止貿易的生計問題（魏源，1967：144-152）。

魏源認為：「外夷唯利是圖，唯威是畏，必使有可畏懷，而後俯首從命。」所以，中國欲有效制伏英國，其辦法有二。一是強化軍事裝備，以強硬的手段對付英國，使其產生對中國的畏懼之心：「嚴修武備，彼有蕩船，則我能攻之；彼有夾私，應停貿易，則立停之；使我無畏於彼，彼無可挾於我，自不敢嘗試。」二是代籌生計，以減免關稅等優惠措施，讓英商即使不售鴉片亦能有厚利可圖：「使彼即停鴉片，而上無缺稅，下無缺材，則亦何樂走私之名，而不趨自然之利。」（魏源，1967：154）由此可知，魏源站在分析英國弱點的基礎上，提出制伏的策略，是一種軟硬兼施、恩威並濟的方法；並從強硬手段的觀點，進而發展成為注重軍事設施與武器改良的看法。

3. 英國與日本之比較。魏源認為英國與日本有二項差異：第一，日軍擅長陸戰，短於水鬥，因為其兵船不足而火器不備；英軍的專長則在戰艦與火器。第二，日軍專事剽掠沿海，形同流賊；英軍則皆富商大賈，不屑

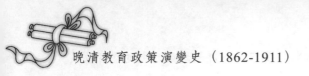

剽掠，然而卻強索港埠碼頭，以通商為名，專用鴉片煙和耶穌教，毒害華民而奪銀幣。因此，英國畏懼日本者，僅是畏其岸上陸戰之技而已；日本畏懼英國者，則在於英國水戰與火攻之技，以及鴉片與邪教之毒害，所以堅持不與英國通商（魏源，1981，卷 14：25）。

　　日本鑒於對英國之畏懼，因此採行雙管齊下的制伏策略。一是充分運用其陸戰之優勢，嚴密把守全國港灣海口，藉以讓英國產生畏懼之心，不敢輕易通商互市；二是採用嚴刑峻罰，以令出必行的特點，禁止全國人民入邪教，並斷絕鴉片（魏源，1981，卷 14：25）。他認為，即使中國無法與英國輕言開戰，至少可以嚴守港灣海口，以守勢取代攻勢；縱使無法揚威海外，至少應該令行於境內，使人民斷絕鴉片之毒害。但是，令魏源最為寒心的是，中國由於積弊已久，官兵不僅缺乏戰力，亦無法言守；人民則不但視法令如玩物，更因鴉片而知法犯法。真是可悲！可歎！

4. 魏源曾經指出天下有三件難以解決的困難：「有其人無其財一難也，有其財無其人二難也，有其人有其財無其材三難也。」但是，他強調中國不但無前述三項困難，甚至有以下三項優勢（魏源，1967：120-121）：

　⑴財源充足：魏源指出，自從國家擴充軍備以來，浪費許多國家的公帑，如果能夠撙節使用、精打細算，必能充為軍費而無虞匱乏。由此可見，中國的財源是相當充足的。

　⑵人才備出：魏源相信中國有各種領域的人才，如果善加運用各領域的人力資源，人才將可不勝用。

　⑶材料豐富：魏源認為中國物產豐富，凡是製造火器、輪船與各種武器所需的物資，都可以由中國內地提供，並不需要仰賴外國的資助，只要能夠充分開採，幾乎任何材料皆能唾手可得。

㈡倡導改良軍事設施與武器

　　魏源說：「夷之長技有三：戰艦、火器與養兵練兵之法。」（魏源，

1967：111）此段先闡述他對製造火砲與戰艦的主張。

1. **火砲之製造與砲臺之設置。**魏源認為中國軍隊的專長在於扛砲和扛銃，如果能夠出奇招設埋伏，與其多造大砲，不如多造扛砲、扛銃。因為「鑄製易，演練易，運負易，挾攻追剿易，橫放直透，可傷數十人，可及百餘丈，視笨重不靈之大砲得力十倍。」然而，「張夷者竟日夷砲之利，禦夷者亦日鑄大砲之利」，幾乎洋務的參與者都受到夷砲之震懾，以為只要多造幾門大砲，就可以抵禦夷人。他指責那些「不講求用砲之人，施砲之地，與攻砲守砲之別，陸海水砲之宜，紛紛唯以畏砲為詞，鑄砲為事」的主張，是無法有效抵禦外侮的（魏源，1967：66-67）。

　　魏源指出，武器改革的思考重點應在於：「兵無利器，與徒手同；器不命中，與徒器同。……砲不在大，不在多，並不專在仿洋砲之式，唯在能中與不能中。」因此，他分析中國軍隊的火砲不能命中目標有三個原因：一、砲臺的建築位置不得地勢之利；二、火砲無法靈活運轉，純以呆砲擊活船，形同虛設；三、軍隊訓練不精（魏源，1967：67-69）。針對上述的三個原因，他提出解決的策略是：「使砲臺地勢，垣可藏身，架可撥轉，砲眼分作兩層，高者以夷船之中艙為準，低者以夷船之舷底為準，測之以儀器，演之以標的，臨時手眼合一，心膽俱壯。」若能徹底執行，則「烏有中而不摧者？」（魏源，1967：70-71）由此可知，魏源對於火砲缺失的觀察相當細微，並能藉此提出解決的策略，誠實眼光獨到之先驅者。

　　至於砲臺的建築，他先提出如何能讓軍心安定守備堅固的原則：砲臺不必求多，必定使砲城內可容納官兵一千人以上；我方火砲可以輕鬆擊中敵人，敵砲不易擊中我方。其次，有關修築砲臺的費用，他強調以化零為整的方式來處理。最後，他要求修築的過程必須「工無侵蝕」；加上平時訓練精良，使「砲無虛發」；全體守軍必定無潰逃之虞，而能大獲全勝（魏源，1967：102）。

2. **製造輪船與火器之理由。**魏源就戰略的觀點指出，中國水師多而不敷調度，是因為無戰艦，既無戰艦可供出洋巡防，則口岸處處必須設防，必以水師當陸師之用，官兵則因分散而見寡；假使以訓練精良之官兵駕駛堅固戰艦，晝夜可行千里，朝發夕至，東西巡哨，則官兵可因聚集而見多（魏源，1967：127）。所以，戰艦實有集結兵力之功能，亦可避免兵分多處而削弱整體戰力。

魏源相信，只要依據其規劃徹底執行，應當可以獲得以下的好處（魏源，1967：115-116）：

第一，培養製造船械的人才：設立製造局之後，可以遴選工匠學習製造的技術，一、二年後，自可不必仰賴外夷，甚至如鐘錶等日用器械，亦可以自行修理，迄二十五年大修之期，即可以自行改造。

第二，避免受騙於英夷：有製造之局，對於工料、工錢及船砲的價格等訊息必能有效掌握，然後可以據以向外夷購買；而且，凡是外夷願意出售船砲抵稅，或閩粵商人有購買船砲歸繳官府者，均能衡量其價格，不致以昂價贗物受欺。

第三，發展廠局區域以制伏英夷：沙角、大角二地，既設造船廠火器局，應允許其建洋樓，置砲臺，如澳門之例，英夷自不得以香港向他夷示威；而我方得以盡收虎門之外障與澳門鼎峙，英夷更不敢倔強或輕易挑釁，從此廣東當可高枕無憂；再者，如今獲得美法二國之協助，「彼貪市舶之利，我收爪牙之助，守在四夷，折衝萬里。」

3. **製造輪船與火器之法。**他提出一套略具規模的建議方案。於廣東虎門外之沙角、大角二處，設置造船廠及火器局各一座；聘請美法二國的技師和工匠，協助製造輪船與器械；延聘西洋擅長掌舵之技師，教導駕駛與武器的操作；並遴選福建、廣東二省之巧匠以學習鑄造之法，精兵以學習其駕駛攻擊之術；在經費方面，以每艘輪船二萬金計算，預籌二百萬金以製造百艘輪船，以十萬金製造火輪船十艘，以四十萬金製造火砲槍

械，總經費不超過二百五十萬金；再選擇訓練精良的官兵，每艘配備三百人，百艘可配三萬人。如此，必能盡得西洋之長技，以為中國之長技，並以此長技為攻擊英夷之具（魏源，1967：113-114）。

4. **造船廠與製器局的遠程計畫。** 在廠局的設置方面：魏源主張官辦的造船廠與火器局，只需於粵東立一處，造成之後，駛往各岸，無事紛設於全國各地。戰艦造成以後，內地商船仿造日廣，則戰艦不必增造，因為：既屬仿照，則商船與戰艦堅固相同，大小相同，只以武器之有無為區別，而貨船亦設有砲眼，去其鐵板即可安裝火砲，可以商船代替戰艦之功能，遇有外夷挑釁之際，即可立即徵召僱用（魏源，1967：131）。但是，對於沿海商民，有自願仿設廠局，以製造船械或自用或出售者，悉聽尊便。由此以觀，魏源除了主張國家發展軍備外，亦不排斥民間自行發展武器設備。

在擴展廠局的業務方面：魏源認為官辦的造船廠並非僅造戰艦而已，亦可接受民間的訂單承造商船。如此一來，必能軍國交便，官民同時獲利。火器局的任務，亦不徒配戰艦而已。凡是戰艦需用的攻砲，城壘需用的守砲，省綠營所需之鳥銃、火箭、火藥等各式武器，皆可由火器局承製。此外，量天尺、千里鏡、龍尾車、風鋸、水鋸、火輪機、火輪車、自來火、自轉碓、千斤秤之屬，凡有益於民用者，皆可製造。因此，製造武器火砲有定量數，而出售的器械則無限制，可以開創國家的利源（魏源，1967：122-124）。

在戰艦任務的規劃方面：魏源主張，戰艦平時應承擔運米的任務；內地出洋商賈，戰艦亦可發揮護送貨物的功能。凡是水師提鎮大員入京陛見，必定乘坐戰艦，不許由陸路前往，其副將參游以下，入京引見或附海運之舟北上，總禁由陸；文職官吏願乘戰艦入京者，亦可（魏源，1967：118）。

在水師人才的培育方面：魏源建議於閩粵二省武試增設水師一科，

有能造西洋戰艦火輪舟，造飛砲火箭水雷奇器者，為科甲出身；能駕駛
颶濤，能熟風雲沙線，能施放鎗砲有準的者，為行伍出身；皆由水師提
督考試，會同總督選拔錄取人員，送京試驗試。考試及格後，予以分發
沿海水師，擔任教習技藝的工作，並規定水師將官必由船廠火器局出身，
或應由舵工、水手、砲手出身。藉此使天下臣民知悉朝廷所注意在此，
不將工匠柁師視為騎射之下，則人民必能爭奮功名，亦必有奇才絕技出
於其中，並能教育民眾瞭解，「水師不能舍船械而空談韜略，武備不能
舍船械而專重弓馬」的道理（魏源，1967：118-119）。

㈢論述守備之道

魏源認為欲制敵機先者，必先令敵人失其所長，而夷兵的專長正好在於
外洋，所以講求「禦諸內河，不若禦諸海口；禦諸海口，不若禦諸外洋」的
論調，剛好是適得其反的做法（魏源，1967：35-36）。因為禦諸外洋，無
疑是羊入虎口，危險立見。由是以觀，魏源是主張講求守備應先於戰或款
的，因為他相信以堅強的守備代替戰或款，皆能促使外夷就範。

1. **專守外洋利在敵船**。魏源為何反對禦敵於外洋？因為有四項無法避免的
   缺憾：
   第一，夷船堅固無比，我方火砲僅能令其小傷，無法致其於死地。
   第二，夷船皆設有瞭望兵，我方欲以火舟焚夷船，必有所不得。
   第三，夷船為一龐大的艦隊，均配備火砲等現代武器，我方無法在
   短時間內重創其全部，反易為夷船所破。
   第四，海戰之勝負取決於風向，若交戰時間過長，我方恐將屈居下
   風，立於不利之地位（魏源，1967：36-38）。

2. **專守內河利在我方**。魏源認為英人所長在外洋，我方若待諸內河、待諸
   陸岸，則英人之長盡失，因此，我方若專事守備內河，必可無所畏懼。
   他分析如下（魏源，1967：61-65）：

　　第一，我兵之扛砲扛銃，可跋涉奔馳，運轉自如，隨處可用，較夷兵之烏鎗火箭射程更遠，殺傷力更強。

　　第二，我兵埋伏於沙垣之中，可在砲臺內輕鬆還擊。倘能加強守兵的心理建設，使其堅守不動，則我砲必可傷夷兵，而夷砲不能傷我兵。

　　第三，夷船闖入內河，我方在土垣之掩護下，可運用扛砲及火箭噴筒之優勢，立即發射，制敵於機先。

　　第四，夷船既入內河之後，我方可以埋伏於附近村莊，故布疑陣，使夷兵不生疑心，再予「出奇設伏，其利無窮」。

　　第五，夷船誤入內河，必不能數十艘一起前進，其能靠近岸邊者，不過數艘而已。我兵可以往來自如，飛砲火箭墮水則熄，或利用斜坡前高後低的優勢，使飛砲轉落深坑。

　　既然內河為我方發揮之地，就必須先講求誘敵之術，令夷船在鬆懈戒備的情況下進入內河。魏源主張採用類似「空城計」之欺敵戰術，但「海口全無一兵，尚恐賊疑，未敢長驅深入」，必須以「廢破贏師，佯與相持，而後棄走，引入死地。」再巧妙運用「守遠不如守近，守多不如守約，守正不如守奇，守闊不如守狹，守深不如守淺」的原則，於口岸附近預先密布伏兵，在要害之處截其逃兵，令夷兵能入而不能出。夷人若知有埋伏之策，必定懷有戒心，而不敢擅入內河，從此長江可以高枕無憂（魏源，1967：40-43）。

　　誘敵之術既已展開而告成，則應漸次講求內河戰法。魏源利用英船進入內河，只能魚貫而行，無法棋錯四布的盲點，建議以逸待勞，僅需防禦於上游即可，並大舉採取火攻之法（魏源，1967：38-39）。

3. **講求持重，以時間取勝**：夷船既已誤闖我方內河，我方亦有戰法在胸，則應注意「客兵利速戰，主兵利持重」的道理，「不與相戰，而唯與相持，行與同行，止於同止。」待時間拉長之後，夷兵必「無淡水可汲，無牛羊可掠，無硝藥可配，無鐵物可購，無蓬纜可補，煙土貨物無處可

售，桅槍無處可修」；我方又有水勇潛攻暗襲，令其不能安泊，夷兵放一彈即少一彈，我方殺一夷即少一夷，破一船即少一船。而且，我方物資充裕，兵力充足，運補無虞，必能「逸待勞，飽待饑，眾待寡」；再多僱用民間漁舟快艇，專事燒煅夷兵之杉板小舟，俟小舟燒盡，則夷之戰船亦可為我方所有（魏源，1967：137-138）。

㈣闡述養兵練兵之道

1. **西方國家與中國養兵練兵之比較**。魏源頗心儀西人練兵養兵之法，他認為，船砲固為西人之長技，但西人之所長卻不僅止於船砲，尤其是練兵養兵之法，更值得深入探究與實際效法（魏源，1967：125-128）。他認為，英人之所以戰勝中國，並非僅恃其船堅砲利而已，實因養兵有法、練兵有術之故。

　　魏源亦指出中國練兵養兵之缺失：「無其節制，即僅有其船械猶無有；無其養贍，而欲效其選練亦不能也。……粵省水師將及四萬，去虛伍計之，不及三萬。」（魏源，1967：126）顯現出中國的軍隊無論在訓練和兵餉方面，均存在著相當嚴重的問題，以致冗兵極多，缺乏戰力，亟待改進。

2. **提倡精兵政策**。魏源主張，欲選練精良官兵，必先籌措養兵之法，但在兵餉無法增加的前提下，唯有裁併以節省經費而已；所以，應該淘汰冗濫官兵，審慎挑選兵源，藉以補充成為精銳部隊。他建議朝廷練兵養兵皆應就地取材，以本省之兵守本省之城池，方為上上之策。而招募水師的兵源應該來自福建、廣東兩省之居民為主。

　　至於兵額的多寡，魏源亦有一套規劃。他主張併兩兵之費以養一兵，閩廣各一萬五千名、江浙各一萬名；「取諸沿海漁戶梟徒者十分之八，取諸水師舊營者十分之二」，給予嚴格的訓練並整肅軍紀；訓練完成以後，各撥三分之一兵力分防各口岸砲臺，與陸軍各營部隊相參；餘三分

之二兵力則分配於各戰艦,以每艘三百人計,即可得約五十餘艘之精良水師。如此一來,不但可以「盡裁並水師之虛糧冗糧,以為募養精兵之費,必使中國水師可以駛樓船于海外,可以戰洋夷于海中。」(魏源,1967:94、114-115、126-127)朝廷更可以因此增加無數之精良水師及口岸守軍,而沿海無數之械鬥及中原無數之梟匪均可大量減少,甚至消弭於無形之中。

3. **兵餉籌措之法**:魏源提出籌措兵餉的二項辦法。

　　第一,東南沿海,富甲天下,因此應該善用東南沿海之富民。

　　第二,東南沿海居民以魚鹽為最大利源,如能妥善規劃,納入商業制度,必能盡省浮費,化私為官以助餉(魏源,1967:95-98)。

(五)探討款夷之策

魏源提出款夷的兩大基本策略:「一聽互市各國以款夷,二持鴉片初約以通市。」並就款夷之前後時機,提出「未款之前,則宜以夷攻夷;既款之後,則宜師夷長技以制夷」的主張(魏源,1967:36、111)。至於款夷之具體辦法有以下幾項:第一,熟悉夷情,先立譯館、繙夷書;第二,振興武備、修明政教;第三,鼓勵夷人絕種鴉片;第四,裁徹一切浮費;第五,鼓勵夷商運送他項有利中國之物(魏源,1967:110-111、156-157)。

(六)探討攻戰策略

魏源主張攻夷之策有二:「一調夷之仇國以攻夷,一師夷之長技以制夷」(魏源,1967:35-36)。而他所提出來具體的攻戰策略,則是「以守待攻」的戰術,他說:「兩國交戰,力不均、技不等而相攻,則力強技巧者勝;力均技等,而以客攻主,以主待客,則主勝。攻勞守逸。」(魏源,1967:128-129)並以英國往攻美國則美國勝,英國往攻俄國則俄國勝的實例,說明主勝客敗的道理。魏源堅信攻擊他國者經常處於弱勢,而不畏他人

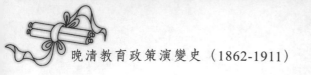

之攻擊者，卻常能處於優勢；然而，這種優勢與弱勢卻取決於戰艦之有無。
換言之，他雖相信以守待攻是具有優勢的，但念念不忘強調必須亟造戰艦，
始能與夷互別苗頭，藉戰艦以挾制夷艦，而不致為夷艦所挾制。

　　雖然，魏源的攻戰策略已定，但是他又提出致勝的兩項關鍵：一是得精
兵而戰，一是明正奇而勝。

1. **勝無定在，制勝在人。**魏源認為，無論攻者或守者，無論為主或為客，
   均無絕對的勝算，唯人能制敵而已；而且，援兵不可恃，守又非恆久之
   計；凡能破軍擒敵之道，先在軍政之清明與練兵養兵之得法（魏源，
   1981，卷 14：10）。

   由此可知，欲在戰爭中求勝，必須寓於平時之嚴格訓練；簡言之，養兵
   練兵之法勝者，即為戰爭之勝利者。

2. **善用正招與奇招，以求勝戰。**他認為：「兵無常形，地無定勢。」凡為
   攻擊者，「必先謀敵之所以敗我至於六七，竭智共攻其無可敗也，乃可
   以行」；凡為守備者，「必先謀敵之所以攻我至於六七，竭智共攻其無
   可入，乃可以守。」再者，應該明瞭正招與奇招之異，並且善用之。何
   者謂正？即「節制紀律不可敗，堅壁清野不可犯」；何者謂奇？即「出
   奇設伏、多方誤敵，使不可測。」（魏源，1967：79-80）

　　由此觀之，魏源雖然主張應該加強軍備，以應敵人日新月異之武器；但
是，真正致勝的關鍵尚待二者：一、進用精兵與良將，有效改革軍政，讓所
有軍人均無後顧之憂，可以全心應戰；二、講求正術與奇招的戰略運用，務
必使軍隊調度靈活，始能有效制伏敵軍。

第二節　洋務派的崛起

　　洋務運動的發展，始於總理衙門之設置，而恭親王奕訢是該衙門的首任
首席管理大臣，因此，他可說是洋務派在中央的主導人物；至於各省的部

分，則以曾國藩、李鴻章、左宗棠等三人對洋務事業的貢獻較多；所以，本節擬以恭親王等四人為主角，略述洋務派崛起的過程。

壹、總理衙門的首創者：恭親王奕訢

恭親王奕訢是晚清總理衙門的首任大臣；其發跡雖源於奉咸豐諭旨留駐圓明園與英法公使交涉乙事，但其活躍政壇，卻是從協助慈禧太后回鑾，並剷除太后異己之舉動開始的。

恭親王與英法公使簽訂條約之後，於咸豐十年（1860）十二月三日，奏請設立總理各國事務衙門（簡稱總理衙門），以為爾後辦理所有洋務之權責機關。

恭親王鑒於日漸繁雜的外國事務，其處理已不能再沿用過去由外省督撫奏報，彙總於軍機處之模式；而是應該設一專責機構，以軍機大臣為首領，悉心辦理。所以，總理衙門應該兼有承書諭旨之權責（《咸豐朝夷務始末》，卷71）。根據恭親王的規劃，總理衙門係一暫時性的機構，只是為處理《天津條約》後日漸增加的通商事務，並且近似異想天開地認為，只要外國事務減少後，就可以裁撤；但是，出乎其意料之外的，總理衙門卻成為晚清舉足輕重的政府機構，關係著滿清政府的命運。

除此之外，他在悉心斟酌之後，提出善後章程六條：一、京師請設立總理各國事務衙門以專責成；二、南北口岸請分設大臣以期易顧；三、新添各口關稅，請分飭各省就近揀派公正廉明之地方官管理以期裕課；四、各省辦理外國事件，請飭該將軍督撫互相知照，以免歧誤；五、認識外國文字，通解外國言語之人，請飭廣東、上海各派二人來京差委，以備詢問；六、各海口內外商情並各國新聞紙，請飭按月咨報總理處，以憑覈辦（《咸豐朝夷務始末》，卷71）。

六條善後章程中與教育有特殊關係者，為講求外國語言文字之建議。恭親王認為，與外國交涉事件，必先識其性情，如果語言不通，文字難辨，一

切隔閡難懂，如何能措置裕如？因此，應該仿照俄羅斯館之例，飭廣東、上海督撫挑選深悉英、法語言文字之商人，各省各派二人，共派四人，攜帶各國書籍到京，擔任語文教學工作，由朝廷厚給薪資，兩年後分別考核勤惰，著有成效者，給以獎敘；至於學生部分，則於八旗中挑選天資聰慧，年在十三、四歲以下者，各四、五人。俟八旗學習之人，於文字語言悉能通曉，即行停止。而原有俄羅斯館，仍應飭令該館，妥議章程，認真督課。所有學習各國語文之人，如能純熟，即奏請給以優獎，庶不致日久廢弛（《咸豐朝夷務始末》，卷 71）。此項建議，雖僅簡單地敘述師資和學生的來源，及預備給予學習優良者敘獎外，其餘課程內容等，則付諸闕如，未臻完善，但已經具備新式教育之雛型，且對日後京師同文館之設置，應當有其啟發作用。

咸豐十年（1860）十二月十日，朝廷諭旨允准京師設立總理衙門，並派恭親王、大學士桂良、戶部左侍郎文祥擔任管理大臣，並著禮部頒給「欽命總理各國通商事務關防」，其應設司員，即於內閣、部院、軍機處各司員章京內滿漢各挑取八員，即作為定額，毋庸再兼軍機處行走，輪班辦事。至於講求外國語文部分，朝廷亦照章允准（《咸豐朝夷務始末》，卷 72）。自此以後，總理衙門正式成立，掌管所有中國與外國通商事務，發展到後來，甚至成為所有涉外事件的最高決策機構。

咸豐十一年（1861）九月二十九日，兩宮太后及同治皇帝獲恭親王之助安全回到京城，慈禧隨即展現對恭親王之籠絡，冀使政權更加穩固；因此，於十月一日即授予「議政王」，在軍機處行走，並頒宗人府宗令；翌日又授權管理宗人府銀庫，總管內務府大臣。而且特頒諭旨稱讚恭親王留駐京師，辦理一切事宜的過程中，「經權互用，均就妥協，內外人心，如常安謐。」並假稱咸豐「駐蹕熱河山莊，時常垂念，慰悅實深，屢欲回鑾後特沛殊恩，用示嘉獎，及至大漸，猶復念念不忘」（吳相湘，1976：95）。由此可知，慈禧對恭親王極力拉攏之用心。

恭親王除了在慈禧為首的宮廷中有著重要的角色，在英法公使的眼中亦

有舉足輕重的地位，因為他們想擁護與他們簽訂條約的恭親王為國家的執政者（吳相湘，1976：113-114）。英法公使之所以在幕後支持恭親王的政變，不惜罔顧國際正義公理，以陰狠的手段企圖干涉中國內政，其原因在於他們亟欲在中國取得更穩固的經濟特權；而慈禧不得不借重恭親王的力量，亦因她能體認到恭親王在英法公使眼中的重要性。

咸豐去世後，年僅六歲的同治即位，隨即北京發生政變，由兩宮太后垂簾聽政，實際由慈禧主掌朝政。恭親王則成為總理衙門的首席管理大臣，對於朝政的影響力，幾乎僅次於慈禧，而握有絕對的實權。崇高無比的權力，加上恭親王「性質開明，臨事敏決，能力之富強，當時廷臣中，實罕其比」，因此他亦躍躍欲試希望有所作為。而時人亦對恭親王有「深宮憂勞於上，將帥效命於外，而一二臣主持於中，有請必行，不關吏議」的褒獎之詞（吳相湘，1976：98）。

同治元年（1862）七月二十五日，恭親王奏請於京師設立「同文館」，招收生徒學習英國語言文字，以培養對外交涉人才；此一同文館雖規模甚小，但卻已經成為中國教育由傳統邁向現代的重要里程碑。後來，恭親王曾經為了同文館招收生徒，講求天文學和算學一事，與大學士倭仁為首的守舊派，展開一連串的洋務教育大論戰。恭親王以不屈不撓的毅力和精神，以一夫當關、萬夫莫敵的氣概，單獨迎戰守舊陣營，終於取得形式上的勝利，朝廷允准恭親王招收算學館生徒，講求工藝製造之學的基礎學科。

恭親王因鑒於八旗和蒙古軍隊之器械戰力遠不及英法等國之船堅砲利，所以認為中國應該積極學習西洋的科技工業，藉以改善中國的軍事力量，以抵禦夷人的侵略。因此，他對於外國語言文字、科學技術和西式軍事教育的學習，都給予最高程度的支援；更運用他在朝廷的重要地位，協助曾國藩、李鴻章及左宗棠等人發展洋務事業。恭親王終其一生的黃金歲月在洋務事業的推動上，雖然無法免去守舊派的攻訐詆毀，但其成為洋務派靈魂人物及中央倡導者的事實，則是毋庸置疑的。

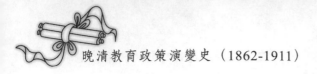

貳、中興名臣：曾國藩

　　曾國藩的崛起，源於咸豐初年；而旗軍對於太平軍進犯的窮於應付，更是曾國藩見重於朝廷的主要原因。

　　咸豐三年（1853）二月，太平軍進占南京，大敗清軍，東南大局為之動搖，消息傳至京城，舉朝文武為之驚惶失措。幸而軍機大臣文慶頗有遠見，他雖為滿人，但對漢人甚為敬重。因此於御前進言，謂當重用漢臣：「彼輩多從田間來，知民疾苦，熟諳情偽，豈若吾輩未出國門一步，憒然於大計者乎？」後來曾國藩起而組織湘軍以對抗太平軍，雖其威力較強於綠營八旗兵，但仍不免有失利之時，遂遭其他無知滿人之詆誹；然而，文慶再進言曰：「國藩負時望，能殺賊，終當建非常之功！」果然不出文慶所預料，咸豐四年（1854），曾國藩以自練湘軍將太平軍逐出湖南，又進而收復湖北武漢等地；捷報到京，咸豐皇帝喜形於色，於是向軍機大臣說：「不意曾國藩一書生，乃能建此奇功！」不料，滿人祈寯藻竟對曰：「曾國藩以侍郎在籍，猶匹夫耳！匹夫居閭里，一呼，蹶起從之者萬餘人，恐非國家福也！」咸豐皇帝聽完之後，遂因此默然而無言以對。由於祈寯藻以「利害之私撓乎中，愛憎之公變於外」的心態阻礙，使曾國藩無法大展長才，不得遂行其志。咸豐六年（1856），文慶卒，幸得肅順代其位，曾國藩始再獲朝廷重用。因為肅順雖為滿人，其敬重漢人之心亦一如文慶（吳相湘，1976：5-6）。事實上，太平軍得以勦辦成功，曾國藩之功實不可沒。

　　咸豐十年（1860），兩江總督出缺，皇帝欲起用同是勦辦太平軍有功的胡林翼繼任。而肅順因平日與賓客談論時，常表示對於曾國藩的功業相當景仰，更對其才識極力推崇，因此推薦曾國藩繼任兩江總督，他向咸豐皇帝表示如此建議的理由：「胡林翼在湖北措注盡善，未可挪動，不如用曾國藩督兩江，則上下游俱得人矣！」於是皇帝採用肅順的建議，諭令曾國藩擔任兩江總督，而曾國藩遂獲得籌措兵餉的權力，由他所組織的湘軍亦因此得以發

揮最強的威力（吳相湘，1976：9）。肅順推薦曾國藩的理由，可說是四平八穩，因此能有效影響咸豐的決策；所以，曾國藩能於爾後成為歷史上所稱譽的中興名臣，肅順實在是居功厥偉；假使無肅順這位貴人相助，曾國藩是否能有日後的功業，恐怕不無疑問。

　　曾國藩既受滿人敬重而得實現理想之良機，其平步青雲固為意料中事；但是，肅順遭受政變波及已經死亡，極有可能連帶影響曾國藩的政治生涯，因此他始終懷著戒慎恐懼的心情去看待每一次的任務交付。雖然當時的他大權在握，朝廷對其倚畀甚深，但他更擔心的是「功高震主」的效應，會為自己帶來不可預測的慘痛後果；因此，他以如臨深淵、如履薄冰的心情，懷著「伴君如伴虎」的恐懼，極其小心地走在詭譎多端的滿清政壇。

　　曾國藩雖然懷著戒慎恐懼的心情處理政治上的紛紛擾擾，但是他對於中國力圖自強的事業卻仍然念念不忘。在其剿辦太平軍的過程中，曾經見識到西洋火砲、巨輪的強大威力，這些與外洋科學技術直接接觸的寶貴經驗，帶給他相當大的震撼，令他決心以改善軍事設備作為振興中國的具體工夫。

　　咸豐十一年（1861）七月十八日，曾國藩奏〈覆陳購買外洋船砲摺〉，已經確切地認識到中國必須自己擁有現代武器的必要性：「輪船之速，洋砲之遠，在英、法則誇其所獨有，在中華則震於所罕見。若能陸續購買，據為己物，在中華則見慣而不驚，在英、法亦漸失其所恃。」因此，他認為應該趁此和議始成，講求中外通商之際，向外國購買武器；購買之後，訪求「覃思之士、智巧之匠，始而演習，繼而試造，不過一二年，火輪船必為中外官民通行之物，可以勦髮逆，可以勤遠略。」（曾國藩，1963：225）

　　咸豐十一年底（1862），他創建了「安慶內軍械所」，以手工方式製造子彈、火藥、炸砲等武器設備，這是滿清政府最早設立的、官辦製造現代武器的兵工廠（郭孝義，1990：122）。當然，這座兵工廠的設置，也是曾國藩推動洋務事業的起跑點。

　　同治二年（1863），曾國藩透過幕僚人員張世貴、李善蘭等人的推薦與

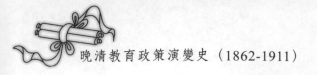

介紹，認識了中國第一位游學生——容閎，並在容閎的協助下，建立起中國第一座機器廠——江南製造局。

容閎與曾國藩初無相識。他自美返回中國後，曾於九江經營茶業生意，某日忽然接獲安徽省城署名張世貴者之書函。但是，對此一信函，容閎丈二金剛摸不著頭緒，不知如何應付（容閎，1966：80）。經過再三思索，決定「姑復一函，婉辭謝卻，余意暫不應召，俟探悉文正意旨，再決從違。」豈知兩個月後，張世貴再度去函，希望容閎儘速前往會見曾國藩，並附李善蘭書函一件；由於容閎對李善蘭早已熟識，並且敬重其算學、天文學之造詣，因此在接獲此信函後，「疑團盡釋，遂復書謂更數月後，准來安慶。」而且容閎心想：「有文正其人為余之助力，余之教育計畫，當不患無實行之時，若再因循不往，必致坐失良機。」乃立刻回覆一書，表示感念曾國藩之盛意，已經決定在處理完茶葉生意後，立即前往拜見；張世貴與李善蘭接獲容閎此件回函後，即不復去函相催，此舉亦成為容閎預備踏入政界之第一步（容閎，1966：81-82）。

容閎到達安慶後，立即前往曾國藩駐紮的軍營。在第二次的會晤中，曾國藩問容閎：「若以為今日欲為中國謀最有益最重要之事業，當從何處著手？」容閎因為對此問題早有預備，並且已知悉曾國藩有設立機器廠之意圖，於是暫時將自己的教育計畫束之高閣，而提出設立「機器總廠」的構想（容閎，1966：87-88）。

曾容二人第二次會晤後的一週內，曾國藩即決定委任容閎全權負責採購機器；另授以五品軍功。並出示公文二通，命容閎持以領款，款銀共 68,000 兩，半領於上海道，半領於廣東藩司。並擇定上海西北方約四英里處的高昌廟以為機器廠之廠址，廠地面積約數十畝（容閎，1966：89-90）。

容閎接受曾國藩之委任後，隨即規劃前往美國辦理採購機器相關事宜，並在上海結識美國機器工程師哈司金（Haskins），由哈氏全力協助採購。同治三年春，容閎抵達紐約，適值美國南北戰爭之末期，國內多數機器廠皆

承造國家急需之要件，工作忙碌異常；故外來採購機器者，急切驟難成議，幸得哈司金素識各廠，始得與樸得南公司（Putnane & Co.）訂約，承造此項機器，然亦須半年後，方能造成運回中國。同治四年春，容閎所購辦機器已經製造完成，由輪船裝運，自紐約而東，繞好望角直趨上海。容閎回到上海後，隨即由華若汀陪同，赴徐州晉謁國藩。曾國藩對容閎之報告極為嘉許，乃以購辦機器之事，專摺請獎，並特授以五品實官（容閎，1966：90-98）。根據中國官場之常例，專奏之效力極大，以容閎毫無官職之人，能得授五品實官，實屬特例；由此可見，曾國藩對於容閎採購機器一事能夠圓滿達成任務，應該是欣喜萬分的。而容閎更以此機器廠稱譽曾國藩：「此廠實乃一永久之碑，可以紀念曾文正之高識遠見。世無文正，則中國今日，正不知能有一西式之機器廠否？」（容閎，1966：89）同治六年（1867），曾國藩從容閎之建議，於江南製造局旁立一兵工學校，即「上海機器學堂」（容閎，1966：99）。此兵工學校亦成為近代中國第一所官立的兵工學校。

同治九年（1870）冬，曾國藩辦天津教案事畢，回任兩江，抵南京後，朝廷批准容閎派遣游學生赴美國之建議，曾國藩隨即召集容閎商討游學生計畫之進行，此項計畫亦造就近代中國首批公費赴美游學生。不幸的是，曾國藩還來不及看見第一批游學生出國，即於同治十一年（1872）二月去世。

曾國藩終其一生在於維護中國的傳統禮教，企圖建立一套完整的社會秩序和道德倫理系統，這種思想顯然讓他塗上了極為濃厚的保守主義的色彩。他組織湘軍抵抗太平軍，是以維護儒家文化傳統和價值體系為目標；他推動洋務事業，目的是富國強兵，使中國不受到西方強敵的威脅，並不認為中國在其他方面必須向西方國家學習。因此，這些局限使得他在洋務事業的推動並不徹底（駱雪倫，1985：188、191）。然而，曾國藩創造了近代中國三個第一的事實——第一座兵工廠、第一座機器廠、第一所兵工學校，則是歷史上所不容抹煞。

參、洋務大將：李鴻章

　　曾國藩的崛起與太平軍有絕大關係，而李鴻章的發跡，又與曾國藩有著密不可分的關係。曾國藩與李鴻章之父同於道光十八年（1838）高中進士，彼此互稱年兄年弟。道光二十三年（1843），李鴻章奉父命到北京準備順天鄉試，就曾經拜見曾國藩，並在其指導下，研究科舉考試所需要的「制藝」，道光二十四年（1844）就中了舉人，因此李鴻章亦尊曾國藩為恩師。道光二十七年（1847），李鴻章考中進士後，仍然在曾國藩身邊學習，直到咸豐二年（1852），曾國藩丁憂回鄉，彼此之間的音訊才暫時稀少（董守義，2000：26-30）。

　　咸豐四年（1854），太平軍摧毀李鴻章的老家，因此他對太平軍懷有國仇家恨。這一年，他在安徽巡撫福濟的幕府任職，由於福濟是李鴻章參加進士考試時之副考官，所以有師生的情誼，福濟也就對李鴻章格外栽培。但是，李鴻章相信有能力挽狂瀾者，必定另有其人。咸豐八年（1858），他的家園再度遭到太平軍的蹂躪，夫人及幼子均於此役中喪生，於是他決定另謀出路。適逢曾國藩來函相約，李鴻章便決定加入曾國藩幕府。當年的十二月十日，他來到曾國藩的幕府，彼此暢談軍務和時事，十分投機，許多議題都有共識（董守義，2000：33-36）。

　　咸豐十年（1860）七月三日，曾國藩上奏保舉李鴻章，說他「勁氣內斂，才大心細」，可以任「兩淮鹽務使」實缺。但並不是派他去辦理鹽務，而是讓他去淮陽辦理水師，並擇地開辦船廠，以便用這個水師保護鹽場，免得利源落入太平軍手中。後來，咸豐十一年（1861）十月，上海告急，向曾國藩請求援兵，李鴻章則風雲際會地臨危授命，從此正式在曾國藩的指揮下成為組織淮軍、勦辦太平軍的軍事將領（董守義，2000：37-40）。

　　同治元年（1862）正月二十四日，李鴻章在安慶北門城外集結第一批淮軍五個營，初步建立淮軍，曾國藩親自到場祝賀。從這一天起，李鴻章每天

在軍營中與哨弁武夫打成一片,研究練兵事宜。二月四日,淮軍正式成立,共有十一個營,李鴻章並邀請曾國藩檢閱淮軍。各營官之間,彼此平等,不相上下,只對李鴻章一人負責。二月十九日,上海方面派厲學潮送八萬餉銀到安慶,作為淮軍啟行的經費。四月五日,淮軍官兵 5,500 人在洋人先進武器、軍艦的護送下,安全地瞞過太平軍的耳目,快速而順利地抵達上海(董守義,2000:40-42)。李鴻章從此展開獨立帶領軍隊作戰的軍旅生涯。

李鴻章因為與洋人接觸的特殊經歷,使他感覺到,「中國與洋人交接,必先通其志,達其意,周知其上實誠偽,而後有稱物平施之效。」但是,當時中國士大夫通曉外國語言文字者微乎其微,所有與洋人交涉事件均仰賴通事往來翻譯,卻滋生多項弊端。有鑑於此,同治二年(1863)正月二十二日,他以江蘇巡撫的身分,奏請仿照京師同文館之例,於上海添設外國語言文字學館,「選近郡年十四以下、資稟穎悟、根器端靜之文童,聘西人教習;兼聘內地品學兼優之舉貢生員,課以經史文義。」(《李文忠公全集》,奏稿,卷 3)希望在三、五年之後,能夠培養一批讀書明理、精通番語之人;凡通商督撫衙門及海關監督,遇有需添設翻譯官承辦洋務時,即於該學館已學成者中遴選適當人員擔任,使洋務事件可以覈實辦理,而無賴通事亦能從此斂跡。

同治三年(1864)四月,李鴻章上奏總理衙門,他總結三年來到上海與洋人接觸的心得,暢論改革圖強之道。其內容可分為三個部分:一、分析中國士大夫觀念之陳舊,對於西洋事物孤陋寡聞,其心態更是可議;二、敘述日本君臣力謀自強之後的結果,並預測日後世界及中日可能的外交及軍事形勢,同時也鼓舞中國應效法日本自強的精神;三、唯有增強軍事設備和講求現代武器的製造,才能自強成功(《同治朝夷務始末》,卷 25:9-10)。

同治四年(1865),李鴻章為實現其製器的自強目標,在上海虹口向洋人購買機器廠一座,價銀四萬兩,能修造大小輪船及開花砲洋槍各件,改稱「江南製造總局」。適逢曾國藩委由容閎自美國採購的機器運送到上海,乃

併入製造總局。同治六年（1867）四月，為製造輪船之便，又於上海城南購地七十餘畝，興建新廠，內分汽爐廠、機器廠、熟鐵廠、洋槍廠、木工廠、鑄鐵廠、火箭廠，一座略具規模的現代化機器廠於焉建立。製造局另附設「譯書局」，聘請英美人士翻譯外國書籍，以自然科學和工藝軍事科學為多，對於日後洋務運動之推展，實有其推波助瀾之功（李守孔，1985：231-232）。

　　同治九年（1870），李鴻章由於調任直隸總督的機會，讓他逐漸取代曾國藩，確立洋務運動主導者的實際地位。同年，他以原有三口通商大臣所設之機器製造局加以擴充，分設兩廠；同治十一年（1872），主持規劃中國第一批的幼童赴美游學；同治十一年，奏設輪船招商局。光緒元年（1875），奏請開採煤礦。光緒二年（1876），奏派游擊卞長勝等七人赴德國學習陸軍；並與船政大臣沈葆楨奏准，選派福州船政學堂前後堂學生十四名，藝徒四名，赴法國官廠學習製造駕駛；另派前後堂學生十二名，赴英國水師學堂，學習水師作戰各法；光緒六年（1880），奏設天津水師學堂；並奏准自築鐵路二十里；光緒十年（1884），奏請朝廷設立海軍部，光緒十一年（1885）海軍衙門成立，李鴻章並奏設天津武備學堂；光緒十四年（1888），「北洋艦隊」成軍，中國所購致遠、靖遠、經遠、來遠等四艘軍艦由歐歸國，當時中國的海軍武力居世界第八位，掌握黃海海權，由李鴻章負責實際作業。光緒十六年（1890），奏設威海衛劉公島水師學堂（李守孔，1979：63-66）。

　　總結李鴻章於同治元年（1862）正式成立淮軍以後，迄甲午戰爭以前，推動洋務運動三十餘年的歲月裡，有許多的建樹和創舉，於教育上則特別注重軍事學堂之設立與軍事人才之培育。這些舉動與他在同治三年（1864）所提「中國文武制度事事遠出西人之上，獨火器萬不能及」的理念，以及主導北洋艦隊的經驗有相當大的關係。但是，他的洋務事業，隨著甲午戰爭中國的慘敗，受到無情的抨擊與責難。李守孔（1985：227-228）歸結李鴻章失

敗的原因，他說：「鴻章之失敗，軍事方面則因任人之不當，貪婪無度；洋務方面則因皮毛之改造，假手官僚；外交方面則因昧於世界大勢，受欺於強鄰。」容閎因為留學事務被終結，其遺憾則始終怪罪於李鴻章，更嚴詞批評之（容閎，1966：110）。而梁啟超批評李鴻章：「不學無術，不敢破格是所短；不避勞苦，不畏謗言是所長。」（李守孔，1985：228）確屬有褒有貶，公允之論。

　　綜觀李鴻章終其一生在洋務事業上，以中上之材，因緣際會，成不世之業；然因上受制於腐敗無能的清廷，中受制於保守畏前之同僚，下更受限於愚昧無知的中國大眾，能周旋於列強之間，避免更多的戰禍與事端，使清廷國祚得以延後，其功實不可沒。

肆、船政學堂的創始者：左宗棠

　　左宗棠在晚清的政治人物中，足與曾國藩、李鴻章齊名，勳業亦幾乎相當，此為不爭的事實。但是，就早年生活背景與個人發跡時間而言，左宗棠則與曾李二人大異其趣。曾李兩人的家庭非敢稱為富有，但畢竟已是小康之家，於生活當無虞匱乏；而左宗棠之父為縣學廩生，貧居教授為生。曾李兩人於二十幾歲均已成進士，並入翰林院供職，之後的仕途更是平步青雲，不知羨煞多少科場士子；然而左宗棠除於二十歲考中舉人外，三試進士均未中第，乃摒棄舉業，如同其父，以教書為生，直至四十歲，始得機會加入湖南巡撫張亮基的幕府（李國祁，1984：413）。

　　四十歲以前的左宗棠，雖然不得志於仕途，但卻未因此而懷憂喪志，反倒是潛心實學，成為名震湖南耆宿和顯宦的才氣縱橫之名士。而且，二十八歲那一年，適逢中英鴉片戰爭，他關心戰事的發展，每每致書師友論戰守機宜，更是憤恨清軍之缺乏戰力，批評和議有辱國體。由此可見，左宗棠雖然是一位失意的舉子，但他卻是熱血沸騰、關心國事及時局發展的。

　　咸豐二年（1852），左宗棠四十歲，應湖南巡撫張亮基之邀入其幕府負

責兵事。自此時起，直到同治二年（1863）出任閩浙總督時止，是左宗棠襄助湘撫及親身征勦太平軍的時期。由於在長沙辦理團練的軍務關係，正式結識曾國藩，但兩人並未如曾李之至交；不但左宗棠並不欣賞曾國藩的才能，曾國藩對於左宗棠亦非言聽計從。原因在於，湘軍派系概分為三：一、江忠源之新寧楚勇；二、羅澤南之老湘軍；三、曾國藩之湘軍。因前二派領袖早逝，故其成軍雖早於曾國藩之湘軍，但畢竟在全體湘軍中屬於少數派，而左宗棠與前二派較為接近，日後又主導老湘軍，而成為少數派之首領，因此與曾國藩相抗衡，彼此中下齟齬之惡因（李國祁，1984：425-428）。

同治三年（1864），左宗棠任閩浙總督，自此以後，他才正式進入畢生事業的高峰期，其洋務事業亦於此期展開。

同治五年（1866）五月十三日，左宗棠奏〈覆陳籌議洋務事宜摺〉，充分顯現出其講求製造火輪船之洋務思想，並首先分析中國遭受英國侵略的原因。他認為，嘉慶、道光年間，英國始有兵船闖入中國，雖稱堅硬異常，然不過只是夾板船而已，藉保護洋商為詞，實際上是護送鴉片。地方官吏以理曉喻，立即歸去，因為當時各國均無製造火輪船，故英國無任何挾制中國之具。然而，道光十九年（1839）海上事起，「適火輪兵船已成，英吉利遂用以入犯。厥後尋釁生端，逞其狂悖，瞰我寇事方殷，未遑遠略，遂敢大肆猖獗。」所以他覺得，火輪船幾乎是英國唯一可以威脅中國的利器，一旦中國與英國開釁，勢必決戰於海上，而火輪船更是勝負之關鍵（左宗棠，1963：16-19）。

左宗棠並指出，火輪船是一切機器之母，他說：「輪車機器、造鐵機器，皆從造船機器生出，如能造船，則由此推廣製作，無所不可。」既然火輪船勢在必造，就應該謹慎選擇合作的國家，在他看來，應該選擇法國為宜。因為就英法兩國而言，法國顯然對中國較為友好，英國則只有利字當頭，不肯為中國盡力。最後，他一方面以非常含蓄的口吻表示，法國已經有協助中國的打算：「據德克碑云，中國擬造輪船，請以西法傳之中土，曾以

此情達之法國君主，君主允之，令其選國中工匠與之俱來，未知確否？」另一方面，更以強硬的語氣表示英國無阻止中國製造火輪船之理由：「見在借新法自強之論既發之威妥瑪、赫德，則我設局廠彼雖未與其議，當亦無詞阻撓。」（左宗棠，1963：16-19）

左宗棠依據製造火輪船為洋務要事的思想，在同一天奏〈試造輪船先陳大概情形摺〉，提出「欲防海之害而收其利，非整理水師不可；欲整理水師，非設局監造輪船不可」的主張（左宗棠，1992：280）。在獲得朝廷允准之後，左宗棠積極籌劃，於十一月五日奏〈詳議創辦船政章程摺〉，擬定船政事宜十條及求是堂藝局章程八條，開始辦理製造火輪船的洋務事業（左宗棠，1992：284-288）。「求是堂藝局」就是後來的福建「船政學堂」，它是近代中國第一所教授西洋造船工藝的實業學堂。可惜的是，剛剛創辦，左宗棠就奉命調任陝甘總督，而無法親眼目睹船政學堂之成長。

同治十二年（1873），左宗棠雖任在陝甘總督，但卻心繫船政學堂之發展；他上總理衙門書，積極推薦船政學堂的學生赴英、法兩國留學。幸而獲得船政大臣沈葆楨的通力合作，以及恭親王奕訢的大力協助，此項留學歐洲的創舉始得成行，令左宗棠頗覺欣慰。

總結左宗棠之洋務事業，始終以火輪船之製造為其目標，因此傾全力於船政學堂之規劃工作，並極為注意其後續之發展。正因為如此，船政學堂在近代中國教育史上亦得以留名而無疑。

第三節　西式學堂與游學運動

鴉片戰爭以後，中國的失敗引發國內變法訴求的出爐，經過近二十年的時間，才在英法聯軍攻陷京師之後，正式展開追求自強之道的洋務運動。綜觀洋務派所舉辦的洋務事業，其中與教育直接關係者有二：一、開辦西式學堂；二、派遣學生出國游學。這些事業都是為洋務派的政治、經濟、軍事和

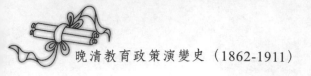

外交活動服務的，是洋務運動過程中極為重要的組成部分（王炳照，1994：55）。

壹、西式學堂的設立

洋務派開辦西式學堂的目的，在於培養辦理洋務的人才、科技實業人才及軍事人才；因此，該時期所成立的學堂不外三類：一、外國語文學堂；二、實業學堂；三、軍事學堂。這些學堂的創辦，代表中國新教育的萌芽，也成為中國教育由傳統邁向現代的重要里程碑。

一、外國語文學堂

洋務運動時期所創辦的外國語文學堂，以京師同文館、上海廣方言館、廣州同文館、台灣西學館、琿春俄文書院、新疆俄文館、湖北自強學堂等七所，較具代表性；前三所集中創立於同治初年，後四所則均創設於光緒十三年（1887）以後。

㈠京師同文館

京師同文館是洋務派最早設立的一所西式學堂，不僅具備開創性的時代意義，同時還是洋務派與守舊派自強觀論辯的主戰場。茲就其創辦的經過、制度演變、意義和影響等三個部分予以說明。

1.創辦的經過

咸豐十年（1860）冬，奕訢在通籌善後章程內，建議成立專責辦理外交事務的總理衙門；並提出「外國交涉事件，必先識其性情，請飭廣東、上海各督撫等分派通解外國語言文字之人，攜帶各國書籍來京，選八旗中資質聰慧，年在十三、四以下者，俾資學習」的建議，均獲朝廷允准（《咸豐朝夷務始末》，卷 71）。然而，八旗已經挑選學生，陸續送齊之後；在遴選教習方面，兩廣總督則稱無人可派；江蘇巡撫則回報，「上海雖有其人，而藝

不甚精，價則過鉅，未便飭令前來」。於是，這項講求外國語言文字的建議，延宕多時均未能舉辦（《同治朝夷務始末》，卷8）。

同治元年（1862）七月二十五日，奕訢首度以總理衙門主管大臣的名義奏請設立同文館，他說：「欲悉各國情形，必先諳其言語文字，方不受人欺蒙。各國均以重貲聘請中國人講解文義，而中國迄無熟悉外國語言文字之人，恐無以悉其底蘊。」既然廣東、江蘇均無師資到京教學，於是不得不於外國人士中延訪；據英國威妥瑪稱，該國包爾騰兼通漢文，暫可令充當教習；經奕訢等召其到總理衙門察看之後，覺其人尚屬誠實，雖未深知其人品，唯以之教習學生，似無可苛求之餘地。因此，於六月十五日先令包爾騰就已挑定之學生十人進行試教，並與威妥瑪預為言明，只學語言文字，不准傳教；另外，聘請漢人徐樹琳擔任教習漢文，並肩負暗地稽察之責（《同治朝夷務始末》，卷8）。京師同文館就如此簡單地開辦了。

京師同文館開辦之初，在教習薪資方面，奕訢認為外國人唯利是圖，既聘為教習，實不得不厚其薪水，以生其端羨之心。又據威妥瑪聲稱，西洋教習必以重貲禮聘，方肯來教，並表示包爾騰本係在外教徒，尚有餘資，若充中國教習，係屬試辦，第一年只給銀三百兩，即可敷用，如明年能顯現教學成效，則須歲給銀千兩左右，方可令其專心教學，俾無內顧之憂；於是，洋教習薪資歲給銀三百兩。至漢教習部分，則按照中國辦法，現擬每月酌給銀八兩，將來是否增加，再隨時斟酌辦理。至於此項教習薪水，及學生茶水飯食、服役人等工食，並一切零費，每年約需銀數千兩。因近年戶部庫銀支絀，無款動支，奕訢等再三斟酌之後，決定建議於南北各海口外國所納船鈔項下酌提三成，由各海關每三個月撥款一次，以資應用（《同治朝夷務始末》，卷8）。由教習薪資以觀，洋務派不惜重金禮聘洋人擔任教學工作，甚至是漢教習的三十幾倍之多，直可見其欲培養外語人才之心已經相當急切。

奕訢除奏准教習薪資及財源之外，並首度提出同文館章程六條，以為館務運作之準據。茲分析如下（《同治朝夷務始末》，卷8）：

第一，招生對象及名額：開辦之初，學生不便過多，擬先招十名，俟有成效，再行添補，唯仍不得超過二十四名。此項學生，應在八旗中挑選，將來添補時，仍應由八旗滿、蒙、漢閒散內，擇其資質聰慧、現習清文、年在十五歲上下者，每旗各保送二、三名，由總理衙門酌量錄取之後，依次序遞補。歸納言之，學生以八旗子弟為主，由各旗提供考生，總理衙門負責考試，以同時在館上課者不逾十人為原則錄取之，並列備取生，以為遞補之用。

第二，師資的聘請：在洋教習方面，現在由包爾騰擔任英文教習，該員只圖薪水，不求官職。將來如廣東、上海兩處覓得人選，應照咸豐十年之奏定章程，由該省督撫薦送來京充補；此缺既係中國人充當，如果教授有成，自應酌量奏請獎勵，唯每年薪水不得援外國人之例辦理。在漢教習方面，現已聘請順天人候補八旗官學教習徐樹琳充當，嗣後若須充補，擬即由考取八旗官學候補漢教習內，仿照鴻臚寺序班定制，咨傳直隸、河南、山東、山西四省之人，取其土音易懂，便於教學。仍取具同鄉京官印結，在總理衙門投卷，試以詩文，酌量錄取，依次傳補，每月給薪水銀八兩。二年期滿，如有成效，無論舉貢班次，均奏請以知縣擢用；再留館教學二年，准以知縣分發各省，歸候補班補用。至於將來學生增加，及覓有教授俄、法等國語言文字之人，此項中外教習，再行隨時酌增，分堂教授。由是以觀，奕訢原本規劃英文教習由中國人擔任，唯因尋覓無人，遂不得不聘請洋人充當，可見其仍擔心洋人教導八旗子弟會有某些不良的影響發生。

第三，置提調人員擔任館內行政工作：由總理衙門辦事司員中，挑選滿漢各一員，兼充該館提調，所有館務責成該員等專心經理，如督課得力，遇有獎敘教習之年，一併獎勵。專設蘇拉三名，以備驅策，每名月給工食銀二兩五錢。

第四，擬定分期考試之辦法：仿照俄羅斯文館舊例，分為月課、季考、歲試三項。月課，則每月初一日由該教習擬定題目，發給學生翻譯，該教習再分別等第，記錄備查；季考，則於二月、五月、八月、十一月等的一日舉

行，出題及評第方式，均如月課，逢季考月仍不停止月課；歲試，則於每年十月十日前，採取口試方式，考列一等者，賞給筆墨紙張，以示獎勵，是月月課、季考均照常舉行。此項考試辦法，第一年內，應先舉行滿漢文字之考試，外國文字則必須於學習一年之後，再試以外國照會，令其翻譯漢文。

第五，擬定學成考試辦法：仿照俄羅斯文館舊例，由總理衙門每屆三年自行考試一次，核實甄別，優者授為七、八、九品等官，劣者分別降革、留館，並將升降各生咨行吏部註冊；其由七品官考取一等應授主事者，按照舊例為鼓勵學生起見，准其遇缺即補，仍准掣分各衙門行走。至考試學生時，該助教等如果訓導有方，亦應奏請以主事分部遇缺即補，仍兼本館行走。

第六，擬定薪資辦法：仿照俄羅斯文館舊例，助教每年俸銀八十兩，七品官每年俸銀四十五兩，八品官每年俸銀四十兩，九品官每年俸銀三十二兩三錢；學生部分，則由各旗坐補馬甲錢糧。

2.制度演變

各館的設置與教習聘請：京師同文館創辦前，已有俄羅斯文館的存在，故其規制大體遵循俄羅斯文館之例。同治元年（1862）五月，總理衙門曾傳集該館助教、副教習、學生等，內額設學生二十四名，除懸缺未補八名及臨時不到三名外，實到學生十三名，面加考試；該學生等並不熟習俄文，其助教二員、副教習三員內，亦只國世春一人尚稱稍通文義。因此，大學士賈楨等，鑒於總理衙門既已成為管理各國事務之專責機構，乃於奕訢上奏的同日，奏請將所有俄羅斯館章程，歸併總理衙門一體妥議辦理，以昭畫一；並將國世春咨送總理衙門，仍留原俸，在新設之學堂行走。其餘助教一員，副教習三員，及已未到學生十六人，應行裁撤，其學生所領馬甲錢糧及該館一切領項，自應一併裁去，以節糜費（楊家駱，1963：11）。如此一來，京師同文館正式成立之後，俄羅斯文館即行裁撤。

同治二年（1863）三月十九日，奕訢奏請正式添置法、俄文洋教習及漢教習；對於洋教習，仍然採取一貫的嚴格考察方式，奕訢敘述兩位教習的聘

請經過。法文教習司默靈，係法國公使哥士耆推薦，本係傳教士，本來「頗不謂然，當即力卻。嗣經哥士耆再三剖辨，據稱司默靈雖屬教士，現在並不傳教，且其人尚誠樸可充斯席」。經令其到總理衙門面見，「尚無傳教士習氣，因與切實言定，若到同文館，斷不准其傳教，一涉此弊，立即辭回，該使應允而去。」俄文教習柏林，係俄國公使把留捷克推薦，原任公使館翻譯官，嗣因接手有人，在館閒住；此人曾多次至總理衙門洽公，奕訢均曾接見，「人尚不十分狡詐，以之教習學生，似尚無大流弊，因以與把留捷克訂定。」（《同治朝夷務始末》，卷 15）經過長期而多次的觀察，奕訢才放心正式聘用法文、俄文教習，其審慎的態度，是有理由的：一、避免守舊勢力的攻訐；二、本於「非我族類，心必二」的戒心（宋恩榮，1994：13）。後來，各國洋教習的薪資，第一年與英教習包爾騰言明，試辦期間先給三百兩銀，若教有成效，第二年起即須支付一千兩銀，今法、俄公使並無試辦少給薪水之說，未便與之斤斤計較，且外國教習非厚給線恩，亦無人願來充當；因此，英、法、俄三國教習均給予年薪一千兩銀，以示大方，分春秋兩季支付，並令其於三月六日到館教導（《同治朝夷務始末》，卷 15）。

　　至漢教習的聘用，除了教習館內學生漢文之外，並須肩負暗地稽察洋教習之責，而且創辦之初，漢教習日與外國人相處，必須人品端正，方為可用。於是在同治元年七月間奏定章程，均由八旗咨傳考試錄用。第一年英文館漢教習徐樹琳，自「採訪傳充以來，課讀一年，館務諸稱安靜」；因此，沿襲此例，訪得鑲藍旗直隸人漢教習張旭升，候補八旗河南人漢教習楊亦銘，「品學均尚端粹，堪膺斯選也」，已經行文國子監、禮部咨取前來；於三月六日將張旭升分入法文館、楊亦銘分入俄文館，各派挑定八旗學生十名，令其教習，每月薪八兩銀，按月支給；與法、俄兩國教習，公同教導學生。同時，諭知該館提調成林、夏家鎬等，隨時督同各館漢教習等，對洋教習勤加稽查防範，如涉有傳教之弊，即行據實稟明，以便辦理（《同治朝夷務始末》，卷 15）。由是以觀，奕訢對於洋教習在同文館內教學，懷有相

當大的戒心，不但於各館均聘用漢教習暗地稽察，又諭知提調加入稽察行列；因為他深怕洋教習私下傳教，而使同文館成為學習邪教之處，造成守舊派的攻擊。

對於漢教習的獎勵，同文館已經訂有兩年考核一次的規定。同治四年（1865）四月五日，奕訢奏請獎勵俄文館漢教習楊亦銘及法文館漢教習張旭升，其奏摺稱：「自到館之日起，扣至本年三月初六日，二年期滿，該教習等在館課讀，朝夕無間，自應照章獎敘，均請以知縣用。如蒙俞允，即由臣衙門咨照吏部遵辦。仍照章將楊亦銘、張旭升留學二年以資教習。」（《同治朝夷務始末》，卷32）

至於洋教習部分，因為年薪一千兩銀已屬高薪，故原章程並未明定獎勵措施。同治三年（1864）歲考後，俄文教習柏林曾面請酌加薪資，但奕訢答以，「此係定章，礙難允准，如將來各館學生學有成效，彼時自當奏請獎賞。」同治四年（1865）十月間，大考各館學生均已分別奏請獎勵；奕訢思索再三，認為洋教習既有加薪之請，學生大考於外國語言文字又頗有進益，「倘不量予獎賞，勢必仍伸前說，若待其自行瀆請，難保不所求甚奢，彼時再為酌給，該外國教習反或視為分所應得。」因此，三館事同一律，每名洋教習酌送二百兩銀，「明示以酬勞之意，即隱杜其貪得之心。」（《同治朝夷務始末》，卷38）

以上所述，為同文館創辦初期的大概。自添增法、俄文館後，同文館即以英、法、俄文館為其骨幹，進行外國語文之教育工作；同治五年，奕訢奏請設立天文算學館，在原有的外國語言之外增加科學知識的學習，同文館的學習範圍因此擴大，不再只是單純的外語學堂。後來，同治十一年（1872）又增設德文館，光緒二十四年（1898）增設日文館。

學生、課程與考試：同文館的學生，最早規定來自於十三、四歲以下的八旗子弟，但是這些年幼的學生，「於洋文洋語尚能識認通解，於漢文本未貫串，若令以洋文翻譯漢文，功夫分用，速效難期。」因此，光緒十一年

（1885）九月三日，總理各國事務奕劻等上奏，推廣招考年在十五歲以上、二十五歲以下，「文理業已通順者」，庶可事半功倍；又為因應天文算學館的招生，甚至年齡與滿漢資格均不限制，凡舉貢生監及平日講求天文、算學、化學、洋文者，不拘年歲，一律收考，以期有裨實用（楊家駱，1963：63-64）。

學生數額，於創設之初，學生只有十名，增加法、俄文館之後，各館亦只能有十名，以後陸續增加。到了光緒十一年（1885）十一月的入學考試，應試者計有三百九十四名，經試以策論、四書文，認真考核的結果，錄取文理通順及粗通天文、算學、化學、洋文者，選擇一百五十名，於十二月八日複試，再詳加甄選後，共計錄取漢文八十名，幼童雖未全篇而文理明順者十名、天文二名、算學十二名、化學三名、翻譯洋文一名，共一百零八名（楊家駱，1963：66）。後來在光緒十三年，學生增加為一百二十名，直到同文館結束，大概保持這個數目（王炳照，1994：57；宋恩榮，1994：13）。

學生的費用，同治元年（1862）規定由各旗經費給付，到了同治四年（1865），歷經第一次的大考之後，由於每年三成船鈔足可運用，且各旗操練緊要，未便以學生虛占各旗甲缺，致礙操練，於是廢除是項規定，而改「設膏火以省甲缺」。並自同治五年（1866）一月一日為始，將各學生所補甲缺裁還各旗，每館學生各以十名為額，三館共三十名，由總理衙門三成船鈔項下，不論等第，每名每月撥給膏火三兩銀。其考取得官有俸可支者扣除不給，扣存之銀即以備月課前列學生獎賞，臨時酌定給領（楊家駱，1963：17-18）。

同文館的課程，因為其創辦的目的和動機都極為單純，即在學習外國語言文字，所以在最早奕訢的奏摺中並未明定；後來，天文算學館的成立，已經加入科學的課程，豐富了同文館的學習內涵；直到光緒二年（1876），才由總教習丁韙良擬定一套較為完整的課程表。該課程表分為兩個部分。

第一，由洋文而及諸學，共須八年。館中學習洋文四種，即英、法、

俄、德四國文字，其學習英文者，能藉以學習其他學科，而始終無礙；其餘三國文字雖熟習之，仍須藉漢文以學習算學、格致等學科。分年課程如下：

首年：認字寫字、淺解辭句、講解淺書。

二年：講解淺書、練習句法、翻譯條子。

三年：講各國地圖、讀各國史略、翻譯選編。

四年：數理啟蒙、代數學、翻譯公文。

五年：講求格物、幾何原本、平三角、弧三角、練習譯書。

六年：講求機器、微分積分、航海測算、練習譯書。

七年：講求化學、天文測算、萬國公法、練習譯書。

八年：天文測算、地理金石、富國策、練習譯書。

最後，丁韙良還加上附註：「以上課程，唯漢文熟諳、資質聰慧者，可期成就，否則年數雖加倍，亦難望有成。至西語則當始終勤習，無或間斷；而天文、化學、測地諸學，欲精其藝者，必分途而力求之；或一年、或數年，不可限定。」

第二，年齒稍長，無暇肄及洋文，僅藉譯本而求諸學者，共需五年：

首年：數理啟蒙、九章算法、代數學。

二年：學四元解、幾何原本、平三角、弧三角。

三年：格物入門、兼講化學、重學測算。

四年：微分積分、航海測算、天文測算、講求機器。

五年：萬國公法、富國策、天文測算、地理金石。

最後的附註：「漢文經學，原當始終不已，故於課程並未另列。向來初學者每日專以半日用功於漢文，其稍進者亦皆隨時練習作文；至醫學未列課程者，因非諸生必由之徑，或隨時涉於體骨等論，以廣學識，或俟堂憲諭令而專習之皆可。」（高時良，1992：86-87）

同文館的考試制度，仿照俄羅斯文館舊例，分為月課、季考、歲試三項，依其等第，給予獎懲，另外有每三年一次的大考，類似於畢業考試。第

一次的大考是在同治四年（1865），原本應於五月舉行，因英文館教習屢次更換，學生功課難免作輟，經展緩數月，與法、俄文館三年之滿時，一律考試，遂於十月十一日起開始考試，至二十一日止，計九日（《同治朝夷務始末》，卷37）。

考試方式，按館分日在大堂公同面試，並飭提調等在旁稽察，防範槍替等弊。考試分為三階段：初試，將各國配送洋字照會令其譯成漢文；複試，將各國條約摘出一段，令其翻成洋文，再分別名次高下；再複試，由考試官「密出漢話條字，按名交該學生等令其繙成外國言語，隔座向外國教習侍講，再令外國教習，將學生言語譯漢寫明，兩相覈對。」最後，將三次試卷條子，合併比較（《同治朝夷務始末》，卷37）。

經過九日考試的結果，奕訢認為：「其翻譯各文雖未能通體貫串，亦尚有相符之處，外國語言亦多吻合。」然而，對於獎勵的情形，奕訢則認為「現考前列學生，雖翻譯尚無錯誤，然究屬一知半解，於西洋文字未必全局貫通，若遽授以七品官，轉恐該學生等視之太易，不復用心。」為求審慎起見，擬定獎勵如下：優者分別為八、九品官，咨送吏部註冊，仍留館學習；其餘尚堪造就者，分別記優、記過，留館學習；至劣者係初次考試，無可降罰，應行咨回本旗，所食甲缺錢糧，應由各該旗察其能否當差，自行酌辦理（《同治朝夷務始末》，卷37）。

對於第一次畢業考的成績，奕訢似乎不太滿意，所以附片擬具變通章程六條，其中有關學生者三條，期待能夠對學生有激勵作用（楊家駱，1963：17-19）：

第一，酌定獎賞以資鼓勵。原奏章程規定，季考並無獎賞，現擬歲考和季考均酌定獎賞數目，以資鼓勵。歲考一等，每館二名，每名四兩；二等三名，每名二兩。季考一等二名，每名三兩；二等三名，每名一兩五錢。歲、季考等第，連同月課等第，由提調官酌定，分別註冊存查。每遇季考月分，即停其月課，以免重複。

　　第二，嚴定學生告假日期以免作輟。原奏章程並無學生告假日期之限制，難免有曠廢之虞。嗣後學生除季考、月課不准告假，違者扣除一月膏火外，其平日告假，每月應以二日為限，踰二日者按日扣除膏火；遇有事故以百日為限，踰百日者撤退。

　　第三，定去留限制以免濫廁。鑒於初傳到館學生，天資敏鈍不能預知，學習三月，已可略見端倪。是否尚堪造就，應令各教習於學生到館三月後，出具切實考語，分別去留。其留學者，應俟一年期滿，再考核一次。如於各國語言文字無所通曉，或知大概而翻譯模糊者，即行撤退，另傳備取學生。其每月膏火，應俟一年考核確能留館學習後，方准開支，以免濫竽之弊。

(二)上海廣方言館

　　同治二年（1863），由時任江蘇巡撫的李鴻章奏請設立，以學習外國語言文字為目的。

1. 創辦的動機

　　「上海廣方言館」之設立，係李鴻章體認通事在辦理對外交涉事務上的缺失。同治二年（1863）正月二十二日，他奏〈請設外國語言文字學館摺〉時表示：「中國與洋人交接，必先通其志，達其意，周知其虛實誠偽，而後有稱物平施之效。」但是，中國與洋人通商已歷二十餘年，洋人學習中國語言文字者不在少數，其優者，更有能讀中國經史，於朝章、憲典、吏治及民情等知之甚深者；中國官員紳士，卻絕少通西洋語言文字者，因此，只能依賴通事之傳譯，而其通事遂為洋務之大害（《李文忠公全集》奏稿，卷3）。

　　經查通事之來歷，不外兩種：一、廣東、寧波商人子弟，「佻達游閒，別無轉移執事之路者，輒以通事為逋逃藪」；二、英法等國設立義學，招本地貧苦兒童，給予伙食而教導之。這兩種人，皆為「市兒村豎，來歷難知，無不染涅習氣，亦無不傳習彼教。」而且，「資性蠢愚，心術卑鄙，貨利聲色之外不知其他。」再者，觀察其能力，僅通洋語者約占十之八九，兼識洋

字者約占十之一二；而所認識的洋字，亦不過貨名價目，與淺顯文理，「不特於彼中兵刑食貨，張弛治忽之大營焉無知，即遇有交涉事宜，詞氣輕重緩急往往失其本指。」於是，這些通事經常「藉洋人勢力播弄挑唆以遂其利欲，蔑視官長，欺壓平民，無所忌憚」（《李文忠公全集》奏稿，卷3）。

由於通事能力及人品之嚴重缺失，造成交涉上的問題已不在話下，李鴻章描繪其情形：「如會辦防堵一節，閒與通習漢語之大酋晤談，尚不遠乎情理。而瑣屑事件，勢不能一一面商，因而通事假手其間，勾結洋兵為分肥之計。誅求之無厭，排斥之無理，欺我聾瘖，逞其簧鼓，或遂以小嫌釀成大釁。」（《李文忠公全集》奏稿，卷3）職是之故，李鴻章奏請援京師同文館之例，於洋人總匯地之上海，設立外國語言文字學館，以培養對外交涉的人才，取代通事，避免通事危害洋務的問題繼續擴大。這個最早設立於上海的外國語言文字學館，即是「上海廣方言館」。

2. 初期辦理的情形

李鴻章的奏摺於同治二年（1863）二月十日奉旨施行後，隨即札委上海縣儒學章安行，擇定馮桂芬所主講的敬業學院為基地，購備工料，督同董事舉辦。嗣經江海關道黃芳於四月二十九日擬訂〈上海初次議立學習外國語言文字同文館試辦章程十二條〉，呈請李鴻章批准後，上海廣方言館的規章制度遂完成法定程序，並繼續籌辦的工作（高時良，1992：175）。

廣方言館的學生，來源有二：

⑴「選近郡年十四歲以下，資稟穎悟、根器端靜之文童」，學成之後，送省督撫考驗，作為該縣附學生，准其應科舉試。

⑵候補佐貳佐雜等官，有年少聰慧願入館學習者，呈明由同鄉官出具品行端方之切結書，送館一體學習，學成後亦酌給升途，以示鼓勵。

觀察其學生來源，較京師同文館更為廣泛，不限滿漢資格，年齡限制也較為寬鬆，原因是李鴻章認為：通商事務固然由總理衙門主導，但中外交涉事件則以上海、廣東兩地為多，勢必不能單以八旗學生為招生對象，只有多

途以取，隨地以求，始能增加學習外國語言文字者；人數既多之後，即有人才可蔚為國用（《李文忠公全集》奏稿，卷3）。

學生分上班與下班。初進者先在下班，學習外國公理公法，如算學、代數學、對數學、幾何學、重學、天文、地理、繪圖等事，皆用初學淺書教習。若作翻譯者，另習外國語言文字等書。上班者分為七門：一、辨察地產，分煉各金，以備製造之材料；二、選用各金材料，或鑄或打，以成機器；三、製造或各種木或鐵；四、擬定各汽機圖樣或司機各事；五、行海理法；六、水陸攻戰；七、外國語言文字，風俗國政；學生學此各事之時，仍須兼習下班之學（高時良，1992：182）。

由課程內容以觀，李鴻章原構想以培養對外交涉人才為主的學館，經過幕僚人員的轉化之後，已經包羅萬象，一變而成為綜合性的學習機構，外國語言文字的學習成為其中的一項，甚至初學者尚可以毋庸學習，不啻與李鴻章之本意大相逕庭。然而，幕僚人員的轉化，可能也是受到李鴻章奏摺的影響或暗示，奏摺稱（《李文忠公全集》奏稿，卷3）：

「彼西人所擅長者，推算之學，格物之理，制器尚象之法，無不專精務實，洵有成書，經譯者十纔一二，必能盡閱其未譯之書，方可探賾索隱，由粗淺而入精微。我中華智巧聰明，豈出西人之下。果有精熟西文者轉相傳習，一切輪船火器等巧技，當可由漸通曉，於中國自強之道似有裨助。」

因此，歸納言之，上海廣方言館的設立動機，本為培養熟悉外國語言文字的交涉人才，至少就李鴻章奏摺一開始所說的來看確是如此；但是，李鴻章也體認到外國語言文字只是工具，真正的目的是由語言文字的熟悉，進步到製造機器之學的通曉，因為那才是自強的根本之道。

在教習方面：諭旨雖然同意李鴻章之請，但鑒於洋教習可能會有傳教的舉動，恐對學生產生不良影響，遂飭令該館學生應專習外國語言文字，「不

准西人藉端影射，將天主教暗中傳習，該撫仍當隨時稽察，毋令滋弊。」（楊家駱，1963：141）因此，李鴻章的幕僚在擬定章程時，已經注意到這一點，乃規定延請「識通思邃志毅力沉，於中西之學確有見地者一人」，擔任總教習（稱為「山長」），藉以「楷模多士，熔鑄群材」。分教習則聘請偉烈亞力、傅蘭雅、瑪高溫等為西文教習；徐壽丞、華蘅芳、王德均、徐建寅等為格致教習；李誠、朱升等為繪圖教習（高時良，1992：183）。

(三)廣州同文館

同治三年（1864），由時任兩廣總督的毛鴻賓奏設，以學習外國語言文字為目的。

1.創辦的經過

廣州同文館的設立，源於李鴻章在奏請設立上海廣方言館的同時，附帶提到，「廣東海口可否試行，有無窒礙之處，應請飭下該省督撫體察辦理。」因此，諭旨允准李鴻章奏請時，指示廣州將軍庫克吉泰及兩廣總督晏端書，亦應仿照上海之例辦理，並給予極為嚴格的訓勉：「此事為當今要務，該將軍等務當實心辦理，不得視為具文，倘將來日久無效，唯該將軍等是問！」（《同治朝夷務始末》，卷 14）

晏端書及庫克吉泰接獲諭旨後，似乎並無動靜，直至同治二年（1863）的五月，距離上諭已經三個月，兩人才紛紛上奏。晏端書與廣東巡撫黃贊湯聯合上奏稱（《同治朝夷務始末》，卷 16）：

> 「上海設立學館，尚須度地庀材，考選幼童，入館肄業，粵省則應取諸廣州駐防。署將軍臣庫克吉泰本已挑有八旗子弟百餘人，令其勤習翻譯，行之數年，訓課策勵，頗著成效。……所有一切詳細章程暨經費定數，容臣等會同悉心籌議，奏請聖裁。」

庫克吉泰則奏稱（《同治朝夷務始末》，卷 16）：

「奴才前於到任時，竊見洋人在城，人心未定，恐其日久廢弛，因令八旗子弟分別肄習，強而力者專習弓馬，秀而文者兼學清漢。奴才復隨時考校，列等獎勵，數年以來，頗知奮勉。茲於翻譯學生內詳為揀選，尚可得人。俟撫臣李鴻章於上海章程咨覆到日，當即同署督臣晏端書會商妥議。」

由兩份奏摺以觀，廣東部分的主事者似有因循拖延之意，其理有二：一主事者延至上諭之後的三個月才有回奏，顯見其辦事心態不夠積極；二、如果該等人員亟謀章程之議定，應當即刻公同商議，或專程與李鴻章會商，卻只是單方面地等待上海廣方言館之章程，顯有怠惰之虞。

後來，又延宕一年的時間，到了同治三年（1864）六月十日，才由時任兩廣總督的毛鴻賓，奏〈開設教習外國語言文字學館摺〉，對於同治二年（1863）的上諭總算有了較為具體的回應。毛鴻賓稱：「伏思學館之設，教育人才，期於曉暢翻譯，通澈中外事理，以備緩急之用，洵屬及時要務。粵省先因勘擇地基，建築館舍，並籌經費，一時尚難集事，致緩舉行。」（《毛尚書奏稿》，卷 13）由毛鴻賓之奏摺以觀，已經承認晏端書及庫克吉泰確有緩辦之事實，並將其原因歸於選擇基地、建築房和籌集經費；然而，幸有毛鴻賓之接任，始能再度催生廣州同文館。

2.學生與教習

毛鴻賓於廣東省城大北門內朝天街，租賃房屋二棟，稍加整修，以為學館後，隨即積極聘請教習和招收學生。

學生的來源，共分三類：一、廣州駐防滿漢八旗，向習清書翻譯子弟內，挑選資質聰慧，年歲二十左右者十六人；二、訪擇漢人世家子弟，才堪造就者四人；三、如有清白安分之人，自願入館附學，亦准公正官紳保送入館，一律訓習，考試仍定額十名，示以限制。以上第一、二類學生共二十名，已於同治三年五月二十日開館。所有學生均令其認真學習，遞年考試，

甄別一次。在考核獎勵方面，若該生於中外語言文字無所通曉，即應分別黜退更換；如在館三年，學習有成，即派充各衙門翻譯官，准其一體鄉試；其由翻譯官出身，並著有勞績者，均以府經歷縣丞陞用；旗員願就武職者，以防禦陞用，俾資鼓勵（《毛尚書奏稿》，卷13）。

在教習方面：遴派鑲黃正白旗漢軍協領王鎮雄，為該館提調；並委正白旗漢軍防禦談廣丹、候補縣丞湯森為館長；另查江西南豐縣翰林院編修吳嘉善，品行端潔、文理優長，已聘為漢文教習；又美國人譚順，精熟西文，人亦體面，堪為西文教習（《毛尚書奏稿》，卷13）。

同治三年（1864）七月十八日，奕訢就毛鴻賓奏摺回奏稱，該館係仿照京師同文館及上海廣方言館各章程變通辦理，尚屬妥協，應即准其照辦；並提出幾項疑義，要求查明再奏（《同治朝夷務始末》，卷27）。

第一，通商各國，以英、法、俄交涉事務為多，學習外國語言文字，亦以英、法、俄為要。美國文字大略與英國相同，因此京師同文館併設三館，同時並習。廣東省與外國交涉事件，英法多而俄較少，是學習英法文字，實為粵省急務。然而，廣東省僅延聘美國人譚順一名為西文教習，其英文自必其所素習；唯該教習是否兼精法、俄兩國文字，可期一手教導，不必再設法、俄文館？應令該將軍等查明聲覆。

第二，學生考核獎勵部分：查同治二年二月間，奉旨飭令庫克吉泰、晏端書辦理設立教習外國語言文字學館，係令其於學成後，調京考試，授以官職。今查該將軍等原奏，於調京考試一節，未經議及。因此，該省同文館學生如三年學成，駐防滿漢旗人應准作為翻譯生員，准其翻譯鄉試，並文鄉試；其漢人世家子弟，應准作監生，一體鄉試，並均准充翻譯官；如有精通西語西文、才識出眾者，即應遵照上年二月諭旨，調京考試，授以官職，以拔真才而收實用。

㈣台灣西學堂

　　台灣於光緒十一年（1885）建省，以劉銘傳出任首任巡撫。劉銘傳才識兼備，且具有近代思想，為一有擔當、有魄力、有遠見之政治人物。自蒞任後，立即大行洋務事業，尤其對於文教設施，更是開近代教育風氣之先。當時，劉銘傳體認到時勢所趨，在於輸入歐洲新進國家之文明，乃於光緒十三年（1887）起，開始創辦新式教育，採用歐美新學制，以養成通達時務之人才。西學堂即其第一所創辦的西式學堂（台灣省文獻委員會，1970：68-69）。

　　光緒十三年（1887）三月，劉銘傳創辦西學堂於省會所在地，台北大稻埕六館街，光緒十六年（1891），移至台北城內登瀛書院之西鄰，並新建堂址。觀之劉銘傳創辦的動機，可見於光緒十四年（1888）六月四日的上奏〈台設西學堂招選生徒延聘西師立案摺〉，他說：「台灣為海疆衝要之區，通商籌防，動關交涉。祇以一隅孤陋，各國語言文字，輒未知所講求。臣初到台，翻譯取才內地，重洋遙隔，要挾多端，月薪至百餘金，尚非精通西學。因思聘延教習，就地育才。」（台灣省文獻委員會，1970：69）

　　起初，劉銘傳向官紳募捐微資，造就一、二良才，以資任用；一時之間，「聞風興起，膠庠俊秀，接踵而來」；於是，不得不開設學堂，以符應朝廷教育人才之意。在教習方面，聘請曾經游學外洋的張爾城擔任總監，英國人布茂林及丹麥人轄治臣為外國語文教習，另聘有助教二人，均係游學生，教國文者，則為內地有名之學者。洋教習薪資，每人每月支給洋幣三百五十元；漢教習則每人每月支給洋幣五十元（台灣省文獻委員會，1970：69）。

　　在學生方面，光緒十三年（1887）先甄選錄取年輕質美之士二十餘人，全部以官費優待，第二年又增加十餘人。學生如由附生考入者，月給銀八兩；由文童考入者，月給銀五兩七錢；幼童月給三兩八錢。有關學生座具，

及隨時應用外洋圖書等項，均准據實開支；約計脩膏雜費，每年需七千餘兩，在鹽務項下動支（台灣省文獻委員會，1970：69）。

堂內課程分為普通學科及國文等，國文以一般文學程度為準，課以經學藝文；故在名稱上雖為西學堂，實際上則為高等之普通教育機構。在教學方面，派漢教習二人，於西學餘閒，兼課中國經史文字，「既使內外通貫，亦以嫻其禮法，不致盡蹈外洋習氣，致墮偏詖。」每日以巳、午、未、申四時（約上午九時至下午五時）專心西學，早晚則由漢教習督課國文，遇西洋星期日，則必須課試論策。每季，由委員會同洋教習考校一次，別其差等，分行獎懲；或有不堪造就者，隨時撤退遞補。經過劉銘傳一年的用心規劃與實行，至光緒十四年（1888）六月，已成立逾一年，規模已具，他自己則認為「考察所習語言文字，均有成效可觀。」因此，規劃逐漸增加圖算、測量、製造等學科，令各學生砥礪、研磨，日臻有用；最終目的則是希望台灣省現辦機器、製造、煤礦、鐵路等洋務事業，將來亦可有用之才（台灣省文獻委員會，1970：69）。

由是以觀，台灣建省如此之緩，地理位置距離京師亦是如此之遙，卻能躋身於創辦洋務事業之行列，使西學堂得以成立和發展，實應歸功於首任巡撫劉銘傳之遠見和戮力；再者，同治十三年（1874）日本進犯台灣的教訓，使得李鴻章已經開始注意日本對中國可能產生的威脅，而台灣與日本距離極近，在戰略上必有其重要的地位，想必李鴻章對台灣西學堂之創辦亦表支持態度。

㈤琿春俄文書院

琿春俄文書院於光緒十四年（1888）三月一日，由吉林將軍希元奏請設立。該書院的成立源於光緒十三年（1887）五月，吉林將軍希元曾奏調內閣中書慶全，以為俄文翻譯教習官，挑選八旗子弟，在琿春設立學堂，以學習俄國語言文字；慶全於十四年正月間行抵琿春，同年三月一日設立學堂，名

為翻譯俄文書院，院中一切規模經費，均依照京師同文館刪減。

　　洋教習一員，月支薪水銀六十兩，由防餉開支已經奏准外，其餘該書院應備之以下經費均未獲准支應：漢教習一員，月支薪水銀十二兩，司事、書手各一名，月支銀七兩，學生十五名，每月支膏火銀二兩，學生紙筆墨費心紅，月支銀五兩，廚夫、伙夫各一名、應役人二名，每名月給工食銀三兩，每月賃房租銀十兩，按年添買中外書籍需銀三十兩，每年共計需銀一千零二十六兩；初設書院，購買書籍陳設鋪墊，共需銀一百兩。另外，月課及年終歲考獎賞銀兩，難以預定數額，應隨時覈實報明。光緒十五年（1889）七月十六日，總理各國事務奕劻就該書院的經費需求，做出同意核准的回應。

　　在教習方面，則比照廣東同文館翻譯官獎勵之案辦理；如係已有官職人員，三年教習期滿，著有成效，准保加升階一層；如由無官職人員，三年教習期滿，擬比照同文館准作為翻譯官章程，再留三年，始終不懈，以府經歷、縣丞分發洋務省分試用，仍將教習銜名先行報部立案，以憑查覈；如不得力，即行另以通曉翻譯之人充補。

　　至於課程方面，因吉林將軍原奏並未敘明，所以奕劻要求該將軍應將書院課程，隨時咨報總理各國事務衙門，以憑查覈。倘數年後查無成效，應仍奏請裁撤（楊家駱，1963：146-148）。

㈥新疆俄文館

　　新疆俄文館的成立，曾經歷一段試辦期。早在光緒十一年（1885），新疆巡撫劉錦棠曾函請總理衙門派同文館學生、戶部候選郎中桂榮，到新疆辦理翻譯事務。光緒十三年（1887），即仿照同文館章程挑選學生，於省城烏魯木齊設立俄文學館，以桂榮兼充教習，並於候補人員內，遴委漢文教習一員，分立課程，督令肄業。當時因屬試辦，未經具奏（高時良，1992：250）。陶模就任新疆巡撫後，始於光緒十八年（1892）九月十四日，將俄文館章程四條奏報朝廷，其重點如下（高時良，1992：251-252）：

第一，俄文教習一員，咨由總理衙門就同文館選派精通俄國語言文字者充當，每月薪資六十兩銀；漢文教習一員，就新疆候補人員內，挑選由進士、舉貢出身，勤於訓迪之員充當，每月支給四十兩銀。

第二，學生以八名為定額。挑選新疆當地居民資質較優者，及在省文武官員子弟，既流寓客籍，年在二十歲以下，稍通漢文，資質聰穎者。每人每月給予膏火、筆墨費用計銀四兩五錢，入學肄業一年期滿，由巡撫考試甄別，其翻譯舛錯、毫無長進者汰出；翻譯吻合、材堪造就者准其留館繼續學習。

第三，學生必須常住在館。遇事請假，必稟明教習，每月以三日為限。每日課程，巳午未時（九時至十五時）由俄文教習訓課，早晚各時由漢文教習訓課。每月由巡撫考課一次，或以漢文翻譯俄文，或以俄文翻譯漢文，分別甲乙等第，酌給獎勵。肄業三年翻譯無訛者，派充各處翻譯；其學業稍遜者，仍令在館學習，遇有派出或經淘汰，隨時遞補。

第四，館夫二名，每名月給工食錢銀三兩六錢。另外添購書籍、整修房屋及月課獎賞之費用，隨時酌量支給，核實報銷。

第五，俄文教習、漢文教習及學生，每屆三年期滿，給予獎敘。教習三年期滿，著有成效，係有官職者，准保加升階一層；係無官職人員，比照同文館准作為翻譯官章程，再留三年，始終不懈，准以府經歷、縣丞，歸部銓選。學生三年期滿，學業有成，派往通商各處，充當翻譯委員；如當差三年，頗稱得力，均准以府經歷、縣丞，歸部銓選；其學業稍遜，實堪造就者，並准隨案酌保虛銜一、二名，以示策勵。

至此俄文館的法定地位始得確立。而原教習桂榮因已保候補知府，難兼教習之職，陶模乃咨請總理衙門挑選六品銜同文館翻譯官桂煜專充俄文教習。該館畢業生，因伊犁、塔城、喀什葛爾等地之需，分派前往供差，均能勤慎勝任（高時良，1992：253）。

(七)湖北自強學堂

　　湖北自強學堂由湖廣總督張之洞於光緒十九年（1893）奏請設立於武昌。張之洞之所以創設該學堂，係源於光緒十七年（1891）春，地方官曾廣敷的奏報，他在報告中表示：由於當地的商人發現，如果缺乏外語知識和商業的實踐，要想在市場上競爭是相當困難的；如果能透過兩、三年的商業教育，中國商業的競爭力勢必會提升。因此，他建議在兩湖書院的課程中，增加「西洋方言」和「商業知識」，以作為湖南、湖北茶業貿易的一種措施（Ayers; 1971, 125）。

　　根據曾廣敷的建議，新學堂宜側重西洋方言和商業教育，並著重「拓資源塞漏巵之術，擴大本地貨物的銷路，增加人民的財富」。張之洞顯然很贊成這種說法，並準備開始推動。但是，張之洞認為，與其在兩湖書院增添新課程，不如另設一所專習西學的學堂，明文規定招收茶商子弟，如此將更有成效。於是，他令幕僚人員研議，其結果就是兩年後「湖北自強學堂」之創辦（Ayers; 1971, 125）。

　　光緒十九年（1893）十月二十二日，張之洞奏〈設湖北自強學堂片〉指出，湖北地處上游，南北要衝，漢口、宜昌均為通商口岸，對外交涉事務日見繁重，一動即關係著大局，所以及時創設學堂，造就洋務人才，似已刻不容緩（Ayers; 1971, 124）。因此，於湖北省城內鐵政局之旁，購地興建學堂一所，即名為「自強學堂」，分方言、算學、格致、商務四門，每門學生先以二十人為率，湖北、湖南兩省人士方准與考。同時，他也說明各門學習之綱領：方言學習泰西語言文字，為馭外之要領；格致兼通化學、重學、電學、光學等事，為眾學之入門；算學乃製造之根源；商務關富強之大計。每門延教習一人，分齋教授，令學生由淺入深，循序漸進，不尚空談，務求實用。所需經費，暫就外籌之款湊撥（《張文襄公全集》奏稿，卷 21）。

　　奏摺奉准後，隨即出示招考章程，準備招生工作，其重點如下（《張文

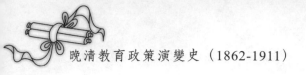

襄公全集》公牘稿，卷28）：

第一，原定開設四門，因算學一門，中國古法及新譯西書書籍較多，可不必透過洋文學習，故已改歸兩湖書院另行講習；格致、商務兩門，中國既少專書，天津、上海各譯書局所譯之書不過略舉大概，教者、學者均無從深究，暫行停課；因此，先行統課方言一門，以為研究一切西學之階梯。

第二，學生名額定為一百二十名，分習俄、德、法、英四國語言文字，每門三十名，分四堂授課。學生年齡必須在二十四歲以內十五歲以上，口齒清晰、志趣漸定者；且必須以華文為根柢，以聖道為準繩；因儒書既通之後，輔以西文教授，庶可收事半功倍之效；故若非華文精通、義理明白、根基已立者，斷不收錄。另外，因目前學舍尚未興建完成，一百二十名學生錄取後，先入學六十名，餘六十名俟學舍興建完成後，再行入學。

第三，挑選學生，先考華文一次，照定額加倍錄取，再舉行口試；「**相其器宇端正，口齒靈敏，體質壯實，確無嗜好者**」，始准正式錄取。於正取生外，另備取生三、四十名；俟入堂三個月以後甄別一次，將不堪造就者剔除，再依序遞補至額滿為止。

第四，學生一經入學即為官學生，除一切伙食、書籍、紙筆等均由學堂供應外，每人再月給膏火銀五兩，以資安心向學。肄業期間五年，若非實有緊要正事，不得自行請假；若藉端求去，改習卑下之業，甚或不自愛惜，受洋行雇充翻譯，須追繳歷年薪水伙食及本身一切費用。

章程既定之後，學堂即行展開教育工作。但是，開辦後的第一年，學生的表現令張之洞很失望，他不得不承認，在學堂開辦之初，未能將最重要的事情放在第一位，學堂雖有一些成效，但學生卻多空談而少實際，他們的學習相當膚淺。因此，張之洞已準備要進行一波學堂內的改革（Ayers; 1971, 126）。

改革的第一步，即是廢除學生膏火制度。張之洞雖不主張自強學堂應該完全交學費，但他已認識到世界各國的學費趨勢，已經朝向收費的方式辦

理。因此，他為了解決學堂各項費用的開支問題，提高學生的學習成果，更重要的是可以勸阻那些「名為向學、實圖膏火」的學生。他相信，一旦廢除膏火之後，學堂對這些學生就不再具有吸引力，只有志在向學者才會入學堂學習，學堂的規矩就可以更加嚴整（Ayers; 1971, 130）。但是，其他各項費用，如伙食、書籍、紙筆等，學堂照常免費供應。這樣的改革，最後是要做到「國家既款不妄費，學生亦取不傷廉，庶於本部堂選求志士之深心相合。」（《張文襄公全集》公牘稿，卷 28）

二、實業學堂

洋務運動時期所創辦的實業學堂，以福建船政學堂、上海機械學堂、廣東實學館、湖北礦業學堂、福州電報學堂及天津電報學堂等六所，較具代表性。

㈠福州船政學堂

福州船政學堂的前身為「求是堂藝局」，係左宗棠於同治五年（1866）奏請設立的，它是近代中國第一所實業學堂，也是第一所教導造船和駕駛的西式學堂。

1. 創辦的經過

同治五年（1866）五月十三日，左宗棠時任閩廣總督，感於西洋火輪船之利，對中國已經造成極大傷害，然中國卻無反擊之力，原因在於無能與之抗衡之利器與輪船；遂奏〈試造輪船先陳大概情形摺〉，指出中外臣工對於輪船乙事，屢次議論雇用、購買及代造之舉，而未敢輕議設局製造者，實因有其困難者七項：一、難於選擇船廠基地；二、難於購覓製造輪船之機器；三、難於要約外國師匠；四、籌集巨款有困難；五、輪船既成，煤炭薪工，需費不貲，月需支給，又時須修造；六、中國人不習管輪和駕駛，船成仍須雇用洋人；七、非常之舉，謗議易興，創議者一人，任事者一人，旁觀者一

人，事敗垂成，公私均有害。因此，無人敢勇於力眾排議，擔負此項責任；但是，「欲防海之害而收其利，非整理水師不可；欲整理水師，非設局監造輪船不可。」（左宗棠，1992：279-280）

再觀諸國作為，歐美各國及俄羅斯，數十年來，均講求輪船製造甚殷，彼等互相師法，遂以製作日精；日本亦已開始造船，於拆解後仿造未成，乃於近年屢遣師匠赴英國學其文字，究其象數之學，以為仿製之根本，不出幾年，日本將必有成效。唯獨中國礙於軍務繁興，無暇議及製造之事，雖有購買代造之舉，然皆非根本之道。如果再不詳加檢討改進，確實講求製造之學，則終將無法與列強諸國相比擬。因此，左宗棠建議以福建海口羅星塔一帶，作為船廠基地，並與西洋技師工匠訂立合約，定其薪水，到船廠負責教導內地挑選出來的各項少壯明白工匠，如有性慧夙有巧思者，無論官紳士庶，一體入局講習（左宗棠，1992：280-281）。

以上所述，就是左宗棠最初的構想，只有聘請洋技師教導中國人之議，尚無開辦學堂之規劃。該奏摺於六月三日奉旨允准後，左宗棠乃委請日意格、德克碑積極籌備，規劃設廠事宜；並與之訂立合約，要求在五年內保證教導中國學生學會自行製造。然而，九月六日，左宗棠卻接獲調任陝甘總督，平定回亂的諭旨，並要求立即處理交接事宜，前往陝甘。左宗棠以輪船製造勢在必行，且與洋人所有合約皆由其經手，如未能將繁雜事務做一徹底釐清和處理，恐怕接任者必無法得心應手，遂請暫留二、三個月，俟諸事處理大概之後，再行赴任陝甘。

九月二十三日，左宗棠奏〈請派重臣總理船政摺〉，積極推薦沈葆楨擔任船政大臣。他稱讚沈葆楨「在官在籍，久負清望，為中外所仰；其慮事詳審精密，早在聖明洞鑒之中。現在里居侍養，愛日方長，非若宦轍靡常，時有量移更替之事，又鄉評素重，更可堅樂事赴功之心，若令主持此事，必期就緒。」但是，他經過再三敦請，沈葆楨始終「遜謝不遑」；於是，他懇請朝廷「俯念事關至要，局在垂成，溫諭沈葆楨勉以大義，特命總理船政，由

部頒發關防，凡事涉船政，由其專奏請旨，以防牽制。」（左宗棠，1992：283-284）

左宗棠的建議獲得朝廷的允准，並令有關船政事宜，均由左宗棠與沈葆楨妥籌商議後定案。同治五年（1866）十一月五日，左宗棠奏〈詳議創設船政章程摺〉，擬具船政事宜十條，藝局章程八條，首次提出較詳細的規劃。他建議開設學堂，延聘熟習中外語言文字的洋師，教習英法兩國語言文字、算法、畫法，名曰求是堂藝局；挑選本地資性聰穎，粗通文義子弟，入局肄習；並採辦鋼鐵木料，一俟船廠造成，即先製造船身，待來年機器輪機運到時，可先就現成輪機，裝配成大小輪船各一；此後機器輪機，可令中國工匠學習製造，約計五年，可得大輪船十一艘、小輪船五艘。有關章程內容，茲摘其重點如下（左宗棠，1992：284-288）：

第一，聘法國教習日意格為船廠正監督，德克碑為副監督。其他洋匠三十餘名，則委請該兩人聘用；有關合同規約，請日意格等代擬，令洋匠一律遵守。五年期滿，如學生確有自行製造及駕駛之能力，加獎日意格、德克碑各二萬四千兩，加獎各師匠等共銀六萬兩，合計十萬八千兩；如績效卓著，再奏請朝廷獎勵，以示優異。

第二，學生入學之後各項費用一律由官費支給，每月再給銀四兩；每三個月考試一次，依其等第給予獎銀，不堪造就而成績拙劣者，依情形嚴重程度給予懲處。肄業期限定為五年，限內不准告請長假，不得改習他業。

第三，學生學成製造及駕駛之後，必為未來水師將材之人選。凡學成駕駛及按圖製造者，准授水師官職；如係文職文生者，仍准保舉文職官階，用之水營，以昭獎勵。

朝廷閱覽左宗棠之奏摺和章程後，於十一月二十四日上諭允准實施，並對左宗棠讚譽有加，連同洋人亦懸以厚賞而待之。諭旨稱（高時良，1992：289）：

「此次創辦船政，實為自強之計，若為浮言搖惑，則事何由成？自當堅定辦理，方能有效。左宗棠所見遠大，大臣謀國理當如此。其所議優待洋員、酌定程限甚為周妥，均著照所請行。若五年限滿，洋員教有成效，即著照所議加賞，以示獎勵。其日意格、德克碑勤勞既著，忠順可嘉，尤當優加賞賚。並著英桂等存記，俟五年後中國工匠如能按圖監造，自行駕駛，即著奏聞候旨，破格於原定賞銀之外，再給優賞。」

2.沈葆楨擴大辦理

沈葆楨於同治六年（1867）六月十七日正式就任船政大臣乙職，本著「船廠根本，在於學堂」的理念，對求是堂藝局的原始規劃予以擴大辦理。是年冬天，將藝局由福州遷入馬尾中岐鄉校舍，改稱「前學堂」，「藝童」則改稱「學生」。當時法國的造船較優，乃以法文授課，專習製造。與此同時，設立駕駛班，招生授課，並將張成、鄭世昌等十名學生及藝局一部分學生（嚴復等）併入，後又增設管輪班，統稱「後學堂」。當時以英國的駕駛、管輪最為先進，因此後學堂均以英文授課。前後學堂均附設於船政局內，並受船政大臣之管轄。兩學堂相距不遠，中間隔著一座洋員的住房和工匠宿舍；之所以名為前後學堂，是以所在位置前後而定，並非其他原因（陳景藩，1992：392）。

學生最早的名稱為「藝童」。因為洋匠與華匠語言不通，事事隔閡，且技藝較精的工人大都年在四十歲以上，腦力衰退，往往不能探討精詳；所以，日意格乃建議由各分廠分招年在十五至十六歲之間，身體健壯，而資質聰慧的學生十餘人，或數十人，隨同洋匠學習，名為「藝童」。目的在養成完善的工人，使能獨立按圖施工，成績優異者可充工頭，甚至當工程師亦無不可（王信忠，1992：388）。

後來，新生入學的年齡，定在十四至十六歲，不問洋文有無根柢，只要中文文理通順，即可錄取。前後學堂學生原定各三十名，後因後學堂增設管

輪班，學生名額逐漸增多，往後逐年招生，不再限制名額（陳景磐，1992：393）。學生除由本地考選聰穎子弟外，又從香港英國學校中挑選優秀者前來肄業（王信忠，1992：388）。

　　另外值得一提的，船政學堂的課程當然以製造和駕駛相關的學科為主，並練習實務；但沈葆楨則要求學生每日於課外閱讀《聖諭廣訓》、《孝經》，兼習策論，以明義理；其續招入學者，先予考試，擇其文理明通，尤擇其資質純厚者為主，因為他覺得（高時良，1991：346）：

「欲習技藝不能不藉聰明之士，而天下往往愚魯者尚循規矩，聰明之士非範以中正以易入奇邪。今日之事，以中國之心思通外國之技巧可也，以外國之習氣變中國之性情不可也。且浮淺險薄之子，必無持久之功，他日於天文、算法等事，安能精益求精，密益求密？謹始慎微之方，所以不能不講也。」

由是以觀，沈葆楨在推動先進造船科技的同時，仍然不忘以中國傳統的禮教藉以約束學生，除令其專心向學之外，亦為維持人心於不墜，避免邪教乘隙而入；其與外國語言學堂亦重漢文教學之精神，可謂如出一轍。

(二)上海機器學堂

　　同治六年（1867），由容閎建議曾國藩，將機器學堂附設於江南製造局內，課以機器製作之理與實習之法，是以造就工程師及機器師等製造人才為主；同年又附設翻譯館，所翻譯西書，多關於格致製造，為戊戌政變以前，不通西文者講求西學開闢一方便途徑（陳啟天，1969：96）。

　　考查該學堂之設立，實源於同治六年（1867）的曾國藩參觀江南製造局。是年，曾國藩得李鴻章之襄助，平定捻匪，乃至南京就任兩江總督。未抵任前，先於所轄境內巡視一周，以視察民情風俗，而尤注意者，則其親創之江南製造局。曾國藩視察此局時，似覺有非常興趣；容閎知其於機器為創

見，因而引導其觀賞由美國購回之各種機器，並試驗自行運動之機，明示以應用之方法，曾國藩見之大樂。容閎遂乘此機會，並勸其於製造局旁立一兵工學校，招收中國學生肄業其中，授以機器工程上之理論與實驗，以期中國將來不必仰賴外國機械及外國工程師；曾國藩對容閎的建議極為贊許，不久遂得實行（容閎，1966：99）。此兵工學校，即所謂的「上海機器學堂」，成為近代中國第一所官立的兵工學校。

根據上述，該學堂內除教授機器相關科學知識外，尚附設翻譯館，以為譯書之機構。因為學習製造，必須瞭解製造的根本，而製造的根本在西書，所以先立翻譯館，從事翻譯；書籍譯成之後，亦不是所有製造的工匠都能閱讀，遂選聰穎子弟學習研究，這種教授製器之學的教育機構，就名為「機器學堂」。而當時的機器和製造，都不出軍備的範圍，所以也可以稱為「兵工學堂」（方炳林，1968：47-48）。無論如何，該學堂對於引進西洋製造機器的知識有其重大的貢獻，也培養出無數的機械工程師。

㈢廣東實學館

該館之成立係於光緒六年（1880），由兩廣總督張樹聲奏請設立，但其源頭則必須追溯至劉坤一任兩廣總督之時。

1.創辦之倡議

光緒二年（1876）十月二十七日，劉坤一以八萬兩銀購買黃埔船澳，作為將來擴充機器廠及開設西學館之地。但是，劉坤一鑒於廣東曾設同文館，後因專用旗人子弟，一味訓課時文，雖仍聘請一位英教習，僅略存而其名而已，毫無實際可言；如果再添設西學館，恐將徒糜經費，為外人所笑。於是，開設西學館之議乃暫緩（高時良，1992：523）。後來，時間過了將近一年，劉坤一於光緒三年（1877）十月一日，奏〈捐資生息儲養洋務人才摺〉，向朝廷表示將以廉俸所餘，捐銀十五萬兩，解交藩庫作為公項，轉發招商局，按年取息，以為儲養人才之用（劉坤一，1992：524）。

劉坤一在奏摺中表示：「自有立約通商之局，泰西各國接踵而來，繼使中國日臻富強，勢亦難閉關絕市。」既然無法閉關自守，洋務事業即不能作罷，而辦理洋務，必須得人。至於洋務人才，他則有一套看法：人才固然學有體用，通權達變，「洞悉夫各國強弱離合之情形，深明夫朝廷操縱剛柔之機要」，還必須「將之以忠信，導之以協和」，使其與朝廷的政策密切配合，而非以一技一藝與各國爭短長；因此，最好的人才是「巨細兼賅」，用人的最高藝術則是「偏全各適」。由是以觀，劉坤一強調的是一種全人化的教育方向，培養通才為原則，絕不是偏重西洋技藝而已。而且，他覺得廣東人與洋人相處有年，其營生外洋各港埠者不下百萬人，不但文字語言通曉者眾，即使西洋之法律、西人之藝能亦多能熟悉。如郭嵩燾所舉之總領事胡璇澤、美國之翻譯官余貞祥、英國之大律師伍秩庸，均係廣東人士；又如在籍候選員外郎溫子紹，於各項機器頗能會通。職此之故，他認為廣東地區必定人才濟濟，如能設館教學，就地取才而培養之，將來洋務人才必不虞匱乏（劉坤一，1992：523-524）。

然而，劉坤一捐出十五萬兩銀之後，即因西北大荒，又使開設西學館之議暫緩，其捐款則移為賑災之用。直至光緒六年（1880）四月七日，朝廷才以災荒已略有紓緩，上諭著張樹聲、裕寬催還前款，或另籌別項，積極設立西學館，並指示應於學堂講求機輪駕駛及一切西學與洋務交涉事宜，且管駕鐵甲等船，均須結實可靠兼通西學者任之（高時良，1992：525-526）。至此，西學館之開設，始有正式的準據可循。

2.籌辦之經過

諭旨頒布後，張樹聲隨即奏〈籌設西學館事宜摺〉，向朝廷稟報有關籌備的原則和相關事宜。他指出，「學以致用為貴，本無中西之殊。」並認為歐洲人秉性堅毅，「不空談道德性命之學」，凡格物致知之學，尺寸皆本於經驗與心得；由格物而製器，由製器而練兵，「無事不學，無人不學，角勝爭長，率臻絕詣。」所以，英法各國國土雖只不過充當中國之一省，卻能挾

其兵輪鎗砲，跨海東來，侵擾中國。朝廷雖亦講究制御之道，「開廠造船，設局簡器，講求效法，積有歲年」；然而，「步其後塵，不能齊驅競捷；得其形似，不能開徑自行。」原因何在？「則以西學入門，層累曲折，皆有至理，不從學堂出者，大抵皮毛襲之，枝節為之，能知其所當然，不能明其所以然也。」但是，自通商以來，廣東人士多向西人學習，其製器亦多與洋人相似；至於工匠之靈敏，製作之堅固，即使洋人亦多所贊許；所以，就此造就人才，必能事半功倍（張樹聲，1963：124-125）。

再者，他稟報當前經費的狀況。陝西、河南兩省之賑銀十萬兩，已經撥還，山西省的五萬兩銀亦經來往催促，能否迅速歸還，尚不可知；因此，僅以十萬兩銀，欲辦理擇地、建房、置器、購書等事，均無法仿照福建船廠之規模，亦不能如天津船廠併設多堂。所以，擬先專習駕駛一途，俟開辦後一切就緒，或另籌有他款，再當逐漸推廣，兼及製造；「出以撙節，庶幾善建始基，事能持久，乃可收夫實用。」（張樹聲，1963：125）

至於學館地點，則選定黃埔對河之長洲地方於仁船澳，其優勢如下：船塢地方，環山帶水，為形勝之區，局勢堂皇，地尤廣闊；船塢現有輪機，近在咫尺，「此時可為考證學業之資，異日即可為設廠造船之本」；其附近之下莊、白兔岡等處，向為省垣門戶，將來亦須添築砲臺，並可藉以肄習武備，考求防守之法。因此，建設西學館，最為適宜（張樹聲，1963：125）。

以上為學館建設之計畫，經朝廷允准後，即自光緒六年十二月（1881）起興工，至光緒七年十二月（1882）竣工，計前後樓房四進，左右住房二十二間，更樓、廚房、茶房、俗房、廁所俱備，共用過工料 16,470 兩銀。張樹聲於是再度上〈建造實學館工竣延派總辦酌定章程片〉，稟報籌辦進度，他表示：學館章程已經斟酌核定，並在福建省學堂及各處，選調精通外國語言文字、算學者，充當教習；俟學生學有進境，再延聘洋師接教。而館中所需書籍、器具，均已分頭購置完成，將可立即招選學生，刻期開館（張樹聲，1963：126）。

3.學館規制

張樹聲將學館取名為「實學館」，有其深意。他認為，西洋的學問，「覃精銳思，獨闢戶牖，然究其本恉，不過相求以實察，而不相鶩於虛文。」而中國人與西洋人在學術的探討過程，亦有所差異，他說：「格物致知，中國求諸理，西人求諸事；考工利用，中國委諸匠，西人出諸。求諸理者，形而上而坐論易涉空言；委諸匠者，得其粗而士大夫罕明制作。」因此，今日學習西洋科學，「當使人人曉然於斯世需用之事，皆儒者當勉之學，不以學步生鄙夷不屑之意，不使庸流居通曉洋務之名，則人才之興，庶有日也。」（張樹聲，1963：126）由是以觀，張樹聲希望所有向學者均能力求實際，袪除虛假的空談性理之說，一切以能濟時用為原則；而且，勉勵所有的知識份子，將講求西學當成是必談的課題，徹底消除過去鄙視的觀念。

於是，他聘請丁憂在籍的翰林院編修廖廷相，以其人「品端學粹，通達精詳」，延為總辦館務，希望達到「稱名正而言之順，任人正而學者從，庶幾蔚起群材，期有以備朝廷異日濟時之選」的教育目的（張樹聲，1963：126）。

光緒七年（1881）五月十三日，江海關道參酌福建船政學堂的章程，擬具實學館章程，重點如下（高時良，1992：529-533）：

第一，學生來源有三：(1)選諸童年在十二至十五歲，身家清白、有志肄業者，試以文藝，或作起講破承題，或作詩，選其清通者。(2)往香港選其曾讀洋書數年者，以其收效較捷，但漢文多未通，再於館內補修。(3)舉貢生員年少有才者，亦准選入，然必須查明品行端方，始可收錄。

第二，學生分班：普通科目為英文與算學二門，專門科目則分為四班。以體質強壯者，教以駕駛，習航海諸法，如航海、天文、船藝集成各書；以文秀而心思靈敏者，教以製造，習重學、微積分、化學、格致、汽機、造船、製砲各書；其稍次者教以管輪，習重學、汽機各書；文筆暢達者教以翻譯，習《萬國公法》、《星軺指掌》各書。

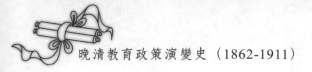

第三，學生伙食由官費支應。學習期限定為五年，期滿再赴工廠、輪船學習；畢業考試後，挑選超等者若干名出洋，赴西國書院學習，管給資斧，每名每月銀若干。三年後回籍，取具洋教習切實考語，呈請察核，從優保舉任用。

第四，課程方面：為儲備水師將才計，應專習駕駛製造，而兩項學問本屬一同，故於學館內僅以英文授課，不摻以法文。分駕駛與製造兩班，輪船製造精良者，得再學開礦、其他製造之術，以及槍砲、水雷等學科。此外，各隨其才識，學習英國語言文字之文義，以備出使參贊翻譯之選。

第五，初設之時，不用洋教習，專用漢教習三員，每員每月支給多者四、五十兩銀，少者二、三十兩銀，漢教習兼教算學者，每月三十兩。監督每月三、四十兩，副監督每月二十兩。

(四)湖北礦業學堂

光緒十八年（1892），由張之洞創設，並附於湖北礦務局內，畢乃德稱它是「中日戰爭前開辦的最後一類政府主辦的現代學校」。查光緒十六年（1890）的三、四月間，張之洞時任湖廣總督，到任後，於湖北省城設立鐵政局及礦務局，遴派湖北補用道蔡錫勇，會同在省司道辦理局務，陸續訪求外省通曉礦學委員、學生咨調應用。同時，咨調在廣東所聘請的英、德礦師、洋匠、化學教習等人到湖北，並在省城武昌設立一個分析湖北、湖南兩省煤炭和礦石的實驗室。光緒十七年（1891）六月間，組辦一個班級，專事研究分析煤炭和鐵礦石的方法；光緒十八年（1892）五月間，這個班級擴充成為學堂，增加化學和物理兩門學科，此即為湖北礦務學堂（高時良，1992：571；瞿立鶴，2002：484）。

(五)福州電報學堂

光緒二年（1876），由福建巡撫丁日昌奏請設立。查光緒二年三月八

日，丁日昌抵任後，當時丹麥北大電報公司，在福州至廈門間架設電線，引
起鄉民不滿，搶毀器物、毆傷工匠之事不一而足；丁日昌隨即派員瞭解實
情，並與該公司提調哈倫協商，經十餘次的往返磋商，始有另立議約之事，
其中一條為雙方訂定請該公司教習中國學童一年，學習電報之操作。三月一
日，丁日昌與該公司訂立教習學童之約：延請該公司電線教習三員、內總管
教習一員、分幫教習一員，議定教習學童四十名，務使學童精通電線理論，
學習有成；期限一年，自三月六日起算至明年為止；要求該教習既領受中國
薪水，務須竭力盡心教導，不得干預地方公事，將電線之興作與否，亦不得
與聞（高時良，1992：534-537）。此為福州電報學堂的成立經過，它是近
代中國的第一所電報學堂。

　　該學堂於光緒二年（1876）三月十四日開始上課，學堂位於福州南台電
報館的樓下。當時肄業的學生計三十二名，其中有二十八名是曾在香港讀過
英文的，其餘的是從船政局那些學堂出來的，已有數學的基礎。教學的方式
是理論與實務並重，把對電氣原理的相關知識和使用操作的方法結合，俾使
學生適合於電報員的職位。經過一年學習之後，這些學生在豎樁、建線、報
打、書記、製造電氣等技術，多已通曉，所以按照合約令教習撤約回國，該
學堂也因此結束。學生除酌留專司報打外，餘撥往台灣遣用（高時良，1992：
537-540）。

㈥天津電報學堂

　　光緒六年（1880），由李鴻章奏請於天津設立電報學堂。早在同治六年
（1867），總理衙門曾向一些督撫詢問可否讓外國人在中國架設電線，幾乎
全部被徵詢者皆持反對意見，唯獨李鴻章和沈葆楨贊成，他們認為，如果由
中國人自己架設電報和管理，可能對中國會有極大的幫助（畢乃德，1992：
546）。同治十三年（1874），日本窺犯台灣時，沈葆楨等亦屢述電報之利，
請旨飭辦，唯因朝廷保守心態，因循怠惰而未實行。

　　光緒六年（1880）八月十二日，李鴻章奏〈請設南北電報片〉，以海防之需，建議從天津至上海架設電報線。他指出其急迫性：用兵之道，貴在神速，而數萬里之海洋，欲通軍信，必以電報為之；近年以來，俄國、日本均效法而行，故由各國至上海無不設立電報者，瞬息之間可以互相問答，獨中國文書尚恃傳驛，雖日行六百里，亦已遲速懸殊。如以俄國為例，以海線可達上海，旱線可達恰克圖，曾紀澤由俄國電報至上海，只需一日；而上海至京城，以輪船附寄，最快亦需六、七日；兩者速度相差極為懸殊，可見電報之便利。如果遇到兩軍交戰，外國軍隊以電報傳遞軍信，其速度大快於中國，彼此利害之形勢已判然若見；況且彼兵船可以日行千餘里，加上電到互通訊息，故可以聲東擊西，我軍遂處於無以反擊之劣勢。由此可見，電報實為防務之急需之物。而為有效達成自主管理的目的，他也建議藉此設立電報學堂，雇用洋人教習中國學生，以後可望自行經理，俾得權自我操，持久而不弊（《李文忠公全集》奏稿，卷 38）。

　　這所學堂就是天津電報學堂，它在光緒六年（1880）的九月間正式開學，招收學生三十二名，聘請丹麥人擔任教習，以一年為期，教授「電學與發報技術」的課程，還規定不能勝任工作的畢業生，必須回學堂繼續訓練（畢乃德，1992：547）。

　　該學堂本來打算在一年後結束，所以李鴻章在光緒八年（1882）八月十六日的奏摺中表示，電報學堂現有學生三十二名，以後陸續派出，不再招添新生（《李文忠公全集》奏稿，卷 44）。但是，由於天津到上海的電報線已經發揮優越的功能，他又建議再架一條延長到廣州的電報線，並使它在蘇州與第一條電報線相接；因此，為因應第二年實際操作人員的需要，他在光緒八年十二月八日的奏摺中建議：除現在學生趕緊教習外，再招收諳習英文的學生四十五名，一體教習，約於一年後即可撥局派用；至學習測量的學生，前於出洋學生二十名內挑出八名，交洋總管教習有效，即請再選八名發局教習，以備各分局總管報房之選（《李文忠公全集》奏稿，卷 45）。李

鴻章的建議又再度獲允准，於是學堂又延長一年。

後來，不斷有函要求該學堂撥派畢業生辦理電報業務，遂一直辦理下去，成為一所為時甚久的西式學堂。光緒十五年（1889）時，專業教習有丹麥人璞爾生、V. Culmsee 及京師同文館畢業生那三。而學堂的教育目的：一、將電學和磁學輸入中國；二、將類似的力量應用於各種形式的器械，以達不同的目的。具體言之，就是教會中國學生電磁理論和電報技術，使他們能在電報網的各分局報房勝任工作（畢乃德，1992：547）。由於洋教習的認真教學，光緒十七年（1891）七月二十二日，李鴻章甚至奏請允准璞爾生比照教習例，賞給三等第一寶星，藉資鼓勵（《李文忠公全集》奏稿，卷72）。

三、軍事學堂

洋務運動時期所設立的軍事學堂，一律出現在光緒六年（1880）以後，其中以天津水師學堂、天津武備學堂、廣東水陸師學堂及江南水師學堂等四所，較具代表性。

㈠天津水師學堂

光緒六年（1880）七月十四日，李鴻章奏請設立天津水師學堂，他指出其理由：中國駕駛兵輪船學堂，創自福建船政；北洋前購蚊船所需管駕、大副、二副、管理輪機砲位人員，皆須借才於福建，往返咨調，需時甚久；且南北水土各異，應就地培養人才，以備異日之用；而所有直隸素習風濤之壯丁，如欲上船練習，必以學堂訓練為其根本。因此，應就天津機器局度地建設水師學堂，再參酌西國成規，挑派監督、教習，招考學生入堂肄業（楊家駱，1963：460-461）。

該學堂奉准設立後，李鴻章隨即覓得前船政大臣吳贊誠擔任總辦。吳贊誠即於天津機器局河東一帶勘定學堂地基，遴派局員，繪圖估料，剋日興

工；一面擬定規條，招考學生。唯因其「舊疾劇增，不能轉動，期難痊癒」，遂須另覓他人代之。後來，聘請曾任福建船政提調的吳仲翔擔任總辦（《李文忠公全集》奏稿，卷 40）。總教習則聘請嚴復擔任，後嚴復升為會辦，最後又升為總辦。

光緒七年（1881），位於天津衛城東三里的校舍落成，分設駕駛班及管輪班。學堂有總辦一員、總教習一員；駕駛、管輪監督各一員；駕駛、管輪正教習各一員；副教習無定額；兵操教習、漢文教習、文案、醫官各一員；書記二名，司事二名，號手一名，鼓手一名。學堂內各項設備一應俱全，另有觀星臺一座，以備學習天文者登高測望，可謂別開生面（高時良，1992：443-445）。

學生來源，根據章程之規定，無論天津本籍或鄰縣，或外省寄籍，良家子弟，自十三歲以上，十七歲以下，已經讀書數年，讀過兩、三經，能作小講半篇或全篇者，准取。但是，必須由紳士認保，並將年歲籍貫三代開報入冊，擇其文理通順者先取百名左右，送赴水師學堂面試。察其體氣充實，資性聰穎，年貌文理相符，確為身家清白，挑選六十名。取具本人家屬甘結，親鄰保狀，收入學堂試習二個月後，再行察看。若口齒不清、性情惡劣、舉止輕浮，即行撤退（高時良，1992：436-437）。

學生在學堂以五年為期限，包括在堂學習一年、在船練習一年；未滿五年，不得告退，亦不准應童子試；五年期滿，如有兼人之資，中西學問並進者，准入應試。學生之分班，以文理全通，讀書甚多者為第一班；文理未盡通順而讀書已多者，為第二班；書讀不多，文理未盡通順，而資性聰穎過人者，為第三班（高時良，1992：436-437）。

在課程方面：學生在堂四年之學習科目，包括英國語言文字（水師事宜以英國為精，故入堂學生先習英文）、地輿圖說（測海繪圖為海軍分內極要之事）、算學至開平立諸方、幾何原本前六卷、代數至造對數表法、平弧三角法、駕駛諸法、測量天象及推算經緯度諸法、重學、化學格致等計十門。

在練船一年，凡大砲、洋槍、刀劍、操法、藥彈利弊、上桅接繩、用帆諸法，一切船上應習諸藝，均應通曉（高時良，1992：438-439）。

㈡天津武備學堂

　　光緒十一年（1885）五月五日，李鴻章奏請〈創設武備學堂摺〉。他首先說明西洋各國的武備教育：泰西各國講究軍事，陸營將弁，必由武備書院造就而出，故韜略皆所素習，且其武備書院，「學舍林立，規模閎廓，讀書繪圖有所，習藝練技有所，專選世家子弟年少敏幹者，童而習之，長則調入營伍，由隊目薦充將領，非可一蹴幾也。」並提出不得不講求武備教育的理由：「我非盡敵之長，不能制敵之命，故居今日而言武備，當以其人之道，還治其人；若僅憑血氣之勇，粗疏之材，以與強敵從事，終恐難操勝算。」因此，他已經於同年的正月，在天津水師公所安置學生，名為「武備學堂」，遴聘德國兵官博郎等人為教習，並選派通習中外文字之員，擔任翻譯。就各營送來的弁兵，擇其精悍靈敏者，挑取百餘名入堂肄業；文職願習武事者，亦一併酌量錄取。依其規劃，這些各營的弁兵，在一年內的學習之後，對於西洋各種槍砲、土木、營壘及行軍、布陣、分合、攻守各法，必能通曉；其優者可留學堂擔任教習，或回營轉教其他弁兵；數年以後，「教學相長，觀摩盡善，北洋各營，必全曉西洋近日行軍制勝之方。」（《李文忠公全集》奏稿，卷 53）

　　學堂奉旨允准繼續辦理後，李鴻章隨即以已革湖北簡用道楊宗濂「心細才長、器識深穩」之由，聘請總理學堂事宜，除可令各營來學之弁兵，心悅誠服外，即西洋教習亦一併受其約束（《李文忠公全集》奏稿，卷 55）。然而，為鼓勵學堂教習盡心教學，奏請依照同文館之例，每屆二年奏保獎勵一次，於是在光緒十四年（1888）、十六年、十八年、十九年，均奏請獎勵洋教習（高時良，1992：498-501）。

㈢廣東水陸師學堂

光緒十三年（1887）六月十四日，張之洞奏〈創辦水陸師學堂摺〉，係就原有省城東南十里長洲地方，儲備洋務人才之實學館，先改為「博學館」，再改為「水陸師學堂」。

張之洞認為「古今人才，皆出於學；學之為事，講習與歷練兼之。近日海防要策，首重水師兵輪，次則陸軍火器。」並在奏摺中指出，外洋各國對於水陸兩軍的做法，已為時勢所趨，中國不得不效法，他說：外洋各國，對於水陸兩軍皆設專門學堂；凡是天文、海道、輪算、駕駛、砲械、營壘、工作、製造等學科，均分類講求，年少時習之，畢生不改其業，是以能稱雄海上。而中國雖然人才薈萃，將才甚夥，兵法亦精；但是，時勢已經改變，「船砲機算諸端，至今日而巧者益巧，烈者益烈，若欲應時制變，固非設學不可。」（《張文襄公全集》奏議，卷 21）由於有這層認識，而有創辦水陸師學堂之動機。

學生名額，在創辦當年，水陸師各設七十名，先挑選博學館舊生，通曉外國語文且翻譯已曉及素習算法者三十名，為「內學生」；再遴選曾在軍營歷練、膽氣素優之武弁二十名，為「營學生」；再選已讀書史、能文章，志向已定、文理已通，年在十六歲以上、三十歲以下之文生二十名，為「外學生」（《張文襄公全集》奏議，卷 21）。二年以後，入學學生有一一五人名，只有三十八名是由博學館留下來的，其他的學生都是透過考試挑選出來的。其中有二十名來自於天津武備學堂，還有二十名是來自於天津地區的平民子弟，他們都已經學習過英文和數學，有較佳的基礎（Ayers: 1971, 111）。

課程方面：水師學習英國語文，分管輪、駕駛兩項，管輪堂學機輪理法、製造、運用之源；駕駛堂學天文、海道、駕駛、攻戰之法。陸師則學德國語文，分馬步、槍砲、營造等三項。教學的重點在於「兼採各國之所長，而不染習氣；講求武備之實用，而不尚虛文。」所以，本著維護傳統禮教的

觀念，學生雖然學習西洋的軍事知識，但卻不能妄記中國經典的學習，張之洞仍要求學生於每日清晨先讀《四書》、《五經》數刻，以端正根本。每逢洋教習禮拜停課之日，更必須學習書史，試以策論，俾其通曉中國史事、兵事，以適於用；在堂學生亦得一律應文試或武試，以開其上進之途。語文但取粗通即可，毋庸在此端耗其心力目力。水陸師均令每年九月在學堂上課，三月以後分別在練習船和軍營實習（《張文襄公全集》奏議，卷 21；Ayers: 1971, 111）。由此以觀，張之洞在追求現代軍事教育的同時，仍無法忘情於傳統的經典教學，欲以傳統的經典，講究忠孝節義之氣，鞏固學生為朝廷服務的中心思想，避免為洋教習之不良習氣所污染。

學堂的課程除理論外，兼有實習課：水師學生學成之後，撥入練習船；在中國沿海口岸遊行，認真練習；一年之後，再選其才藝尤佳者，分赴外國學堂、兵船學習。陸師學生則於三年學成後，擇優出洋分赴各國學堂或陸軍營練習（《張文襄公全集》奏議，卷 21）。如遇外洋有戰事發生，依照西洋各國通例，則學生必須前往觀摩，以便獲得最直接的經驗（Ayers: 1971, 111）。

教習方面，遴聘曾任天津武備學堂總辦的吳仲翔為總辦。聘請洋教習三員：水師駕駛洋教習一員，由曾在福建船廠服務的英國人李家牧調充；陸師語文、測算兼操練正洋教習一員，由廣東現有德弁歐披次充補；副教習一員，則咨請出使德國大臣向德國商聘。另設練習船正教習，槍砲、帆纜教習，測算教習等，計四員，皆用洋弁在船課讀（《張文襄公全集》奏議，卷 21）。此外，應設漢教習十一員：水師則駕駛、操演、洋文各一員，華文三員；陸師則英文幫教習二員，德文幫教習一員，華文二員（Ayers: 1971, 112）。

光緒十五年（1889），張之洞為擴大學習自強之道而禆交涉，奏請於水陸師學堂內增設礦學、化學、電學、植物學及公法學等五科。他分別解釋設置的理由（《張文襄公全集》奏議，卷 21；Ayers: 1971, 123-124）：

第一，礦學：中國地產極為豐富，將來鐵路開通，用鐵愈多，輪船繁興，用煤愈多，縱一時不能遠銷外國，總當使中國之材，足供中國之用，故開礦之學宜講。

第二，化學：提煉五金、製造軍火、製作百貨，無一不由化學而出。且各省開局製造之事甚勝，而物料之涉於化學，不能自修自製者，仍必須取資外洋，如不通其理，必不盡其用，故化學宜講。

第三，電學：電學之用，如電線、電燈、電發雷砲等，於軍事裨益最多。且各省用電之事甚多，而生電之機器、發電之氣、製電之藥，亦皆仰賴外洋供給，故電學宜講。

第四，植物學：西洋各國鑒於樹藝之術於民生大計極為重要，故發展成為植物學，遇天時之窮則濟以人力，遇人力之窮則輔以機器，於是國無棄地，地無遺利；而農桑本為中國生民之本業，今生齒日多，災荒常有，不得不亟謀經營之道，故植物學宜講。

第五，公法學：西洋各國以邦交而主張國際公法，唯獨與中國交涉時卻以私意要挾，捨公法而不用，中國亦乏深諳公法而能據法力爭之人才，為求與外國交涉順當計，故公法學宜講。

㈣江南水師學堂

江南水師學堂，於光緒十六年（1890）由安徽巡撫沈秉成奏請設立，但考其源流則必追溯至光緒十一年（1885），時任兩江總督曾國荃的初期規劃。（註1）

光緒十一年六月二日，曾國荃奏〈籌議海防摺〉，即提出在金陵下關設立水師學堂的構想。最初的規劃是：購備儀器圖書，廣招粗通洋文之年少學生，聘請英國水師大員來華，分科教授天算、地輿、測量、駕駛、布陣、攻堅、魚雷各法。每六個月，由教習帶領學生乘坐操練兵輪，放洋游歷五大洲，操習風濤沙線；一遇西洋海上戰事發生，前往觀摩。每屆一年，由南洋

大臣考試一次，分別賞罰。約計數年以後，學生於駕駛各法自能通曉，拔其優者，派入各兵船充當管駕，期水師足成勁旅。此奏雖奉諭旨批示：「**所奏海防各事，均為未與綢繆之計，著次第舉行。**」然而，卻因為經費不足，僅得先設「魚雷學堂」（高時良，1992：416、468）。

　　光緒十六年十二月二十日，沈秉成署理兩江總督時，奏〈江南創設水師學堂工竣開課謹陳籌辦情形摺〉，向朝廷稟報學堂籌備的經過；並於光緒十七年（1891）正月十四日，正式奏請設立「水師學堂」（高時良，1992：468-471）。

　　學堂之設，係鑒於振興海軍必以培養水師人才為急務，而訓練之法則以英國為世界之冠，遂參酌天津水師學堂章程及英國水師訓練辦法，分列駕駛、管輪兩門，延聘英國水師教習二員，洋文漢教習四員，在堂分班訓練（高時良，1992：475）。

　　茲據其簡明章程說明學堂規制如下（高時良，1992：475-477）：

　　第一，學生招收的對象：因為水師圖籍俱屬英文，欲讀其書，必先識其文字，故招募學生自以能通英文者為優先。創辦之初，招募俊秀子弟一二〇名，不拘省分籍貫，自十三歲以上，二十歲以下，以讀二、三經，能作策論，文理通順，曾習英文三、四年者。一經錄取入學，先留堂試習四個月，再行察看，若口齒不清、性情惡劣、舉止輕浮，即行撤退。肄業期限定為五年，於甘結內聲明，未滿五年，不得自行告退請假完婚，並不得應童子試。

　　第二，學生的分班：學堂分駕駛、管輪兩門，各以六十人為定額，以二十人為一班。入學後視其英文程度深淺及其資質進境，分作一、二、三班。英文勝者為一班，每月每人除伙食外，給贍銀四兩；次者為二班，每月每人除伙食外，給贍銀三兩；再此者為三班，每月每人除伙食外，給贍銀二兩；其在堂試習未滿育個月者，只給伙食，不給贍銀。

　　第三，駕駛學生所習，以精求英國文法為第一要義；然後次第授以幾何、代數、平三角弧三角、中西海道、星辰部位、升桅帆纜、划船泅水、槍

砲步伐、水電魚雷、重學、微積分、駕駛、御風測量、繪圖諸法、輪機理要、格致、化學等，凡為兵船將領應知應能之事均應習之。

第四，管輪學生所習，原為將來管理兵船機器之選，故精習英國文法後，所習勾股算學較駕駛學生更須精深，並加習汽學、力學、水學、火學、輪機理法、推算繪圖諸法，除在堂分時課授外，再由洋教習帶領赴機器廠、繪圖房、魚雷廠、木廠、打鐵翻砂鑄銅等廠，學習修理輪機各項技術，俟造詣漸深，即責令學生等試造機器以證實效。

第五，學生畢業後，學堂將擇優稟請咨報海軍衙門，一面咨送北洋大臣考選撥入練習船，令學生再加學習海道沙線島嶼、駕駛帆纜、列陣迎敵等科目；一面續選幼童入學堂充補缺額。

貳、游學運動的興起

當時礙於觀念保守，中國若欲特派使臣前赴各國，必煞費周章，尤其於朝儀禮節一層，更難置議，因此無人敢以此為請。適逢同治五年（1866），總稅務司赫德到總理衙門向奕訢表示，其將請假回國，如遴派同文館學生一、二名，隨同前往美國觀覽該國風土人情，似亦甚便；而奕訢以「自各國換約以來，洋人往來中國，於各省一切情形日臻熟悉，而外國情形，中國未能周知，於辦理交涉事件，終虞隔膜」為理由，遂有正月六日之正式上奏（楊家駱，1963：20-21）。

奕訢在奏摺中表示：同文館學生內，有前經總理衙門考試，奏請授為八九品官及留學者，於外國語言文字均能粗識大概，若令前往美國游歷一番，亦可增廣見聞，有裨學業；且該等本係微員末秩，與奏請特派使臣赴各國通問體制有別，又與赫德同去，亦不稍涉張惶，似乎流弊尚少。因此，建議遴派前任山西襄凌縣知縣斌椿，酌賞給三品銜，作為總理衙門副總辦官，及伊子筆帖式廣英，以及考取八、九品官之同文館學生鳳儀、德明等二名，均賞給六品頂戴，其未經授官之彥慧一名，賞給七品官頂戴，與赫德前往。同

時，奕訢也賦予該等人員任務：「令其沿途留心，將該國一切山川形勢，風土人情，隨時記載，帶回中國，以資印證。」（楊家駱，1963：20-21）此舉即成為滿清政府遴派學生出洋考察的第一次。

同治六年（1867），又遴派志剛、孫家穀等赴各國游歷考察，斌椿及該等人員回國後稟報情形稱：「於海外情形，業已窺其要領，如輿圖、算法、步天、測海、造船、製器等事，無一不與用兵相表裡，凡西人游學他國得有長技者，歸即延入書院，分科傳授，其於軍政、船政，直視為身心性命之學。」（林子勛，1976：3）此份報告應當曾引起曾國藩及李鴻章的注意，於是有「今中國欲仿其意而精通其法，當此風氣既開，似宜亟選聰穎子弟，攜往外國肄業，實力講求」的理念（《同治朝夷務始末》，卷 82）。遂能於同治九年（1870）接受容閎之建議，於同治十年（1871）奏請挑選幼童赴美國游學，成為中國以公費派遣游學生赴美國學習之首例。同治十二年（1873），沈葆楨奏請派遣福建船政學堂學生赴法國學習，此舉即成為公費赴歐洲游學之開端。本段即以首度游學美國及歐洲的經過，作為探討的主題。

一、游學美國

滿清政府首度同意派遣公費生前往美國游學，係得力於容閎之建議、曾國藩之上奏。茲先略述容閎其人其事，再探討游美之策劃、經過與終局。

㈠中國第一位游學生：容閎

容閎，廣東人，道光十五年（1835）時，年七歲，到澳門格茲拉富夫人所辦的教會學校讀書，不久該校停辦；道光二十一年（1841），容閎至為紀念英國傳教士而創辦的瑪禮遜學校就讀，學生共六人，主持者為一美國耶魯大學畢業的傳教士勃朗。道光二十二年（1842），香港因鴉片戰爭中國戰敗之故割讓予英國，該校隨之遷往香港。道光二十六年（1846），勃朗因健康關係，欲離香港返美，徵求各位學生是否願意隨同前往，結果容閎與黃勝、

黃寬等三人，於道光二十七年（1847）隨勃朗赴美國麻省孟松學校就讀。容閎等三人之費用係由香港商人及報館主筆等數人負擔，為期二年；期滿前，資助者希望容閎續至英國蘇格蘭愛丁堡大學學習專科，容閎未允；而孟松學校以傳教為條件的資助計畫，容閎認與改造中國之志願不符，亦未接受；於是容閎仍留在美國，過著自食其力的生活。幸得勃朗之助，獲喬治亞省薩凡那婦女會之資助，於道光三十年（1850）入耶魯大學一年級，但在經濟狀況不佳的情形下，只得以半工半讀的方式，完成學業，於咸豐四年（1854）畢業，同年十一月離美返回中國。容閎亦成為第一位畢業於美國第一流大學的中國學生（宋晞，1985：425-427；林子勛，1976：4-7）。

咸豐五年（1855），容閎回到廣東後，認為自己身居美國已久，於本國語言，幾盡忘之，遂擇居粵中咸蝦欄之地，專心補習漢文。由是以觀，容閎雖然接受西洋教育多年，在學術上已受其洗禮，但在思想觀念上，仍保持著中國傳統的忠孝節義之氣，再從一段故事亦可證明；容閎剛回廣東時，留著鬍鬚，母親見狀即告之曰：「吾見兒已蓄鬚，上有一兄，尚未蓄鬚，故吾意汝去鬚為佳。」容閎聽後，隨即請理髮匠剃去鬍鬚；母親見此情形，「樂乃益甚，察其意以為吾子雖受外國教育，固未失其中國固有之道德，仍能盡孝於親也。」（容閎，1966：34）而且，容閎雖然深受西洋學術之影響，卻心繫中國安危，其心情和畢生志願可由其著作看出：「予意以予之一身，既受此文明之教育，則當使後予之人，亦享此同等利益；以西方之學術，灌輸於中國，使中國日趨於文明富強之境。」（容閎，1966：22）

容閎回到廣東時，適太平天國之軍隊、橫行內地，所向披靡，而粵亂亦起於是時；而粵人之暴動，初與太平軍無涉，但兩廣總督葉名琛於此暴動發生之始，出極殘暴之手段以鎮壓之，意在摧殘方茁之花，使無萌芽之患；統計咸豐五年夏天所殺，凡七萬五千餘人，而其中強半皆無辜冤死。容閎因居處與刑場纔半英里，某日，突發奇想，思赴刑場，一覘究竟；及至刑場，但見「流血成渠，道旁無首之尸，縱橫徧地，蓋以殺戮過眾，不及掩埋，且因

驟覓一遼曠之地,為大壙以容此眾尸,一時頗不易得,故索任其暴露於烈日下。」容閎見此不分良莠之屠戮,遂以罪魁禍首歸之兩廣總督葉名琛一人。相對地,因其所見種種慘狀,時時纏繞於腦中,憤懣之極,乃深惡滿人之無狀,而同情太平軍之舉動為正當,甚至幾度欲起而為之響應,亦曾拜訪太平軍之干王;後經深思熟慮,乃覺此舉魯莽,究非妥善之策;不如先習國語與漢文,俟其嫻熟,乃依一定之方針,循序漸進,期可達成改造中國之希望(容閎,1966:35-37)。

然而,容閎對太平天國對於中國產生的影響,則有一段相當持平的看法,他說:

> 「太平軍一役,中國全國於宗教及政治上,皆未受絲毫之利益也。其可
> 稱為良好之結果者,唯有一事,即天假此役,以破中國頑固之積習,使
> 全國人民皆由夢中驚覺,而有新國家之思想。觀於此後 1894、1895、
> 1898、1900、1901、1904、1905 等年種種事實之發生,足以證予言之不
> 謬矣。」(容閎,1966:73)

容閎既對太平軍之改造中國的可能已近乎絕望,遂轉而先圖謀生計,再俟機施展抱負。

㈡策劃游學美國的經過

同治二年(1863),容閎在九江經營茶葉生意時,接獲舊識友人張世貴之信函,進而透過諸友人如李善蘭等之推薦,結識時任兩江總督的曾國藩,遂給予他一個完成夢想的良好機會。容閎既入曾國藩幕府,乃時時想著推動自己的教育計畫;經過兩次與曾國藩會晤之後,先從採購機器開始,逐步邁向實現理想的道路。

同治四年(1865)春,容閎受曾國藩委託採購的機器運到上海,隨即展開組裝作業,建立一所機器總廠;同治六年(1867),容閎趁曾國藩巡視機

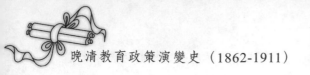

器廠之便，建議設立上海機器學堂。至此，容閎的教育計畫已經獲得初步的實現。

容閎之教育計畫既略著成效，遂覺昔日視為奢願難償者，如今乃躍躍欲試，並認為曾國藩於自己有「知己之感」，稱贊曾國藩的「識量能力，足以謀中國進化」。而在當時政界的重要人物，與容閎志同道合，又能與曾國藩志趣相投者，則其老友丁日昌；他稱許丁日昌「為人有血性，好任事，凡所措施，皆勇往不縮」。因此，當丁日昌於同治六年（1867）升任江蘇巡撫時，隨即謁見於蘇州公署，並向其闡述教育計畫之內容；丁日昌大為贊許，要求容閎速具詳細說帖，再轉交權傾一時的文祥，請其代奏。容閎聽後，驚喜交集，即刻啟程返回上海，邀請曾協助他譯書的老友（南京人）代為擬具計畫的內容，分為條陳四則，寄給丁日昌，再轉寄北京（容閎，1966：100）。

容閎的計畫有四：第一、三、四項，係容閎為免獨擬第二項的教育計畫為眾議所斥，而遭朝廷駁回，乃特假以為陪襯，真正眼光所注意而希望其必成者，自在第二項。

第一，建議政府宜組織一合資的汽船公司，公司須為純粹之華股，不許外人為股東，即公司中經理職員，亦概用中國人。（此後招商局輪船，即師此法以運漕）

第二，政府宜選派穎秀青年，送之出洋留學，以為國家儲蓄人才。派遣之法，初次可先定一百二十名學額以試行之，此百二十人中，又分為四批，按年遞派，每年派送三十人，留學期限定為十五年，學生年齡，須以十二歲至十四歲為度，視第一、第二批學生出洋留學，著有成效，則以後即永定為例，每年派出此數。派出時並須以漢文教習同往，庶幼年學生在美，仍可兼習漢文，至學生在外國膳宿入學等事，當另設留學生監督二人以管理之，此項留學經費，可於上海關稅項下，提撥數成以充之。

第三，政府宜設法開採礦產以盡地利。

第四，宜禁止教會干涉人民訴訟，以防外力之侵入（容閎，1966：100-101）。

此條陳上後兩個月，文祥遭逢父母之喪，必須退職，居喪三年，不得與聞政事。容閎得此消息後，心灰意冷，「蓋至此而元龍湖海豪氣全除矣」。更令容閎氣沮的是，文祥居喪不出三個月，卻相繼為古人。至此，容閎的志願卻遭極大的挫折，他形容當時的心情和欲力挽頹局的舉動：

> 「予目的懷之十年，不得一試，纔見萌蘗，遽遇嚴霜，亦安能無快快
> 哉？……自一八六八年至一八七〇年，此三年中，無日不懸懸然不得要
> 領，偶因公事謁丁撫，必強聒不已，并懇其常向曾督言此，以免日久淡
> 忘。辦事必俟機會，機會苟至，中流自在，否則枉費推移，余非不知
> 此，然時機者，要亦人力所造也。」（容閎，1966：103）

由此概見容閎之豪情壯志，隨著文祥之去世而消磨殆盡；然而他並未因此而放棄實現的時機，所以隨時在等待「英雄造時勢」。同治九年（1870）的天津教案發生後，則賜給他的教育計畫有死灰復燃的機會，甚至他還認為：「使予之教育計畫果得實行，藉西方文明之學術以改良東方之文化，必可使此老大帝國，一變而為少年新中國，是因仇教之惡果，而轉得維新之善因，在中國國家未始非塞翁失馬，因禍得福也。」（容閎，1966：103）可見他獲得此一實現計畫的機會，確實是始料未及的。

天津教案發生時之直隸總督為崇厚，甫上任即值此暴動，遂因此革職，發配邊遠地方充軍。朝廷乃諭派曾國藩為首，並以丁日昌等三人隨同，擔任調解工作，丁日昌隨即電招容閎為譯員。教案了結後，曾國藩等人尚留在天津，容閎乃乘此機會，期待十餘年夢想得告成功。因此，他把握良機，積極向丁日昌進言，請其向曾國藩重提教育計畫之事。某夜，丁日昌面告容閎，意謂此事已得曾國藩同意，將四人聯銜上奏，請朝廷依其條陳而實行。容閎聞訊，當然額首稱慶，一時不能自己，甚至「喜而不寐，竟夜開眼如夜鷹，

此身飄飄然如凌雲步虛，忘其為僵臥床第間」。兩日後，奏摺擬妥，由曾國藩領銜，餘三人皆署名，「由驛站加緊快騎，飛遞入京。」（容閎，1966：104-106）

奏摺發後，丁日昌隨即向容閎介紹在刑部擔任主事已逾二十年的陳蘭彬，稱將來可以容閎為游學生之副監督；丁日昌並向容閎表示希望藉著陳蘭彬的翰林資格，稍減舊派人士之阻礙（容閎，1966：106）。

同治九年（1870）九月十六日，曾國藩尚未回任兩江總督，即先行奏調陳蘭彬差遣江南，推薦陳蘭彬主辦游學事務。是年冬，曾國藩回任兩江，即奉到前所上封奏硃批「著照所請」，隨即致函召見容閎，至此派遣游學的教育計畫，方成為確有之事實，容閎稱此事「將於中國二千年歷史中，特開新紀元矣」（容閎，1966：107）。

容閎抵達南京後，與陳蘭彬共同商定四事：一、派送出洋學生之額數；二、設立預備學校；三、籌定此項留學經費；四、酌定出洋留學年限。並議立事務所之組織，酌設監督二人、漢文教習二人、翻譯一人，監督即陳蘭彬及容閎任之；二人之責任，亦劃清權限，陳凡彬專思督促學生留美時漢文有無進步，容閎則督促學生之各種科學，並為學生預備寄宿事宜；至於經費出納，則由二人共主之。此外，所聘漢文教員二人，一名葉緒東，一名容雲甫，翻譯則為曾蘭生（容閎，1966：107）。

辦法既商定後，容閎隨即返回上海辦理預備學校之設立，此校至少須能容納學生三十人，方能足夠第一批派送之名額。同治十年，預備學校成立，校長為久居曾督幕府之劉開成；其在幕府中，專司奏稿，為曾國藩第一信任之人，故任以此職。容閎接見時，覺其人實為良好之助手，而平常相處，亦可稱為益友，對於教育計畫之推動尤為熱心；以後四批學生，預備期滿，陸續派送，皆由劉開成一手辦理，始終其事。另聘吳子石擔任助理，曾來順擔任英文教習，曾的兩個兒子曾子睦與曾子安亦加入協助行列（宋晞，1985：430；容閎，1966：108）。

　　預備學校成立後，隨即展開招生工作，容閎規定考試科目為漢文之寫讀；曾入學校已習英文者，則並須試驗其英文；應考及格後，先入預備學校，肄習中西文字至少一年，方可派赴美國游學。同治十年（1871）夏，因所招學生未滿三十名之定額，容閎乃親赴香港，於英政府所設學校中，遴選少年聰穎，而於中西文略有根柢者數人，以補足人數。當時中國尚無報紙以傳播新聞，北方人民，多未知有此教育計畫，故預備學校招考時，北方人應試者極少（容閎，1966：109）。根據分析，一百二十名官學生中，若論籍貫，廣東人八十四名，約占三分之二強，其中又以香山縣的三十九人最多，幾占全部學生數的三分之一，南海縣十五人；其次江蘇二十一人、浙江八人、安徽四人、福建二人，而北方則僅山東一人。若論年齡，最長者十六歲一人、十五歲四人、十四歲二十五人、十三歲三十六人約占三分之一強，十二歲二十六人，最幼者十歲有七人，不詳者二人。（註2）

　　容閎在上海的招生工作如火如荼展開的同時，曾國藩亦擬定派遣游學的具體實施章程，於同治十年七月初三日（註3）與李鴻章聯銜上奏，正式提出，「擬選聰穎幼童，送赴泰西各國書院學習軍政、船政、步算、製造諸學，約計十餘年業成而歸，使西人擅長之技中國皆能諳悉，然後可以漸圖自強」的建議。擬定〈挑選幼童前赴泰西肄業章程〉十二條，並向朝廷闡述派遣游學的各種理由：

　　第一，派遣游學合乎國際公法：同治七年（1868）中美續增條約第七條內載，「嗣後中國人欲入美國大小官學，學習各等文藝，須照相待最優國人民一體優待；又美國可以在中國指準外國人居地方設立學堂，中國人亦可在美國一體照辦。」尤其本年春，美國公使過天津時，表示將轉致美國人民妥為照料；三月間，英國公使到天津拜會，意頗欣慰，亦表示先赴美國學習，英國大書院極多，將來亦可派往。因此，英美兩國均表示願意接受中國學生前往學習，豈可失此培養人才之良機。

　　第二，百聞不如一見，游學對於學習有極大的幫助：曾國藩指出，自從

開設各類新式學堂之後，某些人認為中國已有西洋科學知識的基礎，毋須再遣出洋游學，但「不知設局製造，開館教習，所以圖振奮之基也」；而「遠適肆業，集思廣益，所以收遠大之效也。」況且，西人學問力求實際，無論學為各項職業，均入學堂讀書，「共明其理，習見其器，躬親其事，各致其心思巧力，遞相師授」。中國若欲學習西洋技術，「一旦遽圖盡購其器，不唯力有不逮，且此中奧窔，苟非遍覽久習，則本源無由洞澈，而曲折無以自明。」因此，最佳方式就是古人所說的「引而置之莊嶽之間」。如果切實學習，回國之後便能觸類旁通，擴充於無窮（《同治朝夷務始末》，卷82）。

由是以觀，曾國藩反覆論述派遣游學的重要性，確實懼於當時政壇保守風氣為高，恐怕稍微一個不留神，全盤計畫將為守舊派所阻撓，而胎死腹中；所以藉此奏摺向朝廷積極進言，意在使當權者相信該項計畫可能發揮的教育功效，必能裨益於國家自強之道。

然而派遣游學，有兩項困難的問題必須適時克服，一是選才，一是籌費；奏摺中亦提出問題點所在，並擬具克服之道。

在選才方面：聰穎子弟不可多得，必須志向遠大，品質樸實，不牽於家累，不為繁華紛擾所役者，方能遠游異國，安心學習，是以選才難。然而，克服之道如下：已飭陳蘭彬、容閎等悉心酌議，加以覆覈，派員在滬設局，訪選沿海各省聰穎幼童，每年以三十名為度，四年計一百二十名，分年搭船赴洋，在外國肆業，十五年後，按年分起，挨次回華；計回華之日，各幼童不過三十歲上下，年力方強，正可及時報效。且於帶赴外國之後，要求委員嚴加管束，將學生分門別類，務求學術精到；又有漢教習在旁隨時督促，曉以中國文義，俾識立身大節，可冀成有用之材。雖未必皆能成大功、立大業，而人數既眾，必有人才出乎其中。

在籌費方面：當前國家財政困難，公帑項已歲有定額，增此派人出洋肆習之款，必須另行籌措，是以籌費難。然而，克服之道如下：通計費用，首尾二十年共需一百二十萬兩銀，雖屬巨款；但不必一時撥齊，可以每年撥款

六萬,尚不覺得太難。除第一年所需盤纏費用,逐發給委員攜帶外,其餘每期指定款項,按年豫撥,交與銀號陸續匯寄,事亦易辦。絕不能「以經費偶乏,淺嘗中輟」(《同治朝夷務始末》,卷82)。

如根據其所奏章程,得知重點如下:

第一,商知美國公使,照會大伯爾士頓,請俟幼童學識明通後,量才拔入軍政、船政兩院肄習;至赴院規條,悉照美國向章辦理。此次派遣係以軍事教育為主,足見朝廷對於國防人才培養之急切。

第二,於上海、寧波、福建、廣東等處挑選年十三、四歲至二十歲為止之聰慧幼童,曾經讀中國書數年,情願送往西國肄業者,攜至上海公局考試。赴洋學習一年,如氣性頑劣,或不服水土,將來難望成就,應由駐洋委員隨時撤回。令訪華人年在十五歲內外,西學已有幾分工夫者,隨時遞補。

第三,幼童的學習狀況,應由駐洋委員每四個月考驗一次,年終註明等第,詳細記載,冊報回上海公局。

第四,肄業年限定為十五年,期滿後每年回華三十名,聽候派用。此係官生,不准在外洋入籍逗留,及私自返國,遽謀別業(《同治朝夷務始末》,卷82)。

該項奏摺奉總理衙門覆奏,准以「不分滿漢子弟,擇其質地端謹、文理優長,一律送往」。同治十一年(1872)正月十九日,曾國藩與李鴻章再度聯銜上奏〈選派委員攜帶幼童出洋肄業事宜摺〉,認為「挑選幼童出洋肄業,固屬中華創始之舉,抑亦古來未有之事。所有攜帶幼童委員,聯絡中外,事體重大,擬之古人出使絕域,雖時地不同,而以數萬里之遙,需之二十年之久,非堅忍耐勞、志趣卓越者,不足以膺是選。」於是,正式請旨飭派陳蘭彬為正委員、容閎為副委員,常川駐紮美國,經理一切事宜,劉開成總理滬局事宜(即預備學校校長)。奏摺中並擬定〈挑選幼童及駐洋應辦事宜〉六條,其重點如下:

第一,幼童將來出洋後,肄習西學仍兼講中學,課以孝經、小學、五經

及國朝律例等書，隨資高下，循序漸進。每遇房、虛、昂、星等日，正副二委員傳集各童宣講聖諭廣訓，示以尊君親上之義，庶不至囿於異學。

第二，每年八月頒發時憲書，由江海關道轉交稅務司，遞至洋局。恭逢三大節以及朔望等日，由駐洋之員率同在事各員以及諸幼童，望闕行禮，俾嫻儀節而昭誠敬。

第三，出洋辦事，除正副二委員外，擬用翻譯一員、教習一員。查有五品銜監生曾恆忠，究心算學，兼曉沿海各省土音，堪充翻譯事宜；光祿寺典簿附監生葉源濬，文筆暢達，留心時務，堪充出洋務習事宜；屆時隨同正副委員一併前往。

第四，每年需用經費，於江海關洋稅項下指撥（楊家駱，1963：158-159）。

同治十一年四月十一日，奕訢首度就曾國藩與李鴻章之會奏表示意見，指出三點應行注意及增加之處。

第一，學生年齡及肄業期限方面：原應辦事宜清單擬挑選學生以十二至二十歲為率，肄業期限為十五年，期間藝成後游歷兩年，以驗所學，然後回至內地。但是，奕訢卻認為，若學生以十二歲計算，至十五年藝成後，回國時已二十七、八歲，若以二十歲計算，則肄業十五年後，回國已將及三十六、七歲，其家中父母難保必無事故。且年近二十，再行出洋肄業，未免時過後學，難望有成。應請酌定，自十二至十六歲為率，在美國肄業期間，應隨時考驗所學，如有不及十五年，而已有成效者，准其報明，由該委員確實查覈，酌准送回。

第二，學生照護措施方面：學生有一百二十名之多，在洋十五年之久，難保無因病出缺等事，應如何辦理之處，必須詳議及。經挑選赴美學生之姓名、籍貫、三代履歷等，應飭該委員造具清冊，申報該督等，轉咨總理衙門存案，以備查覈。

第三，學生精神教育方面：除原清單所開應於恭逢三大節及朔望等日，

由駐洋委員率同在事各員以及諸學生等，望闕行禮之外；並應在美國的留學事務所內恭設至聖先師神位，令駐洋委員率同在事各員以及諸學生一體行禮（楊家駱，1963：160-161）。

　　根據曾國藩與奕訢之奏摺以觀，顯見朝廷對於出洋游學生的精神教育極度重視，對其思想的控制依然存在，欲以各種國內之宣講活動的模式和禮儀規範，緊緊綁住游學生的觀念，不但應有形式上的膜拜，甚至還要求實際設置神位；然而，對於學生的照護措施亦頗為關心，要求曾國藩等詳細具體內容。

㈢學生分批赴美

　　容閎在完成第一批的三十名招生工作之後，即準備啟程前往美國，適逢曾國藩於同治十一年二月間去世，其遺志則由曾國藩自行推薦的李鴻章代為完成；在缺乏曾國藩有力支持的前提下，恐怕已經埋下爾後可能終局的種子。

　　容閎與第一批學生相約在美國的斯不林非爾（Springfield）見面，並先於一個月前抵達，於此預備學生住宿事宜。在前往斯不林非爾的途中，巧遇舊識耶魯大學的海德列教授（Prof. James Hadley），海氏建議應先拜會康納特克（Connecticut）省之教育司，因為該司可以代為籌劃住宿事宜；容閎隨即親往拜見教育司拿德魯布（Northrop）君，告以來意，請其指示。拿氏建請容閎將學生分處於新英國省之各戶人家，每家二、三人，以利學習適應美國的語言及生活，但須相去不遠，庶便監視；俟將來學生程度已能入校直接聽講時，乃變更為集中住宿。容閎遂如其建議，即至斯不林非爾尋覓適宜之所，以為辦事處，因斯不林非爾地處新英國省中心點，居此易於分配學生。後來，再從拿氏及其他友人之建言，乃遷居康納特克之省城哈特福德（Hartford），此後辦事處皆在哈特福德之森孟納街（Sumner Street）。容閎雖遷居哈特福德，然仍兼顧斯不林非爾，仍以其處為分派學生之中心點；後之學生來美者，皆先至斯不林非爾，然後再分派各處，直至光緒元年為止（容

閎，1966：110-111）。

　　同治十一年（1872）七月八日，第一批學生三十名由陳蘭彬率領自上海啟程，翻譯曾恆忠、教習葉源濬同行。同年秋抵達美國舊金山，他們服裝整齊，一律著馬掛長衫、瓜皮帽、白布襪，玄色白底洗鼻樑的布鞋，純粹的中國式服裝，年紀雖小，儀態卻老成。第二批三十人，在黃平勝的帶領下，於同治十二年（1873）五月十八日赴美；並有來自香港和上海的七名自費生，一同前往；第三批三十人，在司馬祈、兆熙的帶領下，於同治十三年（1874）八月九日赴美。第四批學生三十人，由參軍鄺其照帶領，於光緒元年（1875）九月十六日出洋；徐贊臣等三兄弟則自費同行（宋晞，1985：430-431；林子勛，1976：15-16）。

　　根據前述，除一百二十名官費生如期分批前往美國外，尚有自費生十人。由此可見，雖然保守的民風曾令容閎有招生窘困之慮，但亦有極少數頗具見地之人，仍願自備斧資，隨同赴美學習。徐贊臣等三兄弟，即為曾襄辦游學事務的徐潤之堂弟，臨行前曾設宴餞別，並合影留念。徐潤除贊許此一游學事務，「以備吾華折衝樽俎之才，意至盛也，法至良也」外，並認為徐贊臣等之行動，能「體鉅公為國儲材之遠猷」，且勉勵其「他日學成而歸，賓王利用，其榮名所被，固有更勝於一矜一第者，而何必惘惘出門效兒女之沾巾哉！」（宋晞，1985：460-461）

　　同治十三年，容閎鑒於「人存政在、人亡政息」的教訓，深恐曾國藩去世後，游學事務可能遭遇不可知的阻礙，遂欲使留學事務所在美國根深柢固，以牽制朝廷不易變計以取消此事。因此，李鴻章從其請，命容閎於哈特福德之克林街，監造一棟堅固壯麗之屋，作為中國「留學事務所」永久辦公之地。光緒元年春正月，留學事務所落成啟用，容閎等即遷入此新居，有樓三層，極為寬敞，可容監督教員及學生七十五人同住。建物內有一大課堂，專備教授漢文之用；此外則有餐廳、廚房各一間，及學生之臥室、浴室等（容閎，1966：111-112）。

　　游學生自從同治十一年秋抵達美國之後，一百二十名學生的在校和在寄宿家庭的表現，令美國人留下良好的印象。如容閎之妻的好友芭脫雷夫人的女兒露意絲，回憶當時許多學生的情形時說：「他們很年輕，聰明而有趣，在遊戲場上經常獲勝。英語學得很好，除掉最初的階段，我記不起會發生任何表達上的困難。開始上公立學校以後，未幾，與同學相處得很友好，由於學業的進步，使老師們感到無上的愉快。」（宋晞，1985：448）

　　耶魯大學的教授李洪‧菲力浦（Dr. Lyon Phelps），在其一九三九年出版的自傳裡，有一專章名曰〈中國的同學〉（Chinese schoolmates），對於游學生的印象，有極為深刻的描述，他說：「他們用錢不吝嗇，比起美國人要慷慨的多；有卓越的風度，都是運動健將，機警、好學，我從來也沒有想到，有這樣一群好孩子。……這許多孩子們的裝飾，除了拖著一根辮子外，與我們無異。……他們對女孩子彬彬有禮，是我們萬不能及的。……我童年的愉快回憶，充滿著中國人的事蹟；當我進耶魯的時候，這許多良好的伙伴都已返國，我希望他們終於能夠回來，但是帶給我的只是失望。」（宋晞，1985：453-454；林子勛，1976：28）

　　根據美國人的親身經驗，這些游學生雖然仍保留某些中國傳統的裝扮，但絲毫不減他們的各項優秀表現，無論在學業或課外活動，甚至待人處世的表現，都令美國的同學和朋友另眼看待；所以中國的游學生帶給美國人的，無疑是美好的回憶。但是，大人的世界小孩子豈能盡悉？他們怎麼也料想不到，這些良好的伙伴，竟然成為大人內鬨鬥爭之下的犧牲品。光緒七年，游學生又再度分批行進，只不過這次是被強制返國；距離第一批到達美國者，尚須五、六年即可完成學業，竟如此中輟，簡直是「為山九仞，功虧一簣」，令人極為惋惜。

㈣游學事務的終結

　　游學事務的終結，種因於容閎與陳蘭彬、吳子登等守舊人員之齟齬，李

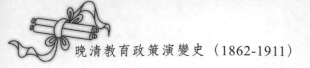

鴻章之不願大力支持，亦為終結的重要因素之一；而美國軍事學校拒絕游學生入學，則為整個事件的引爆點。

最早在同治九年（1870），丁日昌介紹陳蘭彬與容閎認識時，曾向容閎說明理由：「君所主張，與中國舊學說顯然反對，時政府又甚守舊，以個人身當其衝，恐不足以抵抗反動力，或竟事敗於垂成，故欲利用陳之翰林資格，得舊學派人共事，可以稍殺阻力。」然而，容閎與陳蘭彬素不相識，當時極欽佩丁日昌的思慮周密。但在共事之後，卻發現事與丁日昌之願違，容閎甚至對陳蘭彬下此評語：

> 「陳居刑部二十年，久屈於主事末秩，不得升遷，以故頗侘傺不自得，甚願離去北京，居京除刑曹外，亦未任他事，故於世途之經驗甚淺，其為人持躬謙抑，平易近人，品行亦端正無邪，所惜者，膽怯而乏責任心。即一羽之輕，陳君視之，不啻泰山，不敢謂吾力足以舉之。」（容閎，1966：106-107）

同年的九月十六日，曾國藩即將回任兩江總督前，已先行奏調陳蘭彬差遣江南，他稱許陳蘭彬：

> 「實心孤詣，智深勇沉，歷練既久，斂抑才氣，而精悍堅卓，不避險艱，實有任重致遠之志。……該員生長粵東，留心兵事，若令延攬將才於輪船操練事宜，必有裨益。……攜帶子弟前赴外國者，如該員陳蘭彬及容閎輩皆可勝任。臣精力日衰，自度難策後效。然於防海製器等事，亦思稍立基緒，異日有名將率者出，俾之得所憑借，庶不難漸次拓充。陳蘭彬素有遠志，每與議及此事，輒復雄心激發，樂與有成。該員係奉旨交臣差遣之員，此次仍擬帶至江南，於目前操練輪船、將來肄業西洋各事，必能實力講求，悉心規劃。」（《曾文正公全集》奏稿，卷4）

由是以觀，曾國藩對於陳蘭彬相當器重，也許是基於陳的翰林資格與舊

日部屬的雙重情誼，早已經想要提拔他，因此欲將有關輪船操練事宜完全交待予他；甚至有關游學事務，亦因丁日昌的推薦，認為他必能勝任；由其語氣觀之，更頗有一種為自己安排接替人選的感覺，而此人選即為陳蘭彬。

同治九年（1870）十二月十七日，李鴻章函覆曾國藩有關游學事務時，認為游學經費稍多；此雖要事，然僅籌辦洋務之一端；並建議先試行每年選送三十名，以三年九十名為原則。可見李鴻章對容閎的規劃早已有微辭。同治十年（1871）四月一日，游學生均尚未派遣赴美，於是李鴻章再度向曾國藩表示，容閎擬派十五歲以上，並延漢文教師同去，本慮多費而少益，可否再令妥商更定（楊家駱，1963：173-174）。由此可見，李鴻章對於容閎所擬定的辦法尚有頗多質疑，是以一再表示意見。

後來，第一批赴美的三十名游學生中，僅有四人是十五歲以上，其餘都在十四歲以下，所以容閎對於李鴻章的意見應無刻意忤逆之虞。然而，同治十三年（1874）四月二日，第三批游學生尚未出洋，李鴻章又再提出疑義：幼童出洋，前已核定之經費如果不敷使用，既然已派遣九十人，設將來皆能學成，人才似亦足用。因此，建議俟第三批啟行後，應飭出洋局通盤籌劃，詳議截止派遣之可行性。而且，此時陳蘭彬已有辭職回國之意，只是尚未覓得代替人選（楊家駱，1963：175）。

光緒元年（1875），第四批游學生將出國前，陳蘭彬已經覓得區諤良為新監督，並向李鴻章積極推薦；四月三日，李鴻章致函稱贊新監督「志氣堅卓，年力正當」，還向陳蘭彬道賀，「薦舉得人，曷任欽佩」。但是，新監督必須與第四批幼童一同赴美，所以陳蘭彬回國之期尚無法確定（楊家駱，1963：175）。第四批游學生，於光緒元年秋抵達美國，同行者除新監督區諤良，尚有新翻譯鄭其照、漢文教習二人，皆為李鴻章所派，亦均為容閎之舊識，其中以區鄭二人尤熟。容閎認為此次更動之原因，出於陳蘭彬一人之意，因為陳急欲請假回國，遂請政府另派新監督以代其職；又陳於古巴調查華工之役，深得漢文教習葉緒東之大力協助，故此次歸國，欲攜葉同行，而

舊日翻譯曾蘭生，亦以他故，政府命其交卸回國（容閎，1966：116-117）。
這些人事的變動，容閎於數月前已有所知，但不以為意。而新監督抵任後，
陳蘭彬遂得以交卸回國。

新監督區諤良，此行尚有一妻二子前來，可能有長期居留之打算。區諤
良較陳蘭彬年輕，雖非翰林出身，然亦中國飽學之文士；容閎形容，「其人
沉默靜穆，對於一切事物，皆持哲學觀念，不為己甚，其於前人布置已定之
局，絕不願紛更破壞之，觀其所言所行，心中蓋頗有見地。」（容閎，1966：
118）言下之意，對其並無負面態度；可惜任事不久，於光緒二年（1876）
即辭職歸國。（註4）

陳蘭彬回國約三個月，朝廷於光緒元年十二月十一日派陳為駐美公使，
以容閎副之，葉緒東為參贊。就常理而論，此令當為升官之喜事，然容閎非
但不以為榮，反以為憂。因為他不以一身官運榮辱為意，卻始終以教育計畫
之推行與否為念，而他亦視教育計畫為畢生最重要的事業，是報國的唯一策
略；他擔心「今發軔伊始，植基未固，一旦舍之他去，則繼予後者，誰復能
如予之熱心，為學生謀幸福耶？」況且，容閎自認與游學生相處既久，感情
已如同家人父子，如果去職而就任副公使，學生將形同孤兒，失去撫育之
人，於心何忍？（容閎，1966：117）

於是，容閎經過深思熟慮後，遂請漢文教習容雲甫擬稿繕寫，寄回中
國，請李鴻章代呈朝廷，大意是：榮獲朝廷破格拔擢，應當銘感五內，然而
公使責任重大，自顧平庸，恐將不堪負荷，請轉呈政府，收回成命，俾得仍
為學生監督，以期始終其事；俟將來游學諸生，學成種種專門學術，畢業歸
來，能為祖國盡力，乃卸此重擔，如是量力而為，對於祖國，亦為略盡人民
之天職；且諸游學生，皆得曾文正親手栽種，更願繼而灌溉之，俾得告無罪
於文正；況且政府既已派陳蘭彬為公使，則外交事務以陳獨當一面，必能勝
任，固無需容閎之襄助。此書上後四個月，李鴻章當無上呈朝廷而遽覆容
閎，其意「不准不駁，亦允亦否，蓋命予為副公使而兼監督之任，俾予於留

學生方面，仍得有權調度一切也。」（容閎，1966：117-118）至此，容閎始能寬心，再繼續為其教育計畫戮力以赴；然而，游學事務因人事更迭頻繁，亦屢現終結之危機，不得不令人為之擔憂。

光緒二年（1876），為容閎帶來另一波的阻礙。是年陳蘭彬以駐美全權公使身分重新履美，一時之間攜來僚屬極眾，隨之同行者尚有第三任監督吳子登。吳曾於上海為容閎識之，其人雖亦翰林，卻未知何故，從未任政府官職，亦未得任何特別之任務，聞其人諸友皆以「性情怪僻」四字形容。當區諤良辭職時，陳蘭彬乃薦此性情怪僻之人繼任監督，而李鴻章竟亦貿然允准。容閎因得陳蘭彬屬下，某代理秘魯公使者告知，稱吳子登素為守舊派之一員，視中國學生之游外洋為離經叛道之舉，又前與曾國藩、丁日昌二人有過不愉快之事，故於曾丁二人之手創事業，尤思破壞不遺餘力。凡此行徑，直令容閎不寒而慄，遂謂吳子登之任監督，「於是留學界之大敵至矣」。由此次人事變動以觀，容閎認為陳蘭彬推薦吳子登之舉，已足見陳亦極頑固之守舊派，其心中想必早不以派遣游學為然，甚至欲以自己代表守舊派，準備破壞新政，以阻礙中國前途之進步（容閎，1966：118-119）。

以上所述，大概是游學計畫獲准，到游學生全部抵美之後的這段期間內，容閎所經歷的種種人事更迭，此種人事的非尋常異動，讓容閎嗅出游學事務即將出現極大的風暴。若論容閎與陳蘭彬、吳子登之觀念歧異，則主要在於學生的「學習內容」與「生活管理」兩方面。

第一，在學習的內容方面：光緒三年（1877）正月二十二日，容閎曾接獲李鴻章寄電，希望派遣部分游學生學習礦學，以應國內開礦人才之急需。李鴻章之函電略以：

「中國所亟宜講求者，煤鐵五金之礦，未得洋法，則地寶不出。現在台灣、湖北等處開煤，所請英人，高下不等，所用機器，原委難明，其餘各省因無人指授，不免觀望。如出洋學生內有穎異可造之才，望送入礦

務學堂，先窮究其理器，一二年後再令游覽美國五金礦所，或暫充工
役，或隨同研究，必自能辨識地產之有無厚薄，機器之如何用法，融會
貫通，可得上等考單，確有把握，然後遣回，再發往各省礦局試用，庶
於國計有裨。」（楊家駱，1963：176）

　　然而，根據曾國藩派遣游學生赴美之本意，欲其學習軍政與船政，係以
軍事相關學問為主要學習內容，並以陸營和海防人才之培育為目的。如今李
鴻章以一己之意，逕行要求容閎派遣游學生學習礦務，當然有違曾國藩之初
衷。但是，容閎亦不以此為反駁之理由，一時之間，學習礦業之學生較多。
甚至，李鴻章更於光緒七年四月十九日，以「津、滬新設電報需人」為由，
寄電陳蘭彬，要求將出洋局幼童，「擇其穎悟純靜尚未入大學院者二十人，
令速赴各處電報館游歷，講求電學。」並表示將在兩個月後文書到美，必須
即刻令該等學生回華供差（楊家駱，1963：181）。當時李鴻章已經上書總
理衙門，表示對於撤回游學生無特別意見，但卻仍期望這些游學生可以再多
學其他的科技，以便回國有更多的貢獻，足見他的心態是不太一致的；既希
望游學生能夠學成再歸國，貢獻所學，又限於守舊派之強大阻力，而不敢表
態。但是，對此要求速成的做法，容閎亦照辦，可見他的配合度也相當夠。

　　由是以觀，容閎對於西學的學習內容尚無特別堅持，而與守舊派最大的
爭議，在於中國傳統經典的學習比例。根據〈挑選幼童及駐洋應辦事宜〉第
一條之規定，幼童出洋後，「肄習西學仍兼講中學，課以孝經、小學、五經
及國朝律例等書，隨資高下，循序漸進。」陳蘭彬與吳子登既身處守舊派之
陣營，必據此要求學生；容閎則以為學生在國內已略有基礎，出洋以後應當
以西學為主，不宜以中學的學習占去太多時間，致影響西學的學習成果。

　　然而，李鴻章既以洋務事業為重，應當支持容閎的做法，奈何其以洋務
派為名，於此卻傾向守舊派做法。如光緒六年（1880）四月二日，他向陳蘭
彬表示，「容閎來謁，言學徒拋荒中學，係屬實情」，並且指責容閎「意見

偏執，不欲生徒多習中學」；因為暑假期間，學校停課，正好可以溫習經典，容閎卻不以為然；甚至還說，「擬致函藎甫，屬勿固執己見」，但請陳蘭彬先行勸誡，「令其不必多管，應由子登太史設法整頓，以一事權，庶他日該童等學成回華，尚有可以驅遣之處，無負出洋學習初意也。」再者，光緒七年（1881）二月三十日，他上書總理衙門時，還指責容閎之不是：「邇年以來，頗有議藎甫偏重西學，致幼童中學荒疏者，鴻章嘗寫書誡勉，不啻至再至三。」（楊家駱，1963：177-178）

第二，在學生的生活管理方面：這是容閎與陳蘭彬、吳子登發生齟齬最多的問題，彼此之間存有極大的觀點差異。容閎指出，陳蘭彬既挾守舊派之成見，故任監督時，與其共事時有齟齬，每遇極正當之事，大可著為定律，以期永久遵行，陳卻常藉故阻撓。例如，學生寄居美國家庭中，隨同為祈禱之事或星期日至教堂禮拜，以及平日遊戲運動改裝等問題，凡此瑣碎細事，所在多有；每次為解決此等問題時，陳即常與學生發生衝突，而容閎則居間協調；但遇學生為正當之請求，而陳則故意不准，容閎則代學生略為辯護，所以陳常懷疑容閎偏袒學生，雖未形諸詞色，而芥蒂之見，固所不免（容閎，1966：119）。

因此，容閎推測陳蘭彬的閱歷，想必在未到美國以前，足跡不出國門一步，「故於揣度物情，評衡事理，其心中所依據為標準者，仍完全為中國人之見解，即其畢生所見所聞，亦以久處專制壓力之下，習於服從性質，故絕無自由之精神與活潑之思想。」而這些游學生，日受美國教育之陶冶，並習慣與美國人交際往來，故學識乃隨年齡而俱長，一切言行舉止，受美國人之影響而與中國人不同，本為意料中事，怎能責怪於學生？況且，學生既來此自由國度，「終日飽吸自由空氣，其平昔性靈上所受極重之壓力，一旦排空飛去，言論思想，悉與舊教育不侔，好為種種健身之運動，跳躍馳騁，不復安行矩步，此皆必然之勢，何足深怪？」但是，這些在容閎眼中視為稀鬆平常者，陳蘭彬看來，則又視為不正當之舉（容閎，1966：120）。

　　由這些彼此不愉快的經驗，引發容閎對陳蘭彬的極度不滿，更指責陳實為過河拆橋。他極為憤恨地說：

> 「設無此留學事務所，則彼亦安能以二十年刑部老主事，一旦而為留學生監督，更安得由留學生監督，一躍而為華盛頓公使，是則此留學事務所，固大有造於陳蘭彬，不啻為其升官發財之階梯，陳苟能稍稍念木本水源，則不當登高而撤梯，乃不謂其盡忘前事，極力欲破壞予之教育計畫。」（容閎，1966：121）

　　容閎既與陳蘭彬發生爭執於先，繼而又與陳所薦之吳子登論戰於後，容閎甚至稱吳之到任，「而留學事務所乃無寧歲矣」。光緒二年（1876）秋，吳任監督之後，對於從前之規定，處處吹毛求疵，苛求其短；若有不滿意，又不明白告知，唯日通消息於李鴻章，大概情形是：指責容閎不盡職，縱容學生，任其放蕩淫佚，授以學生種種不應得之權利；學生在美國，專好美國人運動遊戲之事，讀書時少而遊戲時多，甚至效法美國人，加入各種政治或宗教之組織，常有不正當之行為。因此，學生不尊敬師長，對監督之訓示亦如馬耳東風，更多有入耶教者。此等學生，「若更令其久居美國，必致全失其愛國之心，他日縱能學成回國，非特無益於國家，亦且有害於社會，欲為中國國家謀幸福計，當從速解散留學事務所，撤回學生，能早一日施行，即國家早獲一日之福。」（容閎，1966：121-122）

　　吳子登雖然經常毀謗容閎於北京官場，但容閎卻毫無所知，後經李鴻章示以吳之書函，容閎才恍然大悟，遂致函李鴻章表示：「凡此捕風捉影之談，皆挾私恨者，欲造謠生事，以聳聽聞，予固知造此言者，其人性情乖張，舉止謬妄，往往好為損人不利己之事，似此荒謬之人，而任以重職，實屬大誤。」如今吳子登極欲破壞曾國藩所創之可為國家謀極大幸福之事業，實為喪心病狂，只適合置於瘋人院或荒廢的病院中，又怎能令其擔當留學生監督之重任？並順道指責薦舉吳子登的陳蘭彬，「亦怯懦鄙夫，生平膽小如

鼠，即極細微之事，亦不敢擔負絲毫責任。」（容閎，1966：122）

　　經過這場筆墨官司之後，駐美公使館及留學事務所兩處，表面似覺暫時平靜，並無何等衝突，豈料有更大的波瀾將發生在其後。

　　光緒四年（1878）間，容閎欲薦送程度較高之學生，進入美國陸海軍學校肄業，乃致書美國國務院，求其允准。國務院卻覆以極輕蔑之詞，簡單拒絕容閎之請，其言曰：「此間無地可容中國學生。」容閎遭此挫折後，遂以此事函告李鴻章，但李之回覆卻表示：美國政府拒絕中國學生入陸海軍學校，實已違背同治七年之新修條約，「唯亦無如之何」（容閎，1966：123-125）。言下之意，李鴻章並無任何協商的對策，容閎也從此看出游學事務即將被終結的端倪。因為美國違反的是中美條約的內容，係屬國際公法之一部分，然而美國敢公然為之，是因部分政治人物對華工的歧視，並煽動大作文章，所以後來禁止華工一案提出，國會即刻通過，立即實行。面對美國無理的舉動，李鴻章卻毫無據公理以力爭的勇氣，遂使容閎已心灰意冷。

　　容閎向美國國務院請求學生入學之事未成，李鴻章似置身事外，吳子登聞訊，乃又乘風興浪，設法破壞游學；並暗中與陳蘭彬密商，「設為種種讆言，以極細微之事，造成一絕大之文章」，寄之北京。再加上美國會禁止華工一案，守舊派中有一御史乘機上奏，請即解散游學事務所，撤回游學生，以報復美國。朝廷閱奏，不敢貿然允准，乃以此事徵詢李鴻章、陳蘭彬與吳子登等三人之意見。李鴻章此時不願為學生援手，即順守舊派之意；陳蘭彬因與游學生有嫌隙在先，擬乘機報復，遂謂：「學生居美已久，在理亦當召回」；吳子登則更無猶豫之詞，直捷痛快以答：「此等學生當立即撤回，歸國後並須交地方官嚴加管束。……外洋風俗，流弊多端，各學生腹少儒書，德性未堅，尚未究彼技能，實易沾其惡習，即使竭力整飭，亦覺防範難周，亟應將局裁撤。」然而，有關撤回游學生之議，容閎竟全未獲詢問（容閎，1966：125；楊家駱，1963：165）。

　　李鴻章更於光緒七年（1881）二月三十日，上書總理衙門〈論出洋肄業

學生分別撤留〉。他在書函中首先指出，當時曾國藩創辦之初，奏派陳蘭彬、容閎為正副監督，係「以蒓甫熟諳西事，才幹較優；荔秋老成端謹，中學較深，欲使相濟為功也。」但卻引用吳子登的報告指出：「局務流弊孔多，亟宜裁撤。」甚至自行揣測：「鴻章平心察之，學生大半粵產，早歲出洋，其沾染洋習或所難免。」同時，分析陳蘭彬等三人衝突的原因：

> 「蒓甫久管此局，以謂體面攸關，其不願裁撤，自在意中。……荔秋與蒓甫，牴牾已久，且其素性拘謹畏事，恐管理幼童與蒓甫交涉更多，或被掣肘，故堅持全裁之議，彼其所慮，固非無因。……子登續擬半撤之法，既不盡棄前功虛糜帑項，亦可出之以漸，免貽口實，且其意謂得使署照料，呼應較靈，亦係實情。」

並表示：「敝處仍當隨時函告荔秋、蒓甫、子登，勸令銷融意見，盡心公務，以收實效。」企圖充當和事佬。最後，他還是未提出具體意見，且把此一燙手山芋推給總理衙門：「可否請由尊處函致駐美正副使，屬其和衷商榷，會同子登經理，則荔秋未便推諉，蒓甫未能顯違，而子登亦必樂從，諸務當可順手。」（楊家駱，1963：178-179）

由此以觀，李鴻章始終依違於撤與留之間，並有見風轉舵之虞；而容閎以一己之力迎戰龐大的守舊派集團，確實已經勢單力薄，縱使奮力而戰，亦覺力有未逮；李鴻章卻於此時不願全力支援，只是不斷做出落井下石的動作，難怪容閎會敗下陣來！更無怪乎容閎始終將游學事務的終結怪罪李鴻章！

所有事件的發展，直至光緒七年（1881）五月十二日，奕訢奏〈請撤回游美肄業生摺〉之後，已經將告一段落。奏摺指出：

> 「該學生以童稚之年，遠適異國，路歧絲染，未免見異思遷，……外洋之長技尚未周知，彼族之澆風早經習染，已大失該局之初心。……與其逐漸撤還，莫若概行停止，較為直截。……局中一切經費，即自裁撤之

日，逐款劃清，不准再有虛糜。」（楊家駱，1963：166）

同時，要求游學事務所妥訂章程，責成各員親自管帶學生回華，以免任意逗留，橫生枝節；至於學生肄業已久，回國後應當察其造詣淺深，分配各處，俾求適才適所。

此份奏摺已經宣告游學事務停止，勢無轉寰之餘地；但是，容閎仍然抱著一絲的希望，竭力奔走，企圖力挽狂瀾。而在此之前，美國部分「理想高尚，熱心教育，關懷於東西人種之進步者」，正努力制止中國政府撤回學生之成命。一方面，大文學家馬克吐溫親自謁見美國前總統格蘭德（Grant），討論游學生中輟之事，商討挽救之法；於是格蘭德乃致書李鴻章表示，「幼童在美頗有進益，如修路、開礦、築砲臺、製器各藝，可期學成，若裁撤極為可惜。」（容閎，1966：126；楊家駱，1963：181）

另一方面，由容閎之良友吐依曲爾（Twitohell）及藍恩（Lane）二人提倡，耶魯大學校長樸德（Porter）撰稿，聯絡多數之大教育家及大學校長，聯署簽名，欲阻止中國為此退化之事；雖然後來未獲成效，唯書中溫和的態度，卻詞嚴義正、磊落光明的表達方式，實不愧為文明人之口吻。分析其內容，實有三個重點：

第一，極力表達游學生在美國的優秀表現，深感召回之可惜，書函稱：

「予等與貴國留美學生之關係，或師或友，或則為其保人。今聞其將被召回國，且聞貴國政府即欲解散留學事務所，予等咸規規自失，且為貴國憂之。……貴國派遣之青年學生，自抵美以來，人人能善用其光陰，以研究學術，以故於各種科學之進步，成績極佳，即文學、品行、技術，以及平日與美人往來一切之交際，亦咸能令人滿意無間言。論其道德，尤無一人不優美高尚，其禮貌之周至、持躬之謙抑，尤為外人所樂道。職是之故，貴國學生，無論在校內肄業，或赴鄉村游歷，所至之處，咸受美人之歡迎，而引為良友。凡此諸生言行之盡善盡美，實不愧

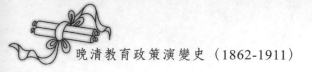

為大國國民之代表，足為貴國增榮譽也。……今乃忽有召令回國之舉，不亦重可惜乎？」

第二，美國國會歧視華工之立法，僅是部分無識之人的無知之見，且已逐漸消弭中，中美關係亦已日趨融洽，絕不得將禁華工案與游學事務混為一談；且美國教師亦盡心盡力教導中國學生。書函稱：

「美國少數無識之人，其平日對於貴國人之偏見，至此逐漸消滅，而美國國人對華之感情，已日趨於歡洽之地位。……某等授與貴國學生之學問，與授與敝國學生者，不少異，絕無歧視之心。某等因身為師保，故常請貴國所派之監督或其代表，來校參觀，使其恍然於某等教授中國學生之方法。惜貴國所派之監督，輕視其事，每遇此種邀請，或不親臨，或竟無代表派來也。」

第三，撤回游學生，實在有損中國國際名聲，書函稱：

「貴衙門須知此等學生，乃當日由貴政府請求美國國務卿，特別咨送至予等校中，欲其學習美國之語言、文字、學術、技藝，以及善良之禮俗，以冀將來有益於祖國。今學生於科學文藝等，皆未受有完全教育，是所學未成，予等對於貴國之責任，猶未盡也。乃貴政府不加詳細調查，亦無正式照會，遽由予等校中，召之返國，此等舉動，於貴國國體，無乃有虧乎？某等對於貴國，固深望其日躋富強，即美國國人平日待遇貴國學生，亦未嘗失禮，貴政府乃出此態度，以為酬報，揆之情理，亦當有所不安。」

最後，乃敦促總理衙門在尚未撤回游學事務所之前，重新遴派誠實可靠、聲望素著之人，對關於學生智育德育上誣衊之言，從實調查，以期水落石出（容閎，1966：126-128）。

二、游學歐洲

㈠游學歐洲的倡議與規劃

　　同治十二年（1873），正當容閎派遣游學生赴美學習的計畫如火如荼地進行，且已經派出第二批三十名幼童之後，時任福建船政大臣的沈葆楨，也建議派遣船政學堂學生赴歐洲學習。他於十一月七日上〈奏派前後學堂學生赴英法深造摺〉，強調：「為欲日起而有功，在循序而漸進，將窺其精微之奧，宜置之莊嶽之間。」並提出初步的規劃方案，茲說明如下：

　　第一，前學堂學生因素習法國語言文字，當挑選天資聰穎、學有根柢者，仍赴法國深究其造船之方，及其推陳出理之理。

　　第二，後學堂學生因素習英國語言文字，當挑選天資聰穎、學有根柢者，仍赴英國深究其駕駛之方，及其練兵制勝之理。

　　第三，學習期限定為三至五年，學成歸國後，可任船政學堂之教習（沈葆楨，1992：903-904）。

　　此份奏摺係與時任陝甘總督的左宗棠聯銜，因此他也立即上書總理衙門，加強陳述派遣之理，他說：「今幸閩廠工匠自能製造，學生日能精進，茲事可望有成，再議遣人赴泰西游歷各國，借資學習，互相考證，精益求精，不致廢棄，則彼之聰明有盡，我之神智日開，以防外侮，以利民用，綽有餘裕。」至於派往的國家可以不局限於法英二國，可以隨時斟酌實情辦理；而帶領人員的遴選，毋須限制為政府官員，甚至華人在外洋經商貿易有成者，亦得以擇優而取之（高時良，1992：903）。由其建議以觀，左宗棠的看法係補充沈葆楨之規劃，將派往的國家和帶領人員做更有彈性的處理。

　　沈葆楨和左宗棠的建議，引起奕訢的注意，並獲得其認同，於同治十二年（1873）十一月十八日正式奏請派遣船政學堂學生出洋學習；他認為沈左二人之舉係基於探究造船、駕駛之精奧的需求，與曾國藩派遣游學生赴美的

做法實屬殊途同歸，因此請旨飭下二人會商熟籌，期於有利無弊，功效漸著（高時良，1992：904-905）。

經過一年的時間，同治十二年（1873）十二月二十二日，李鴻章致函總理衙門，就帶領人員的問題與奕訢商酌，按照李鴻章的意思：陳蘭彬任游學美國正監督，如無容閎任副監督以為先導，則事必滯礙難行；因此游學歐洲，既已決定由法國教習日意格主其事，更應遴派與日意格熟悉之華員管帶同往，較易得力，至於他處人員則不適宜（高時良，1992：905）。

沈葆楨綜合各方意見後，於同治十三年（1874）二月十九日，致書總理衙門稟報出洋事宜，內附法學章程、藝童課序、藝徒課序及英學課序等四種。他表示：幼童游學美國，除束修日用，別無他端，故估費較省；而船政學堂學生，數年來已學有專門，且兼諳手藝，即各廠藝徒，亦曾讀洋書，故此次赴泰西，不得不略為變通。赴法學習造船的學生，半日肄業於工廠，每年復以兩個月游歷各國各船廠鐵廠，以增長其見識，約四至五年可以煉出全才。赴英國學習駕駛之學，以二年為期，前九個月在學堂上課，學習天文、畫海圖學、汽學、水師戰法、英國語言；之後，赴英國操砲廠，學習各砲各槍操練法，約六個月時間；再以三個月時間，精研海圖學；最後赴英國水師營，分派學生到各兵船學習約四至六個月（高時良，1992：907-910）。

㈡正式派遣游學歐洲

前項章程提出之後，沈葆楨曾抄送一份給李鴻章，希望聽取他的意見，適逢日本進犯台灣，遂無法繼續研議。直至光緒元年（1875）三月十二日，日意格將回法國，沈葆楨遂乘此之便，奏請挑選前學堂學生魏瀚、陳兆翱、陳季同等三人，後學堂學生劉步蟾、林泰曾等二人，隨同前往游歷英、法，以「開擴耳目，既可以印證舊學，又可以增長心思。」（高時良，1992：910）此舉即成為派遣學生游學歐洲的開始，然而係非計畫性的派遣，但未言明游學期限。

　　光緒二年（1876）二月十日，前項學生游學將屆一年，時任福建巡撫的督辦船政大臣丁日昌致函總理衙門表示：後學堂學生劉步蟾、林泰曾等二人，在國內已有相當的基礎，此次「出洋後，閱覽歐洲水師武備，兼於英國高士堡學堂開擴新聞，印證舊學，造詣當更可觀，唯欲窺其精微之奧，日起有功，自宜置之莊嶽之間，循序漸進。」因此，希望總理衙門照會英國駐京公使，轉行知照將該學生收入英國大戰船學習，速則一年，遲則兩年，以期精益求精。時沈葆楨已經調任兩江總督，但仍極為關心這兩位學生的游學事宜，遂於同日致函總理衙門，希望別令二生先行回國，再派遣出國，因為「該生等係水師人員，宜在船練習航海穿洋，方臻閱利，若久與船離，恐致曠荒。」（高時良，1992：911）然而，丁沈二人之書函，並未立即獲得奕訢之正面答覆，直至同年的十一月二十九日，李鴻章奏派船政學堂學生出洋肄業章程時，始有正式允准一併送入英國大兵船肄習。

　　同年的三月二十六日，李鴻章奏請派遣武弁卞長勝、朱耀彩、王得勝、楊德明、查連標、袁雨春、劉芳國等七人，隨同德國克鹿伯砲廠代雇德國都司李勸協，赴德國武備學院，講習水陸軍械技藝，俟學成回國，再分撥各營教練，以期漸開風氣。查李勸協原於同治十二年（1873）前到天津，李鴻章與之訂立合同，議明三年為期，教習克鹿伯砲後膛鋼砲之操演法，現已屆滿，即將回國，李鴻章遂乘此之便，商請帶領武弁到德國游學。而李鴻章在上奏前，該等人員已於三月二十一日由天津附搭輪船啟程（高時良，1992：911）。

　　後來，因煙台之役時英、法、德鐵甲兵船齊集，李鴻章得有機會前往各國兵船參觀，而瞭解到「英法各船製造絕精，而駕駛操練，英尤靈捷嚴整」，並看見日本少年武弁在英船隨同操作，因此得知，「出洋學習造駛之舉，實為中國海防人才之根本」。遂於光緒二年（1876）十一月二十九日，正式奏請遴選候選郎中李鳳苞，會同法將日意格，就福建船政學堂學生中精挑細選，派遣素習製造之學生十四人、藝徒四人、習駕駛之學生十二人，計三十

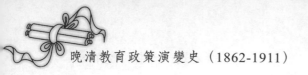

人，以三年二十萬兩之費用，出洋游學（高時良，1992：913-915）。奏摺中，亦附〈選派船政生徒出洋肄業章程〉十條，成為滿清政府計畫性派遣學生赴歐洲游學之開端。

李鴻章此份奏摺及章程有幾個重點，茲述如下：

第一，論述歐洲各國造船與駕駛之學的根源，及其精進情形，唯有親往各國實際學習，始能迎頭趕上。奏摺稱：「西洋製造之精，實源本於測算、格致之學，奇才迭出，日新月異。」造船一事，中國因為師資不廣、見聞不多，船廠藝徒雖能自製，然仿造者皆為西洋的舊款式，僅能「循規蹈矩，不能繼長增高」。即使訪查新款式，不斷效法，數年以後，洋人又出新式，中國又成舊款，所以始終落後於人；若不赴船廠觀摩考察，終難探究製作之根源。再如駕駛一事，近年來華員已能自行駕駛，涉歷風濤，但於測量天文、沙線，遇風保險等事，仍未得其要領；至於駕駛鐵甲兵船於海洋狂風巨浪中，「布陣應敵，離合變化之奇」，華員皆無類似經驗，「自非目接身親，斷難窺其秘鑰」。

第二，製造兵船，以法國為優，水師操練，以英國為佳。是以，前學堂學生本習法國語言文字，應即令赴法國官廠學習製造，務於船體之新式輪機、器具等，以完全能夠自行製造為學習成果之指標。後堂學生本習英國語言文字，應即令赴英國水師大學堂及鐵甲兵船學習駕駛，必以精通該國水師兵法，能自行駕駛鐵甲船於海洋操戰為學習成效。此外，學生中如有資質傑出，願習礦學、化學及交涉、公法等學，均由監督按其資質所適，分別安差肄業，別支教習修金，仍由兩監督隨時抽查功課。

第三，以李鳳苞為華監督，日意格為洋監督，不分正、副，會辦出洋肄業事務。李鳳苞必須每三個月前往德國一次，兼查於光緒二年三月，赴德國學習克鹿伯砲之武弁卞長勝等七人之功課，並請總理衙門照會德國公使，一體知照辦理。

第四，學生在外，概由兩監督詳加查驗；學生遇有教習不認真教學或學

習不便之處，應隨時稟報監督，妥為處置；但學生無故荒廢、不求進益、有名無實及有他項嗜好者，均嚴為查究。

第五，學習製造所習之技藝，必須極新極巧，倘仍習老樣，則唯兩監督是問。三年的學習期間，後兩年應以每年約六十日游歷各廠。學習駕駛必須兼習水雷、槍砲等法，並赴各兵船、砲台游歷；學生得著英國軍服，但需留髮辮。

第六，凡出洋學生至各學堂、船廠、兵船或砲台學習游歷，均請總理衙門先行分別照會英、法駐京公使，咨會各該國外務院，准照辦理。

第七，兩監督及所有學生於在洋期間，必須將一切肄習功課，游歷見聞，以及日用晉接之事，隨時筆記；每半年匯送船政大臣查核，將簿中所記，由船政抄咨南、北洋大臣複核（高時良，1992：915-921）。

章程既已奉旨允准，隨即展開派遣的工作。

第一批學生三十人，已於光緒二年（1876）十一月已挑選完畢，全部來自福建船政學堂。他們於光緒三年（1877）二月十七日，由李鳳苞和日意格帶隊下出洋，隨行的尚有隨員馬建忠、文案陳季同、翻譯羅豐祿；學生包括習製造者鄭清濂等十四人，習駕駛者劉步蟾、林泰曾、蔣超英、嚴復、薩鎮冰等十二人，藝徒裘國安等四人（高時良，1992：921）。這些學生連同沈葆楨派出的五人，分別抵達英法，除學習駕駛、製造外，尚有學習礦務者五人；除劉步蟾等四人因限期已滿，先行返國，一人病故外洋，其餘三十人，皆於光緒六年回國。李鴻章曾於同年的三月十六日，奏報獎勵英法兩國的教習，十二月十八日奏陳該等學生學習成就，於光緒七年正月十九日奏請獎勵游學生（高時良，1992：928-934）。

第二次派遣的人數較少，僅有藝徒張啟正等五人；由幫辦法員斯恭塞格帶領，於光緒三年十一月四日抵達法國馬賽（高時良，1992：922）。

第三次派遣學生十人、後學堂二人、前學堂八人，由李鴻章於光緒七年（1881）十一月十一日奏派出洋，分赴英、法、德學習營造、鎗砲、硝藥和

製造。這次的派遣行動原來有十四人，唯其中後學堂四人，先經李鴻章調赴天津，派充水師學堂教習及威遠練船教練、水手，無法出洋（林子勛，1976：90；高時良，1992：935）。

第四次派遣學生三十四人，來自天津水師學堂的十人及後學堂十人，皆赴英國學習駕駛，前學堂十四人赴法國學習製造，於光緒十二年（1886）三月三日搭船出洋。此次派遣，習駕駛者期限三年，習製造者期限六年（高時良，1992：941），較前幾次增加三年。

由歷次派遣的情形以觀，除了原來以駕駛和製造為學習內容之外，尚增加礦務、槍砲、營造等學習項目，亦有專習政治和法律的者，足見主事者能夠隨時斟酌實際的情形做調整。

李鴻章等於光緒十二年（1886）五月十三日，更以方便學習製造的學生「於其所學益求精密，期必進窺奧竅而後歸」為理由，奏請變通學習製造之年限增加為六年；但是，在獎勵措施方面，為免學生歷久不衰之氣無以維持，乃於三年期滿先行請獎一次，俟六年期滿，再請獎一次，「使各生咸知朝廷作育人才，令其重瀛遠涉，期限倍增，所以獎勵之者，亦復有加無已，必能爭先奮發，相屬有成。」（高時良，1992：941-942）

這些彈性的做法，都令游學歐洲的行動效率提高了，學生的學習和日後成就也隨之提升。

第四節　洋務教育之論戰

同治五年（1866）十一月五日，奕訢奏請於京師同文館內開設天文算學館，此舉引爆洋務派與守舊派對洋務教育的論戰。本節擬從三個部分予以探討：一、說明奕訢對天文算學館的規劃內容；二、探討奕訢與守舊派的論戰焦點；三、總結此次論戰雙方的成敗。

壹、天文算學館的規劃

奕訢對於天文算學館設立的理由，在其奏摺說明得很清楚，他說：

「開館求才，古無成格，唯延攬之方張廣，斯聰明之士爭來。同治元年七月間設立同文館，延請英、法、俄三國教師，分館教習，各館學生係由八旗咨取年在十四歲內外。迄今幾及五載，各館學生於洋文洋話尚能領略，唯年幼學淺，於漢文文義尚難貫串，現仍督令該學生等將洋文翻譯漢文，以冀精進。祇以功力分用，速效難期，若再令講求天文、算學等事，轉恐博而不專。因思洋人製造機器、火器等件，以及行船、行軍，無一不自天文、算學中來。現在上海、浙江等處講求輪船各項，若不從根本上用著實功夫，即習學皮毛，仍無俾於實用。」（《同治朝夷務始末》，卷46：3）

這段話有三個意義：一、欲徵求聰明才智之士，應該廣開門徑，不應限於成例；二、京師同文館之學生年幼學淺，不適於再令其學習天文學和算學；三、天文學和算學是機器、輪船製造的根本，如果不加學習，於西洋技藝只能學其皮毛，是無裨於實用的。

天文算學館招收學生的對象有二：一、滿漢舉人及恩、拔、歲、副、優貢，漢文業已通順，年在二十以外者，必須取具同鄉京官印結或本旗圖片，赴總理衙門考試；二、准令前項正途出身，五品以下滿漢京外各官，年少聰慧，願入館學習者，呈明分別出具本旗圖片及同鄉官印結，一體與考（《同治朝夷務始末》，卷46：3-4）。觀其學生來源，與京師同文館的學生來源有兩點不同：一、京師同文館規定僅招收八旗子弟，年在十五歲左右，但天文算學館則允許招收漢人，且年齡定在二十歲以上；二、京師同文館所招收的學生為無科名者，但天文算學館准正途出身者入學。

奕訢期望透過天文算學館的設立，延聘西洋教習在館教課，務期「天

文、算學均能洞澈根源，斯道成於上，即藝成於下，數年以後，必有成效。」
並且堅信，只要「取進之途一經推廣，必有奇技異能之士出乎其中，華人之
智巧聰明不在西人以下，舉凡推算、格致之理，制器、尚象之法，……儻能
專精務實，盡得其妙，則中國自則之道在此矣。」（《同治朝夷務始末》，
卷46：4）

　　天文算學館的申請獲得朝廷的允准後，恭親王隨即在短短的兩個月內，
於同治五年十二月二十三日（1867），擬具同文館學習天文、算學章程六
條。而且，恭親王認為翰林院編修、檢討、庶吉士等官，因為「學問素優，
差使較簡，若令學習此項天文、算學，程功必易」，所以建議允許入學，併
同進士出身之五品以下京外各官，與舉人五項貢生事同一律，一併推廣招
考，以資博采（奕訢，1963：25）。有關該項章程六條，說明如下：

　　一、取正途人員以資肄習。恭親王認為：「天文、算術，義蘊精深，非
夙知勤學用心之人，難以漸窺底蘊，與專習外洋語言文字之學生不同。」因
此，凡翰林院庶吉士、編修、檢討，並五品以下由進士出身之京外各官，其
漢學根柢較為紮實，應一併准其入館學習。已有官職者，由京外各衙門保
送；未仕者取具同鄉京官印結及本旗圖片，逕赴總理衙門具呈，定期試以策
論等項，考取送館學習。各省保送人員，因路途遠近不齊，難以久候，應俟
咨送到時，陸續考試，以免耽擱；但京外各衙門咨送此項人員，務須擇其年
在三十以內者，方可咨送。如有平日講求天文、算學，自願來館學習，藉資
印證以精其業者，其年歲亦可不拘。

　　二、飭各員常川住館以資講習。「成事必由居肆，力學務在親師。」為
避免學生住宿在外，往返交通、浪費時間、降低學習成效，要求所有學生均
應住宿在館內，飯食由總理衙門準備。其出入由該館提調設立號簿，隨時登
記，以便稽查。

　　三、按月考試以稽勤惰。恭親王本著「在館學習人員，果能專心致志，
自可日起有功；唯其中勤惰之分，亦必隨時考察，用資策勵」的理念，規定

學生在館學習半年之後，必須按月出題考試一次，由教習親加校閱，分別甲乙，優者記功、劣者記過。期望透過考核，激勵學生奮發向學。

四、限年考試以觀成效。恭親王引用朝廷每三年考核官吏一次的方法，用以考核學生的學習成果。規定每屆三年，舉行大考一次，分別等第；高等者立予奏獎，並酌量差遣試用；下等者照常學習，俟下屆考試再行考核。

五、厚給薪水以期專致。為使貧寒之士心無旁鶩，專心向學，規定學館館各學生，除飯食由總理衙門準備外，每月仍各給薪水銀十兩，以資津貼。

六、優加獎敘以資鼓勵。學生在館學習三年之後，經考試名列高等者，足見其平日之用心勤苦，始終不懈，自應格外優予敘獎，以勸勉後來之學生；因此，對於優秀學生，均允准各按升階，格外優保班次，以示鼓舞而廣招徠（奕訢，1963：26-27）。

由以上章程觀之，恭親王對於天文算學館之期望相當高，規劃亦尚稱縝密；從學生入學資格、學生來源、學生公費待遇、住館規定、考核措施及未來的生涯進路等，都有完整的規定；更希望透過與舊體制相互結合的方式，激勵正途人員來館學習，以達到培養天文學和算學人才的目的。

同治六年（1867）正月二十一日，恭親王再度上奏，請依「學習英、法、俄國語言文字各館，均設洋務習一員，專司講繹；此外各設漢教習一員，兼課漢文，令該學生等奉以為師」的規定，設置漢教習一員；因為他仍然擔心，現在學習天文算學的學生，「均係已成之材，漢文無不通曉」，漢教習應該可以免設，「但亦必須有群情宗仰之一人在彼指引開導，庶學者有所稟承，否則該館只有洋人講貫，而中國無師表之人，恐來學者竟疑專以洋人為師，俾修弟子之禮，未免因此裏足。」（奕訢，1963：27-28）因此，推薦「老成望重，品學兼優，足為士林矜式」的太僕寺卿徐繼畬，擔任總管同文館事務大臣，以專稽查而資表率；諭旨亦允准是項請求，著徐繼畬仍在總理衙門行走，唯寺務恐難兼顧，著開太僕寺卿缺，以專責成，而資表率（楊家駱，1963：28）。

貳、論戰的焦點

洋務派由奕訢一人迎戰，守舊派則以大學士倭仁為首，陣營內人物包括掌山東道監察御史張盛藻、通政使司通政使于凌辰、崇實、遇缺即選直隸州知州楊廷熙等。至於論戰的焦點，在於「學習天文算學為當今急務？何為自強之道？」、「師事西人為奇恥大辱？中國人的恥辱何在？」、「正途人員不宜入館學習天文算學？」、「天文算學館將引發黨爭？」、「天文算學館之設立未按成例？」等五項議題。

一、學習天文算學為當今急務？何為自強之道？

洋務派認為，天文算學為製造輪船與機器的根本，唯有學習天文算學，始能得西洋技藝之訣竅，而學習西洋技藝又為當今自強事業的基礎，所以學習天文算學顯然是當務之急。守舊派則主張自強應謀諸禮義之士，徒令極少數人員學習天文算學恐怕於事無補，所以當今急務應該是整飭內政，講求禮義，激發臣民忠愛國家之心，培養臣民氣節為主。由於兩方陣營對於自強急務之看法針鋒相對，所以產生以下歷次的論戰。

同治五年（1866）十二月二十三日，恭親王在其奏摺說明學習天文算學實為當務之急，他說：

「此次招考天文、算學之議，並非矜奇好異，震於西人術數之學也。益以西人製器之法，無不由度數而生，今中國議欲講求製造輪船、機器諸法，苟不藉西士為先導，俾講明機巧之原，製作之本，竊恐師心自用，徒費錢糧，仍無裨於實際，是以臣等衡量再三，而有此奏。」（奕訢，1963：23-24）

而且，批評某些認為學習天文算學為不急之務者，實為不識時務之論；因為當今的中國應該亟謀自強，而識時務者，莫不以採西學、製洋器為自強

之道。恭親王為證明他的主張非獨夫之見，於是舉出左宗棠、李鴻章等辦理洋務事業為例。他指出：左宗棠、李鴻章等，皆能深明其理，堅持其說，並時常於奏牘中詳陳；上年李鴻章在上海設立機器局，由京營派兵弁前往學習；近日左宗棠亦請在福建設立「求是堂藝局」，遴選少年穎悟子弟，延聘洋人教導語言文字、算法、畫法，以為將來製造輪船、機器之根本。更重要的是，奕訢強調，學習天文算學是要學習西洋技藝之根本；或許購買輪船、洋槍，既便且省，何必為此勞績？殊不知中國所當學者固不止輪船、鎗砲一事，即以輪船、鎗砲而論，購買以應其用，僅為權宜之策，計雖便而法終在人；講求天文算學以得其源，則為久遠之謀，法既明而用將在我（奕訢，1963：24）。

　　張盛藻認為，中國如欲自強，朝廷之急務當在整紀綱、明政刑、嚴賞罰、求賢、養民、練兵、籌餉等，臣民之急務則在端正氣節而已。朝廷如能培養臣民的氣節，遇有災害，「天下臣民莫不同仇敵愾，赴湯蹈火而不辭，以之禦災而災可平，以之禦寇而寇可滅，皆數百年深仁厚澤以堯、舜、孔、孟之道為教有以培養之也。」（張盛藻，1963：29）因此，他蔑視恭親王把天文算學視為當今急務的主張。

　　倭仁亦主張，徒藉天文算學是無法振衰起弊的，他說：「立國之道，尚禮義不尚權謀；根本之圖，在人心不在技藝。今求之一藝之末，而又奉夷人為師，無論夷人詭譎未必傳其精巧，即使教者誠教，學者誠學，所成就者不過術數之士，古今來未聞有恃術數而能起衰振弱者也。」（《同治朝夷務始末》，卷 47）因此，倭仁是強調不應將學習天文算學等術數，當做是自強之道，更不應列為治國之急務。

　　奕訢為再度表達開設天文算學館的急迫性，並反駁倭仁的說法，乃於同治六年（1867）三月二日上奏〈瀝陳開設天文算學館情由摺〉。雖然指出倭仁所言「陳義甚高，持論甚正」，但表示其在未曾經理洋務之前，所見亦復如此，而今日不敢專以此說為是者，實有不得已之苦衷，他說：「竊唯城下

之盟，春秋所恥。宋臣韓琦有言和好為權宜、戰守為實務，自古禦夷無上策，大要以修明禮義以作忠義之氣為根本，一面即當實力講求戰守，蘄得制伏之法，不能以一和而遂謂可長治久安也。」（《同治朝夷務始末》，卷48）由此可知，奕訢雖不便正面反對倭仁主張以禮義為自強根本的說法，然而卻強調必須同時加強戰守的機制，以求得制伏夷人之策略，而其意即在於說服朝廷相信天文算學之學習，實為加強軍事武器設備之基礎。

奕訢也藉此機會說明庚申議和的來龍去脈。首先，他指責議和當時的士大夫之無能，由於「臣僚未得竅要，議和議戰，大率空言無補」，以致釀成庚申之變；而正當英法聯軍兵臨城下時，烽火連天，京師危在旦夕，學士大夫非袖手旁觀，即紛紛逃避；由此實例藉以證明倭仁「陳義過高」之非。其次，他強調自定約以來，已經八年，中外交涉事務，仍然萬分棘手，雖經總理衙門等大臣共同竭力維持，近日尚稱順利，如果欲苟且敷衍目前則可，若以為即此可以防範數年、數十年之後，則萬萬不可。所以，必須籌思長久之計，與各疆臣通盤考量，推行一些可以增強國力的措施，例如，學習外國語言文字，製造機器各法，教練洋槍隊伍，派赴人員周遊各國訪其風土人情，於京畿一帶設立六軍，藉資拱衛等，「凡此苦心孤詣，無非欲圖自強」。最後，奕訢又再度舉出開設天文算學館之理由，他說：「洋人制勝之道，專以輪船、火器為先」，從前御史魏睦庭曾以「西洋製造火器不計工本，又本之天文度數，參以句股算法，故能巧法奇中」，請在上海等處設局訓練；陳庭經亦請於廣東海口設局製造火器。經與諸位疆臣討論結果，「僉謂製造巧法，必由算學入手，其議論皆精鑿有據。」而且，左宗棠先行倡設，在福建設立藝局、船廠，交由沈葆楨督辦。因此，奏請開設天文算學館，「以為製造輪船、各機器張本，並非空講孤虛，侈淡術數，為此不急之務。」（《同治朝夷務始末》，卷48）奕訢反覆陳述西洋人以天文算學為製造科技的根本，且舉出許多國內的實例以為證明，表示他的說法是有其理論和實務上的依據，並非好談奇術或譁眾取寵；希望藉著許多論述的機會，一再地表示天

文算學館實為國家圖謀自強之要務,絕非倭仁及張盛藻等人所指責的不急之務;由此亦可看出,奕訢對於天文算學館的用心良苦,對於洋務教育是極為關心的。

再者,奕訢鑒於中國對外洋形勢的無知,強調不能再空談道義,而不務實際,他說:「洋人敢入中國肆行無忌者,緣其處心積慮在數十年以前,凡中國語言文字,形勢虛實,一言一動,無不周知,而彼族之舉動,我則一無所知,徒以道義空談,紛爭不已。」尤其十年換約之期將屆,即使日夜圖謀維持之道,尤恐不及;若愚昧至安於不知,恐怕只有江河日下;如今將設法求知,守舊派又眾論交攻,「一誤何堪再誤!」同時,藉此大肆批判守舊派對洋務事業的無知。他指出,守舊派看到左宗堂創造輪船各廠,「以為創議者一人,任事者一人,旁觀者一人,事數垂成,公私均害。」聽說李鴻章置辦機器各局,則「以為無事則嗤外國之利器為奇技淫巧以為不必學,有事則驚外國之利器變怪神奇以為不能學。」然而,李鴻章等督撫等所論述的理由,「語多激切,豈故好辯爭,求由躬親閱歷,艱苦備嘗,是以切實不浮,言皆有物。」因此,奕訢是極為支持洋務派疆臣督撫的所有作為,必殫精竭慮,只期待可以收效,雖冒天下之不韙,亦所不辭。所以,乃藉機譏諷倭仁,既然以為天文算學館於自強有窒礙之處,想必別有良方,如實有妙策可以制外國而不為外國所制,自當追隨其後,「竭其檮昧,悉心商辦,用示和衷共濟,上慰宸廑。」如果別無良策,「僅以忠信為甲胄,禮義為干櫓等詞,謂可折衝樽俎,足以制敵之命,臣等實未敢信。」(《同治朝夷務始末》,卷 48)奕訢行文至此,已經無法再忍受守舊派的無知批評,對其一再阻礙天文算學館的舉動,實在是不敢恭維,故有此諷刺之語。

同治六年三月十九日,奕訢又再奏上〈遵議倭仁密陳摺片並陳管見摺〉,強調自強之事不宜再緩,他似乎已經很無奈地指出:「伏查臣衙門招考正途考究天文算學,其亟應舉行之故,前摺已縷悉言之,豈可贅陳。」但是,當年英法聯軍攻陷京師,內外臣工,「不求禦制實際,徒以空言塞責」,於是

釀成庚申之禍。如今欲極力圖謀自強，幸而收效者，尚在數十年以後；如仍苟安不前，不思補救之策，其大患或許在數年、數十年以後。然而，如果不幸發生另一起夷患，朝廷卻毫無備豫，後果將不堪設想，「此臣等所以鰓鰓過慮，不敢以道學鳴高，袛顧目前而不肯任勞任怨也。」（《同治朝夷務始末》，卷 48）由是以觀，奕訢圖謀自強的心已經相當急切，卻遭逢守舊派無知的攻訐，真可說是孤臣無力可回天。

同治六年四月十三日，崇實提出「器數之末學，不過取效之一端」的說法，似又打擊奕訢的作為，並強調自強之道，在於「肅政令之出入，攬兵食之紀綱，嚴賞罰之大權，防輕重之積弊，厚培根本，預禁黨援。」（崇實，1992：19）言下之意，仍不贊成將學習天文算學視為自強之道。

同治六年五月二十二日，楊廷熙奏〈請撤銷同文館以弭天變摺〉，針對奕訢所提的天文算學館章程，一一加以駁斥，洋洋灑灑地寫了五千餘字。一開始，就以天象示警的概念，指責天文算學館的設立已經受到上天的警告，他說：

> 「天垂象見吉凶，故聖人常因天道以警人事。今年自春及夏，久旱不雨，屢見陰霾蔽天，御河之水源竭，都中之疫癘行，本月初十日大風晝晦兩時之久，此非尋常之災異也。……天象之變，必因時政之失，京師中街談巷議皆以為同文館之設，強詞奪理、師敵忘仇、禦夷失策所致。」（《同治朝夷務始末》，卷49）

而且，他也指出自強事業主事者，對於學習天文算學的兩大迷思。

第一，善政未修於上，實學未講於下，而猶令舍人事以習天文數學。楊廷熙認為，自從咸豐御極以來，朝廷雖然汲汲以求賢為念，然而近臣所薦舉者大半為獲罪之人；朝廷雖時時以安民為心，但凋敝餘生卻仍有官吏剝削。而且，「新章一出，成憲徒事變更；軍務未竣，賞賚時多反覆。」久經奏調保舉人員，礙於律例煩苛，無法效用於朝廷；部曹胥吏置諭旨於不顧，並從

中舞弊。甚至造成「資格限，難於自效，賢才所以多消阻；官祿薄，無以養廉，士夫所以荒職業」的嚴重問題。

第二，有自強之心，無自強之政，而徒震驚於外洋機器、輪船不可制。楊廷熙指出，西洋已經以數千魑魅魍魎，挾其破竹之勢，橫恣中國；但朝廷仍然因循忍辱，不籌劃控馭之奇策與懾服之宏規；而「宰輔不聞撻伐之書，臺諫竟無驅除之疏，吏部唯知循例即以為得人，戶部只悉收捐即以為富國，兵制大壞而兵部不知，工作不精而工部不省。」於是形成朝政的四大弊病：人才不興、國用不足、兵氣不揚、國威不振（《同治朝夷務始末》，卷49）。

既然朝政已經產生嚴重問題，凡有血氣者必亟圖謀自強；然而，楊廷熙認為自強之道絕非依靠天文算學，因為「修德行政，實千古臨御之經；盡人合天，乃百代盛強之本。」所以，楊廷熙更詳細地說明他反對天文算學館的理由。

第一，奇技淫巧不足以應時用：天文算學為奇技淫巧之一種，係衰世所為，「雜霸驩虞，聖明無補」。而唐虞、成周及孔孟對於天文算學的看法，正足以說明天文算學無裨益於自強。唐虞「深明天道，亦止授時齊政，垂為典章，未聞使羲和、仲叔作推步之書」；成周「記列考工，亦祇分職設官，勤於省試，未聞令庠序學校習工師之事」；孔子不言天道，孟子不重天時，並非故作神秘，乃因「天文數，機祥所寓，學之精者禍福之見太明，患自全而不為世用，事事委諸氣數，而或息其忠孝節義之心，學之不精，則逆理違天，道聽塗說，必開天下奇衰誑惑之端，為世道人心風俗之害。」於是，自古以來的聖神賢哲，皆不言天而言人，皆不言數而言理，其用意極其深遠。而且，夷人詭譎百出，所憑以為狡猾逞志，侵凌中國者，即是輪船和機器，並藉此盡搜中國無窮之利，絕不肯以精微奧妙之法指示於中國人；即使重金禮聘，令其盡心竭力，「舉其理其源細微曲折全行教授，亦不過製成船器與之並駕齊驅已耳，而破之禦之之法豈能並以相告哉？」因此，要藉由天文算學館的設立，學習西洋技藝的精髓，實無異於癡人說夢。

第二，輪船機器非禦敵根本之道：奕訢以輪船機器為西洋恃以制勝中國之具，因此欲用輪船以敵輪船，用機器以禦機器，其策略非善。因為，有利器者，還須有善其事之工，而器始利；有善事之工，無善用之人，器即不利；即有善用之人，遇有人能破之，其器仍不利。再以遠事而論：宋代水賊於湖中泛舟，以輪激水，其行如飛，官軍迎之輒碎；而岳家軍一到，不數日賊船悉破，賊人就擒；可見輪船及機器不完全足以依靠。再以近事而論：僧格林沁於天津一戰，破英夷輪船十餘艘，可見輪船和機器，即使洋人用之亦不足恃。更何況中國數千年來未嘗使用輪船及機器，而仍「一朝恢一朝之土宇，一代拓一代之版章」。再者，清朝自開創以來，與西洋通商非一日之事，而夷人之輪船及機器，於康熙年間之所以甘願俯首聽命，不敢入內地一步，朝廷所恃者當然不是輪船和機器。然而，道光、咸豐年間，沿海將帥督撫，廣開口岸，內廷大臣則「以耳為目，先存畏憚之心，請旨屢示寬容，而彼愈張兇燄。」如今不思考禦敵之法，僅一味地講求製造輪船與機器之學，恐怕只有徒費錢糧，徒勞人力而已，於自強又有何裨益？（《同治朝夷務始末》，卷49）

既然天文算學不足恃，又如何自強？楊廷熙提出他的主張：

第一，政治修明為當務之急：楊廷熙認為，「此時當務之為急者，不在天文而在人事，不在算術機巧而在政治修明。」因此，他建議朝廷「急宜憂勤惕厲，奮其神武，或旁招遠詔，求天下之人才，或博訪周咨，知民間之疾苦。」並要求京內樞密大臣，以做到正本清源、深謀遠慮，「務使立一法必思不戾舊章，行一令必期永孚眾志，不得敷衍了事，不得唯阿取容。」同時，「遠策將帥督撫，振興士卒，整飭官常，作忠義之氣於民上，條例無益者除之，免胥吏弄法，黜陟無實者駁之，免督撫專權，應天以實不以文，敬事而信無所欺。」如此一來，「紀綱立，號令行，政教典，洋人雖眾，機器雖利，輪船雖多，斷不敢肆行無忌也。」

第二，君臣同心為自強之本：他指出，歷代的太平盛世，皆「上有至誠

無息之令主，下有各盡其職之臣工，緯武經文，一時天下畏威懷德，庶民子來，百工咸集，蠻夷率服。」再者，雖然堅甲利兵足以制敵之命，但是士兵未接受良好的訓練，不能適才適所，遂屢有棄甲曳兵之時；雖然城牆高聳、要塞險峻足以為保衛國人，但是守軍無法堅持陣地，遂屢有棄城失險之候。由此可知，天時不如地利，地利不如人和（《同治朝夷務始末》，卷49）。

二、師事西人為奇恥大辱？中國人的恥辱何在？

　　洋務派認為向夷人學習，是學其科學技藝，用以改革中國的軍事武器設備，所以西洋的技藝是中國用以雪恥的工具，無關恥與不恥的問題，甚至如不立即學習其技藝，才會造成爾後更多的恥辱。守舊派則認為夷人已為中國帶來奇恥大辱，若再向其學習，非但雪恥無望，更增夷人氣燄，況且中國本有天文算學之人才，何必師事夷人。由於對師事夷人與雪恥之間的關係看法歧異極大，雙方陣營遂展開一連串的爭論。

　　奕訢為稍稍安撫守舊份子中國為大的自大心理，特別將天文算學的起源說成是在中國，他說：「西術之借根實本於中術之天元，彼西土目為東來法，特其人性情縝密，善於運思，遂能推陳出新，擅名海外耳，其實法固中國之法也。天文、算學如此，其餘亦無不如此。」中國既已創其法，西人沿襲，中國倘能駕馭而上，則中國既早已洞悉天文算學之根源，遇事何須外求，如此正是獲益匪淺。而且，天文算學之術，聖祖仁皇帝亦列在台官，垂為時憲，表示對該項學術之重視，凡我臣等豈能於本朝掌故數典忘祖？況且六藝之中，數居其一。古時農夫、兵卒，皆識天文，後世卻嚴厲禁止，使得知悉天文算學者愈來愈少；至康熙年間，特別廢除私習天文的禁令，天學遂得以再度盛行，人文蔚起、人才備出，治經之儒皆兼治數，各家著述考證極為精詳。語曰：「一物不知，儒者之恥。」如果士子出門，舉目見天，無法瞭解各種星宿為何物，實足為羞恥。即使今日不設館教學，仍須勤勉學習天文算學，更何況已經奏准招生呢？（奕訢，1963：24-25）

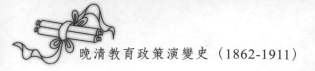

　　既然天文算學本為中國人該習之學，則以師法西人為恥辱者，其說更加荒謬。

　　因為，天下之大恥，莫甚於不如人。西洋各國，數十年來，講求製造輪船，互相仿效，製作愈加新穎；日本近年亦派遣官員赴英國學其文字，探究其象數，作為仿造輪船之張本，相信不出幾年後必有成就。如果以日本之蕞爾島國，尚知發憤為雄，獨中國囿於因循積習，卻不思振作，真可謂奇恥大辱！如今守舊派不以不如人為恥辱，而以學習他人專長為恥，並安於不如而終究不學，如此，可以雪恥嗎？（奕訢，1963：25）

　　倭仁針對奕訢的議論，提出反駁的意見，認為：「天下之大，不患無才；如以天文、算學必須講習，博采旁求，必有精其術者，何必夷人，何必師事夷人？」而且，夷人為中國之仇人，尤其在咸豐十年，「稱兵犯順，憑凌我畿甸，震驚我宗社，焚毀我園囿，戕害我臣民」，實為清朝建國二百年未有之奇恥大辱，士大夫無不痛心疾首，飲恨至極，朝廷亦不得已而與之議和，吾人豈能一日忘此仇恥？（《同治朝夷務始末》，卷 47）由此可見，他極為痛恨英法聯軍攻陷北京城的奇恥大辱；因此，向西人學習天文算學，就等於向仇人學習，而向仇人學習即是恥辱；所以，即使欲學習天文算學，也不必師事夷人。

　　除此之外，倭仁亦譏諷奕訢等，如果對於聘請夷人教習算法，確有把握能使算法精通，那麼機器的製造必能極為精巧，正途人員亦必不為夷人所用，而該夷醜類必為中國所殲滅，則上可替朝廷分憂解勞，下可代全國臣民伸義憤，豈不美事一樁。然而，如果做不到，非但未收實效，已先失人心，又不如不開館還來得好！倭仁又強調：「戰勝在朝廷，用人行政，有關聖賢體要者，既已切實講求，滿強之道，何以逾此？」（《同治朝夷務始末》，卷 48）由此以觀，倭仁已經直截了當地說出奕訢聘請夷人，教習天文算學的做法，實在是多此一舉。

　　同治六年三月十九日，奕訢因不滿倭仁之一再阻礙，並指其師事夷人為

奇恥大辱，遂有請求朝廷諭飭倭仁保舉天文算學人才之奏，他表示：倭仁既然主張製造輪船、槍砲等事，僅須覓得讀書之人，旁通其書籍、文字，用心研究，翻譯精要之語，將來即可自相授受，並非終用洋人，簡直是指責內外臣工先後二十餘年來所求毫無收穫，而倭仁耳目中竟有其人，真是令人感到欣慰！所以，「請旨飭下倭仁，酌保數員，各即請擇地另設一館，由倭仁督飭，以觀厥成。……倭仁公忠體國，自必實心保舉，斷不致因恐誤保獲咎。」如果能夠辦理得當，於自強之道自是裨益匪淺，而總理衙門所有原請奏辦之文件，即可漸次裁撤。同日，朝廷即諭飭倭仁：「該大學士自必確有所知，著即酌保數員，另行擇地設館，由倭仁督飭講求，與同文館招考各員互相砥礪，共收實效。該管王大臣等並該大學士，均當實心經理，志在必成，不可視為具文。」（《同治朝夷務始末》，卷48）

　　倭仁接此諭旨後，想必已大為驚恐，隨即於三月二十一日上〈奏陳保舉無人無庸另行設館摺〉，企圖規避阻礙之責，他很謙虛地表示：「竊奴才前以夷人教習正途，有妨政體，故力陳其不可，所以盡當言之內，非爭意氣之私也。」然而，既開設天文算學館，已經奕訢等王大臣悉心計議，「不可再涉游移，是此事行止業已斷自宸衷，奴才何敢再參末議。」而前奏所說中國豈無精通天文算學之術者，「蓋以理度之」。如今天文算學館既經特設，不能終止，則「奴才前奏已無足論，應請不必另行設館、由奴才督飭辦理；況奴才意中並無精於天文算學之人，不敢妄保。」由此摺以觀，倭仁似乎正為自己在前幾次奏摺中大放厥詞找台階下，並以極為謙卑的語氣推卸責任。而朝廷諭旨則輕描淡寫地說：「倭仁現在既無堪保之人，仍著隨時留心，一俟諮訪有人，即行保奏，設館教習，以收實效。」（《同治朝夷務始末》，卷48）論戰發展至此，奕訢出此奇招，逼迫倭仁保舉人員，並請開館教習；而倭仁終究只是徒託空言，並無實際可保之人，因此只能黯然以對，默認天文算學館聘請洋人教習一事，未便再有議論。如此一來，奕訢似乎已經取得形式上的勝利。

　　但是，崇實對於上諭似乎視而不見，仍然以中國已有天文算學人才的理由，堅持反對天文算學館的設立。他雖然表示，機器之學本當講求，而因時制宜，尤為今日之急務；但卻說，此種學問，各省不乏其人，而沿海諸疆臣講習更為勤勉，並且大加稱譽中國天文算學已精深而獨到。他說：「自嘉慶、道光年以來，古書復出，西法益明，九章、四元，發揮殆盡，內地習算之士，往往推陳出新，借今證古，能擢用一工，必有留意時務者專心壹志，與為抗衡，且將入乎其中，超乎其外。」因此，即使師法夷人，亦「禮失而求諸野之遺意」（崇實，1992：18）。言下之意，夷人的天文算學並無高深之處，只是中國失傳，徒讓夷人專美於前而已，所以他是主張不應該師事夷人的。既然不必師事夷人，崇實則提出只須運用考試和鼓勵措施，不須設館的構想，認為如此做法亦能獲得人才。

　　在考試辦法方面，他建議飭下內外大臣及各省督撫，如有灼知才技優長者，准其薦舉，給與經費，咨送總理衙門，奏請皇上簡派精於數學之大員，詳加考試，排列等第；如確有技能者，不妨破格超等擢用，授以祿位；如有著書立說者，亦允許隨時酌定進呈，伏候御覽；以此方法鼓舞群才，必能應時勢所需而起。再者，如果能製造奇器有關時用者，必先小試其鋒，驗其制勝之術，然後再以大器試驗，才不致出現「上以實求、下以名應」的問題。正途人員如有向來講求此道者，准其自行呈請效用；或有深心之人，願與夷人互相考證者，亦不必朝廷為之設館授餐，但使各直省精選數人，將其實用之術公開展示觀摩，而好學之士即能輾轉相互砥礪學習。既無須限定正途，亦無庸師事夷人，如此辦理，「庶合時宜，而息物論」（崇實，1992：18）。

　　在鼓勵措施方面，他強調洋人製器，皆不吝惜資本，往往以極高之價值，僅製成一器，而在所不辭；甚至有祖父未能完成之事業，傳授子孫令其完成者，故能精細異常，適於時用。當今中國不乏巧思之士，然因動輒得咎，多所顧忌，難於成功；唯有朝廷寬限時間，助以優厚的資本，「嚴之以考核，慎之以措施」，數年之後，即使奇技術數，必有後來居上者（崇實，

1992：18）。

　　崇實的考試和鼓勵措施的建議，雖無不可取之處，若能切實執行，亦不失為拔擢人才之善策；但是，如未能設館教學，運用朝廷的權威採取柔性的要求，僅憑民間力量輾轉相傳，以當時風氣之保守，一人製一器，十人撻伐之，豈能有效鼓勵人才？因此，崇實的建議亦只是不切實際、空中樓閣而已。

　　楊廷熙在崇實上奏之後，於同治六年五月二十二日亦上奏反對設立天文算學館師事夷人。他認為中國的絕大恥辱，在於道光以後的屢戰屢敗。自從鴉片戰爭，夷人挑釁於廣東，誤於琦善等喪師辱國，不僅失守沿海砲臺，甚至任英夷盤踞香港，窺探內地虛實，熟悉江海水道，故夷禍由廣東而江、浙，而天津，造成數千年未有之奇禍，「擾亂中國之邊疆，憑陵中國之城池，侵據中國之關口，耗散中國之財賦，荼毒中國之人民，屢和屢叛，國家之貧弱因之。」英法聯軍之役，誤於端華、肅順等，藉夷人之威要脅皇帝，進而牽制沿海將帥，戰守常策；更導致聯軍攻陷京師、焚燒宮闕，咸豐北狩熱河，「上賓龍馭」的奇恥大辱。因此，主事王大臣目擊災變，身受其害，實在應該「嘗膽臥薪，處心積慮，勤思破敵之良策，廣求濟變之人才，以掩當年之羞，以雪數世之恥，方足以激勵天下也。」然而，卻不恥不共戴天之仇，而羞於不知星宿之士，簡直是忘記大恥而斤斤計較於小恥（《同治朝夷務始末》，卷49）。

　　而且，中國與西洋處於敵對狀態，豈能輕言師事夷人？總理衙門招取翰林、進士、五項正途京外官員考試錄取，延聘西人教習天文算學，實於風教大有傷害。洋人之與中國，已形同世仇，「天地神明所震怒，忠臣烈士所痛心，無論偏長薄技不足為中國師，即多材多藝層出不窮，而畢夷之辨不得不嚴，尊卑之分不得不定，名器之重不得不惜。」況且，科甲正途人員，讀聖賢書，將以「致君澤民為任，移風易俗為能」；一旦使之師事夷人，令其住館與敵讐朝夕相聚，夷人必懷私挾詐，「施以蠱毒，飲以迷藥，逆身依附於彼，昏瞀不醒」，使正途人員習邪教而牢不可破；於是忠義之氣自此而消，

廉恥之道自此而喪，機械變詐之行自此而起，聖賢之大道不修，士林之節概不講（《同治朝夷務始末》，卷 49）。

再者，楊廷熙亦與倭仁、崇實持同樣觀點，認為中國天文算學已經極為發達，又何必奉夷人為師？他自豪地說：

> 「中國自羲、軒、堯、舜、禹、湯、文、武、周公、孔、孟以及先儒曩哲，或仰觀俯察，開天明道，或繼承纘述，繼天立極，使一元之理，二五之精，三極之道，旁通四達，體之為天人性命參贊化育之經，用之為帝典、王謨、聖功、賢學之準，廣大悉備，幽明可通，所以歷代之言天文者中國為精，言數學者中國為最，言方技藝術者中國為備。」（《同治朝夷務始末》，卷 49）

再如渾天儀、乾鑿度、太玄、洞極、潛虛、星紀、九章、三率、周髀、皇極諸書，相繼而出，恐怕西洋之輪船機器之學亦未必有如此幽深微妙。況且，中國為人才薈萃之區，「數理載國朝精蘊」，二百餘年，「時憲無失閏失譏，天象無昏迷之誚」，所以，清朝之天文算數較歷代尤精。因此，楊廷熙相信，以中國之大、養士之久，必有知天文、明數學之士，足以超越西人而上之者。例如，康熙、乾隆時，當塗縣徐文靖之《山河兩戒考》，則可媲美西洋天文數學專書；侍郎胡煦，作《周易函書》，俱採入《四庫全書》，最易通曉，何不令天下人共同學習，何苦自卑尊人、捨中國而師夷狄？（《同治朝夷務始末》，卷 49）

三、正途人員不宜入館學習天文算學？

洋務派相信以正途人員的資質，可以更快速地學習天文算學的要訣，守舊派則擔憂正途人員為夷人所迷惑，雙方於是展開論戰。

同治六年正月二十九日，張盛藻奏〈天文算學等事宜歸欽天監、工部，無庸招集正途學習摺〉，請不必用科甲正途官員肄習天文算學，以養士氣而

專責成，因為他覺得天文算學都是「機巧之事」。他指出，中國算學之精密，以御製《數理精蘊》一書而言，實已不差毫釐，可謂超常前古，即使參用洋人算術，不過借西法以印證中法而已。然而，古代未聞天官六屬俱習考工之事；當今總理衙門卻奏請設立天文算學館，濫用優厚的待遇和優先升遷的機會，以誘惑正途人員學習。他認為，朝廷命官必用科甲正途者，以其讀孔、孟之書，學堯、舜之道，明體達用，規模宏遠；又何必令其學習機巧之學，專明製造輪船、洋槍之理？若令正途科甲人員習為機巧之事，又藉升途、銀兩以誘惑之，簡直是重名利而輕氣節的做法，士子無氣節豈能望其有事功？因此，他主張雖然可以設立專門教習天文算學之學館，只宜責成欽天監衙門考取年少穎悟之天文生、算學生，送館學習，俾使西法與中法互相考驗。至於輪船、洋槍，則宜責成工部遴選精巧工匠或軍營武弁之有專長者，令其專心學習（張盛藻，1963：29）。

同日，上諭訓飭張盛藻，指出：

「朝廷設立同文館，取用正途學習，原以天文算術為儒者所當知，不得目為機巧。正途人員用心較精，則學習自易，亦於讀書學道無所偏廢。是以派令徐繼畬總管其事，以專責成，不過借兩法以印證中法，並非舍聖道而入歧途，何至有礙於人心士習耶？該御史請飭近臣妥議之處，著毋庸議。」（楊家駱，1963：29-30）

由是以觀，朝廷贊成正途人員入館學習當無疑義，亦可表示執政當局對恭親王的做法實有相當程度的支持。

倭仁在諭旨頒布後的兩週，奏〈請罷同文館用正途人員習天算摺〉，強力反對天文算學館招收正途人員學習，他說：「天文、算學為益甚微，西人教習正途，所損甚大，有不可不深思而慮及之者。」並且指出，自從議和以後，耶穌之教盛行中國，毫無知識的愚昧人民已多為煽惑，所可依賴者唯有讀書之士講明義理，或可維持人心於免邪教侵襲。如今，又將這些聰明雋

秀、國家所培養的、儲以有用的正途人員，令其改變而順從夷人，恐怕正氣將無法伸張，邪教的氣氛因而更加瀰漫全國，數年以後，可能全中國的人民都將歸順而成為夷人。而且，聽聞夷人傳教，常因讀書人不肯入教而仇恨之；若令正途人員從邪教之人學習，恐怕所習未必精深，而讀書之人已為其所惑，剛好墮入邪術之中！（《同治朝夷務始末》，卷 47）因此，欲招正途人員入館師事夷人，實不可不慎之又慎！

奕訢針對倭仁的批評，提出反駁的意見，他指出：因為深恐入館學習天文算學的人員不加選擇，可能有如倭仁所憂慮的情形，為洋人引誘而誤入歧途；故議定考試必須以正途人員為主，是以該等人員為讀書明理之士，存心正大，而今日的局勢，又為士大夫所痛心疾首者，「必能臥薪嘗膽，共深刻勵，以求自強」。因此，以此理由表達「臥薪嘗膽」的名實之辨，他提出問題說：「倭仁謂夷為吾仇，自必亦有臥薪嘗膽之志。然試問所為臥薪嘗膽者，姑為其名乎？抑將求其實乎？如謂當求其實，試問當求之愚賤之人乎？抑當求之士大夫乎？」（《同治朝夷務始末》，卷 48）由是以觀，奕訢相信，正途人員以中國傳統的學術訓練之基礎，入館學習天文算學，必能不為夷人誘惑，而專心向學，於國家自強之圖必有相當大的助益；而倭仁則不相信正途人員的定力，認為一旦將這些正途人員送進天文算學館，無異於朝廷令其入歧途，過去的儒家傳統經典義理必會完全忘記，所以選擇正途人員剛好適得其反，且朝廷費心培育的人才將化為灰燼。

同治六年三月八日，即奕訢上奏後六日，倭仁不甘示弱，乃又奏上〈密陳同文館招考天文算學請罷前議摺〉，主要陳述自強之道應求之禮義之士，並力阻正途人員入天文算學館。首先，他說：「同文館延聘夷人教習正途一事，上虧國體，下失人心，是以罄竭愚誠，直言無隱，固非爭以意氣之私也。今閱總理衙門所奏，大率謂忠信禮義之空言，無當於制勝自強之實政，奴才愚見竊謂不然。」隨即指出：「欲求制勝，必求之忠信之人，欲謀自強，必謀之禮義之士，固不待智者而後知矣。」如今，卻以平時誦習詩書者

奉夷人為師，無論其所學必不能精深，即使能精，又豈能望其存心正大、盡力報國？恐怕不為夷人所用者，鮮矣（《同治朝夷務始末》，卷48）。而且夷人心機重，狡詐多端，若欲學習其技巧，以制其死命，夷人必陽為示好，陰則圖謀不軌。

崇實亦為反對者之一，他在〈同文館招考天文算學無須限定正途摺〉中說明其理由是：天文算學為專門之學，正途人員恐無力學習，他認為：專取翰林院並五品以下由進士出身京外各官及舉人、恩、拔、副、歲、優貢生員，俾充館選，但仍以策論之優劣為去留之標準，似乎與事理未能盡合。因為，「天文算法委曲深細，本係專門之學，與策論等項不同，每有學問素優而不明歷律，亦有推步甚密而不善詞章，蓋文理可托之空言，而數學必歸於實測，聰明異用，難易攸分。」如果於考試時，試以算學，則盡非正途人員所素習，棄取遂毫無準據；若仍試以策論，則本為正途人員所專長，但欲其捨棄已成的功名，而效力於艱深之天文算法，「智力窮於小數，物曲限其人官」，豈盡甘願從之？萬一有僥倖之徒與考，「但糜廩祿，入館既久，程功仍虛」，非但無益時勢之扭轉，更徒增中外人士之疑議，非所以「昭示臣民、畫一政體」之作為（崇實，1992：16-17）。由是以觀，崇實擔心學習天文算學者，在錄取難定標準的漏洞之下，獲選者難保素質齊一，如有僥倖之徒入館，貪圖薪水待遇，不認真學習，如此則僅浪費公帑而已，於自強之道又有何益？

楊廷熙於同治六年五月二十二日亦上奏反對招考正途人員，其理由與倭仁的主張如出一轍，均是擔憂正途人員必受夷人蠱惑。楊廷熙雖然承認西學之不可不急為肄習，但卻認為，疆臣行之則可，皇上行之則不可；兵弁少年子弟學之猶可，科甲官員學之斷不可。因為，疆臣之倡導，信從者不過一省一時；而朝廷之詔令，遵守者則在天下萬世。兵弁子弟學之，不過成其藝事；科甲官員學之，即可寖成風俗。而且，科甲官員，乃為四民之瞻仰，天下所崇奉者；一旦入館學習，奉耶穌之教，習其怪誕不經之書，學其滅倫廢

義之理，於天下人心必有大害。因此，他批評總理衙門，數十年來，從無有人議論破夷禦夷之法，卻於少年科甲中擇其穎悟者師事夷人，期正途人員能夠洞悉源本，以為製造之人才，不知此實為權宜之計，豈是久遠之謀？不知其計亦左、其謀亦拙（《同治朝夷務始末》，卷49）。

　　況且，輪船之操作與製造，必先熟悉江海水性及水道，始能靈活運用。正途人員即使學習完成，將來製造運用時，勢必「時引繩削墨，一一教工匠製作，又必紛紛探明江海水勢淺深，教水手用制敵之法，有如是之勞而能成功者乎？」（《同治朝夷務始末》，卷49）由此可知，楊廷熙認為正途人員只能明其理而已，真正實作時則必須仰賴諸多工匠與水手，所以讓正途人員學習天文算學，不但事倍功半，甚至是無濟於事的。因此，他也提出和張盛藻相類似的建議，將翰林、進士科甲有職事之官員撤銷其入館，僅招取曾經學過天文算數者，與西人互相印證。如此既無失信於外夷，亦可無傷風化。

　　最後，楊廷熙則提出同文館的歷史考據，以為反對之由。他指出：「同文館」三字，係宋代監獄之名，因為蔡京等當權時，殘害忠良、排斥正士，有異己者即下同文館獄；因此，同文館之名，非美名。如今卻抄襲此一誣名，令翰林、進士、五項正途相聚其中，不但有失考據，亦非嘉惠士子之盛舉（《同治朝夷務始末》，卷49）。所以，他建議應該裁撤同文館。

四、天文算學館將引發黨爭？

　　同治六年三月二十九日，于淩辰奏〈請無庸開設二館以弭朋黨之禍摺〉，以天文算學館一旦設立將開啟黨爭之端為由，極力反對該館之設立。他認為漢、唐、宋、明皆有黨人名目，此端一開，未有不立見其禍者，幸而清朝二百餘年，從無此惡習；然而，「自議設天文算學館以來，驗之人心，考之士氣，竊有大可慮者。」接著，他形容目前招生工作對士大夫產生的影響，他說：

「天文算學招考正途人員，數月於茲，眾論紛爭，日甚一日，或一省中並無一二人願投考者，或一省中僅有一二人願投考者，一有其人，遂為同鄉、同列之所不齒。夫明知為眾論所排，而負氣而來，其來者既不恤人言，而攻者愈不留餘地，入餘與不入館，顯分兩途，已成水火，互相攻擊之不已，因而互相傾覆，異日之勢所必至也。」（于凌辰，1992：16）

由於報考者與反對者之間的彼此攻擊，就如同在天文算學館之外，又再另立一館，將學洋人者送入一館，不學洋人者送入另一館；因此，學洋人者勢必愈尊崇洋人，不學洋人者必然愈鄙惡洋人，愈鄙棄學洋人者，愈激愈爭，愈爭而愈不可解，如此一來，黨爭之患必會產生（于凌辰，1992：16-17）。

有鑒於此，他相信奕訢等主管大臣，必定不會各存己見，以啟爭端；並提出警告，表示朋黨之禍，因勢之所趨，通常是不成於上，而成於下；況且，「兩爭者必無兩勝，學洋人者勝，適以長洋人之驕，鄙洋人者勝，愈以招洋人之忌，將來釁端必自此始。」同時，他強調自從咸豐十年議和以來，國家所受的屈辱已極，至於今日，凡有血氣者，莫不痛心疾首，而所仰賴為異日能滌辱雪恥者，「正以上下同心，和衷共濟」；即使是總理衙門王大臣等，「數年來的苦心羈縻，無非養晦待時，不敢輕躁以誤大局，中外臣民從無異議。」然而，天文算學館剛議設立即已開啟爭端，日後必會造成朋黨之禍；而且，天文算學本屬技藝之末流，正途人員入館學習能否得力尚不可知，已先令臣子各立門戶，開國家未有之黨爭風氣，對於以後的影響必然極大（于凌辰，1992：17）。

根據于凌辰以上的奏摺來看，他極為憂心正途人員入館學習之後，必然會以崇尚洋人為是，更加輕視其他未入館者；而反對者對該館的攻擊會更趨激烈，愈鄙視這些學習天文算學的正途人員。如此一來，雙方毫無交集，彼

185

此觀點歧異極大，必然造成勢不兩立的局面，引爆黨爭之禍；所以，欲消弭黨爭於無形，最好的方法就是撤銷天文算學館的設立。由此可知，他表面上是憂心天文算學館所帶來黨爭之禍，實際上對於該館的功能亦存有極多的疑問，甚至他也不認為自強之道非天文算學不可。對於于凌辰此一奏摺，未見奕訢有所回應，亦未見朝廷有任何諭旨，也許是奕訢已經窮於應付或見怪不怪了。

楊廷熙在于凌辰之後，也提出天文算學館將有結黨之虞。他指出，使少年科甲人員學習天文數學，對夷人修弟子之禮，加以優厚的升遷保障，不出二十年，循例晉階，「內而公卿大臣，外而督撫大吏，皆唯教是從，唯命是聽。」萬一徇私情、廢公義，其害豈可勝言？再者，天下之人以正途人員為榜樣，相率學習天文算學，形成一股風氣；如果「奉行不善，一時頗蒙愚魯之輩，奸宄不法之徒，藉習天文算學為名，結黨成群，互相引誘煽惑，倚彼勢力，造言生事，洋人愈得進步連合響應以倡亂階，恐西學未成，而中原多故也。」（《同治朝夷務始末》，卷 49）

五、天文算學館之設立未按成例？

楊廷熙認為天文算學館之設立未按成例，於同治六年五月二十二日上奏指其兩項弊端：

第一，朝廷之獎賞獨厚同文館。奕訢在其章程主張，「事屬創始，立法宜詳，欲嚴課程，必須優給廩餼，欲期鼓舞，必當量予升途，是於勤惰之中，亦寓賞罰之道。」然而，朝廷於同文館厚廩餼、廣升途之外，卻有賞罰不明之弊。在賞的部分，「陝、甘、滇、黔、豫、楚，賊氛正熾，軍士譏譁屢告，京外大小廉俸裁撤，未見增加，從公枵腹，而近之賞罰無位，隨財而行，殺賊立者不稽核真偽於前，而苛求出身於後，特開補交、捐免、保舉之條，此賞之不信也。」在罰的部分，「因罪獲譴者不追咎其既往，予自新於將來，有加倍捐復之例，則罰之不必也。」而且，在官員升遷上，往往漫無

章法,無一制度,如何砥礪文武官員之士氣?他說:「遇缺存遇缺之名,即用無即用之實;披堅執銳者半目為夤緣,循行數墨者厚膺其爵賞,將何以勵戎行而伸士氣也?」(《同治朝夷務始末》,卷49)

第二,決策歷程草率至極。楊廷熙認為奕訢所奏,「外人之物議雖多,當局之權衡宜定,臣等於此籌之熟矣。」此言實有偏執己見、擅權挾持,開啟皇上拒絕諫言文過飾非之虞。他指出,清代成例,凡改一制度、設一官職,必飭下王大臣、九卿、詹、科道會議妥協,覆奏施行,所以無專擅諸弊。但天文算學館之設立,令翰林、進士科甲正途出身京外各官皆從事夷狄,僅憑奕訢等極少數人之私意,即可決定此一重大事件,顯見其決策歷程相當草率,豈能無弊?(《同治朝夷務始末》,卷 49)因此,天文算學館之設立,不但未符合清朝重大事件之決策歷程,恐有諸多疑義尚未澄清,諸多弊端亦將會逐漸浮現。

參、論戰的成敗

奕訢雖然在形式上取得勝利,但實質上,天文算學館的招生工作極不順利,因此,這次的論戰可以說是守舊派獲得實質的勝利。

奕訢於同治六年三月二日的奏摺中,明白表示倭仁等守舊派的言論,已經對天文算學館的招生工作產生相當嚴重的衝擊,他指出:籌辦洋務以來,總期「集思廣益,於時事有裨,從不敢稍存迴護」;然而大學士倭仁久享理學盛名,其反對言論一出,學士大夫從而附和者必眾,不但有意學習者將從此裹足不前,尤「恐中外實心任事、不尚空言者,亦將為之心灰而氣沮,則臣等與各疆臣謀之數載著,勢且隳之崇朝,所係實非淺鮮!」(《同治朝夷務始末》,卷 48)由此以觀,天文算學館的招生是相當不順利的,其問題的根源,奕訢則直指倭仁等守舊派所造成的,亦可看出奕訢的心灰意冷、沮喪萬分,似乎認為其努力已經功虧一簣。

倭仁針對奕訢的指責提出反駁,他表示:奕訢指他危言聳聽,促使有意

報考者裹足不前，實為偏激之論。並指出：天文算學館提出優厚的待遇和升
遷的保證，必定使很多人都想前往；若說一人之言論，足以阻礙千萬人的嚮
往，則全國「任事諸臣，公忠體國，修內攘外，應辦之事甚多，何至因此一
議，群相解體？」（《同治朝夷務始末》，卷 48）倭仁此言，雖略表屈居
弱勢，表面上說自己沒有那麼大的能耐，可以阻擋正途人員報考天文算學
館，其實心裡應當是極為高興的，因為他阻礙天文算學館成立的動機，已經
開始發生效應。

　　同治六年三月十九日，奕訢再度指責倭仁阻礙之罪，他指出：聘請洋人
教習天文算法，不過與之講究術數，且表明不修弟子之禮，「此摺業經發
抄，倭仁豈有不知？乃一則曰師事夷人，再則曰奉夷為師，輒臆造師名目，
阻人嚮往。……此舉之把握，本難預期，因倭仁之倡議，而益多阻滯矣。」
當御史張盛藻條奏此事，明奉諭旨之後，投考者尚不乏人；但自倭仁倡導反
駁言論以來，「京師各省士大夫眾黨私議，約法阻攔，甚且以無稽謠言煽惑
人心，臣衙門遂無復有投考者。」由此以觀，招生的工作非但不順利，甚至
是極度困難，難怪奕訢指責倭仁的語氣是愈來愈重。所以才會說：「是臣等
未有失人心之道，人心之失，倡浮言者失之也。」言下之意，似乎要求倭仁
必須負起天文算學館夭折的全部責任，並且無奈地表示：「因思法令之行，
原冀樂從，今人心既為浮言所搖，臣等無從勉強，擬就現在投考者擇期考
選，取中者入館研究，仍時加察核，倘有弊端，即奏請裁撤。」由此可見，
奕訢似乎也預測天文算學館之前途堪慮，極有可能難逃裁撤的命運；但是，
「時勢艱難，勢同厝火，自不得因浮言煽惑置為緩圖，祇有竭盡愚忱，不敢
稍萌懈志」（《同治朝夷務始末》，卷48），表示奕訢仍在做最後的努力，
期待天文算學館存有一線生機。

　　同治六年五月二十九日，在楊廷熙上奏後的一週，上諭訓斥倭仁與楊廷
熙，自此之後，守舊派即未見再有奏摺反對，因而此道諭旨實為此次洋務教
育的論戰劃下句點。這道諭旨有兩個重點，茲說明如下：

一、徹底訓斥楊廷熙。諭旨指責楊廷熙奏請撤銷同文館以弭天變一摺，「呶呶數千言，甚屬荒謬！」而且，楊廷熙因同文館之設，詆及各部院大臣，其以知州微員，痛詆在京王大臣，是何居心！且普天之下，皆為朝廷號令所及之區，豈有疆臣可行，而朝廷不可行之理？而楊廷熙主張將翰林、進士科甲有職事官員撤銷的建議，尤屬謬妄；因為「國家設立科目，原以登進人才，以備任使」；例如，曾國藩、李鴻章等均係翰林出身，於奉旨交辦中外交涉事件，從無推諉塞責之情，豈「翰林之職專在詞賦，其國家政務概可置之不問乎？」至所稱「西教本不行於中國，而總理衙門請皇上導之使行」，及「專擅挾持，啟皇上以拒諫飾非之漸」等語，諭旨更指其為「肆口誑詆，情尤可惡！」然而，並未對楊廷熙做出任何懲處，僅飭其「草莽無知，當此求言之際，朝廷寬大，姑不深責。」（《同治朝夷務始末》，卷 49）

二、以楊廷熙之過責倭仁。諭旨指出，「推原其故，總由倭仁自派總理各國事務衙門行走後，種種推托所致。」並假設楊廷熙此摺，如係倭仁授意，「殊失大臣之體，其心固不可問」；「即未與聞，而黨援門戶之風，從此而開，於世道人心大有關係。」因此，要求倭仁不應再堅持己見，著於假滿之後，即回總理衙門之任，會同奕訢等「和衷商酌，共濟時艱，毋蹈處士虛聲，有負朝廷恩遇。」（《同治朝夷務始末》，卷 49）

最後，諭旨飭令奕訢等，當此時事多艱之際，應該「不避嫌怨，力任其難，豈可顧恤浮言，稍涉推諉，所請著毋庸議。」（《同治朝夷務始末》，卷 49）由是以觀，朝廷對於奕訢的做法應當是採取支持的立場。

同治六年六月二日，奕訢上奏報告招生狀況，他指出：「因浮言四起，正途投考者寥寥。……兩月以來，投考之人，正途與監生雜項人員相間。」由於報考者極少，既不能如初期規劃之理想，遂不敢過於執著，因而一律收考，共計投考正雜各項人員九十八名，已於五月二十日在總理衙門考試，已到者七十二名，先經投考臨時未到者二十六名，選取三十名，於二十六日復加考試，文藝均屬一律，已將錄取者送館學習。如將來人數不敷，再行招考

（楊家駱，1963：52）。

　　一場將近八個月的洋務教育論戰，隨著諭旨的頒布而暫告落幕，還給以奕訢為首的洋務派一個寧靜的辦學空間。但是，奕訢的處境亦極為困難，因為守舊派似乎仍伺機而動，隨時準備對洋務派進行反擊。

第五節　分析與檢討

　　本節分兩個部分：一、洋務派教育政策決策歷程的分析；二、洋務派教育政策執行成效的檢討。

壹、洋務派教育政策決策歷程的分析

一、政策形成的脈絡

　　龔自珍的經世思想已經鼓勵晚清的知識份子邁向變法的道路，林則徐和魏源與英夷接觸的經驗，則激發他們為變法提供較為具體的措施。龔自珍倡導於前，魏源和林則徐建立較為完整的實現方案於後，其中又以魏源對於洋務教育的啟發最為重要。

　　然而，如果缺乏龔自珍這位啟蒙大師發揮振聾啟聵的功能，並對林則徐的禁煙之行給予極大的精神鼓勵和策略提供，表達自願陪同前往的熱情，最後更寄予高度的期許，也許愚昧無知的晚清士大夫仍在沉睡之中，也許林則徐會缺少一份勇氣和決心；如果沒有林則徐與英商周旋的實戰經驗，並把他所蒐集的各項夷情資料，提供給魏源以為創作《海國圖志》的基礎，恐怕魏源這部曠世鉅作是否能夠順利產生，亦不得而知；如果沒有魏源指出夷人之長技，並提供如此豐富的資訊和建議，洋務運動是否能夠開展，恐怕也不無疑問。所以，龔、林、魏等三人的努力，實為洋務運動種下發芽與成長的幼苗，有效激發恭親王等洋務派官員推展洋務教育的靈感。

　　具體而言，西式學堂的設立，係得力於魏源的啟發和洋務的需求。魏源對於設立譯館的建議，其實踐在於京師同文館和上海廣方言館等外語學堂的創設；魏源對於英國戰艦、火器與養兵練兵之法等三項長技的提示，以及他的海防思想，都為軍事學堂和實業學堂的設立，提供相當紮實的論述基礎。

　　再從另一個角度來看，因為洋務派所舉辦的事業除教育事業外，尚包括軍事工業、交通事業、開礦與冶金、創建海軍、改善對外關係及民生工業等；欲有效推動洋務事業，就必須培育洋務人才，由於要培育洋務人才，就必須設立培訓的機構，而傳統的教育機構都無法完成培養洋務人才的任務，就必須另闢蹊徑，於是開始有西式學堂的設立。茲就各類學堂創辦的原因總結如下：

　　㈠為創辦新型的軍事工業和創建新式海軍，非有通曉現代科學技術知識者不可，因此必須設立軍事學堂，以培養軍隊將領、製造兵船和武器的人才，以及操縱各式武器的專門人員。

　　㈡為使對外交涉順利進行，改善對外的關係，以提升中國在世界的地位，就必須設立外國語言文字學堂，以培養熟悉外國語言文字的交涉人才。

　　㈢為創辦交通事業、開礦與冶金及民生工業，就必須設立實業學堂，以培養實業界所需要的人才。

　　游學運動的萌芽，同樣是基於推動洋務事業的需求，為有效解決洋務人才極度缺乏的困境，捨出洋游學則別無他途。茲就幾個理由分別說明如下：

　　㈠甫設立的各種西式學堂都是個別獨立的性質，是洋務派中央或地方官員基於洋務的需求，分別奏請設立的，不但缺乏有系統的、制度性的規劃，更談不上學堂體系的建立，所以這些學堂的畢業生在國內是毫無升學管道的，無法學習更為專業的技術。

　　㈡西式學堂僅是在傳統教育的體制下，另立一個求學的管道，在守舊派的抵制下，其數量只是全國教育系統極小的比例，無法大量培育洋務人才。

　　㈢學堂內的洋教習通常只有一、二位，無法擔任所有學科的教學工作，

再加上師資素質的良窳不齊，學生無法從洋教習身上習得完整的知識和技能。

㈣由於西式學堂重在科學知識的學習和技術能力的培養，國內卻缺乏實習、參觀與觀摩的環境與場所，對於學生學習成果的深化，是相當不利的。

㈤國內可資應用的書籍極少，雖然陸續有翻譯機構的設立，及外國翻譯書籍的出版，但對於洋務人才需求的急迫性，是緩不濟急的。

二、決策模式的解釋

洋務教育政策的決策歷程，幾乎是洋務派人士各自為政，所以在各項洋務教育的決策過程中，有時出現以菁英為主導的情形，有時則出現洋務派與守舊派兩個團體的角力，有時卻是毫無計畫的、隨意的。因此，本研究運用菁英模式、團體模式及垃圾桶模式等三種決策理論，以分析洋務教育的決策歷程。以下分別敘述之。

㈠菁英模式

該模式有四個要點：一、政策就是反應擔任統治功能的菁英之偏好與價值；二、政策並非集合大眾的意見而形成，而是由社會上少數菁英所決定的；三、少數菁英才是社會價值的分配者，廣大群眾的福利是由菁英所負擔的；四、菁英是現行體制的受益者，所以其主張的政策是漸進式的（朱志宏，1991：42-45；Dye: 1992, 28-30）。以下分別就這四個要點來解釋：

第一，洋務教育的政策是「學習西洋技藝」，而其形成是來自於當時的社會菁英——洋務派的自強觀，因為洋務派認為追求國家富強就必須向西洋學習，而學習的內容是經過戰爭失敗的教訓，以及對外交涉的失利，綜合兩者的經驗所歸納出來的，所以它是洋務派的價值偏好。

第二，洋務派在制定教育政策的過程，亦會徵詢某些人的意見，而這些人通常也是洋務派人士，或者是他們的幕僚人員，如曾國藩與容閎、李鴻章與馬建忠、奕訢與洋務派人士等，所以政策的形成並未集合大眾的意見，而

是來自於許多洋務派人士的意見。

　　第三，洋務派是整個洋務事業價值取向的決定者，所有的法令規章都是他們制定的，其解釋也是透過他們而為，整個國家的發展方向和所有廣大群眾必須走的方向，也是由他們決定的。

　　第四，洋務教育政策的制定，是在傳統教育未被破壞的前提下，另闢蹊徑去做的，所以它的內容是局部的修改，是循序漸進的，對於舊體制的教育機構是毫無影響的，甚至他們的章程中往往鼓勵學生參加科舉考試。

(二)團體模式

　　該模式有四個要點：一、政策就是各利益團體間彼此利益均衡的結果；二、各利益團體間的互動是政治活動中最重要的事實；三、政治就是各利益團體為影響政策所引起的互動，政府的功能則是在處理各團體間的目標或利益衝突；四、團體成員人數及財富的多寡、組織力量的強弱、內部的團體性、領導能力的高低、團體與決策者間距離的遠近等因素，都會影響團體對政策的影響力（朱志宏，1991：39-42；Dye: 1992, 26-28）。以下分別就這四個要點來解釋：

　　第一，洋務教育政策的制定，雖然取決於洋務派的價值觀，但卻必須向守舊派妥協，畢竟洋務派在當時的處境是勢單力薄的，以守舊為導向的滿清政府官僚集團，仍是一股相當龐大的勢力，所以，洋務派在制定教育政策的過程，經常必須與守舊派展開論戰。如奕訢為天文算學館的成立，必須與倭仁為主的守舊派展開辯論；容閎為實現他的教育計畫，必須與陳蘭彬等守舊派在游學生學習內容和生活管理上經常言詞交鋒。

　　第二，洋務派在設立西式學堂和辦理游學事務的過程，經常必須顧慮守舊派的觀點，以免守舊派乘隙破壞。如西式學堂的教習中必有漢教習，係為加強學生漢文程度而設的，這種做法即是兩派之間互動的結果。

　　第三，洋務派與守舊派為各自的利益而採取必要的行動，彼此之間的互

動經常是針鋒相對，此時朝廷即出面擔任仲裁的角色，所以朝廷的態度與支持的程度，也就成為洋務教育是否能夠順利執行的重要關鍵。

第四，奕訢在天文算學館的論戰中，由於身兼總理衙門首席主管大臣，且其在朝廷的地位正有日正當中之勢，雖然只有他一人迎戰守舊派整個集團，卻能夠取得形式上的勝利，所以天文算館才不致胎死腹中；而容閎既非京官要員，亦非洋務派的要角，且以曾國藩為首的洋務派集團亦隨著曾的去世而無法繼續凝聚向心力。更大的問題則是李鴻章的依違兩可，對容閎的支持度是相當低的，所以游學事務所才不得不終結。

㈢垃圾桶模式

該模式有三個要點：一、決策並不遵循一連串有秩序的步驟，而且是隨意的、無計畫的。二、該模式最先用來解釋「無政府狀態」組織的決策過程；「無政府狀態」組織有三個特徵，即目標模糊、達成目標的方法或手段不確定、流動性參與。三、決策經常是決定於四股力量：問題、解決方案、參與者、選擇機會（政策之窗）。該模式是一個典型的非理性模式，它認為決策是一種隨機產生多於理性過程的功能，視組織的決策為一混亂的過程；其思考模式並不採用理性的邏輯步驟，反而認為是當問題、解決方案、參與者都出現交集，且政策之窗又剛好打開時，決策自然而然就會形成。在這個過程中，組織扮演一個垃圾桶的角色，讓四股力量都有機會混雜在一起（江芳盛，1998：13-25；葉忠達等，1997：415-417）。以下分別就這三個要點來解釋：

第一，就整體而言，因為洋務派人士分屬不同的陣營，所以西式學堂的創設過程，幾乎是洋務派官員個人的價值偏好，並非依循著固定或明確的步驟。

第二，洋務教育所面臨的時代背景是一個內憂外患的政治情勢，雖然中國的士大夫已有多人提倡變法或亟謀自強，但是他們的目標、方法和手段是

不一致的，呈現一種類似於無政府狀態的混亂局面。

第三，洋務教育政策的制定，除了洋務官員個人的決定之外，通常是有重要的官員上奏倡議的。如李鴻章發現對外交涉人才的問題，也覺得應該自己培養，剛好遇上京師同文館設立（政策之窗在此時打開），於是他上奏設立上海同文館，並建議廣州也一併設立。再如光緒十年，李鴻章感到海防的重要性，曾上奏設立海軍部；光緒十一年上諭著李鴻章、左宗棠等籌議海防（政策之窗在此時打開），遂有許多水師學堂乘著皇帝的指示而設立。

貳、洋務派教育政策執行成效的檢討

一、通盤的檢討

洋務運動是否成功，有些不同的看法。

康有為（1973：178）嚴詞批評洋務運動並未發揮應有的功能，他指出：近年來屢設海軍、使館、招商局、同文館、製造局、水師堂洋操、船政，「而根本不淨，百事皆非」，所以，有海軍而不知駕駛，有使館而未儲使才，有水師堂洋操而兵無精卒，有製造局船澳而器無新製，有總署而未通外國歷史掌故，有商局而不能擴展貿易於外國，至其徇私舞弊，更不必論。「徒糜巨款，無救危敗，反為攻者藉口，以明更張無益而已。」

費正清（1994：244-245）認為，「中日甲午戰爭」是驗收洋務運動成果的時候。然而這場戰爭，卻在守舊派官僚共謀挪用海軍經費以建設慈禧的頤和園之狀況下，使得中國的武器極度缺乏，戰力銳減，結果只動用李鴻章的華北陸軍和北洋艦隊，而海軍的砲彈有些只是填了沙子充數，根本沒有火藥。而這場中國的首次近代戰爭，竟然只讓一位省級官員一肩挑去作戰的艱鉅任務，就好像那是該省邊境自衛的事，結果當然是一敗塗地、眾議沸騰，並將所有的罪過要求李鴻章一人扛起。

史景遷（2001：245）則假設：如果洋務運動所提出的這些計畫，能與

儒家思想的內在價值熔於一爐，那麼重建清朝的國家和經濟，似乎是指日可待的。言下之意，他可能認為，洋務運動應該是未能達成預期目的的。

但是，夏東元（1992：462）則有不同的看法，他認為：洋務運動的自強求富結果，未能做到將侵略者趕出國門，收回被侵占的利權，這是失敗之處；但在洋務運動中增強了軍事經濟能力，列強未能瓜分中國使中國殖民地化，洋務運動無疑地發揮相當的作用，因而不能不認為這是它的成功之處。

事實上，洋務運動的全部事業，都是迫於洋人船堅砲利的威脅，所謂「頭痛醫頭，腳痛醫腳」即此也，而洋務教育的推動又何嘗不是如此？辦理的成效究竟如何？對中國之舊教育是否發生補偏救弊的功效？對中國的自強是否發揮該有的功能？時人已持懷疑態度。如王韜指出：

> 「今沿海各直省，皆設有專局製鎗砲，造舟艦，遴選幼童出洋肄業，自其外觀之，非不龐洪彪炳，然惜其尚襲皮毛，有其名，而鮮其實也。福州前時所製輪船，悉西國古法耳，不值識者一噱，他處所造機捩，轉動之妙，不能不賴乎西人之指授，而窺其意則已囂然自足，輒以為心思智慧，足與西人匹，或且過之而有餘矣。」（楊家駱，1973：136）

鄭觀應亦指出：「夫欲制勝於人，必盡知其成法而後能變通，而後能克敵。」但是，「今中國既設同文、方言各館，水師、武備各堂，歷有年所，而諸學尚未深通，製造率仗西匠，未聞有別出心裁，創一奇器者，技藝未專，而授受之道未得也。」（朱有瓛，1987：7）

李端棻在對維新運動具有重要啟示作用的〈請推廣學校摺〉中，則批評西式學堂有五項大缺失，包括：

㈠諸館皆徒習西語西文，而於治國之道、富強之原，一切要書，多未肄及。

㈡格致製造之學，非終身職業，聚眾講求，不能致精，今除湖北學堂外，其餘諸館，學業不分齋，生徒不重專門。

㈢諸學或非試驗測繪不能精，或非游歷察勘不能確，今之諸館，未備圖器，未遣游歷，則日求於故紙堆中，終成空談，無自致用。

㈣利祿之路，不出斯途，俊慧子弟，率從事帖括以取富貴，及既得科第，遂與學絕，終為棄材。

㈤巨廈非一木所能支，橫流非獨柱所能砥，天下之大，事變之亟，必求多士，始濟艱難，今十八行省，只有數館（王延熙等，1969：386-387）。

後世研究中國教育史的學者，亦有所批判，如田培林（1988：573）認為：甲午戰爭以前，只是在原有的教育制度之外加上一些外國語文以及技術性或軍事性的補充訓練，而這些新的補充訓練並不曾影響到傳統的正規教育。然而速成的訓練，是不能夠擔任救國任務的；所以甲午一戰，就把速成訓練式的新教育所懷抱的願望打擊得歸於幻滅。

胡美琦（1978：510-511）也指出，洋務派所舉辦的教育事業，無論西式學堂或出洋游學，在學者本身，其目的大多只為在政界乃至社會上謀一職業、得一地位而已，因此近人有譏之為洋八股與洋翰林者。至多亦只求分別學到西洋一套方法與智識，求有實際貢獻。至於國家、社會、教育之通盤設計、根本改革，則無所措意，也並不能著意於學術真理之探尋。況且，此番興學的舉動，並非由中央政府所發動，亦非由社會學者之提倡，對教育根本大計做全盤之打算，而全出幾個地方官吏隨時隨地所發動，如何能在全國性的轉移風氣陶鑄人才上著眼，而求其有成效？

綜上所述，洋務派所舉辦的教育事業，乃在「病急亂投醫」的心態下的盲目作為，未經考查制度本身的起源及精神即強加模倣，在根本未立的情形下，自難期成效。雖然改革的當時，所持的態度及方式乃在傳統固有的教育制度之外吸收外來文化的養料，以為充實，就人類文化發展的原則觀之，確是頗為正確且較為穩健的革新途徑（田培林，1988：575）。但畢竟現實社會及政治環境的殘酷，無法允許這種局部改進及速成的論調。故中日甲午一役，將中國人期望以速成方式達成救亡圖存的構想，予以徹底粉碎。

　　由是以觀，洋務運動也許並未完全失敗，但至少它的預期目的卻未能達成，以下就幾位現代學者與時人的看法，分析其未能達成目的的原因。

　　費正清（1994：243-244）認為，清廷把洋務運動交給少數督撫去辦，因為這樣符合中央與地方均勢的要求，且朝廷也不必負擔經費。因此，洋務運動成為幾位大臣玩的遊戲。他們明白中國近代化的必要，努力籌措經費、培育人才，在無精打采甚至不友善的環境下積極建設。他們為了個人的利益與權勢硬著頭皮持續推動，而慈禧的支持態度既不堅定亦不連貫。而且，她還放任守舊派對洋務派進行干擾、掣肘的行動，唯有如此，她才能掌握裁量權，這對她的權力鞏固是有絕對幫助的。

　　梁啟超（1936：19）指出新教育興辦三十餘年，卻未見有奇才異能者出現，乃因「言藝之事多，言政與教之事少」。而其病根有三項：一、科舉之制不改，就學乏才；二、師範學堂不立，教習非人；三、專門之業不分，致精無自。

　　王鳳喈（1988：274）認為，洋務教育推展中所遇到的困難有三：一、因守舊者不明白國際局勢，認為只要將中國舊有文物善加保存，即足以應付時變，因而極力反對新教育並破壞新教育；二、新教育之提倡者，對於新教育亦缺乏深切的瞭解，誤以為新教育只是槍砲、軍艦之製造，未有一貫的教育體制；三、國內政局之糾紛，新教育為新政治、新社會之一環，在政治未上軌道、社會未充分安定之前，新教育顯然不能作單方面的推展。

　　綜合上述，足見洋務教育的無法順利推行或徹底失敗，往往導源於人的因素與制度的因素。在人的因素方面：由於守舊派觀念上的故步自封，以為西方文化純屬奇技淫巧，不符中國道統，不合國情風俗；只要把中國固有的優良文化重新恢復、善加整合，便足以應付西方列強的侵略；因此，處心積慮與革新派作對，處處反對新教育，對新教育的推展形成莫大的阻力。再者，革新派雖對列強的侵略已然覺醒，較熱衷於新教育的推展，唯因眼光短淺、缺乏遠見，誤認為語言文字的學習就是新教育，錯將「船堅砲利」當成

西方文化的核心，因此改革的方向只是局部的，改革的成效也只是表面的，對改良舊教育的弱點，助益甚少。

　　在制度的因素方面：由於新教育推行的初期，盛行中國千餘年的科舉制度尚未消除，舊的教育制度仍然擁有相當大的影響力，占有絕大多數的支持者是整個教育制度的主流，因此，新教育只是點綴性質，只是在旁支餘脈的地位，對舊教育發揮不了振聾啟瞶的作用。再者，新教育的推行又缺乏有系統的規劃，只是少數有志之士感於時勢所需，零星地設立新式學校，並未喚起全國人民的共識，亦未建立起完整的制度，因此它的功效相當有限，它的影響力也僅及於點，未擴展至線、面。在人與制度交織重疊所產生的病因，實不難預期新教育會面臨的必然失敗後果。

二、個別的檢討

㈠外國語言文字學堂的檢討

　　郭廷以（1987：621-622）認為，在天文算學館的爭論中，朝廷對奕訢的奏摺是批准了，但是慈禧本身對文化並無觀點可言，但慈禧卻可能因此次事件而首度發現守舊派可以抵制奕訢的政治勢力。由此以觀，慈禧的態度確是同文館推動相當重要的關鍵。

　　光緒九年（1883）六月二十一日，掌廣東道監察御史陳錦，上奏指責同文館的四項缺失：一、考課不真；二、銓補不公；三、獎賞不實；四、館規不嚴（楊家駱，1963：59-60）。

　　光緒十六年（1890）二月二十六日，詹事府詹事志銳亦上奏指出同文館的問題，他說：「總理衙門同文館之設，歷有年矣，各省拔尤送到之人為數多矣，而出洋大臣奏帶同文館學生充當翻譯者，卒不多見，僉謂學生文字雖精，語言不熟，每有臨時傳述而洋人茫然不解者。奴才曾經試驗，令其與洋人對面交談，誠有不解之時。」（楊家駱，1963：69）

　　陳其璋於光緒二十一年（1895），〈請整頓同文館疏〉中指出，同文館開館已歷三十餘年，「問有造詣精純，洞悉時務，卓為有用之才乎？所請之洋教習，果確知其教法精通，名望出眾，為西國上等人乎？」而洋教習對於學堂考試又「視為具文，並不悉心考校，甚至瞻徇情面，考列等第，不盡足憑。但論情誼之深淺，不論課藝之優劣。」且學生平時在學，又多任意酣嬉，「年少氣浮，從不潛心學習，間有聰穎異人者，亦祇剽竊皮毛，資為談據。及至三年大考，則又於洋教師處，先行饋贈，故作殷勤，交通名條，希圖優等。」（王延熙等，1969：383）

　　光緒二十二年（1896），盛宣懷（1974：53）於〈請設學堂片〉則指出同文館近學語言文字，是無裨益於時用的，他說：「同文之館，培植不為不殷；隨使之員，閱歷不為不廣。然猶不免有乏才之歎者，何歟？毋亦孔孟義理之學未植其本，中外政法之故未通其大，雖嫻熟其語言文字，僅同於小道，可觀而不足以致遠也。」

　　雖然，同文館的實施成效遭受許多的批判，但是卻有幾項意義和影響，必須在此予以探討。

1. 京師同文館的創辦，具有時代性的意義，它是中國新教育的萌芽。雖然它未能大規模地影響傳統教育的進行，但課程的內容已經能夠超越傳統教育的框架，因此已經對傳統教育的改革邁出重要的第一步，其主事者的努力是值得後人尊重的。也許以較嚴格的態度來看待它，那麼它的各項典章制度和顯現的文化內涵，當然無法與現代教育的學校相比；可是，既然稱為「萌芽」，則不完整性為勢所必然，若無它的開疆拓土，一點一滴的將西式教育的內涵和精神引進中國，則所謂的現代學校能否成立，當不無疑問？（註5）

2. 京師同文館是「中體西用」思潮初興的產物。這不僅從它的課程內容可以看出，而且從它的學規及畢業授官等情況來看，亦可印證。在辦理中，確有不倫不類、東施效顰之嫌、辦學績效甚差等弊，但它畢竟是向封建

傳統教育決裂的表示，是求實求真、富國強兵的人才教育的開端（喻本伐、熊賢君，1995：500-501）。

3. 京師同文館可說是晚清政治、外交人才的培育營，它的畢業生在晚清的政治和外交界都有亮麗的演出。根據史料顯示，同文館第一位擔任欽差大臣出使外國的是光緒十八年的使日大臣汪鳳藻，以後至宣統三年止，亦有多人擔任駐日、法、德、英、俄等國的出使大臣（王炳照，1994：60-61；宋恩榮，1994：17；喻本伐、熊賢君，1995：501）。

4. 京師同文館在譯書和師資訓練方面，有其無法磨滅的貢獻。因為它改變了單純傳授治術的傳統教育內容，開始把近代科學技術列入正式課程，變成具有近代意義的中等和高等教育機構，為以後設立的西式學堂提供不少具備新知識的師資。而在譯書的功能方面，由於課程表明列練習譯書的科目，又增設譯書局，增纂修官，使得它與江南製造局的「翻譯館」和教會的「廣學會」，並列為晚清三大譯書中心；不但所譯的西洋書籍不少成為日後學堂的教科書，更直接促成新教育內容的引進，影響著科舉取士制度的改革（王炳照，1994：61；喻本伐、熊賢君，1995：501）。

而且，上海廣方言館的學生，由於學習內容的多樣化，其在學業上的成就亦不僅止於外國語言文字而已，在其他科學知識方面也有不錯的表現。同治七年三月九日，時任兩江總督的曾國藩，曾咨送上海廣方言館的附生嚴良勳、席淦，監生汪鳳藻、汪遠焜、王文秀等五名到總理衙門，接受考核。奕訢等即飭該等學生在新立的天文算學館中居住，逐日詳加考試，令以算法商除、歸除及勾股弦和較諸法，逐條講論；嗣以漢文照會飭翻洋文，並令以洋文照會譯成漢文。對於學生考核的結果，奕訢的評語是：「該生等於算法頗能通曉，即翻譯漢洋文字亦皆明順，均無舛錯。……該生等於經書文藝講貫有年，復能兼習西文，學有成效，均堪造就。」隨即奏請獎勵，將附生嚴良勳、席淦等二名，給予內閣中書職銜，並作為附監生，俾得就近於北闈應科舉試；監生汪鳳藻、汪遠焜、王文秀等三名，給予國子監學正職銜（楊家

駱，1963：141-142）。總理衙門給予上海廣方言館的學生如此優厚的獎勵，可見其對學生的表現相當滿意，這也證實了李鴻章當初將學館朝向綜合型發展的決策是沒錯的。

再談廣州同文館，其章程顯係參考上海同文館，其實際運作雖然被指責像是一座滿清的八旗學館（郭廷以等，1987：619-620），但其教學的成果仍有可取之處。同治六年（1867）十一月十二日，署廣州將軍將同文館學生蔡錫勇、那三、博勒洪武、韓常泰、左秉隆、坤揚等六名，咨送到總理衙門，接受考核。奕訢等即飭該等學生在新立的天文算學館中居住，逐日細加考試，並先試以漢文翻作洋文，繼令將洋文照會譯成漢文，嗣又以算法各條令其逐條登答。對於學生考核的結果，奕訢的評語是：「該學生等於文理俱各明順，登答均無舛錯。……該學生等學習有年，均堪造就。」隨即奏請獎勵，蔡錫勇作為監生，那三、博勒洪武、韓常泰、左秉隆、坤揚等五名，作為翻譯生員，均准一體鄉試，並分別派充將軍、督撫各衙門翻譯官（楊家駱，1963：110）。

然而，西學堂在光緒十九年（1893）七月二十七日，第二任巡撫邵友濂卻以撙節經費為由暫行裁撤，並上奏指陳西學堂缺乏成效：「數年以來，學生中不乏進境，而西學精邃者，堪屬寥寥。」與存在的種種困難：「查台灣近年經費異常支絀，歲費巨款實覺不資。又洋教習合同屆滿，續訂為難，與中國教習分別咨遣。」對於學生，能於西學粗已入門者，撥歸機器、電報各局學習；其素質不堪造就者，遣令回籍，別圖生計（高時良，1992：256-257）。自此以後，西學堂即永久關閉，劉銘傳的苦心規劃與經營，亦付諸流水。

㈡實業學堂的檢討

福建船政學堂是第一所引進西洋造船科技和駕駛、管輪技術的西式學堂，它在近代中國實業教育上的開創性地位是當之無愧的；而且，左宗棠和沈葆楨將學堂附設在船廠內，令學生一面學習科學知識，一面練習實務，其

見解之正確實毋庸置疑，甚至就現代職業教育的觀點，實可謂「建教合作」教育之先驅（瞿立鶴，1968：264）。

　　學堂的成績，表現在駕駛和製造人才的培育完成。在駕駛方面，歷次的出洋實習，學生多能自行駕駛而無誤，獲保舉擔任管輪和駕駛者，亦有十餘人之多。於是，福建各輪逐漸由華人擔任管輪，到了同治十二年（1873）最後一艘「長勝號」，也由洋員駕駛改由華員駕駛，從此輪船駕駛盡華人。在造船方面，自同治十二年起，船政局逐廠考核，挑選精熟技藝、通曉圖說者為正匠頭，次者為副匠頭，即毋須入廠學習，且中國匠頭已能督導中國工匠自行造船，經數月以後，驗其工程，均能一一吻合。有了這樣的成績，難怪左宗棠極高興地向友人表示：「今船局藝堂既有明效，以中國聰明才力，兼收其長，不越十年，海上氣象一新，鴉片之患可除，國恥足以振。」（夏東元，1992：175-176）

　　天津電報學堂之創立雖較晚於福州電報學堂，但卻成為中國境內極其重要的電報專業人員培訓所，實與李鴻章見識到電報於中國的重要性有絕大關係。

㈢軍事學堂的檢討

　　事實證明，光緒年間所成立的「武備學堂」，以及光緒十幾年那一股水師學堂風，並未對甲午戰爭有過太多的貢獻，他們是英雄無用武之地的。反而是那些早期畢業於福建船政學堂的後堂學生，在歷經游學歐洲之後，駕駛技術精進了，也在海戰中有過轟轟烈烈的表現。由此可見，洋務事業的推動，在形式上有一大部分是依靠游學生才撐得起來的。

　　然而，李鴻章所創立的天津水師學堂，為近代中國第一所西式軍事學堂，頗有為其後北洋艦隊儲備將才之勢；且觀其章程之嚴整，實已建立良好的軍事教育規範，於中國海軍教育之現代化，實有其不抹滅的貢獻。而且，李鴻章不僅注意海軍教育，於陸軍教育亦相當留心，對建立現代化的中國軍

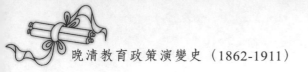

隊，實已付出極大的努力。

㈣游學運動的檢討

　　守舊派的無知與成見，李鴻章依違兩可的心態，扼殺了容閎挽救中國的理想。光緒七年（1881）夏，總理衙門在未接受美國人士建議的情況下，執意撤回游學生。當時已有六十餘人進入大學就讀，詹天佑及歐陽賡則已畢業於耶魯大學。扣除先前已因各種理由遣返的九人、死亡的三人、不願返國的八人，計二十人外，餘一百人，分三批啟程，每隔三週到達一批，是年秋遣返完畢。這些中輟的游學生，回國即分發不同地區、不同機關服務，雖然未必依其專長分發，但後來也都有相當傑出的表現。他們在政界、實業界、軍界、外交界、教育界或鐵路、礦務等領域服務，如著名的鐵路工程師詹天佑、民國成立後第一位內閣總理唐紹儀、光緒三十四年的外務部尚書梁敦彥、擔任清華預備學校首任校長的唐國安、海軍總司令蔡廷幹等（王煥琛，1980：100-111；王炳照，1994：75；宋晞，1985：459；林子勛，1976：42-43；夏東元，1992：416）。至於游學歐洲的福建船政學堂學生，亦有不錯的表現。如嚴復，即為首批前往英國學習駕駛的船政學堂後堂學生，他的譯作對於晚清的思想界是一大貢獻；再如中日甲午戰爭的殉職海軍軍官，有許多是曾經游學歐洲返國任職海軍的學生。

附　註

註1：瞿立鶴（2002：388）認為，該學堂係光緒十五年由曾國荃奏准創建的。然而，曾國荃於光緒十一年的〈籌議海防摺〉雖有設立「水師學堂」之議，但卻因經費所限，僅招「魚雷學堂」；光緒十六年，曾國荃致書李鴻章索取天津水師學堂章程，並表示「敝處既無成法可循」（高時良，1992：468），可見此時尚未完全設立；丁致聘（1970：5）亦認為，光緒十六年南洋大臣（沈秉成）奏於南京設立水師學堂。綜合上述，本研究認為該學堂係於光緒十六年，且是沈秉成奏請設立的。

註2：此處資料引用王煥琛（1980：47）之統計，經研究者自行計算亦同。宋晞（1985：447）對於籍貫之統計有誤，廣東誤植為八十三人，江蘇誤植為二十二人。

註3：曾國藩與李鴻章第一次聯銜上奏時間為同治十年七月三日，王炳照（1994：70）、楊家駱（1963：153）均誤植為七月十九日。

註4：第二任監督區諤良究竟於何時辭職，主要有兩種說法：

一、主張光緒二年者，有容閎（1966：118）、李守孔（19854：236）、夏東元（1992：414）、劉秀生等（1994：149）、王炳照（1994：74）。容閎與游學事務相終始，應無誤植之虞。

二、主張光緒四年者，有宋晞（1985：454-455）提到區諤良於光緒四年夏離開哈德福。查李鴻章於光緒三年正月二十二日的函稿對象為容閎與區諤良，光緒三年九月十三日的奏摺，關於游學生經費之討論有「旋據區諤良、容閎籌算稟覆」語；陳蘭彬於光緒七年二月六日的奏摺，提到區諤良時，有「五

年二月接准北洋大臣李鴻章抄咨，已經具奏調回原衙門」語。

綜合上述，本研究相信容閎以親身經歷之描述當無疑義，雖然著作於一九〇九年在美國出版時，年歲已經八十，但以如此深刻的事件，應該不至於誤差三年；且其著作對於區諤良之描述僅短短數語，應當可以證明區諤良確實已於光緒二年離開游學事務所；較有可能者，係名義為區諤良，但實際已由吳子登主掌游學事務所。

註5：在中國教育史的論著中，洋務運動時期所創辦的西式學堂，尤其是京師同文館的設立，往往被視為中國新教育的開始，如陳啟天的《近代中國教育史》（台北市：台灣中華書局，1969：46）、王鳳喈的《中國教育史》（台北市：國立編譯館，1988：276）、伍振鷟的《中國大學教育發展史》（台北市：三民書局，1985：153）、方炳林的〈我國新教育萌芽之研究〉（師大學報第13期，頁1-65）、喻本伐和熊賢君的《中國教育發展史》（台北市：師大書苑，1995：500）、王炳照的《中國近代教育史》（台北市：五南圖書出版公司，1994：55）、宋恩榮的《近代中國教育改革》（北京市：教育科學出版社，1994：17）、瞿立鶴的《清末教育西潮》（台北市：國立編譯館，2002：274）、丁致聘的《中國近七十年來教育記事》（台北市：國立編譯館，1970：1）等。然而，田培林卻就文化的觀點做了不同的解釋。他認為，這些西式學堂，只不過是在原有的傳統教育之外，增加一些時務性的訓練工作而已，是不能視為新教育的開始的，其理由是：「康熙皇帝於尼布楚條約簽訂後的五年，即設立俄羅斯館，以訓練一批對俄辦理交涉的專門人才，後又增加教育北京的俄國人之責

任；但該館學生皆選中國固有教育已相當程度者，且亦不影響中國傳統的教育制度；至同文館之設立，這是專門訓練外國語言、文學的機構，但是並不曾列入正式的教育制度之內。自此以後，三十年的時間，連續的設立了一些技術性的學校，如船政學堂、機器學堂、電報學堂、礦業學堂以及軍事教育的水師學堂，並且派遣一些幼童前往美國留學，因此，有人認為這是中國新式教育制度的開始。但是，如果用比較深刻一點的看法來看這一時期的教育設施，仍然是和設立俄羅斯館時代的用意相似；因為依然保持原有的傳統教育制度，只不過是另外作了一些速成的訓練工作。」（田培林：《教育與文化（下）》，台北市，五南圖書出版公司，頁 572-573）

第四章

維新運動時期的教育政策
──提倡根本改革──

　　甲午戰爭中國失敗之後，康有為領導各省舉人上書請求改革治理國家之法，繼之推動「戊戌變法」。唯因慈禧干政而使變法中途夭折，匆忙地結束為期僅 103 日的變法運動，歷史上稱為「百日維新」。但是，自甲午戰爭結束以後，至庚子拳亂以前，這段時期可以稱為晚清的維新運動。在此運動期間，維新派人士強調應全面改革國家的教育、政治、經濟及軍事制度，有別於洋務運動時期的點的改革，而是一種根本性的改革。

　　本章將分四個部分探討維新運動時期之教育政策：一、探討在百日維新之前，知識份子對於教育的各種反思與建言；二、探討康有為對於教育的變法主張；三、藉由光緒皇帝歷次諭旨的頒布，分析其銳意圖治的決心；四、探討以光緒皇帝為首的維新派之教育政策的具體內容。

第一節　知識份子對教育的省思與建言

　　百日維新雖然有如曇花一現，但其變法的立論基礎、維新思想的源流，則早在咸豐十一年的冬天，馮桂芬（1809～1874）完成其著作《校邠廬抗議》，即已開始萌芽。而《校邠廬抗議》成書於洋務運動方興未艾之際，可能深恐觸犯時忌，未能於馮桂芬在世時刊行，遲至光緒初年，才正式印出；但隨即為各種經世文編所選錄，馮桂芬也被後世研究近代中國歷史的學者，視為探討變法維新思想的先驅（呂實強，1999：227）。

　　馮桂芬的《校邠廬抗議》出版之後，有關維新思潮的著作，便有如雨後春筍般地湧現在中國人面前。如光緒六年（1880）王韜出版的《弢園文錄外編》、光緒十年（1884）鄭觀應出版的《盛世危言》、光緒十八年（1892）陳虬出版的《治平通議》、光緒二十年（1894）馬建忠著〈擬設翻譯院書議〉、光緒二十二年（1896）陳熾出版的《庸書》、光緒十三年（1887）何啟、胡禮垣出版的《新政真詮》，及邵作舟著《邵氏危言》等，都是變法維新思潮的代表著作，皆對教育改革提出許多見解。

因此，本節專以馮桂芬等九人關於教育改革的主張為內容，探討中國知識份子在百日維新之前，對於教育的省思與建言，包括講求西學、改革科舉、興辦學堂、倡辦報紙、翻譯西書、派遣游歷等。

壹、維新聲浪

馮桂芬可說是晚清變法思想的先驅，由他所引發的變法思潮，簡直如風起雲湧般，在中國境內不斷地翻騰著，造成一股幾乎銳不可擋的維新聲浪，並且演變成由康有為主導的「百日維新」。

馮桂芬在《校邠廬抗議》〈自序〉即稱許古聖先賢治法之善，但是他認為，後人卻多對先聖之治法「疑為疏闊，疑為繁重，相率芟夷屏棄，如弁髦敝屣，而就其所謂近功小利者，世更代改，積今二千餘年，聖人之法幾乎已經蕩然無存。」更嚴重的是，諸多腐徒以空言倡議變革，卻因未得先聖治法之真諦，導致弊端叢生，「始知三代聖人之法，未嘗有此弊，而恍然大悟於聖人之所以為聖人。」然而，馮桂芬並未因此要求應該盡復古法，而是在進行一番分析之後，提出「去其不當復者，用其當復者」的變法原則（馮桂芬，1966：6-7）。由此可知，馮桂芬著重在治者應該審時度勢、權衡斟酌，考慮時代的急劇變化，採擷適合於當代的古法，並修改不合時宜的古法，使其為治者所用。

再者，馮桂芬在〈製洋器議〉中指出，「以廣運萬里地球中第一大國，而受制於小夷，實為天地開闢以來，未有之奇憤，凡有心知血氣者，莫不衝冠怒髮。」然而，若深究造成中國劣勢處境的原因，則在於人的因素；換言之，中國之所以屈服於列強諸國者，非天時、地利、物產之不如人，實在是國人不如外人。但是，並非國人天賦不如人，而是國人不能奮發振作。因為如果天賦不如人，雖覺可恥，卻無能為力；反之，若人自不如，亦覺可恥，卻可有所作為。因此，他亟欲喚醒國人應知恥，並力圖自強（馮桂芬，1966：153-155）。唯有自強，才能盡雪國恥。

　　除此之外，馮桂芬在〈製洋器議〉文中更進一步指出：「中國積習長技，俱無施展之處，導致彼國以小而強，中國卻以大而弱」；然而，問題在於國人不知如何運用，若欲求與列強諸國並駕齊驅，仍亦存乎人而已。具體言之，問題有四項：「人無棄材不如夷，地無遺利不如夷，君民不隔不如夷，名實必符不如夷。」但這四項缺點，均可反求諸己，唯待皇上於一轉移間振刷紀綱，即可無待於外夷。再談到軍隊的問題，亦絕非將士才能不如人，人才健壯未必不如夷，不如人者僅船堅砲利一端而已。既然各項問題都出於人，因此馮桂芬堅信事在人為，呼籲國人必須積極尋求變法之道，否則將後悔莫及（馮桂芬，1966：155-159）。最後，馮桂芬認為自強的目的，在於強壯國勢，令列強退避三舍，不敢患我，免除「我為魚肉，人為刀俎」的悲慘命運，但並非據以侵略弱國（馮桂芬，1966：161-162）。

　　所以，馮桂芬強調的自強之道，仍然符合古聖先賢的王道精神；認為在國力強大之後，應該成為維持天下太平的正義使者，而非窮兵黷武的侵略者。

　　在馮桂芬之後發表變法思想，有系統批判中國時政弊端者，非王韜莫屬。他在《弢園文錄外篇》〈變法中〉即明白指出，中國人報喜不報憂、不敢面對事實、因循怠惰的弊病：「中國之所長無他，曰因循也，苟且也，蒙蔽也，粉飾也，貪罔也，虛憍也。喜貢諛而惡直言，好貨財而彼此交征利，其有深思遠慮，矯然出眾者，則必擯不見用，苟以一變之說進，其不譁然逐之者幾希！」而臣下進言君上時，亦必誇大其詞讚美偉大的中國，自我陶醉一番：中國人才眾多、土地廣大、甲兵強盛、財力富庶、法度良美，絕非西方諸國所能望其項背。然而，中國人的弊病就表現在這些方面，簡直已經到了「金玉其外、敗絮其中」的地步（王韜，1973：134）。因此，王韜呼籲應積極推動變法，始能令中國幡然一新。他認為凡事必當實事求是，開誠布公，可者立行，不可行者始終毅然不搖。並指出天下之事，從未有尚虛文而收實效者；今日之計，唯有幡然一變（王韜，1973：136）。

貳、講求西學

一、講求西學的重要性與目的

　　為何要講求西學？西學對於當時的中國究竟有何重要性？王韜在〈變法下〉指出，首先應該認清時勢，瞭解中國與世界各國關係的變化；「因為天下氣運開通，以時而變，而天下情事之繁簡，亦以時而異，今與昔異，而中外之情，亦已閱時而不同。」同時，他指出治理天下之道：「當立其本，而不徒整頓乎末；當根乎內，而不徒恢張於外；當規於大，而不徒馳騖乎小。」（王韜，1973：135）

　　事實上，中國自從鴉片戰爭戰敗以來，已經面臨隨時都有可能遭受列強侵略的處境；部分有識之士，對於西方國家科學技術的精進及軍隊戰備的堅強，已經有所覺醒，於是逐漸發出「學習西方」的呼聲，期望藉著學習西方技術，救中國於危急存亡之秋。鄭觀應在〈西學〉一文即指出：舉辦洋務、講求西學，就有如君父產生重大疾病，身為忠臣孝子者，「必當百計求醫而學醫，絕非詆誨醫學之不可恃，不求不學，誓以身殉，而坐視其死亡」；因此，西學之當講不當講，自可不煩言而解。而且，中外通商已數十年，「事機迭出，肆應乏才，不急求忠智之士，使之練達西國製造、文字、朝章、政令、風化」，將如何維持大局而箝制列強諸國呢？（鄭觀應，1976：241）換言之，鄭觀應將西學視為醫治中國急症的良方，唯有講求西學，才能使中國不致滅亡。

　　再者，鄭觀應指出通儒的條件，希望有通儒者出，以濟世變，他說：所謂的通儒，不是只有吟詩作對而已，應該要能「博古通今，審時度勢」；同時必須「不薄待他人，亦不至震駭他人，不務匿己長，亦不敢回護己短」；唯有如此，才後能建非常之事業，成為非常之人（鄭觀應，1976：243）。因此，唯有中國人都能認清自己的優缺點，不恥下問，學習西方國家的長

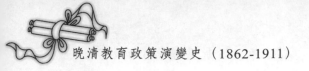

處，才能將中國建設成一個嶄新的局面。

至於講求西學的目的何在？仍然延續著洋務運動時期的主張，亦即是「師夷之長技以制夷」，這在王韜的主張中表露無遺。他在〈變法下〉一文中指出：「以西法一端言之，昔者，唯在崇尚西法，立富強之本，以為收效即在目前，即泰西人士，亦並以為西學振興，正在今日，以中國之大，而師西國之長，集思廣益，其後當未可限量，泰西各國，固誰得而頡頏之。」（王韜，1973：135）

二、西學的起源與種類

雖然維新人士主張講求西學，但是卻認為西學源於中學，仍然肯定中國人有巧智。如鄭觀應在〈西學〉一文指出：測量、機器、翻譯、格物、化學、重學、光學、氣學、電學，皆出於中國古聖先賢之巧智。因此，他認為在當時講求西學，只不過是禮失求諸野的做法而已。而且，他還呼籲中國人，千萬別誤以為西學為西人所獨創，以致徒為西人之笑柄（鄭觀應，1976：247）。

至於西學的種類有哪些？馮桂芬在〈采西學議〉中指出三種，即地動新術、搜沙之器及農具織具，凡有益於國計民生者皆屬西學範疇，但奇技淫巧則不在其列（馮桂芬，1966：150-151）。

鄭觀應在〈西學〉中則將西學分為天、地、人三種，並認為「通天地人之謂儒；如一物不知，乃為儒者所恥」。所謂天學，就是以天文為綱，而一切算法、曆法、電學、光學諸技藝，皆由天學以推至其極者。所謂地學，就是以地輿為綱，而一切測量、經緯、種植、車舟、兵陣諸技藝，皆由地學以推至其極者。所謂人學，就是以方言文字為綱，而一切政教、刑法、食貨、製造、商賈、工技諸技藝，皆由人學以推至其極者。這些學問皆有益於國計民生，絕非奇技淫巧（鄭觀應，1976：241-243）。

三、講求西學的原則與方法

㈠原則：中主西輔

　　雖然中國已經處於瀕臨危亡之際，講求西學為勢之所趨，且為無法避免之事；但改革最忌諱病急亂投醫，所以主張講求西學仍應把握某些原則，而最重要的就是「以中學為本、以西學為輔」。馮桂芬（1966：151-152）在〈采西學議〉中說得相當明確：「如以中國之倫常名教為原本，輔以諸國富強之術，不更善之善者哉？」

　　鄭觀應（1976：244）則批評當時講求西學者，全盤放棄中學的錯誤觀念。並就中主西輔的原則，徹底地進行一番闡釋。他認為：「國於天地，必有與立，盛衰興廢，各有所以致此之由。學校者，人才所由出，人才者，國勢所由強，故泰西之強，強於學，非強於人也。然則欲與之爭強，非徒在鎗砲戰艦而已，強在學中國之學，而又學其所學也。」（鄭觀應，1976：247-248）換言之，中國如果也要富強，就必須學習西學，但對於中學仍必須認真地學習。總之，講求西學的原則是：「以中學為本，西學為末，主以中學，輔以西學，知其緩急，審其變通，操縱剛柔，洞達政體。」（鄭觀應，1976：248）

㈡方法

　　講求西學的方法，包括翻譯西書、建西學書院、設西學特科等。

　　1. **在翻譯西書方面**：馮桂芬（1966：149-152）在〈采西學議〉文中主張：既然要講求西學，就必須於廣東、上海各設立一翻譯公所，選近郡十五歲以下穎悟文童，「倍其廩餼，住院肄業，聘西人課以諸國語言文字，又聘內地名師，課以經史等學，兼習算學」，以培養精通西方語言的人才。至於考核的方式，則在三年之後，若學生「於諸國書應口成誦者，許補本學諸

生，如有神明變化，能實見之行事者，由通商大臣請賞給舉人」。如果能夠確實執行，必有出於夷而轉勝於夷者。

陳虬（1973：229）在《治平通議》〈救時要議〉中也認為，應該以方言為考評生員的依據之一，如生員不識方言西學，不得補廩食餼；如此行之數年，所有的生員於中外一切語言文字，必無扞格不通之患。

2. **在建西學書院方面：**鄭觀應（1976：277-279）在〈考試上〉提出：文武歲科外，另立一科，專考西學，並令各直省建設西學書院。同時遴選精通泰西之天文、地理、農政、船政、算化、格致、醫學之類，及各國輿圖、言語、文字、政事、律例者數人，擔任教習，或以出洋游學而學成返國者為之。學生則選自十五歲以上、二十歲以下，已通中外文理者，由官方妥為籌備膏火經費。學習完成後，成績優異者，咨送院試，考取後名曰「藝生」，俟大比之年，咨送京師大學堂錄科。並准許全部西學書院學生，參加鄉試會試等科舉考試；如有別出心裁，能造各種汽機物件及有著作者，准其隨場呈馳，並許先指明所長何藝，以憑命題考試。

3. **在設西學特科方面：**馮桂芬（1966：157-159）主張應設西學特科以拔擢人才，他的具體建議是：於通商各口岸，籌撥專款設立船砲局，聘請夷人數名，「招內地善運思者從受其法，以授眾匠，工成與夷製無辨者，賞給舉人，一體會試；出夷製之上者，賞給進士，一體殿試；並應廩其匠倍徙，勿令他適。」他認為這項特科之法，可以和正式科舉考試並行不悖，唯俟上者倡之，下者必趨之若鶩，以此拔擢人才，實為國家自強之道。

鄭觀應（1976：279）也認為，應該於文武正科外，特設專科以考西學，可與科目並行不悖，而又不以洋學變科目之名，仍無礙於祖宗之成法。

此外，鄭觀應（1976：243-247）在〈西學〉文中更提出講求西學應注意的基本態度有三：一、從小處著手；二、循序漸進；三、應該確實改正務虛避實的心態。

參、改革科舉

一、科舉弊端

科舉制度實際產生的弊端究竟有哪些呢？茲分述如下：

㈠科舉造成士子窮困潦倒

馮桂芬（1966：130-131）認為：國家如欲收士子之報效，應講求體恤士子之方。可是，士、農、工、商四民中，士雖最為尊貴，但亦最為貧困；平時已經必須安分於苦讀之日，若屆考試則耗費甚多。所以，一般人認為舉人為「破家之子，亡命之徒」，實不為過；而「舉人老，盤川少」，亦有其箇中道理。而士子之窮困，更造成其寡廉鮮恥的弊病。凡此，皆有害於士子，無利於國家，終究則大害仍歸於國家，故在上者應亟思改革之道。

㈡科舉造成士子學非所用、用非所學

各項學問與才藝之學習，總期實事求是，坐而言者，即可起而行。但是，鄭觀應（1976：272）在〈考試上〉卻指出：科舉制度引導中國士子專尚制藝，即使對於本國之風土人情、兵刑錢穀等事，亦不熟悉。所以，科舉實在是「所學非所用，所用非所學，天下之無謂，至斯極矣。」總而言之，科舉導致士子平時所學盡為無用之學，一旦國家有難，普天之下恐怕找不出可以承受任務之人，於國家之害不可謂不大矣！

㈢科舉制度不得人才

科舉制度的弊端，朝廷並非全然不知，亦知其不可深恃，因此屢詔中外大臣保舉人才。可是這些所謂大臣者，在鄭觀應看來，都只是「分高位崇，與下民隔絕」之人，雖然天下有奇絕異能之士，但這些大臣卻是無法得知，

亦無從友之，結果造成人才均被埋沒的現象（鄭觀應，1976：272-273）。由於科舉制度的弊病，使得真才實學之士寧願終老名山，亦不願為國出仕；人才既不出，國家即無救亡圖存之希望。

㈣科舉造成士子僥倖心理

何啟、胡禮垣（1973：194-195）在〈新政論議〉中抨擊科舉乃是至慘的災害：「聚中華名山大澤之菁英，經中國數千百年之琢鍊，而成為天地古今之至寶者也。顧其為天地古今至寶之物，而獨罹於天地古今至慘之災，則今之科甲是也。」而科舉之所以為至慘之災害，乃在於其困住人才，使人才無從而出。因為外國試法能通者百人，可中百名，中國試法雖通者百人，卻僅中一名。而人才之困，亦即國家之困。由於中第者極少，所以得者均以「幸運」為歸因，不得者則以命運風水之阻礙為其失敗之因，士子終而不治實學，遂以研究命運風水為要務。

㈤武試設科失其原意

武夫大將之所以可貴，在於其能勇敢退敵、屢立戰功，因此承平日久，文吏視武弁如奴隸。馮桂芬在〈停武試議〉中，指出武試有三弊：一、「武科一途，衣冠之族不屑與。」二、「力士多出藜藿，而試事之費，十倍於文，寒素不能與。」三、「武試有教師壟斷，非其素識，無門可入，窮鄉僻壤不得與。」因為有此三弊，所以取才之途狹隘，所得非真學之才。而且歷來成為大將，能立大功者，以行伍為多而科甲甚少，武科之不得人，較文科更為嚴重。「故武職以行伍為正途，而科甲不與，顯與國家設科之意不合。」（馮桂芬，1966：137-138）總而言之，武科之意在拔擢將才，但是衡諸現實軍隊之中，武試得第者卻極少有戰功彪炳者，所以武科確實應該進行改革。

二、改革科舉之道

㈠增加科舉考試的難度

　　馮桂芬認為，唯有增加科舉考試的難度，才能確實挑選出真正的人才。在〈改科舉議〉中，他說明增加考試難度的益處。首先，因為增加難度，使得有能力者願努力，無能力者不敢懷抱投機取巧之心，能力高下自可辨別，且增加難度還可以端正士習文風（馮桂芬，1966：126）。

　　至於如何加重難度，其要點則在於專注功令中之經解、古學、策問三者。他主張：第一場經解，應以經學為主，凡考據在三代以上者皆是，而小學、算學附焉；第二場策論，以史學為主，凡考據在三代以下者皆是；第三場試以古學，凡散文、駢體文賦、各體詩各一首（馮桂芬，1966：126）。

㈡變通考試的形式、科目與內容

1. **廢除時文**：時文係當時科舉考試的一種形式，即俗稱的「八股文」。八股文因講究排比、聲韻等文字形式上的優美，卻忽略文章實質的內容。因此，廢除時文的聲浪已在此時出現。如王韜在〈變法自強中〉強調應該廢除時文，他認為欲得真才，必先自廢時文開始。因為士子「幼而學，壯而行，出其家修即為廷獻」，而今卻以無用之時文，作為進身之階，「一旦問其何以察吏，何以治民，則茫然莫對也。」（王韜，1973：139）總之，士子所習非所用，所用非所長，實有害於國家，所以，應該廢除時文，令士子充分運用有用之時，講求有用之學。

2. **變通考試的科目與內容**：王韜在〈變法下〉主張，第二場之經題，應該試以實學，第三場之策題，應該試以時務，與首場並重。並在〈變法自強中〉，將文試科目區分為十科，包括經學、史學、掌故之學、詞章之學、輿圖、格致、天算、律例、辨論時事、直言極諫等。不論何途以進，皆得取之為士，試之以官（王韜，1973：137-139）。

陳虯在〈經世博議〉中主張改設五科：一、藝學科；二、西學科；三、國學科；四、史學科；五、古學科。必須同時通過這五場考驗者，始准錄取（陳虯，1973：220-221）。

鄭觀應在〈考試上〉也對於科舉考試的科目和內容提出變通的辦法，他主張分為中學與西學兩大類。中學的內容有三項，包括一試經史以覘學識，二策時事以徵抱負，三判例案以觀吏治。西學的考試內容亦有三項：一、選擇西學之當今急務者為考試內容，包括格致、化學、電學、重學、礦學新法等；二、試以暢發天文、精蘊、五洲、地輿、水陸形勢等，知天文者必知算學；三、試以西方內外醫科、配藥及農家植物新法，唯該考官必須素精其藝，係大書院出身，有執照為憑者，方准奏派。至於錄取的標準，他強調應該「論其藝而不論其文，量其才而不拘資格，精其選而不必定額數」。如此一來，即使制藝為祖宗成法，未便更張，亦能令士子於制藝之外，習一有用之學（鄭觀應，1976：273-274）。根據前述辦法，鄭觀應乃期望透過科舉考試內容的變通，推廣西方各項學術技藝的學習，要求士子均需有一專長，方能為國所用；而且把文字楷法之優劣、士子出身之高低，全部排除在評分標準之外，不予考慮，只以是否具有實學為錄取原則。

(三)改革武試

1. **以體力為選拔標準**：馮桂芬在〈停武試議〉中主張，應停止大小一切武試，一律採用薦舉之法，令各州縣於書煙戶門牌時，凡有成童以上，力能舉若干等斤者，造冊由縣而府而督撫學政，考驗符合，皆登之冊，禮之如文士，但仍存進士、舉人、生員為出身之名，並專以臂力（體力）為選拔人才之標準。因為體力好壞可以立即得見，不若馬步弓刀，即有一日之短長，即有幸有不幸，不如專憑體力為一定不可易。同時規定軍隊用才必須由此等出身者選擇之。如果真能確實執行，則可得三益：「有

科目之榮，無武夫之辱，衣冠何至不屑；按戶而求，不遺僻遠；不經教師，無所浮費。」而其實際效果則在於：「羅致既廣，不特干城腹心之選可收實效，兼可以清伏莽之源，而弭無形之患矣。」（馮桂芬，1966：138-141）馮桂芬期望透過以體力為選拔標準的武試改革之道，進而改善軍隊的體質，最終目的在於培養忠誠之士及將才人選。

2. **學習西方戰備新法**：鄭觀應認為西方強盛之道，藉以出奇制勝者，在於其水師火器等軍備之堅強。因此，武科的改革，也應該模仿西人，於武科中列三等以考試之：「一試能明戰守之宜，應變之方，深知地理險阻設伏應敵者；二試能施火器命中及遠駕駛戰舶，深知水道者；三試製造機器，建築營壘砲台，善造戰守攻諸具者。」考試及格中第者，必須再接受相關的軍事訓練，令入武備院、藝術院再行肄業，優給俸祿。「武備院以收才力勇智之士，藝術院以收聰明技巧之才，唯必須讀書明理，文字清通，方能入選。」還必須恭請皇帝明降諭旨，俾得文武並重，武試及第者不受歧視，期能東士向風，可得干城之選（鄭觀應，1976：275-279）。

3. **改試鎗砲**：鴉片戰爭以後，中國人已經見識到西人船堅砲利之不容小覷，也因此有主張廢弓刀石而改為鎗砲的呼聲，王韜即為提倡者之一。他在〈變法自強中〉主張武科應改試鎗砲，將參選者分為三等：「其上者則曰有智略，能曉悉韜鈐，深明地理，應敵之機，制敵之命；其次曰勇略，能折衝禦侮，斬將搴旗；其次曰製器造防守之具，明堵禦之宜，其建築砲臺，製造機器，悉統諸此，務足以盡其所長。」能行此道，則文武兩途，兼收並進，野無遺賢，朝無倖位，而天下之人才，自然日見其盛（王韜，1973：139-140）。

肆、興辦學堂

馮桂芬等人對於興辦學堂的重視，並不亞於對科舉改革的關切。他們從

興學的重要性開始討論，接著指出外國重視學堂的一般情形，藉以檢討國內忽略學堂的功能，最後則提出興辦學堂的各種途徑。

一、興學之重要性

鄭觀應就其對時局的觀察，驚覺國家態勢丕變，所以積極倡導應該重視教養人民的問題。他在〈教養〉中指出，中國教養之道，「自三代以後，已經渺矣無聞，政治民風，江河日下。」尤其是當前時事日非，國勢益亟，於是他發出相當沉痛的呼籲：「外有強鄰環視，內有伏莽堪虞，倘仍因循苟且，粉飾欺蒙，而不上下一心，力為圖治，亟行教養，則他日之事，豈忍言哉？」而且，正當中國聲勢日下之時，西人已經開始重視教養工作，講求學問，所以他們「廣求格致以為教養之方」。鄭觀應相信，如果能確實講求學問，重視教養工作，積極興辦學堂，「則能以人事補天工，役天工於人事，能明其理，以一人而養千萬人可，以一人而養億兆人亦無不可。」（鄭觀應，1976：165-166）

何啟、胡禮垣在其〈新政論議〉中提出呼籲，唯有「宏學校」才能培養國家所需的人才，他們說：「陶育良才為我使用，其法安在？曰是宜宏學校也。」「一國之人才，視乎學校，學校隘，則人才乏，學校廣，則人才多。」他們認為，當前所進行的改革，若欲使中國立於不敗之地，則必先有能立中國於不敗之人乃可，而培養此等不敗之人才的唯一途徑，就是興辦學堂（何啟、胡禮垣，1973：192-193）。

陳熾在〈學校〉一文中更明白指出，興辦學堂可以使君民同心、國家富強、人民智巧；反之，則國家衰弱、人民愚昧；因此，士、農、工、商均不得不學，都必須接受教育。他說：「學也者，非止範圍天地，曲成萬物，省刑罰，偃兵戎，亦所以聯上下為一心，合君民為一體也。」如果不學，則「異端邪說，乃得乘虛而入，惑世誣民，甚則流為盜賊，暴桀恣睢，白晝橫行，掠人於市。」（陳熾，1973：236）

二、西方各國重視學堂

晚清主張維新者，大都曾經游歷海外，考察諸國有關國家大政之措施，並一致認為西方各國對於教育相當重視，尤其學堂之設立更是朝普及化的目標邁進，而對於學堂論述的佼佼者，則非鄭觀應莫屬。

鄭觀應以他豐富的游歷經驗，考察西方學堂的設置，認為德國學校最為完備。他將西方各國學堂的性質分為四大類：一、經學；二、法學；三、智學；四、醫學。他將西方各國學堂分為三個教育階段，並做以下的闡述：

> 「學校又有三等：一初學，以七歲至十五歲為度，求粗通文算，淺略地
> 球史志為準，聰穎者可兼學他國語言文字；中學以十五歲至二十一歲為
> 度，窮究各學，分門別類，無一不賅；上學以二十一歲二十六歲上下為
> 度，至此則精益求精，每有由故得新，自創一事，為絕無僅有者。」
> （鄭觀應，1973：45-46）

鄭觀應盛贊各國因為教養有道，才能使國家強盛，他在〈教養〉中有詳細的說明。首先，他指出教養乙事，乃關係著國家的興衰存亡。「環球各邦，其國運之隆替，莫不係乎人才，而人才之盛衰，莫不關乎教化，其教養有道者，勃然以興，教養失道者，忽然以亡。」接著，他闡述了英、德、法、美諸國的教養方式，認為這些國家崛起於近代，但深得中國三代之遺風，「庠序學校，遍布國中，無貴賤，皆有所教，凡天地萬物之理，人生日用之事，皆列於學校之中，使通國之人，童而習之，各就性質之所近而肆力焉」；然後，各科均設有專門人員，循序漸進地指導學生，「雖理至幽微，事至奧妙，皆能有法以曉喻之，有器以窺測之。」而教材的安排方式，則由淺而深、自簡及繁；所以，西方人能夠「靈明啟，智慧日積，而人才濟濟，國勢以強也」。最後，他稱許這些國家積極實施教養工作的實際成效：「人才眾，則百事興，舉凡機器製造輪船軍火，皆巧奪天工，日新月盛，而農政

商務，亦日增，新法日為推廣，市無遊民，廛皆食力。」（鄭觀應，1976：163-164）

鄭觀應對於教育工作的重視，除了一般教育情形的描述之外，他尚注意技藝教育和女子教育的問題，並指出西洋先進國家在這兩個領域皆有專屬學堂，以培養人才。在技藝教育方面，鄭觀應觀察到各國的技藝學問，乃是富強的基礎，而技藝的學習，更有賴學堂之設立。他認為，泰西諸國富強之基，根源於工藝，「工藝之學，不能不賴於讀書，否則終身習之而莫能盡其巧，不先通算法及格致諸學，亦苦其深遠而難窮。」（鄭觀應，1976：1122-1123）由此可見，學堂不但可以教授一般的知識，更有裨益於百工技術之精進，實在是不容忽視。

在女子教育方面，鄭觀應根據觀察的結果，撰述〈女教〉乙篇，指出西洋各國都相當重視女子教育，並賦予女子和男子相等的學習機會，但其目的在於成為一位相夫教子的賢內助。因此，女子教育最主要的原則是：「雖平民婦女，不必如男子之博雅淹通，亦必能通書文，明道理，守規矩，達事情，參以書數、繪畫、紡織、烹調之事，而女工中饋附之，乃能佐子相夫，為賢內助矣。」（鄭觀應，1976：263-264）由此觀之，鄭觀應對於女子的教育，仍然存留在賢妻良母的階段，尚未超脫立於女子人力資源之充分開發與運用，也不認為女子接受教育後可以對國家產生多大的貢獻。

三、國內忽略學堂功能

主張維新者，每每感嘆國內情勢險峻，競爭力遠落人之後，於是出現檢討現狀的呼聲。例如，馮桂芬在〈上海設同文館議〉一文中首先指出，洋務運動之所以績效不彰，皆為所謂通事者所害。他認為游走在上海的通事，不外兩種人：一、無業商賈；二、義學生徒。這兩種人，除了汲汲營營於追求聲色貨利之外，不知有其他要務可為，甚至經常假藉洋人勢力，狐假虎威、蔑視清廷官員、欺壓平民，目的只是為滿足其欲望而已（馮桂芬，1966：

211-212）。馮桂芬對於洋務通事的分析，可謂透徹至極，而他認為通事危害洋務的根本原因，在於國內不重視學堂，使得洋人有機可乘，培養為自己所私用的通事人員。所以最根本的解決之道，就是設立學堂，以培養能愛國、有能力的洋務人才及通事。

馮桂芬在分析通事危害的基礎上提出設立學堂的建議。鄭觀應則將時間向前延伸，批評各朝歷代忽視教養的狀況，他指出：自秦始皇興起，「焚書坑儒，務愚黔首」；至明太祖時，創八股之制藝，「專圖錮蔽天下之人才，後世因之，則民之自教自養，亦有所擾累矣；迨至蚩蚩失教，其不復等於禽獸者幾希！」由此觀之，鄭觀應認為中國自秦以後，歷代帝王均未重視教養工作，甚至壓制學堂的發展（鄭觀應，1976：162-163）。

至於技藝方面，中國有史以來也是採取輕視的態度，遑論設立學堂以輔助技藝之發展。而且，從事技藝工作者自甘愚昧，以致數千年來，驚人之發明極少。由此看來，鄭觀應目睹當時技藝衰退的景象，真是感慨萬千。然而，真正導致藝學衰敗不振的原因，在於「教習無法、考察無具、獎勸無方」，這些都是掌權者的不對，不能怪罪於國人不振。因此，鄭觀應呼籲應亟設專門教授技藝之學堂，否則「人才無由出，格致無由精，而技藝優劣之間，亦無由真知而灼見。」（鄭觀應，1976：1121-1124）

四、興辦學堂的途徑

㈠廣設同文館

馮桂芬認為學習西語文的最佳途徑，就是推廣同文館之法，以設立專門學習外國語言文字的學堂。他的具體辦法在〈上海設同文館議〉一文中可以看出：「令上海、廣州仿照辦理，各為一館，募近郡年十五歲以下之穎悟誠實文童，聘西人如法教習，仍兼聘品學兼優之舉貢生監，兼課經史文藝，不礙其上進之路，三年為期，學習有成，調京考試，量予錄用。」這些人才一

經培育完成，即可適時運用；遇中外交涉事件，有此一種讀書明理之人，「可以咨訪，可以介紹，即從前通事無所施其伎倆，而洋務之大害去矣。」（馮桂芬，1966：214-215）由此觀之，馮桂芬提出設立同文館的建議，是一種以點為主的學堂，尚未形成一套完整的學堂制度理念，但仍不失為解決現實問題的方法之一。

㈡科舉與學堂結合

鄭觀應積極提倡改革，主張政府應普設學堂，以盡教養之道。在〈教養〉一文中指出，應當廢除八股文，改辦學堂，俾使三代學堂之盛復見於今（鄭觀應，1973：74-75）。在實際的改革措施方面，他在〈考試下〉提出科舉考試制度與學堂制度相結合的主張。因為中國自州縣省會京師，各有學宮、書院，應仍其制而擴充之，仿照西洋諸國的方法，稍為變通。文武各分大中小三等，設於各州縣者為小學，設於各府省會者為中學，設於京師者為大學（鄭觀應，1976：285-286）。

至於文武學之內容如下：文學分其目為六科，包括文學科、政事科、言語科、格致科、藝學科及雜學科等；武學分其目為兩科：一、陸軍科；二、海軍科。

各鄉分設家塾、公塾，讓所有學童，無論貧富，皆可讀書習藝；即使不入小學肄業者，逢小學甄別之期，亦須赴試，必先由小學考取有名，三年後始准預試。至於登進之階級，如秀才、舉人、進士、翰林之類，一仍舊稱。每三年一試，由朝廷命該省督撫、水陸提督，會同大書院掌教校閱，廣其額、精其選，一返從前空疏無補之積習（鄭觀應，1976：286-287）。

㈢重視女子教育

鄭觀應在〈女教〉一文指出，朝野上下間拘於「女子無才便是德」的俗諺，因此唯獨女子不令就學，婦工亦無專司，其賢者而稍講求女紅中饋之間

而已。於古人所為婦德、婦言、婦容、婦工者，已經有名無實，且導致禮教不講，政化日衰（鄭觀應，1976：263）。因此，鄭觀應主張應重視女子教育，並先從「禁纏足」做起，再謀求「設立女學堂」的辦法。

1. 禁止纏足的惡習

中國女子纏足之風，由來已久，且「城市倍於鄉曲，世家巨室，尤而效之。」但名為美觀、體態優雅，實際上則是無人性之至極。鄭觀應於〈女教〉中對此惡習的負面影響有極為清楚的闡述：「人生不幸作女子身，更不幸而為中國之女子，戕賊肢體，迫束筋骸，血肉淋漓，如膺大戮，如負重疾，如親沉災，稚年罹剝膚之凶，畢世嬰胇足之罪，氣質虛弱者，固以傷身，雖父母愛憐，而死者不可復生，斷者不可復續矣。」再者，「婦女裹足，觀之地球五大洲，萬國九萬餘里，僅有中國而已。」基於上述的理由，他主張廢除女子纏足的惡習，並且強調如能以纏足的功夫，改而就學，「罄十年之力，率以讀書，則天下女子之才力聰明，豈果出男子下哉？」並主張應該以政府的力量介入，確實嚴禁女子纏足，並懲罰違反規定者（鄭觀應，1976：265-267）。

陳虯認為，女子的才能有用於國家社會，如果不讓她們學習，實在是自棄人才於無用，所以他除了主張應嚴禁女子纏足外，更應給予接受教育的機會。他在〈救時要議〉中指出，中國裹足之禁不嚴，承平之日，已漸遏其生機；亂離之秋，無異坑之死地，宜嚴禁裹足。如能設女學以拔取其材，分等錄用，實為自強之道（陳虯，1973：228）。

2. 設女學堂

鄭觀應感嘆女學已經荒疏：「中國之人生齒繁昌，心思靈巧，女範雖肅，女學多疏。」因此他積極倡導興辦女學堂，並在〈女教〉中舉出辦理的原則：廣籌經費、增設女塾、參仿西法、譯以華文，並將中國諸經、列傳，訓誡女子之書，別類分門，因材施教。而女紅、紡織、書數各事繼之；富者出貲，貧者就學。通飭各省廣立女塾，使女子皆入讀書。至於女塾章程，必

須參仿泰西，整齊嚴肅。對於辦理的成效，則應該獎勤懲惰。而設女學堂的
最終目的是：他日為賢女、為賢婦、為賢母，三從四德；童而習之、久而化
之、紡織精妙、書算通明，復能相子佐夫，不致虛糜坐食；愚賤皆知禮義，
教化具有本源；一轉移間，而道一風同，利興弊去，成周之雅化，關雎麟趾
之休風，無難復見於今日矣（鄭觀應，1976：264-267）。

㈣設立技藝學堂

鄭觀應在〈技藝〉一文中積極提倡設立藝學科，並主張集捐籌費，廣開
藝學，竭力講求，「以格致為基，以製造為用」。選擇聰穎子弟已通文理
者，入院學之。並延西國名師，於始要終，悉心教授；然後創行博物會，廣
羅物產、品評優劣，優者賞之、劣者斥之。他認為推廣技藝學習的最終目
的，是希望「器物日備，製造日精，以之通商，則四海之利權運之掌上也，
以之用兵，則三軍之器械取諸宮中。」（鄭觀應，1976：1123-1130）

㈤設立武備學堂

王韜於〈變法下〉提出建議，對於肄習水師武備乙事，國家宜另設學
校，教之以司砲駕舟、布陣製器，使每位將士均有所專長；習之於平日，用
之於臨時。並派遣軍界人才游歷各國，尤不可專在一國，以示兼收而並效
（王韜，1973：137）。此外，王韜還於〈變法自強中〉主張設立武備院、
繁術院，用以教武科營弁，使之各成其材（王韜，1973：141）。

㈥仿書院之例設學堂

陳熾認為各省學官，有名無實，唯書院一席，樂群敬業，成就較多，然
所教時文帖括而已。雖然書院有較其正面的功能，但實際對於國家教育人民
的責任畢竟貢獻不多，而且僻陋之州縣，絕少書院之設，欲求教化之興、人
才之眾，遂不可得。所以，他在〈學校〉中，主張由督撫分飭所屬，仿書院

之意，廣設學校。辦理的經費或集民捐，或提官款；「其規制必整，其廩餼必豐，其生徒至少必逾百數。」設立的地點則始於城邑，而後分及於四鄉。至於「商埠海疆，人情浮動，尤宜急建書院，廣儲經籍，延聘師儒，以正人心，以維風俗。」另外，還可以將其同文、方言、水師、武備各館，併入書院或學堂之中，並請洋師兼攻西學。藉著書院的普遍設立，達到「體用兼備，蔚為有用之才，不至覆轍重尋，徒糜巨款」的目的（陳熾，1973：236）。

㈦改道院為學堂

陳熾於〈學校〉一文中指出，各省叢林道院，「藏汙納垢，坐擁厚貲，徒為濟惡之具。」因此，他認為應該將犯案者一律查封其田宅，改為學堂；僧道還俗，願入學者亦聽。如此做法，可發揮教育的功效：「一轉移間，而正學興，異端絀，宏治化，毓賢才，不必有沙汰禁革之文，而已收經正民興之效。」所以，此種做法乃根本之要圖，治平之首務；亦即因宜制變，馭夷狄朝萬國之先聲。如果不善加辦理教育工作，而徒汲汲然購器練兵，欲以爭雄海外，恐怕空有器械卻無人才可以操作，將會陷入一蹶不振的窘境，重蹈捨本逐末的覆徹（陳熾，1973：236-237）。

伍、倡辦報紙

開辦報紙之目的在於通達民情，並開啟民眾見識，而其主要精神則在於廣開言路。

一、各國辦報實況

鄭觀應於〈日報上〉指出各國辦理報紙的現況，凡上議院、下議院，各省府縣議政局、商務局、各衙門大小案件，及分駐各國通使領事，歲報新藝商務情形，凡獻替之謨、興革之事，其君相舉動之是非、議員辯論之高下、

內外工商之衰旺，悉聽報館照錄登報。而主筆者觸類引伸，撰為論說，使知院員之優劣、政事之從違，故日報盛行，不脛而走。因為出報既多，閱報者亦廣，各國政府以其有益於民，所以對於報業均訂有扶助措施，包括免紙稅、助送報及出本以資之（鄭觀應，1976：309-311）。

二、國內民情未達

中國向為專制政體，缺乏反應輿情之管道，以致民情無法上達朝廷。馮桂芬於《校邠廬抗議》的〈自序〉即明白指出，中國古代聖人懸鞀建鐸，諫諍設專官，庶人傳語之法實屬善舉。但觀於今日，「簾遠堂高，箋疏有禮，九重萬里，呼籲誰聞」，導致民隱不上達，民情往往無法有效上達天聽，而主政者亦無法且無意願瞭解民間疾苦（馮桂芬，1966：5）。

陳虬雖於〈救時要議〉中，讚揚古時設鐸懸鞀、善旌諫鼓，無非求通民情。然而，時至今日，卻規定制外而督撫、內而科道，始得言事；由於規定言事者之官階，然以中國人民之眾，事務之繁，以致民情難通，治理無效（陳虬，1973：228）。

綜合馮桂芬與陳虬之看法，可見中國民情無法上達的根本原因，在於限制反應的管道。鄭觀應則認為，中國民情未達的現象，肇因於秦始皇焚書坑儒。他在〈日報上〉指出，自秦代以後，歷代君主「以愚黔首，欲籠天下於智取術馭刑驅勢迫之中，酷烈薰爍，天下並起而亡之」。因此，他認為欲通之達之，則莫如廣設日報（鄭觀應，1976：309）。再者，他痛心疾首地指出，外國人掌握報紙媒體，但中國人卻視若無睹的情況：「奈何掩聰塞明，箝口結舌，坐視敵國懷覬覦之志，外人操筆削之權，泰然自安，龐然自大，施施然甘受他人之陵侮也。」（鄭觀應，1976：314）總之，鄭觀應認為中國不但民情未通，且受制於外國報紙的情況相當嚴重，故極力呼籲應立即開辦報紙。

三、報紙的益處

　　開辦報紙究竟有何益處？鄭觀應（1976：311）認為：報紙能使國人周知遠近各國之事。陳熾更肯定報紙的功能，即使人足不出戶，亦得而周知天下之事。

　　詳細言之，報紙對於國家人民有三大益處：

㈠ **有益於國計民生之實際**：鄭觀應認為，各省水旱災區遠隔，昔時漠視無動於衷，自報紙風傳，而災民流連困苦情形，「宛然心目，於是施衣捐賑，源源挹注，得保孑遺。」（鄭觀應，1976：314）所以，報紙有益於救荒。陳熾也認為，近年來各省水旱災頻傳，端賴日報風行，有以感發善心，集捐鉅款（陳熾，1973：245）。

　　除了救荒之外，報紙還有協助除暴的功能。如鄭觀應指出，「作奸犯科者明正典刑，報紙中歷歷詳述，見之者膽落氣沮，不敢恣意橫行，而反側漸平，閭閻安枕。」（鄭觀應，1976：314）

　　再者，報紙具備統一民心的功能，如陳熾認為，中國分崩離析，必須藉由報紙的力量（陳熾，1973：245）。

　　最後，何啟、胡禮垣（1973：215）認為，日報「若能據事直言，必無齊東野人之語；若能實事求是，豈有子虛烏有之談。」假使大開日報之風，盡刪門面之語，而主筆者採訪者各得盡言，則其為利國利民之件實無以尚。

㈡ **有益於育才及開啟民眾見識**：鄭觀應認為，士君子讀書立品，尤貴通達時務，以為有用之才。若有日報輔助，足不踰戶庭而周知天下之事，一旦假我斧柯，不致毫無把握（鄭觀應，1976：314）。而何啟、胡禮垣於〈新政論議〉中，對日報於民智之開有更具體的論述：「思慮俱從見聞而生，見聞多由日報而出。……日報逐日閱之殊不費時，隨事求之必有所獲。……若日報一行，則民之識見必加數倍，民之志量必高數等；以

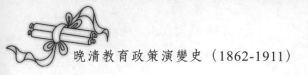

此愈造愈深，愈求愈上，吾知其必無止境也。」（何啟、胡禮垣，1973：214-215）

㈢ **有益於民情民隱之通達**：何啟、胡禮垣（1973：214）於〈新政論議〉中指出：日報之設，「上則裨於軍國，下則益於編氓」，如一鄉一邑，凡議政局條議各節，極之會議時諸員之形容舉動，皆列於報內，評其得失，而民隱無不通。陳熾（1973：244）也認為，報紙可以公斷是非，達君民之隔閡。

四、辦報之法

鄭觀應等人對於辦理報紙的方法，提出以下幾項建議：

㈠**慎選報館主筆**。鄭觀應認為，既欲倡辦報紙，即應妥訂章程，設法保護，札飭有體面之紳士倡辦，以開風氣；然而，為擁有報紙的主導權，應該一律晉用華人執筆。而且，對於報紙的執筆者應當有所規範，他要求執筆者須「毫無私曲，暗託者則婉謝之，納賄者則峻拒之，胸中不染一塵，唯澄觀天下之得失是非，自抒偉論。」（鄭觀應，1976：312-313）由此可見，鄭觀應對於報紙之功能寄予厚望，更認為報紙的成效繫於執筆者一人。

㈡**政府對報紙的運作過程要有適度的涉入**。鄭觀應認為：無事之時，官吏設法保護，俾於勸善懲惡、興利除弊，以及人才之盛衰、風俗之純疵、製作之良窳。泰西各國政事有何更改、兵制有何變遷、商務製造有何新法，足以有益於人者，精心考核，列之報章。大小官員，苟有過失，必直言無諱；尤其要求各官不准與報館為難，如有無端詆毀、勒詐財賄者，只准其稟明上司，委員公斷，以存三代之公。而有事之際，官吏立法稽查，於本國之兵機，不意輕洩。於敵人之虛實，不厭詳明，則常變經權，操縱在我（鄭觀應，1976：312-313）。

㈢**飭令各省、府、州、縣俱設報館**。何啟、胡禮垣建議，各省府州縣均應開設報館。對於地方任何有關民情之公事，如議員會議、陪員審案等，則

派訪事人員親至其處，秉筆作記，錄其端詳。其日報館每日所出新聞，必以一紙郵寄京師，呈皇上閱覽。如有報導「志切民事，不憚指陳，持論公平，言底可績者，天子則賜以扁額，以旌直言。」若能依此辦法確實執行，則國勢日隆，蒸蒸日上（何啟、胡禮垣，1973：215-216）。

㈣**鼓勵中國人多辦報紙**。陳熾主張，應該倡導國人開辦報紙，始能有效掌控報紙之言論力量。他在〈報館〉中指出，各國報館雖多，均其國人自設，法國並派員查閱，以示限制；似宜曉諭民間，准其自設資本，不足官助其成，偶值開釁之時，必派專員稽察（陳熾，1973：245）。

對於執筆者，也應該有所獎懲褒貶；如果執筆者公明諒直，三年無過，地方官吏據實保薦，予以出身；假使顛倒是非、不知自愛，亦宜檄令易人。再者，西人開設之報館，往往鄙視中國，其報導亦常有偏頗，不利中國，因此，國人痛絕其事，並深惡其人。所以，陳熾認為各國報紙必各為其主，國之利器，絕對不可假人。對於西人報館之處理，應該與各使妥議，毋許再出華字報章，否則按月繳捐，仍須派人查閱。而此事本屬中國自主之權，毋需載入通商之約，各國應當無詞以拒（陳熾，1973：245）。

陸、翻譯西書

翻譯西書可以令中國官民通曉西洋政教之本，並瞭解西洋的風俗民情，以便在對外交涉時不為外人所欺，成功地完成交涉。

一、譯書的急迫性

為何譯書在維新論者的觀念裡有其必要性與急迫性？馬建忠首先於〈擬設翻譯院書議〉指出，必須急譯西書，讓國人得以盡觀各國之政教治事之本源，才不致為外人所欺。且中國士大夫已諸多泥古守舊者，偶得一、二在位有志之士，卻又苦於語言不達、文字不通，不能遍覽其書，遂不能遍知其風尚，而無法觀摩各國政教之本源，難怪常為外人所矇騙。因此，欲使士大夫

之在位者盡知其情實、盡通其壅蔽，因而參觀互證，盡得其剛柔操縱之所以然，唯有譯書一途（馬建忠，1973：167-168）。

當時翻譯西書的各項問題，也使得譯書工作更顯其急迫性。馬建忠就指出：中國於應譯之書既未全譯，所譯一、二種，又皆駁雜迂訛，而欲求一精通洋語洋文兼善華文，而造其堂奧，足當譯書之任者，橫覽中西，同心蓋寡（馬建忠，1973：169）。所以，為解決各項譯書的問題，要讓譯書工作辦理得當，馬建忠建議應該立即著手創辦譯書院，積極培養譯書人才。

另外，鄭觀應（1973：46）在〈學校〉一文，期望透過選擇西國有用之書，條分縷析，譯出華文，頒行天下各書院，俾人人得而學之，指導中國人學習西洋富強之道，而以中國幅員之廣、人才之眾，竭其聰明才力，更可能超越西方各國。

二、譯書的種類

㈠急譯政學之書

邵作舟（1973：183）在〈譯書〉中指出，當時譯書的範圍以西藝為主，又以水火、汽電、化學、算數、械器、工藝之書為多。但這些學問之獲得必須實地考察與操作，又需耗費時日，絕非當時急譯之書。而政教義理之學不然，不必於為其事，而在於明其理，其理可得而明也，則其事可得而為也。因此，譯泰西政教義理之書最急，而器數工藝之書可以稍緩。

㈡古書譯成西文贈外邦

邵作舟（1973：184）認為，中國古籍中仍有許多智慧，不但是中國人應該引以為傲，甚至可以推廣到世界各國的。所以，應該廣招明儒與通泰西文字者同處，共同合作翻譯中國古籍，精刊而廣布之，使奉使外國者徧贈其國君、卿士大夫及其學者，以移其風易其俗，又使知聖道之大且精，綱紀法

度之煥然美備，而不敢輕視中國，功之大、效之遠，莫過於此。

除此之外，馬建忠（1973：171）將譯書院所譯之書分為三類：一、各國之時政，外洋各國內治之政；二、居官者考訂之書；三、外洋學館應讀之書，應次第譯成，於彼國之事，方有根柢。

三、辦理譯書之法

對於辦理譯書的方法，論述最為精詳者，莫過於馬建忠「創建譯書院」的主張。他認為，翻譯書院的設置，專以造就翻譯人才為主。

學生入院者，分成兩班。一、選已曉英文或法文，年近二十，而資質在中人以上者十餘名入院，教其所造英、法文之淺深，酌量補讀，而日譯新事數篇，以為功課，加讀漢文，日課論說，務求其辭之達而理之舉。如是者一年，即可從事翻譯，而行文可免壅滯艱澀之弊。二、選長於漢文年近二十而天資絕人者亦十餘名，每日限時課讀英、法文字，上及拉丁、希臘語言，果能功課不輟、用志不紛，而又得循循善誘者為之指示。不過二年，洋文即可通曉，然後肆力於翻譯，收效必速。蓋先通漢文，後讀洋文，事半功倍，為其文理無間，中外所異者，事物之稱名耳。至於教習的聘請，分成兩類：一、請一兼通漢文洋文之人為書院監理，並充洋文教習；二、請長於古文詞者四、五人，專為潤色已譯之書，並充漢文教習（馬建忠，1973：170-171）。

柒、派遣游歷

晚清有識之士皆知西方國家富強，而中國則積弱不振，因此紛紛提出不同的治國理念和主張。有的認為應首先振興工業、開鐵路等，鄭觀應則認為，首在派遣王公大臣出洋游歷，以磨練其辦理洋務之能力，儲備國家未來之人才。

一、派遣游歷的目的

鄭觀應認為，透過派遣王公大臣出洋游歷，藉以訓練其治國、交涉之能

力，俾日後有益於洋務之推動，使國勢日漸增強。他強調：推動洋務已六十餘年，求其知己知彼、不隨不激，能為國家立一可大可久之策者，能有幾人？民心不一，則國勢日衰，而交涉之難調，由於意向之不定；意向之不定，由於主議之無人；欲求主議得人，非王公大臣游歷外洋不可（鄭觀應，1976：421）。

二、各國游歷有成

鄭觀應在〈游歷〉中指出，泰西各國尤重游歷，尊如世子王孫，貴如世爵將相，莫不以游歷各國為要圖；雖道路崎嶇、風波險惡，經年累歲，皆所不辭。由於辦理游歷有方，無事則彼此傳聞，以資談助，一旦有事，則舉國之人胸有成竹，不難駕輕就熟，乘勝長驅，道里關山，畫沙聚米。如俄國於二百年前亦積弱之國，自其先君見歐洲各國互長爭雄，恐內治不修，外患將日亟，遍游諸國，訪問利弊，延攬人才，歸國後變通法治，振作工商，不二十年，虎視一方，吞併弱小諸國，土地日大，兵備日強，卓然為歐西首國，游歷之效如此（鄭觀應，1976：422-423）。由此可知，各國藉著派遣游歷，增長國內貴族官員的見識，吸取外國的長處，用以國家的建設，其成效已昭然若揭。

三、中國游歷之弊端

中國雖亦深知游歷之益，但限於游歷人員之階級、薪資等，只能翻譯若干西書，難以普遍訪查各國政事運作及風俗民情，故無法發揮游歷應有的效果。鄭觀應〈游歷〉就提出批評說：

「比年我中國，亦知其益，故有派員游歷之舉，但聞每員薪水月僅二百金，以外洋用度之繁，應酬之鉅，安得敷用？亦祇深居簡出，翻譯幾種書籍，以期盡職而已，未能日向各處採訪，時與土人諮詢也。且承命而

往者皆微員末秩，回國以後，即便確有所見，亦安能大展其才。」（鄭觀應，1976：423-424）

而他在〈考試上〉也指出，曾國藩派遣幼童出洋游學，雖意美法良，但終究成效甚微，係肇因於這些學生稚齒髫年，血氣未定，加以於中學毫無所得，故沾染習氣乖僻成性，甚至有從教忘親，不願回國者（鄭觀應，1976：279）。

四、辦理游歷之法

鄭觀應（1976：280）在〈考試上〉指出，辦理游歷，應選肄業生（指西學書院的學生）之通古今識大體者，始遣出洋，或由各省學所錄文武各生，擇其留心時務，年在二十左右者。然後必厚給游學旅費，使其出洋專心學習。游學生歸國之後，願就職者聽，願就科舉者亦聽。

再者，鄭觀應（1976：424）鑒於中國體制所關，經費有限，縱不能如西例，盡人皆可出游，則應該選擇王公大臣子弟，通古今、識大體，年少而未當國者，派往各國，考求利弊，探訪情形，豐其資裝，寬其歲月。並要求游學生擔任駐外使臣之助理，學習外交事務，以為國儲備人才。

另外，陳虬主張，駐外使臣出洋宜多帶學生廣其識見，俾資學習，非任參贊者不得充欽使，非充學生者不得舉參贊。尤其重要者，令游學生秘密探訪華民在外洋傑而材者，予以誥敕，使以兵法部勒華民，而欽使為之保護，萬一有事，即可率之以行（陳虬，1973：229）。如此亦不失為儲備海外人才之一法，更能備不時之需。

第二節　康有為的變法主張

晚清維新運動的興起，康有為雖然不是最早的倡導者，但他卻是整個運

動的最高潮——百日維新的靈魂人物；而「百日維新」又是清廷繼洋務運動之後，由皇帝全力支持、另一波涉及層面相當廣泛的改革運動。因此，康有為的變法主張及有關措施的具體建議，對光緒皇帝的改革趨向產生相當重大的影響。

所以，本節將以康有為為對象，探討他提倡變法的原因，以及他對於教育變法方向的主張。

壹、變法的源起

康有為提倡變法，大概基於兩項因素：一、早年的讀書經驗，讓他對八股文痛恨至極；二、受到國難頻傳的刺激，令他願意挺身而出。

一、早年的讀書經驗

康有為出生在廣東一個基層官宦世家，歷代祖先均有當官的資歷，而且是一個典型的書香世家。早年的讀書經驗，由於家族長輩要求他積極學習八股文，卻引起他的反彈，形成日後廢除八股文的決心。在他的〈自編年譜〉中，提到不喜歡八股文的次數不下七次。

同治七年（1868），康有為十一歲，父親去世，康有為遂從祖父讀書於連州官舍。祖父「日夜摩導以儒先高義、文學條理」。康有為一開始讀書即閱覽綱鑑而知古今，次觀《大清會典》、《東華錄》而知掌故，遂讀《明史》、《三國志》。是年六月，為詩文已皆能成篇。他回憶道：「於時神鋒開豁，好學敏銳，經常挑燈夜戰，務盡卷帙。祖父聞之，戒令就寢，猶篝燈如豆於帳中，隱而無書焉。頻閱邸報，覽知朝事，知曾國藩、左宗棠之業，而慷慨有遠志矣。」（康有為，1973：110）由此可知，康有為雖年紀尚幼，卻已有遠大的志向，實係祖父開導之功。

然而，康有為從祖父讀書，雖然相當快樂，但是為參加科舉考試必備的制藝八股文，卻極不喜歡；縱使「援筆輒成，但不好之，不工也。」同治九

年（1870），康有為十三歲，祖父對他不喜好學習八股文一事，耿耿於懷，於是乃專門督促他練習八股文（康有為，1973：110）。

同治十年（1871），康有為十四歲，首次參加童子試，卻因八股文不熟悉，慘遭落第的下場。同治十一年（1872），他在家鄉從楊仁山學，再度參加童子試，仍未得第；於是，家族長輩督責為八股小題文更嚴，但是康有為學習八股文的態度仍然相當消極。甚至他覺得：「兩年費日力於試事及八股，進學最寡矣。」（康有為，1973：111）由是觀之，他對於八股文已經相當厭惡。

同治十二年（1873），康有為十六歲，發生一段八股文插曲。當時，康有為「益吐棄八股，名為學文，絕不一作，諸父極責，大詰之先祖前」；於是，祖父乃出「君子九思，至忿思難」一題。康有為「援筆為十六小講，各有警語」，祖父閱後乃稱許康有為之文才，故不再深責。然而，康有為可能體恤長輩的苦心，「乃始稍從事八股，至歲暮為社學課文，一日成六藝，其三名前皆魁之，文百餘篇，錄額十五名，而六文無一見遺者，詩亦冠軍，先祖乃大喜。」（康有為，1973：111）由此看來，康有為應有能力做好八股文，只是厭惡其貧乏無力，遂興趣缺缺，不願專心學習而已。

光緒元年（1875），康有為十八歲，祖父對他督責甚嚴，要求他「專事八股，一切學皆舍去」；於是，但僅得少數的機會可以披涉群書。光緒二年（1876），康有為應鄉試不售，遂憤學業之無成，乃從大儒朱九江先生學。他描述朱九江的教學情形與學問之高深：「先生動止有法，進退有度，強記博聞，每議一事、論一學，貫串今故，能舉其詞，發先聖大道之本，舉修己愛人之義，掃去漢宋之門戶，而歸宗於孔子。」於是，康有為就如同久旱逢甘霖的一片大地，亟待雨水的滋潤，「時捧手受教，乃如旅人之得宿，盲者之覩明，乃洗心絕欲，一意歸依，以聖賢為必可期，以群書為三十歲前必可讀，以一身為必能有立，以天下為必可為。」至於八股舉業之事，似乎已被他拋諸腦後，他說：「從此謝絕科舉之文，土芥富貴之事，超然立於群倫之

表，與古賢豪君子為群。」（康有為，1973：112）由此觀之，朱九江對於
康有為的影響是相當深遠的，康有為從朱九江那裡學到真正的學問，進而欲
放棄舉業專注於學問之中。

然而，好景不常，康有為又再度面臨八股文的壓力。光緒五年（1879），
他二十二歲，「謝絕時文，並不就試」。但是，「秋間叔父督責至甚，令就
鄉試，乃至斷其資糧。」於是，康有為聽從叔父之命，返回家鄉，「居於二
萬卷書樓及澹如樓中，或養心，或讀書，超然物表。」可是，他雖身在八股
文之中，心卻在九霄萬里之外。他表示：「於時舍棄攷據帖括之學，專意養
心，既念民生艱難，天與我聰明才力拯救之。乃哀物悼世，以經營天下為
志。」（康有為，1973：114）

光緒九年（1883），康有為二十六歲，除了披讀《東華錄》、《大清會
典》則例、《十朝聖訓》及國朝掌故書等中學書籍外，已經開始購閱《萬國
公報》，大攻西學；舉凡聲、光、化、電、重學及各國史志，諸人游記皆有
所涉獵。「於時欲輯萬國文獻通攷，並及樂律、韻學、地圖學，是時絕意試
事，專精問學，新識深思，妙悟精理，俛讀仰思，日新大進。」（康有為，
1973：116）

二、國難頻傳的刺激

光緒十四年（1888）九月，康有為三十一歲，當時的他還只是一位監
生，接受張延秋邀請游歷京師。他在〈自編年譜〉中表示，當時自覺「學有
所得，超然物表，而游於人中，倜儻自喜。」然而，他深感馬江敗（指中國
對法戰爭失利）後，國勢日蹙，中國發憤，只有此數年閒暇，及時變法，猶
可支持，過此不治，後欲為之，外患日逼，勢無及矣。時值祖陵山崩千餘
丈，乃發憤上書萬言，極言時危，請及時變法（康有為，1973：120）。此
萬言書即康有為上清帝的第一書，更是康有為關心國事發展、參與政治活動
的起點。

自此以後，康有為陸續發表對於國難的看法，指出中國已經出現君不君、臣不臣的亂象，遂導致時政弊端叢生、災難頻傳、積弱不振。下面分四項說明：

(一)慈禧及光緒無心國事

「生所大憂者，患我皇太后皇上無欲治之心而已。」這句話一語道破慈禧太后及光緒皇帝無心於國事。緊接著，康有為在〈上清帝第一書〉中更具體地批評慈禧及光緒：

> 「見與強夷和後，苟幸無事，朝廷晏安，言路閉塞，紀綱日隳。頃奇異災變，大告警屬，天心之愛至矣，不聞有怵惕修省之事，上答天心。又古者災異策免三公，樞臣實秉國鈞，亦無戰兢之意，未聞上疏引罪，請自免謝，泄泄如是，而徒見萬壽山、昆明湖，土木不息，凌寒戒旦，馳驅樂游，電燈火奇技淫巧，輸入大內而已，天下將以為皇太后皇上拂天變而不畏，蓄大怒而不知，忘祖宗艱大之託，國家神器之重矣。」

究竟康有為所懷憂者為何？是：天命無常，而人窮難改，棟折榱壞，誰則能免，所為夙夜憂懼，不敢畏而自隱也。而事無寸效，又境土日蹙，危亂將至。再者，諸苑及三山、圓明園行宮，皆列聖所經營，為英夷燒毀，亦未聞有興發之政，聳動天下，皆足見慈禧及光緒志向未堅，且無欲治之心（康有為，1973：126-127）。

(二)朝廷官員愚昧無能

康有為指出，朝廷內的大小臣工不但無心國事，甚至率多愚昧無知之徒。

1.老臣氣衰

康有為在〈上清帝第四書〉中指出，當時所謂老臣及宮廷顯貴，皆以資格攫取高官大位，並非全以才能進用。所以，諸等老臣多以「安靜為良圖，

或年老者耄，精神漸短，畏言興革，多事阻撓，必謂天澤當嚴，官制難改，求言求才，徒增干進之士，開院集議，有損君上之權。」而老臣經常粉飾承平之勢，「無事之時僅能舞文弄墨，有事之秋則難責以旋乾轉坤之任。」（康有為，1973：186）因此，康有為的〈上清帝第五書〉中，有一句話最能貼切地形容這些老臣的心態：「執政之人，皆已耄老，冀幸一身可免，聽其貽禍將來。」（康有為，1973：193）

2.庸臣誤國

康有為在〈上清帝第四書〉中深為光緒皇帝惋惜，因為「有自強之心而不能充，居莫強之勢而不能用」。並將造成這種情形的責任完全指向庸臣，因為即使皇上有憂危之心，而不能赫然憤發掃除更張者，但半牽於庸臣「無動為大之言，容悅謹媚之習」。更令人憤慨的是，庸臣均以下列的態度處理政事：「有事則束手無策，坐受縛割，無事則容媚畏謹，苟持祿位，今者在皇上則土地已割矣，在諸臣則富貴無恙也。」而且，上尊下媚、中塞外侮，謀略不能用，逆耳不能入。然而，深究造成庸臣的原因乃在於：「以楷法詩文驅天下，而人士皆奔走風從。」但是，康有為仍不放棄中國有四萬萬可用之人，認為有此憑藉，何施而不可，何欲而不得？因此，他覺得進言薦舉之士，必多倜儻之才，遭大投艱之時，貴有非常之舉。假使未能善加運用這些人才，徒礙於資格之限，而不能掃除惡習，將會產生「舉事無人，百弊叢積，稍變一二，終難補苴，而民日以貧，兵日以弱，士日以愚，國日以蹙」的惡果（康有為，1973：187-188）。

3.群臣待斃

無論是老臣或庸臣，甚至年輕氣盛的朝臣，都處於一種坐以待斃的哀傷氣氛，卻無心奮力一搏。康有為根據其觀察結果，在〈上清帝第五書〉做出以下的描述：「舉朝上下，相顧嗟呀，咸識淪亡，不待中智，群居歎息，束手待斃，耆老仰屋而咨嗟，少壯出門而狼顧，並至言路結舌，疆臣低首，不唯大異於甲申，亦且迥殊於甲午。」而此時，無結纓誓骨，慷慨圖存者，顯

然中國生機已盡，暮色悽慘，氣象如此，可駭可憫，此真自古所無之事。再者，公卿士庶，偷生苟活，候為歐洲之奴隸，聽其犬羊之剒縛。「哀莫大於心死，病莫重於痺瘓，欲隕之葉，不假於疾風，將萎之華，不勞於觸手，先亡己形。」（康有為，1973：192-193）面對此種朝臣萎靡不振的慘狀，康有為深恐不待外人攻之，國人已自取其亡。

㈢時政弊端叢生

1.民窮為盜、官冗無恥

康有為認為，在世界各國開通之際，對於中國已經形成逼迫的態勢，但中國無論是官員士子或百姓庶人，皆以不變應萬變，造成一股無事可為的氣氛。他在〈上清帝第四書〉中提出具體的批評：「大地忽通，強敵環逼，士知詩文，而不通中外，故錮聰塞明，而才不足用，官求安謹，而畏言興作，故苟且粉飾，而事不能興，民多而利源不開，則窮而為盜，官多而事權不屬，則冗而無恥。」（康有為，1973：177）

2.閉關自守、故步自封

中國向來以天朝自居，對於世界各國皆視同未開化之蠻夷；且天子以其尊貴而不願俯聽民意，庶民以其卑下而不敢極陳時事，導致國家閉關自守，甚至故步自封。康有為於〈上清帝第四書〉中就明白地陳述這種情形：

「上下隔絕，故百弊叢生，一統相安，故敵情不識，但內而防患，未嘗外而爭強，以此閉關之俗，忽當競長之時，絺綌宜於夏日，雨雪忽至，不能不易重裘，車馬宜於陸行，大河前橫，不能不覓舟楫，外之感觸既異，內之備禦因之，故大易貴乎時義，管子貴乎觀鄰。」（康有為，1973：177）

3.洋務事業缺失屢現

康有為對於洋務事業的成效，在〈上清帝第四書〉中將其批評得一文不

值。他指出：近者設立海軍使館、招商局、同文館、製造局、水師堂洋操、船政，而根本不淨，百事皆非，「故有海軍而不知駕駛，有使館而未儲使才，有水師堂洋操而兵無精卒，有製造局船澳而器無新製，有總署而未通外國掌故，有商局而不能外國馳驅，若其徇私叢弊，更不必論」；故徒糜巨款，無救危敗，反為攻者藉口，以明更張無益而已（康有為，1973：178）。

㈣災難頻傳、積弱不振

康有為初到京師，發現兵弱財窮，節頹俗敗，紀綱或亂，人情偷惰，上興土木之工，下習宴遊之樂，晏安懂娛，若賀太平；繼之河決久不塞，兗豫之民，蕩析愁苦，沿江淮間，地多苦旱，廣東大水，京師大風，拔木百餘株，甚至地震山傾，皆未有之大災難。然而，面對國內災難頻傳的緊張情勢，國人仍如處太平，置若罔聞。而王公大臣亦如同庶人般，雖明知危難已至，卻未見有耿直之士上書陳言，直教人憂心忡忡。他在〈上清帝第一書〉中指出：「伏處下風，未聞有恐懼責躬，求言恤民之特詔，親臣重臣，未聞有直言極諫痛哭入告之封章，內而侍臣，外而藩僚，不聞一言，下而部侍司員，亦不聞一言；上下內外，咸知天時人事，危亂將至，而畏憚忌諱，箝口結舌，坐視莫感發。」（康有為，1973：123）

再者，他更在〈上清帝第五書〉中發出感慨的呼聲：自從台灣割讓予日本之後，天下皆知朝廷之不可恃，「人無固志，奸宄生心」；因此，各地盜匪乘勢作亂，各國教徒亦乘機坐大，而且「匪以教為仇讎，教以匪為口實，各連枝黨，發作待時」；加以「官場賄賂惡習昏行，暴亂於上，胥役官差，慝亂於下，亂機遍伏。」（康有為，1973：192）由此可見，即使無強敵的逼迫，光憑這些內亂事件，就足以令人憂心國家將有危亡之災。

綜上所述，康有為基於對八股文的厭惡，同時受到朱九江的影響，產生對於國家社會的強烈關懷，以及受到國難頻傳的刺激，遂發憤以拯救天下為職志。而這兩股力量，亦形成他在百日維新期間，推動各種改革措施的原動

力。若缺乏這兩股力量，康有為恐怕亦只是沉淪於八股舉業之中的芸芸眾生而已。

貳、變法的主張

康有為主張在變法之前，務必先頒布詔書，鼓舞天下民氣，使凝聚成一股強大的變法力量，再據以推動各項教育變法的措施。

一、請求頒布詔書以鼓舞民氣

中日甲午戰爭清廷慘敗以後，議和聲浪為高，主戰言論遂不得而出，國內普遍出現士氣不振的低氣壓。康有為指出這是由於民心士氣未獲鼓舞，導致雖有萬萬之民卻無萬萬之力，他痛心疾首地指出：「今中國人民咸懷忠義之心，非不可用也，而將吏貪懦，兵士怯弱，乃至聞風讙潰，馴至辱國請和者，得無皇上未有鼓其氣耶？是有四萬萬之民，而不善用之也。」再者，「日本內犯，震我盛京，執事不力，喪師失地，幾驚陵寢，列聖怨恫，皇上為人子孫，豈無震動厥心者乎？」然而卻未聞有罪己之詔，責躬咎厲，因此他指責此乃當朝輔臣的怯懦無能，且應負未善盡輔佐皇帝之罪。於是運用聯合舉人上書的機會，建議皇帝急下詔書，藉以鼓舞民心士氣：「人主所以駕馭天下者，爵賞刑罰也，賞罰不行，則無以作士氣，賞罰顛倒，必至離民心。今聞日本要我以釋喪師之將，是欲以散眾志而激民變也，苟三詔既下，賞罰得當，士氣咸伸，天下必距躍鼓舞，奔走動容，以赴國家之急。」（康有為，1973：135-133）康有為希望藉著詔書的頒布，鼓舞天下將士萬民之氣，激發忠良愛國之人的心性血氣，期待因此而凝結成一股共同抵禦外敵的堅強力量，其做法不可不謂用心良苦。

此外，康有為分別於上清帝的第四書和第五書中，明確指出詔書頒布的次序：先下發憤之詔，引咎罪己，以收天下之心；次賞功罰罪，以伸天下之氣；然後舉逸起廢，集群臣咨問以廣聖聽，求天下上書以通下情，並廣顧問

以盡人才，置議郎以通下情；最後，明定國是，與海內更始（康有為，1973：185-186、194）。

事實上，康有為認為頒布詔書最直接目的在於先聲奪人，不戰而能屈人之兵，藉著皇帝奮發振作的精神感召，在無形中令敵人知難而退。他希望數詔一下，「天下雷動，想望太平，外國變色，斂手受約。」（康有為，1973：186）更期望「詔令日下，百舉維新，誠意諄懇，明旨峻切，料所有新政詔書，雖未推行，德人聞之，便當退舍。」（康有為，1973：194）

㈠罪己之詔宜下

既然下詔可鼓天下之氣，康有為建議皇帝首先頒布罪己詔書，力勸光緒以國君之尊，表明知錯必改的決心，藉以策勉全民共赴國難。他在〈上清帝第二書〉中建議光緒，「近法列聖，遠法禹湯，時下明詔，責躬罪己，深痛切至，激厲天下，同雪國恥，使忠臣義士，讀之而流涕情發，驕將懦卒，讀之而感愧忸怩，士氣聳動，慷慨效死，人懷怒心，如報私仇，然後皇上用其方新之氣，奔走馳驅，可使赴湯蹈火，必無聞風譁潰者。」（康有為，1973：134）

㈡明罰之詔宜下

皇上既赫然罪己，則對於凡是「輔佐不職，辱國通款之使臣，調度非人，守禦無備之疆吏」，康有為均建議皇帝追究其責任，「或明正典刑以寒其膽，或輕予褫革以蔽其辜」，詔告天下，暴揚罪狀，揭櫫凡不勝其任者皆應重降其罪，期能藉此整肅官箴，迫使尸位素餐之官及無補時艱者知難而退，咸令自陳，無妨賢路，進而激勵賢良忠臣出而同報國恥（康有為，1973：134）。

(三)求才之詔急下

當此國勢日蹙、人才貧乏之際，既已明下罰罪之詔，唯有再下求才之詔，始能真正有效地鼓舞有才之人出仕。因此，康有為（1973：135）建議皇帝：「詔下九卿翰詹科道督撫兩司，各舉所知，不論已仕未仕，引用擢見，隨才器使。一旦高材獲得不次拔擢，天下之士，必懷國恥，更感知遇，必咸致死力，以報皇上。」

(四)頒布《國是詔書》

康有為認為《國是詔書》的頒布是當前最根本的事。唯有皇帝頒布《國是詔書》，明白揭櫫國家大政方針，以國君之尊親自倡導，使人民趨向歸於一統，才能有效凝結民心、鼓舞民氣、發揮民力，這也是國家力圖自強之道、長治久安之法。因此，康有為藉著上書和上摺的機會，多次積極表達此一詔書的急迫性，並指出急頒《國是詔書》的理由如下：

1.當前時局已刻不容緩

康有為在〈上清帝第四書〉中，指出當前的時局，已略如春秋戰國並爭之勢，而非漢唐宋明專統之局，所謂數千年來未有之變也。但是，近幾十年來因為國是不明，主戰言和論調不一，致使國家災難頻仍，積重難返，富強之日遙不可及。他以醫病為喻，說明國是未定之弊：

「若引舊法以治近世，是執舊方以醫變症，藥既不對，病必加危；五十年來講求國是者，既審證之未真，故言戰言和，亦施藥之未當，否則篤守不藥，坐待弱亡，用致割地償款，並日危重，至此傷寒存裡，病入厥陰，昔患水腫痿痺，猶尚龐然，今且枯乾瘦羸，漸無精氣。」

因此，頒布《國是詔書》的急迫性已不言可喻。如不講明病症，盡易舊方，垂危之人，豈堪再誤？但審病之輕重常變不同，則用方君臣佐使易異，

故今審端致力之始，尤以講明國是為先（康有為，1973：177-178）。

再者，康有為在〈上清帝第六書〉中，以船舵和方針為例，積極說明詔定國是之迫切性：「國之有是，猶船之有舵，方之有針。所以決一國之趨向，而定天下之從違者也。」若針之子午未定，舵之東西游移，則徘徊莫適，悵悵何之，行者不知所從，居者不知所往，放乎中流，而莫知所休，指乎南北，而莫知所極，以此而駕橫海之大航，破滔天之巨浪，而適遭風沙大霧之交加，安有不沉溺者？（康有為，1973：198）

2.定國是後始可振刷精神

康有為認為，中國已經累積數千年之惡習，就像是一部老舊的機器，難以帶動整個生產線，必須要有非比尋常的魄力，才能有所改革。他在〈上清帝第四書〉中指出：數千年之舊說，易為所牽，數百年之積習，易為所滯，非常之原，黎民所懼，吐下之方，庸醫不投，苟非有雷霆霹靂之氣，不能成造立天地之功，故非天下之至強，不能掃除也。同時，他更藉此鼓舞皇帝，只要親身倡導，詔定國是，其餘政事自然能按部就班，循序漸進地推動；反之，必將積習難除，國家亦無可救藥。他說：

> 「後有猛虎，則懦夫可以跳澗溪，室遭大火，則吝夫不復惜什器，唯知之極明者，行之自極勇，然非天下之至明，不能洞見也。皇上真有發強剛毅之心，真知灼見之學，掃除更張，再立堂構，自有不能已者，故願皇上先講明之，則餘事不足為也。若猶更化不力，必是講明未至，以為舊習可安，不必更張太甚，是雖有起死之方，無救庸醫之誤矣。」（康有為，1973：179）

3.頒定國是即為宣誓變法決心

詔定國是可以鼓舞群臣的士氣，因為誓文在決萬機於公論，採萬國之良法，協民國之同心；因此，康有為在〈上清帝第六書〉中，建議皇帝集合群臣，當著所有朝廷官員的面宣讀《國是詔書》，「大集群臣於天壇太廟，或

御乾清門，詔定國是，躬申誓戒，除舊布新，與民更始」；再者，無分種族，不論藩庶，導引群臣宣誓效忠，齊一上下之議論，使諸臣不懷貳心；並下令「群臣具名上表，咸革舊習，黽勉維新。」（康有為，1973：199）

　　另一方面，對於昏庸誤國之佞臣，亦有警示作用，使其不敢萌生違背上意之舉動。他指出：「明詔天下，擇日齋沐，大集群臣，無小無大，誓于天壇太廟，亦如日本以五事上告天祖，採萬國之良規，行憲法之公議，御門誓眾，決定國是，以變法維新，為行政方針，有違此誓，罰茲無赦。」（康有為，1966：16-17）同時也藉著公開宣誓的方式，督促群臣支持新政，並齊心推動，具體做法如下：「其有不率，予以休免，其有造謠興謗，不奉新政者，上用盤庚剗滅之刑，旁採泰西謠謗之律，明罰敕法，刑茲無赦。藉此浮言可靖，眾志乃一；國是既定，大勢咸趨。」（康有為，1966：215）

　　然而，如果遲未詔定國是，也會產生一些不良的後果。康有為指出這些可能產生的負面影響：

「諸臣惑于舊俗，謠謗紛紜，或庸人知見擯於維新，恐富貴之難保，或僉人思媚于權貴，造疑謗而訕謀，交章飛文，變亂黑白，誣攻新政，貝錦如織，流言惑聽，害過流賊，或老耄舊學，自託清流，挾用夷變夏之言，持變亂祖制之說，劻亂民聽，眾志熒惶，藐王言如弁髦，視綸音如草莽。」（康有為，1966：214）

4.變法必先定國是

　　《國是詔書》對於推動新政具備強而有力的宣誓作用，所以既欲變法，而國是未定，眾論不一，何從而能捨舊圖新？（康有為，1973：198）況且，國是未定，也留給群臣違抗新政的口實；因為比年以來，皇上有意變法，而盈朝洶洶，不可向邇，親貴抗違，耆舊力諍，群僚面從而後言，舉政始行而中廢，至奉旨發議，乃推延而不議，明詔施行，乃束閣而不行，人心眾論，緝緝呲呲。因此，康有為主張欲變舊法，誓行新政，必先詔定國是；值此大

變百度之際，非皇上乾剛睿斷不可，即皇上能奮乾剛，而非大舉誓禮，明定國是，昭示聖意，俾萬眾回首，改視易聽，不足以一人心而定步趨（康有為，1966：214）。

二、尊立孔教

㈠尊孔聖為國教

康有為在〈上清帝第二書〉慨嘆指出，中國因為缺乏統一宗教，所以人心風俗日漸敗壞，而官員士子亦不以研究孔子學說為職志，遂給外來宗教有發展機會。更為嚴重的情況是：士人不勵廉恥，而欺詐巧滑之風成，大臣託於畏謹，而苟且廢弛之弊作，而六經為有用之書，孔子為經世之學，鮮有負荷宣揚，於是外夷邪教，得起煽惑吾民，導致教堂星羅棋布，孔廟卻寥若晨星，直叫人痛心疾首，確應積極講求挽救之方（康有為，1973：150）。因此，他建議同時進行兩種拯救風俗的辦法。

第一，設道學科：廣徵能闡明孔子之道者，給予禮遇，命其將孔子學說廣為傳播，即使是窮鄉僻壤，亦應令鄉夫民婦知悉孔道。具體做法如下：「立道學一科，其有講學大儒，發明孔子之道者，不論資格，並加徵禮，量授國子之官，或備學政之選；其舉人願入道學科者，得為州縣教官，其諸生願入道學科者，為講學生，皆分到鄉落，講明孔子之道，厚籌經費，且令各善堂助之。」更進一步，康有為主張應將孔道傳至外國，他提出的做法如下：

「有高才碩學，欲傳孔子之道於外國者，明詔獎勵，賞給國子監、翰林院官銜，助以經費，令所在使臣領事保護，予以憑照，令資游歷；若在外國建有學堂，聚徒千人，確有明效，給以世爵，餘皆投牒學政，以通語言文字測繪算法為及格，悉給前例。」藉此推展孔道至外邦，俾能發揮教化功能。

第二，廣設孔廟：「令全國鄉落淫祠，悉改為孔子廟，其各善堂會館俱令獨祀孔子，以化導愚民，扶聖教而塞異端。」至於海外部分，由於南洋一

帶吾民數百萬人，「久隔聖化，徒為異教誘惑，將淪左袒」，故須於僑民聚集地多立孔廟，「多領講學生分為教化，庶將來聖教施於蠻貊，用夏變夷」；並藉傳播孔教之便，調查夷情、發揚國威，俾令海外僑民同養尊君愛國之心，力行尊親大義（康有為，1973：150）。

　　再者，康有為進一步盛贊孔子為教主。他認為：「孔子之聖，光並日月，孔子之經，流亙江河。」而且，「孔子實為中國之教主，而非謂學行高深之聖者也。」同時，「孔子應天受命，以主人倫，集成三代之文，選定六經之義，其詩書禮樂，因藉先王之舊而正定之，其易以通陰陽，春秋以張三世，繼周改制，號為素王，蒼帝降精」，其實已為中國教主而無疑。可是，中國人民「尚為多神之俗，未知專奉教主，以發德心」。所以，必須以孔聖為國教，「始能革新人心、斧正世道」；若不以孔子大教為尊，則人心世道不可問，「故今莫若令治教分途，則實政無礙而人心有補焉。」（康有為，1966：64、69、72）

　　最後，康有為指出，吾國歷朝數十，閱帝數百，年號幾千，記述既艱，考據不便，非通博專門，令人不知何世；既為前代，無關尊王，因此，他建議以孔子生辰為紀年依據，除便查閱外，更有益於永久奠立孔教（康有為，1966：74）。

(二)立教部設教會

　　為積極推展孔教，康有為主張應於中央設立教部，於各地設置教會。並令舉國罷棄淫祀，自京師城野省府縣鄉，皆獨立孔子廟，「以孔子配天，聽人民男女，皆祀謁之，釋菜奉花，必默誦聖經，所在鄉市，亦皆立孔教會。」由公舉六經四書兼通者為講生，負責講解聖道，令男女老少皆聽講，以七日休息，俾廣教化之功。同時，自鄉、司、縣、府、省各層級，由講解聖道者專責管理聖廟之祭祀灑掃等奉祀業務。再者，鄉千百人必立一廟，每廟一生，多者聽之，一司數十鄉，公舉講師若干，自講生選焉；一縣公舉大講師

若干，由講師選焉，以經明行修者充之，並掌其縣司之祀，以教人士，或領學校，教經學之習；一府一省，遞公舉而益高尊，府位曰宗師，省曰大宗師，其教學校之經學亦同；該等人員均需明經之外，為通才博學者。最高層級則「合各省大宗師公舉祭酒老師，耆碩朋德，為全國教會之長，朝廷即命以為教部尚書」，即擔任教部之最高首長。此外，康有為認為，講解聖道之人應在學術和品德上為人所敬重，並期待他們發揮匡正風俗之功，所以奉職講解聖道之人，「學業言行，矩矱禮法，均不得少踰」，必須「執持大義，匡弼時風」。如能確實行之，則人心得正，「廉恥節義，有所扶賴，政教各立，雙輪並馳，既並行而不悖，亦相反而相成」；國勢得強，聖教日盛，其於「敬教勸學，匡謬正俗」，必有大益（康有為，1966：72-74）。

三、改革科舉

㈠廢八股試策論

　　康有為獲光緒召見時，曾經指責八股文為一切中國戰敗之罪魁禍首，他說：

> 「今日之患，在吾民智不開，故雖多而不可用，而民智不開之故，皆以八股試士為之。學八股者，不讀秦漢以後之書，更不攷地球各國之事，然可以通籍累致大官，今群臣濟濟，然無以任事變者，皆由八股致大位之故。故台遼之割，不割於朝廷，而割於八股，二萬萬之款，不賠於朝廷，而賠於八股，膠州、旅大、威海、廣州灣之割，不割於朝廷，而割於八股。」（康有為，1973：146）

　　因此，康有為認為當前變法在即，應先改革科舉，但其中又以八股格式無用至極，最應先廢。他說：「今變法之道萬千，而莫急于得人才，得才之道多端，而莫先于改科舉。今學校未成，科舉之法，未能驟廢，則莫先于廢

八股矣。夫八股之無用，臣即業八股以竊科第者也。從其業之既久，知其害
之尤深。」究竟八股之法如何無用？康有為指出其缺失：「斷剪經文，割截
聖語，其小題有枯困縮腳之異，其搭題有截上截下之奇，其行文有鉤伏渡挽
之法。」而且是無理無情，以難學者，不只上侮聖言，試問工之何益？（康
有為，1966：18-19、22）

　　而且，八股文盛行，徒令諸生耗費精華時日於無用之術，所造成之流弊
更足為外人之笑柄，他指出：「以三百萬可用之精力人才月日，鉤心鬥角，
敝精費神，舉而投之枯困搭截文法之中，以言聖經之大義，皆不與之以發明
也，徒令其不識不知，無才無用，盲聾老死；其立法之謬異，流弊之奇駭，
誠古今所未聞，而外人所尤怪詫者。」因此，康有為將中國積弱不振的現
象，完全歸究於八股取士之制，他說：

「今者萬國交通，以文學政藝相競，少不若人，敗亡隨之，當此綢繆未
　雨之時，為興學育才之事，若追亡救火之急，猶恐其不能立國也。而乃
　以八股試士，以小題枯困搭截縛人才，投舉國才智於盲聾，唯恐其稍為
　有用之學，以為救時之才也，不亦反乎？然則中國之割地敗兵也，非他
　為之，而八股致之也。」（康有為，1966：23-25）

　　所以，康有為積極建議皇帝，既深知八股之無用，何不立行廢棄？但
是，康有為也知道，「群臣守舊，或有阻撓，此一劇變必遭非議和抗拒」，
因此籲請皇帝，「內斷于心，勿下部議，特發明詔，立廢八股」；以迅雷不
及掩耳的方式，逐廢八股取士之制。取而代之的則是以後均改試策論、罷試
帖、不尚楷法，俾使諸生盡除空疏之弊，專講有用之學。具體措施如下：
「鄉會童試，請改試策論，以其體裁，能通古證今，會文切理，本經原史，
明中通外，猶可救空疏之宿弊，專有用之問學；今當多難之秋，不必敝精于
無用，應請定例，並罷試帖，嚴戒考官，勿尚楷法。」再於廣設學校後，教
以科學，並循序漸進廢除科舉（康有為，1966：26）。由此可知，康有為雖

然極力反對科舉制度，並痛批八股盛行，但在全國尚未建立學校系統，且未訂定相關配套措施前，他則不採激進的手法，而是主張以漸進的手段，先廢八股，改試策論，一方面降低政策推動的阻力，一方面也可以透過策論拔擢真才。

(二)改武科設兵校

康有為指出，偏觀每次武鄉會試及各省府州縣生童試，比武舉人生童皆一國壯佼膂力之勇夫，以全國一千五百縣合計，約有百萬人；而所日夕習練，敝精費日，師教弟學，破家產，費十數年歲而為之，以爭此進士舉人生員之上賞，得之則任為將校，總詰兵戎者，則拉弓、舉刀、抱石之技。然考武試內容早在唐朝已經成定制，始於唐之武后，迄今已一千二百餘年，乃在德意志初祖沙立曼未出世之前，康有為譏諷之為「博物院之古物，足供考古者」。並質疑「今猶可抱巨石以投人，舞大刀而相鬥，鳴長鏑以相驚乎？」而且武試之制從未改革，若與當前列強諸國之軍備相較，如數十響之後膛槍、開花彈之克虜伯砲，中國之弓刀石無異是以卵擊石。況且，武夫所習，舉國上下，莫不知其無用，然因仍不請改，朝廷亦聽之，坐棄百餘萬武士之勇力年華，歲糜百餘萬人之祿食餉糈，雖或出於國，或出於民，要合計之，其為暴棄百萬之兵，歲棄萬萬之費，乃實事（康有為，1966：32-33）。

因此，康有為建議立即停止以弓刀石為內容的武試制度，並廣設武備學校以培養軍事人才；先於京津，偏於各省，小校大學，次第備置。至其課程內容及相關章程，則效法德、日之例，必令入學乃為將校，下令所司議行，其舊武舉人生員咸聽入校，其生童願補練兵者聽之（康有為，1966：34）。並多派強健才武有志之學生，就學德、日兵校，親與德、日兵士習驗，歸國後教授兵學，且在軍隊中擔任要職，藉此確實整頓舊式軍隊，逐步建立現代化的、有戰鬥能力的新式軍隊。

四、興辦學堂

康有為在〈上清帝第二書〉指出，中國士子所學皆為細微末節之技，知作法而忘義理，不知講求聖賢治世之理，甚至於明末，因噎廢食，上以講學為禁，下以道學為笑。因此，任道之儒既少，才智之士無多，乃至嗜利無恥，蕩成風俗，而無法有效培養國家所需的人才。尤有甚者，以我中國文物之邦，讀書識字，僅 20%，讀書識字之人既少，又因學塾經費少於兵餉數十倍，缺乏教學場所，或有一省而無禮律之書，一縣而無童蒙之館，致士人能通古今達中外者，郡縣遍尋乃無一人（康有為，1973：147-148）。

此外，康有為在〈請飭各省改書院淫祠為學堂摺〉明白地指出，我中國民四萬萬，冠於地球，倍於全歐十六國，地當溫帶，人民智慧，然而數十年來卻受盡列強諸國之凌辱，苦無反制之道；根本的原因在於泰西戶口雖少而才智之民多，吾戶口雖多而才智之民少，我國徒有智慧之資，卻無教誨之實，國家嚴重缺乏人才（康有為，1973：220）。根據康有為的說法，中國徒有文物之邦盛名，卻缺乏教民之實；以五千年之文化古國，卻受制於文明發展僅數百年甚至僅數十年之外夷諸國，凡有心性血氣之有識之士，豈能不痛心疾首？職是之故，興辦學堂為當前中國變法之要務。以下分四項說明：

㈠興學以全體國民為對象

康有為在〈上清帝第二書〉指出：「才智之民多則國強，才智之民少則國弱。」他認為欲使國家富強，僅依靠極少數的士人階級是不夠的，必須要全體國民均能悉心向學、各有專精；否則，小民不學，則農工商賈無才，產物成器，利用厚生，亦不能精，化民成俗，遷善改過，必難為治（康有為，1973：148）。因此，欲富強之自立，教學之成效，不當僅及於士，而當下達於民，不當僅立於國，而當遍及於鄉（康有為，1973：220）。必須讓全體國民，無分士農工商，均能講求各行各業之學問，始能凝聚成一股圖富求

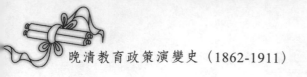

強的力量。

　　所以，康有為在〈上清帝第二書〉強調，教育的對象必須擴及全體國民，故教「有及於士，有逮於民，有明其理，有廣其智，能教民則士愈美，能廣智則理愈明」；而教育的內容也必須無所不包，凡是列強諸國所學，中國人亦當專心學習。而康有為也再度強調，泰西富強之道，不在砲械軍器，而在窮理勸學，重視教育；凡學童自七、八歲皆入學，有不入學者責其父母，故鄉塾甚多（康有為，1973：148）。並舉德國與日本之例以說明之。「普勝法後，俾士麥指學生語之曰，我之勝法，在學生而不在兵，以百業千器萬技，皆出于學，作而成之故也。」「近者日本勝我，亦非其將相兵士能勝我也，其國徧設各學，才藝足用，實能勝我也。」（康有為，1966：38-39）

　　最後，康有為主張變法不能僅以改革科舉為已足，必須廣開學校、培育人才，才是治本之道，他指出：鼓盪國民，振厲維新，精神至大，豈止區區科舉一事已哉？例如，治病，既以吐下而去其宿疴，即宜急補養以培其中氣，則今者廣開學校為最重要（康有為，1966：35）。而他也相信，泰西變法三百年而強，日本變法三十年而強，然以中國地大人多的優厚先天條件，若能確實推展教育工作，即可於三年內在世界上占有一席之地（康有為，1973：220）。由此可見，康有為深切地認識到教民工作對於國家的重要性，而他倡導變法的目標則是希望中國能在最短時間內立於世界強國之林、處於不敗的地位。

(二)科舉與學堂暫合一途

　　康有為推動變法的心情是急切的，但其提出的具體辦法卻是相當務實的。例如，他建議在科舉制度無法完全廢除之前，運用廣設學堂的做法，配合士子重視功名的心態，計畫性地逐步完成人才培育的目標，就是屈就現實的變法策略之一。

　　首先，他在〈上清帝第二書〉主張以徧設藝學書院的措施，選學童十五歲以上入堂學習，以逐漸改革武科。凡天文、地礦、醫律、光重、化電、機器、武備、駕駛等西方各項科學技術，均分立學堂，而測量、圖繪、語言、文字，亦應學習；至於中國經典，本係學業之根本，應延師教習，令學生各選一經專門之（康有為，1973：148-149）。

　　學習告一段落之後，運用科舉功名的做法，對學生的學習成果實施考核，通過者，不限名額，分別給予秀才、舉人和進士之名，藉此鼓勵士子悉心學習；可是，對於未能通過考試者，則有出學的處分。具體措施如下：學政有司，會同院師，試之以經論一題，及專門之業，通半中選，不限名額，得薦於省學，謂之秀才，比之諸生，五年不成者，出學；省學書器益多，見聞益廣，學政督撫會同其院師，每歲試其專門之業，增以經，一論史，一考掌故，一策，通半中選，不限名額，貢於京師，謂之舉人，五年不成者，出學；京師廣延各學教習，圖器尤盛，每歲總裁禮部會同大教習試之，其法與省學同，不限名次，及半中選，謂之進士，三年不成者，出學。而且，獲得功名之後，可依其志願擔任教習或其他工作；進士得還為藝學州縣總教習，其舉人得還分教習，並聽人聘用，其諸生得還教其鄉學塾，及充作各廠（康有為，1973：149）。

　　再者，康有為也針對文科藝科的考試內容和其辦理方式，提出個人的主張：文科武童，即以古經為正場，自占經解一，專門之學一；二場試四書文一，中外策一，詩一，亦及格即取，不限名額，每場考試，人數不得過三百，增設學政，每道一人，可從容盡力矣。其鄉會試，頭場四書義一，五經解一，詩一，縱其才力，不限格法，聽其引用，但在講明義理，宗尚孔子；二場掌故策五道，三場問外國考五道，及格者中，不限名額，殿試策問，不論楷法，但取直言極諫，條對剴切者，入翰林，其文科藝科願互應者聽（康有為，1973：149）。就以上康有為的主張予以分析，得知他對於考試的內容，重在經世濟用之學的融會貫通，強調應試者能夠摒棄所有的包袱，直言

極諫；同時要排除所有可能限制應試者發揮潛能的規定，並對於專重楷法的錄取方式，予以駁斥。

另外，康有為在〈上清帝第四書〉中，對於社會各階層的學習問題，也付出相當程度的關注，希望農工商賈透過學習獲得謀生、創新與致富的技巧，最終的目的則是萬民得智、國家富強。他認為，科舉不改，積重如故，人孰肯捨所榮趨所賤哉？著書製器械辦工尋地之榮途不開，則智學不出，故欲開礦者通礦學則無其人，募製造則創新製者無其器，講通商則通商學者無其業，有所欲作，必拱手以待外夷，故有地寶而不能取，有人巧而不能用，以此求富，安可致哉？尤有甚者，他更主張在兒童時期的學習內容，除讀史和識字之外，更應該加上測算、繪圖、天文、地理、光電、化重、聲汽等西方科學技術的學科，以奠定日後學習西學的基礎（康有為，1973：180）。而最重要的工作，還是必須大量增設鄉塾，令全國學童一律入學，才能徹底提升中國人民的智識。

(三)建立學堂系統

早在光緒二十一年（1895），康有為領導各省舉人上書皇帝時，就提出廣設學塾的建議，期能藉此廣得人才。他說：「若能厚籌經費，廣加勸募，令鄉落咸設學塾，小民童子，人人皆得入學，通訓詁名物，習繪圖算法，識中外地理，古今史事，則人才皆可勝用矣。」（康有為，1973：149）

後來，在戊戌變法期間，康有為正式主張三級制的學堂系統：小學中學者，教所以為國民，以為己國之用，皆人民之普通學；高等專門學者，教人民之應用，以為執業者；大學者，猶高等學也，磨之礱之，精之深之，以為長為師，為士大夫者。而且，他認為各國之學，莫精於德，國民之義，亦倡於德，日本同文比鄰，亦可採擇，故具體建議遠法德國，近採日本，以定學制，特下明詔，遍令各省府縣鄉興學，以進行建立學堂系統的工作；分別於鄉立小學，令民七歲以上皆入學，於縣立中學，於省、府立高等學或大學，

各量其力皆立圖書儀器館，並於京師設立京師大學，以建首善而觀萬國（康有為，1966：38-39）。

再者，康有為認為，養人才，如同種樹，築室可不月而就，種樹非數年不陰，若變法百事可急就，而興學養才，不可以一日即告完成，所以立學堂確有其急迫性；但是，他也注意到教育行政機關的改革，因為凡設師範、分科學、撰課本、定章程等，其事至繁；因此，應該設立學部，以統籌全國的教育事務（康有為，1966：39-40）。由此可見，康有為對於教育事務的規劃，是超越當時其他人見解的。

㈣將書院和寺廟改為學堂

當時最為盛行的教育機構就是書院，各直省及府州縣咸有書院，多者十數所，少者一、二所，其民間亦有公書院、義學、社學、學塾，皆有師生及經費，其普遍性實足以媲美外國的學堂。但是，由於八股之害，學子所課皆八股試帖之業，皆為無用之術，若有及於考據詞章之學者，數所而已；而所延教師又多庸陋，或擁席不講，或坐受脩脯，尸位素餐之法不一而足；雖師徒萬千，卻日相率為無用之學，故經費雖少，虛靡則多。因此，康有為在〈請飭各省改書院淫祠為學堂摺〉主張，將全國的書院，按其規模大小，分別改為小學、中學或大學；省會之大書院為高等學，府州縣之書院為中等學，義學、社學為小學（康有為，1973：220）。

再者，中國境內寺廟林立，不但民眾信仰虔誠，甚至捐款極多，確實形成一股不容忽視的民間力量。但是，在康有為的眼中，這些寺廟都被冠上「淫祠」的稱號，簡直是欲去之而後快；所以，他便提出將寺廟改為學堂的主張。並運用強迫學童入學的方式，期望達到普及教育的目的。他說：

「中國民俗，惑於鬼神，淫祠遍於天下，以臣廣東論之，鄉必有數廟，廟必有公產。若改諸廟為學堂，以公產為公費，上法三代，旁採泰西，

責令民人子弟，年至六歲者，皆必入小學讀書，而教之以圖算器藝語言文學，其不入學者，罪其父母。若此則人人知學，學堂遍地，非獨教化易成，士人之才眾多，亦且風氣遍開，農工商兵之學亦盛。」（康有為，1973：221）

另外，康有為對於各省督撫，累經嚴旨飭辦學堂，皆以無經費為由，導致遲未興辦學堂的說詞，深不以為然，因為其應酬舉動等雜費，亦仍濫浪無數。因此，他針對這種現象，提出一套學堂經費籌措的策略：嚴旨戒飭各疆臣，清查善後局及電報、招商局各溢款、陋規、濫費，盡撥為各學堂經費，除貴州等極瘠苦省分外，必可每省得數十萬金，以為養士之用；而各學堂延師、購書、置器，亦皆有資本。同時，他主張應鼓勵民間興學，並視其出資多寡，給予適當的獎勵；能自捐萬金，廣募地方經費者，賞御書匾額，給以學銜，以資鼓勵；有獨捐十萬巨款，創建學堂者，請特旨獎以世職（康有為，1973：221）。

而對於師資的改革，他認為院師學長多八股之士，或以京秩清班，以空名領之，宜皆更易，別聘通才。至於教科用書的編印問題，康有為主張中學、小學所讀之書、所辦之章程，皆特設書局，編輯中外要書，頒發誦讀遵行（康有為，1973：221）。

總而言之，康有為深切體會到，以當時國家財政極度拮据的情況，欲立即全面辦理學堂實在是困難重重。所以，他希望透過現有全國各地的書院和寺廟，全部改為學堂，令所有足六歲的學齡兒童入學，並令學生兼習中西學，同時規定高一級的學堂必取才自低一級的學堂，藉此建立完整的學堂系統，讓培育人才的工作進行得更為紮實。如此一來，國家的政事運作始能漸入佳境，最後必定躋身世界強國之林。

五、譯書與游歷

　　甲午戰爭中國失敗之後，引起國人的矚目，遂興起一股向日本學習的風潮。然而，康有為認為，翻譯外書確實應以日本書為主，但選派游歷，卻應以歐美國家為原則。

㈠廣譯日本政法佳書

　　康有為主張當前譯書的內容應以日本有關政法佳書為優先，其理由有二：一、日本與我同文，其變法至今三十年，凡歐美政治文學武備新識之佳書，多已翻譯完成，故可成事至少，費日無多；二、譯歐美之書，其途至難，成書至少，既無通學以主持之，皆譯農工兵至舊非要之書，不足以發人士之通識，徒費歲月、糜巨款而已（康有為，1966：44）。

　　為辦理譯書工作，康有為提出設置譯書局的構想：請在京師設譯書局，妙選通才主持，聽其延辟通學，專選日本政治書之佳者，先分科程並譯之，不歲月後，日本佳書可大略皆譯。再者，應該善用中國人重視科第的心態，獎勵全國士子從事譯書工作，以濟官方譯書業務之不足，具體措施如下：士人能譯日本書者，皆大為獎勵；若童生譯日本書一萬五千字以上者，並試其學論已通，給附生；附生、增生譯日本書三萬字以上者試通論，皆給廩生，廩生則給貢生；凡諸生譯日本書過十萬字以上者，並試其學論已通，給舉人，舉人給進士，進士給翰林，庶官皆晉一秩（康有為，1966：44-45）。

　　最後，康有為也規劃譯書工作的推動進程：應譯之書，每月由京師譯書局，分科布告書目以省重複，其譯成之書，皆呈於譯書局，譯局驗其文可，乃發於各省學政，試可而給第；舉人以上至庶官，則譯局每月彙奏，而請旨考試給之。若行此道，康有為堅信必成效斐然：「以吾國百萬之童生，二十萬之諸生，一萬之舉人，數千之散僚，必皆竭力從事于譯日本書矣。若此則不費國帑，而日本群書可二三年而畢譯于中國，吾人士各因其性之所近而研

究之，以成通才，何可量數。」（康有為，1966：45-46）總而言之，康有為希望透過立即翻譯日本政法佳書的做法，讓全國所有有興趣者自行研究相關領域，以廣泛造就國家建設所需要的通才人選，俾益於推動變法工作。

㈡選派學生游歷歐美

自從鴉片戰爭以後，中國與外國交涉的機會逐漸增加，卻無培養使才的計畫，以致使臣「不諳外務，重辱國體，為夷姍笑」者，屢見不鮮。因此，康有為在〈上清帝第二書〉主張設立「使才館」，選舉貢生監之明敏者入館學習。其翰林部曹願入者聽，各國語言文字政教律法風俗約章，皆令學習，學成或為游歷，或充隨員，出為領事，擢為公使，庶幾通曉外務，可以折衝，俾令使才不勝用。再者，王公貴族、親藩世爵與國家政事運作息息相關，更負有啟沃聖聰之責者，唯不出都城，寡能學問，非但不通外國之故，抑且未知直省之為，一旦執政，難免無補於國事。所以，應該令其游歷各國三年，講求諸學，俾渠等廣開見聞，歸國後能著有專書，始授政事，分遣品官。並藉此道激勵士庶，出洋學習，或能著新書，皆為優獎，或歸授教習，庶開新學；則上之可以贊聖聰，下之可以開風氣，必能鼓舞國人研習新學，奠定推動變法的社會基礎（康有為，1973：151-152）。

然而，派遣游學的國家應該慎選，康有為認為應以歐美為優先；因為歐美國家的物質科技較其他國家發達，唯有選派游學生或官員前往實地學習，才能學到真正的科學技術。而歐美國家之中，又以德國最適宜中國派遣游歷，因德之國體與中國雷同，而科學最精良。另外，對於辦理游學的經費，他認為應積極籌措巨款，或令各縣分籌；並將經費與人數互相搭配，大縣三人、中縣二人、小縣一人，皆舉其縣之秀才，令其縣自籌供其費；若以全國一千五百縣通計，每縣二人，驟得三千游學生。至於游學科目，他主張律、醫二者，我宜緩學；自哲學、海陸軍、化電、光重、農工、商礦、工程、機器，皆我所無，亟宜分學；每科有二、三百人，其後歲歲議增。如此以行，

期望「理財既成，增派無數，六年之後，立國之才，庶幾有恃。」（康有為，1966：46-47）

最後，對於游學日本，康有為主張開放民眾自費前往，因為日本道近而費省，廣屬東游，速成尤易，聽人士負笈，自往游學，但優其獎勵勸導，東游者自眾，不必多煩官費。但是，師範及速成之學，需才尤急，仍然必須由官方妥為規劃，妙選成學之士，就學於日本，則收新學之益，兼無異說之害（康有為，1966：47）。總之，康有為認為：日本於推動變法之始，即選派游學生至歐美，人數成千上萬，歸國後均能擔任重要政事，並為百業之師，遂見其成效。因此，他也希望中國效法日本，選派游學生赴德國學習，期能藉此培養國家棟樑之才，俾益於變法之推動。

六、獎勵創新

㈠列強因創新而富強

康有為在〈上清帝第四書〉指出，列強諸國早已講究創新，而避免守舊、落後。他舉出英人培根的主張，其當明永樂時已創為新義，「以為聰明鑿而愈出，事物踵而增華，主啟新不主仍舊，主宜今不主泥古。」（康有為，1973：175）並以歐洲各國與美國為例說明之。

歐洲各國雖然小國寡民，但卻能獎勵工藝，所以富強。他指出，歐洲諸國，小國之人民僅得中國百分之一，大國亦僅得十分之一，而大國富強卻十倍於中國，小國亦與中國等，其理安何？深究其由，則以諸歐政俗學藝，競爭激烈，並尚日新，若謂其工藝精奇，則以其積極講求物質科學之故；再論中國與美國之比較，所行所趨之道相反，故致富致強之道，亦適相反，因為美國人晝夜思索創新之道，就如同中國士子埋首八股舉業，且國家獎勵倡導，率舉國人為有用日新日智之業，故能富能強；而中國卻率舉國人為無用守舊日愚之業，故愈貧愈弱（康有為，1966：50、53）。

(二)中國應創新求富強

　　欲使中國上臻富強之境，康有為在〈上清帝第二書〉主張，應效法列強諸國之道，鼓勵國人創新發展，而他更主張重賞之下必有勇夫；有能創著一書，發明新義，確實有用者，皆入翰林，進士授以檢討，舉人授以庶吉士，諸生授以待詔，如是則天下之士才智大開，奔走鼓舞，以待皇上之用（康有為，1973：149）。除此之外，他於〈上清帝第四書〉建議，善用立科鼓勵的措施：士人著有新書，發從古未創之說者，賞以清秩高第；工人製有新器，發從古未有之巧者，予以厚幣功牌，皆許其專利，寬其歲年；有尋得新地，為人跡所未闢，身任大工，為生民所利賴者，予以世爵。於是，得以鼓舞全國人民創新說、製新器、尋新地，國人踴躍各竭心思、爭求新法，除得一身之富貴外，亦使中國日漸富強（康有為，1973：176）。

　　再者，康有為提醒國人，如果一味地守舊，必將為世界各國所淘汰；因為世界之勢、萬國交通、政俗學藝、日月互校、優勝劣敗、淘汰隨之，置我守舊閉塞無知無欲之國民，投於列國競爭日新又新之世，必無能苟延性命。但是，若能確實遠採列聖遺訓，發明新民之義，以知新為學識，以日新為事業；近法列強良規，鼓舞創新，講求物質科學；一轉移間，以中國之廣土眾民，其富強必能三十倍於諸國，而無敵於天下。因此，康有為建議，皇帝下詔求新，並配合科名、爵位、資助等獎勵措施，期能形成全國講究創新的風氣。至於具體做法如下（康有為，1966：51-54）：

　　第一，特下明詔，獎勵工藝，引導日新，令部臣議獎創造新器，著作新書，尋發新地，啟發新俗者。

　　第二，創新器者，酌其效用之大小，小者許以專賣，限若干年，大者加以爵祿，未成者出帑助成。

　　第三，著新書者，查無抄襲，酌量其精粗長短，與以高科，並許專賣。

　　第四，尋新地而定邊界，啟新俗而教苗蠻，成大工廠以興實業，開專門

學以育人才者，皆優與獎給。

康有為相信，如此以行，「則舉國移風，爭講工藝，日事新法，日發新議，民智大開，物質大進，庶幾立國新世，有恃無恐。」（康有為，1966：51-54）總之，鼓勵創新的最終目的，則是希望在全國人民皆潛心於創新發展之後，中國能日創新說、日出新法、日造新器，便可無懼於列強諸國的船堅砲利，與世界各國同列於強國之林。

七、鼓勵成立民會

所謂民會，就現代觀點而言，就是民間團體。

康有為根據觀察的心得，在〈上清帝第四書〉中指出，列強諸國講究一項學問，必能集合眾人之腦力以為集思廣益、勸善相摩之功；並集眾人之財力以購書購器，故能學術發達、科技進步。因此，列強諸國之所以國勢強盛，在於善用民間資源、組織民會，專門戮力於學問之講求，故能屢闢新事，藉此亦能有補於政府之精神有限，不能事事研精之憾（康有為，1973：181）。

泰西諸國參與民會之人，不分后妃太子、王公貴族、平民百姓，皆能熱衷；如俄后親入醫會，日本之后入救人會，皆降至尊而講末業，於庶民亦有倡導之功。然而，康有為也肯定歷代皇帝躬耕、后夫人親蠶之義，期望能由皇帝親自參與民會，鼓勵全國王公大臣、市井小民群起效尤，形成一股精研學業，創新製造的風氣，促進國家之急速發展（康有為，1973：181）。

所謂「國家財力有限、民間資源無窮」，在晚清時局動盪不安、經濟萎靡不振的國家窘境下，唯有激發人民愛國意志，組織為國效力的民間團體，始能補國家力量之不足，促進社會的向上發展。而康有為此種倡導成立民會的見解，確是高瞻遠矚。

第三節　光緒皇帝銳意圖治

「百日維新」由於遭受后黨舊派的多方阻撓，加上傳統勢力依然龐大、堅固而無法動搖，導致光緒皇帝的改革運動，自光緒二十四年四月二十三日（一八九八年六月十一日）頒布《國是詔書》起，至八月六日（一八九八年九月二十一日）慈禧太后宣布訓政為止，僅僅維持一〇三天。但是，在這期間，由光緒主導之上諭計有一六八條，其諭旨數量之多，足見光緒亟欲改革的決心已經昭然若揭。

因此，本節專以光緒的諭旨為研究內容，探討光緒宣誓變法的決心，以及進用維新人才、懲治反對勢力的過程。

壹、宣誓變法決心

光緒宣誓變法決心的方法有兩種：一、頒布諭旨，以要求京內外官員推動新政；二、刊印變法參考專書，以供官員參考。

一、頒布《國是詔書》及各項諭旨

百日維新期間，光緒耳提面命要求官員共推新政，於是頒布五道宣誓意味特別濃厚的諭旨，值得在此詳加討論。

(一)四月二十三日的《國是詔書》

光緒皇帝親自頒布的《國是詔書》，是百日維新期間的第一道諭旨，除為百日維新揭開序幕之外，更具有極高程度的政治宣誓意味。這份詔書大概可以分為三個部分（《光緒實錄》，卷418：15）：

第一，指出洋務運動實施以來，雖有部分措施逐步推行，但風氣未開，眾人論說莫衷一是，導致成效不彰，無法團結國人，對抗列強諸國的對華侵

略。

第二，指示全國臣民立即停止口舌之爭，應以中國聖賢之說為根基，切實講求有益於時務之西學，正式標舉「中體西用」的變法趨向，要求全體國民專心一志，戮力國事。

第三，特別重視教育問題，諭令立即展開京師設立大學堂的籌劃工作。然而，這也充分反映出當時朝廷急需新政人才的緊張情勢。

按照中國政治的傳統，舉凡能夠確實掌權的皇帝，其詔書既下，必能有效要求全國臣民共同遵守。但是，光緒卻在慈禧的垂簾聽政掌握下，成為一個傀儡皇帝；所以，儘管《國是詔書》剴切地指示變法大綱，卻無法發揮風行草偃的功效。光緒言者諄諄，守舊派卻聽者藐藐，視《國是詔書》形同具文，不予理會；詔書如同石沉大海般，毫無音訊，絕大多數官員仍抱持著觀望的態度，只是靜看光緒的後續處置措施。

㈡六月二十三日的諭旨

《國是詔書》頒布後的兩個月，絕大多數的官員抱持觀望的態度，只是消極地應付，缺乏積極推動新政者。於是，光緒再度頒布諭旨，要求大小臣工確實推廣新政。此道諭旨有五個重點（《光緒實錄》，卷 422：8-9）：

第一，光緒重申《國是詔書》的變法精神，以近似懇求的語氣，希望大小臣工努力推動新政。

第二，光緒不厭其煩地指示變法的辦理要領：「遇有交議之件，內外諸臣，務當周諮博訪，確實研究、詳細討論」；切勿「緣飾經術，附會古義，膠執成見，隱便身圖。」然而，對於未遵守者，光緒尚未說出重話，只是失望之情溢於言表：「儻面從心違，希冀敷衍塞責，致令朝廷實事求是之意，失其本旨，甚非朕所望於諸臣也。」

第三，光緒話鋒一轉，開始以較嚴厲的口吻，指責那些批評維新政策者的心態，指出「無動為大、病在痿痺、積弊太深，為諸臣所宜力戒者」；並

267

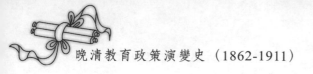

盛贊湖南巡撫陳寶箴，遵旨銳意整頓。

第四，光緒藉著諭旨，指示各京內外要員，務必留心注意維新人才，適時保薦，以求蔚為國用。

第五，最後，光緒再度傳達變法之用意，顯見其用心良苦：「當茲時事孔棘，朕惄後懲前，深維窮變通久之義，創辦一切，實具萬不得已之苦衷，用再明白申諭，爾諸臣其各精白乃心，力除壅蔽，上下一誠相感，庶國是以定，而治理蒸蒸日上，朕實有厚望焉。」

㈢七月十日的諭旨

光緒雖然一再剴切曉諭，但諸臣似乎多為置若罔聞、意存觀望，於是七月十日再頒布諭旨，最主要的目的乃在指責劉坤一、譚鍾麟及榮祿等三位總督。諭旨明白指責兩江總督劉坤一，於本年五、六月間諭令籌辦之事，並無一字覆奏，迨今電旨催問，劉坤一則藉口部文未到，一則電推諉塞責；兩廣總督譚鍾麟甚且視諭旨於未聞，未有任何電覆情形，置新政若罔聞。並失望地指出：「該督等皆受恩深重，久膺疆寄之人，抑泄沓如此，朕復何望？倘再藉詞宕延，必予以嚴懲。」至於直隸距京咫尺，總督榮祿於奉旨交辦各件，尤當上緊趕辦，陸續奏陳。藉此要求其餘各省督撫，亦當振刷精神，一體從速籌辦，毋得遲玩，至干咎戾（《光緒實錄》，卷423：14-15）。

㈣七月十一日的諭旨

光緒指責劉坤一等三人後翌日（7月11日），適逢御史王培佑上奏〈變法自強當除蒙蔽痼疾摺〉指出，人心痼習之未除實為變法之大礙（王培佑，1966：355-356）。

因此，光緒乃藉著披閱王培佑之奏摺的機會，再度提示推動新政之應興應革事項，並分別指出中央樞臣及邊省疆臣的職責。

1. **中央樞臣的職責**：光緒再三叮嚀，「尤賴樞廷及各部院大臣共篤棐忱，

振奮精神，竭力匡贊，共同推動新政。」並且，痛心疾首地指責各樞臣嚴重失職。然後，再度宣達嚴懲反對新政者及未能積極推動新政者之決心：「凡在廷大小臣工，務當洗心革面，力任其艱，於應辦各事，明定限期，不准稍涉遲玩，倘仍畏難苟且，自便身圖，一經覺察，定必嚴加懲處，絕無寬貸之餘地。」

2. **邊省疆臣的職責**：光緒再度指出，「各督撫等，自當仰體朕懷，各就地方情形，認真妥辦，隨時具奏」；並嚴厲指責各省督撫，對於本年六月以前，所有明降諭旨，及寄諭並電旨飭辦各件，「未經覆奏之處尚多，其推諉塞責之情形，總由疲玩因循，不知振作。」再者，立即諭令各邊省疆臣積極趕辦。最後，要求嗣後諭旨應以電報方式傳達各省，該督撫即行遵照辦理，毋庸專候部文，以杜絕疆臣未獲指示之口實（《光緒實錄》，卷 424：1）。

㈤七月二十七日的諭旨

光緒推動新政的心情是相當急切的，未待樞臣疆臣之議奏，又再度於七月二十七日頒布諭旨，諭令積極推動新政。此次諭旨大概有兩個重點（《光緒實錄》，卷 425：13-14）：

第一，光緒指出，推動新政乃是藉用西法，為民謀福利，絕非震懾於西方勢力。並稱譽西方國家政治制度，千端萬緒，而主要目的在為民「開其智慧，裕其身家，其精神乃能美人性質，延人壽命；凡生人應得之利益，務令其推擴無遺。」藉此宣達推動新政之初衷，絕非好大喜功、崇洋媚外之舉，而是鑒於局勢所迫。

第二，光緒對於未能積極配合推動新政，甚至妖言惑眾、煽動民心、萬般阻撓者，極為感嘆：「朕用心至苦，而黎庶猶有未知，職由不肖官吏，與守舊之士大夫，不能廣宣朕意，乃反胥動浮言，使小民搖惑驚恐；山谷扶杖之民，有不獲聞新政者，朕實為歎恨。」所以，光緒深切地企盼變法政策布

告天下，使百姓咸喻於心，共知其君之可恃，上下同心、團結一致，共同推動新政，以強中國。

綜觀前述五道詔書和諭旨，顯見光緒對於推動新政乙事殷切企盼；唯因囿於慈禧太后之權威，諸臣極少呼應。於是，光緒只是一再地剴切曉諭，希望以積極倡導的方式推動變法事業。而七月二十七日的諭旨，梁啟超更譽為「國朝第一詔書」，稱其「惻怛愛民，飢溺自任，以變中國二千年之弊政。」而此次諭旨，也成為光緒推動新政的最後一次詔書（梁啟超，1979：52）。

然而，光緒對於新政事業依然念茲在茲。尤其當推動新政最為積極的湖南巡撫陳寶箴，傳已被人脅制，聞已將學堂及諸要舉全行停止，僅存保衛一局，對此遭受誣蔑乙事，隨即於七月二十九日諭旨鼓勵：「新政關繫自強要圖，凡一切應辦事宜，該撫務當堅持定見，實力舉行，慎勿為浮言所動，稍涉游移。」（《光緒實錄》，卷425：24）

二、刊印變法參考專書

孫家鼐於光緒二十四年（1898）五月二十九日奏〈請飭刷印校邠盧抗議頒行疏〉，特別推薦《校邠盧抗議》乙書，呈請飭下直隸總督刷印一、二千部，交軍機處，再請皇上發交部院卿寺堂司各官，發到後，限十日內，令堂司各官將其書中某條可行、某條不可行，一一簽出，或各註簡明論說，由各堂官送還軍機處，擇其簽出可行之多者，由軍機大臣進呈御覽，請旨施行。深究其目的有二：一、如此則變法宜民，出於公論，庶幾人情大順，下令如流水之源也；二、堂司各官簽出論說，皇上亦可藉此以考其人之識見，尤為觀人之一法（孫家鼐，1966：374）。

孫家鼐上疏當日，光緒即諭令直隸總督榮祿將《校邠盧抗議》刷印一千部，剋日送交軍機處，毋稍遲延（《光緒實錄》，卷420：17）。而軍機大臣亦隨即將應行頒發各衙門及擬訂數目，開單呈覽。光緒即於六月六日諭令按照單開，俟書到後，頒發各衙門，悉心覈看逐條簽出，各註簡明論說，分

別可行不可行，限十日內咨送軍機處，彙覈進呈，以備採擇（《光緒實錄》，卷 421：15）。由此極高的行政效率來看，光緒推動新政的心情是相當急切的。更可以得知，光緒對於變法專書相當重視，亟欲透過京官要員的悉心閱讀及簽註評論的做法，彙集朝廷對於變法方向及項目的看法，俾有益於新政事業之推動。

另外，同樣引起光緒矚目的變法專書就是張之洞的《勸學篇》。六月七日，翰林院代奏侍講黃紹箕所呈進的《勸學篇》。光緒詳加披覽原書內外各篇之後，認為該書持論平正通達，於學術人心大有裨益；隨即諭令將所備副本四十部，由軍機處頒發各省督撫學政各一部，俾得廣為刊布，實力勸導，以重名教而杜厄言（《光緒實錄》，卷 421：6）。

貳、廣納雅言徵求人才

光緒為使新政推動順利，於是頒布諭旨廣開言路，希望聽取各方對於推動新政的看法，並且賦予官員保薦真才實學者的權力，以襄助新政。

一、廣開言路察納雅言

《國是詔書》既下，必應令全國臣民發表變法言論，俾供採擇施行，而收集思廣益之效，始能裨益於新政之推行。因此，光緒相當重視言路是否暢通，臣民表達意見的管道是否受到阻塞。

六月十五日，光緒鑒於朝廷振興庶務，不厭講求，必賴大小臣工各抒讜論，以備採擇。諭令翰林院、詹事府、都察院，各於值日之日，由該堂官輪派講讀編檢八員、中贊二員、科道四員，隨同到班，聽候召見，俾收敷奏以言之益。並宣示廣開言路之法，允准部院司員，有條陳事件者，由各堂官代奏。同時鼓勵全國臣民踴躍貢獻智慧，共襄變法盛舉，讓士民有上書言事者，得赴都察院呈遞，且要求都察院毋得拘牽忌諱，稍有阻格（《光緒實錄》，卷 421：15-16）。

　　經過月餘，光緒再度指示廣開言路之變通做法。七月十七日，諭令都察院，對於士民上書言事者，著赴都察院呈遞，毋得拘牽忌諱，稍有阻格，並破除一切慣例與忌諱，凡皆有條陳事件，如係封口呈請代奏，即著將原封進呈閱覽，一律毋需拆看，不得有誤；若係具呈到院者即將原呈封進，不必另行鈔錄，均著隨到隨遞，不准稽壓，儻有阻格，即以違旨懲處（《光緒實錄》，卷 424：16）。

　　之後，因為上書言事者愈來愈多，數量驚人，有一日多至數十件者。光緒特別於七月二十四日諭令軍機大臣等，嗣後若有呈請代遞之件，隨到隨即分日進呈，不必拘定值日之期（《光緒實錄》，卷 425：6）。藉此要求接受代遞者以最高的行政效率進呈，期以逐日閱看變法言論的做法，避免任何有益的見解遲延呈現，讓新政事業及早步入正軌。

　　七月二十七日，光緒諭令各省督撫應確實將四月二十三日以後，所有關乎新政之諭旨，均迅速照錄，刊刻謄黃，切實開導；並要求各省州縣教官，詳切宣講，務令家喻戶曉；至於此次諭旨，並著懸掛各省督撫衙門大堂，俾眾共觀，庶無壅隔（《光緒實錄》，卷 425：13-14）。光緒希望透過諭旨要求中央樞臣與邊省疆臣均能迅速傳遞變法建言，藉此激發全國臣民推動新政的高昂士氣。

　　同日，又要求各衙門將有關廣開言路之諭旨，包括六月十五日、七月十六日諭旨，七月十九日硃諭，七月十七日及二十四日交片諭旨，均令鈔寫一通，同此件諭旨一併懸掛，一併公告周知，俾得觸目警心，不致復萌故態，以示力除壅蔽之至意（《光緒實錄》，卷 425：14）。

　　隨後，光緒又於七月二十八日，諭令各省督撫，傳知藩臬道府，凡有條陳，均令其自行專摺具奏，毋庸代遞，其州縣等官言事者，仍由督撫將原封呈遞（《光緒實錄》，卷 425：21-22）。

　　光緒接二連三頒布諭旨，耳提面命要求廣開言路，並以簡化行政程序的變通做法，令中央樞臣與邊省疆臣均能迅速傳遞變法建言，期能儘速凝聚變

法共識，倡導全國臣民共襄盛舉，戮力推動新政。他的心情是那樣的急切，他以天子之尊以身作則提倡變法，足以反映出他對於當時中國的艱難局勢應該具有相當程度的瞭解。

二、保薦真才共推新政

維新變法事業之推動，必賴人才輩出，而此等人才又必須為兼通中西、學貫古今之真才實學者，始能正確認識治法之良窳。因此，在「戊戌變法」之前，光緒已經有相關諭旨，要求中央樞臣與邊省疆臣保薦真才，以備擢用。

光緒二十三年十二月二十五日（1898）諭旨指出：時局孔艱，需才尤亟，而各省督撫實係朝廷股肱耳目之所寄，更應俯查國家大勢，一秉大公，認真觀察，保薦真才，於所屬道府州縣中，無論現任候補，詳加鑒別，擇其居心正大，才識閎通，足以力任艱鉅者，列為上選，他若盡心民事，通達時務，均著出具切實考語，並臚列其人之實蹟成效，詳細具陳，以備擢用（《光緒實錄》，卷 413：16-17）。此次諭旨頒布時，光緒尚未正式召見過康有為，但是卻在德國強占膠州灣及俄國強占旅順、大連，國內局勢又相當緊張的時候；而且，其時光緒親政已近十年，顯見光緒已經開始注意到國家缺乏真才之嚴重性，似乎可以看成是蘊釀變法之肇端。

薦才諭旨頒布一個月後，光緒二十四年（1898）正月二十五日，內閣侍讀學士榮慶奏，請飭培養八旗人才認真考試一摺。光緒再頒諭旨，要求各衙門對其屬員，不分滿漢、無論出身，一律予以認真考核，由各該堂官，自行釐定章程，無論何項出身，一體面加考試，並認真訓飭，務使究心實學，勉為有用之才，以備朝廷器使（《光緒實錄》，卷 414：17）。光緒所謂的幹濟之才，必須是能夠講求時務、究心實學者。顯示光緒已經體認到，只有依賴恢復中國傳統的學問，是無法有效治理處於列強並存的現代中國；唯有能夠細心考究時務、學以致用者，才是國家真正需要的人才。

四月二十三日，頒布《國是詔書》的當日，立即諭令各省督撫，於平日

所知，其品學端正、通達時務、不染習氣者，無論官職大小，酌保數員，交總理各國事務衙門考驗，帶領引見（《光緒實錄》，卷 418：15-16）。並立即接受翰林院侍讀學士徐致靖的保薦，隨即於四月二十五日，諭令工部主事康有為，刑部主事張元濟，均著於四月二十八日，預備召見；湖南鹽法長寶道黃遵憲、江蘇候補知府譚嗣同，著該督撫送部引見；廣東舉人梁啟超，著總理各國事務衙門，察看具奏（《光緒實錄》，卷 418：17）。

這兩道諭旨的頒布，顯示光緒求才若渴，不拘成例。因為按照清朝成例，四品以上乃能召見，而光緒毅然召見小臣，則是自咸豐後四十餘年未有之舉措。而梁啟超以布衣獲得召見，更是清朝數百年所未見。且同日有御史黃均隆參劾黃遵憲、譚嗣同及梁啟超，兩疏並上，光緒於劾者置之不問，於薦者卻明發諭旨，更見其用人之不惑（梁啟超，1979：23）。

四月二十八日，光緒召見工部主事康有為及刑部主事張元濟後，諭令康有為在總理各國事務衙門章京上行走（《光緒實錄》，卷 418：19）。自此之後，康有為得到光緒的重用，積極協助推動新政事宜。維新人士的各項變法奏摺，亦自此時後紛紛上呈，光緒亦頻頻頒布新政諭旨，由光緒親自主導的「戊戌變法」已經如火如荼地展開。

直至七月三日，光緒諭令湖南巡撫陳寶箴，傳知湖南在籍庶吉士熊希齡，迅即來京預備召見（《光緒實錄》，卷 432：2）。光緒又進用另一波維新人士。

七月十三日，陳寶箴奏遵保人才開單呈覽各乙摺，光緒即諭令：內閣候補侍讀楊銳、刑部候補主事劉光第等十五員，在京者著各衙門傳知該員預備召見，其餘均由各該督撫飭知來京，一體預備召見（《光緒實錄》，卷 424：5）。同日，少詹事王錫蕃奏保通達時務人才乙摺，光緒再度諭令：北洋差委候補道嚴復、內閣候補中書林旭等四員，預備召見（《光緒實錄》，卷 424：6）。

七月二十日，光緒諭令候補侍讀楊銳、刑部候補主事劉光第、內閣候補

中書林旭、江蘇候補知府譚嗣同,均著賞加四品卿,在軍機章京上行走,參預新政事宜(《光緒實錄》,卷 424:20)。此道諭旨,也成為「戊戌變法」失敗之後,楊銳等人獲罪之最主要根據。

光緒除諭旨進用特定維新人士之外,七月二十二日更諭旨宣導,各州縣地方官在推動新政上的重要角色。諭旨要求各省督撫,留心訪察,摒去私心、汲引善類,於所屬地方州縣官,如有通達時務勤政愛民之員即隨時保送引見,以備錄用,方不負大臣以人事君之義(《光緒實錄》,卷 425:2)。由此可知,光緒除寄望於少數維新人士貢獻智慧、積極襄助變法事業之外,更期望進用明體達用的地方官員,令其亦能積極奮起、共體時艱,齊力推動新政。

就在諭令保薦地方官的同日,光緒再度諭旨拔擢人才,實授裕祿、李端棻為禮部尚書,以內閣學士闊普通武為禮部左侍郎,裁缺通政使司通政使薩廉為禮部右侍郎(《光緒實錄》,卷 425:3)。並於此後,連日諭令進用維新人才。

綜觀光緒在「戊戌變法」期間不惜破例進用之維新人士,概以年輕官員或尚未任官者為主。他們懷抱著一股救國的熱忱,幾乎不顧一切代價地付出自己的時間、精力,甚至生命,成為襄助光緒的一股最主要的力量;奈何他們在朝廷中的勢力薄弱,人微言輕,終究無法抵擋以慈禧太后為主的舊黨勢力,遂使「戊戌變法」在短暫的百日內即告終結。

參、懲治舊黨

光緒積極倡導全國臣民共襄變法盛舉,齊心齊力推動新政。但是,絕大多數的中央樞臣及邊省疆臣,均採取觀望的態度,有的推諉遲延,有的置若罔聞,甚至有人上奏反對。於是,光緒乃運用其皇帝的權威,對反對者大行懲罰,以儆效尤。

一、御史文悌遭罷斥案

　　光緒二十四年（1898）正月六日，光緒諭令舉行經濟特科之外，更舉辦經濟常科，試時務策論及政治、法律、財政、外交、物理各專門之學；其試科章程，交禮部議。然而，許應騤身為禮部尚書，卻藐視諭旨，欲將經濟科歸併於八股，引起士子大為譁然（梁啟超，1979：24）。而御史楊深秀、宋伯魯首先發難，上奏彈劾許應騤諸端不是，包括腹誹朝旨，在禮部昌言經濟科無益，務欲裁減其額，使得之極難，就之者寡；詔書關乎開新，下禮部議者，率多方阻撓；許應騤接見門生後輩，輒痛詆西學，遇有通達時務之士，則疾之如讐；許應騤深惡洋務。光緒見楊深秀、宋伯魯所劾內容，深惡許應騤對於新政之推動阻礙頗多，即欲黜之，而剛毅卻代許應騤求情，故光緒僅諭令許應騤回奏（梁啟超，1979：24）。

　　五月四日，許應騤即就楊深秀、宋伯魯所彈劾之內容，一一回奏，雖表示自己與康有為同鄉，但痛詆康有為的為人與行事：「少即無行，迨通籍旋里，屢次搆訟，為眾論所不容。」並明指康有為逞厥橫議，廣通聲氣，襲西報之陳說，輕中朝之典章，其建言既不可行，其居心尤不可問。因此，許應騤積極建請光緒斥退康有為，將其驅逐回籍，否則任其久居總署，必刺探機密，漏言生事，長住京邸，必勾結朋黨，快意排擠，搖惑人心，混淆國事，關係非淺（許應騤，1970：75-76）。事件發展至此，光緒尚無進一步的處分措施。

　　五月二十日，與許應騤同屬舊黨陣營的御史文悌，上〈嚴參康有為摺稿〉，對於許應騤之回奏內容力挺到底。就其摺稿內容，可以分為五個部分予以討論（文悌，1970：80、83-85、90-93）：

　　㈠文悌盛贊許應騤在朝聲譽，並指出許應騤斥退康有為之建議，與自己所見所聞，若合符節。

　　㈡文悌詳細敘述自己與康有為相識的過程之後，嚴辭批評康有為談治

術，「……專主西學，……欲將中國數千年相承大經大法，一掃括絕。」並指責時務報及知新報所論，實為不知國家情勢，將中國一變而為外洋政教風俗，可能造成不良的後果。

㈢文悌主張，變法應「以中學植其根本，輔以西學為致用之術」。故必須修明孔、孟、程、朱、四書、五經、小學、性理諸書，植為根柢，使人熟知孝弟、忠信、禮義、廉恥、綱常、倫紀、名教、氣節以明體，然後再學習外國文字言語藝術以致用，則中國有一通西學之人，得一人之益。

㈣文悌以康有為成立「保國會」乙事，抨擊其行事為人，「暗營保薦以激登進，其詐偽多端，斷乎非忠誠之士。」

㈤文悌藉此順道彈劾楊深秀及宋伯魯。他指出楊深秀及宋伯魯在保國會名單之內，而楊深秀積極協助康有為傳布變法觀念，且不聽勸告，一再申論康有為之議，顯見已為康有為之浮詞所惑。並抨擊宋伯魯前者黨庇薛允升，今者又與楊深秀黨庇康有為，專以報復為得計。因此，文悌請旨飭下都察院堂官，查覈楊深秀及宋伯魯是否堪勝御史之任？

文悌此份摺稿，一再向光緒輸誠，並歷數楊深秀、宋伯魯保薦康有為之不是，可謂是舊黨勢力反撲的代表作之一。但是，光緒閱看文悌之摺後，想必已經勃然大怒，隨即於當日諭旨指責文悌奏摺內容，難保非受人唆使；而向來台諫結黨攻訐，各立門戶，最為惡習，該御史既為整肅台規起見，何以躬自蹈此？並以文悌不勝御史之任的理由，斥退其回原衙門行走（《光緒實錄》，卷420：6）。文悌也因此成為百日維新期間遭光緒斥退的第一人。

二、禮部尚書許應騤等人遭革職案

文悌遭光緒斥退之後，守舊派人士仍未改前愆，依然我行我素，未將光緒之諭旨視為正辦，因循怠惰之風未改。於是，禮部主事王照於六月撰擬〈禮部代遞奏稿〉，條陳時務三者：一、請旨宣示削亡之禍，已在目前，竭力挽回，猶恐不及，勿空言萬全以貽誤也；二、請皇上奉皇太后聖駕巡幸中

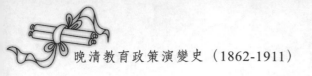

外，以益光榮而定趨向也；三、請專設教部，以重教部而祛糾紛也（王照，1973：351-354）。

奏稿既出，王照請禮部尚書代奏，呈進光緒閱覽，唯許應騤等不肯代遞。王照乃即具呈彈劾堂官阻遏，到堂親遞，且謂如不遞，當往都察院遞之，懷塔布等不得已，乃允其代奏。但是，懷塔布等人卻作摺彈劾王照「咆哮署堂，藉端挾制」，又謂其條陳事項，「將置皇上於險地」，指王照居心叵測，請加懲治。然而，光緒對於大臣尸位，壅蔽群僚，深惡已久（梁啟超，1979：44）。即於七月十六日，諭旨怒斥懷塔布等人之奏摺。

光緒諭令懷塔布等均著交部議處，同時，要求此後各衙門司員等，條陳事件，呈請堂官代遞，即由各該堂官，原封呈進、毋庸拆看；且將王照原呈奏稿，留下閱覽（《光緒實錄》，卷424：11-12）。

諭旨頒布後，一時之間，無論何官之封章，均得直達於上，舉國鼓舞歡蹈，爭求上書，民間疾苦，悉達天聽。每日每署封奏皆數十，光緒遂雞鳴而起，日晡乃罷，覽閱章奏，猶不能盡（梁啟超，1979：44）。由此可知，光緒採取重懲堂官阻遏上書之罪，已經發揮殺雞儆猴的效果；全國臣民，凡有變法見解者，皆得直呈光緒親自閱覽，對於凝聚變法共識，加速新政之推動，當有其不可抹滅之功能。

光緒處分懷塔布等人的諭旨頒布後的第三天（7月19日），吏部即上擬議處分之摺；光緒藉此機會再度剴切曉喻，宣示變法決心。並諭令禮部尚書懷塔布、許應騤、左侍郎堃岫、署左侍郎徐會灃、右侍郎溥頲、署右侍郎曾廣漢，均著即行革職。至禮部主事王照，不畏強禦，勇猛可嘉，著賞給三品頂戴，以四品京堂候補，用昭激勵（《光緒實錄》，卷424：17-18）。此次的處分，比起文悌斥退案，影響範圍更為廣泛，受革職者也是百日維新期間最多的一次。

三、兩廣總督譚鍾麟遭撤查案

七月二十八日，光緒頒布最後一道懲治舊黨的諭旨；此次諭旨係根據匿名奏摺，以兩廣總督譚鍾麟為撤查對象。此道諭旨可以分為五個部分（《光緒實錄》，卷 425：19-20）：

㈠引用匿名奏摺之內容，指責譚鍾麟「昏老悖謬，阻抑新政，釀亂四起」。

㈡列舉譚鍾麟阻礙新政的幾項事實，包括裁水師學堂、撤魚雷學堂、裁撤輪舟二十八艘，棄置不用；督考書院，故出八股題；學堂至今未立，其他商人稟請開礦築路等事，則必阻之，全省有談時務者，不委差使，吏士以此相戒等。

㈢兩廣地區，將軍督撫署旁白晝搶劫，一縣劫案，歲以千計，其治安敗壞之情形，屬吏莫不諱言；若聽任該督尸居，勢將全省蹂躪。

㈣譚鍾麟久歷封圻，受恩深重，若如所奏種種昏謬情形，實屬大負委任。並諭令陳寶箴確實按照匿名奏摺所言各項罪名，嚴密訪查，如果屬實，速即參奏。

㈤譚鍾麟縱容所屬貪污受賄，粵中官方之壞，皆此貪吏為之，而譚鍾麟倚為心復。亦指示陳寶箴一併撤查清楚，據實嚴參，毋稍徇庇。

綜觀光緒在百日維新期間處分舊黨人士的作為，確實能激勵維新人士的士氣，也鼓舞更多有心貢獻智慧的大小臣工或布衣平民，適時展現救國的熱忱。但是，光緒在朝廷的勢力是那樣的薄弱，而早在四月二十九日召見張謇於乾清宮時，已經是「神采凋索」（宋希尚，1966：416）；因此，光緒欲對抗以慈禧為首的舊黨勢力，無異於以卵擊石。所以，光緒言者諄諄，舊黨聽者藐藐，新政的推動始終窒礙難行，最後，慈禧重出訓政，維新以悲劇收場。

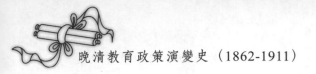

第四節　維新派的教育政策

　　以光緒為首的維新派，在百日維新之前，已經提出若干有別於洋務運動的教育改革措施，如京師設立大學堂、舉辦經濟特科等；在正式展開變法事業之後，維新派所提出來的教育改革方案，例如創辦大中小三級學堂、廢除八股文、倡辦報紙等，都顯示維新派「提倡根本改革」的教育政策主張，儼然已經成型。

　　因此，本節專以光緒所頒布有關教育的諭旨為研究內容，探討維新派的教育政策內涵，包括興辦學堂、改革科舉、翻譯外書、選派游歷、倡辦報紙及獎勵創新等。

壹、興辦學堂

一、京師大學堂開興學風氣

　　京師大學堂的設立，係為推廣官書局制度而來，而官書局的前身則為京師強學會（莊吉發，1970：9）。而強學會之起源，則在於光緒二十一年（1895）十月，成立之時由康有為主導，以張之洞為會長；張謇將之譽為「中國士大夫之昌言集會自此始」（宋希尚，1966：411）。但是，在同年的十二月六日，御史楊崇伊以京官創設強學書院，植黨營私為由，請旨嚴禁，隨即已遭查明封禁（《光緒實錄》，卷381：8）。後來，御史胡孚宸奏請設立官書局，以裨時局摺；總理各國事務衙門議奏後，光緒即於十二月二十一日諭令設立官書局，相關措施如下：照八旗官學之例，建立官書局，特派大臣管理，聘訂通曉中西學問之人，專司選譯書籍、各國新報，及指授各種西學，由管理大臣詳定章程，定期開設（《光緒實錄》，卷382：7）。

　　諭旨既下，必須有專人辦理官書局相關庶務工作。光緒於二十二年

（1896）正月二十一日，諭派工部尚書孫家鼐為管理官書局大臣（《光緒實錄》，卷384：4）。孫家鼐隨即於二月十一日，上〈官書局奏定章程疏〉，草擬章程七條，包括藏書籍、刊書籍、備儀器、廣教肄、籌經費、分職掌、刊印信等，作為官書局運作的基本規則（孫家鼐，1973：422-424）。

　　孫家鼐奉旨後，積極辦理官書局有關業務。而早在光緒二十一年（1895）時，刑部左侍郎李端棻曾奏〈請推廣學校以勵人才摺〉（註1），提出京師設立大學堂的構想，建議選舉貢監年三十以下者入學，其京官願學者聽之，學中課程一如省學，唯益加專精，各執一門，不遷其業，以三年為期；並提出設藏書樓、創儀器院、開譯書局、廣立報館及選派游歷等五項推廣興學風氣的策略；希望達到廣育賢才的教育目標，用以修內政、雪國恥。奏摺云：

「既有官書局、大學堂以為之經，復有此五者以為之緯，則中人以上，皆可自勵於學，而奇才異能之士，其所成就，益遠且大。自十年以後，賢俊盈廷，不可勝用矣。以修內政，何政不舉，以雪舊恥，何恥不除，上以恢列聖之遠猷，下以懾強鄰之狡啟。」（李端棻，1966：387、389）

　　直到光緒二十二年（1896）五月二日，總理衙門認為李端棻所請京師建設大學堂，係為擴充官書局起見，請旨飭下該管大臣孫家鼐，察度情形籌辦，此時光緒始得以明頒諭旨，依據李端棻奏摺內容，籌辦京師大學堂相關事宜（《光緒實錄》，卷390：1-2）。

　　在籌辦官書局的同時，孫家鼐又奉諭旨籌辦京師大學堂，因此隨即於七月奏〈議覆開辦京師大學堂摺〉。首先，孫家鼐表示，總署原奏，請立官書局，本有建設學舍之說，而官書局開辦章程中，亦擬設立學堂，延請教習，是學堂一議，本總署原奏所已言，亦即官書局分內應辦之事。其次，他指出開辦書局，時近半年，各處咨取書籍，亦印報章，草創規模，已粗有眉目；並向光緒奏報籌辦經費不足的困難情形下，只能略添儀器，訂購鉛機，蒐求有用之圖書，採擷各邦之郵電，俾都人士，耳目見聞，稍加開拓而已。然

而，孫家鼐卻仍提出六項籌備期間的應辦事項，包括宗旨宜先定、學堂宜造、學問宜分科、教習宜訪求、生徒宜慎選、出身宜推廣（孫家鼐，1966：401-403）。由此可知，孫家鼐對於籌備京師大學堂的態度可謂相當積極。

雖然，京師強學會成立於光緒二十一年（1895）中日簽訂《馬關條約》之後，在不到一年的時間內，孫家鼐已經提出六大應辦事項，籌備的方向可說是已經相當確定。此因中日和議之後，朝野有識之士逐漸體認日本之強盛、中國之敗戰，並非決於船堅砲利一端，實由於中國學術不如人，所以，頗有上書言變法者，如康有為、李端棻等人，尤其以李端棻奏請京師設立大學堂乙節，更見其論地精確，得奉諭旨籌辦；唯因於此舉係屬中國有史以來草創者，無成例可循，且朝臣又諸多守舊官僚、見識未開，而恭親王奕訢及剛毅等朝廷大員又主張緩辦，其他樞臣遂同聲附和，雖奉光緒諭旨，卻仍束諸高閣（梁啟超，1979：27）。並自孫家鼐的奏摺之後，籌備工作又停頓將近一年半。直到光緒二十三年（1897）底，適逢德國強占膠州灣及俄國強占旅順、大連，國內局勢又再度呈現緊張狀態時，光緒已經頒布諭旨要求邊省疆臣保薦人才（《光緒實錄》，卷413：16-17）。而光緒二十四年（1898）正月二十五日，御史王鵬運奏請開辦京師大學堂，才又引起光緒的注意，隨即諭旨交辦積極進行籌備工作，其詳細章程，著軍機大臣，會同總理各國事務衙門王大臣，妥籌具奏（《光緒實錄》，卷414：17）。

可是，樞臣卻又毫無動靜、置若罔聞。直到《國是詔書》之頒布，光緒已經正式將京師大學堂的設立視為培育人才、推動新政的重要工作（《光緒實錄》，卷418：15）。光緒二十四年（1898）五月八日，光緒以整飭庶務之際，部院各衙門承辦事件，首戒因循，前因京師大學堂為各行省之倡，特降諭旨，令軍機大臣、總理各國事務王大臣，會同議奏，即著迅速覆奏，毋稍遲延。並以更嚴厲的口吻要求其各部院衙門，於奉旨交議事件，務當督飭司員，剋期議覆，倘有仍前玩愒，並不依限覆奏，定即從嚴懲處不貸（《光緒實錄》，卷419：7）。五月十日，光緒諭令軍機大臣等，將譯書局納入

京師大學堂章程一併詳細妥擬議奏（《光緒實錄》，卷 419：8）。五月十二日，御史李盛鐸奏擬京師大學堂辦法一摺，光緒隨即諭令總理衙門將之歸入大學堂未盡事宜，一併議奏（《光緒實錄》，卷 419：10）。

　　自光緒二十四年（1898）初，短短的四、五個月內，光緒頻頻頒布諭旨，催促京師大學堂之設立，顯見光緒推動新政的態度已經愈來愈堅決，而且深知當時人才未足為變法之用，故首注意學校，三令五申。但是，當時軍機大臣及總理衙門諸大臣，率多守舊官僚，於興學事宜無多認識，且因中國向未有學校之舉，無成案可稽，雖奉嚴旨草擬大學堂章程，均倉皇不知所措；故飭人屬梁啟超代擬，梁啟超乃略取日本學規，參以本國情形，草定規則八十餘條（梁啟超，1979：27）。至此，京師大學堂的籌辦工作始堪稱向前邁一大步。

　　五月十五日，總理衙門奏〈遵籌開辦京師大學堂摺〉，將京師大學堂章程八十餘條歸納成四大方向：一、寬籌經費；二、宏建學舍；三、慎選管學大臣；四、簡派總教習（總理衙門，1973：411）。光緒隨即諭旨批准章程。首先，宣示京師大學堂在新政的重要地位，為各行省之倡，必須規模閎遠，始足以隆觀聽而育人才。並稱許該王大臣所詳擬之章程，參用泰西學規，綱舉目張，尚屬周備，即著照所議辦理。同時，諭派孫家鼐管理大學堂事務，有關辦事各員，由其慎選委派，至總教習綜司功課，尤須選擇學賅中外之士，奏請簡派，其分教習各員，亦一體精選，中西並用。至於所需興辦經費，及常年用款，著戶部分別籌撥；而所有原設官書局，及新設之譯書局，均著併入大學堂，由管學大臣督率辦理。最後，再度表示對京師大學堂之期許：設立大學堂，為廣育人才、講求時務起見，該大臣（指孫家鼐）務當督飭教習等，按照奏定課程，認真訓迪，日起有功，用副朝廷振興實學至意（《光緒實錄》，卷 419：13-14）。

　　此道諭旨的頒布，宣示籌備已經二年的京師大學堂，正式拍板定案；更代表著新時代的人才培育制度正式開跑。綜觀光緒自二十一年底（1896）起，有關京師官書局及京師大學堂的諭旨共有九道，其間光緒雖再三告誡，

諭令妥擬章程議奏，卻遭受朝廷重要守舊派官僚的百般阻撓；直到光緒二十四年（1898）五月十五日的第九道諭旨，才讓此一興學的重要之舉暫時取得朝廷樞臣的共識，京師大學堂的成立才能有更進一步的突破性發展。由此可見，光緒以其極為薄弱的主政力量，必須與龐大的守舊官僚纏鬥，實屬極為不易之事；然而，光緒鍥而不捨地推動新政的精神，終能感動少數主張變法的有識之士，甘願為其貢獻心力，甚至能無懼於守舊派官僚之攻訐。

二、創設學堂系統

(一) 訂定學堂基本政策

李端棻奏〈請推廣學校以勵人才摺〉，是第一篇具體建議建立學堂系統的奏摺，甚至比康有為的主張早了兩年有餘。按其規劃內容，自京師以及各省府州縣皆設學堂，有關入學資格、學堂課程及修業年限均有規則。最基礎的府州縣學：選民間俊秀子弟，年十二至二十者入學，其諸生以上，欲學者聽之；學中課程，誦四書通鑑小學等書，而輔之以各國語言文字及算學、天文、地理之粗淺者，萬國古史近事之簡明者，格致理之平易者，以三年為期。更高一級的省學：選諸生年二十五以下者入學，其舉人以上欲學者聽之；學中課程誦經史子及國朝掌故諸書，而輔之以天文、輿地、算學、格致、製造、農商、兵礦、時事、交涉等學，以三年為期。而最高級的京師大學堂：選舉貢監年三十以下者入學，其京官願學者聽之。學中課程一如省學，唯益加專精，各執一門，不遷其業，以三年為期（李端棻，1966：387）。綜觀李端棻的規劃內容，其所主張的三級制係以行政層級為劃分依據，而各學堂入學年齡均較泰西諸國所規定者為高，學習科目大致相同，只是深淺有異，至其修業年限均為三年。而此份奏摺，當可視為光緒推動建立學堂三級系統政策的主要依據。

光緒二十二年（1896）五月二日，諭旨允准總理衙門對李端棻奏摺之擬

議，具體內容如下：興學誠自強本計，請由各省督撫，酌擬辦法，或就原有書院，量加程課，或另建書院，肄習專門；果使業有可觀，三年後由督撫奏明，再行議定章程，請旨考試錄用。至於李端棻提出設藏書樓、創儀器院、開譯書局、廣立報館及選派游歷等五項興學的配套措施，除廣立報館乙節無答覆外，其餘各節均有回應：其藏書樓、儀器院、譯言館三節，均可於新立學堂中兼舉並行；選派游歷一節，與總署奏派同文館學生出洋章程，大意略同，唯經費難支，嗣後游歷諸學生，由學堂商局選派者，即由學堂商局籌給資斧，庶推廣之中，仍存限制。至所請京師建設大學堂，係為擴充官書局起見，即飭下該管大臣，察度情形籌辦（《光緒實錄》，卷 390：1-2）。由此可知，總理衙門對於興學已有善意的回意，而此道諭旨的頒布，亦賦予建立學堂系統最正式的依據。

㈡諭令改書院為學堂

　　光緒二十四年（1898）五月二十二日，諭令改書院為學堂，並對捐建學堂之獎勵、民間祠廟改為學堂及學堂用書予以規定。

　　首先，光緒對各省耳提面命地指出，前經降旨，開辦京師大學堂，入堂肄業者，由中學小學以次而升，必有成效可觀，唯各省中學小學，尚未一律開辦，提醒各省應立即興辦學堂。其次，以總計各直省省會暨府廳州縣，無不各有書院為由，命各該督撫督飭地方官，各將所屬書院坐落處所，經費數目，限兩個月詳查具奏。並要求各省府廳州縣現有之大小書院，一律改為兼習中學西學之學校。並時，律定書院與學堂對應之等級：以省會之大書院為高等學，郡城之書院為中等學，州縣之書院為小學，皆頒給京師大學堂章程，令其仿照辦理。至各地方自行捐辦之義學社學等，亦令一律中西兼習，以廣造就。而學堂所需經費，則由各電報局、招商局之溢款及陋規濫費中提列運用。同時獎勵私人興學，如各省紳民能捐建學堂，或廣為勸募，准各督撫按照籌款數目，酌量奏請給獎，其有獨力措捐鉅款者，必予以破格之賞。

而所有中學小學應讀之書，由官設書局，編譯中外要書，頒發遵行。至於民間祠廟，其有不在祀典者，即著由地方官曉諭居民，一律改為學堂，以節縻費，而隆教育，似此實力振興，庶幾風氣徧開，人無不學，學無不實，用副朝廷愛養成才至意（《光緒實錄》，卷 420：9）。此道諭旨顯示光緒在推動興學新政時的替代措施，因為學堂制度草創之初，必然無法迅速建立全國的系統，唯有將原有的全國大小書院及民間祠廟一律改為學堂，並以「重賞之下必有勇夫」的策略獎勵私人興學，如此培育人才的功能始能立即見效。

再者，七月二十七日，亦即是改書院為學堂的諭旨頒布後的兩個月，瞿鴻禨奏，江陰南菁書院遵改學堂，並將沙田試辦農學一摺，光緒即諭旨褒獎配合政策的相關人員。諭旨首先允准前學政黃體芳創設之江陰南菁書院，課通省舉貢生監，現既改為學堂，著照其省會學堂之例，作為高等學堂，以資鼓勵。並對於該書院原有自管沙田一項，參用西法，樹藝五穀果蔬棉麻等項，將未經圍佃之地，先行試辦，如有實效，再行推廣之作法；鼓勵學堂農會，應相輔相行，實為一舉兩得之道，該學政此奏，具見籌畫精詳，留心時務，即著照議認真辦理，務收實效，毋託空言（《光緒實錄》，卷 425：15）。根據諭旨的內容分析，南菁書院遵照五月二十二日之諭旨改為學堂，並充分運用沙田充作農場，講究農學，其積極配合政策的行為，確實令光緒感到士氣大振，遂有諭旨褒獎之舉。

(三)光緒親自督導興學

1. **在大學堂方面**：管學大臣孫家鼐於光緒二十四年（1898）六月二十二日，奏〈籌辦大學堂大概情形摺〉，提出八大辦學方針：一、進士舉人出身之京官，擬立仕學院也；二、出路宜籌也；三、中西學分門宜變通也；四、學成出身名器宜慎也；五、譯書宜慎也；六、西學擬設總教習也；七、專門西教習，薪水宜從優也；八、膏火宜酌量變通也（孫家鼐，1966：404-405）。光緒隨即頒布諭旨，稱許孫家鼐所擬章程八條，大都

參酌東西洋各國學校制度，暨內外臣工籌議，與前奏擬定辦法，間有變通之處，條分縷析，尚屬妥協，造端伊始，不妨博取眾長，仍須折衷一是，即著孫家鼐按照所擬各節認真辦理，以專責成。至其學堂房舍，業經准令暫撥公所應用，交內務府量為修葺，著內務府剋日修理，交管理大學堂大臣，以便及時開辦，毋稍延緩。另外，給事中鄭思賀奏，推廣學堂月課章程，請於額滿之員，以月課代甄別一摺，著依議行。同時，因為大學堂之辦理茲事體大，必須精益求精、務臻美備，所有一切未盡事宜，仍應隨時體察情形，妥籌具奏。最後，准孫家鼐面奏，派充丁韙良為西學總教習，並為鼓勵計，著賞給二品頂戴，以示殊榮（《光緒實錄》，卷 422：6-7）。

2. **在中小學堂方面**：六月六日，御史張承纓奏，請於五城添立小學堂中學堂一摺，光緒即著孫家鼐酌覈辦理（《光緒實錄》，卷 421：15）。六月十七日，孫家鼐奏，議覆五城添立小學堂，請飭設法勸辦一摺，光緒即諭令指出，京師現已立大學堂，其小學堂亦應及時創立，俾京外舉貢生等一體入學，以備升入大學堂之選，著五城御史，設法勸辦，務期與大學堂相輔相行，用副培養人才之至意（《光緒實錄》，卷 422：1）。

3. **頻頒嚴旨諭催興學**：雖然光緒已經頒布諭旨，命令各省興辦學堂，唯邊省疆臣多為置若罔聞、視若無睹。光緒遂於七月三日，諭電寄各省督撫，催促各省急覆辦學情形（《光緒實錄》，卷 423：2）。七月六日，又以直隸為畿輔重地為由，諭電直隸總督榮祿，要求亟應趕緊籌辦，以為倡導，並應迅飭各屬，將中學堂、小學堂一律開辦，毋稍延緩，且應將籌辦情形，即行電奏（《光緒實錄》，卷 423：8）。因為京師為全國觀瞻所在，而直隸總督之舉措又足以影響邊省疆臣之態度，因此光緒極為重視京師之地的興學情況，遂於諭電各省督撫之外，特別諭電直隸總督榮祿，命其電奏中、小學堂籌辦情形。

　　再者，光緒又於七月十二日諭電指出：前已有旨飭令各省開辦學堂，

復經降旨電催，已據各省陸續奏報開辦，而廣東迄無隻字覆奏，豈藉口部文未到耶？言下之意，已明白指責兩廣總督譚鍾麟無視於諭旨之急切，遂命其立即妥籌開辦，並將辦理情形，即日電奏，毋再任意遲延干咎（《光緒實錄》，卷 424：4）。七月十六日，因譚鍾麟及德壽電奏尚無興學切實辦法，光緒即諭旨訓斥，著該督撫，振刷精神，確籌開辦事宜，認真舉辦，總期多設小學堂，以廣作育，不准敷衍延宕，仍將籌辦情形，即行電奏（《光緒實錄》，卷 424：15）。

除此之外，京師大學堂，業經專派管學大臣剋日興辦，各省中學堂、小學堂亦當一律設立，以為培養人才之本，而興辦學堂之際，必須得人經理，始見成效，因此，李端棻奏請各省學堂派士紳督辦。光緒即於六月十一日，以事屬創始，首貴得人為由，諭令各直省督撫就各省在籍紳士，選擇品學兼優能孚眾望之人，派令管理各該處學堂一切事宜，隨時稟承督撫，認真經理。該督撫慎選有人，即著奏明派充，以專責成而收實效（《光緒實錄》，卷 421：12）。

4. **諭設各類學堂**：除了三級的大、中、小學堂系統之外，維新派尚注意其他各類學堂之籌設，包括有實業性質的礦業和鐵路學堂、武備和水師學堂、醫學堂、海外僑民學堂及速成學堂等。

光緒二十四年（1898）六月二十三日，諭設水師學堂，以儲備海軍將領人才；諭旨指出，中國創建水師，歷有年所，唯是制勝之道，首在得人，欲求堪任將領之才，必以學堂為根本，應如何增設學額，添置練船，講求駕駛，諳習風濤，以備異日增購戰船，可期統帶得力，著南北洋大臣及沿海各將軍督撫，一體實力籌辦，妥議具奏。再者，為因應經濟發展之需要，必須開展礦業及修築鐵路；因此，礦務與鐵路遂成為當今切要之圖，造端伊始，亟應設立學堂，預備人才，方可冀收實效；所有各處鐵路扼要之區，及開礦省分，應行增設學堂，切實舉辦之處，著王文韶、張蔭桓悉心籌議奏明（《光緒實錄》，卷 422：9）。

　　七月五日，總理衙門奏〈遵議廖壽豐奏請飭出使各國大臣督同領事，各就寓洋華人一體建立學堂摺〉。光緒鑒於英、美、日本各埠，僑寓華民眾多，群居錯處，不乏可造之材，諭令應亟創立學堂，兼肄中西文字，以廣教育，著該大臣等，體察情形、妥籌勸辦、議定章程、詳析覆奏（《光緒實錄》，卷 423：4）。

　　七月十四日，以同文館規模較大，經始甚難，現京師大學堂開課需時之由，諭令對於此一洋務運動的產物，暫時不予裁撤，應俟大學堂規模大定，再行查酌辦理（《光緒實錄》，卷 424：9）。

　　七月二十一日，諭令孫家鼐對於侍講惲毓鼎奏，請於京師設立武備大學堂簡派大員督辦一摺，妥議具奏（《光緒實錄》，卷 425：1）。

　　七月二十四日，孫家鼐奏請設立醫學堂；光緒即以醫學一門，關係至重，亟應另設醫學堂，考求中西醫理，歸大學堂兼轄，以期醫學精進，諭令孫家鼐，詳擬辦法具奏（《光緒實錄》，卷 425：5）。

　　七月二十七日，日講起居注官黃思永奏請籌款試辦「速成學堂」。奏摺指出，小學堂收效尚緩，大學堂事屬創舉，開辦不易，欲速不能，請自行籌款，設立速成學堂，以期收效。光緒隨即指出，京師大小學堂，業經先後降旨，諭令孫家鼐及五城御史分別舉辦；而黃思永所奏，用意殊屬可嘉，著即准如所請，籌款試辦，以為之倡，果有成效，再行擴充，並當予以獎勵，著俟開辦後，察看情形，隨時具奏（《光緒實錄》，卷 425：16）。

　　綜觀以上各次諭旨的內容，顯示維新派對於普通學堂之外各類專業性質學堂的規劃，尚未出現完整的系統；光緒也只能閱看奏摺建議之後，再據以頒布設立學堂的諭旨，只是走一步算一步的粗淺做法，尚未出現前瞻性的規劃。

貳、改革科舉

一、經濟特科拔擢時務人才

　　光緒二十三年十一月二十三日（1898），貴州學政嚴修奏〈請設經濟專科摺〉指出，為得人才必須特設專科以考試之；因為以二十餘行省之大，四百兆人民之眾，其在書院學堂內者，未必所教皆屬異才，其在書院學堂外者，未必散居遂無英俊；既多方以成就後學，尤必使有志之士翕然奮興，此非迅設專科，布告海內，恐終無以整齊鼓舞而妙裁成；而且，當今人才凋乏、患伏無形，且科舉既未能驟變，學額中額，又未能遽裁，因此經濟專科之設，實暫為並行不悖之謀，徐思整齊畫一之法，以為權宜之舉措。同時，嚴修更就經濟專科之考試規則提出六項建言：一、新科宜統立經濟之專名，以別舊時之科舉；二、去取無限額數；三、考試仍憑保送；四、保送宜嚴責成；五、錄用無拘資格；六、赴試宜籌公費（嚴修，1966：449-450）。

　　總理衙門會同禮部奉光緒諭旨後，即行研議辦理經濟專科之詳細辦法，並於光緒二十四年（1898）正月六日，奏〈遵議開設經濟特科摺〉，分別就嚴修的建言提出回應意見。其中有關特科應設年限乙節，總理衙門認為揆之事理，竊恐難行，因此特科與歲舉只能分辦不可合辦，其理由是：「既曰特科，事固不能歲舉，而歲舉之事，行之科目，亦斷不能概加超擢，與以破格之遷除，朝廷立賢無方，議法必通而後久，非特科無以動一時之耳目，非歲舉無以供歷久之取求。」（總理衙門，1966：451）

　　因此，特科與常科必須分辦。特科採取保送之法，由京官三品以上，外官督撫學政，各舉所知，無論已仕未仕，咨送總理衙門定期考試，在保和殿試以策論，差次優劣，分別去留；錄取者再請殿試一場，詳定等第，以昭鄭重；試後由總理衙門會同禮部引見，聽候皇帝量才擢用。此科由軍機大臣臨時請旨辦理，或十年而一舉，或二十年而一舉，統俟特旨，不為常例。而常

科即以新增講求算藝各書院學堂為造端之始,每屆鄉試年,分由各省學臣調取各書院各學堂高等生監,以策問試之,初場試專門題,次場試時務題,三場仍試四書文,以端趨向;並另立一榜,名曰經濟正科,不責以楷書,不苛其訛脫,一以學問為高下,自不致屈抑真才,而亦可免諸生之歧視,三歲一舉。至於特科考試內容,包括六事:一曰內政、二曰外交、三曰理財、四曰經武、五曰格物、六曰考工(總理衙門,1966:451)。

　　總理衙門上奏後,光緒隨即諭令總理衙門迅速訂定特科與歲舉之詳細章程;並指示國家造就人才,但期有裨實用,本可不拘一格,該衙門所議特科歲舉兩途,洵足以開風氣而廣登進者,著照所請行,其詳細章程,仍著該衙門,會同禮部妥議具奏。同時,光緒更催促特科之舉行應儘速為之;因為時事多艱,需才孔亟,應自降旨以後,該大臣等如有平素所深知者,出具切實考語,陸續咨送,不得瞻徇情面,徒採虛聲,俟咨送人數彙齊至百人以上,即可奏請定期舉行特科,以資觀感。最後,既然歲舉已定年限,各該督撫學政,務將新增算學藝學各書院學堂,切實經理,隨時督飭院長教習,認真訓迪、精益求精,該生監等亦當思經濟一科,與制藝取士並重,爭自濯磨、力圖上進,用副朝廷旁求俊艾之至意(《光緒實錄》,卷 414:5)。

　　正月二十七日,侍講惲毓鼎奏〈經濟特科宜議登進之途摺〉,光緒則諭旨指示國家登進人才,必須言行相符,而後可收實況;並藉此訓勉臣工,經濟特科之辦理,本屬特設,內外諸臣務當仰體朝廷破格旁求之意,不得以有才無行之人,濫登薦牘。至該侍講所請,仿照從前觀政之例,以試其能,著總理衙門參酌情形,奏明辦理(《光緒實錄》,卷 414:18)。

　　以上所述諭摺,均係在「戊戌變法」之前,有識之士對於經濟特科的建言,而光緒也展現出相當程度的重視,均諭旨允准辦理。在四月二十三日正式展開變法事業後,光緒仍然留意於經濟特科之舉辦。

　　五月二十五日,總理衙門會同禮部奏〈遵議經濟特科章程開單呈覽摺〉,光緒對其所擬章程六條,認為尚屬詳備,即著照所請行。並延續正月六日的

諭旨精神，指示經濟特科，原期振興士氣，亟應認真選舉，以廣登進而勵人才；因而急切地諭令三品以上京官及各省督撫學政，各舉所知，限於三個月內迅速咨送總理各國事務衙門，會同禮部奏請考試，一俟咨送人數足敷考選，即可隨時奏請定期舉行，不必俟各省彙齊，再行請旨，用副朝廷側席求賢之至意（《光緒實錄》，卷420：12）。

六月十二日，御史鄭思贊奏〈特科大典請嚴定濫保處分摺〉，請旨飭下京外大臣，保送經濟特科人員，經考試引見錄用以後，如有言行不符，以及干求賄賂劣跡，一經查出，或被人糾參，除將本員立予罰黜嚴加懲處外，並將原保之大臣，照濫保匪人之例，交部議處以示懲儆，庶幾真才可得，而特科盛典愈朝鄭重（鄭思贊，1973：447）。

光緒雖然期望透過經濟特科考試之舉辦，拔擢時務人才，裨足國用，但對於瞻循情面、濫保私人之違背諭旨的行為，則祭出重罰。因此，光緒閱看鄭思贊奏摺後，隨即再度諭旨宣示經濟特科之辦理，本係朝廷拔取真才，以備賢良之選，非為倖進之途，開營謀之路，中外臣工例得保送特科者，務當摒去私心，汲引善類，於所保之人，學問才具，灼見真知，始可登諸薦牘，不得瞻徇情面，濫保私人，如有言行不符，及干求奔競等情，一經查出，定將原保大臣，從嚴懲處（《光緒實錄》，卷421：14）。期望對濫保者祭出重罰的方式，導引大小臣工對於經濟特科辦理精神之真切體認。

根據以上各次諭旨予以分析，顯示光緒對經濟特科的辦理態度，除積極宣導其拔擢人才的主要精神之外，並催促邊省疆臣迅速推薦、總理衙門及禮部積極籌辦考試；更希望透過諭旨的頒布，警告準備濫保私人之官員，以確保受薦者的品行才能，讓國家能獲得真正有益於時用的真才。

二、變革武科改試槍？

對於科舉制度的改革，除文科之外，武科的變革亦為光緒及維新人士所矚目的重點之一。而在「戊戌變法」之前，榮祿及高燮曾均曾有設武備特科

之議。

　　光緒二十三年十二月二十五日（1898），榮祿奏〈請參酌中外兵制設武備特科片〉，詳細辦法如下：每省延聘兼通西法精於操練教習數十人，就地教練，一歲之後，可成精兵，足以充役；二年作為武生，選其才武聰穎者每省設一武備學堂，挑入學習重學、化學、格致、輿地諸學，分砲隊、馬隊、工程隊諸科，限以三年，由各省督撫，詳加考試；凡考列優等者，作為武舉人，其名數略參科場舊制，分別大省、中省、小省，各不得逾本省原額十分之五，此為武備特科（榮祿，1966：487）。

　　光緒二十四年（1898）正月八日，高燮曾延續榮祿的武備特科建言，奏〈請設武備特科摺〉。首先，他認為朝廷准設特科，自與尋常武科迥異，若但較量技勇，即成就可觀，不過得一兵之用而止。因此，應該以培養將領之才為特科之目標：「始也求之有道，寬其途，嚴其格，不拘文武，不拘已仕未仕，總以能勝將帥之任為指歸。」至其詳細辦法如下：今內外三品以上大員，各舉所知，懸五事以為之的。一、嫻韜略兼貫中法西法；二、熟輿地，工測繪；三、練身善擊刺；四、習洋槍洋砲及中國擅長火器；此四者闕一不可。五、精製造，創新械；此則於四者之外，別為一格，或專長，或兼長，皆可保薦（高燮曾，1966：486）。

　　對於榮祿及高燮曾的奏摺，光緒均曾諭令軍機大臣會同兵部妥議具奏。光緒二十四年（1898）二月二十六日，軍機大臣與兵部將商議結果，詳議覆奏，並擬定大概章程，開單呈覽，光緒詳加披閱後，即諭旨允准實行。並藉此機會宣導，國家設科，武備與文事並重，原期遴拔真才，以備折衝之用，現在風氣日新，雖毋庸另設特科，亦應參酌情形，變通舊制。同時頒布武科改革的內容，以及律定武科改革的時間表；照該大臣等所議，各直省武鄉試，自光緒二十六年（1900），庚子科為始，會試自光緒二十七年（1901）辛丑科為始，童試自下屆為始，一律改試槍砲，其默寫武經一場，著即行裁去，所有一切未盡事宜，暨各省應如何設立武備學堂之處，著該衙門隨時奏

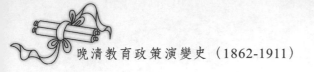
明辦理。

　　再者，光緒殷切期盼值此國家多難之際，朝廷釐定章程，專務振興實學，武場改試槍砲，亦轉移風氣之一端，嗣後全體武科主試大臣及各省督撫學政，尤當加意講求，認真考覈，務在作其忠勇，開其智識，平時則嚴督功課，校試則秉公去取，毋得奉行日久，又成具文，致負作育人才之至意。另外，光緒亦諭旨允准兵部奏請武科改試槍砲錄取者之授職規則如下：取中之後，武生可補勇缺，武舉可充哨官，其營用衛用之武進士，可充管帶。並宜裁汰各營冗弱，將此項人員儘先充補，以副寓營制於武科之意，未盡事宜，隨時酌覈彙定頒發（《光緒實錄》，卷 415：16-17）。

　　根據諭旨的內容，可以看出光緒對於武科改革的期許，重在轉移諸臣守舊之風氣；藉著武科內容由中國傳統兵器之操演，改為西洋槍砲之演練，扭轉國人對於武備的觀念，而其重點更在於希望大臣實際奉行不渝。

三、廢除八股文改試策論

　　從論者之眾，及諭旨之多，即可得知廢除八股文實為光緒及維新人士改革科舉之重點。而八股文之弊，論者極多；梁啟超曾對慈禧推翻新政，又復八股取士的舉措，發表以下的批判：

> 「八股取士，為中國錮蔽文明之一大根原，行之千年，使學者墜聰塞明，不識古今，不知五洲，其弊皆由於此。顧炎武謂其禍更甚於焚書坑儒，洵不誣也。今以數千年之弊俗，皇上神力僅能去之，未及數月，而遂復舊觀，是使四百兆人民永陷於黑暗地獄而不復能拔也。」（梁啟超，1979：87-88）

　　早在「戊戌變法」前，光緒二十四年（1898）四月十四日，御史楊深秀即曾奏〈請正定四書文體以勵實學摺〉，嚴詞批評八股取士之弊害。他認為國家設科之意有二：一、鼓天下之人，使之向學，以成其才也；二、試學者

之才不才,擇而用之也。然而,當今卻用此種庸濫八股文體,既使天下相率於不學,而人才之消磨,已十之八九;苟有一二自拔流俗,則其才華學識,不能發見於場屋文字之中,偶或發見,則以不合格黜之,然則使衡文者,究何所憑藉,以別擇其才或不才?並指出八股取士有兩大弊端:一、能使天下無人才;二、即有人才而皇上無從知之,無從用之。因此,八股文驅使天下有用之才,而入於無用之地,一旦欲舉以任天下之事,當萬國之衝,亦不可得,顯見對於士子及國家均有百害而無一利。而對於列聖先賢及傳統經典,八股文更是只有對其侮辱,未見對其尊崇:「今截搭枯窘割裂破碎之題,非以通經,乃以蠹經;代古立言,優孟傀儡之體,非以尊聖,乃以侮聖。」(楊深秀,1966:2184)

最後,楊深秀提出「釐正文體」的改革之道:請特下明詔,斟酌宋元明舊制,釐正四書文體,凡各試官命題,必須一章一節一句,語氣完足者;其制藝體裁一仿宋人經義,明人大結之意,先疏證傳記以釋經旨,次博引子史以徵蘊蓄,次發揮時事以覘學識,不拘格式、不限字數。然而,對於仍沿用八股之法的應試者,必須祭出最嚴厲的懲罰;其有仍用八股庸濫之格,講章陳腐之言者擯勿錄,其有仍用八股口氣,為代聖立言之謬說者,以僭妄誣罔非聖無法論,輕則停廩罰科,重則或於斥黜。如此一來,才能一新觀聽,驅士子盡務實學,有經義取士之效,而無其弊(楊深秀,1966:2184)。

根據楊深秀的見解,就是建議光緒廢除八股文格式。因為他相信,釐正文體乃以尊四書,變通流弊乃以符舊制,其為事至順,其圖變至易,其所關至大,其收效至神(楊深秀,1966:2184)。

光緒閱看楊深秀奏摺後,隨即提示,國家以制藝取士,原期闡發經義,講求實學,勉為有用之才,應諭令禮部對於斟酌釐定,並各項考試,不得割裂經文命題等語,妥議具奏(《光緒實錄》,卷418:8)。

五月五日,光緒正式頒布諭旨廢除八股文,改試策論,這在維新派的教育改革工作上是一大突破。諭旨首先說明清朝沿宋明舊制,以四書文取士;

康熙年間，曾經停止八股，改試策論，未久旋復舊制；然而已使一時文運昌明，儒生稽古窮經，類能推究本源，闡明義理，制科所得，實不乏通經致用之才。但是，近來風尚日漓，文體日敝，試場獻藝，大都循題敷衍，於經義罕有發明，而讕陋空疏者，每獲濫竽充選，若不因時通變，何以勵實學而拔真才？因此，諭令自下科為始，鄉會試及生童歲科各試，向用四書文者，一律改試策論；至其如何分場命題考試，一切詳細章程，禮部應即妥議具奏。最後，光緒再次強調，「此次特降諭旨，實因時文積弊太深，不得不改絃更張，以破拘墟之習」；並藉此訓勉士子讀書學習，自當以四子六經為根柢，策論與制義，殊流同源，仍不外通經史以達時務，總期體用兼備，人皆勉為通儒，毋得競逞博辯，復蹈空言，致負朝廷破格求才至意（《光緒實錄》，卷 419：5-6）。

　　八股文取士之法的廢除，確實能夠振奮維新人士繼續推動變法的士氣。五月十二日，御史宋伯魯奏〈請經濟歲舉歸併正科並各省生童歲科試迅即改試策論摺〉，指出中國人才衰弱之由，皆緣中西兩學不能會通之故，故由科舉出身者，於西學輒無所聞知，由學堂出身者，於中學亦茫然不解；然後強調中學為體，西學為用，無體不立，無用不行，二者相需，缺一不可；並批判科舉和學堂出身者，於中西學之學習各有偏失，難成通才，且彼此之間形同水火，扞格不入，推緣其故，則由取士之法歧而二之也。因此，建議將正科與經濟歲舉合併為一科，其理由為：未有不通經史而可以言經濟者，亦未有不達時務而可謂之正學者，教之之法既無偏畸，則取之之方當無異致。一律改試策論，論則試經義，附以掌故，策則試時務，兼及專門；彼此泯中西之界限，化新舊之門戶，庶體用並舉，人多通才；且併兩科為一科，省卻無數繁費。同時，應令各省生童歲科試，由各省學政隨按臨所至，一經奉到諭旨，立即遵照新章，一律更改，經史時務兩者並重，一併改試策論，毋令眾多生童再浪費時間學習無用之帖括，得以專力講求實學，至下科鄉會試之時，而才已不可勝用（宋伯魯，1973：348）。

　　光緒閱看宋伯魯奏摺後，諭旨指出八股詩文，積弊太深，特諭令改試策論，用覘實學，唯是掄才大典，究以鄉會兩試為綱，鄉會試既改試策論，經濟歲舉，亦不外此，自應併為一科考試，以免紛歧。至生童歲科試之改革，亦照宋伯魯之請，著各省學政，奉到此次諭旨，即行一律改為策論，毋庸候至下屆更改（《光緒實錄》，卷 419：10）。依據宋伯魯的奏摺分析，他希望八股文之廢除必須相當徹底，因此包括任何有關的科舉考試，均在改革之列，不應有所例外；而光緒亦極為支持宋伯魯的看法，因此才會即刻諭旨允准，照所請執行，並要求各省必須劍及履及，立刻實施。

　　五月十八日，禮部呈進光緒交議之各項考試策論分場命題詳細章程，包括：試題宜變通舊制、場期宜量為歸併、命題宜酌有定衡、命立言宜示以宗旨、五策宜各試所長、科舉宜分途錄送、入闈宜嚴懲懷挾、文律宜勿拘常格、考試宜酌從一律及書籍宜統行頒發等。光緒即諭旨允准實施。另外，宗室鄉試翻譯會試請改策論之奏，亦一併諭旨允准。而且光緒要求，嗣後一切考試，均著毋庸用五言八韻詩（《光緒實錄》，卷 420：4）。由此看來，此次科舉改革的行動，光緒的要求是相當徹底的。

　　八股文廢除之後，相關的配套措施必須逐一予以建立，始能落實此項政策的推動。例如，改試策論、釐正文體、考試章程等，均已先後獲得光緒諭旨允准辦理。而在五月十六日，張之洞奏〈妥議科舉新章摺〉，提出鄉會試的考試場次、內容、錄取規則及不以楷法為取士標準之具體建議（張之洞，1973：465-471）。光緒閱看所奏各節之後，覺其剴切周詳，頗中肯綮，遂於六月一日頒布諭旨，允准張之洞所規劃的考試場次、內容、錄取規則。詳細辦法如下。鄉會試仍定為三場：第一場，試中國史事國朝政治論五道；第二場，試時務策五道，專問五洲各國之政，專門之藝；第三場，試四書義兩篇，五經義一篇。首場按中額十倍錄取；二場三倍錄取，取者始准試次場，每場發榜一次；三場完畢。如額取中，其學政歲科兩考生童，亦以此例推之，先試經古一場，專以史論時務策命題，正場試以四書義經義各一篇，禮

部即通行各省一體遵照。至於不以楷法為取士標準乙節，光緒亦有一番訓示之詞。首先，他耳提面命地表示，朝廷對於科舉一事，斟酌至再，不厭求詳，典試諸臣務當仰體此意，精心衡校，以期遴選真才；至詞章楷法，雖館閣撰擬應奉文字，未可既廢，如需用此項人員，自當先期特降諭旨考試，偶一舉行，不為常例；因此，要求嗣後一切考試，均以講求實學實政為主，不得憑楷法之優劣為高下，以勵碩學而黜浮華（《光緒實錄》，卷421：1-2）。根據諭旨之意，光緒要求一切考試之錄取者均應為真才實學之士，典試各官絕不得以應試者楷法優美，而不論其答題內容如何，卻逕予錄取。

七月三日，光緒諭令提示，變通科舉，業經准如張之洞、陳寶箴所奏，更定新章，並據禮部詳議條目頒行，各項考試，改試策論，一洗從前空疏浮靡之習；而殿試一場，為通籍之始，典禮至重，皇上臨軒發策，虛衷採納，自必遴取明體達用之才；因此，嗣後一經殿試錄取者，即可據為授職之等差，其朝考一場，著即停止。同時，重申科舉考試重視實學，不以楷法為去取標準的命令：「朝廷造就人才，唯務振興實學，一切考試詩賦，概行停罷，亦不憑楷法取士，俾天下翕然向風，講求經濟，用備國家任使，朕實有厚望焉。」（《光緒實錄》，卷423：1）

總而言之，光緒及維新人士由於厭惡八股文對士子學習態度、方向之扭曲，必欲去之而後快，在維新人士頻上奏摺及光緒全力支持的密切配合下，此項政策之推動才獲得具體明確的依據，並據以制定相關的配套措施。而此項政策的最終目的，則在於驅策士子培養講究實學、研討時務的習慣、態度與能力，因為國家所需要的人才並非只懂浮華詩詞者，而是能夠確實發揮真才實學者。

參、翻譯外書

翻譯外國書籍是光緒及維新派推動教育改革過程中的一項重要措施，期望藉由吸收外國知識，培養具有國際觀的國民，進一步蘊育能令國家任使的

人才。而梁啟超亦對譯書的重要性，有著具體的闡述。他認為中國之弱，由於民愚，民之愚由於不讀萬國之書、不知萬國之事。欲救其敝，當有二端：一開學校以習西文，二將西書譯成漢字，二者不可偏廢。然而，學校僅能教童幼之人，若年已長成，多難就學，而童幼腦智未啟，學力尚淺，故其通達事理，能受學力，又每不如長成之人，且主持現今之國論者，在長成之人而不在童幼之人。故欲實行改革，必使天下年齒力壯志氣遠大之人，多讀西書、通西學而後可，故譯書實為改革第一急務（梁啟超，1979：28）。

光緒二十四年（1898）五月十日，諭令設立譯書局於京師大學堂內，以開風氣，如何籌款興辦之處，著總理各國事務衙門王大臣，一併妥擬詳細章程，迅速具奏（《光緒實錄》，卷 419：8）。

五月十五日，光緒召見梁啟超，命其呈進《變法通議》，閱看之後大加獎勵，於是正式諭令賞梁啟超六品銜，命其辦理譯書局事務（《光緒實錄》，卷 419：13-14）。

五月十八日，光緒諭旨允准大理寺少卿於南洋公學內設立譯書院，選師範生翻譯東西洋書籍（《光緒實錄》，卷 420：5）。這是「戊戌變法」期間第一所由光緒諭准辦理的翻譯學堂，當有其引導性之作用。

再者，梁啟超奉命辦理譯書局事務後，隨即進行章程草擬工作，並由孫家鼐代遞奏摺，向光緒報告開辦情形等。六月二十九日，光緒頒布諭旨，指示辦理譯書局相關事宜。首先，提示譯書局事務，前經派令梁啟超辦理，現在京師設立大學堂，為各國觀瞻所繫，應需功課書籍，尤應速行編譯，以便肄習，而梁啟超所草擬的譯書局章程十條，均尚切實，著即依議行。其次，光緒特別關心辦理譯書局所需經費是否足夠，表示此事創辦伊始，應先為經久之計，必須寬籌經費，方不至草率遷就，致隘規模，現在購置機器，及中外書籍，所費不貲，除允准梁啟超所請開辦經費一萬兩外，更恐不足以資恢擴，著再加給銀一萬兩，俾得措置裕如；至其常年用項，亦應寬為籌計，著於原定每月經費一千兩外，再行增給每月二千兩，以備博選通才，益宏蒐

討，以上各款，均由戶部即行籌撥。並且，要求自七月一日起，每月應領經費，戶部必須預先發給，毋稍遲延。最後，光緒再度訓示，國家昌明政教，不惜多發帑金，藉此機會訓勉主事諸官務當督催在事人員，認真籌辦，務令經費綽有餘裕，庶幾茂矩闊規，推之彌廣，用副朝廷實事求是之至意（《光緒實錄》，卷 422：12-13）。

由諭旨的內容分析，光緒不但允准梁啟超所請各種款項及數額，更特別加發相關事務經費，顯示光緒重視譯書的程度自不在話下，並期望撥足經費令各項工作能夠按部就班，日見功效。

另外，除了在京師設立譯書局積極辦理譯書工作外，光緒更認為翻譯西書，藉以考證政治得失，為目前要圖，遂於七月五日，諭令駐外使臣羅豐祿、慶常、伍廷芳等，就近購譯，尤為便捷，著即選擇善本，詳加潤色，務令中西文義貫通，陸續編譯成書，彙送由總理衙門呈覽（《光緒實錄》，卷 423：4）。

後來，梁啟超為培養翻譯人才，請於上海設立翻譯學堂，光緒即於七月十日諭旨允准辦理。如果學業有成、考驗屬實，准其作為學生出身。至於書籍報紙，一律免稅，均照梁啟超所請行（《光緒實錄》，卷 423：16）。

綜觀光緒有關譯書的諭旨，顯示光緒推動譯書工作的管道有三：一、於京師大學堂內設立譯書局，除供給大學堂所需各教科用書外，亦求廣開風氣之效；二、指示駐外使臣就其駐在國選譯書籍，俾利考求國內政治得失；三、允准盛宣懷及梁啟超設立翻譯學堂，培養翻譯人才。希望藉由多管齊下的方式，翻譯外國有益於時務的各種書籍，令國人多讀西書，而通西學，進而形成一幅爭講西學的榮景，達成中西兼通的目的，以培養更多能推動新政的真才。

肆、選派游歷

清廷由於對外洋諸國所知有限，對於西洋致勝之道更是無所聞知，因此

在歷次戰爭中屢戰屢敗，有識之士遂紛紛提出「學習西洋」的建言，而學習最直接的方式就是前往實地瞭解，這就是選派游歷的論述基礎。在戊戌變法期間，光緒為推動新政，運用各種管道培育人才，當然也少不了必須派員游歷外洋。

早在變法前，光緒二十四年（1898）四月四日，侍郎榮惠奏〈請特設商務大臣及選派宗支游歷各國摺〉，曾指出東西各國，俗尚游歷，列邦以國王之尊，儲貳之親，往往遍游地球，藉資閱歷，亦可為邦交輯睦之證，足見游歷確有其效益。而滿州王公宗室貝勒貝子閎才偉略者，必不乏人。因此，建議簡擇年力富強才識通明者，輕裝減從，隨帶書記翻譯，游歷全球各大邦，令出使各國大臣，妥為照料，予以厚祿，俾資考究各項學問；凡山川風俗、政教律法、大小學堂、水陸營、製槍砲器械、砲台、戰艦及礦務等工作，均令其詳細考究，筆記成書，事竣歸國，足備任使。

四月十二日，御史楊深秀奏〈請特派近支宗室游歷各國摺〉，指出三代之制，自王之世子庶子，皆入太學；而泰西諸國猶用我經義，上自王子，旁及近親，皆先入學堂，與群士齒；又學於兵艦，親為水手學於練軍，躬列卒伍，然後次第升擢，乃為船主將校；稍長之後，必遍歷各國，或因其性之所長，其各學專習一業，數年而成；日本前派熾仁親王等出游泰西，分習諸學，故能歸而變政，克有成效。有鑒於此，建請特派近支王公之妙年明敏有才志者，游歷各國。（註2）

就榮惠和楊深秀的奏摺建言，光緒於四月十三日，諭令總理衙門妥議具奏（《光緒實錄》，卷418：7-8）。

總理衙門奉諭旨後，隨即草擬游學相關章程，於四月間奏〈遵議遴選生徒游學日本事宜片〉，指出光緒二十四年（1898）閏三月間，日本使臣矢野文雄函稱：「該國政府擬與中國倍敦友誼，藉悉中國需才孔亟，倘選派學生出洋學習，該國自應支其經費。」後來該使臣又到總理衙門面稱：「中國如派肄業學生，陸續前往日本學堂學習，人數約以二百人為限。」因此，總理

衙門擬將同文館東文學生酌派數人，並咨行南北洋大臣，兩廣、兩湖、閩浙各督撫，就現設學堂中，遴選年幼穎悟粗通東文諸生，開具銜名，咨報總理衙門，知照日本使臣，陸續派往（總理衙門，1973：409-410）。

六月十五日，光緒諭旨允准總理衙門所奏各項章程；並要求諮詢各部院，如有講求時務願往游學人員，出具切實考語，一併咨送，均毋延緩。至於為何只派往日本游學，此諭旨亦有說明：現在講求新學，雖已風氣大開，但百聞不如一見，自以派人出洋游學為要；而游學之國，西洋不如東洋，誠以路近費省，文字相近，易於通曉，且一切西書均經日本擇要翻譯，刊有定本，何患不事半功倍，或由日本再赴西洋游學，以期考證精確，益臻美備（《光緒實錄》，卷421：17）。

半個月後，日本政府已經允准將該國大學堂及中學堂章程，酌行變通，俾中國學生易於附學，一切從優相待，以期造就。光緒遂於七月二日，再度諭令各省督撫，就學堂中挑選聰穎學生，有志上進，略諳東文英文者，酌定人數，克日電咨總署覈辦選，俾以派往日本游學（《光緒實錄》，卷423：1）。

就光緒的諭旨分析，選派游學的國家以日本為主。因為在甲午戰後，朝廷大臣才正式認識到日本講求西學，大有成效，且日本與中國近在同洲，往來甚便，該國公使又有表示歡迎之意，所以光緒將游學日本視為學習西方致強之道的最便捷管道。

伍、倡辦報紙

報紙的功能，除可開擴國人視野，藉資吸取外國知識、瞭解國內其他地方情形之外，更可視為言論自由的指標，因此報紙的辦理，亦為維新派的主要教育政策之一。

晚清時期，泰西諸國多已開辦報紙，唯中國頗惡報館，梁啟超就曾指出：「專制之國家，最惡報館，此不獨中國唯然，而中國尤甚者也。」而列強諸國勢力侵入中國之後，報紙的力量亦隨同進入中國，然而各省報館多禁

發刊，故各報皆藉西人為護符，而報章亦罕有佳者。乙未（光緒二十一年，1895）和議成後，康有為、黃遵憲等開強學會、刊強學報，旋被封禁；丙申（光緒二十二年，1896）間，黃遵憲、梁啟超、汪康年等續開《時務報》於上海，大聲疾呼，讀者頗為感動，士論為之一變（梁啟超，1979：35）。

　　另外，宋伯魯於光緒二十四年（1898）五月二十九日奏〈改時務報為官報摺〉，亦盛贊《時務報》，一依西報體例，議論明達，翻譯詳明；其中論說皆按切時勢，參酌中外，切實可行；所譯西報，詳言兵制學校農礦工商各政，條理粲然，迭經兩江總督劉坤一、湖廣總督張之洞……等通札各屬及書院諸生，悉行閱著，或令自行購買，或由善後局撥款購送；兩年以來，民間風氣大開，通達時務之才漸漸間出，《時務報》實居功厥偉。但是，自從梁啟超接受湖南巡撫陳寶箴之請，擔任湖南學堂總教習後，該報即有經費不繼、主筆告退之窘境，隨時可能面臨關報的命運。因此，宋伯魯奏請將上海《時務報》改為《時務官報》，其中論說翻譯各件仍照舊核實，無得瞻顧忌諱；每出一報，皆先進呈御覽，然後印行；請飭各省督撫通札所屬文武實缺候補各員一律購閱，京官及各學堂諸生，亦皆須購閱以增聞見，其報費先由各善後局墊出，令各員隨後歸還。並且，將官報移設京師，以上海為分局，皆歸併譯書局中相輔而行，全部責成梁啟超往來京滬主持其事，督同向來主筆人等實力辦理（宋伯魯，1973：350-351）。由此可見，宋伯魯對於梁啟超辦理報務的能力有著極佳的評價，希望藉由他的力量，建立起中國化報業的規範。

　　六月八日，孫家鼐奏〈遵議上海時務報改為官報摺〉，原則同意宋伯魯之請，但至於負責人，孫家鼐則傾向由康有為督辦；理由是梁啟超已經奉旨承辦譯書局事務，而京師大學堂開辦在即，急待譯書，以供士子講習，如梁啟超於此時再兼辦官報，恐將分身乏術。同時，孫家鼐（1973：432-433）亦提出章程三條：

　　㈠審慎選擇報紙內容：既改為官報，宜令主筆者慎加選擇內容，如有顛

倒是非、混淆黑白、挾嫌妄議、瀆亂宸聰者，一經查出，主筆者不得辭其咎。

　　(二)解除官書局報禁忌：既已新開報館，官書局報亦應解除不准議論時政、不准臧否人物、皆譯外國事的禁忌，仿陳詩之觀風，准鄉校之議政。唯各處報紙送到，仍督飭書局辦事人員詳慎選擇，不得濫為印送。

　　(三)閱報必須出價：新設官報，應一體出價。將此官報隨時寄送各省督撫，通行道府州縣，均令閱看，每月出價銀一兩，統十八省一千數百州縣，約計每月得價近一千兩；加以官商士庶閱報出價，計亦可得鉅款，於紙墨刷印工本，自當游刃有餘，可無庸另籌經費。

　　光緒閱看孫家鼐奏摺後，指示報館之設，所以宣國是而達民情，必應官為倡辦；至該大臣所擬章程三條，均尚周妥，著照所請，將《時務報》改為官報，派康有為督辦其事，所出之報，隨時呈進，所籌官報經費，即依議行；發展至此，《時務報》已經確定由民辦報紙改為官辦性質。再者，諭令天津、上海、湖北、廣東等處報館，凡有報單，均著該督撫，咨送都察院及大學堂各一份，擇其有關時事者，由大學堂一律呈覽。同時，宣導各報紙體例，自應以臚陳利弊，開廣見聞為主，中外時事，均許據實昌言，不必意存忌諱，用副朝廷明目達聰，勤求治理之至意（《光緒實錄》，卷421：7-8）。

　　此諭旨係光緒於「戊戌變法」期間，第一次指示辦報事宜。從諭旨的內容來看，光緒對報紙寄予相當高的期許，希望透過報紙的報導，據實傳達中外時事，俾利推動新政時之參考。

　　六月二十二日，光緒再度諭旨宣示開辦官報對於推動新政之意義。諭旨稱：「報館之設，義在發明國是，宣達民情，原於古者陳詩觀風之制，一切學校農商兵刑財賦，均准臚陳利弊，藉為韜鐸之助，兼可翻譯各國報章，以備官商士庶開擴見聞，於內政外交，裨益非淺。……至報館所著論說，總以昌明大義，袪去壅蔽為要義，不必拘牽忌諱，致多窒礙。」

　　同時，指示辦報所需經費，自應先行籌定，以為久遠之計。著照官書局之例，由兩江總督按月籌撥銀一千兩，並另撥開辦經費六千兩，以資布置。

各省官民閱報，仍照商報例價，著各督撫通飭全省文武衙門差局書院學堂，應閱報單數目，移送官報局，該局即按期照數分送。其報價著照湖北成案，籌款墊解。至於辦理報紙所需規範，諭令康有為查詢泰西律例，詳細譯出，參以中國情形，定為「報律」，送交孫家鼐呈覽（《光緒實錄》，卷 422：7）。

後來，大學士瑞洵商約同志於京城創設「報館」，翻譯新報，以為上海官報之續。七月二十七日，光緒即諭旨允准其創辦報紙之奏摺，並指示報館之設，原期開風氣而擴見聞，著瑞洵妥為創辦，以為之倡；此外官紳士民，並著順天府尹五城御史切實勸辦，以期一律舉行（《光緒實錄》，卷 425：16）。

晚清守舊勢力對於報紙的傳播力量出現嫉惡如仇的態度，所以各地的報館絕大多數為外國人所開辦，並受到列強勢力的保護，國人則受限於各種禁令，無法辦報。在「戊戌變法」期間，維新派奏請將上海《時務報》改為官報，光緒則從善如流；並於六月間連續頒布兩道諭旨，宣示開辦報紙的意義、指示經費籌措、諭令擬定報律等，大致已經完成準備工作，應該可以為報業的發達奠定相當的基礎。

陸、獎勵創新

光緒二十四年（1898）五月，康有為奏〈請厲工藝獎創新摺〉，建議光緒下明詔獎勵工藝，導以日新，令部臣議獎創造新器，著作新書，尋發新地，啟發新俗；著新書者，查無抄襲，酌量其精粗長短，與以高科，並許專賣；創新器者，酌其效用之大小，小者許以專賣，限若干年，大者加以爵祿，未成者出帑助成；其有尋新地而定邊界，啟新俗而教苗蠻，成大工廠以興實業，開專門學以育人才者，皆優與獎給。期望透過配合科名、爵位、資助等獎勵措施，形成全國講究創新的風氣，則舉國士民爭講工藝、日事新法、日發新議、民智大開、物質大進，庶幾立國新世，有恃無恐（康有為，

1966：53-54）。

　　五月十七日，光緒就康有為奏摺內容頒布諭旨，命總理衙門擬定獎勵士民創新之相關章程，俾利於推廣新政。諭旨首先指出，自古致治之道，必以開物成務為先；近來各國通商，工藝繁興、風氣日闢，中國雖地大物博，聰明才力，不乏傑出之英才，祇以囿於舊習，缺乏創新風氣，未能自出新奇。因此，光緒著眼於推動新政的需要，提示振興庶務，富強至計，首在鼓勵人才；諭令全國士民戮力創新，如著有新書，及創行新法，製成新器，果係堪資實用者，允宜懸賞以為之勸，或量其才能，試以實職，或錫之章服，表以殊榮，所製之器，頒給執照，酌定年限，准其專利售賣；其有能獨力創建學堂，開闢地利，興造槍砲各廠，有裨於經國遠猷，殖民大計，並著照軍功之例，給予特賞，以昭激勵（《光緒實錄》，卷 420：2-3）。

　　五月二十四日，總理衙門奏〈遵議優獎開物成務人才摺〉，指出中土之人，聰明才力，不讓歐美，而人才日乏，國勢日蹙者，實由提倡激勸之未得其道。所以，建議鼓勵人才，必高示其的，始足以動觀聽；必廣開其途，始足以厲風氣，而最終始能有效激發人才努力從事創新。同時，頗有論者質疑此例既開，恐多冒濫，因爭取優獎可能產生後遺症之說法，總理衙門亦提出反駁意見，認為書器既由總理衙門詳核，捐款復由地方官行查，則與有司考試無異，真才必蒙殊榮、贗鼎則獲厚罰，魚目之混，正自易防，此皆無庸鰓鰓過慮。因此，總理衙門提出章程十二款，分別就製造軍械、造新器、仿造西器、著新書、興辦學堂、建藏書樓博物院、開闢荒地等，斟酌其出資多寡與功用高下，給予不同之獎勵，或賞世職、或許專利、或頒御書匾額。然而，若有捏造不實者，亦當給予嚴懲，除撤銷獎勵案外，並革官職治罪，連坐原保大臣（總理衙門，1966：455-458）。

　　五月二十五日，光緒頒布諭旨，強調該王大臣等，議定詳細章程，開單呈覽，所擬給予世職實官虛銜，及許令專利頒賞匾額各節，量能示獎，尚屬妥協，即允准按此議辦理。並由該衙門，咨行各直省將軍督撫，通飭所屬，

將章程出示曉諭，以動觀聽而開風氣。且藉此訓示朝廷鼓勵人才，不靳破格之賞，仍應嚴防冒濫，以勗勉主事者務當認真考驗，嚴定罰懲，以期無負振興，庶務實事求是之至意（《光緒實錄》，卷420：12-13）。

　　光緒這兩道諭旨的頒布，對久處於守舊、封閉社會風氣的中國人而言，無疑是解除傳統包袱的大好機會；因為在於他深知民智之當開，應立即施行，必須懸破格之賞，予清要之官，立專賣特許之條，俾國中士民，移其向者作八股之聰明才力，為講求實學之用。而梁啟超甚至稱譽光緒的諭旨，對於廣開創新風氣必能發揮廣大的效果，他說：「苟能導之，則公輸子之飛鳶，……必有紛紛出者，百十年後，才智心思之闢，萬億新器新書新法新政之由，豈可量哉！則皆自我皇上此詔開之矣。」（梁啟超，1979：29）

第五節　分析與檢討

　　本節分兩個部分：一、維新派教育政策決策歷程的分析；二、維新派教育政策執行成效的檢討。

壹、維新派教育政策決策歷程的分析

一、政策形成的脈絡

　　康有為是維新派教育政策的主要擬議者，他發表政論性文章最早的一篇是光緒十四年（1888）的〈上清帝第一書〉，而有關教育政策的論述則遲至光緒二十一年（1895）的〈上清帝第二書〉才提出來。在康有為發表教育政策的主張之前，馮桂芬的《校邠廬抗議》已經出版，成為探討變法維新的代表性著作；光緒六年（1880）王韜出版《弢園文錄外編》、光緒十年（1884）鄭觀應出版《盛世危言》、光緒十三年（1887）何啟、胡禮垣出版的《新政真詮》、光緒十八年（1892）陳虬出版的《治平通議》、光緒二十年（1894）

馬建忠著〈擬設翻譯院書議〉等，都在康有為的〈上清帝第二書〉之前；即使是光緒二十二年（1896）陳熾出版的《庸書》，在康有為的〈上清帝第二書〉之後，但也是在百日維新之前提出的教育改革主張。而且，他們所提出來的教育改革主張，又多與康有為的觀點有重複之處，可見英雄所見略同。

由此觀之，康有為在百日維新期間的教育政策之形成，除了自己的觀點之外，受到前述多人著作的影響是大有可能的。表 4-1 的資料可以提供一些說明。

由上所述，維新派教育政策的形成，最早可溯源至馮桂芬的《校邠廬抗議》。康有為則在馮桂芬等知識份子的啟發下，加上自己的創見，終於構成

▼表 4-1　維新派教育政策與康有為、知識份子教育改革主張出處對照表

維新派的教育政策	康有為的教育改革主張	知識份子的教育改革主張
興辦學堂	光緒二十一年〈上清帝第二書〉光緒二十四年五月〈請開學校摺〉、五月〈請飭各省改書院淫祠為學堂摺〉、七月〈請開農學堂地質局摺〉	鄭觀應〈學校〉、〈教養〉、〈技藝〉、〈女教〉；陳熾〈學校〉；陳虬〈救時要議〉；王韜〈變法中〉、〈變法下〉、〈變法自強中〉
改革科舉	光緒二十四年四月〈請停弓刀石武試改設兵校摺〉、四月〈請廢八股試帖楷法試士改用策論摺〉	馮桂芬的〈改科舉議〉、〈改會試議〉、〈停武試議〉；鄭觀應〈考試上〉、〈考試下〉；王韜〈變法中〉、〈變法下〉、〈變法自強中〉；陳虬〈經世博議〉、〈救時要議〉
翻譯外書	光緒二十四年五月〈請廣譯日本書派游學摺〉	馬建忠〈擬設繙譯院書議〉
選派游歷	光緒二十四年五月〈請廣譯日本書派游學摺〉	鄭觀應〈游歷〉、〈考試上〉；陳虬〈救時要議〉
倡辦報紙		鄭觀應〈日報上〉；陳虬〈救時要議〉；陳熾〈報館〉
獎勵創新	光緒二十四年五月〈請屬工藝獎創新摺〉	

以根本改革為主軸的維新派教育政策。而教育政策的形成，大致遵循四個步驟：一、維新派人士上書或上奏，提出教育改革的措施，逕行上呈光緒皇帝，或託諸京官要員及朝廷樞臣代奏；二、光緒皇帝閱看之後，立即要求總理衙門等單位對奏摺內容妥議具奏；三、總理衙門等單位草擬相關章程或辦法；四、光緒頒布諭旨，付諸實施。唯有完成以上四項步驟，才能成為正式的教育政策，否則都只能算是擬議而已。

二、決策模式的解釋

維新派教育政策的決策歷程，主要是由康有為所主導，所以菁英模式的軌跡是相當明顯的；再者，以慈禧為首的守舊派，在決策過程中不斷地與維新派產生衝突與抗衡，因此也出現團體模式的決策歷程。所以，本研究採用菁英模式與團體模式，以解釋維新派教育政策的決策歷程。以下分別敘述之。

㈠菁英模式

該模式的四個要點，已在第三章第五節提出解釋，此處不再贅述。以下分就四個要點來解釋：

第一，維新派的教育政策是「提倡根本改革」，而其形成是來自於光緒皇帝推行新政最信任的社會菁英——康有為的變法觀。康有為鑒於中國在甲午戰爭之中的慘敗，認為徒事枝微末節的學習西洋技藝，對國家的生存與發展是於事無補的。於是，他認為應該從事全面性的改革，從制度面的問題著手，以大刀闊斧的氣勢進行政府機關的革新與調整。

第二，維新派教育政策的制定過程，大都是由維新派人士上奏提出建議，最後再由光緒頒布諭旨予以確定的。這些維新派人士包括經光緒特頒參與新政的楊銳、林旭、劉光第、譚嗣同等四人，以及康有為、楊深秀、宋伯魯、梁啟超等，這些人對於教育的改革建議，自然成為維新派教育政策的具體內容，所以政策的形成並未集合大眾的意見，而是來自於許多維新派人士

的意見。

第三，維新派是整個維新事業價值取向的決定者，所有的法令規章都是他們制定的，其解釋也是透過他們而為，整個國家的教育未來發展方向和所有廣大群眾必須走的方向，也是由他們決定的。

第四，維新派的教育政策，顯然是有意對傳統教育進行根本性的破壞；然而，康有為亦曾建議在學堂初創辦時，科舉制度暫時不能廢除，必須將學堂與科舉合一，對學堂出身者給予科名，以提高士子入學堂學習的興趣和願意。因此，維新派雖然比洋務派更為激進，但是它的內容仍屬於局部的修改，企圖透過循序漸進的方式，逐步達成改革的目的。

(二)團體模式

該模式的四個要點，已在第三章第五節提出解釋，此處不再贅述。以下分就四個要點來解釋：

第一，維新派教育政策的制定，雖然取決於維新派人士的價值觀，但卻不能無視於守舊派的存在，畢竟維新派在當時的處境是勢單力薄的，以守舊為導向的滿清政府官僚集團，仍是一股相當龐大的勢力，而且守舊派的支持者即是慈禧。所以，維新派在制定教育政策的過程，經常必須與守舊派展開激烈的論戰，如廢除八股文之做法，必須與諸多依賴八股為生的應試舉人對抗；興辦學堂又必須面對眾多依靠廟產為生的僧侶們之反抗。

第二，維新派在推動教育政策的過程，經常必須防範守舊派的攻擊和乘隙破壞，而這兩者間的互動，即形成百日維新期間最重要的政治事實。例如，康有為獲得光緒召見時，建議廢出八股文，即受到光緒的認同與首肯；康有為除於退朝後立即上奏外，並敦請御史宋伯魯上奏請行廢除八股文之舉；待二人之奏摺既上，光緒乃命軍機大臣議覆，剛毅卻表示八股取士乃先祖之制，不可輕廢，建議光緒交由禮部議覆；但是光緒卻堅決地表示，禮部以舊例議覆新政，只有反駁而已；因此，光緒在不顧守舊派的反對之下，頒

布廢除八股文的諭旨。

第三，維新派為推動根本性的改革，提出多項教育改革措施，藉著光緒的皇帝權威，陸續頒布諭旨，要求京內外官員遵照辦理。但是，這些教育改革措施幾乎每一項都衝擊著守舊派的既得利益，於是他們採取必要的反制行動，與維新派針鋒相對；並且，藉著以慈禧為主的龐大權力結構，不斷地對維新派做出各種攻擊行動。當這兩派正在爭執時，朝廷即成為仲裁的機構；光緒雖然暫時取得主導權，但終究不敵慈禧的勢力，最後卻以政變收場。

第四，維新派以康有為為主導人物，在朝廷則由光緒擔任決策者，至於團體的成員，囿於當時觀念的保守與思想的封閉，參加維新派的人士可說是微乎其微、寥若晨星，與守舊派比較起來，人數的比例是相當懸殊的。而且，維新派內部又各自有所堅持，彼此內鬥，無形中削弱維新派對於教育政策的影響力。然而，守舊派雖未形成正式的團體，但由於人數相當龐大，且守舊的觀念又相當堅強並具有共識；一旦慈禧出面代表守舊派發聲，便能發出強大的反制力量，迫使維新事業中途夭折。

貳、維新派教育政策執行成效的檢討

光緒二十四年（1898）八月四日，慈禧發動政變，「百日維新」正式走入歷史。政變後，李端棻等二十七人，分遭革職、下獄、圈禁、停差、流放邊疆或逮捕家屬之懲罰。康廣仁、楊銳、譚嗣同、林旭、劉光第、楊深秀等六人，皆遭處死，世稱「戊戌六君子」。譚繼洵等五人，皆因前述三十三人之罪，而受牽連，或下獄或革職回籍（左舜生，1977：171-174）。康有為和梁啟超則借助外人之協助，分別逃亡英國和日本。

由此觀之，維新事業正處於萌芽階段，即遭遇以慈禧為首的守舊派之扼殺，所以在形式上它是失敗的。以下將探討慈禧推翻維新事業的情形，及「百日維新」期間教育政策的執行成效和後續的影響，並檢討其失敗的原因。

一、慈禧推翻維新事業

慈禧發動政變之後，幾乎將所有教育改革的措施摧毀殆盡，並自光緒二十四年（1898）八月十一日起，持續頒布廢除之諭旨。

光緒二十四年（1898）八月十一日，慈禧以建言者未提出有效的改革策略為由，諭令裁撤《時務報》，並要求封閉已經開放的建言管道，諭旨稱：「開辦《時務報》及准令士民上書，原以寓明目達聰之用，唯現在朝廷廣開言路，內外臣工，條陳時政者，言苟可采，無不立見施行，而疏章競進，輒多摭飾浮詞，雷同附和，甚至語涉荒誕，殊多厖雜。」因此，除非原已具備建言資格之官員，仍得「各抒讜論，以達民隱而宣國是」之外，其餘「不應奏事人員，概不准擅遞封章，以符定制」。並且，還給《時務報》冠上「無裨治體，徒惑人心」的罪名，要求即行裁撤（《光緒實錄》，卷427：2）。

慈禧除關閉《時務報》外，並廢除興辦學堂之規定，諭旨稱：「大學堂為培植人才之地，除京師及各省會業已次第興辦外，其各府州縣議設之小學堂，著該地方官斟酌情形，聽民自便。其各省祠廟不再祀典者，苟非淫祠，著一仍其舊，毋庸改為學堂，致於民情不便。」（《光緒實錄》，卷427：2）由此觀之，維新派期望透過建立學堂制度以推動全面革新的理想，已經被慈禧徹底毀滅，唯有京師大學堂未被廢除。因為大學堂成立後，即已延聘外洋各教習，勢難中斷，不能不勉強敷衍，稍存體制，以杜外人之口實。然而，其初次招生不及百人，學生雖稍習科學，仍人手制藝一篇，求獲科第，實與原定規模及理想相去甚遠（呂士朋，1986：288-289）。

八月二十一日，慈禧以「跡近黨植」為由，諭令張之洞迅速裁撤湖南省城新設南學會及保衛局等機構，並將南學會所有學約、界約、劄說、答問等書，「一律銷燬，以絕根株」（《光緒實錄》，卷427：3）。

八月二十四日，慈禧又頒布諭旨，廢除三項教育改革措施：

㈠恢復八股文取士之制。諭旨首先指出八股取士之益：「國家以四書文

取士，原本先儒傳注，闡發聖賢精義，二百年來，得人為盛。」其次，慈禧認為「近來文風日陋，各省士子往往剿襲雷同，毫無根底」，並非八股文所造成的弊端，而是「典試諸臣，不能釐正文體之弊」；至於那些批評八股文的朝野人士，乃是「不揣其本，以所學非所用，歸咎於立法之未善」。基於此種論調，慈禧以為取士之制不足以影響人才之出現，諭旨稱：「殊不知試場獻藝，不過為士子進身之階，苟其人懷奇抱偉，雖用唐宋舊制，試以詩賦，亦未嘗不可得人。設論說徒工，心術不正，雖日策以時務，亦適足長囂競之風。」因此，慈禧斷然要求，「嗣後鄉試會試及歲考科考等，悉照舊制，仍以四書文試帖經文策問等項，分別考試。」（《光緒實錄》，卷 427：7）

㈡停罷經濟特科。慈禧認為：「經濟特科，易滋流弊，並著即行停罷。」並且藉此機會訓飭典試諸官與應舉士子，必須以正學為急務，諭旨稱：「朝廷於掄才大典，斟酌至再，實其細詳，嗣後典試諸臣，及應試士子，務當屏斥浮華，力崇正學，毋負朝廷作育人才之至意。」（《光緒實錄》，卷 427：7-8）

㈢查禁各地報館。八月十一日，慈禧已經諭令關閉《時務報》，此時又認為報館「莠言亂政，最為生民之害，……肆口逞說，捏造謠言，惑世誣民，罔知顧忌」，因此要求針對天津、上海、漢口各地之報館，設法禁止。並諭飭各有關督撫，認真查禁，至於報館主筆，「皆斯文敗類，不顧廉恥，即飭地方官嚴行訪拿，從重懲治，以息邪說而靖人心。」（《光緒實錄》，卷 427：8）

九月十八日，慈禧頒布最後一道廢除教育改革措施的諭旨，此次重點在於恢復武科舊制，諭旨稱：「武科改試槍砲，原為因時制宜起見，唯科舉之設，無非為士子進身之階，至於訓練操防，尤以營伍學堂為儲材之根本，所有武場童試及鄉會試，均著仍照舊制，用馬步箭弓刀矢等項，分別考試。」然而，諭旨亦要求各省營伍晉用武進士及武舉人之後，均應令其練習槍砲，並酌定勸懲章程。至於各省武備學堂，應由督撫酌量建設，「所有未經入伍

之武舉武生等，均就近挑入學堂，學習格致、輿地等學及槍隊、砲隊、馬隊、工程隊諸科，以備折衝禦侮之用。」（《光緒實錄》，卷 430：2-3）由此觀之，維新派期望藉由廢除武科舊制，以建立新式現代化軍隊的做法，又與其他維新事業相同命運，再度付諸流水，成為夢想。但值得慶幸的是，諭旨並未要求各省停辦武備學堂，且諭令武舉出身者，應入武學堂肄業，這樣算是不幸中的大幸了！

二、維新事業的成效與影響

光緒主導的維新事業雖僅維持一百零三天，在形式上確實是徹底失敗，但既然已經開動此一改革列車，還是獲得些許的成效，畢竟是聊勝於無，對維新派人士也算是一種安慰。表 4-2 是這段期間的一些辦學堂、設報館的分布情形。

以下再分別探討各方面的執行成效。

(一) **在興辦學堂方面**：「百日維新」期間所提出的三級制學堂辦法，已經有建立全國學堂系統的預備，這種見識比起洋務教育各自為政的做法，確實是中國教育制度史上的一大進步。但是，僅京師大學堂的創辦，就花費相當多的精神與時間，而且維新派還必須應付守舊派的無理阻撓。梁啟超（1979：26-27）在形容創辦過程的重重困難時說：

「自乙未年下詔開辦，至今三、四年，四煩上諭，而大臣猶視同無物，若非皇上雷厲風行，諄諄催問，必將再延三年，尚無一字。……此一事，下之志士之發論，上之盈廷之抗議，凡歷三年，猶煩聖主屢次敦迫，僅乃有成，其難如此。然其後猶以辦理非人，成效難觀，蓋變法而不全變，有法無人之弊也。」

由此觀之，京師大學堂若無光緒的屢次嚴旨催辦，恐怕繼續延宕至於無息無聲之地步，由此可見維新事業推動困難之一斑。而且，守舊派在政變後

▼表 4-2　百日維新期間教育新政執行概況一覽表

各省督撫	學堂		報館
直隸總督王文韶榮祿	保定	蓮池書院改為省會高等學堂 畿輔學堂改為保陽郡城中等學堂	天津　國聞報
	天津	集賢書院改為北洋高等學堂（附設編譯局），問津書院及仁二書院改為小學堂，另設高等學堂、中學堂、育材館、水師學堂、武備學堂、農學堂	
江蘇總督劉坤一巡撫奎俊	南京	儲材學堂改為江南學堂	上海　時務報、蘇報、通學報、農學報、新學報、集成報算學報、實學報、萃報、求是報、蒙學報、演義報譯書公會報、求我報、蘇海匯報、格致新報、青年報、時務日報、醫學報、工商學報、東亞報、中外日報、昌言報、匯報、工商學報 無錫　白話報
	蘇州	中西省會學堂	
	吳縣	小學堂	
	常州	道器學堂、務本學堂	
	上海	師範學堂、女學堂、南洋公學、東文學社	
	江甯	農學堂、勸工學堂、廣方言館及砲隊並為工藝學堂、陸師學堂（添設礦路學齋，分習重力、汽化、地質等學）	
	鍾山、彝經、惜陰、文正、鳳池、奎光六書院改為各府縣學堂		
安徽巡撫鄧華熙	安慶	中西學堂、求是學堂	蕪湖　江皖日報
	蕪湖	中江書院	
江西巡撫德壽、松壽	南昌	中學堂、務實學堂，友教書院改為算學堂、武備學堂、農務學堂。	通學彙編
浙江巡撫廖壽豐	杭州	求是學堂、算計館	杭州　經世報 寧波　甬報
	湖州	崇實學堂	
	紹興	中西學堂	
	溫州	中西學堂、利濟學堂，派生徒出洋游學	
	杭州	武備學堂、蠶學館，圓通寺改為農務學堂	
山西巡撫胡聘之	太原	儲材館、武備學堂、令德書院改為省會學堂	
福建總督邊寶泉	南臺	東文學社	
	福州	武備學堂改西操、蠶學館	

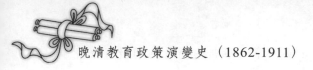

▼表 4-2　百日維新期間教育新政執行概況一覽表（續）

各省督撫	學堂		報館
湖廣總督張之洞、湖北巡撫譚繼洵	武昌	自強學堂送生徒百人出洋游學，設農務學堂、工藝學堂 各府均興學堂，撥丁漕減徵款以充經費	
湖南巡撫陳寶箴	長沙	時務學堂，校經學堂，致用學堂，以鹽釐加價餘款為武備學堂及時務學堂之經費，化學製造公司派人赴日本學習工藝	長沙　湘報、湘學新報
	常德	明達學堂	
	衡州	時務學堂	
	湘鄉	東山精舍	
	瀏陽	算藝學堂、茶務學堂	
	岳州	通商藝學館	
四川總督恭壽	成都	中西學堂、武備學堂	成都　蜀學報 重慶　渝報
兩廣總督譚鍾麟、廣東巡撫許振禕	廣東	時敏學堂、遜業小學堂	澳門　知新報 廣州　領學報、廣智報
	潮州	東文學社	
	饒平	女學堂	
	澳門	大同學校、原生學舍	
廣西巡撫黃槐森	梧州	廣仁學堂	桂林　廣仁報
陝西巡撫魏光燾	西安	游藝學堂、格致書院、實學書院、武備學堂定保甲團練章程八條。	
雲貴總督崧蕃、雲南巡撫裕祥	武備學堂		
貴州巡撫王毓藻	貴陽	學古書院及經世書院改為學堂，武備學堂、官書局	
東三省 奉天將軍依克唐阿、吉林將軍延茂、黑龍江將軍恩澤	奉天　中西學堂 黑龍江　武備學堂		

資料來源：
1. 胡思敬：〈戊戌履霜錄〉卷四，二十一省新政表，收於楊家駱主編：《戊戌變法文獻彙編・第一冊》，台北市：鼎文書局，1973，頁 400-406。
2. 呂士朋：〈戊戌百日維新的教育改革及其影響〉，收於中華文化復興運動推行委員會主編：《中國近代現代史論集・第十二編戊戌變法》，台北市：台灣商務印書館，1986，頁 265-344。

重新掌握政權，對於京師大學堂的發展是極為不利的。

至於中小學堂的部分，在百日維新期間雖然寥寥無幾，畢竟也有一些建樹。根據梁啟超的推論，那是因為「中國淫祠之風最盛，而僧侶廟社之產業最富，向之言教育者，苦經費之難籌，今但移此款以用之，自恢恢有餘。」即使在政變以後，慈禧下詔廢除興辦各省學堂，然而民間私立學堂正方興未艾，「亦由民智已開，不可抑遏」（梁啟超，1979：31）。由此可知，光緒之興學詔真是功不可沒。

而且，光緒推動改革之初，特別注意教育制度之建立，故各省州縣徧設學堂之詔屢頒；後來更有諭令各省在籍紳士督辦學堂之舉，「實為地方自治之權輿，蓋將以學校一事為起點，推而及於他事也。」（梁啟超，1979：36）因此，百日維新期間興辦學堂之諭旨，對於爾後各省卻有深遠的影響。

㈡在廢除八股文方面：光緒廢除八股文之舉，實為科舉制度史上之一大改革，亦為維新之第一大事。下詔之日，國內有志之士，「讀詔書皆酌酒相慶，以為去千年愚民之弊。」更由於八股文之廢除，國內出現一股學習實際學問的風潮，更令長久以來錮蔽的心靈，於此時獲得完全的解放。梁啟超（1979：26）形容說：

「天下移風，數千萬之士人，皆不得不舍其兔園冊子帖括講章，而爭講萬國之故及各種新學，爭閱地圖，爭講譯出之西書，昔之夢夢然不知有大地，以中國為世界上獨一無二之國者，今則忽然開目，憬然知中國以外，尚有如許多國，而頑陋倨傲之意見，可以頓釋矣。」

再者，梁啟超更認為光緒廢除八股之舉，對於士子心智的開啟，實居功厥偉。他說：「雖僅數月，八股旋復，而耳目既開，民智驟進，自有不甘於謬陋者，舊藩頓決，泉湧濤奔，非復如昔日之可以捫閉抑遏。故此數月廢八股之效，其於他日黃種之存亡，實大有關係也。」（梁啟超，1979：26）

歐渠甲亦曾描述八股廢除之後，一般士子讀書的情形，他說：「自八股

之廢也，翻譯書籍出版者，人人爭購，市為之空。家家言時務，人人談西學。」即使是慈禧發動政變，再度恢復八股文之後，士子對於「號為時藝正宗者，亦謂誦之無味，不如多閱報之為愈矣」。另外，廢除八股對於科舉考試的人數，亦有極大的影響：「士人應試，其數大減於常年。大抵一縣常年四千人應試者，今則減去二千餘，常年三千人應試，今則減去一千餘，夫前此科目之心何其熱，而後此科目之心又何其冷？」（毛禮銳等，1989：521-522）由此觀之，廢除八股的時間雖然短暫，但卻對於士子學習的方向有了關鍵性的轉變。

㈢ **在翻譯外書方面**：百日維新期間的翻譯事業，範圍極廣。舉凡政治、法律、社會、經濟、教育、歷史、哲學、文學以及自然科學，莫不翻譯。雖然為時甚短，但對開通風氣，開闊學問途徑以及增加知識份子對時代的正確認識，貢獻極大（呂士朋，1986：290）。

㈣ **在鼓勵游學方面**：百日維新期間所制定之游學政策及章程，除積極籌辦公費游學外，且鼓勵自費游學，並提倡以東鄰日本為游學國，惜因時間短促，未及見諸實現（呂士朋，1986：290）。但是，晚清游學日本的風潮，卻是在百日維新結束之後逐漸興起的。

㈤ **在倡辦報紙方面**：根據表4-2得知，百日維新期間，報紙確實曾經盛極一時，尤其以《時務報》的所在地上海，其發展更是迅速。此舉不僅對啟迪民智大有助益，甚至擴大了維新事業與理念的宣傳。

　　梁啟超對報紙的發展迅速，認為皆應歸因於光緒的重視與倡導。因為，光緒自從閱覽《時務報》之後，即將《時務報》改為政府的官報，並諭令梁啟超督辦，「蓋洞知各國民智之開，皆由報館，故於維新之始，首注重於是也。」至於各地所出刊的報紙，光緒亦令一概進呈乙份，「並命臚陳利弊，據實昌言，毋存忌諱。」於是，梁啟超乃對光緒的倡導大加稱許：「雖古聖之懸鞀設鐸，豈能比之哉？雖泰西立憲政治之國，亦不過是也。」（梁啟超，1979：35-36）

　　呂士朋亦對光緒頒布諭旨倡辦報紙的做法，表示高度的肯定：「光緒變法求治，對時事、輿情極為重視，諭改時務報為官報，其意在擴大變法宣傳及變法影響，一時變法聲勢極為壯闊，雖如曇花一現，但已經在啟迪民智的影響，做出極大的貢獻。」（呂士朋，1986：290）

㈥ **在成立學會方面**：康有為召開保國會之意，「欲令天下人咸發憤國恥，因公車諸士而摩厲之，俾還而激勵其鄉人，以效日本維新志士之所為，則一舉而十八行省之人心皆興起。」當時參加該次演講會者，上自二品以下之朝官和言路詞館部曹，下至在京舉人，計約數百人，將演講會場的樓上樓下全部坐滿。而康有為演說時，「聲氣激昂，座中人有為之下淚者，雖旋經解散，而各省志士紛紛繼起，自是風氣益大開，士心亦加振厲，不可抑遏。」（梁啟超，1979：81）由此可知，此種學會的召開和成立，對於凝聚有志之士的愛國意識，確有其高度的成效，而其教育士子的力量，則在各省舉人返鄉後，迅速展開。

另外，值得注意的是，這些學會不僅在百日維新期間活躍於各省，甚至對於爾後各項政府的改革活動，都發揮一定程度的影響力。這些學會在甲午戰後，隨著康有為「強學會」的成立，如雨後春筍般地出現，其成立的目的是政治性大於學術性。它們成為傳播改革思想最有效的組織，並且在滿清傾覆前的十餘年中，陸續蛻變成立各式各樣的學會，包括教育、農業和預備憲政等方面。這些學會吸引的群眾，是那些已在社會中負擔責任，並且能負擔更多責任，以及居於可直接推動變遷地位的人。它們網羅並教育各地的士紳，加強國家的團結，以及肯定人民的某些主權。學會成員所表現的政治法統觀念，完全與當時朝廷所聲稱的世界秩序基礎不合；但這些學會的成員與王公貴族同樣堅持儒家的一統觀念，且渴望成為與清廷合作的改革夥伴。雖然百日維新失敗，但這些學會的成員卻是鬥志高昂，甚至成為後來激進的政治反對勢力（Marianne：1987，628）。

　　綜上所述，維新事業雖然無法持續進行，但維新派的精神和改革的內容，對於後來的改革主導者，卻是一筆豐厚的遺產。

　　而且，從維新運動起，中國已經展開一次文化革新運動，它在一定程度上解除了封建專制教育思想對人們的束縛。西書大量翻印，新書刊大量出版，廢科舉、興學校、學西學等思想深入人心，形成不可抗拒的歷史潮流。義和團運動以後，清政府不得不將宣布廢除的措施又次第恢復實行（劉雨生等，1994：100）。

　　宋恩榮對於百日維新更是抱持著肯定的態度，他指出：人民暫時享有一定程度的言論出版自由，一時之間，出現不少報紙和書刊。京師大學堂終於成立，各地還開辦一些中小學堂，出國游學成了當時的社會風氣，不少青年學生前往日本學習。私人工商業取得了合法的地位，並且暫時受到獎勵和提倡。特別重要的是，全國各階層人民廣泛地受到一次資產階級的民主教育，在一定程度上促進了民族的覺醒，這些都是百日維新的主要收穫（宋恩榮，1994：65）。

三、維新失敗的檢討

　　梁啟超認為，維新事業的失敗，最大的原因在於光緒毫無實權，他說：「自四月以來，明詔累下，舉行新政，責成督撫，而除湖南巡撫陳寶箴外，寡有能奉行詔書者。上雖諄諭至於三令五申，仍復藐為具文，此先帝時之所無。」而光緒之無權，起因於慈禧的跋扈掌權，將人事權力一把抓，所以督撫僅聽命於慈禧，不知有光緒。梁啟超認為：「上雖盛怒，數四嚴責，終不能去一人，或懲一人者，以督撫皆西后所用，皇上無用舍之權，故督撫皆藐視之，而不奉維新之令也。……大舉之事，若開制度局派新政使等事，皆不能行，欲去守舊衰謬之臣不能去，欲用開新通達之才不能用。」因此，梁啟超極為感慨地表示，「雖聖政維新，然能行皇上之意，以成新政之規模條理者，蓋千萬而不得一可見。」假若光緒掌握全部的用人權力，又豈會有悲慘

的下場？（梁啟超，1979：40）

維新事業的停擺，固然與光緒的權力藐小有關，但若再詳加檢討，卻可以歸納成以下幾個原因。

㈠光緒缺乏改革的實權。光緒皇帝雖貴為九五之尊，唯因年幼即位，儼於慈禧之淫威而無法有所作為，大志更不得伸。蓋因所有二品以上之京官及疆省要員，皆由慈禧任命，光緒幾乎毫無人事黜涉權。所以，當時的當權者即為慈禧而無疑。

然而，光緒似乎誤以為慈禧會贊成他對新中國的看法，而助他排除反對阻力。其實，慈禧正為部分革新方案可能削減滿清的統治權力而忐忑不安，更擔憂擁戴光緒的改良派似乎會臣服於英法兩國的壓力與影響力之下（史景遷，2001：284-285）。

七月間，禮部主事王照上書請光緒游歷外國，禮部堂官等堅持不為代呈，光緒震怒，乃將禮部尚書許應騤等六人革職，並賞王照以四品京官。賞罰詔書一下，「維新者無不稱快，守舊者初而震恐，繼而切齒。」於是，懷塔布、立山等人，與內務府人員數十人，環跪於西后前，「痛哭而愬皇上之無道，又相率往天津就謀於榮祿，而廢立之議即定於此時。」（梁啟超，1979：72）由是觀之，不但光緒毫無人事的實權，甚至還有隨時丟掉皇位的可能。因為，慈禧既掌握各省督撫之人事權，各間接控制各省兵權，欲謀廢光緒之皇位，可謂輕而易舉之事。

㈡維新派人士操之過急，感性有餘、理性不足。光緒皇帝推動新政，下詔求言，應該同時接受正反兩面的意見，新舊不同的看法。然而，維新派人士，如康有為、楊深秀、譚嗣同之屬，一見有批評新政者，即冠以阻撓新政之罪名，欲請光緒立刻斬之、刑之。所幸光緒不許，並曰：「朕方求言，乃以言罪人乎？」既稱求言，自不應僅採納順承之言，對於反對聲浪卻亟欲去之而後快。再者，維新派人士率多年輕氣盛，曾經游歷外洋，並見識列強諸國致強之道，但在國內卻無法掌握實權的知識份子，其變法訴求必託諸朝廷

樞臣與京官要員代奏，如受託者稍有遲延，即指其為有礙新政。由於維新派人士對於反對聲浪視如寇讎，以嫉惡如仇的心態看待舊黨的反面意見，於是樹立敵人極多，得罪之人愈多，愈是陷入孤軍奮戰的泥淖之中。

而且，維新派人士一味倡導變法，卻始終未能明察敵我情勢，無法掌握主導變法的實權。除此之外，未能確實考察外部系統，對於政治生態未能有效分析與瞭解，亦是失敗的一大原因。最重要的，維新派的改革理念雖然相當完善，配套措施卻相當缺乏。因為他們所提出來的新政措施，大多衝擊既得利益者，所以配合的極少，反對者極多。

㈢維新派內部的不合作。維新派人士包括傾向支持光緒皇帝的京官要員與邊省疆臣，如帝師翁同龢、京師大學堂管學大臣孫家鼐、工部侍郎李端棻、湖南巡撫陳寶箴等，以及康有為、梁啟超、楊深秀、宋伯魯及戊戌六君子等。官員與康梁們基本上是合作的，但其合作卻有相當的限度。因為，官員們希望藉著改革延長清朝國祚，並爭取在朝廷的主導權，於是他們的保守性較高於康梁等維新知識份子；而康梁等則倡導根本性改革，企圖全面性地改變清朝政府的面貌。所以，官員們對康梁等某些主張是不贊同的。

例如，翁同龢看過康有為的《孔子改制考》之後，向光緒報告說，康有為「居心叵測」。陳寶箴更是強烈反對《孔子改制考》的主張，他向光緒上奏指出：此書「傷理而害其道，其徒和之，持之愈堅，失之愈遠，囂然自命，號為康學，而民權平等之說熾矣，甚或逞其橫議，幾若不知有君臣父子。」並建議光緒將《孔子改制考》的版本銷燬（宋恩榮，1994：77-78）。

孫家鼐對康有為的部分主張更是頗有微詞。查當時保國會開會之後，部分守舊官員群起攻訐康有為，其中有一人為潘慶瀾，此人為孫家鼐之親戚，對孫家鼐有些影響。於是，孫家鼐本擬敦請康有為擔任京師大學堂總教習，既受潘慶瀾之影響，並在閱過大學堂章程後，遂轉而攻擊康有為欲集大學堂權力於一身。康有為乃命梁啟超，向孫家鼐表示：「誓不沾大學一差，以白其志。」而孫家鼐在看過《孔子改制考》之後，更批評康有為「自為教王、

民主」；甚至於光緒二十四年（1898）四月二十九日，上奏彈劾康有為，孫家鼐向光緒建議：「康某才氣可用，以為宜如漢文之待賈生，老其才折其氣而後大用之。」（康有為，1973：151）然而，光緒因已收到《孔子改制考》，並無反對之意，故未降旨申飭康有為，才未掀起更大的內鬥風波。

㈣朝野守舊勢力的強烈反對。守舊派分散在京內外各地，他們對於維新事業的看法都是抱持著反對的態度，尤其更想迅速剷除這股維新勢力。

維新派與守舊勢力的衝突，最直接的原因就是八股文之廢除。先是光緒二十四年（1898）三月時，梁啟超等聯合舉人百餘人，連署上書，請廢八股文取士之制。書達於都察院卻不代奏，達於總理衙門亦不代奏；而當時適逢萬餘名參加會試之各省舉人，「其性命皆與八股相依，聞啟超等此舉，嫉之如不共戴天之仇，遍播謠言，幾被毆擊。」（梁啟超，1979：70）

後來，五月五日，光緒下詔廢除八股文，「舉國守舊迂謬之人，失其安身立命之業，自是日夜相聚，陰謀與新政為敵之術。」尤其是禮部尚書許應騤，因禮部職司科舉學校之事，遂百計阻撓廢八股之事，於是御史楊深秀上奏彈劾許應騤，許應騤乃轉劾康有為（梁啟超，1979：71）。至此，維新派與守舊派已經結下相當深的仇恨，欲扭轉守舊派的觀念，確實是不可能的事。

再者，興辦學堂的過程，維新派與守舊派亦發生極大的衝突。梁啟超認為衝突的原因，在於寺廟奉命改為學堂，但僧侶不甘心廟產雙手奉人，遂起而抵抗，他說：「中國之淫祠，向來最盛，虛糜錢幣，供養蒡民，最為國家之蠹。」俟興學詔書既下，「天下淫祠悉改為學堂，於是奸僧、惡巫，咸懷咨怨，北京及各省之大寺，其僧人最有大力，厚於貨賄，能通權貴，於是交通內監，行浸潤之譖於西后，謂皇上已從西政。」（梁啟超，1979：72）由此觀之，守舊派的勢力已經形成一道高牆，分從檯面上下企圖阻撓教育改革措施的進行。

最後，必須談一談湖南的情形，因為該省乃維新期間最能大力配合光緒政策的。湖南巡撫陳寶箴及其幕僚人員，在維新前及維新期間，於省內大行

改革之新政，一時之間，全省風氣為之轉移。然而，「彼中守舊黨人嫉之特甚，屢遣人至北京參劾」，於是有湖南籍御史等相繼入奏嚴劾，光緒雖不聞不問，而湖南守舊勢力卻愈加之囂張；甚至「闃散南學會，毆打湘報主筆，謀燬時務學堂，積謀數月，以相傾軋。」（梁啟超，1979：70-71）

　　湖南守舊勢力中有一代表人物，即該省士紳葉德輝。他是傳統科舉時代所培養的典型士紳，服膺儒學，認同綱常名教，深受儒家「嚴夷夏之防」觀念的影響。加上囿於對西學的認識不足，以及強烈的民族自信心，乃主張「西學中源說」，以致其思想觀念仍停留在「師夷之長技以制夷」的層次。並且，認為倡導效法西學與西政的維新派，實有「用夷變夏」、陰行謀逆之虞。故葉德輝竭力反對湖南維新運動，更是窮畢生之力反對任何改革運動，以維護綱常名教及其個人的利益（洪妙娟，1998）。所以，他反對維新事業可謂到了不遺餘力的地步。

　　葉德輝在〈長興學記駁義〉一文中，嚴辭批判康梁煽惑士人。他首先批評康梁的學說有礙名教倫常，因為有光緒的支持，才給予偷機取巧之徒一個極佳的機會：「康梁之書，所以煽動一時之耳目者，其立法至簡，其卒業至易，其居心至巧，外假大同之說，內潰名教之防，而其推行之速也，則以上有奧援，下有黨眾，海內不學之士可以文其固陋，不軌之徒可以行其黨會。」其次，葉德輝乃指責康梁變法導人民以利祿之途：「其始倡言變法以亂政，其繼陰乘變法而行教，粵人黃遵憲主之，湘人譚嗣同和之，康門邪說漸有其端緒，迨徐學使導之以祿利之途，其徒日繁，乃相率而鳴於眾，曰康學。」最後，詛咒康梁之學必亡：「假素王之名號，行張角之祕謀，尼山有靈，豈能聽其流毒宇內哉？吾終見其滅亡已矣！」（葉德輝，1970：241-242）

　　綜合上述的原因，維新派可說是腹背受敵，內有京官要員極力阻礙，外有守舊勢力強烈攻擊，欲改革成功，實在是困難重重。因此，費正清乃指出：光緒二十四年的維新運動始終停留在白紙黑字的階段，大臣們都在靜觀慈禧的反應。慈禧則是等到每位大臣都覺得新政將使自己地位不保了，才著

手安排軍事政變。而這些最頑固守舊的一幫滿洲親王，因為只生活在宮廷王府，對外面的世界一無所知，只知妄自尊大，不久就成為農民秘密結社「義和團」的贊助支持者（費正清，1994：255）。

附　註

註1：楊家駱主編《戊戌變法文獻彙編》第二冊，頁292，標示李端棻所奏〈請推廣學校以勵人才摺〉之日期為光緒二十二年（1896）五月二日；唯據梁啟超稱，李端棻奏請推廣學校以勵人才一摺，係於光緒二十一年（1895）奏上，至二十二年五月二日，始奉諭著內閣議奏。（參見莊吉發：《京師大學堂》，頁25，註33。）

註2：榮惠及楊深秀奏摺內容參見總理衙門：〈遵議特設商務大臣及特派近支宗室游歷外國事宜摺〉，收於楊家駱主編：《戊戌變法文獻彙編》第二冊，頁407-409。

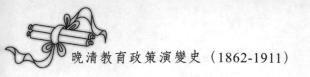

第五章

慈禧新政時期的教育政策
——建立教育體制——

　　光緒二十六年（1900）七月二十日，八國聯軍攻陷北京城，這是滿清政府京師遭受外人攻陷的第二次。二十一日的清晨，光緒隨著慈禧倉皇而狼狽地出走，於同年的九月四日到達西安，設立「行在政府」，作為逃亡期間的小朝廷。十一月初，北京議和已經開始進行，慈禧及光緒一行人在西安把一切事宜安頓好之後，延至十二月十日，慈禧乃下詔要求群臣變法，二十六日又下詔檢討拳亂禍首。自此以後，滿清政府乃繼洋務運動及維新運動之後，展開第三波的改革運動。此次改革的重點，事實上是百日維新期間各項措施的具體實踐，它所依據的原則仍以張之洞所樂道的「中體西用」為主軸。在教育方面，則在張之洞的規劃和推動下，以「建立教育體制」為政策導向。

　　本章將分三部分探討慈禧新政時期之教育政策：一、探討庚子拳亂之後慈禧西狩的經過，下詔變法、檢討拳亂禍首的內容，以及行在政府的政績等；二、以張之洞的《勸學篇》和《江楚會奏變法三摺》為基礎，分析張之洞教育改革的理想；三、闡述教育政策的具體實踐。

第一節　庚子拳亂慈禧西狩

　　義和團由於得到慈禧的保護和利用，仇視洋人的舉動遂公然為之，最後卻造成八國聯軍的浩劫，結果慈禧本人亦未得到利益，反而落得逃亡西安的下場。在西安的行在政府期間，慈禧假藉光緒的名義，下詔推行新政及罪己，並設立督辦政務處、改設外務部等，頗有自強變法的態勢。本節擬就三個部分，探討慈禧在西安的各項作為：一、探討慈禧與義和拳的互動關係；二、闡述慈禧在西安的變法和罪己詔書；三、描述督辦政務處與外務部的設置經過與作為。

壹、慈禧與義和團

　　慈禧第一次逃難，是追隨咸豐於英法聯軍攻陷北京城時，逃亡熱河。此

次則是因縱容拳匪，咎由自取，引爆各國不滿，遂有「八國聯軍」之舉，不得已又再度逃亡，此次的目的地是西安。西安曾是康有為於甲午戰後，經過詳細分析其優劣得失之後，建議光緒遷都的地方。由此可見，西安應當有其重要的優勢，對於慈禧之安全保障當無疑慮，所以才決定選擇西安為其「巡幸」之處。然而，慈禧的這一切遭遇似乎應該都是拜義和團之賜。

義和團乃白蓮教之支流，係邪教之一種，乾隆時已有之。嘉慶年間曾諭令禁止，違犯者凌遲至死。該流派託附神靈鬼怪，並稱習拳可以抵禦外夷之洋槍利砲，亦稱為義和拳。拳匪以山東、直隸兩省最多，以仇視耶穌教為名，富有極濃厚的排洋色彩（左舜生，1977：177），所以對於洋人有一定的稱呼；「大毛子」就是指洋人，「二毛子」指的是教徒及從事洋務者，「三毛子」指的是用洋貨者。凡屬毛子都該殺，也都是仇視的對象（李守孔，1979：147；徐中約，1987：126-127）。

義和團之所以發展迅速，並擴大成為一種民間的暴動組織，係有三個因素：一、甲午戰爭之後，列強加緊對中國的侵略，盤踞沿海地區，激起一般人民的公憤；二、各項實業如郵遞、鐵道陸續興辦之後，一部分以傳驛為生的升斗小民，一時多陷於失業的窘境，遂懷恨洋人輸入這些先進的科技；三、少部分的耶穌教徒，並非信教，而是以教為護符，平時假藉洋教之名，橫行鄉里，引起非教徒與拳民的不滿。而光緒二年（1876）之中英《煙台條約》，設立會審制度，每遇教案發生，外國教會得派員觀審，於是教徒有恃無恐，氣燄囂張，百姓對教徒的恨意則深藏心中已久（左舜生，1977：177；李守孔，1979：144）。積此三項因素，拳匪又得部分疆臣督撫之認同與支持，於是拳民與教會之衝突遂時有所聞。

光緒二十二年（1896）五月，山東一帶發生嚴重水災，教會賑災，但以教民優先，非教民遂仇洋人更深，因此侮辱教士、焚燬教堂之舉層出不窮。光緒二十三年（1897）十月，山東曹州府有兩名德國傳教士被殺，為義和團之大刀會所為，時巡撫李秉衡已緝捕兇犯分別治罪，但德國卻藉口出兵強占

膠州灣，後來山東幾乎都在德國的勢力範圍之內，李秉衡則因德國公使頻施壓力於總理衙門，遂遭去職，由張汝梅繼任。光緒二十五年（1899），山東巡撫又改由毓賢擔任，祖護大刀會尤力，並令義和團眾舉著「扶清滅洋」的旗幟，大肆作亂，教士請求保護，但毓賢置之不理。後來，清廷在法國公使嚴重抗議下，不得已將毓賢撤職，改由袁世凱擔任；毓賢乃恨洋人，並進京面見端郡王等親貴，說服他們支持義和團。慈禧此時欲藉義和團向洋人報仇，乃從其議，下令袁世凱不得鎮壓義和團，並改派毓賢為山西巡撫（左舜生，1977：177-178；李守孔，1979：145；徐中約，1987：127-128）。

慈禧支持義和團大概有三個原因：一、戊戌政變後，慈禧以帝病正告天下，實則囚禁光緒，欲置之於死地，當時駐北京各國公使卻同情光緒，一再求見介紹西醫為光緒診治，至此始揭穿慈禧的陰謀，所以慈禧已經懷恨洋人；二、「戊戌政變」後，康有為和梁啟超分別接受英國和日本的協助而亡命海外，清廷予以捕殺不成，梁啟超又藉宣傳之力，痛詆慈禧，更加深慈禧對外人之忿恨；三、光緒二十五年，慈禧欲立端郡王之子溥儁為大阿哥，欲以代光緒之帝位，但外人對此舉很不以為然，拒不賀電（左舜生，1977：178-179）。

後來，袁世凱不遵慈禧之命，仍然強力鎮壓義和團，將之趕往直隸。光緒二十六年（1900）春，義和團勢力已經蔓延至直隸多處地方，並經常乘機作亂，滋生事端，各國公使乃紛紛要求清廷出面鎮壓，英、美、德、義等國戰艦甚至示威於大沽口，以為聲援。三月十八日，慈禧在不得已的情形下，頒布一道諭旨：「各省鄉民設團自衛，保護身家，本古人守望相助之誼，果能安分守法，原可聽其自便，但恐其良莠不齊，或藉端與教民為難，不知朝廷一視同仁，不分畛域，該民人等所當仰體此意，無得懷私逞忿，致啟釁端，自干咎戾。」（《光緒實錄》，卷461：10）

這道諭旨，並未提及「義和團」三個字，甚至還強調鄉民設團自衛是符合古法，僅輕描淡寫地要求人民不得為難教民，藉端滋事而已；可見慈禧心

裡是多麼不願意出此諭旨，乃迫於外人壓力下的不得已做法。

慈禧對外人的仇恨至此有增無已，遂召集義和團入京據以排外，更昧於拳匪真能抵禦洋槍利砲的謬說，在光緒二十六年（1900）五月二十五日，大膽下詔向各國同時宣戰。慈禧宣布宣戰，足見其與洋人已勢同水火，必無免戰之可能。且自宣戰以後，拳匪氣燄更是囂張，「首禍諸人，叫囂墮突，九卿科道，紛紛條陳攻館之策」，至有謂「義和拳咒砲不燃，其御至神，無畏夷兵」者；更有昌言「夷狄無君父二千餘年，天將假手義民盡滅之」者。因此，各國教堂被攻者愈多，其勢愈演愈烈，拳匪更縱火翰林院，計畫延燒使館，而慈禧乃立宮中高石之上觀火。曾逮獲一洋兵，刑訊三小時餘，只聞「呼籲之聲，慘不忍聞」，訊畢即殺，慈禧遂賞拳匪五百金（黃鴻壽，1973，卷 67：3），可見慈禧痛恨洋人之甚。如此一來，遂造成難以挽回的京師悲劇。

貳、變法詔與罪己詔

慈禧在西安的行在政府待了三個月後，大概生活上的一切都已經就緒，乃於光緒二十六年十二月十日（1901），假光緒皇帝名義，下詔要求群臣講求變法之道；這是慈禧在西安頒布的第一道極為重要的詔書，有其歷史的意義。這份詔書大概可以分為六個部分予以討論（《光緒實錄》，卷 476：8-10）。

一、指出變法的必然性，說明清代歷位皇帝均有變法的事實，藉以反駁守舊派祖宗成法不能變的謬誤，但卻明示中國的三綱五常是不能變的，頗有「中體西用」的精神內涵在其中。

二、慈禧強調自己憂心國事已極，為求國家富強，應該切實整頓一切政事，並贊成向外人學習。同時，藉此痛斥康有為主導戊戌變法的舉動，是將國家分為新舊，那是亂法不是變法，更強調國家並無新舊之別，全體臣民應該融和成一體。

三、指出中國變法的主要問題，在於積習難破，有名無實。因此，欲有效解決是項問題，必須學習西政的根本，勿徒襲其皮毛。

四、批評報館文章與書生成見均各有偏頗，凡主事者務須執兩用中，不偏不倚，斟酌權衡，方為上策。

五、指責過去臣僚的虛應故事，並強調變法需要人才，因為人的因素足以影響變法的成效。

六、要求京官要員、疆臣督撫及出使大臣等，務必就當前實際情形，參酌西法，斟酌損益，於兩個月內提出變法的策略。

最後，殷殷告誡不得因循苟且以對，詔書云：「事窮則變，安危強弱，全繫於斯；儻再蹈因循敷衍之故轍，空言塞責，省事偷安，憲典具存，朕不能宥。」

這份詔書的內容涵蓋變法的重要性、過去變法的弊病，以及未來必須改進的方向，不但相當具有說服力，更具有號召力，難怪黃鴻壽以為，「當日西人聞之，謂此實以巨額之代價，而增一層之識見。」若再考其頒布詔書之動機，大概是經過極大的創痛，慈禧對於國家積弱的原因應有相當的覺悟，知此後行政之方針，必須從事改革，以圖補救，於是有此詔書之頒布。然而，「內外諸臣，其泄沓如故，於飭行改建各事，仍無實力奉行者」，皆因他們認為慈禧此舉，只不過聊備一格，以掩外人之耳目而已，並非出於誠心誠意（黃鴻壽，1973，卷 69：1）。由此可見，即使慈禧有心推動變法，但是她過去對於政事漠不關心，只關心一己私利的做法，已令群臣看透其內心的想法，於是大多無推行變法之準備。

第一道詔書頒布未滿一個月，要求臣僚條陳的二個月期限尚未屆滿，慈禧就繼續頒布第二道詔書，於光緒二十六年十二月二十六日（1901），假光緒名義下詔罪己。詔書之首，除飭令奕劻等，對於各國和議的十二條大綱，應「將詳細節目，悉心酌覈，量中華之物力，結與國之歡心」之外；更表示「既有悔禍之機，宜頒自責之詔，朝廷一切委曲難言之苦衷，不得不為爾天

下臣民明諭之。」（《光緒實錄》，卷 477：13）表面上是言明對「庚子拳亂」的懺悔之意，實質上卻是將發生拳亂的所有罪名推到其他官員身上，冀以搏取各國公使的同情或支持；因此，這道詔書表面上是「下詔罪己」，暗藏的深義則在「下詔罪人」，完全為慈禧開脫罪名。此道詔書可分為五個部分予以說明（《光緒實錄》，卷 477：13-16）：

一、慈禧極力否認拳匪作亂，係因朝廷有意縱容的說法。因為朝廷已經盡力而為，既已下詔勦匪在先，後又擬與國同殉，如此即可脫罪。再者，朝廷本身也是受害者。

二、將拳亂之罪推給以下三類人員：

㈠地方官平時辦理教案不善：拳匪之亂，與信拳匪者之召亂，均非無因而起。各國在中國傳教，由來已久，人民與教士或教徒爭訟，地方官時有所偏。官員既無持平的辦法，於是民教之間的怨恨，愈結愈深。

㈡軍隊管理不善，實為將領之罪。

㈢部分王公大臣庇匪作亂：拳匪平時「妖言邪說，煽誘愚人」，而少數王公大臣，或因年少任性，或因迂謬無知，平時嫉外洋之強盛，卻不知自量；於是，幫助拳匪教導一般民眾習拳。朝廷見此蔓延之勢，乃諭令查禁，但拳匪不從，無可奈何；甚至數萬拳匪，「膽敢紅巾露刃，充斥都城，焚掠教堂，圍攻使館。」

三、詔書指出，慈禧在拳亂中對洋教是存有善意的，因為正當使館被圍之際，屢次諭令總理衙門大臣，前往禁止攻擊，並至各使館會晤慰問，但因槍淋彈雨危險至極，王大臣無人敢往；所以不致釀成巨禍者，實由朝廷竭力維持。並欲藉詔書向各國曉以大義，示好並求情，期能於議和時高抬貴手。

四、由於張之洞、劉坤一等重要督撫力持東南互保之約，使得長江沿岸免於八國聯軍之橫禍，詔書乃稱許此舉為「遵奉諭旨不欲失和之意」。並以此例申飭其他各省，於平時雖以自強為詞，一旦臨事張惶，又無可恃之具。藉此要求大小臣工，深自反省；緊接著，又哭訴逃難的過程，是如何的淒

慘。再者，表示這番指責的話，「並非追既往之怨尤，實欲儆將來之玩泄」，希望能感動群臣保護朝廷的心，勉勵京內外大小臣工。

　　五、最重要的，再度表示朝廷是無辜的，於拳亂期間所頒的各次諭旨，實有不得已的苦衷，都是首禍諸臣，「於事機紛擾之際，乘間矯擅」，絕非出自朝廷本意，希望中外臣民能體諒朝廷之心意。因此，應將五月二十四日以後，七月二十日以前，所有「矯擅妄傳各諭旨者」，一概撤銷，「以重綸音而昭信史」。

　　綜合上述，慈禧花如此大的篇幅下此詔書，最主要的目的在於將拳亂之罪嫁禍於人，好讓自己有台階可下，冀此爭取各國與全國臣民的同情與支持。而她下令將五月二十四日以後，七月二十日以前的諭旨一律銷燬，其動機無非是毀滅證據而已。

參、嘗試推動新政

　　光緒二十七年（1901）三月三日，慈禧下詔設立督辦政務處，實為推動新政的開端。其設立的動機，乃在於光緒二十六年十二月初十日（1901），曾有變法詔書，要求內外大臣條陳變法策略，以待選用。由於「近來陸續條陳，已復不少，唯各疆臣使臣，多未奏到，此舉事體重大，條件繁多，奏牘紛繁」，務必要做到「體察時勢，決擇輯當，分別可行不可行，並考察其行之力不力」，因此，「非有統匯之區，不足以專責成而挈綱領。」遂設立督辦政務處，派慶親王奕劻、大學士李鴻章、榮祿、崑岡、王文韶、戶部尚書鹿傳霖為督辦政務大臣，兩江總督劉坤一、湖廣總督張之洞，亦著「遙為預參」；慈禧命各該王大臣等，於一切因革事宜，務當和衷商榷、悉心評議、次第奏聞（《光緒實錄》，卷481：4-5）。

　　自從設立督辦政務處之後，至光緒二十七年（1901）八月二十四日啟蹕回京，西安的行在政府確實有些政績。

　　四月十日，頒布諭旨銷毀六部所有則例，裁汰書吏、督飭司員、躬親部

務，以落實政事之實施（《光緒實錄》，卷482：5）。復命各省仿照六部，將所有則例徹底釐清，刪繁就簡，各衙門書吏差役，分別裁汰裁革，不准假以事權。又命整頓翰林院，編檢以上各官均課以政治之學（黃鴻壽，1973，卷69：2）。十七日，諭開經濟特科（《光緒實錄》，卷482：9）。

五月，命出使大臣訪察游學生咨送回國，聽候錄用（左舜生，1977：240）。

六月九日，頒布諭旨指出，因總理衙門各王大臣等，多係兼差，恐未能盡心職守，自應特設員缺，以專責成，於是令總理衙門改為外務部，列位六部之上，專辦外交事務。並遴選管理人員如下：和碩慶親王奕劻為總理，體仁閣大學士王文韶授為會辦大臣，工部尚書瞿鴻禨調外務部尚書並授為會辦大臣；太僕寺卿徐壽朋、候補三、四品京堂聯芳，著補授外務部左右侍郎（《光緒實錄》，卷484：6）。

七月十六日，諭令自光緒二十八年鄉會試起，均試策論，不准使用八股文程式。是日，並諭令永遠停止武生童試，及武科鄉會試，俟各省設立武備學堂後，再行酌定挑選考試章程，以儲將才（《光緒實錄》，卷485：13-14）。二十九日，諭令各省會建立武備學堂，以期培養將才，練成勁旅。至北洋、湖北所設武備學堂，及山東所設隨營學堂，均已辦有規模，應即著李鴻章、劉坤一、張之洞、袁世凱等，酌量擴充、認真訓練（《光緒實錄》，卷485：19）。

八月二日，諭令切實整頓京師大學堂，並著將各省所有書院，於省城均改設大學堂，各府、廳、直隸州均設中學堂，各州縣均設小學堂，並多設蒙養學堂（《光緒實錄》，卷486：2）。五日，諭各省派學生出洋肄業。諭旨稱：「造就人才，實係當今急務。前據江南、湖北、四川等省選派學生出洋肄業，著各省督撫一律仿照辦理，務擇心術端正、文理明通之士，遣往學習，將一切專門藝學，認真肄業，竭力講求。」（《光緒實錄》，卷486：6）

八月二十日，慈禧在啟程回京師的前四日，鑒於劉坤一、張之洞會奏整

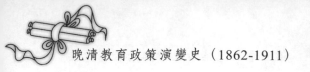

頓中法仿行西法各條，事多可行，於是再度下詔要求群臣講求變法，命各省督撫按照所陳，隨時設法擇要舉辦，以圖自強。諭旨稱：

> 「……變法一事，關繫甚重，……朝廷立意堅定，志在必行……。爾中外臣工，須知國勢至此，斷非苟且補苴，所能挽回厄運，唯有變法自強，為國家安危之命脈，亦即中國民生之轉機。……爾諸臣受恩深重，務當將應行變通興革諸事，力任其難，破除積習，以期補救時艱。」
> （《光緒實錄》，卷 486：15）

綜合上述，慈禧的變法詔與罪己詔，其頒布固然居心叵測，其內容亦令人啼笑皆非。然而，慈禧於光緒二十七年（1901）三月三日下詔，設督辦政務處的作為，卻對後來的新政推動頗能發揮統整的功能；六月九日，將總理衙門改為外務部，亦對外交事務的推展有其貢獻：八月二十日，再度頒布諭旨要求群臣力行變法，以圖自強。由此以觀，慈禧於西安行在的作為，頗有助益於國家大局。

第二節　張之洞的教育改革理想

張之洞是洋務運動末期的重要督撫之一，亦被視為洋務派的一員，曾經推動許多洋務措施。他在戊戌變法前完成其著作《勸學篇》，經過翰林院侍講黃紹箕，於光緒二十四年（1898）六月七日，呈進一部給光緒皇帝閱看，光緒詳加披覽之後，覺得「持論平正通達，於學術人心，大有裨益」，立即下了一道諭旨，將所備副本四十部，交由軍機處頒發各省督撫學政各一部，俾得廣為刊布，「實力勸導，以重名教而杜卮言。」（《光緒實錄》，卷421：6）後來，光緒又於七月六日，諭令總理衙門將《勸學篇》排印三百部（《光緒實錄》，卷 423：7-8）。

由此可知，張之洞在戊戌變法期間已經嶄露頭角，但畢竟他是屬於慈禧

太后那一派的，並不支持康有為等維新派所主張的變法策略，除了在變法期間甚少積極配合動作外，甚至在變法夭折之後，還協助慈禧緝拿康有為等維新派人士。

因為張之洞曾於光緒二十四年十二月二十六日（1899）上奏〈裁撤南學會並裁併保衛局摺〉，二十六年（1900）八月三十日上奏〈擒誅自立會匪頭目分別查拏解散摺〉，二十六年九月六日上〈宣布康黨逆跡並查拏自立會匪首片〉；這三份資料都足以證明他對維新派人士及其變法組織的打壓和迫害。

直至八國聯軍開入北京，慈禧太后挾帶光緒皇帝倉皇出走之後，張之洞才逐漸成為權力的核心，受到慈禧的重用。光緒二十七年（1901）三月三日，慈禧詔設督辦政務處後，張之洞與劉坤一聯銜（實際上由張之洞主導），於五、六月間連續奏上變法三疏。此變法三疏，及其著作《勸學篇》，即成為他協助慈禧推動新政的政策綱領：

第一疏，上於五月二十七日，提出變通政治要端四項：一、設文武學堂；二、變通科舉停捐納之制；三、停罷武科；四、獎勸游學。

第二疏，上於六月四日，論列立國之道有三：曰治、富、強，並酌擬中國必應整頓者十二條：一、崇節儉；二、破常格；三、停捐納；四、課官重祿；五、去書吏；六、去差役；七、恤刑獄；八、改選法；九、籌八旗生計；十、裁屯衛；十一、裁綠營；十二、簡文法。

第三疏，上於六月五日，建議採用西法者十一條：一、廣派游歷；二、練外國操；三、廣軍實；四、修農政；五、勸工藝；六、定礦律路律商律交涉刑律；七、用銀圓；八、行印花稅；九、推行郵政；十、官收洋藥；十一、多譯東西各國書。

張之洞奏上變法三疏，總共提出二十七條建議，凡有關教育科舉者，計八條，約占三分之一，足見他對育教育事業是相當重視的。本節擬依據張之洞的《勸學篇》、變法三疏及相關資料，以探討張之洞的教育改革理想。

壹、「中體西用」的教育觀

一、中體西用論的源流

後世多以張之洞為「中體西用論」的創始者，事實則不然。因為，早在英法聯軍以後、洋務運動時期，即有類似觀念的言論出現，只是當時未有共同的專用名詞而已。茲舉兩例以說明之。

㈠馮桂芬指出，中國不如夷人處有四：「人無棄材不如夷，地無遺利不如夷，君民不隔不如夷，名實不符不如夷。」因此，中國欲自強，必須向夷人學習，「始則師而法之，繼則比而齊之，終則駕而上之，自強之道，實在乎是。」至於學習的內容，除了夷人的船堅砲利和練兵之法外，有關「算學、重學、視學、光學、化學等，皆得格物至理，輿地書備列百國山川阨塞風土物產，多中人所不及」，以及百工所需，可資以營生，有益於國計民生者，亦須一併向夷人學習。然而，他對於夷人的宗教抱持著：「耶穌教者，率猥鄙無足道」的觀念；所以，他主張「以中國之倫常名教為本原，輔以諸國富強之術，不更善之善者哉？」（馮桂芬，1966：149-159）由此可見，馮桂芬堅決地相信中國的倫理道德優於西洋，唯西洋器物的進步和富國強兵之術勝於中國，故提出「以中國為本、以西洋為輔」的做法，已經有「中體西用」的觀念。

㈡鄭觀應認為，西洋諸國強盛的理由在於學，非在於人；因為他們興辦學校、培養人才。然而，欲與西洋爭強，不僅在鎗砲戰艦的製造而已，尤其應該在學習中國之學的基礎，再學西洋的學術。何謂西學？他概括地分為天學、地學和人學等三大類。並指出格致製造等學，是西學之本；語言文字等學，是西學之末，而強調「善學者，必先明本末，更明所謂大本末而後可。」最後，他歸納而言，講求西學「應以中學為本，西學為末，主以中學，輔以西學，知其緩急，審其變通，操縱剛柔，洞達政體，教學之效，其在茲乎。」（鄭觀應，1976：241-248）

　　由是以觀，鄭觀應仍然相信中國之學有其優勢，凡學者不應該廢棄和鄙視，必須以中學固其根本，再學習西學，以輔助中學所缺乏的部分。所以，他的觀念仍屬於中體西用的說法。

　　甲午戰爭以後，「中體西用」之說更倡行於中國；而以此種觀念為基礎，直接影響於行動者，最佳之例，莫如京師大學堂的創設（王爾敏，1985：274）。該學堂之宗旨，已經明顯標舉「中學為體，西學為用」的旗幟。由光緒二十二年（1896）七月，孫家鼐（1966：401-403）的奏摺即可得知：

> 「一曰宗旨宜先定也。中國五千年來，聖神相繼，政教昌明，決不能如日本之舍己芸人，盡棄其學而學西法。今中國京師刱立大學堂，自應以中學為主，西學為輔；中學為體，西學為用。中學有未備者，以西學補之；中學其失傳者，以西學還之。以中學包羅西學，不能以西學凌駕中學。此是立學宗旨。」

　　由以上論述得知，在《勸學篇》出版之前，中體西用論已經普遍存在中國知識份子的觀念裡。但是，這些先於張之洞討論中體西用觀念的論述，均無損張之洞對於中體西用論集大成和徹底實踐的貢獻；而梁啟超更在《清代學術概論》一書，直接標示張之洞最樂道中體西用論，他說：

> 「甲午喪師，舉國震動，年少氣盛之士，疾首扼腕言唯新變法，而疆吏若李鴻章張之洞輩，亦稍稍和之。而其流行語，則有所謂『中學為體，西學為用』者，張之洞最樂道之，而舉國以為至言。蓋當時之人，絕不承認歐美人除能製造、能測量、能駕駛、能操練之外，更有其他學問；而在譯出新書中求之，亦確無他種學問可見。」（梁啟超，1995：82）

　　綜合上述，中體西用論在晚清確實造成一股風潮，所以梁啟超才會說「舉國以為至言」。而此觀念雖非張之洞的創見，他確是其中最顯著的人物，也是最有說服力的代表人物。

二、《勸學篇》與中體西用論

　　張之洞作《勸學篇》的主要動機，在於調和新學舊學之爭，解決中學、西學之辯，因為「廟堂旰食，乾惕震厲，方將改弦以調琴瑟，異等以儲將相，學堂建特科，設海內志士，發憤搤腕，於是圖救時者言新學，慮害道者守舊學，莫衷於一。」而且，新學與舊學各自與彼此之間又有許多的矛盾：「舊者因噎而食廢，新者歧多而羊亡，舊者不知通，新者不知本；不知通則無應敵制變之術，不知本則有非薄名教之心。夫如是則舊者愈病新，新者愈厭舊，交相為瘉，而恢詭傾危，亂名改作之流，遂雜出其說以蕩眾心。」如此一來，正當國家講求自強之時，內部卻發生嚴重的爭辯，恐怕會因彼此之間的鬥爭而失去競爭力，他說：「學者搖搖，中無所主，邪說暴行，橫流天下，敵既至無與戰，敵未至無與安，吾恐中國之禍，不在四海之外，而在九洲之內。」所以，他基於「古來世運之明晦，人才之盛衰，其表在政，其裡在學」的觀點而作《勸學篇》，分為內外兩篇，期望做到務本以正人心，務通以開風氣（張之洞，1969：420-421）。事實上，《勸學篇》實為變法大本，但不以變法為名，而以勸學名之者，實在是張之洞似乎已有先見之明，擔心遭受清議的抨擊、落人於崇尚西法的口實，最後還遺臭萬年（不著撰人，2004）。

　　《勸學篇》的內篇有九項細目，外篇有十五項細目，張之洞均一一說明其內容綱要，茲整理如表 5-1 及表 5-2，以便後續的說明。

　　張之洞強調內外兩篇共二十四項細目的要義，是期望中國人具備五知：

> 「一知恥，恥不如日本，恥不如土耳其，恥不如暹羅，恥不如古巴。二知懼，懼為印度，懼為越南、緬甸、朝鮮，懼為埃及，懼為波蘭。三知變，不變其習，不能變法，不變其法，不能變器。四知要，中學考古非要，致用為要；西學亦有別，西藝非要，西政為要。五知本，在海外不忘國，見異俗不忘親，多智巧不忘聖。」

▼表 5-1　《勸學篇》內篇綱要彙整一覽表

細目	綱要
同心	明保國保教保種為一義，手足利則頭目康，血氣剛則心志剛，賢才眾多，國勢自昌。
教忠	陳述本朝德澤深厚，使薄海臣民，咸懷忠良以保國也。
明綱	三綱為中國神聖相傳之至教，禮政之原本，人禽之大防以保教也。
知類	閔神明之冑裔，無淪胥以亡以保種也。
宗經	周秦諸子，瑜不掩瑕，取節則可，破道勿聽，必折衷於聖也。
正權	辨上下，定民志，斥民權之亂政也。
循序	先入者為主，講西學必先通中學，乃不忘其祖也。
守約	喜新者甘，好古者苦，欲存中學，宜治要而約取也。
去毒	洋藥濛染我民，斯活絕之，使無萌也。

▼表 5-2　《勸學篇》外篇綱要彙整一覽表

細目	綱要
益智	昧者來攻，迷者有凶也
游學	明時勢、長志氣、擴見聞、增才智，非游歷外國不為功也。
設學	廣立學堂，儲為時用，為習帖括者擊蒙也。
學制	西國之強，強以學校，師有定程，弟有適從，授方任能，皆出其中，我宜擇善而從也。
廣譯	從西師之益有限，譯西書之益無方。
閱報	眉睫難見，苦藥難嘗，知內弊而速去，知外患而預防也。
變法	專己襲常，不能自存也。
變科舉	所習所用，事必相因也。
農工商學	保民在養，養民在教，教農工商，利乃可興。
兵學	教士卒不如教將領，教兵易練，教將難成。
鑛學	興地利也。
鐵路	通血氣也。
會通	知西學之精意，通於中學以曉固蔽也。
非弭兵	惡教逸欲而自斃也。
非攻教	惡教逞小忿而敗大計也。

最後，他呼籲中國人應該確實理解「好學近乎智、力行近乎仁、知恥近乎勇」的真諦。而內篇所言，皆求仁之事；外篇所言，皆求智求勇之事。如果徹底實行，「雖愚必明，雖柔必強」；如果因循怠惰，「無學無力無恥，則愚且柔」（張之洞，1969：421-422）。

《勸學篇》究竟有多大的魅力？有人閱讀之後，發出驚嘆的評語：「讀者萬種傾心，五體投地，歎為不世出之人，固屬目前封疆大吏中所僅見。……籌畫精細，包舉無遺，誠能循而行之推而廣之，夫亦何憂乎不強？夫亦何患乎不富？」（不著撰人，2004）總而言之，《勸學篇》是說明「中體西用論」的代表作，張之洞更以此為基礎，完成《變法三疏》等著作，推演產生許多教育方面的主張。

貳、教育目的

張之洞既然以「中體西用」為教育的主導原則，則教育的目的應該分成兩個層面來看：一、道德層面；二、學術層面。在道德層面，他要求教育必須培養學生具備固守傳統倫理、忠君愛國的人格特質；在學術層面，則是應該培養中西兼通、新舊兼習的實務人才。就如光緒二十九年十一月二十六日（1904年1月13日），張之洞與張百熙、榮慶聯銜會奏〈重訂學堂章程摺〉所指出：「立學宗旨，無論何種學堂，均以忠孝為本，以中國經史之學為基，俾學生心術壹歸於純正，而後以西學淪其智識，練其藝能，務期他日成材，各適實用，以仰副國家造就通才、慎防流弊之意。」（張之洞，1966）唯有在道德層面和學術層面都能兼顧的人，始為國家最需要的人才。

一、道德層面

《勸學篇》出版之時，正當百日維新即將如火如荼展開時，張之洞有感於維新勢力幾乎要凌駕所有守舊勢力之上，危及慈禧的權力，所以積極呼籲全國上下必須一心一德，無論官吏、士子或百姓，都應該抱定為國盡忠的決

心，國家才能穩定。他說：「積天下之秀才，則盡士類；積天下之命官，則盡臣類；積天下之匹夫，則盡民類；若皆有扶危扶顛之心，抱冰握火之志，則其國安於磐石，無能傾覆之者。」唯有「人人親其親，長其長，而天下平，人人智其智，勇其勇，而天下強。」只要君民同心，處於盛世時，天下必能呈現一片安和樂利的景象，即使是衰世，在君民共同奮鬥的前提下，亦能安然度過。他說：「全盛之世，庠以勸學，官以興能，朝廷明於上，則人才成於下；艱危之世，士厲其節，民激其氣，直言以悟主，博學以濟時，同心以救弊，齊力以捍患，人才奮於下，則朝廷安於上。」（張之洞，1969：422）

張之洞提出同心的內涵，即是保國家、保聖教及保華種，三保合一。因此，當前所需要的人才即是「以激發忠愛，講求富強，尊朝廷、衛社稷為第一義」的人。為達成全國同心的目的，他乃提示全國上下的權責：「執政以啟沃上心、集思廣益為事，言官以直言極諫為事，疆吏以足食足兵為事，將帥以明恥教戰為事，軍民以親上死長為事，士林以通達時務為事。」（張之洞，1969：423-424）

張之洞為進一步說明忠君的理由，遂以〈教忠〉為篇名，詳述清代照顧人民的種種善政，他指出：「自漢唐以來，國家愛民之厚，未有過於我聖清者也。列聖繼繼繩繩，家法心法，相承無改，二百餘年，薄海臣民，日游於高天厚地之中，長養涵濡，以有今日。試考中史二千年之內，西史五十年以前，其國政有如此之寬仁忠厚者乎？」就他的觀點，滿清王朝自開國以迄光緒年代，歷二百年的光陰，無一日不能令百姓安居樂業，所以人民都應該感謝朝廷。或許中國並不富強，然而天下所有的人，無論富貴貧賤，「皆得俯仰寬閒，有以自樂其生」。因此，當此國家危難之際，人人均應報效國家，以鞏固權力中心為職志，於是他要求：「凡我報禮之士，戴德之民，固當各抒忠愛，人人與國為體，凡一切邪說暴行，足以啟犯上作亂之漸者，拒之勿聽。」（張之洞，1966：17-31）言下之意，對於講求維新的各種聲浪，張

之洞要求全國臣民都應該義正而詞嚴，拒絕於自己的中心思想之外，以忠君愛國為行事的最高原則。

理想的人才除忠君愛國之外，亦均能固守傳統倫理，也就是遵守五倫的規範。他認為：「五倫之要，百行之原，相傳數千年，更無異義，聖人所以為聖人，中國所以為中國，實在於此。」所以，明瞭君為臣綱的道理之後，就不能提倡民權之說；知悉父為子綱的意義之後，父子同罪、免喪、廢祀之說即不可行；明白夫為婦綱的理由之後，則男女平權之說更不可行。聖人為人倫至高無上的境界，「因情制禮，品節詳明」，俾天下人共知遵守；西人或許「禮制雖略，而禮意未嘗盡廢」。由此可知，五倫之制乃古今中外大同小異之是，「人君非此不能立國，人師非此不能立教。」有鑑於此，張之洞乃批評某些「貴洋賤華之徒，於泰西政治學術風俗之善者，懵然不知，知亦不學，獨援其秕政敝俗，欲盡棄吾教吾政以從之。」（張之洞，1966：33-36）

由是以觀，張之洞強調西洋亦有五倫之制，唯其形式上的禮節較簡，並非全無；凡中國臣民均應體會聖人制定五倫之至意，莫為西人或略識西洋者之浮言流語所誘，而廢棄中國傳統的倫理道德觀念。因此，為詳細釐清五倫中權力的問題，他以〈正權〉為名，指出民權不適於中國，他說：「民權之說，無一益而有百害。」理由是：

「若談立議院，中國士民，至今安於固陋者尚多，環球之大勢不知，國家之經制不曉，外國興學立政練兵製器之要不聞，即聚膠膠擾擾之人於一室，明者一，闇者百，游談囈語，將焉用之。……我朝深仁厚澤，朝無苛政，何苦倡此亂階，以禍其身而並禍天下哉？……此時縱欲開議院，其如無議員何，此必俟學堂大興，人才日盛，然後議之，今非其時也。」

一旦強力要求民權，則極有可能產生以下的危機：「愚民必喜，亂民必

作，紀綱不行，大亂四起。……劫掠市鎮，焚毀教堂，吾恐外洋各國，必藉保護為名，兵船陸軍，深入占距，全局拱手而屬之他人。」所以，他認為倡民權者，是受到外人的鼓惑。於是，他堅決相信抵禦外國最強大的武器是國權非民權，「唯有以忠義號召合天下之心，以朝廷威靈合九州之力，乃天經地義之道，古今中外不易之理。」（張之洞，1966：49-56）張之洞此議，大概就康有為的議院論而發。他認為，國家大政應該交由朝廷來處理，而不是由全國人民來公決；如有設置議院的必要，也必須待學堂大興，人民智識提高之後，才能再研議。

　　既然能固守傳統的倫理道德，張之洞更要求不得令中國人為西人，凡中國人均不能存有異心，不能期待在國家滅亡之後求庇佑於西人，冀於西人羽翼之下求生存。於是，他指出：「方今海內之士，感慨發憤，竭智盡忠，求紓國難者，固不乏人，……中華雖淪，富貴自在。」但是，某些庸昏愚昧之人，卻對國家的安危無動於衷，只是乘此危亂時刻，「恣為貪黷，以待合西夥，為西商，徙西地，入西籍，而荂民邪說，甚至詆中國為不足有為，譏聖教為無用，分同室為畛域，引彼法為同調，日夜冀幸天下有變，以求庇於他人。」張之洞抨擊此等人為悖亂、為大愚（張之洞，1966：38-39）。

　　綜合上述，張之洞認為教育的目的，在道德層面應該培養忠君愛國、效忠朝廷、保衛社稷、以朝廷之心為心、嚴守五倫的傳統倫理、以生當中國人為榮的理想人格，唯有如此，才能使國家強盛、百姓安居。而此一價值體系，更具體表現在〈奏定學務綱要〉的條文中。綱要第一條指出：「京外大小文武各學堂，均應欽遵諭旨，以端正趨向、造就通才為宗旨」；並課以教員重大的責任，「於講授功課時，務須隨時指導，曉之以尊親之義，納之於規矩之中。一切斜說詖詞，嚴拒力斥；使學生他日成就，無論為士、為農、為工、為商，均上知愛國，下足立身，始不負朝廷興學之意。」（璩鑫圭、唐良炎編，1991：488-489）

二、學術層面

　　張之洞在〈勸學篇序〉即言明應該調和新舊學之衝突，這也是他作《勸學篇》的形式目的，引伸為教育目的，則是希望培養「中西兼通、新舊兼學」的實用人才。有鑒於此，他對新舊學的矛盾和缺憾很不以為然：「今日新學舊學，互相訾謷，若不通其意，則舊學惡新學，姑以為不得已而用之，新學輕舊學，姑以為猝不能盡廢而存之，終古枘鑿，所謂疑行無名，疑事無功而已。」為引導中學派學習西學，他特別強調許多西學都可以在中學找到根源，舉凡西學之格致、化學、農學、開鑛、林業、工藝、機器、勸工場、博物院、賽珍會、富國策、鐵路、商學、武備學堂、專門學堂、游學、體操、君王可散議院、報館等義，均可於《中庸》、《周禮》、《禮運》、《論語》、《漢書藝文志》、《左傳》、《學記》等中國傳統經典中找到互相契合的說法。所以，他覺得「西政西學，果其有益於中國，無損於聖教者，雖於古無徵，為之固亦不嫌，況揆之經典，灼然可據者哉？」（張之洞，1966：167-172）而對於中西學的應用層次和採用原則，他也有一套看法：

> 「中學為內學，西學為外學，中學治身心，西學應世事，不必盡索之於經文，而必無悖於經義。如其心聖人之心，行聖人之行，以孝弟忠信為德，以尊主庇民為政，雖朝運汽機，夕馳鐵路，無害為聖人之徒；如其昏惰無志，空言無用，孤陋不通，傲狠不改，坐使國家顛隮，聖教滅絕，則雖弟佗其冠，神譚其辭，手注疏而口性理，天下萬世，皆將怨之詈之，曰此堯舜孔孟之罪人而已。」（張之洞，1966：173）

　　由是以觀，張之洞對於倡導學習西學的態度是相當積極的，但是中西學兩者之間仍有一定的地位，他解釋說：「今欲強中國，存中學，則不得不講西學。然不先以中學固其根柢，端其識趣，則強者為亂首，弱者為人奴，其

禍更烈於不通西學者。」因此，西學是為亟圖國家自強而不得不學習的，但中學卻是最根本應該學習的。如果中國人不通中學，就如同「不知其姓之人，無彎之騎，無柁之舟」；西學學得愈深入，對中國的蔑視也就更嚴重，即使有許多的博學多能之士，國家亦長嘆無人才之憂（張之洞，1969：424-425）。

綜上所述，張之洞雖然期待教育培養出「中西兼通、新舊兼學」的人才，但對兩項學問他是有一定的堅持：中學為重，西學為輕；中學為主、西學為輔；中學為體、西學為用；中學治身心、西學應世事；中學治本、西學治標；中學為先、西學為後。中西學不能無輕重緩急之分，亦不能並列為學問的主體，更不能取西學而略中學。

參、教育改革的策略

一、廣興學堂

張之洞對於設立學堂極為關注，學堂可說是他畢生事業的大部分，他曾經辦過各類的實業學堂、外語學堂、軍事教育學堂、師範學堂等。他以最長的時間辦理教育事業，在晚清學界，很難找出第二個如此重視教育事業的官員。以下分幾個部分探討他在廣興學堂方面的主張。

(一)興辦學堂的重要性

張之洞認為人力有限，不如虎豹野獸之力大無窮，但卻能制伏萬物而立於地球之上，所倚靠的正是智慧的運用，而智慧的取得需要教育，他說：「自強生於力，力生於智，智生於學。人力不能敵虎豹，然而能禽之者，智也，人力不能禦大水墮高山，然而能阻之開之者，智也。」（張之洞，1966：81）如果不興辦學堂，卻期望人才備出，則無異於緣木求魚，他指出：「學堂未設，養之無素，而求之於倉卒，猶不樹林木而望隆棟，不作陂池而望巨

魚。」（張之洞，1966：93）再者，就國家興亡的考量而言，教育仍是富國強兵的最佳途徑，他認為：「智以救亡，學以益智，士以導農工商兵，士不智，農工商兵不得智也。政治之學不講，工藝之學不得而行也。大抵國之智者，勢雖弱，敵不能滅其國，民之智者，國雖危，人不能殘其種。」（張之洞，1966：85）

由是以觀，無論對人類的生存或國家的發展而言，教育都扮演極為重要的角色。然而，僅須多派學生出洋即可，何須多設學堂？張之洞說明其理由：「游學外洋之舉，所費既鉅，則人不能甚多，且必學有初基，理已明識，已定者，始遣出洋，則見功速而無弊，是非天下廣設學堂不可。」（張之洞，1966：93）為進一步說明設立學堂對國家發展的效應，他以西洋各國為例，指出：歐洲的國家相當多，「群虎相伺，各思吞噬，非勢鈞力敵，不能自存」，故教育富強之政策，步天測地格物利民之技能，「日出新法，互相仿效，爭勝爭長」，尤其近百年以來，「煥然大變，三十年內，進境尤速」。但是，中國卻鄙視西洋之進步，認為其日出新器只是奇技淫巧，不足為學，不肯盡力學習；於是，他向國人發出警訊：「若循此不改，西智益智，中愚益愚，不待有吞噬之憂，即相忍相持，通商如故，而失利損權，得粗遺精，將冥冥之中舉中國之民，已盡為西人所役矣。役之不已，吸之朘之不已，則其究必歸於吞噬而後快。」（張之洞，1966：81-85）如此發人深省的警語，凡有識之士必能謹記在心，唯有愚昧無知之人，才會繼續墮落而不自覺。

(二)學堂制度的規劃

張之洞主張，全國的學堂應該分為三級：「各省各道各府各州縣皆宜有學，京師省會為大學堂，道府為中學堂，州縣為小學堂，中小學以備升入大學堂之選。府縣有人文盛，物力充者，府能設大學，縣能設中學，尤善。」（張之洞，1966：93）而且，每一級學堂都細分為兩、三等，「小學中學大

學又各分為兩三等，期滿以後，考其等第，給予執照；國家欲用人才，則取之於學堂，驗其學堂之憑據，則知其任何官職而授之，是以官無不習之事，士無無用之學。」（張之洞，1969：427）如此而行，各地均有學堂供人讀書學習，畢業經過考試之後，分別給予不同的等第，國家即有不同的人才可資遴選應用，依其憑據授以官職，可以避免「學非所用，用非所學」的問題。

㈢學堂經費的籌措

張之洞（1966：95-96）主張學堂經費可以透過四種管道予以籌措：

第一，改舊時書院為學堂，即以書院經費充當學堂經費，如此既可省時省事，亦可而避免疊床架屋之弊端。

第二，如果府縣書院規模極小，經費與學舍均嫌不足者，則以廟會善堂演戲所得補充。

第三，在範圍較小的地區，一宗族內，即可以宗祠為學堂之地，並由宗族集資充為學堂經費。再鼓勵士紳捐資興學，凡有聯名上請於朝者，詔旨宜無不允，如此亦得以補學堂經費之不足。

第四，最佳途徑，即是以全國各地之佛道寺觀改為學堂。因為天下寺觀數量龐大，何止數萬，都會百餘區，大縣數十處，小縣十餘座；且皆有田產，經費寬裕，而其產業均由布施而來，若改作學堂，則屋宇田產悉具，此亦權宜而簡易之策。再者，當前時勢以西教日熾，佛道已漸趨式微，其勢必不能長久存在，若藉學堂之設，鼓勵其參與教育事業，中國強盛之後，則佛道亦蒙大利。然而，並非以其全部產業充為學堂經費，而是有比例的分配；即每一縣之寺廟道觀，取十分之七改為學堂，留十分之三仍供僧道使用；其改為學堂之產業，學堂僅用十分之七，僧道仍可使用十分之三。最後，對於提供設立學堂的寺廟道觀，應統計其田產價值，奏明朝廷敘獎；僧道不願獲獎者，得移獎親族或授親族以官職。如此，「則萬學可一朝而起也」。

至於學生的費用，張之洞認為應該令學生繳納部分的費用，他舉外國為

例說：「外國大小學堂，皆須納金於堂，以為或食束脩之費，從無給以膏火者。」而中國舊時書院之膏火制度，本欲獎勵貧寒之士，卻相沿日久，寖成流弊，他描繪這種問題說：「中國書院積習，誤以為救濟寒士之地，往往專為膏火獎賞而來，本意既差，動輒計較錙銖，忿爭攻訐，頹廢無志，紊亂學規，剽襲冒名，大雅掃地。」有鑑於此，即使不能立即仿照西法行之，亦宜斟酌修改舊昔陋規，「堂備火食，不令納費，亦不更給膏火；用北宋國學積分之法，每月核其功課分數多者，酌予獎賞；數年之後，人知其益，即可令納費充用，則學益廣，才益多。」（張之洞，1966：99）張之洞期望透過循序漸進的方式，讓一般人民逐漸瞭解上學的益處之後，再令其繳納學費，實不失為妥善的做法。

而且，令學生繳納學費尚有其利二：

第一，督促學生專心向學：他曾經在進行自強學堂的改革過程中，決定不給學生膏火，在其公告表示：由政府撥出巨款設立的學堂，並非期待學生繳納學費以補不足；且學堂規模務求完備，舉凡建造學舍、聘請師資、購置各種學術圖書用品等事，「豈一人一家數人數家之力所能舉辦？」然而，政府既出以巨款，唯恐啟「無志向學、專圖口腹者濫廁之弊」，故令學生繳納學費，雖不足以供學堂平日之用，卻可以觀學生之誠心與否？（高時良，1992：265）而且，不給膏火，亦可杜絕學生爭利。

第二，有助於廣設學堂，以教民為養民之道：雖然張之洞曾表示學生的費用不足以供學堂之所需，但卻不無小補。因為官紳所籌措的學堂費用，專為建學舍、延師、購書、製器之用，已無餘力再充為學生膏火。如果能令學生繳納學費，可不必事事仰賴官費，亦毋須物物依靠士紳，故一國之內，常有小學數萬所，中學數千、大學數百，於推廣學堂之設立實有極大的貢獻。況且，學生但求成才，不求膏火，每人既已出費若干，則必欲有所得而後歸，「學成之後，仕宦工商，各有生計，自無凍餒，此以教為養之法。」（張之洞，1969：427）

㈣師資的遴聘

初辦學堂，勢必需要大量的師資，為因應特殊需求，張之洞認為師資不必苛求。因此，他提出一套方法：以近年上海出版的各種西學書籍而言，均已分門別類，政學和藝學要領亦能詳細明白。由高明之士自行研求三月，即可以教小學堂；兩年之後，省會學堂之優秀者畢業後，即可以教中學堂；大學堂初設之年，所學亦相當淺顯，每一省可以訪求數人，頗不為難；三年之後，各種新書廣為出版，師資愈來愈多，大學堂亦無患師資問題。再者，若鼓勵有志之士自行創立學會，互相切磋琢磨；一開始雖只有二、三人參加，逐漸擴充可以增加到十人、百人，久而久之，千里之外的有志向學之士，必能群起效法，形成一股學習的風氣，昔日勾踐以十年教訓而國家興，如今中國之興，亦存乎士而已（張之洞，1966：100）。

由此以觀，張之洞的《勸學篇》對師資需求的規劃未臻成熟，直至光緒二十八年，他奏〈籌定學堂規模次第興辦摺〉，乃強調「各國中小學堂教員，咸取材於師範學堂，故師範學堂為教育造端之地，關係至重。」（張之洞，1966，卷 57）至〈奏定學務綱要〉時，更強調首先宜急辦師範學堂，他指出：「開通國民知識，普施教育，以小學堂為最要；則是初級師範學堂，造就小學之師範生，尤為辦學堂者入手第一義。」由此可知，張之洞對於師資已經有比較嚴格的要求，其師範教育的主張亦已臻成熟。

㈤教學內容的安排

張之洞以中體西用為其教育事業的主要準據，在教學內容的安排上，亦遵循此一原則，首要者為「新舊兼學、政藝兼學」。若再詳加分析，則其原則有六：

第一，新舊兼學政藝兼學。以四書、五經、中國史事、政書、地圖等，為舊學；西政、西藝、西史等，為新學；舊學為體，新學為用，不使偏廢。

學校地理、度支賦稅、武備律例、勸工通商、西政也；算繪鑛醫、聲光化電，西藝也。西政西藝，必須兼學；但是，救時之計，謀國之方，政尤急於藝（張之洞，1966：96）。

第二，先中後西循序漸進。張之洞認為，學生應先將中學學習明通後，再以西學輔助中學之不足，他說：「今日學者，先必通經以明我中國先聖先師立教之旨，考史以識我中國歷代之治亂，九州之風土，涉獵子集以通我中國之學術文章，然後擇西學之可以補吾闕者用之，西政之可以起吾疾者取之，斯有其益而無其害。」（張之洞，1969：425）而且，學習應當注意由淺入深，由易而難，所以，「小學堂習四書，通中國地理，中國史事之大略，算數繪圖格致之粗淺者；中學堂各事，較小學堂加深，而益以習五經，習通鑑，習政治之學，習外國語言文字，大學堂又加深加博焉。」（張之洞，1966：94-95）再者，專論西學的學習進程，應當是「小學堂之書較淺，事較少，如天文、地質、繪圖、算學、格致、方言、體操之類，具體而微；中學堂書較深，事較多，方言則兼各國，算學則講代數、對數，於是化學、醫術、政治，以次而及，餘事仿此。大學堂又有加焉。」至於學堂所讀之書，則由教習編纂，由學部核定，頒行全國各學堂，數年之後，或應增減訂正，則隨時修改（張之洞，1969：426-427）。

第三，因應學生能力教以不同學科：張之洞認為，西洋學堂，舉凡士農工商兵均各有學，「政刑兵食，國勢邦交，士之智也。種宜土化，農具糞料，農之智也。機器之用，物化之學，工之智也。訪新地，創新貨，察人國之好惡，較各國之息耗，商之智也。船械營壘，測繪工程，兵之智也。」這些都是富國強兵之實政，並非奇技淫巧，故中國均應有人學習（張之洞，1966：85）。但是，何人應學何事？張之洞有一套概括性的原則：「才識遠大而年長者，宜西政；心思精敏而年少者，宜西藝。」再者，他主張小學堂先習藝學，而後習政學；大中學堂先習政學，而後習藝學。因為，西藝為專門學科，非十年無法成就；西政可兼通數事，三年即可得要領。然而，講西

政者亦應略知西藝之功用，始能明悉西政之用意。最後，他主張應按學生的
生理狀況、性向和潛能，給予不同的學習內容：

「宜教少年學算須心力銳者，學圖須目力好者，學格致化學、學製造，
須質性穎敏者，學方言須口齒清便者，學體操，須氣體精壯者，中年以
往之士，才性精力已減，功課往往不能中程且成見已深，難於虛受，不
唯見功遲緩，且恐終不深求，是事倍而功半。」（張之洞，1966：96）

第四，不課時文。張之洞主張廢除八股文，所以他亦不希望在新式學堂
教授有關八股文之內容。再者，學習新學亦可以應科舉考試，是與時文無
異。況且，學習經書，又兼習史事、地理、政治、算學，亦必於科考有益，
學生自己可以在家學習，毋須在學堂講授，以分學生才思，奪其有限之時間
（張之洞，1966：96-97）。

第五，重視孔孟儒家正統經學：張之洞強調中國經典學習，是以孔孟為
代表的儒家學說，其餘諸子均不在經學之內。他說：「聖人之道，大而能
博，因材因時，言非一端，而要歸於中正，故九流之精，皆聖學之所有也，
九流之病，皆聖學之所黜也。……諸經之義，其有迂曲難通紛歧莫定者，當
以論語孟子折衷之，論孟文約意顯，又群經之權衡矣。」（張之洞，1966：
43-48）又說：「孔門之學，博文而約禮，溫故而知新，參天而盡物。孔門
之教，尊尊而親親，先富而後教，有文而備武，因時而制宜。孔子集千聖，
等百王，參天地，贊化育，豈迂陋無用之老儒，如盜蹠所譏，墨翟所非者
哉！」（張之洞，1969：425）由此可見，就他的觀點，除儒家正統經典外，
其餘都不是學生應該學習的。

第六，學習中國經典以致用為原則：既然學生必須學習儒家經典，但是
其材料浩瀚無比，勢必無法於短時間內通習完成；因此他主張以「守約」為
原則，即講求致用為貴，「不以殫見洽聞為賢」。而如何守約？他認為，
「經學通大義、史學考治亂典制、諸子知取捨、理學看學案、詞章讀有實事

者、政治書讀近今者、地理考今日有用者、算學各隨所習之事學之、小學但通大旨大例。」再者，張之洞也規劃一套依據年齡的學習內容：十五歲以前，背誦孝經、四書、五經正文，隨文解義，並讀史略、天文、地理、歌括、圖式諸書，及漢唐宋人明白曉暢文字，有益於今日行文者。自十五歲開始，以左方之法求之，統經、史、諸子理學、政治、地理、小學各門；資質優秀者五年即可通習；中材者亦僅須十年而已，若有學堂專門教習，依此內容編纂成學堂專書，中材亦五年可完成。為配合守約原則，學堂用書，「但貴舉要切用，有限有程，人人能解，且限定人人必解者也。將來入官用世之人，皆通曉中學大略之人。」（張之洞，1966：61-76）

二、改革科舉

張之洞對於科舉的關注，曾發表過六次議論。第一次是光緒二十四年（1898）《勸學篇》〈變科舉〉的出版；第二次則是同年五月十六日〈妥議科舉新章摺〉的上奏；第三次是光緒二十七年（1901）的變法第一疏；第四次是光緒二十九年（1903）四月，與袁世凱聯銜會奏〈遞減科舉摺〉；第五次是光緒二十九年十一月二十六日（1904），與張百熙、榮慶聯銜會奏〈遞減科舉注重學堂片〉；第六次是光緒三十一年（1905）八月四日，與袁世凱等督撫聯銜會奏〈立停科舉推廣學校摺〉。

第一次，張之洞說：「救時必自變法始，變法必自變科舉始。」（張之洞，1969：432）第二次又說：「救時必自求人才始，求才必自變科舉始。」（張之洞，1973：466）第三次指出：「科舉一事，為自強求才之首務。時局艱危至此，斷不能不酌量變通。……改章大旨，總以講求有用之學，永遠不廢經書為宗旨。」（張之洞，1966：卷 52）第四次，他指出倡辦學堂之後，各省仍是觀望因循，敷衍塞責，究其原因，在於科舉阻礙學堂的發展，於是建議遞減科舉名額（《光緒政要》，卷 19）。第五次，張之洞再度表示遞減科舉的主張，但未獲朝廷允准。第六次，他則直截了當地建議廢除科

舉，因為「科舉一日不停，士人皆有僥倖得第之心，以分其砥礪實修之心志。」（《光緒政要》，卷 31）至此，朝廷乃從張之洞之奏，立即停止科舉制度，為實行一千三百年的科舉制度劃下永遠的句點（註 1），張之洞的改革理想亦得而實現。以下分兩個部分探討張之洞對科舉的改革主張：一、闡述張之洞對科舉弊端的觀察及改革急迫性的呼籲；二、探討張之洞改革科舉的方案。

㈠改革科舉的急迫性

張之洞對於科舉制度的描述極為深刻，他在《勸學篇》的〈變科舉〉中指出，八股取士之法自明迄清，已有五百年，造成許多弊病：

「文勝而質衰，法久而弊起，主司取便以藏拙，舉子因陋以徼幸，遂有三場實止一場之弊；所解者高頭講章之理，所讀者坊選程墨之文，於本經之義，先儒之說，概乎未有所知。近今數十年，文體日益佻薄，非唯不通古今，不切經濟，所謂時文之法度文筆而俱亡之。」

尤其是當今時局日新，異於往昔，而應科舉者，仍以習孔孟之道自詡，於時務經濟之學，卻茫然未知，甚至有鄙棄夷人思以排斥而自護其短者。故人才更為缺乏，遍尋不著能為國家扶危定傾者。雖然朝廷諭飭辦理學堂，但「學堂雖立，無進身之階，人不樂為也，其來者必白屋鈍士，資稟凡下，不能為時文者也；其世族俊才，皆仍志於科舉而已。即有特科之設，然二十年一舉，為時過遠，豈能坐待；則仍為八比詩賦小楷而已，救時之才，何由可得？」而且，舉凡鄉會試，「仍取決於時文，京朝官仍絜長於小楷」，士子名位之進退，概以此為準據；如此雖極力向國人宣導局勢危急，「告以禍至無日，戒以識時務，求通才，救危局」；但是，朝野之蒙蔽愚昧如故，講學之空疏亦如故。有鑑於此，他提出「不專重時文，不講詩賦小楷」的改革建議，但仍必須保存四書五經的學習（張之洞，1969：432-433）。

　　光緒二十四年（1898）五月十六日，他奏〈妥議科舉新章摺〉時指出，四書五經乃聖教之所以為聖教，中華之所以為中華的根本；歷代帝王以四書五經取士，大中至正，無可議者。然而，「流失相沿，主司不善奉行，士林習為庸陋，不能佐國家經時濟變之用」，於是八股文的流弊愈形嚴重，唯有廢除八股文，方足以「振動天下之耳目，激發天下之才智」（張之洞，1973：466）。此摺所提出的建議方案大致與《勸學篇》〈變科舉〉的內容相似，都是強調應該廢除八股文與小楷取士的做法。

　　光緒二十七年（1901），他上變法第一疏，亦提出相同的建議，他自己說是依據光緒二十四年（1898）所奏變通科舉奉旨允准之案酌辦。而原奏「係參酌古今，求實崇正，力駁侈設新學者之謬論；不過原本舊章，力求核實而已。」（張之洞，1966：卷52）

　　以上所述，都是張之洞描述八股文阻礙人才培育的嚴重問題。直至光緒二十七年（1901）七月十七日，朝廷諭令廢除八股文，八月二日，諭令全國各省興辦大小學堂之後，張之洞遂將眼光注意到學堂與科舉的關係，開始關心在科舉未廢除的前提下，學堂發展的狀況。

　　光緒二十九年（1903）四月，張之洞與袁世凱聯銜會奏〈遞減科舉摺〉，首度發現學堂受到科舉制度的影響，無法全面興辦。他指出科舉與學堂的關係：

「學校所以培才，科舉所以掄才；使科舉與學校一貫，則學校將不勸自興；使學校與科舉分途，則學校終有名無實。何則？利祿之途，眾所爭趨；繁重之業，人所畏阻。學校之成期有定，必累年而後成材；科舉之詭弊相仍，可僥倖而期獲售。」

　　而且，即使不入學堂，亦可得科舉；反而入學堂之後，得科舉之日卻延緩。再者，由於朝廷仍然注重科舉，父兄以此勉勵子弟，鄉里以此評斷士人；各地士紳非但不肯多設學堂，甚至科舉所需經費，亦無法移作學堂之費，對學堂發展的阻礙更大。所以，張之洞憂心忡忡地表示：「科舉一日不

廢，即學校一日不能大興，將士子永遠無實在之學問，國家永遠無救時之人才，中國永遠不能進於富強，即永遠不能爭衡於各國。」（《光緒政要》，卷19）有鑒於此，張之洞遂提出遞減科舉的建議。

張之洞遞減科舉的建議提出之後，未獲得朝廷的重視，乃再接再厲，於同年的十一月二十六日，與張百熙、榮慶聯銜會奏學堂章程時，再奏〈遞減科舉注重學堂片〉，提出更具體的建議。張之洞指出，奉旨興辦學堂已經兩年有餘，而各省學堂未見全面興辦，主因在於經費難籌。若考其源頭，則因國家為支應庚子賠款，導致財政困難，公款有限，遂不得不向民間士紳募集；唯科舉未停，天下士子咸謂朝廷未專重學堂，人情難免觀望遷延，於是降低士紳捐資興學的意願。再者，入學堂者恃有科舉一途，既不肯專心向學，又不肯恪守學規。而且，「科舉文字，每多剽竊；學堂功課，務在實修；科舉只憑一日之短長，學堂必盡累年之研究；科舉但取詞章，其品誼無從考見；學堂兼重行檢，其心術尤可灼知。」加以一般士子趨苦避樂、避難就易的心態，學堂入學者又寥寥無幾。於是，張之洞再一次呼籲朝廷重視此一嚴重的問題，他說：「當此時勢阽危，非人莫濟，除興學堂外，更無養才濟時之術。若長此因循，坐糜歲月，國事急矣，何以支持？」（張之洞，1966：卷 37）然而，此份奏摺亦未獲朝廷採納意見，朝廷仍以學堂未一律辦齊，尚未見成效之由，予以搪塞。

光緒三十一年（1905）八月四日，張之洞與袁世凱、趙爾巽等會奏〈請立停科舉推廣學校摺〉指出，「就目前而論，縱使科舉立停，學堂遍設，亦必須十數年後人才始盛。如再遲至十年甫停科舉，學堂有遷延之勢，人才非急切可成，又必須二十餘年後，始得多士之用。強鄰環伺，豈能我待？」（《光緒政要》，卷 31）由此以觀，張之洞已經感受到時局的急迫性，到了須臾不得緩的地步；若再因循觀望，恐怕只有坐失良機、萬無挽回局勢的可能了。

㈡改革科舉的方案

　　張之洞對於科舉的改革方案，是經過變通、遞減到最後廢除的三個階段。以下分別敘述張之洞對於變通科考內容與遞減科舉名額的主張。

1.變通科舉考試的內容

　　張之洞認為，當前培育人才自以學堂為主，但在學堂未全面設立之前，即應改革科舉制度，俾選拔應時之人才。他說：

> 「今日育才要指，自宜多設學堂，分門講求實學，考取有據，體用兼賅，方為有裨世用。唯數年之內，各省學堂不能多設，而人才不能一日不用；即使學堂大興，而舊日生員年歲已長，資性較鈍，不能入學堂者，亦必須為之籌一出路，是故漸改科舉之章程，以待學堂之成就。」
> （張之洞，1966：卷52）

　　於是，他提出「存其大體而斟酌修改」的主張。此項主張，係模仿歐陽修以策論救詩賦的辦法，他則欲以中西經濟之學救時文。其具體辦法是將科舉考試分為三場，每一場各有不同的重點，如下（張之洞，1969：433）：

　　第一場，試中學經濟：試以中國史事，本朝政治論五道。假如一省中額八十名者，頭場取八百名；額四十名者，頭場取四百名，大約十倍中額，即先發榜，不錄取者即令歸鄉，錄取者始准試第二場。

　　第二場，試西學經濟：試以時務策五道，專問五洲各國之政，專門之藝；政如各國地理、官制、學校、財賦、兵制、商務等類，藝如格致、製造、聲、光、化、電等類。若有雖解西法，卻「支離狂怪，顯悖事教者」，則不予錄取。大約三倍中額，再發榜一次，不錄取者再令歸鄉，錄取者始准試第三場。

　　第三場，試四書文兩篇，五經文一篇，四書題禁纖巧者；合校三場均優者，始中式，發榜如額。

如此而行，張之洞認為，進入第二場考試者，必能「博涉古今，明習內政」；進入第三場考試者，必能「通達時務，研求新學」；若能完成三場考試者，必屬「宗法聖賢，見理純正者」。而取材標準，則於首場先取博學，二場於博學中求通才，三場再於通才中求純正。他極有信心地表示改革之後的好處：

> 「先博後約，先粗後精，既無迂闇庸陋之才，亦無偏駁狂妄之弊，三場各有取義，較之偏重首場，所得多矣。且分場發榜，下第者先歸，二三場卷數愈少，校閱亦易，寒士無久羈之苦，謄錄無卷多謬誤之弊，主司無竭蹷草率之虞，一舉三善，人才必多。」（張之洞，1969：433）

2.遞減科舉的錄取名額

張之洞認為，就事理而論，必須科舉立即停止，學堂經費方可籌措無虞，學堂辦法亦得充分完善。然而，此時各省學堂尚未能普遍設立，各級各類學堂之管理辦法或有品類不齊之弊，若遽停罷科舉，恐有人才不濟之憂；唯此時若無進一步的改革措施，「天下並未見朝廷將來有遞減以至停罷之明文，實不足以風示海內士民，用收振興學堂之效。」所以，他主張應將科舉名額逐年遞減，作為學堂名額，以示朝廷重視學堂之至意。遞減科舉辦法如下（張之洞，1966：卷37）：

第一，鄉、會試中額，自下屆丙午科起，每科分減中額三分之一，俟末一科中額減盡以後，即停止鄉、會試。

第二，學政歲科試取進學額，於鄉試兩科年限內，分兩歲考、兩科考四次分減，每一次減學額四分之一，俟末一次學額減盡，即行停止學政歲科試，以後生員即盡出於學堂。

第三，科舉停止後，會試總裁，改於大學堂畢業考試時，奏請簡放，分別內外場考試。鄉試主考，改於各省高等學堂畢業時，奏請簡放，分別內外場考試。

　　第四，科舉停止後，各省學政毋庸裁撤，即令會同該督撫考查整頓全省學堂功課，並負責中學堂以上選錄學生及畢業考試等事務，以昭慎重。

　　第五，科舉既議停減，所有士子均應寬籌出路。舉、貢、生員年在三十歲以下者，皆可令入學堂肄業。三十歲以上至五十歲者，可入師範學堂之簡易科。若三十歲以上，既不能入學堂，並不能入師範簡易科者，及年至五十、六十者，擬請自下科起，舉人於每科會試後遴選一次，並多挑膽錄，分送各館，俾得議敘。其大挑、撿發未入選之舉人，及恩拔副歲優各項貢生，均比照孝廉方正例，准其考職，分別用為州同、州判。生員亦准比照已滿吏考職，用為佐貳雜職，分發省分試用。其年在六十以上不能與考者，酌給虛銜。至經生寒儒，文行兼備而不能改習新學者，可選充各學堂經學科、文學科之教習，每屆三年，查其實有成效者，比照同文館漢文教習例，給予敘獎。如此則舊日應科舉之老儒，亦不致失所。

三、廣譯外國書籍

　　張之洞認為欲自強必須向外國學習，而其方法有二：一、聘請外人教習；二、翻譯外國書。然而，他根據十年來的觀察，發現聘請西人擔任教習有兩項無法解決的弊病：一、師生言語不通，凡事仰賴翻譯通訊息，唯譯者學多淺陋，或僅習其語言而不能通知其學問，「傳達失真，毫釐千里，其不解者，則以意刪減之，改易之」；因此，使學生的學習無法深入理解。二、即使翻譯者學問極佳，但洋教習授課時間，每日不超過兩、三時，所教不過一、兩事，且「西人積習，往往故作遲緩，不盡其技以久其期，故有一加減法而教一年者矣」；即使洋教習教學認真，而「一人之學，能有幾何，一西師之費，已為鉅款，以故學堂難建，迄少成材，朱子所謂無得於心而所知有限者也」；因此，使學習的成果相當有限（張之洞，1969：427-428）。

　　既然聘外國教習有如此弊病，則不如多翻譯外國書籍，讓人民自己學習，因此他指出翻譯的重要性：

「知古不知今，謂之陸沉；知今不知古，謂之聾瞽。……知外不知中，謂之失心；知中不知外，謂之聾瞽。不通西語，不識西文，不譯西書，人勝我而不信，人謀我而不聞，人規我而不納，人吞我而不知，人殘我而不見，非聾瞽而何哉？」

再分析其利有二：一、若學生能明習中學而兼通西文，加以洋教習教導者，彼此之間師生對話，不但不易有誤，甚且容易接受啟發；二、即使無洋教習教導，人人可以書為師，舉凡「在位之達官，腹省之寒士，深於中學之者儒，略通華文之工商」，無論老壯，皆得隨性向所近，取而讀之，採而行之，可以學習得更為廣寬（張之洞，1969：428）。

至於翻譯外國書籍的方法，他提出五項建議（張之洞，1966：卷 54；張之洞，1969：428）：

㈠於各省多設譯書局，令各省訪求又用之書翻譯出版，譯多者准予請獎。

㈡諭旨鼓勵舉貢生員，如有能翻譯外國有用之書者，呈由京外大臣上奏，從優獎以實官，或獎以從優虛銜，再發回各省自行刊印出版，如此則國家毋須出費。

㈢飭令出使各國大臣訪求該國新出而有用之書，聘請當地通華語文者為翻譯官，即責令所帶隨員及學生協助；通洋文而文理深明者，充副翻譯官，文理優長而洋文稍淺者，充幫辦翻譯官；全不通洋文且文理平常者，不得充當出洋隨員、學生。限三年之內，每人應翻譯若干書，每書若干字，回華繳呈，不得短缺，短缺者不准保舉。如此一來，隨員和學生出洋時或許洋文稍淺，但回國時洋文程度必能加深加廣，對其學業亦有幫助。

㈣獎勵上海有力書賈，好事文人，廣譯西書出售；流通必廣，主人得其名，天下得其用。

㈤廣譯日本書籍。他建議飭令出使日大臣多帶隨員、學生，增加經費，廣為蒐集有用之書，分門翻譯，譯成之後隨時寄回刊布。因為日本研究西

政、西學的書籍，有自創自纂者、有轉譯西國書者、有就西國書重加刪訂酌改者，與中國時令、土宜、國勢、民風大率相近。且日本語文學習較易，文理優長者，欲翻譯日本書，半年即可有成，如此既精且速。

張之洞提出翻譯西書的建議，他自認為以第五項最佳，於是他總結翻譯的重要性與翻譯方法的建議，做一結語：「學西文者效遲而用博，為少年未仕者計也；譯西書者近功而效速，為中年已仕者計也。若學東洋文譯東洋書，則速而又速者也。是故從洋師不如通洋文，譯西書無如譯東書。」（張之洞，1969：428）

綜合上述，在學習西洋學術的道路上，翻譯外國書籍是張之洞用以取代聘請洋教習的變通方法，因為他認為翻譯書籍所產生的學習效果比較廣泛。而翻譯外國書籍，則應由翻譯日本書著手，因為他認為日本已經先中國一步向西洋學習，所以其成果可以讓中國直接取用；且日本與中國無論在風土民情皆較相近，所出版關於西洋的書籍較適合中國直接應用，以免轉譯之苦。

四、鼓勵游學

張之洞對於游學的主張，曾經提出四次的建議。第一次在甲午戰後一年；第二次在戊戌變法（光緒二十四年，1898）那一年；第三、四次都在《辛丑和約》（光緒二十七年，1901）訂定的那一年。甲午戰後，他曾主張設立各種專業學堂，聘請洋人為教習，三年畢業後，送赴外國學校、工廠、軍隊中實習或進修，返國後量才使用（王炳照，1994：116）。後來《勸學篇》出版於光緒二十四年（1898），其〈游學〉一篇中主張：「出洋一年，勝於讀西書五年，此趙營平百聞不如一見之說也。入外國學堂一年，勝於中國學堂三年，此孟子置之莊嶽之說也。」（張之洞，1969：425）光緒二十七年（1901），他上變法第一疏時（五月二十七日）表示：「宜令各省分遣學生出洋游歷，文武兩途及農工商等專門之學，均須分門認習。」（張之洞，1966：卷 52）上第三疏時（六月初五日）又再度表示游學的重要性：

「論今日育才強國之道，自以多派士人出洋游學為第一義。」（張之洞，1966：卷54）

張之洞的游學主張，大致可以分為幾個重點予以探討：

㈠游學的目的。張之洞認為，歐美強盛之後，窺伺中國已將近百年；而中外通商，交涉日漸繁密，也已近五十年。然而，中國由於「自強無具，因應無方，馴致妄開巨釁，幾危大局者，則皆坐見聞不廣之一病，於各國疆域、政治、文學、武備，茫然不知。」因此，欲求急救中國的方法，捨廣派游歷則別無他途。應令游學人員，觀游學國之國勢，考察政治學術，並觀察其與中國之關係，再與他國相互比較；回國後，將其親身經歷，眼見耳聞之種種事蹟，告知國人，如此輾轉流傳，「自然群迷頓覺，急思變計。」（張之洞，1966：卷 54）由是以觀，張之洞期望透過游學生的觀察心得，對國內昧於時局的問題有所改善，刺激國人睜眼看世界，並圖謀自強之道。

㈡游學人員的遴選。他認為：游學之益，幼童不如通人，庶僚不如親貴有益，淺學更不如通才之有益。而曾國藩從容閎之議派遣幼童游學美國，卻無功返國的原因，在他看來都是因為游學生年齡太小。他說明其原因：「淺學徒眩其新奇，通才乃得其深意；親貴歸國，所任皆重要之職事，所識皆在朝之達官，故其傳達啟發尤為得力。」因此，他建議飭派王公大臣及宗室後進、大員子弟、翰詹、科道、部屬各項京官，分赴各國游歷，詢其願往者，請旨遴選酌派，不願者聽；然而，必須確定所派之人為志定文通者乃可派遣出洋（張之洞，1966：卷 52、54；張之洞，1969：425）。由此得知，張之洞希望運用親貴游學的機會，有效改變上層社會的陳舊觀念，並藉其力量推動新政，以引進外國的各項學問，俾達成廣泛學習西政西學的目的。

㈢游學國家的選擇。他認為，游歷實效以遍游歐、美、日本為全功，而以先游日本為急務；然而，派往游學的國家以日本為佳，是因為有四項有利的條件：⑴路程較近，費用較省，可以多多派遣；⑵日本風土文字，皆與中國相近，華人僑寓者亦多，翻譯易得，便於游覽、詢問和考察，故受益較

速，回華較早；(3)日文近於中文，學習較為容易；(4)日本諸事雖仿西法，然多有參酌本國情形斟酌改易者，亦有熟察近日利病刪減變通者，與中國採用尤為相宜；故西書甚繁，凡西學不切要者，日人已刪節而酌改之，中日情勢風俗相近，容易模仿，可收事半功倍之效（張之洞，1969：426；張之洞，1966：卷 54）。由是以觀，日本適於游學，因為有路程近、費用省、語文同、需時短等四個理由，在當時國家經濟拮据的情況下，實不失為一種變通的好辦法。

㈣游學科別的選定。張之洞認為，「文武兩途及農工商等專門之學，均須分門認習」；又說：「宜專派若干人入其師範學堂，專學師範，以備回華充各小學、中學普通教習，尤為要著。」（張之洞，1966：卷 52）由此得知，派遣游學的科目以農、工、商、武備及師範為急，實為因應當時國家發展之所需。張之洞更規劃對於武備、政治、法律等三門派遣游學時，人數應有所限制，武備以官派學生為原則，政治與法律亦儘先派遣官費生。考其用意，大概在防範革命勢力的擴張（鄭世興，1986：243-244）。

㈤游學生的管理監督與歸國後的獎勵。張之洞認為，「嘗遣學生赴英法德學水師各藝，何以人才不多？曰，失之使臣監督不措意，又無出身明文也。」（張之洞，1969：426）所以，他一方面注重游學生監督規定的擬定，一方面則建議獎勵的方式。在管理監督方面，他於光緒二十九年四月奉慈禧之命，與日本駐華公使內田康哉酌商，於是年八月訂定「約束游學生章程十款」、「獎勵游學畢業生章程十款」、「自行酌辦立案章程七款」。這些章程的訂定，起因於日本成城學校發生入學騷擾事件，清廷感於出洋學生的流弊叢生，遂飭張之洞籌劃防治之法。張之洞說：「查游學日本學生年少無識，惑於邪說，言動囂張者，固屬不少；其循理守法，潛心向學者，亦頗不乏人。自應明定章程，分別懲勸，庶足以杜流弊，而勵真才。」此三項章程原係針對游日學生而發，後來也成為清廷管理中國赴各國游學生的重要依據（王煥琛，1980：264-265）。

在獎勵方面：他主張游學生學成得有憑照回國後，應舉辦複試，如學業確與憑照相符，即按其等第作為進士、舉貢，以輔各省學堂之不足；自備斧資出洋者，比照辦理（張之洞，1966：卷 52）。另外，對於王公大臣及親貴子弟出洋學成回國後，察其實有進益者，游歷一年者酌獎，游歷三年者優獎；蒙獎者量才任用，以後新派總署堂官章京，海關道員、出使大臣及隨員，必選諸曾經出洋之員（張之洞，1966：卷 54）。

綜合上述，張之洞期待透過派遣游學生，引進西方的各項學問，並培養更多的實用人才，但卻擔心未予限制而滋生諸多流弊，於是制定各項管理與監督的章程；可是，雖然他成功造就游學日本的風潮，卻同時為滿清政府種下滅亡的禍根，間接助長革命勢力的成長與茁壯，這恐怕是他始料未及的。

五、注重實業教育

中國傳統教育「萬般皆下品，唯有讀書高」的觀念，影響所及，往往將農工商賈置於社會階層的最底部，非但不重視其對社會的貢獻，更遑論養成教育，以致農工商賈總是徒法煉鋼，獨自摸索工作的方法。直至鴉片戰爭受到英夷船堅砲利的刺激之後，才逐漸感受到科學技術的重要，連帶地注意到各項實業人員的訓練。張之洞則特別注重農工商及鑛業的發展和人才的訓練。

張之洞指出：「石田千里，謂之無地，愚民百萬，謂之無民。不講農工商之學，則中國地雖廣，民雖眾，終無解於土滿人滿之譏矣。」（張之洞，1966：137）因此，他認為應該亟求農工商學。而且，農工商三事，「互相表裡，互相鉤貫，農瘁則病工，工鈍則病商，工商聾瞽則病農，三者交病，不可國矣。」然而，非士紳講之，官吏勸之不可（張之洞，1966：144-145）。言下之意，應該在學堂中講求農工商學，才能有效發展這三項事業。

在農業方面，除了田穀之外，他還將林木果實的種植技術，以及畜牧養魚等，皆劃歸為農業的範疇。他認為，中國「生齒繁，百物貴，僅樹五穀，利薄不足以為養，故昔之農患惰，今之農患拙，惰則人有遺力，所遺者一

二，拙則地有遺利，所遺者七八，欲盡地利，必自講化學始。」所以，講究化學確為農家必備的知識。但是，「化學非農夫所能解，機器非農家所能辦」，故應設農務學堂。鼓勵士人各自考察家鄉的物產，在學堂中為之考求新方法、新技術、新器械，以增加生產量；而各縣鄉紳有名望者，或富家多田者，更應提倡農學，試辦農學堂，以科學的方法進行農業生產，引導農民爭相講求（張之洞，1966：137-138）。

在工業方面，他認為「工者，農商之樞紐，內興農利，外增商業，皆非工不為功。」因此，欲發展農工商業，必自發展工業開始，而其重點在於教導工師。何謂工師，是指「專以講明機器學理化學為事，悟新理，變新式，非讀書士人不能為，所謂智者創物也。」具體的辦法是：派遣人員赴洋人的工廠學習，或設工藝學堂，均遴選讀書人學習之，名為工學生，將來學成後，名為工學人員，使之轉教匠首；何謂匠首，係指「習其器，守其法，心能解，目能明，指能運，所謂巧者述之也。」此外，更應勸設工場，「凡衝要口岸，集本省之工作各物，陳列於中，以待四方估客之來觀，第其高下，察其好惡，巧者多銷，拙者見絀，此亦勸百工之要術。」（張之洞，1966：141-142）

在商業方面，張之洞（1966：142-145）主張採取三種途徑：

㈠翻譯洋商法律：他認為「華商集股，設有欺騙，有司罕為究追，故集股難，西國商律精密，官民共守，故集股易。」而追究其因，在於華商缺乏法律規範；然而，商業法規是成立公司的基本條件，而公司又是發展商業最佳的辦法，所以應該對西洋商律多加研究，才能真正促使商業發達。

㈡重自治：張之洞認為經商應講求誠實，商人應有自治能力，否則洋商必不與之貿易往來；如茶葉生意，凡是「芽嫩無煙者，價高而速售徽溼攙雜者，樣盤抵換者」，皆應徹底改過。

㈢派遣游歷：各省應設一商會，上海設全國總會，會中自行遴派數人，出洋游歷；「察其市情貨式，隨時電告，以為製造販運之衡，此較設外洋公

司為易。」張之洞認為，「學問之要，無過閱歷」，商人應將各國的口岸視為商務大學堂，游歷各國學習商業機宜。

張之洞所重視的實業教育，除農工商外，尚有鑛學。他認廣為「鑛學者，兼地學、化學、工程學三者而有之，其利甚薄，而其事甚難。欲測鑛質之優劣，鑛層之厚薄，鑛脈之橫斜，施工之難易，是何異見垣一方，人之神術矣。」但是，當時中國鑛學不開，唯有仰賴西國鑛師，而其精者，「聲價極重，不肯來華，其來者，中下駟而已。」因此，唯有先講究實學，至於成效應暫緩要求。於是，他提出三個開鑛與培養務人才的方法（張之洞，1969：435）。

㈠派遣游學：有鑛產的省份，應由紳士與商業界共同討論，設立鑛學會，籌措經費，公舉數人出洋，赴鑛學堂學習數年，學成回國之後，再研議開採之法。調查鑛產的性質再決定購買機器的種類，並使水路和陸路暢通無阻之後，再進行開採。至於開採之人，能不用西師固善，即使非用西師不可，我亦可辨其是非，而不為所欺（張之洞，1969：435）。

㈡藉鑛山為鑛學堂：就本省內擇取一鑛，聘請西人之曾辦鑛廠確有閱歷者，「與議包辦，一切用人購器，聽其主持，不掣其肘，約定出鑛後，優給餘利，限滿而不得鑛有罰」；最重要的，必須於工廠內設鑛學堂，採鑛完成，既能獲利，學生及委員工匠亦已學成（張之洞，1966：160）。

㈢與洋商合夥開採：各省自行與西人簽約，共同集資開採鑛產，本金和利息均按股均分，但西人資本僅可占十分之三四，不得過半（張之洞，1966：160-161）。

綜上所述，張之洞亟謀國家自強之道，舉凡文武各學及農工商鑛學，均能有詳盡的認識與透澈的分析，不愧為當時通曉學務之第一人。尤其是在工商鑛學的振興方法，他均提出游歷一項，足見實業教育和游學是緊密結合、環環相扣的。

六、重視軍事教育

張之洞雖為一文臣，但對於軍事方面亦有相當豐富的知識，他所創辦的廣東水陸師學堂、江南陸師學堂及湖北武備學堂等，都是採用現代化訓練方式的軍事教育機構。直至《勸學篇》的〈兵學〉完成之後，他的軍事教育主張於是完成。以下分三個部分探討其軍事教育的主張：一、軍事教育的重要性；二、練兵之法；三、養兵之制。

㈠軍事教育在現代戰爭的重要性

張之洞認為，現代化的戰爭必有現代化的軍事訓練為基礎，而且有現代化的軍事知識以為背景知識。他指出軍事教育的重要性：

「兵學之精，至今日西國而極。有械不利，利械不習，與無手同；工作不嫻，橋道不便，輜重不備，與無足同；地理不熟，測量不準，偵探不明，與無耳目同；聚千萬無手無足無耳目之人，烏得為兵？是必先教之以能戰之具，範之以不敗之法，既成為兵矣，而後可以施方略、言運用。……今之朝野皆知練兵為第一大事，然不教之於學堂，技藝不能精也，不學之於外洋，藝雖精，習不化也。」（張之洞，1966：147、154）

如果以舊式的訓練方式，欲抵抗敵國的侵略，不待敵人攻陣，恐怕自己已經潰不成軍。他指出某些武臣的迂腐觀念：「若近日武臣，怠惰粗疏，一切廢弛，而藉口於漢家自有制度，亦多見其無效忠死國之誠而已矣。」並認為當前列強各國教兵練兵之法，大體相同，於是各國均不斷追求更為精善的兵學，且能互相模仿，適時應用於軍隊教育（張之洞，1966：155）。

張之洞也非強調必須君上有以倡導，軍隊始能奮勇作戰：「在上無發憤求戰之心以倡導之，兵雖可用，將必不力也。」而且，他認為即使古代名將

生當今世，只要勤習兵學，亦能戰勝西人：「或曰，使古之孫吳韓岳戚，近今之江塔羅李多，與西人戰，能勝否乎？曰能。亦學西法否乎？曰必學。師出以律，聖之明訓；知己知彼，軍之善經；後起者勝，古今之通義；兵事為儒學之至精，胡文忠閱歷有得之格言也。」（張之洞，1966：154）

由是以觀，張之洞反覆強調軍事教育的重要性，對當時的軍隊訓練模式，必定會產生一定程度的改革作用。

(二)練兵之法

張之洞指出，陸軍有五種部隊，包括步隊、馬隊、砲隊、工隊、輜重隊，每一種均有其功能：

「工隊，主營壘橋道之事；輜重隊，主械藥衣糧之事。西法以步隊、砲隊為最重，馬隊止為包抄及偵探之用，工輜二隊，古人所略。緣火器猛烈，或大隊相持，或偵探扼守，必須掘地營，開濠塹，頃刻立就，若遇溪河泥沙，必須應時可渡，故立工隊。今日用快槍快砲，所需彈藥過多，以及備戰各物，至為繁重，故立輜重隊。」（張之洞，1966：148-149）

至於軍事教育的對象，則包括武備學生與將領。教武備學生的方法有三：學堂、操場、野操。學堂講究軍械的道理與操作方法、地理測繪、戰守機宜、古來戰事；操場習體操，隊伍火器；野操習分合、攻守、偵探。教將領的方法有二：兵棋、戰圖。「兵棋者，取地圖詳繪山水、道路、林木、村落，以木棋書馬步各隊，將校環坐，各抒所見，商摧攻守進退之法。戰圖者，取西國古來大戰事諸圖，推究其勝敗之故。」（張之洞，1966：149-150）

軍事教育的期程分為三種：教育士兵只在操場，最遲一年可用，最速者半年即可用，教育基層軍官即有學堂課程。步隊輜重隊、馬隊及砲隊工隊之

基層軍官的教育期分別為十四個月、十六個月及十八個月，均包括隨營操演的課程。教育將官則須時較久：學堂課程五年，隨營操演二年。教育大將須時更久：學堂課程五年，隨營操演二年，再入大學堂學習二年。舉凡升為將官者，雖然為官，仍不廢棄學習，需時常受教於本管之將領，必至大將，乃不受學。總之，陸軍教育的重點是，略於教兵，詳於教將。而且，「自將及弁，無人不讀書，自弁及兵，無人不識字，無人不明算，無人不習體操，無人不解繪圖。」（張之洞，1966：150-151）必須造成一股軍隊內部的學習風氣，才能使軍隊始終保持戰力。

水師的種類則分為二：管輪、駕駛。管輪主掌輪機測量，駕駛主導槍砲攻戰。先教之於學堂，大概五年可以學成，接著教育於練習兵船，游歷各國海口，「習風濤，測海道，觀戰事」，大約三年的時間可以學成，總計須八年，其事較陸軍為尤精（張之洞，1966：152）。

將領之外，又有關係軍事最重要的軍官兩種：一是參謀官，「主謀畫調度，考地理審敵情，國君參謀，若宋之樞密，明之本兵，將帥之參謀，若今之營務處而較尊。」一是會計官，「主一軍械物衣糧車馬，何物用汽車，一車裝若干，何物用馬，一馬駝若干，何物用馬車，一車裝若干，皆豫算於平時，若今之糧臺。」兩種軍官均須出於學堂，尤其以參謀更為重要；今日固有營務處和糧臺的編制，但均無預為訓練（張之洞，1966：152-153）。

(三)養兵之制

張之洞將士兵分為三大類：一、常備兵，係指在營者；二、預備兵，即常備兵教育三年之後，令其返鄉，不給軍餉，每年調集操練一次，酌予獎賞；三、後備兵，即常備兵滿三年者。遇有大戰事，常備不足，則以預備兵充之。大約每年常備兵退為預備兵者，約三之一，補新兵亦三之一，新舊層遞蛻換，實行約二十年，則全國人民均為已學習過軍事教育者。如此一來，軍餉雖愈省，得兵卻愈多，「兵技常熟，兵氣常新」（張之洞，1966：152）。

養兵之制創始於德國，歐洲各國仿效，日本又繼而學習。然而，外國因國君重武，故能行此養兵之制，其人民皆以充兵為榮，純為國家效力計，不為一身餬口計；且「工商多，閒民少，其兵皆有技能，軍籍既脫，仍有執業」，故可行。但是，中國兵將皆以入伍為生計，故殘兵弱將多，而難於淘汰；中國若欲模仿，必須對於三年學成之兵，「發給憑照，退於預備兵，遣歸本籍，酌給半餉，以供本縣緝捕之用，改業遠出者，不給餉，三年以後，亦照西法退為後備，有事募集，亦可得半。」（張之洞，1966：152-153）

至於教育將士之本務有二：知忠愛、厲廉恥。西洋教官教育中國武備學生時，均訓勉曰：「汝等須先知自己是中國人，將來學成，專為報效國家，若臨戰無勇，乃國家之恥、一身之恥；若無此心，雖練成與西兵一律之才能，亦無用也。」由此可見，西洋將士皆能知忠君愛國、厲廉恥。而欲形塑將士此種軍人氣節，則必須身為國君者提倡武功。如西洋諸國，「國君服提督之服，鄰國之君，相贈以武將之銜，臨戰之饑寒有備，戰歿之家屬有養，兵之死亡，君親弔之，兵之創傷，后親療之，故將之尊貴，過於文臣，兵之自愛，過於齊民，強國之由，其在此矣。」（張之洞，1966：153-154）

綜合上述，張之洞對於軍事教育的規劃是相當完整的。舉凡對軍事教育的深刻認識，及水陸師的分類、訓練方式、訓練期程，以及平時養兵的制度、培養軍人氣節的方法等，無一不備。而他提出國君崇尚武功的建議，極有可能係針對晚清積弱不振的國勢，以及軟弱無能的光緒皇帝而發的。

第三節　教育政策的具體實踐

慈禧於光緒二十七年（1901）八月二日，頒布諭旨要求群臣注重興學，首先指出興學的用意在袪除士子空疏無用之弊病，改以講求實學為依歸，諭旨云：「人才為庶政之本，作育人才，端在修明學術。三代以來，學校之隆，皆以德行道藝為重，故其時體用兼備，賢才眾多。近日士子，或空疏無

用，或浮薄寡實，今欲痛除此弊，自非敬教勸學，無由感發興起。」其次，
諭旨指出學堂設立的原則：「除京師已設大學堂應行切實整頓外，著將各省
所有書院，於省城均改設大學堂，各府、廳、直隸州均設中學堂，各州縣均
設小學堂，並多設蒙養學堂。」而在教法方面，則要求「當以四書、五經、
綱常大義為主，以歷代史鑑及中外政治、藝學為輔」，以達成「心術端正，
文行交修，博通時務，講求實用，庶幾植基立本，成德達材」的目的（《光
緒實錄》，卷 486：2）。

由此諭旨觀之，可以得到兩項訊息：一、此諭顯然已經指出建立教育體
制的政策方向，故此諭旨實可視為後來各項具體措施之執行依據，而它與張
之洞的學制主張頗為契合；二、就其教學方法和目的而言，顯係中體西用論
的具體實踐，故可推測此諭應當在張之洞的主導下完成的。

建立教育體制既已成為教育政策的主軸，就必須要有一些配套的措施，
始能使政策順利執行。在張之洞的規劃下，推動四項極具教育意義的具體作為：

一、頒布學堂章程：光緒二十九年十一月二十六日（1904），由張之洞
草擬，正式公布的奏定學堂章程，成為各級學校設立的主要依據。

二、廢除科舉制度：光緒三十一年（1905）八月四日慈禧頒布諭旨廢除
科舉制度，實為中國傳統教育徹底邁向現代教育的指標。

三、改革教育行政制度：光緒三十一年（1905）十一月十日，諭旨設立
學部，使得中國教育的行政制度有一專屬的權責機構。

四、頒布教育宗旨：光緒三十二年（1906）三月一日，學部奏陳頒布以
「忠君、尊孔、尚公、尚武、尚實」為教育宗旨，此項教育宗旨亦為中國官
方正式頒布教育宗旨的第一次。

壹、頒布學堂章程

晚清曾經兩度頒布學堂章程：第一次是光緒二十八年（1902）七月十二
日，由張百熙一人獨力完成章程草擬工作，內容包括〈欽定京師大學堂章

程〉、〈欽定考選入學章程〉、〈欽定高等學堂章程〉、〈欽定中學堂章程〉、〈欽定小學堂章程〉、〈欽定蒙養學堂章程〉等六項，稱為「壬寅學制」，又稱為「欽定學堂章程」。

第二次是光緒二十九年十一月二十六日（1904），由張之洞會同榮慶、張百熙共同擬定，實際是由張之洞主導，內容包括〈奏定初等小學堂章程〉、〈奏定高等小學堂章程〉、〈奏定中學堂章程〉、〈奏定高等學堂章程〉、〈奏定大學堂章程〉（附通儒院章程）、〈奏定蒙養院章程及家庭教育法章程〉、〈奏定初級師範學堂章程〉、〈奏定優級師範學堂章程〉、〈奏定任用教員章程〉、〈奏定譯學館章程〉、〈奏定進士館章程〉、〈奏定初等農工商實業學堂章程〉、〈奏定中等農工商實業學堂章程〉、〈奏定高等農工商實業學堂章程〉、〈奏定實業補習普通學堂章程〉、〈奏定藝徒學堂章程〉、〈奏定實業教員講習所章程〉、〈奏定實業學堂通則〉、〈奏定各學堂管理通則〉、〈奏定學務綱要〉、〈奏定各學堂考試章程〉、〈奏定各學堂獎勵章程〉等二十二項，稱為「癸卯學制」，又稱為「奏定學堂章程」。

以下將分為三個部分，探討學堂制度建立的過程：一、說明章程制定的過程；二、闡述學堂制度的建立；三、分析學務綱要的內在意義。

一、章程制定的歷程

慈禧於光緒二十七年（1901）八月二十四日自西安行在起程回京，經過三個多月的時間，於十一月二十八日抵達北京。十二月一日，即有派張百熙為京師大學堂管學大臣之上諭，諭旨稱：「興學育才，實為當今急務。京師首善之區，尤宜加意作育，以樹風聲，從前所建大學堂，應即切實舉辦。」即飭派張百熙「將學堂一切事宜，責成經理，務期端正趨向，造就通才，明體達用，庶收得人之效。」（《光緒實錄》，卷 491：1）十二月五日，諭令將所有從前設立之同文館，毋庸隸外務部，著即歸入京師大學堂，一併責成張百熙管理（璩鑫圭等，1991：7）。

　　張百熙奉諭旨擬定學堂章程之後，隨即由其門人沈兆祉執筆，上溯古制，參考列邦，終於在光緒二十八年（1902）七月十二日，奏〈進呈學堂章程摺〉，完成初步的學堂制度規劃方案（王炳照，1994：174）。張百熙在奏摺指出：古今中外，學術不同，其所以致用之途則一。朝廷以更新之故而求之人才，以求才之故而本之學校，「則不能不節取歐、美、日本諸邦之成法，以佐我中國二千餘年舊制。」他並說明學校名存實亡的情形：「大抵中國自周以前選舉學校合為一，自漢以後，專重選舉，及隋設進士科以來，士皆殫精神于詩賦策論，所謂學校者，名存而已。」故今日議論振興教育，必應以恢復學校之舊觀為第一急務，雖然中外政教風氣原本不同，「然其秩序條目之至賾而不可亂者，固不必盡泥其迹，亦不能不兼取其長，以期變通而盡利。」同時，他也呈請朝廷飭令各省督撫實力舉辦，他說：「臣擬請《欽定章程》頒行之後，即乞飭下各省督撫，責成地方官核實興辦。凡名是實非之學堂，及庸濫充數之教習，一律整頓從嚴，以無負朝廷興學育才之盛心；而學校選舉，亦漸能合撤同途，以仰幾三代盛時之良軌。」（璩鑫圭等，1991：233-234）

　　學堂章程進呈的同日，朝廷隨即諭旨允准頒布施行，並表示：

> 「張百熙奏遵擬學堂章程開單呈覽一摺，披閱各項章程，尚屬詳備，即著照所擬辦理；並頒行各省，著各該督撫按照規條，寬籌經費，實力奉行，總期造就真才，以備國家任使。開辦之後，如有未盡事宜，應行增改，仍著隨時審酌，奏明辦理。」（璩鑫圭等，1991：235）

　　於是，中國教育史上第一個學堂章程，於焉產生。

　　然而，張百熙與榮慶卻在壬寅學制頒布未屆一年前，光緒二十九年（1903）閏五月三日，奏〈請添派重臣會商學務摺〉。他在奏摺上說：「各省蒙、小學堂，甫籌創設，咨送至學，既無真正合格學生，兼以近來人心浮動，好為空論，往往有跅弛之士，從前未經科舉艱苦，粗習譯書，妄騰異

說，弊由于未入學堂之故，而惡習所染，深慮及于在堂肄業之生。」並強調學堂為當今第一要務，盛贊湖北督臣張之洞為「當今第一通曉學務之人，湖北所辦學堂，頗有成效，此中利弊，閱歷最深。」於是，建議朝廷飭派張之洞會商章程應行修改之處，妥議具奏（《光緒朝東華錄》，卷180）。奏摺既上，朝廷隨即允准，並頒諭旨稱：「京師大學堂為學術人才根本，關係重要。著即派張之洞會同張百熙、榮慶，將現辦大學堂章程一切事宜，再行切實商訂；並將各省學堂章程，一律釐定，詳悉具奏。務期推行無弊，造就通才，俾朝廷收得人之效，是為至要。」（《光緒實錄》，卷517：3）

於是，張百熙所擬定的「壬寅學制」，實行尚未屆滿一年，即將面臨停止適用的命運。為何章程甫頒布實行，卻又要求立即修改，而且還增添張之洞擔任修改之人？原因是張百熙無法有效遏阻方興未艾的學堂風潮。以下將描述一段京師大學堂師範生疏爭俄約的經過，以資說明壬寅學制夭折的主要因素。

俄人之覬覦中國，由來已久；早於光緒二十二年（1896）四月二十二日，中俄密約簽訂後，東三省即淪為俄國的勢力範圍。後因英日反應激烈，再經輾轉交涉，俄因勢單力孤，才允於光緒二十八年（1902）三月簽訂《中俄交收東三省條約》，議定自簽字劃押後，俄軍限十八個月內分三期撤離東三省。唯俄軍並未履行義務，且於光緒二十九年（1903）三月，第二期撤兵期限屆滿，卻違約不撤，並於三月二十一日向清政府提出七款無理要求，強視東北為其殖民地；消息傳出，中外譁然（莊吉發，1969：107-108）。

此時大學堂日本教習，因俄踞東山省，情勢緊張，紛紛請假回國。日文兼法律教習岩谷孫藏，於光緒二十九年（1903）四月四日譏評學生，謂：

「中國存亡，在此一舉。乃外而觀士夫，歌舞昇平，安然無恙；內而觀學堂，學生出入講堂，絕無慢色。士夫無論已，若中國所有幾希之望在教育，教育者，養全國忠愛之精神者也。處亡國之時，學生絕無影響；

以日本學生例之，當痛哭流涕，結大團結，發大志願，決不令政府以此地與俄。中國學生俱屬亡國性質，我不屑教，當即回國矣！」（《蘇報》，光緒二十九年四月念四日）

師範館學生聞之，乃義憤填膺，並商請副總教習，蒙准鳴鐘上堂會議，二百餘人到會。先由范靜生助教演說利害，演說畢，全班鼓掌，有嘆息者、有痛哭流涕者。次由各學生登臺議論，思籌力爭善策，擬辦四事：

1. 各省在京官紳，告電該省督撫電奏力爭。
2. 全班學生電致各省督撫，請各督撫電奏力爭。
3. 全班學生電致各省學堂，由各省學堂稟請該省督撫電奏力爭。
4. 大學堂全班學生上稟管學代奏力爭（《大公報》，光緒二十九年四月七日）。

會議既畢，大學堂的學生做了三件事：

㈠師範生俞同奎、王德涵、谷鐘秀等六十七人，即聯合仕學館學生朱錫麟等六人，上書管學大臣請代奏拒俄書。學生表示：「天下事有欲言而不得不言而不能；言之，則不免有越職之嫌，不言，則坐視瓜分之慘而不忍，如今日之東省問題是也。」並且，分析英、日、俄等國對於中國覬覦已久，未來各國如何對待中國，實難逆料，藉此對朝廷和人民發出警告，拒俄書稱：「英、日以切己之利害，倡共保太平主義，於是乎前年有聯盟之舉。當時我國之聞知者，率私心竊幸，謂可以庇他人之宇下而長存。而學生等固早愧憤畏懼，以為斷無有受人之保護而能立國者也。俄既彰明較著割據我東三省，英、日必出而干預，而日尤為絲毫不相假借，於是乎邇來有日俄開釁之說。竊料我國之聞知者必謂日俄之戰與我國無涉，我國且幸強鄰多事，不暇謀我。而學生等固切切悲痛，以為大禍即在眉睫，存亡之機即決於此也。」如今，果然危機在即，全國將同受災禍：「存亡之機，間不容髮。積火將燃，共為劫灰；大廈將傾，同受壓覆。學生等之一身一家，亦莫不在其中，故敢

垂涕而道。」然而，國家興辦學堂之宗旨，本在激發學生愛國思想，值此國家存亡危急之秋，學生豈能漠視？拒俄書稱：「國家之設學也，專以養成忠君愛國之思想為目的，今當危急存亡之秋，間不容髮，譬如一家火起，父兄長老皆焦思疲力以求一熄，而少而壯者乃袖手旁觀，而以為不與己事，豈尚復有人心也耶！此學生等所以欲言而不得不言而不能。」（《大公報》，光緒二十九年四月十一日）

㈡師範館全班學生又為此事上書政務處，表示對朝廷聯俄政策失誤的指責，書云：「生等竊唯我國之誤，未有甚於聯俄者也。十數年以來，樞府諸臣以聯俄為唯一不二之宗旨，一誤再誤，遂至釀成今日之巨禍，此誠生等所為痛哭流涕、仰天嘆息而無可如何者也。」並藉此激勵國人，應謀自立自強之道，而非假手他人代為自強：「凡國之強，未有他人能強之者；凡國之亡，未有他人能亡之者；唯視乎我之自取。此至易明之說也。」最後，以極為痛切的語氣，要求朝廷斷然拒絕俄國之無理舉動：「生等聞皇太后、皇上憂居深宮，憤主權之喪失，列強之憑陵。生等以為此次若許俄約，大勢遂去，牽一髮而動以全身，土崩瓦解，束手可待，此生等所為涕泣沾襟而每飯不忘者。」（《大公報》，光緒二十九年四月十五日）

㈢大學堂學生又致書湖北省各學堂學生，告之已然進行四項力爭策略，並謂：「某等與諸兄同為中國之人，當事中國之事。明知此舉無濟大局，與其坐而亡，不如爭而亡，庶海外各國見中國尚有士氣也！」（《蘇報》，光緒二十九年四月念四日）

此次大學堂學生的拒俄事件，是近代中國大學生因見國家對外交涉失敗而向政府進言的開端。終其結果，雖未見朝官有任何採取意見之行動，且亦無濟於大局；但觀其所上各書，一字一句，皆慷慨激昂，痛陳國恥，血淚斑斑，士人氣節溢於字裡行間，顯見學生們已具體實現了大學堂「激發忠愛、端正趨向」的教育宗旨。又此次行動係以師範生為主體，更得見師範教育之訓導成效，使學生既能嚴守規範，而於必要時卻能不囿於規範，充分顯現出

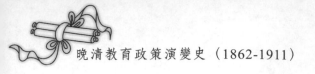

愛國氣節與士子情操。

　　然而，這一次京師大學堂學生的愛國表現，在朝廷守舊派的眼光中，卻是不折不扣的離經叛道的行為，也令張百熙受到連累。張百熙在不敵守舊派攻擊的情況下，乃有奏請派員會同商訂章程之舉。

　　張之洞在接獲諭旨之後，隨即積極籌劃，在短短的六個月內，已經擬定二十二種章程，於光緒二十九年（1904）十一月二十九日，奏請頒布，是為「癸卯學制」。自此以後，張之洞草擬的奏定學堂章程「癸卯學制」，全面性取代張百熙的欽定學堂章程「壬寅學制」，張之洞遂成為慈禧新政時期推動教育政策的靈魂人物。

二、學堂制度的確立

　　根據壬寅學制的規定，全國的學堂劃分為三段七級，癸卯學制則劃分為三段六級，其差異在於癸卯學制未將蒙養院納入正式學制。（註2）有關兩學制修業年限之比較，彙整如表5-3。

　　至於旁系學堂，彙整如表5-4，以為比較。

　　以下分別就壬寅學制的「全學綱領」及癸卯學制的「立學總義」，說明

▼表5-3　壬寅學制與癸卯學制修業年限比較表（直系學堂）

階段別	修業年限	
	壬寅學制	癸卯學制
高等教育分二級	大學堂修業年限三至四年，大學院不定年限。	大學堂必須分科，修業年限三至四年，原大學院改稱通儒院，年限五年。
中等教育分二級	中學堂年限四年，大學預科或高等學堂三年，計七年。	中學堂年限五年，大學預科或高等學堂三年，計八年。
初等教育	分三級，蒙養學堂修業年限四年，小學堂三年，高等小學堂三年，計十年。	改分為兩級，初等小學堂年限五年，高等小學堂四年，計九年，原蒙養學堂改為蒙養院，列入學前教育性質，不定年限。

▼表 5-4 壬寅學制與癸卯學制修業年限比較表（旁系學堂）

階段別	修業年限	
	壬寅學制	癸卯學制
高等教育	高等實業學堂、仕學館、師範館均修業三年，與高等學堂平行。	譯學館五年、進士館三年、優級師範學堂四年、高等實業學堂四年、實業教員講習所三年，均與高等學堂平行。
中等教育	中等實業學堂、師範學堂各四年，與中學堂平行。	初級師範學堂五年、中等實業學堂四年。
初等教育	簡易實業學堂，修業年限三年，與高等小學堂平行。	初等實業學堂三年、實業補習普通學堂三年，與高等小學堂平行。藝徒學堂年限不定，與初等小學堂平行。

兩學制之重要規定，並比較其異同。

㈠壬寅學制

京師大學堂之重要規定如下：

1. 其設置所以激發忠愛、開通智慧、振興實業，並以端正趨向、造就通才為立學宗旨。

2. 對修身倫理一門，視他學科更宜注重，為培植人才之始基。

3. 所有學堂人等，自教習、總辦、提調、學生諸人，有明倡異說，干犯國憲及與名教綱常顯相違背者，查有實據，輕則斥退，重則究辦。

4. 先立預備一科，本一時權宜之計；故一年之內，各省必將高等學堂暨府、廳、州、縣中、小學堂一律辦齊。如有敷衍遲延，大學堂屆期請旨嚴催辦理。

5. 學堂開設之初，欲求教員，最重師範，現於速成科特立專門之外，仍擬酌派數十人赴歐、美、日本諸邦學習教育之法，俟二、三年後卒業回華，為各處學堂教習。

6. 約束學生規則及辦事章程，此次奏定各條，皆係約舉大要，其涉於煩碎

者，須俟開辦後，體察情形，詳立各門，以資遵守。

7. 定大學堂全學名稱，一曰大學院，二曰大學專門科，三曰大學預備科，其附設名目，曰仕學館，曰師範館。大學院為學問極則，主研究不主講授，不立課程。

　　高等學堂之重要規定如下：

1. 高等學堂之設，使學生於中學卒業後欲入大學分科者，先於高等學堂修業三年，再行送入大學肄業。

2. 定省會所設學堂曰高等學堂。此亦有變通之處：如小省尚不能立高等學堂者，即姑立一中學，為高等學堂之預科。大省物力富，人才多，十年之後，其功課程度真足與大學規模一律，即可稱大學堂；但名實務宜相稱。又如繁富之府、廳、州、縣地方及通商大埠，雖非省會，若能創設與高等學堂程度相等之學堂，亦可稱為高等學堂。

3. 高等學堂雖非分科，已有漸入專門之意，應照大學預科例，亦分政、藝兩科。議立大學分科，為政治、文學、格致、農業、工藝、商務、醫術七門，則政科為預備入政治、文學、商務三科者治之，藝科者為預備入格致、農業、工藝、醫術四科者治之。

4. 於高等學堂之外，得附設農、工、商、醫高等專門實業學堂，俾中學堂卒業者亦得入之。又於商務盛處，則設商業專門實業學堂；礦產繁處，則設礦務專門實業學堂，皆宜相度地方情形逐漸辦理。

5. 各省高等學堂，如欲附設仕學館者，照《大學堂仕學館章程》一律辦理。

6. 高等學堂應附設師範學堂一所，以造就各處中學堂教員，即照《京師大學堂師範館》辦理。

7. 高等學堂之功課，與京師大學堂預備科功課相同，一切辦法均照大學堂預備科一律辦理。

8. 高等學堂之建置，應得容學生八百人以上。

9. 現在官立高等學堂，五年之內暫不徵收束修；以後徵收，每月每人不得

過銀錢二元。

10. 凡各項課本，須遵照京師大學堂編譯奏定之本，不得歧異。其有自編課本者，須咨送京師大學堂審定，然後准其通用。京師編譯局未經出書之前，准由教習按照此次課程所列門目，擇程度相當之書暫時應用，出書之後即行停止。

中學堂之重要規定如下：

1. 中學堂之設，使諸生於高等小學卒業後而加深其程度，增添其科目，俾肆力於普通學之高深者，為高等專門之始基。

2. 定府治所設學堂為中學堂。中、小學堂原不以府、縣而分，如州、縣治亦可立中學堂，府治亦可立小學堂；但目前官立諸學堂，先就府治設一中學堂，州、縣治設一小學堂，以為紳民設立之模範。

3. 中學堂之功課，限修業四年。

4. 中學堂之學生額數，應得容五百人以上，滿八百人則增立一所，有寄宿舍者不限制之。

5. 於中學堂之外，應多設稍詳備之中等農、工、商實業學堂，令高等小學卒業生不願治普通學者，得入此類學堂學習實業。

6. 中學堂內應附設師範學堂，以造成小學堂教習之人才。

7. 中學堂第三年、第四年得於本科設實業科，以教授欲就實業者，俾卒業後可入一切高等專門實業學堂。

8. 地方紳富捐集款項，得依《中學堂章程》而設立中學堂，謂之民立中學堂，卒業出身應與官立者一律辦理。平時並由官力代為保護，並得借用地方公所、寺觀等處，以省經費。

9. 中學堂由官立者，五年之內暫不徵收束修；以後徵收，每月每人不得過銀錢一圓。其民立者不拘此例。

小學堂之重要規定如下：

1. 小學堂之宗旨，在授以道德、知識及一切有益身體之事。

2. 今定州、縣所立學堂為小學堂。

3. 中、小學堂原不以府、縣而分，如州、縣治亦可立中學堂，府治亦可立
   小學堂；但目前官立諸學堂，先就府治設一中學堂，州、縣治設一小學
   堂，以為紳民設立之模範。

4. 小學堂分為高等、尋常二級，其修業各限三年。

5. 高等小學堂、尋常小學堂得設於一處。

6. 兒童自六歲起受蒙學四年，十歲入尋常小學堂修業三年，俟各處學堂一
   律辦齊後，無論何色人等皆應受此七年教育，然後聽其任為各項事業。

7. 小學堂之學生額數，應得容三百人以上，滿五百人則增立一所。

8. 地方紳商得依小學堂章程立尋常小學堂、高等小學堂，謂之民立尋常、
   高等小學堂，卒業出身，應與官立者一律辦理；並由官力代為保護，均
   得借用地方公所、祠廟，以省經費。

9. 於高等小學堂之外，得廣設簡易之農、工、商實業學堂，俾尋常小學堂
   卒業者亦得入之，以就實業。

10. 尋常小學堂及高等小學堂，所有官立學堂，五年之內暫不徵收束修。以
    後徵收，尋常小學堂每月每人不得過銀錢三角，高等小學堂每月每人不
    得過銀錢五角。其民立者不拘此例。

    蒙學堂之重要規定如下：

1. 蒙學堂之宗旨，在培養兒童使有淺近之知識，並調護其身體。

2. 城內坊廂、鄉鎮、村集，均應設立蒙學堂。

3. 凡各省、府、廳、州、縣原有義塾，並有常年經費，此後應按照此次蒙
   學課程，一律核實改辦為公立蒙學堂。

4. 凡家塾招集鄰近兒童附就課讀，及塾師設館招集幼徒在館肄業者，均應
   遵照此次蒙學課程，一律核實改辦，名為自立蒙學堂。

5. 蒙學堂卒業以四年為限。

6. 凡公立、自立之蒙學堂，該地方之官立小學堂有稽察其課程之責。如由

蒙學堂升入小學者，小學堂教習須考查其舊習功課；如有不合，當責令該蒙學教習立時修改其課法。

7. 蒙學堂之設，以多為貴。凡地方官紳，總宜竭力督勸，俾兒童咸有成就之始基，不致荒學失時，終身廢棄。

8. 凡自立蒙學堂，均須向該縣官立小學堂中報明地址及教習姓名。

9. 蒙學為各學根本，西律有兒童及歲不入學堂罪其父母之條，今學堂開創伊始，尚未能一律仿照；所有府、廳、州、縣之各處鄉集，應請於奉到章程之日予限半年，一鄉之內先立蒙學堂一所，以後逐漸推廣辦理。

10. 蒙學礙難設立寄宿舍，其辦法宜分設多所，散布各地，俾兒童得就近入學。

11. 凡蒙學生徒多則三、四十人，少則十餘人，多則用教習二、三名，少則用教習一名。

12. 蒙學堂徵收束修之費，每人每月不得過銀元三角，其自立者不拘此例。

13. 無論公立、自立之蒙學堂，每年須將教習名數、學生入學及卒業人數，於年終呈報本縣官立小學堂，由縣詳報本省高等學堂，轉咨京師大學堂，以備考核。

(二)癸卯學制

大學堂之重要規定如下：

1. 設大學堂，令高等學堂畢業者入焉，並於此學堂內設通儒院（外國名大學院即設在大學堂內），令大學畢業者入焉，以謹遵諭旨，端正趨向，造就通才為宗旨。

2. 大學堂以各項學術藝能之人才，足供任用為成效。通儒院以中國學術日有進步，能發明新理，以著成書，能製造新器，以利民用為成效。大學堂講堂功課，每日時刻無一定，至少兩點鐘，至多四點鐘。通儒院生不上堂，不計時刻。大學堂視所習之科分別，或三年畢業，或四年畢業，通儒院五年畢業。

3. 大學堂內設分科大學堂,為教授各科學理法,俾將來可施諸實用之所,通儒院為研究各科學精深義蘊,以備著書製器之所,通儒院生但在齋舍研究,隨時請業請益無講堂功課。

4. 各分科大學之學習年數,均以三年為限;唯政法科及醫科中之醫學門以四年為限,通儒院以五年為限。

5. 大學堂分為八科:經學科大學分十一門,各專一門,理學列為經學之一門;政法科大學分二門,各專一門;文學科大學分九門,各專一門;醫科大學分二門,各專一門;格致科大學分六門,各專一門;農科大學分四門,各專一門;工科大學分九門,各專一門;商科大學分三門,各專一門。以上八科大學,在京師務須全設,若將來外省有設立大學者,可不必限定全設;唯至少須置三科,以符學制。

6. 各分科大學應令貼補學費,由本學堂核計常年經費,臨時酌定。

7. 各分科大學,每學年可特選學生中之學術優深、品行端正者,稱之為優待學生,免其學費,以示鼓勵。其選取優待學生,係憑每學年終考試之成績,由大學總監督及分科大學監督定之。

8. 優待學生,若於其受優待之學年內,有品行不良、學業懈怠,或身罹疾病無成業之望者,即除其名。

9. 泰西各國國內大學甚多。日本亦有東京、西京二大學,現尚欲增設東北、西南二大學,籌議未定;此外尚有以一人之力設立大學者,以故人才眾多,國勢強盛。中國地大民殷,照東西各國例,非各省設立大學不可。今先就京師設立大學一所,以為之倡,俟將來各學大興,即擇繁盛重要省分增設,並以漸推及於各省。

　　高等學堂之重要規定如下:

1. 設高等學堂,令普通中學畢業願求深造者入焉;以教大學預備科為宗旨,以各學皆有專長為成效。每日功課六點鐘,三年畢業。

2. 高等學堂定各省城設置一所。

3. 高等學堂之規制，本應容學生五百人以上方為合宜；但此時初辦，規模略小亦可，然總期能容二百人以上，以備人才日盛，容納多人。

4. 高等學堂應令貼補學費，聽各省核計本省款項能否籌措，暨本學堂常年經費隨時酌定。

5. 高等學堂應將每歲所教功課、所辦事務，及辦事人數、教員員數、學生入學及畢業人數，於年終散學後，稟報本省學務處，轉稟督撫察核，並擇其要略，咨明學務大臣查考。

中學堂之重要規定如下：

1. 設普通中學堂，令高等小學畢業者入焉，以施較深之普通教育，俾畢業後不仕者從事於各項實業，進取者升入各高等專門學堂均有根柢為宗旨，以實業日多，國力增長，即不習專門者亦不致暗陋偏謬為成效。

2. 不仕者從事於各項實業，進取者升入各高等專門學堂，均有根柢為宗旨，以實業日多，國力增長，即不習專門者亦不致暗陋偏謬為成效。

3. 中學堂定章各府必設一所，如能州、縣皆設一所最善。唯此初辦不易，須先就府治或直隸州治由官籌費設一中學堂，以為模範，名為官立中學。其餘各州、縣治可量力酌辦，如能設立者聽。

4. 中學堂之學生額數，應以四百人以下、三百人以上為合格；其經費充裕，學舍宏敞，可增至六百人。又若地方情形，能於本學堂外分設一所，可稟明本省督撫核定增置，並咨明學務大臣查考。此時初辦，學生額數暫不拘定。

5. 地方紳富捐集款項，得按照中學堂章程自設中學。集自公款，名為公立中學，一人出資，名為私立中學。若稟准設立及一切章程，均遵照官章辦理，考其程度與官立中學相等者，畢業出身應與官立者一律辦理，平時並由地方官嚴加監督，妥為保護，並准借用地方公所、寺觀等處。

6. 中學堂應令學生貼補學費，聽各省斟酌本省籌款難易，並核計該學堂常年經費隨時酌定。

7. 中學堂遇有增置更改等事，應稟由本省學務處詳請督撫核准，並咨明學務大臣查考。其每歲辦事人數、教員名數，並學生入學及畢業人數，應於年終散學後，稟報該管省分之學務處，詳請督撫察核，並擇其要略咨明學務大臣查照；其民立者一律遵辦。

　　高等小學堂之重要規定如下：

1. 設高等小學堂，令凡已習初等小學畢業者入焉，以培養國民之善性，擴充國民之知識，強壯國民之氣體為宗旨；以童年皆知作人之正理，皆有謀生之計慮為成效。每星期三十六點鐘，四年畢業。

2. 高等小學堂為初等小學堂畢業生升入肄業之階，但其願升入與否，應由該學生自審志向執業，應歸何途，可聽其便。

3. 高等小學堂之教科與初等小學堂之教科並置於一所者，名為兩等小學堂。

4. 城鎮鄉村均可建設高等小學堂，雖僻小州、縣，至少必應由官設立高等小學堂一所以為模範，名為高等官小學堂。

5. 各省、府、廳、州、縣，如向有義塾善舉等事經費，皆可酌量改為高等小學堂經費；如有賽會演戲等一切無益之費積有公款者，皆可酌提充用。凡一城一鎮一鄉一村各以公款設立之高等小學堂，及數鎮數鄉數村聯合設立之高等小學堂，均名為高等公小學；其建設、停止，均應稟經地方官核准。

6. 凡有一人出資獨力設一高等小學堂，名為高等私小學，其建設時須稟請地方官核准；若遇停止時，應將其停止之緣由報明地方官查考。

7. 設立高等公小學、高等私小學者，均應獎勵，詳見初等小學堂章程內。（紳董能捐設或勸設公立小學堂及私立小學堂者，地方官獎之；或花紅，或扁額；其學堂規模較大者，稟請督撫獎給扁額；一人捐資較巨者，稟請督撫奏明給獎。）

8. 官立高等小學堂為地方官當盡之義務，此時事當創辦，務須督同地方紳董細考地方情形，妥籌切實辦法。如有經費已敷、教員已得，而地方官

故意延宕不辦、或雖辦而敷衍塞責者，應由本省學務處查明，稟請督撫將該地方官懲處。如紳士有從中阻撓者，准地方官稟請將該紳懲處。其有官紳辦理合宜、推設日廣者，亦由本省學務處稟請督撫，將官紳分別奏請獎勵。

9. 地方官可選派本處紳士，予以襄辦學務之責任；唯選派紳士應擇公正明達，鄉望素孚者充之，萬不可令刁生地棍混入其中，因而舞弊營私，阻礙教育之進步。如或委任非人，致生弊端，經本省學務處查出，即將該刁生地棍從嚴懲辦，並記該地方官失察之過。

10. 官設高等小學堂，應令貼補學費，由各該學堂斟酌本地情形，核計常年經費，隨時酌定。

11. 各地高等小學堂，每年須將學堂所辦事務、教科課程、教員名數、學生入學人數、畢業人數及出入費用，呈報本州、縣官，由州、縣稟報本省學務處匯呈督撫察核，督撫擇其要略，咨明學務大臣察考，每半年匯咨一次。

初等小學堂之重要規定如下：

1. 設初等小學堂，令凡國民七歲以上者入焉，以啟其人生應有之知識，立其明倫理、愛國家之根基，並調護兒童身體，令其發育為宗旨；以識字之民日多為成效。每星期不得過三十點鐘，五年畢業。

2. 古人八歲入小學，今西人滿六歲入小學，即古之七歲也。古人性樸學簡，就學自可從容；今人知識早開，且近世新理新學較多，不得不早為牖迪，故七歲必須入初等小學。

3. 外國通例，初等小學堂，全國人民均應入學，名為強迫教育；除廢疾、有事故外，不入學者罪其家長。中國創辦伊始，各地方官紳務當竭力勸勉，以入學者日益加多，方不負朝廷化民成俗之至意。

4. 論教育之正理，自宜每百家以上之村即應設初等小學堂一所，令附近半里以內之兒童附入讀書；唯僻鄉貧戶，兒童數少，不能設一初等小學堂

者，地方官當體察情形，設法勸諭應數鄉村聯合資力，公設一所，或多級或單級均可。初辦五年之內，大率每四百家必設初等小學一所，完全科與簡易科聽其量力舉辦。唯通縣合計，完全科不得少於一半。五年以後、十年之內，每二百家必設初等小學一所，通縣合計，完全科亦不得少於一半。總以辦成為度。

5. 國民之智愚賢否，關國家之強弱盛衰。初等小學堂為教成全國人民之所，本應隨地廣設，使邑無不學之戶，家無不學之童，始無負國民教育之實義。今學堂開辦伊始，雖未能一律齊設，所有府、廳、州、縣之各城鎮，應令酌籌官費，速設初等小學以為模範。其能多設者固佳，只少小縣城內亦必設初等小學二所，大縣城內必設初等小學三所，各縣著名大鎮亦必設初等小學一所。此皆名為初等官小學，以後再竭力督勸，漸次推廣。

6. 各省、府、廳、州、縣，如向有義塾善舉等事經費，皆可酌量改為初等小學堂經費；如有賽會演戲等一切無益之費積有公款者，皆可酌提充用。此等學堂或一城一鎮一鄉一村各以公款設立，或各以捐款設立者，及數鎮數鄉數村聯合設立者，均名為初等公小學。

7. 凡有一人出資獨力設一小學堂者，或家塾招集鄰近兒童附就課讀，人數在三十人以外者，及塾師設館招集兒童在館授業在三十人以外者，名為初等私小學，均遵官定章程辦理。

8. 初等小學堂之教科與高等小學堂之教科並置於一所者，名為兩等小學堂。

9. 凡初等公小學，其建設、停止，均應稟經地方官核准。

10. 凡初等私小學，其建設時須稟請地方官核准；若遇停止時，應將其停止之緣由報明地方官查考。

11. 紳董能捐設或勸設公立小學堂及私立小學堂者，地方官獎之；或花紅，或扁額；其學堂規模較大者，稟請督撫獎給扁額；一人捐資較巨者，稟請督撫奏明給獎。

12. 地方官有承辦本地小學堂之責任，此時事當創辦，務須親歷鄉里，細考

地方情形，督同紳董妥籌切實辦法。如有經費已敷、教員已得，而地方官故意延宕不辦、或雖辦而敷衍塞責者，應由本省學務處查明，稟請督撫將該地方官懲處。如紳士有從中阻撓者，准地方官稟請將該紳懲處。其有官紳辦理得宜、推設日廣者，亦由本省學務處稟請督撫，將官紳分別奏請獎勵。

13. 城鎮鄉村應由地方官選派本處紳士，予以襄辦學務之責任；唯選派紳士應擇公正明達，鄉望素孚者充之，萬不可令刁生地棍混入其中，因而舞弊營私，阻礙教育之進步。如或委任非人，致生弊端，經本省學務處查出，即將該刁生地棍從嚴懲辦，並記該地方官失察之過。

14. 官設初等小學堂，永不令學生貼補學費，以便貧民，庶可期教育之廣及；公私立者不在此限。

15. 各地初等小學堂，每年須將學堂所辦事務、教科課程、教員名數、學生入學人數、畢業人數及出入費用，呈報本州、縣官，由州、縣稟報本省學務處匯呈督撫察核，督撫擇其要略，咨明學務大臣察考，每半年匯咨一次。

　　蒙養院及家庭教育法之重要規定如下：

1. 蒙養家教合一之宗旨，在於蒙養院輔助家庭教育，以家庭教育包括女學。

2. 蒙養院專為保育教導三歲以上至七歲之兒童，每日不得過四點鐘。

3. 按各國皆有幼稚園，其義即此章所設之蒙養院，為保育三歲以上至七歲幼兒之所，令女師範生為保姆以教之。中國此時情形，若設女學，其間流弊甚多，斷不相宜。既不能多設女學，即不能多設幼稚園，唯有酌採外國幼稚園法式，定為蒙養院章程。

4. 凡各省、府、廳、州、縣以及極大市鎮，現在均有育嬰堂及敬節堂，茲即於育嬰、敬節二堂內附設蒙養院。

5. 各處育嬰堂規模大小不一，現均籌有常年經費；其規模過狹者，應設法擴充房舍，增加額數。乳媼必宜多設，以期廣拯窮嬰；每堂乳媼之數，

省城至少須在五十人以外，各府、縣城至少須在三十人以外。即於堂內劃出一院為蒙養院，令其講習為乳媼及保姆者保育、教導幼兒之事。由官將後開保育要旨條目，並將後開之官編女教科書，家庭教育書刊印多本，發給該堂，令其自相傳習。乳媼既多，其中必有識字者，即令此識字之乳媼為堂內諸人講授。此講授之人，每月格外優給工資，由該堂員董察其是否得力酌辦；日久效著者，可隨時酌加。若堂內乳媼全無識字者，即專雇一識字之老成婦人入堂，按本講授。凡本地擬充乳媼保姆謀生之貧婦，願入堂隨眾講習者，聽。人數限三十人以內，嚴禁擁擠雜亂，責成該堂員董稽察。

6. 各處敬節堂本是極要善舉，亦應設法擴充屋舍，增加額數，以惠窮嫠。每堂養贍節婦之數，省城至少須在五十名以外，各府、縣城至少須在三十名以外。即於堂內劃出一院為蒙養院，令其講習為保姆者保育、教導幼兒之事（蓋各處貧苦嫠婦，多係為人做活計，當女佣保姆之屬，必其無生計可圖者乃肯入敬節堂耳，若教以為保姆之技能，固窮嫠之所願也）。由官將後開保育要旨條目，並將後開之官編女教科書，家庭教育書刊印多本，發給該堂。其中節婦亦必有識字者，即令其為堂內諸人講授，每月格外優給贍銀，由該堂員董察其是否得力酌辦；日久效著者，可隨時酌加。若堂內節婦全無識字者，即專雇一識字之節婦入堂為之講授。其堂內節婦有癃老已甚，或志在清靜寂處，不擬自謀生計，不願來聽講授者亦聽其便。凡本地擬受人雇充保姆之貧婦，願入堂隨眾講習者，聽。人數限三十人以內，嚴禁擁擠雜亂，責成該堂員董稽察。

7. 兩堂開辦一年以後，由各該堂員董考察其講授之乳媼、節婦；講習認真，保育、教導合法者（此事甚淺近易曉，眾目共見，不患其不公），稟明地方官分別給予獎賞，並發給保姆教習憑單。其在育嬰、敬節兩堂學保姆者，無論院內院外，均發給蒙養院學過保姆憑單，聽其自營生業；講習無成效者，不給憑單。

8. 外國女師範學堂，例置保姆講習科以教成之；中國因無女師範生，故於育嬰、敬節兩堂內附設蒙養院。所學雖然較淺，然其中緊要理法已得大要，已遠勝於尋常之女傭。各省貧家婦人，願為乳及抱兒之保姆女傭資以糊口者甚多，此事學成不過一年，領有憑單，輾轉傳授，雇值必可加豐，實為補益貧民生計之一大端。

9. 凡兩種蒙養院中，本地附近幼兒，其父母願送入其中受院內之教育者，聽，以便院中學保姆者練習實地保育之法。其每院人數之多少，由地方官及紳董體察情形酌辦；如貴族紳富自願延請女師在家教授者，聽。

10. 保姆學堂既不能驟設，蒙養院所教無多，則蒙養所急者仍賴家庭教育，唯有刊布女教科書之一法。應令各省學堂將《孝經》、《四書》、《列女傳》、《女誡》、《女訓》及《教女遺規》等書，擇其最切要而極明顯者，分別次序淺深，明白解說，編成一書，並附以圖，至多不得過兩卷，每家散給一本；並選取外國家庭教育之書，擇其平正簡易，與中國婦道、婦職不相悖者（如日本下田歌子所著《家政學》之類），廣為譯書刊布。其書卷帙甚少，亦即家置一編。此外，如初等小學字課本及小學前二年之各種教科書，語甚淺顯，地方官宜廣為刊布。婦人之識字者即可自看自解，以供自教其子女之用；其不識字不能自行觀覽者，或由其夫，或請旁人為之講說。有子者母自教其子，以為入初等小學之基；有女者母自教其女，以知將來為人婦、為人母之道。是為人母者皆自行教育於家庭之中，母不能教者或雇保姆以教之，是家家皆自有一蒙養院矣。

11. 三代以來，女子亦皆有教，備見經典。所謂教者，教以為女、為婦、為母之道也。唯中國男女之辨甚謹，少年女子，斷不宜令其結隊入學，遊行街市；且不宜多讀西書，誤學外國習俗，致開自行擇配之漸，長蔑視父母、夫婿之風。故女子只可於家庭教之，或受母教，或受保姆之教，令其能識應用之文字，通解家庭應用之書算物理，及婦職應盡之道，女工應為之事，足以持家、教子而已。其無益文詞概不必教；其干預外事、

妄發關係重大之議論，更不可教。故女學之無弊者，唯有家庭教育。女學原不僅保育幼兒一事，而此一事為尤要；使全國女子無學，則母教必不能善，幼兒身體斷不能強，氣質習染斷不能美。蒙養通乎聖功，實為國民教育之第一基址。

優級師範學堂之重要規定如下：

1. 設優級師範學堂，令初級師範學堂畢業生及普通中學畢業生均入焉，以造就初級師範學堂及中學堂之教員、管理員為宗旨；以上項兩種學堂師不外求為成效。每日功課六點鐘，三年畢業。

2. 優級師範學堂，京師及省城宜各設一所。

3. 省城優級師範學堂初辦時，可與省城之初級師範學堂並置一處，俟以後首縣及外州、縣全設有初級師範學堂，即將省城初級師範學堂增高其程度，併入於優級師範學堂。

4. 優級師範學堂之學科分為三節：(1)公共科；(2)分類科；(3)加習科。公共科者，因入分類科後，四類學業各有專重之處，鐘點不能兼及，而其中有緊要數事各類皆所必需，故於第一年未分類以前公同習之（英文、東文及辦學、算學，以後用處甚多，而現有學力尚不足用；至次年分類以後，則有習有不習，故須於第一年公共科內習之）。加習科者，因分類科畢業後，自覺於管理法、教授法，其學力尚不足用，故自願留學一年，擇有關教育之要端加習數門，更考求其精深之理法。公共科凡初入此堂之學生均須學習，至加習科可聽學生之便。

5. 外國高等師範學堂，於公共科、分類科、加習科外，另設專修科及選科。專修科係審查各地中學堂最缺乏某種學科之教員，因特置某種學科，召學生使專修之，以補充其缺乏。選科係為其人願充中學堂教員，欲選習分類科中之一科目或數科目者，如於本學堂教授時刻別無妨礙，亦許其學習此等學科，應俟將來酌量情形再為推設。

6. 優級師範學堂學額，暫定最少數為二百四十人（日本高等師範五百人），

以後可漸次擴充。

7. 外國高等學堂皆有倫理一科，其教授之書名倫理學。其書內亦有實踐、人倫、道德字樣，其宗旨亦是勉人為善，而其解說倫理與中國不盡相同。中國學堂講此科者，必須指定一書，闡發此理，不能無所附麗，以致泛濫無歸。查列朝學案等書，乃理學諸儒之言論行實，皆是宗法孔孟，純粹謹嚴，講人倫道德者自以此書為最善。唯止宜擇其切於身心日用，而其說理又明顯簡要、中正和平者為學生講說，兼講本書中諸儒本傳之躬行實事，以資楷模。若其中過於精深微渺者，可以緩講，俟入大學堂後，其願習理學專門者自行研究。又或有議論過高，於古人動加訾議，以及各分門戶、互相攻駁者，可置不講。講授者尤當發明人倫道德為各學科根本、須臾不可離之故。

　　初級師範學堂之重要規定如下：

1. 設初級師範學堂，令擬派充高等小學堂及初等小學堂二項教員者入焉；以習普通學外，並講明教授管理之法為宗旨；以全國人民識字日多為成效。每日功課六點鐘，五年畢業。

2. 初級師範學堂為小學教育普及之基，須限定每州、縣必設一所。唯此時初辦，可先於省城暫設一所，俟各省城優級師範學堂畢業有人，再於各州、縣以次添設。

3. 初級師範學堂經費，當就各地籌款備用，師範學生無庸納費。

4. 各省城初級師範學堂，當初辦時，宜於教授完全學科外，別教簡易科，以應急需；俟完全學科畢業有人，簡易科即酌量裁撤。

5. 各州、縣於初級師範學堂尚未齊設之時，宜急設師範傳習所，擇省城初級師範學堂簡易科畢業生之優等者，分往傳習。其講舍可借舊有書院、公所或寺院等類；其學生凡向在鄉村市鎮以教授蒙館為生業，而品行端謹、文理平通，年在三十以上、五十以下者，無論生童，均可招集入學傳習，限定十個月為期。畢業後給以准充付教員之憑照，即令在各鄉村

市鎮開設小學。照此辦法，可以速設小學、廣開風氣、多獲教員、成就寒士，實為要舉。各省學務處宜督飭地方官實力舉行；俟各省城及各州、縣初級師範學堂畢業有人，傳習所可漸次裁撤。唯傳習所畢業生所教授之小學堂，未必能一一合法，將來必酌派初級師範學堂畢業生為正教員以董率之，且改正其教授管理諸法。

6. 初級師範學堂除完全科及簡易科外，並應添設預備科及小學師範傳習所。預備科以教欲入師範學堂而普通學力未足者，使補習之；小學師範講習科以教由傳習所畢業，已出為小學堂教員，復願入初級師範學堂學習，以求補足其學力者，及向充蒙館塾師，而並未學過普通科，亦未至傳習所聽受過教法者。至若蒙養院、保姆學堂，須酌量地方情形再議設置。

7. 初級師範學堂應設置旁聽生，以便鄉間老生寒儒，有欲從事教育者來學堂觀聽，即可便宜多開小學，而寒士亦可借資館地。不限額，不定功課，不給獎勵，久暫、來去聽其自便；唯須肅靜，不得擾亂堂規；每日來堂隨班聽講，本學堂宜以禮相待。

8. 外國初級師範學堂，除男子初級師範學堂外，有女子初級師範學堂；有一師範學堂而學生分男女並教者。但中外禮俗不同，未便於公所地方設立女學，只可申明教女關係緊要之義於家庭教育之中。

9. 初級師範學堂師範生之數，本應視本管內應入小學堂之兒童有若干班數酌定（幼童每六十人為一班）；但如此則一省應需師範生之數太多，此時戶口未清，物力艱絀，可暫定省城初級師範學堂師範生以三百人為足額（學師範生可分六班，能多者更善），各州、縣初級師範學堂師範生以一百五十人（可分三班）為足額（如僻小州、縣，力實不及者，尚可酌減），俟以後詳細審量，漸為擴充。

10. 教育總要：
    (1)一切教育事宜，必應適合小學堂教員應用之教法分際。
    (2)變化學生氣質，激發學生精神，砥礪學生志操，在充教員者最為重要

之務；故教師範者務當化導各生，養成其良善高明之性情，使不萌邪妄卑鄙之念。

⑶尊君親親，人倫之首，立國之綱；必須常以忠孝大義訓勉各生，使其趣向端正，心性純良。

⑷孔孟為中國立教之宗，師範教育務須恪遵經訓，闡發要義，萬不可稍悖其旨，創為異說。

⑸國民之智愚賢否，實關國家之強弱盛衰；師範生將來有教育國民之重任，當激發其愛國志氣，使知學成以後必當勤學誨人，以盡報效國家之義務。

⑹膺師範之任者，必當敦品養德，循禮奉法，言動威儀足為楷模。故教師範者宜勉各生以謹言慎行，貴莊重而戒輕佻，尚和平而忌暴戾；且須聽受長上之命令訓誨，以身作則，方能使學生服從。

⑺身體強健，成業之基；須使學生常留意衛生，勉習體操，以強固其精力。

⑻教授學科，當體認各學科教育之用意所在，且著眼今日國勢民風，講求實益。

⑼講堂教授，固貴解本題之事理，尤貴使學生於受業之際，領會教授之有法。

⑽教師善於語言者，則其講解學理，醒豁確實，啟悟必多；故當教授之際，宜時使學生演述所學以練習言語。

⑾學生造詣，不可僅以教員之所授為足；尤當勖勉學生，使自行深造學識，研精技藝，勿得偷安自畫，致阻學業進境。

⑿各種學科，務以官定之教科書為講授之本。

實業教員講習所之重要規定如下：

1. 設實業教員講習所，令中學堂或初級師範學堂畢業生入焉；以教成各該實業學堂及實業補習學堂、補習普通學堂、藝徒學堂之教員為宗旨；以各種實業師不外求為成效。每星期鐘點臨時酌定，畢業年限視學科為差。

2. 實業教員講習所分為農業教員講習所、商業教員講習所、工業教員講習所三種。

3. 實業教員講習所應附設於農、工、商大學或高等農、工、商業學堂之內。但此時甫經創辦，農、工、商大學或高等農、工、商業學堂勢尚有待；各行省應暫特設一所，養成實業教員，以為擴張實業學堂之基。

4. 講習所學生額數，每年由各省學務處體察本地情形酌定。

5. 農業教員講習所、商業教員講習所之學習年數，以二年為限；工業教員講習所之完全科學習年數，以三年為限，簡易科學習年數，以一年為限。

6. 各講習所入學之講習生，須年在十七歲以上，在初級師範學堂、中學堂或與同等以上之實業學堂畢業者始為合格。此時初辦，難得此等合格學生，應酌量變通，選學生年十七歲以上、二十五歲以下，文理明通，先補習一年普通學科，再入正科學習。其工業教員講習所簡易科學生，例應取畢業藝徒學堂及高等小學堂，或有以上同等之學力者；但若有年齡在二十歲以上、三十歲以下，粗通文理書算，果於其所志科目之工業已從事三年者，亦可選錄入學。

7. 學生有已在師範學堂畢業者，其教育學無庸重課。

8. 各學生在學一切費用，均由官為籌給。

譯學館之重要規定如下：

1. 設譯學館，令學外國語文者入焉；以譯外國之語文，並通中國之文義為宗旨，以辦交涉教譯學之員均足供用，並能編纂文典，自讀西書為成效。每日講堂功課六點鐘，五年畢業。

2. 譯學為今日政事要需，入此學者皆以儲備國家重要之用，自以修飭品行為先，以兼習普通學為助。向來學方言者，於中國文詞多不措意，不知中國文理不深，則於外國書精深之理不能確解悉達；且中文太淺，則入仕以後，成就必不能遠大；故本館現定課程，於中國文學亦為注重。

3. 外國文分設英文一科、法文一科、俄文一科、德文一科、日本文一科。

每人認習一科，務期專精，無庸兼習。但無論所習為何國文，皆須習普通學及交涉、理財、教育各專門學。

4. 普通學之目九：人倫道德、中國文學、歷史、地理、算學、博物、物理及化學、圖畫、體操；專門學之目三：交涉學、理財學、教育學。

5. 學生應考取中學堂五年畢業者方為正格，現在創辦，可暫行考取文理明通及粗解外國文者入堂；或擇大學堂現設之簡易科及漸次設立之進士科中略通外國文者，調取入館，以百二十人為額。

6. 譯學館功課，以語言文字為重；課有定程，亦有定目，宜整齊劃一，不便參差。凡入學諸生，畢業後既優與出身，自不必再應科舉。諸生投考時，應呈明情願不應科舉字樣。凡遇科舉年分，托故告假，即作中途廢學，追繳學費。

進士館之重要規定如下：

1. 設進士館，令新進士用翰林部屬中書者入焉，以教成初登仕版者皆有實用為宗旨，以明徹今日中外大局，並於法律、交涉、學校、理財、農、工、商、兵八項政事皆能知其大要為成效。每日講堂功課四點鐘，三年畢業。

2. 聖人論從政之選，分果、達、藝三科；此次所定學科，史學、地理、法律、教育、理財、東文、西文諸門，達之屬也；兵政、體操，果之屬也；格致、算學、農學、工學、商學，藝之屬也。新進士為從政之初階，自宜講求致用之實，以資報國之具。在學三年，不過通其要義，每日鐘點不多，實非苦人所難；且於東文、西文、算學、體操四項，俱作為隨意科目，習否各聽其便；至精力仍有不及者，又准於農、工、商、兵四項中只選習其一、二科，不必全習，尤為曲體人情。至畢業以後，即各赴本衙門分修職守，於各門學術已具有普通知識，遇事不致茫然；若自欲更求精深，學成專門，應准其自行呈請派入大學堂肄業。

3. 向來分部人員，於學習期內並無公事可辦，翰林中書尤多清暇；此次新

進士奉旨令入學堂，自當專心館課，以期增進學識，未便仍到本署辦公，致分日力。將來畢業後通達事理，兼諳時務，不患於應辦公事扞格不通。且每日功課只四點鐘，餘暇甚多，各該員可於日課餘暇之時，自將會典則例及國朝掌故之書，擇其於職務有關者自行觀覽考究，自屬有益。

4. 新進士入學，係欽奉諭旨辦理，凡一甲之授職修撰、編修，二、三甲之庶吉士、部屬中書，皆當入學肄業。唯年在三十五歲以上，自揣精力不能入館學習者，准其呈明，改以知縣分發各省補用，仍令到省後，入本省仕學、課吏等館學習；其年在三十五歲以下者，概不准呈請改外。

5. 其遵章入館肄業者，翰林、中書每年給津貼銀二百四十兩，部屬每年給津貼銀一百六十兩，以示體恤。

實業學堂通則之重要規定如下：

1. 實業學堂所以振興農、工、商各項實業，為富國裕民之本計；其學專求實際，不尚空談，行之最為無弊，而小試則有小效，大試則有大效，尤為確實可憑。近來各國提倡實業教育，汲汲不遑；獨中國農、工、商各業故步自封，永無進境，則以實業教育不講故也。今查照外國各項實業學堂章程課目，參酌變通，別加編訂，聽各省審擇其宜，亟圖興建。

2. 實業學堂之種類，為實業教員講習所、農業學堂、工業學堂、商業學堂、商船學堂；其水產學堂屬農業，藝徒學堂屬工業。

3. 各項實業學堂均分為三等：曰高等實業學堂、中等實業學堂、初等實業學堂（統稱則曰某高等實業學堂，專稱則曰某等某業學堂）。高等實業學堂程度視高等學堂，中等實業學堂程度視學堂（水產學堂亦係中等實業），初等實業學堂程度視高等小學堂。其實業補習普通學堂，藝徒學堂，均可於中、小學堂便宜附設，不在各學堂程度之內。至實業教員講習所，即實業之師範學堂。

4. 各項實業學堂，各省均應酌量地方情形，隨時擇宜興辦，而實業補習普通學堂、藝徒學堂，尤足使廣袤人民均有可執之業，雖薄技粗工，亦使

略具科學之知識；所以厚民生而增國力，為益良非淺鮮。各處中、小學堂內可便宜附設，增籌經費無幾，各省務宜及時興辦。至實業教員講習所，為實業學堂師範所資，尤為入手要義，萬不可置為緩圖。

5. 現在各省籌款不易，各項實業學堂教習亦難得其人；即力能延聘外國教師，而無通知科學曾習專門之翻譯，則亦無從講授。除實業補習普通學堂、藝徒學堂舉辦尚易，及本省已有出洋學習實業學生畢業回國，即可添聘外國教師開辦實業學堂者不在此例外，各省大吏宜先體察本省情形，於農、工、商各種實業中，擇其最相需、最得益者為何種實業，即選派年輕體健、文理明通、有志於實業之端正子弟，前往日本或泰西各國，入此種實業學堂肄業。分為兩班：一班學中等實業，一班學高等實業。一面寬籌經費，將應設之學堂，或在省城，或在繁盛地方預為布置，至少總須設成一所。

6. 俟出洋游學中等實業學生畢業回國，即將所設學堂開辦，先教淺近簡易之藝術，並於學堂內附設教員講習所，廣為傳授；俟高等實業學生畢業回國，再行增高學堂程度，以教精深之理法。力能延聘外國教師者，屆時添聘數人充本學堂正教員，而以畢業學生充助教，則高等教法尤可及期完備。俟講習所學生漸次畢業，即可陸續分派各府、州、縣為次第擴充之舉。總期愈推愈廣，將來各地方遍設實業學堂，方為正當辦法。

7. 查選派學生出洋，如至西國，每學生約需學費、旅費千數百兩；如至日本，每生止需學費旅費四百餘元，選派學生一、二十名，需款尚不甚多；不如此則實業學堂永無辦法。無論如何為難，各省務於一年內辦妥，並將實在籌辦情形先行陳奏。

8. 現在出洋游學生，已定有獎勵章程，奏准通行；各省務實力勸導紳富之家，慎選子弟、自備資斧，出洋學習各項實業；將來畢業回國，既可得科名獎勵，並可興辦各項實業，利國利家，確有實益。

9. 各省官員紳富，有能慨捐巨款、報充興辦實業學堂經費者，或籌集常年

的款、自行創設實業學堂者，或指明報充官派出洋實業學生學費、旅費者，應量其捐資之多寡，分別奏請從優獎勵，以為好義急公者勸。

10. 實業教員講習所，應附設於農、工、商大學及高等農、工、商業學堂之內，以年在二十歲以上，已畢業初級師範學堂、中學堂、中等實業學堂課程者考選入學。

11. 高等農、工、商業學堂，以年在十八歲以上，已畢業中等學堂課程者考選入學。中等農、工、商業學堂，以年在十五歲以上，已畢業高等小學堂課程者考選入學。初等農、工、商業學堂，以年在十三歲以上，已畢業初等小學堂課程者考選入學。實業補習普通學堂，以在高等小學修業二年以上，及年過十五歲，已在外操作實業、願增充其學力者考選入學。藝徒學堂，以年在十三歲以上，已畢業初等小學者考選入學。

12. 各實業學堂，應收學生貼補學費，聽各省察酌本省籌款難易，核計本學堂常年經費，隨時酌定。其實業教員講習所，應照師範學堂例免收學費；唯教員學成後，亦應比照師範生例效力義務六年，聽各省督撫指派，實力從事教育，不得有所規避。

13. 凡從事實業學堂之學生，均須品行端謹，體質強健，其學力與各學堂程度相當者，取具妥實保人保結，始准考選入學。

14. 各實業學堂開辦時，如尚無畢業中小學堂之合格學生可資選錄，應准酌量變通，考選年歲相當、文理通順、略知算術者，取具的保，准其入學。

　　各級各類學堂教員任用資格詳如表5-5。

(三)兩種學制之比較

相異處

　　第一，壬寅學制較為簡略，僅擬定六項章程，且僅及於正系學堂之規定，至於旁系的實業學堂和師範學堂等，均未明定章程；癸卯學制則能一一擬定相關章程，計二十二項，對於實際運作應當較有助益。

▼表 5-5　各級各類學堂教員任用資格一覽表

教員別	任用資格
大學堂分科正教員	以將來通儒院研究畢業，及游學外洋大學院畢業得有畢業文憑者充選。暫時除延訪有各學科程度相當之華員充選外，餘均擇聘外國教師充選。
大學堂分科副教員	以將來大學堂分科畢業考列優等，及游學外洋得有大學堂畢業優等、中等文憑者充選。暫時除延訪有各學科程度相當之華員充選外，餘均擇聘外國教師充選。
高等學堂正教員	以將來大學堂分科畢業，考列優等及中等，暨大學堂選科畢業考列優等者充選。暫時除延訪有各學科程度相當之華員充選外，餘均擇聘外國教師充選。
高等學堂副教員	以將來大學堂選科畢業考列優等及中等，及游學外洋得有大學選科畢業文憑者充選。暫時延訪有各科學程度相當之華員充選。
普通中學堂正教員	以將來優級師範畢業考列最優等及優等，及游學外洋高等師範畢業考列優等及中等，及得有畢業文憑者充選。暫時只可擇游學外洋畢業生，曾考究教育理法者充之，不必定在師範學堂畢業，或擇學科程度相當之華員充之亦可。
普通中學堂副教員	以將來優級師範畢業考列優等及中等，及游學外洋高等師範畢業文憑者充選。暫時只可擇游學外洋畢業生，曾考究教育理法者充之，不必定在師範學堂畢業，或擇學科程度相當之華員充之亦可。
高等小學堂正教員	以初級師範學堂畢業考列最優等及優等，及游學外洋尋常師範畢業得有優等、中等文憑者充選。暫時以簡易師範生充選。
高等小學堂副教員	以初級師範學堂畢業考列中等，及游學外洋尋常師範畢業文憑者充選。暫時以簡易師範生充選。
初等小學堂正教員	以曾入初級師範考列中等，及得有畢業文憑者充選。暫時以師範傳習生充選。
初等小學堂副教員	以曾入初級師範得有修業文憑者充選。暫時以師範傳習生充選。
優級師範學堂正教員	以將來大學堂分科畢業，考列優等及中等，及游學外洋高等師範畢業考列優等及中等，及得有大學堂畢業文憑，暨大學堂選科畢業考列優等者充選。暫時除延訪有各學科程度相當之華員充選外，餘均擇聘外國教師充選。
優級師範學堂副教員	以將來大學堂選科畢業考列中等，及游學外洋得有大學堂選科畢業文憑者充選。暫時除延訪有各學科程度相當之華員充選。
初級師範學堂正教員	以將來優級師範學堂畢業考列最優等及優等，及游學外洋尋常師範畢業得有優級文憑及畢業文憑者充選。暫時只可擇游學外洋畢業生，曾考究教育理法者充之，不必定在師範學堂畢業，或擇學科程度相當之華員充之亦可。

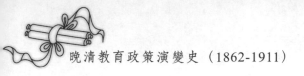

▼表 5-5　各級各類學堂教員任用資格一覽表（續）

教員別	任用資格
初級師範學堂副教員	以將來優級師範畢業考列中等，及游學外洋得有高等師範畢業文憑者充選。暫時只可擇游學外洋畢業生，曾考究教育理法者充之，不必定在師範學堂畢業，或擇學科程度相當之華員充之亦可。
高等實業學堂正教員	以將來大學堂分科畢業，考列優等及中等，及游學外洋得有大學堂畢業文憑，暨大學堂選科畢業考列優等者充選。暫時除延訪有各學科程度相當之華員充選外，餘均擇聘外國教師充選。
高等實業學堂副教員	以將來大學堂選科畢業，考列優等及中等，及游學外洋得有大學選科畢業文憑。暫時延訪有各學科程度相當之華員充選。
中等實業學堂正教員	以將來大學堂實科畢業，及高等實業學堂考列優等者，及游學外洋高等實業學堂畢業得有畢業文憑者充選。暫時只可以實業傳習所較優之畢業生充選。
中等實業學堂副教員	以將來高等實業學堂畢業考列中等者，及游學外洋得有高等實業畢業文憑者充選。暫時只可以實業傳習所其次之畢業生充選。
初等實業學堂正教員	以曾入實業教員講習所及中等實業學堂得有畢業文憑者充選。
初等實業學堂副教員	以曾入實業教員講習所及中等實業學堂得有修業文憑者充選。

第二，癸卯學制對於師範培育的工作相當重視，包括初級和優級師範學堂、實業教員講習所等，均有詳細的規定，並在學務綱要第四條規定：「開通國民知識，普施教育，以小學堂為最要；則是初級師範學堂，造就教小學之師範生，尤為辦學堂者入手第一義。」同時，制定教員任用資格，對師資的素質有一定程度的保證作用；而且，將各級各類學堂教員均分為正、副教員，分別以不同資格任用，頗具教師分級之雛型。

第三，癸卯學制極為重視實業教育，將實業學堂分為三級三類，分別授予不同的課程內容，以完成不同的教學目標，培養不同層級的實業從業人員，對於國家經濟建設與發展當能裨益良多。

第四，兩學制的初等教育階段修業年限雖相差只有一年，但是壬寅學制

將蒙養學堂列入正式學制內，並規定年限為四年；而癸卯學制則將其排除在正式學制之外，並與家庭教育結合在一起，不列入管理範圍，有失朝廷監督學堂之至意。

第五，癸卯學制同時強調譯學館和進士館的教學工作，一方面延續舊制同文館培育外語人才的功能；另一方面更可以提供新進公務人員之職前教育之管道，將教育與行政結合在一起。

相同處

第一，兩種學制在教育的主要原則，均以「中體西用」為主要依據，並嚴格要求學生的生活管理。

第二，兩種學制均未將女子教育列入正式學制之內，不但未能符合當初廣設學堂之用意，尤其對於全民普及教育之實施更有傷害。

三、學務綱要的分析

張之洞於奏呈「癸卯學制」時，特別擬定〈學務綱要〉乙種，共五十二條規定。內容包括對於教育目標、學生學習的內容、生活的管理、教員的規範及行政制度等，均有鉅細靡遺的規定。

㈠教育目標：綱要第一條規定，無論大中小學或文武各學堂，均應遵照諭旨指示，以「端正趨向、造就通才」為宗旨，俾符合三代學校選舉德、行、道、藝四者並重的精神。從幼童入初等小學堂開始，身為教員者，於講授功課時，務必隨時隨處指導，「曉之以尊親之義，納之於規矩之中。」一切邪說詖詞，務求嚴拒力斥；使學生畢業之後，無論為士、農、工、商等業，「均上知愛國，下足立身，始不負朝廷興學之意。」

第二條並規定，各級各類學校教育目標均有不同。家庭教育、蒙養院、初等小學堂，意在使全國之民，無論貧富貴賤，皆能淑性知禮，化為良善。高等小學堂、普通中學堂，意在使入此學者通曉四民皆應必知之要端，仕進者有進協之階梯，改業者有謀生之智能。高等學堂、大學堂，意在講求國政

民事各種專門之學，為國家儲養任用之才。通儒院，意在研究專門精深之義蘊，俾能自悟新理，自創新法，為全國學業力求進步之方；並設立中國舊學專門為保存古學古書之地。實業學堂，意在使全國人民具有各種謀生之才智技藝，以富民富國之本。譯學館，意在通曉各國語文，俾能自讀外國之書，一以儲交涉之才，一以備各學校教習各國語文之選，免致永遠仰給外國教師。進士館，意在使已經得第入官者，通知各種實學大要，以應濟時急需。師範學堂，意在使全國中小學堂各有師資，此為各項學堂之本源，興學入手之第一義。

㈡學習內容：第九條規定，中小學堂宜注重讀經以存聖教。中國之經書，即是中國之宗教。若學堂不讀經書，則是堯、舜、禹、湯、文武周公、孔子之道，所謂三綱五常者盡行廢絕，中國必不能立國。「學失其本則無學，政失其本則無政。其本既失，則愛國愛類之心亦隨之改易矣。安有富強之望乎？」故無論學生將來所執何業，在學堂時，經書必宜誦讀講解；各學堂所讀有多少，所講有淺深，並非強歸一致。即使由小學改業者，亦必須曾誦經書之要言，略聞聖教之要義，方足以定其心性，正其本源。

第十條規定，小學、中學皆有讀經、講經之課，高等學有講經之課，然而日課無多，專講要義而不務奧博。大學堂、通儒院則以精深經學列為專科，聽人自擇，並非以此督責眾人。第二十四條更規定，學堂須讀經書，不得不酌增數刻，初等小學五點鐘，高等小學六點鐘。初等小學每日讀經書數十字，遞增至一百字而止，高等小學遞增至一百六十字而止。學童斷不以此為苦，更可無荒經之弊。

第十一條規定，學堂不得廢棄中國文辭，以便讀古來經籍。教導時，宜隨時試課論說文字，教以淺顯書信、記事、文法，以資官私實用；但取「理明詞達而止，以能多引經史為貴，不以雕琢藻麗為工，篇幅亦不取繁冗。」教法則由淺入深，由短而長，勿令學生苦其艱難。「中小學堂於中國文辭，止貴明理，高等學堂以上於中國文辭，漸求敷暢，然仍以清真雅正為宗，不

可過求奇古，尤不可徒尚浮華。」

　　第十三條規定，小學堂勿兼習洋文，應以養成國民忠愛國家、尊敬聖教之心為主。各科學均以漢文教授，一概毋庸另習洋文，以免拋荒中學根柢。必俟中國文義通順，理解明白，考取入中學堂後，始准兼習洋文。唯高等小學堂，如設在通商口岸附近之處，或學生中亦有資敏家寒，將來意在改習農、工、商實業，不擬入中學堂以上各學堂者，其人係為急於謀生起見，在高等小學時，自可於學堂課程時刻之外兼教洋文，應就各處地方情形斟酌辦理。

　　第十四條規定，中學堂以上各學堂必勤習洋文。今日時勢不通洋文者，於交涉、游歷、游學，無不窒礙。而粗通洋文者，往往以洋文居奇。假使中國通洋文者多，則荒謬悖誕之翻譯，決無所施其伎倆。故中學堂以上各學堂，必全勤習洋文，而大學堂經學、理學、中國文學、史學各科，尤必深通洋文而後其用乃為最大，「斯實通中外、消亂賊、息邪說、距詖行之竅要也。」

　　第二十三條規定，各學堂皆學官音。各省學堂教員，凡授科學，均以官音講解，雖不能遽如生長京師者之圓熟，但必須「讀字清真，音韻朗暢。」

　　第二十七條規定，中國古樂雅音失傳已久。此時學堂音樂一門，只可暫從緩設，俟將來設法考求，再行增補。

　　第二十九條規定，理學宜講明，唯貴實踐而忌空談。此次章程，既專設品行一門，嚴定分數；又於修身讀經著重，是處處皆以理學為本。「唯止可闡發切於身心日用之實理，不可流為高遠虛紗之空談，以防躐等蹈空之弊。果能行檢篤謹，即是理學真儒。」

　　第三十條規定，各學堂兼習兵學。中國素習，士不知兵，積弱之由，良非無故。揆諸三代學校兼習射御之義，實有不合。除京師應設海陸軍大學堂外，各省應設高等普通專門各武學堂。各學堂一體練習兵式體操以肆武事，並於文高等學堂中講授軍制、戰史、戰術等要義。大學堂政治學門添講各國

海陸軍政學，俾文科學生稍嫻戎略。此等學生入仕後，既能通曉武備大要，即可為開辦武備學堂之員，兼可為考察營務將卒之員。

㈢學生管理：第八條規定，各學堂尤重在考核學生品行，均宜於各科學外，另立品行一門，亦用積分法，與各門科學一體同記分數。其考核之法，分言語、容止、行禮、作事、交際、出游六項，隨處稽察，第其等差；在講堂由教員定之，在齋舍由監學及檢察官定之。但學生既重品行，則凡選派教員學職，均須推擇品行端正之員以資表率。

第十六條規定，私立學堂禁習政治、法律。因為近來少年躁妄之徒，凡有妄談民權自由種種悖謬者，皆由並不知西學、西政為何事，亦並未多見西書，「耳食臆揣，騰為謬說。」故除京師大學堂、各省城官設之高等學堂外，餘均宜注重普通實業兩途。其私設學堂，概不准講習政治、法律專科，以防空談妄論之流弊。

第十七條規定，學生不准妄干國政，暨抗改本堂規條。學生之本分乃在恪守學規，專精學業；果具愛國之心，存報國之志，應當自我期許，發憤用功。俟將來學業有成，出為世用，徐圖自強，孰人不敬之重之？「乃近來士習浮囂，或騰為謬說，妄行干預國政；或糾眾出頭，抗改本堂規條。此等躁妄生事之徒，斷不能有所成就。」現於《各學堂管理通則》內列有《學堂禁令》一章，如有犯此者，各學堂應即照章懲儆，「不可稍涉姑容，致滋流弊。」

第二十二條規定，各學堂學生冠服宜歸畫一。學生衣冠靴帶被褥，俱宜由學堂製備發給，以歸畫一而昭整肅；且免學生多帶行李，以致齋舍雜亂。尤須嚴禁奇裝異服，嚴禁學堂外之人仿冒。

第四十一條規定，遭各學堂斥退之學生不准投考他學堂，並一概不准更名改籍，另投別處學堂。情節輕者，如一年內查其真能改悔，取具保人本人各甘結，仍可另行考選，收入本省學堂，以觀自新之效。情節重者，永遠不准再入學堂，「以示古人移郊移遂之罰」。應由學務大臣通咨各省，凡以後

各學堂遇有斥退學生，應將該學生姓名、籍貫、事由，呈報本省學務處，詳請督撫咨行本省、外省各學堂存案。如有斥退後改名混入他省學堂者，應嚴定懲罰條例。查出後，應將保結人議處。學生非有大過失，僅止記過懲戒。其不得不斥退者，必確係犯有重情，及屢戒不悛之敗類，斷不宜令混入他學堂。若此例不嚴，學生斷不能受約束。

第四十二條規定，學生未畢業不准另就他事。各學堂尚未畢業之學生，一概不准無故自行退學，及由他處調充別項差使。如有故犯禁令，希圖退學，及於放假期內潛往他省就事者，查出後，除咨照該省立即撤退押送回籍外，並應追繳在學堂時一切費用，唯保人是問。

㈣教員規範：第四條規定，目前各州、縣小學堂及外府中學堂，均無法大量聘用外國教員，唯有急設各師範學堂，初級師範以教初等小學及高等小學之學生，優級師範以教中學堂之學生及初級師範學堂之師範生。省城師範學堂，或聘外國人為教員，或輔以曾學外國師範畢業之師範生。外府師範學堂，則只可聘在中國學成之師範生為教員。尤其各省城多有已設中學堂、高等學堂者，勢不能聽其自出心裁，致誤將來成材之學生，則優級師範學堂在中國今日情形亦為最要，並宜接續速辦。各省城應即按照現定初級師範學堂、優級師範學堂及簡易師範科、師範傳習所各章程辦法迅速舉行。其已設有師範學堂者，教科務改合程度；其尚未設師範學堂者，亟宜延聘師範教員，早為開辦。若無師範教員可請者，即速派人到外國學師範教授管理各法，分別學速成科師範若干人，學完全師範科若干人。若有速成師範生回國，即可依仿開辦，以應急需而立規模；俟完全師範生回國，再行轉相傳授，分派各府、縣陸續更換，庶不致教法茫然，無從措手。

第十八條規定，師生員役均禁嗜好。此為嚴禁鴉片煙之具體規定。第十九條規定，學堂教員宜列作職官，以便節制，並定年限。京外各學堂教習，均應列作職官，名為教員，受本學堂監督、堂長統轄節制，以隨時考核其功過而進退之。唯監督於教員，亦宜以禮相待。學堂教習既列為職官，當有任

期，或三年一任，或二年一任，或視該學堂畢業之期為一任。除不得力者隨時辭退，優者任滿再留，中平者如期更換，未滿時不得自行告退，另就別差。學堂辦事人員亦同，有事故者不自此例。

第二十條規定，外國教員宜定權限。各省中學堂以上，有聘用外國教員者，均應於合同內訂明，須受本學堂總辦、監督節制。除所教講堂本科功課之外，其全學事務，概由總辦、監督主持，該教員不得越權干預。第二十一條規定，外國教員不得講宗教。初辦之師範學堂及普通中學堂以上，勢不能不聘用西師。如所聘西師係教士出身，須於合同內訂明，凡講授科學，不得借詞宣講涉及宗教之語，違者應即辭退。

(五)教育行政制度的主張：第五十二條建議，京師應專設總理學務大臣，統轄全國學務。凡整飭各省學堂，編訂學制，考察學規，審定專門普通實業教科書，任用教員，選錄畢業學生，綜核各學堂經費，及一切有關教育之事均歸管轄，至大學堂，應請另派專員管理。各省、府、廳、州、縣遍設學堂，亦須有一總匯之處以資管轄，宜於省城各設學務處一所，由督撫選派通曉教育之員總理全省學務，並派講求教育之正紳參議學務。

第五十三條建議，學務大臣應設屬官。學務大臣應設屬官，分為六處，各掌一門。一曰專門處，管理專門學科學務；二曰普通處，管理普通學科學務；三曰實業處，管理實業學科學務；四曰審訂處，審定各學堂教科書及各種圖書儀器，檢察私家撰述，刊布有關學務之書籍報章；五曰游學處，管理出洋游學生一切事務；六曰會計處，管理各學堂經費。每處置總辦一員，幫辦教員，量事之繁簡酌定。學務大臣即於所屬各員中，隨時派赴各省，考察所設學堂規制及課程教法是否合度，稟報學務大臣。如各省學堂學科有未完備、教法有未妥善之處，隨時咨會該省督撫轉飭學務處迅速增改，務使各省學科程度一律完備妥善，且免彼此參差。

第五十四條建議，學務大臣選用屬官，均須選擇深通教育事理之員，將來以京師大學堂、各省高等學堂畢業學生，及游學外洋大學堂、高等學堂畢

業回國學生考選充補。其各學堂尚無合格學生可資選用時，應准參用仕學館、進士館畢業學員，目前暫行選取通曉學務之京外職官充之。

貳、廢除科舉制度

清代科舉制度沿襲明代，以八股文取士，其間流弊日積月累，已經成為訴求變法者的箭靶，甚至視如芒刺在背，必欲除之而後快。晚清諸多有識之士，對於科舉流弊的探討不乏其人，但都未見具體實施。直至戊戌百日維新期間，光緒皇帝曾諭令廢除八股文，一時之間，維新人士額首稱慶，卻因慈禧發動政變而告政策終結，又再度恢復八股文。

後來，經過庚子拳亂的刺激，慈禧推動新政，乃在張之洞的主導下，先由變通考試內容開始，再以遞減科舉名額充當學堂名額，最後於光緒三十一年（1905）八月四日，正式頒布諭旨，永遠停止科舉制度，令此項人才選拔的制度消失在歷史的舞台。以下將就開設經濟特科、廢除八股文、遞減科舉錄取名額到明令廢除等四個階段，探討這一段廢除科舉制度的過程。

一、開設經濟特科

光緒二十六年（1900）五月二十五日，慈禧大膽下詔向各國同時宣戰之後，全國幾乎進入備戰狀態，所有的科舉考試勢必遭受阻礙。六月十五日，朝廷感於「中外開釁，各直省軍務倥傯」，可能無法使考試順利進行，「如果展緩數月，未始不可舉行，第恐天氣漸寒，各士子倍形勞苦，且遠省放榜過遲，於公車亦多窒礙」，於是諭令將恩科鄉試展緩至光緒二十七年（1901）三月八日鄉試、八月八日會試；各省已簡放之正副考官，即刻回京供職；至於當年的正科鄉試，及光緒二十七年的會試，均依序往後展延考試（《光緒實錄》，卷465：12）。此時的慈禧尚在北京城內，並未感受各國軍事力量的壓力，故無開設經濟特科之準備。

直至光緒二十七年（1901）三月，慈禧已經逃難至西安，並設立行在政

府，且已下詔要求群臣講求變法之道，表示推行新政的決心。此時，任山東巡撫的袁世凱，乃上奏建議增實科、減舊科，即是開設經濟特科的名額，並減少原有科舉考試之名額。袁世凱憂心當時人才之不足，他認為：「當世無深明大義之人，故人才今不如古；當世無博達時務之人，故人才中不如外。然近日取士，必廣求兼古今中外之人，非但無此本末兼賅之士子，恐亦無此體用兼備之考官。」（璩鑫圭等，1991：9）雖然朝廷求才之至意，立法極詳，勢必有所不行，即使勉強而行，恐亦有名無實而已。於是，他建議舊時的科考仍按期舉行，不必全部廢除，但「將各省歲試、鄉試取中定額，先行核減二成，另增實學一科，即將舊科所減之額，作為實科取中之數。……舊科中額，幾次遞減一成；實科中額，每次遞增一成，以五成為度。」然而，他建議先飭沿海各省，如南北洋、兩廣、閩浙省各督臣，會同妥議條規，按中西各學，分門別類，募考具備實學者。同時，他也提出考試流程的規劃：

> 「各省風氣不一，不必拘定籍貫，亦不必分省限額，薈萃聚考，先彷彿童試規模，由該督臣等精選試員，認真校試，擇其優異者作為附生；再行複試，取中者作為舉人；再咨送禮部，由禮部會同總理衙門遴調試員，並奏請簡派考官，訂期會試，中式者為進士。……成進士後一體殿試，試以時務策論，不拘格式，不避忌諱，恭呈御定，賜以出身。」
> （璩鑫圭等，1991：10）

實科考試雖然以經濟時務為重，「亦必須能明四子書大義及有宋諸大儒理蘊，方准取中，以免趨末忌本之弊。」而且，考試分內政與外交兩門，及格錄取後，內用者，各依其所學專門，分發六部實習，如能深通各國語言文字及熟諳各國政治綱要者，發交總理衙門及出使大臣差遣；外用者，發交各省督撫分別委用。所有錄取者，由各堂官、使臣、督撫認真察看，一年期滿，出具切實考語甄別，不准視同具文。再者，「倘有品行不端，心地難信者，隨時參革。」如此而行，袁世凱極有信心地表示其成效：「士子知所趨

向，爭自濯磨，皆漸勉為有用之材，以求奮於功名之路。迨數試之後，學堂中多成材之士，考官中亦多實學之人。……如此逐漸轉移，而士風不難丕變矣。」（璩鑫圭等，1991：10）

袁世凱的建議受到行在政府的重視，遂有四月十七日開設經濟特科之諭旨。諭旨稱：「為政之道，首在得人，況值時局艱危，尤應破格求才，以資治理。允宜敬遵成憲，照博學鴻詞科例，開經濟特科，於本屆會試前舉行，天下之廣，何患無才。」並諭令各部院堂官及各省督撫學政，就「志慮忠純、規模閎遠、學問淹通、洞達中外時務者」，出具考語，即行保薦。期待達到「懲往日之因循，望賢才之輔治，……共濟艱難，以維邦本，使中興人才之盛，再見於今」的求才目標（《光緒實錄》，卷482：9）。

由是以觀，經濟特科之實施，已獲得行在政府的支持。查百日維新期間，光緒亦曾諭准開設經濟特科，確因慈禧發動政變宣告無疾而終，此時能重新獲得實現，想必維新人士亦能同感欣慰。

二、廢除八股文

袁世凱建議經濟特科方案，諭准後的一個多月，張之洞即與劉坤一於光緒二十七年（1901）五月二十七日聯銜會奏，提出酌改文科的辦法，目的在於八股文的廢除。張之洞認為，培育人才自以多設學堂為善策，使學生分門講求實學，「考取有據，體用兼賅，方為有禆世用。」唯因數年之內，各省學堂勢必不能多設，而人才卻不能一日不用；即使學堂廣設之後，而昔日生員年歲已長或資性較鈍，不能入學堂者，亦必須為之籌劃出路；因此，漸改科舉章程，以待學堂之成就，更有助於士子之生計（張之洞，1966：卷52）。

張之洞提出的變通方案是：

「三場先後互易，分場發榜，各有去取，以期場場核實。頭場取博學，
二場取通才，三場歸純正，以期由粗入精。頭場試中國政治、史事，二

　　場試各國政治、地理、武備、農工、算法之類，三場試『四書』『五
　經』經義，經義即論說考辨之類也。」

　　而且，所有的考試概以策論為之，不得使用八股文。因為策論為士子平
日所習所能，考生絕對不致因改變章程而擱筆，科場更可因改章而省費，
「而去取漸精，學業漸實，所得人才，固已較勝於前。」再者，將科舉略改
舊章，令與學堂並行不悖，俟學堂人才漸多以後，即按科遞減科舉取士名
額，為學堂取士名額。如此而行，「其穎敏有志者，必已漸次改業，歸入學
堂；其學優而年長者，文平而品端者，盡可寬格收羅，量材錄用。」十幾年
之後，「奮勉改業者日多，株守沉淪者日少」；進士、舉人均能由學堂而
出，成為應時濟世之人才（張之洞，1966：卷52）。

　　張之洞此項建議源於光緒二十四年（1898）的〈妥議科舉新章摺〉，此
次提出前後，亦曾獲得袁世凱、兩廣總督陶模及時任御史的張百熙之支持，
認為切實可行。陶模曾奏〈請變通科舉摺〉，指出：「為政之要，首在得
人；取人之方，不外學校科舉。」他認為泰西諸國，無科舉之政，入官必經
學校，而當前中國亦應仿照辦理，並專重政治一科，內分兩門：一為內政，
所以學為理事親民之官；一為外政，所以學為交涉專對之官。朝廷於學堂中
「頒發應用書籍，內政以中國經史、性理、掌故、歷代賢哲所論修齊治平之
道，及現行典章律例為綱，而參考各國政治諸書；外政以各國政體武備之
法、條約、地志、史乘為綱，而參以中國古今學術政令。」學生由淺入深，
循序漸進；朝廷於若干年後擇優給予生員、舉人等榮銜，並令升至國學，察
其才德，分授官職。「長於內政者，量授部曹州縣教官之職；長於外政者，
以備總理衙門章京、海疆差委、出使參隨、領事及出洋游歷之選。」嗣後無
論滿漢，無論由何項出身，若非有學堂執照者，不得授以實官，則「所取皆
實學，所學皆實用，學校既興，人才自出。」（璩鑫圭等，1991：24）然
而，際此學堂未能遍設之前，確應謀求解決之法。陶模於是支持張之洞之建

議，俟學堂遍設，人才備出之後，再逐漸將科舉停止。

　　張百熙亦認為科舉已到非變不可的地步，他指出：清朝以制藝取士，得人雖多，唯因日久生弊，主辦人員奉行不力，「士子習於庸陋，故八股文至今日已就腐敗，轉相詬病。」既然八股已經窮途末路，即應思索變通之道，而「舍詩賦之空文，取策論之實用，亦時使之然也。」尤其當今「國事日棘，欲救時艱，以求人才，有為薦舉之所未賅，學堂之不及造者，則變通科舉其至要矣。」因此，他建議「應請略用光緒二十四年湖廣總督張之洞等妥議科舉新章原奏」（璩鑫圭等，1991：30）。

　　以上諸人的論述，受到朝廷的重視，遂於光緒二十七年（1901）七月十六日，諭旨廢除八股文程式，諭旨稱：「八股文取士，……行之二百餘年，流弊日深，士子但視為弋取科名之具，剿襲庸濫，於經史大義，無所發明，急宜講求實學，挽回積習。況近來各國通商，智巧日辟，尤貴博通之外，儲為有用之材，所有各項考試，不得不因時變通，以資造就。」並明定考試的規則：自光緒二十八年（1902）開始，鄉會試頭場，試以中國政治史事論五篇，二場試以各國政治藝學策五道，三場試四書義二篇、五經義一篇；考官閱卷，必須斟酌合校三場以定去取，不得偏重一場；生童歲科兩考，仍先試以經古一場，專試中國政治史事，及各國政治藝學策論，正場試四書義、五經義各一篇；考試試差庶吉士散館，均用論一篇，策一道；進士朝考論疏，殿試策問，均以中國政治史事及各國政治藝學命題。以上一切考試，「凡四書義、五經義，均不准用八股文程式，策論均應切實敷陳，不得仍前空衍剽竊。」（《光緒實錄》，卷485：13-14）

　　此道諭旨所宣示的內容，對於科舉制度是一項重大的變革；因為八股文沿用日久之後，產生許多無法解決的流弊，對於人才選拔的準確性，有極大的負面影響；所以廢除八股文，實為科舉改革的重頭戲，也是科舉改革的起步。

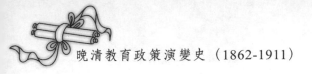

三、遞減科舉錄取名額

八股文的廢除，表示科舉改革已經踏出最重要，也是最艱難的第一步，緊接著就是極力謀求學堂的廣設，再以學堂出身的人才，取代科舉考試產生的人才，最後走向終結科舉的道路。

光緒二十九年（1903）二月十五日，張之洞鑒於科舉未停，學堂廣設之用意大打折扣，且學堂經費難籌，影響學堂設立的速度，遂與袁世凱聯銜會奏，建議遞減科舉錄取的名額，以之充當學堂名額。他建議：仿照乾隆時減裁錄取名額之法，於恩科舉行後，將各項考試取中之額，預計均分，按年遞減。學政歲科試分兩科減盡，鄉、會試分三科減盡。即以科舉考試遞減之錄取名額，移作學堂學生取入的名額。如此而行，「天下士子，舍學堂一途，別無進身之階，則學堂指顧而可以普興，人才接踵而不可勝用。膠庠所講求者，無非實學；國家所登進者，悉是真才。政教因之昌明，百度從而振舉。其程功之速，收效之宏，固有不難如期操券者。」並強調，若有阻撓者，必須予以嚴譴，務必達成「科舉逐漸而盡廢，學校櫛比而林立，上以革數百年相沿之弊政，下以培億兆輩有用之才」的目的（《光緒政要》，卷19）。

此摺奏上，朝廷並無回應。於是，張之洞於光緒二十九年十一月二十六日（1904），再度提出類似的建議，並擬定具體的辦法。（註3）他積極向朝廷提出呼籲，希望能夠達成遞減科舉名額的目的，並提出說服的理由：「似此量為變通，暫行試辦，于科舉僅止徐加裁損，而學堂立可頓見振興。且于年歲已長不能入學堂之舉、貢、生員，復為之寬籌出路。京官之任學差者如故，其放試差者且更增多，尤屬毫無窒礙。」尤其他所在意的，是希望全國臣民，「確見裁減科舉、歸重學堂辦法，咸曉然于朝廷意向所在，則必人人爭自濯磨，相率而入學堂，以求實在有用之學，氣象一新，人才自奮，轉弱為強。」（張之洞，1966：卷37）

張之洞經過兩次的努力勸說，終於獲得善意的回應；縱使朝廷仍留有

「俟各省學堂一律辦齊，確有成效，再將科舉學額，分別停止，以後均歸學堂考取」的伏筆，但對張之洞而言，總是聊勝於無。光緒二十九年十一月二十六日諭旨稱：

> 「方今時事多艱，興學育才，實為當務之急。前經令張之洞會同管學大臣，將學堂章程悉心釐訂，妥議具奏。……至所稱遞減科舉，及將來畢業學生，由督撫學政並簡放考官考試一節，使學堂科舉，合為一途，係為士皆實學，學皆實用起見，著自丙午科為始，將鄉會試中額及各省學額，按照所陳，逐科遞減。」

同時，諭令各省督撫，趕緊督促各府廳州縣，建設學堂，並妥善勸導地方，逐漸推廣。無論官立或民立，皆當「恪遵列聖訓士之規，謹守範圍，端正趨向，不准沾染習氣，誤入奇衰，一切課程，尤在認真講求，毋得徒事皮毛，有名無實，務期教學相長，成德達材，體用兼賅，以備國家任使。」（《光緒實錄》，卷 523：19-20）

此道諭旨的頒布，又將改革科舉的工作往前推進一大步；因為科舉的名額減少之後，學堂入學的名額始有增加的可能，士子亦較願選擇學堂而摒棄科舉之路。

四、明令廢除科舉

廢除八股文和遞減科舉錄取名額，都是張之洞積極建議的結果，但是廢除科舉制度，讓所有國家的人才都出於學堂，才是張之洞最終的目標。因此，他已經等不及丙午科（光緒三十二年，1906）的結束，提前於光緒三十一年（1905）八月四日，與袁世凱、趙爾巽等多位各省督撫聯銜會奏，積極建議立即停止科舉以推廣學堂之設立。

張之洞首先指出，局勢之緊張與科舉未停所帶來的嚴重問題，他說：「臣等默觀大局，熟察時趨，覺現在危迫情形，更甚曩日，竭力振作，實同

一刻千金；而科舉一日不停，士人皆有僥倖得第之心，以分其砥礪實修之志。民間更相率觀望，私立學堂者絕少，又斷非公家財力所能普及，學堂絕無大興之望。」然而，「科舉夙為外人詬病，學堂最為新政大端」，如能毅然決然捨棄科舉舊章，亟謀廣設學堂新法，外人必當刮目相看，敬佩朝廷之決心。而中國士子之留學外洋者，亦知進身之路，完全歸於學堂，必將「勵志潛修，不為邪說浮言所惑」；朝廷正可「顯收有用之才俊，隱戢不虞之詭謀」（《光緒政要》，卷 31）。

而且，設立學堂，並非專為儲才，更重要的是能夠開通民智，使人人獲得普及的教育，擁有普通之知能，上知效忠於朝廷，下得自謀營生之技能。才德高者，必能佐理國政，其次者亦不失為合格之國民。舉凡兵農工商，皆得以完成各自對國家的義務，即使是婦人孺子，亦不至逸居而無教。如能「無地無學，無人不學」，欲求國家富強，又有何難？並再次強調，「科舉不停，學校不廣，士心既莫能堅定，民智復無由大開，求其進化日新也難矣。故欲補救時艱，必自推廣學校始；而欲推廣學校，必自先停科舉始。」（《光緒政要》，卷 31）

張之洞一再反覆強調科舉未停的問題，並積極宣傳學堂對於朝廷、國家、社會與人民的益處，期能以全方位的角度，說服朝廷以壯士斷腕的毅力，宣布停止科舉制度。同時，為科舉廢後的配套措施，張之洞提出五項應辦事項（《光緒政要》，卷 31）：

㈠尊經學。科舉廢除之後，學生於學堂中學習自應以經學根柢為重。小學中學，均限定讀經、講經、溫經的時刻，絕對不准減少；若統計中學畢業之後，共需讀過十經，並能熟悉大義。而大學堂、通儒院，更設有經學專科，對於國粹的保存，必有相當大的助益。唯一擔心的是辦學，喜新厭舊，不知尊經。因此，建議飭下各省督撫、學政，責成辦理學務人員，注意經學、國文、國史的學習情形，則「舊學非但不慮荒廢，抑且日見昌明。」

㈡崇品行。各學堂均規定於各項學科之外，另立品行一門，共分言語、容止、行動、作事、交際、出游等六項，用積分法，與各學科一體接受考核。辦理學務人員應當隨處稽察，評其等第，將學生平日品行分數與學科成績，合併計算，俾使「人人可期達材成德，自不至越矩偭規。」

㈢師範宜速造就。各省學堂之不多，其真正的問題不在無款無地，而在無師資。建議諭飭各省多派中學已通者，出洋游學，分習速成師範及完全師範；亦得多派舉貢生員，於各省會多設師範傳習所。「師資既富，學自易興，此為辦學入手第一要義，不可稍涉遲緩。」

㈣未畢業之學生暫勿率取。自此數年以內，除實由學堂畢業並經考試合格者外，其餘則專取已經畢業之簡易科師範生，予以舉人、進士出身。「既可以勸教育之員，擴興學之基，並隱以勵積學而杜幸進。」至五年以後，完全師範畢業生已多，更足以應選舉而有餘。十年以後，各省學堂畢業生日漸增多，人才濟濟，更可不勝於用。

㈤舊學應舉之寒儒宜籌出路。「文士失職，生計頓蹙」，為籌措舊日舉貢生員之出路，張之洞特別在廢除科舉之後，建議於十年三科之內，各省優貢照舊舉行。仍按省分大小酌量增加，分別錄取，朝考後，用為京官知縣等項，三科後即行請旨停止。凡算學、地理、財政、兵事、交涉、鐵路、礦務、警察、外國政法等學門，已有專長者，皆可保送。如此而行，鄉試雖停，「而生員可以得優拔貢；會試雖停，而舉貢可以考官職。正科舉之門，專歸于急需之學堂；廣登進之途，借恤夫舊學之寒士。庶乎平允易行，各得其所，少長同臻於有用，新舊遞嬗于無形矣。」

由張之洞所提五項配套措施以觀，可知他一方面擔憂科舉未停對學堂的嚴重衝擊，所以欲停之而後快；卻又懼怕科舉一停，昔日舉貢生員無生計出路，以及經典失學等問題，屆時又有極大的反對聲浪出現，勢必影響學堂之推行。因此，他提出這些方法，一方面可以滿足改革派求新求變的需求，亦可遏阻守舊派對於停止科舉的反彈，可說是四平八穩，規劃周詳。

　　張之洞廢除科舉的建議，在光緒三十一年（1905）八月四日，獲得朝廷善意的回應，頒布諭旨，宣告停止科舉，並妥籌推廣學堂之辦法。此道諭旨的頒布，標幟著中國傳統舊教育的即將完全崩盤，給予新教育一個正式的名份與發展的空間。由於此道諭旨極具教育史的意義，特摘錄並說明其兩個重點於下：

　　㈠表示停止科舉係因應時代變動，急需時務人才，且對於舊日舉貢生員的出路問題，亦有妥善的安排與照顧措施（《光緒實錄》，卷 548：4-5）：

　　「三代以前，選士皆由學校，而得人極盛，實我中國興賢育才之隆軌。
　　即東西洋各國富強之效，亦無不本于學校。方今時局多艱，儲才為急，
　　朝廷以提倡科學為急務，屢降明諭，飭令各督撫廣設學堂，將俾全國之
　　人咸趨實學，以備任使，用意至為深厚。前因管學大臣等議奏，當准將
　　鄉、會試分三科遞減。茲據該督撫等奏稱：科舉不停，民間相率觀望，
　　推廣學堂必先停科舉等語，所陳不為無見。著即自丙午科為始，所有
　　鄉、會試一律停止，各省歲科考試亦即停止。其以前之舉、貢、生員分
　　別量予出路，及其餘各條，均著照所請辦理。」

　　㈡說明學堂之設立符合中國古代制度，並要求各省督撫極力推廣，詳加考核，並體察朝廷作育人才之真意：

　　「學堂本古學校之制，其獎勵出身亦與科舉無異。歷次定章，原以修身、
　　讀經為本；各門科學，又皆切于實用。是在官紳申明宗旨，聞風興起，
　　多建學堂，普及教育，國家既獲樹人之益，即地方亦與有光榮。經此次
　　諭旨，著學務大臣迅速頒發各種教科書，以定指歸而宏造就。並著責成
　　各該督撫實力通籌，嚴飭府、廳、州、縣趕緊于城鄉各處遍設蒙小學堂，
　　慎選師資，廣開民智。其各認真研究，隨時考察，不得稍涉瞻徇，致滋
　　流弊。務期進德修業，體用兼賅，以副朝廷勸學作人之至意。」

參、改革教育行政制度

　　清代中央政府設有吏、戶、禮、兵、刑、工等六部治事，各部內官員均有滿、漢之分。有關教育行政事務向由禮部掌管，「尚書掌五禮秩敘，典領學校貢舉，以布邦教。」禮部下設典制、祠祭、主客與精膳等四清吏司，典制司掌嘉禮、軍禮。「稽彝章，辨名數，頒式諸司。三歲大比，司其名籍。」（國史館，1990：3267）由此以觀，禮部所掌管的業務範圍不僅止於教育行政事務，甚至教育行政事務僅是禮部業務的極小部分，而對教育事務的管轄範圍僅負責科舉考試的部分，學校教育部分則不在其業務範圍之內。至於地方，學校貢舉事務向由各省學政負責，直接隸屬於各省督撫管轄，於學校教育事務亦不關心。

　　光緒二十四年（1898），朝廷設立京師大學堂，規定全國各級學堂兼歸管轄，集大學與中央主管教育行政機關於一處；置管學大臣一員，由孫家鼐首任，類似於大學校長兼教育部長的做法。直至光緒三十一年（1905），始有學部之設立，成為管理全國教育事務的專責機關。

　　以下將分三個部分，探討慈禧新政時期對中央及地方教育行政制度的改革過程：一、描述倡導設立學部的訴求；二、分析學部的組織及權責範圍；三、闡述地方教育行政制度的改革情形。

一、設立學部的倡議

　　晚清對於學部設立的倡議，以英國傳教士李提摩太為最早。他於光緒十八年（1892）著《七國新學備要》，其中有一篇是〈論新學部亟宜設立〉，建議中國應仿照其他國家成例，設立新學部，以推廣學堂。光緒二十一年（1895），他透過翁同龢向光緒皇帝提出此項建議，但未被採納（王炳照，1994：186）。

　　李提摩太在其論著中指出，日本雖僅係亞洲東海一島國，人數不及印度

七分之一，卻獨於新學孜孜矻矻，詳細研究，十幾年前更設立新學部，指派親王主事，以表慎重；雖然費銀無多，卻對學堂有推波助瀾的功效。由於學部的設立，鼓勵教士分立中等書院，以廣教育，也激勵日本紳宦捐銀助學，更有學部所立中等書院五處，專聘請教士掌管書院教學工作，其意在教士可兼授英文，英文既通，西國各書自易於融貫。由此可知，日本對於教育極度重視，故可躍起而為亞洲強國（李提摩太，2004）。

李提摩太藉著介紹日本設立學部的情形，鼓勵中國積極效法。他觀察中國興辦教育的概況，認為中國學校法度之淵源已久，實非五洲各國所能企及，唯因「學校之書，衹知述古，自圍方隅，不能博通五洲，近達時務，為可惜耳。」並評論洋務運動時期興辦教育的過程不甚認真，且「經費無多，若與西國較，衹可與小書房相等，若為國家大計，廣儲人才，則猶有未逮。」因此，他認為中國如欲幡然變計，欲廣新學，「宜特簡親王游歷五洲，遍覽各國風俗、政事，俾知新學為當務之急，實力講求，亦設立新學部，再多籌經費，廣立書院」；如此以行，必能逐漸推廣，人才備出，「為國家宣勞，為海疆保障，大用大效，小用小效，又何難駕出西人上哉？」（李提摩太，2004）

李提摩太提出建議時，適逢甲午戰後，乙未議和，朝廷忙於應付日本之勒索，亦無暇他顧。經過三年，光緒二十四年（1898）正月八日，康有為上清帝第六書，提出中央設十二局，其中有設立學校局的建議；因為自京師立大學，各省立高等中學，府縣立中小學及專門學，以及各海陸醫律師範各學，編譯西書，分定課級，均非禮部所能辦，宜立局以專責成（康有為，1973：201）。康有為的建議牽涉基本官制的改革，茲事體大，亦胎死腹中，未見實施。

後來，光緒二十七年（1901）四月，西安的行在政府尚未頒布興學詔書之前，羅振玉曾於《教育世界》發表〈政策私議〉一文，亦提出設立學部的主張。他建議：採用日本之制，於京師設立學部，各地方置學務官，如府州縣學之教官，「崇其品秩，重其職任」，直接歸學部管轄，以掌理地方學

務。此外，分全國為數學區，特派遣按察大臣為學政巡察使，按區巡視（羅振玉，1991：148-149）。

八月二日，諭令各省全面興辦大中小各級學堂，於是某有識之士曾撰〈論中國宜設立文部之關係〉一文，重提設立學部的建議。文中認為：雖然已經諭令各省興辦學堂，但教育宗旨既不一致，學堂之規模階級又無一定之章程以為限制，「離披四散，精神不相聯屬，恐猶未足以收效也。」並指出：東西各國，皆設有文部為一國文教之總彙，舉凡國內各級學校事務均歸管轄，其重要性並與其他各部相等。至其掌管的業務範圍，則自大學堂以迄民間社會之小學，私家之蒙塾，「悉定其教之程度，學之科條」；並設文部大臣以為機關首長，對任何不合法者，均得以處分之；故學校縱使多至數十萬所，「條理秩然，綱舉目張，夫是以蔚然為教育之世界，而無愧乎明且備也。」（不著撰人，2004）

再者，文中亦指出，禮部職權向以貢舉為主，於學校教育事務不甚聞問，各省學政亦然。值此學堂積極興辦之際，確實應特立文部，以各省學政歸文部指揮監督；以各省所有學堂，歸入學政。文部之職掌應於禮部之外，另訂行事則例，刊刻成書，仿照東西各國教育制度的做法，將此規定頒行全國，俾資遵循，如此則可「一道德同風俗」。否則，不設立文部，各省學堂之設與否，權操督撫；而疆臣大吏，政務繁重，未必盡心於教化工作，學政則除按期舉辦考試之外，平時無所是事，實近於投閒置散，名實不符。「其在內，則禮官之權不能及督撫，以考察其設立學堂之效驗，又無民間學堂教育制度之定本；家自為教，人自為學，拉雜淆亂，異說歧趨；如是而欲彰文明之化，樹新國於東亞，不為外人所狎侮，難矣！」（不著撰人，2004）有識之士對於文部設立優點的分析與訴求，仍未引起朝廷的重視。

光緒二十九年十一月二十六日（1904），張之洞奏定〈學務綱要〉時，亦提出設立學部及各省學務處的構想，其要點有三（張之洞，1966）：

㈠京師應專設總理學務大臣，統轄全國學務。凡整飭各省學堂，編訂學

制，考察學規，審定專門、普通、實業之教科書，任用教員，選錄畢業學生，審核各學堂經費，及一切有關教育之事務，均應請旨簡派大臣管理。至於京師大學堂，則另派專員管理。各省、府、廳、州、縣即將遍設學堂，亦須有一總匯之處，以資管轄，宜於省城設學務處一所，由督撫選派通曉教育之員，總理全省學務，並派講求教育之正紳參與學務相關事務之研議。

㈡學務大臣應設屬官。學務大臣之屬官分為六處：⑴專門處，管理專門學科之學務；⑵普通處，管理普通學科之學務；⑶實業處，管理實業學科之學務；⑷審訂處，審定各學堂教科書及各種圖書儀器，檢查私家撰述，刊刻發布有關學務之書籍報章；⑸游學處，管理出洋游學生一切事務；⑹會計處，管理各學堂經費。每處置總辦一員，幫辦教員，量事之繁簡酌定。學務大臣即於所屬各員中，隨時派赴各省，考察所設學堂規制及課程教法是否合乎規定，稟報學務大臣。如各省學堂學科有未完備、教法有未妥善之處，隨時知會該省督撫轉飭學務處迅速改進，務使各省學科程度一律完備妥善，避免參差不齊。

㈢學務大臣選用屬官，均須選擇深通教育事理之員。將來以京師大學堂、各省高等學堂畢業學生，及游學外洋大學堂、高等學堂畢業回國學生考選及格者擔任。目前各學堂尚無合格學生可資選用時，應准參用仕學館、進士館畢業學員，暫時選取通曉學務之京外職官充之。

以上諸人之論述，均未獲採行，直至光緒三十一年（1905）九月十日，即科舉制度廢除後一個月，山西學政寶熙奏請設立學部，才真正獲得朝廷的重視，付諸實施。他提出設立學部的理由：「此後普及之教育，日推日廣，則學堂之統系，愈重愈繁。欲令全國學制畫一整齊，斷非補苴罅漏之計所能為，一手一足之烈所能濟。且當變更伊始，造端宏大，各處學務之待考核統治者，條緒極繁，必須有一總匯之區，始足以期日臻進步。」因此，建議儘速設立學部，「上師三代建學之深意，近仿日本文部之成規，遴選通才，分研教育改良之法，總持一切，綱舉目張，實於全國學務大有裨益。」（《光

緒朝東華錄》，頁 5390-5391）

　　寶熙的奏摺亦主張，既然科舉已停，禮部與國子監之公事愈形清簡，宜予以裁撤，歸併學部，以節經費，兼免多頭馬車之紛歧。有關禮部應行典禮之事務，仍責成太常寺、鴻臚寺慎重其事，不得有誤。所有禮部與國子監之司官助教等員，多係舊時科舉文士出身，亦可擇其學識明通者約十分之二、三，納其編制於學部；其餘則亟統籌出路，設法疏導，以表彰國家體恤群臣之至意（《光緒朝東華錄》，頁 5391）。

　　至於學部所需經費，由於設立之初必須巨款，除於學部編列預算及吸納禮部、國子監兩署經費外，勢必由各省財力略為補助。建議將各省科歲兩試，三年中所耗考棚費用，多則四、五萬，少亦二、三萬，按照省分大小，將三年所籌之棚費，每年分提數成，作為學部常年經費；其餘經費則酌留約一半於各省，以備擴充各中小學堂之用（《光緒朝東華錄》，頁 5391）。

　　除此之外，寶熙提出學部之不宜緩辦者有三事（《光緒朝東華錄》，頁 5391-5392）：

　　㈠學堂教員宜列作職官。凡高等學堂以上之教員，應由督撫奏補；中學堂以下，則隨時札委，均咨明學部立案，列入官籍之中。如此而行，現在教員既覺榮寵有加，避免流動率過高，將來師範生畢業亦有所安置之處。

　　㈡編定課本宜變通辦法。現在課本需求量極多，一時之間僅憑政府之力，恐有未逮。因此，直隸學校司近編之各種科學書，及湖北官立學堂所出各門講義，均足以採用。再者，上海文明、商務等書局發行新編輯之中小學堂各教科書，亦多有「宗旨不詭，繁簡合宜之本」。應由學部暫行匯集審查，擇其優者，作為各學堂之用，以應急需。俟學部設立後，人才敷用，再行通盤計畫編纂教科用書事宜，就現在教科書逐步改良，以免曠日廢時之弊。

　　㈢學生冠服宜定制度以歸畫一。學生冠服應求整齊畫一；並應有大中小學之分，官立私立之別；「在堂則整齊可觀，出門則殊異於眾，自可為章身禮法，屏絕奇袞。」故宜由學部規定，「考核典章，參以新制」，將各學堂

各種冠服式樣，通行各省學務處，轉飭各學堂一體遵照辦理，「庶幾動中規矩，藉壯觀瞻。」

二、學部組織的分析

寶熙的奏摺，獲得朝廷正面的回應，遂於光緒三十一年（1905）十一月十日，頒布設立學部之諭旨。諭旨稱：「前經降旨，停止科舉，亟應振興學務，廣育人才，現在各省學堂已次第興辦，必須有總匯之區，以資董率而專責成；著即設立學部，榮慶著調補學部尚書，學部左侍郎著熙瑛補授，翰林院編修嚴修著以三品京官候補署理學部右侍郎。」並令國子監歸併學部。同時課以學部未來的重責大任：「該部創設伊始，興學育才，責任綦重；務當悉心考核，加意培養；期於敦崇正學，造就通才，用副朝廷建學明倫，化民成俗之至意。」（《光緒實錄》，卷551：4）

此道諭旨的頒布，宣示中國教育即將邁入一個新的紀元，不但與舊教育做清楚的劃分，也是新教育發展的重要里程碑。學部尚書臣等，接獲諭旨後，經過近半年的籌劃，於光緒三十二年（1906）四月二十日，奏〈學部官制暨歸併國子監改定額缺事宜摺〉，將學部的組織結構分為四個部分：一、議事單位，如諮議官等；二、業務單位，包括左右丞各一員，左右參議各一員，參事官四員，以及五司十二科、司務廳等；三、視導單位，如視學官；四、附屬單位，包括編譯圖書局、京師督學局、學制調查局、高等教育會議所、教育研究所及國子監等。尤其是國子監，較為特殊，置國子丞一人，總理一切禮儀事務，分設典守、奉祀等官，各司其事（學部總務司，1985，卷1：18；雷國鼎，1983：278）。

有關學部的內部組織結構及人員職掌，彙整如表5-6，以為後續之說明。

根據表5-6，得知學部組織具有以下幾項特點：

㈠尚書僅設一人，與過去六部尚書滿、漢各一人的做法不同，確有耳目一新的感覺；且部屬各員，均不再限制滿、漢比例，頗有唯才適用的決心。

▼表 5-6　學部組織職掌一覽表

單位名稱		人員職稱及職掌
部本部		尚書一員，總理部務。
		侍郎左右各一員，佐尚書總理部務。
		左右丞各一員，秩正三品，佐尚書、侍郎整理全部事宜，並分判各司事務，稽核五品以下各職員功過。
		左右參議各一員，秩正四品，佐尚書、侍郎核定法令章程，審議各司重要事宜。
		參事官四員，秩正五品，視郎中，佐左右參議核審事務。
總務司		郎中一員，總理司務。
總務司分三科辦事	機要科	員外郎一員，主事二員，辦理科務。掌理機密文書，撰擬緊要章奏及關涉全部事體之文件函電（各司專件，仍歸各該司辦理）。稽核京外辦理學務職官功過及其任用升黜更調，並檢定教員；掌理僱聘外國人及高等教育會議、學堂衛生等事務（可暫聘精通學校衛生之醫士為顧問）。
	案牘科	員外郎一員，主事一員，辦理科務。掌收儲各種公文函電，案卷冊籍編類編號，又編纂統計報告，兼掌管各省學務報告等事。
	審定科	員外郎一員，主事一員，辦理科務。掌審查教科圖書，凡編譯局之已經編輯者，詳加審核頒行；並收管本部應用參考圖書，編錄各種學藝報章等事。（除常置員司外，可酌派本部他司人員，或各學堂教員之熟悉科學者助理之）
專門司		郎中一員，總理司務。
專門司分二科辦事	專門教務科	員外郎一員，主事一員，辦理科務。掌核大學堂、高等學堂、及凡屬文學、政法、美術、技藝、音樂各種專門學堂，一切事務；並稽核私立專門學堂教課設是否合度，及應否允准與官立學堂享有一律權利，或頒公款補助等事。
	專門庶務科	員外郎一員，主事一員，辦理科務。掌保護、獎勵各種學術技藝，考察各種專門學會，考察耆德宿學研精專門者應否錫予學位，及學堂與地方行政財政之關係；凡又關於圖書館、博物館、天文台、氣象台等事，均歸辦理，並掌海外游學生功課程度，及派遣獎勵等事。
普通司		郎中一員，總理司務。
普通司分三科辦事	師範教育科	員外郎一員，主事二員，辦理科務。掌優級師範、初級師範學堂、盲啞學堂、女子師範學堂、教課規程，設備規則，及關於管理員、教員、學生，並學堂與地方行政、財政有關係之一切事務；又凡通俗教育，家庭教育，及教育博物館等事務均隸之。

▼表5-6 學部組織職掌一覽表（續）

單位名稱		人員職稱及職掌
	中等教育科	員外郎一員，主事一員，辦理科務。掌中學堂、女子中學堂、教課規程、設備規則，及關於管理員、教員、學生，並學堂與地方行政、財政有關係之一切事務；又凡與中學堂相類之學堂一切事務均隸之。
	小學教育科	員外郎一員，主事一員，辦理科務。掌小學堂之設立維持、教課規程、設備規則，及關於管理員、教員、學生，並地方勸學所、教育會、學堂與地方行政、財政有關係之一切事務；又凡與蒙養院，及與小學堂相類之學堂一切事務均隸之。
實業司		郎中一員，總理司務。
實業司分二科辦事	實業教務科	員外郎一員，主事一員，辦理科務。掌農業學堂、工業學堂、商業學堂、實業教員講習所、實業補習普通學堂、藝徒學堂，及各種實業學堂之設立維持，教課規程、設備規則，及關於管理員、教員、學生等一切事務。
	實業庶務科	員外郎一員，主事一員，辦理科務。掌調查各省實業情形，及實業教育與地方行政、財政之關係，並籌劃實業教育補助費等事。
會計司		郎中一員，總理司務。
會計司分二科辦事	度支科	員外郎一員，主事一員，辦理科務。掌本部經費之收支報銷，及本部歲出歲入之豫算決算，及教育恩給事，管理本部所有財產器物，核算各省教育費用。
	建築科	員外郎一員，主事一員，辦理科務。掌本部直轄各學堂、圖書館、博物館之建造營繕，並考核全國學堂、圖書館等經營建造，是否合度。（可暫聘精通建築之技師為顧問）
司務廳		司務二員。掌開用印信，收發文件，值日值宿，遞摺、傳鈔摺件，並管轄本部各項人役，及不屬於各科雜項事件皆隸之，兼派本部司員督理其事。
（學部顧問未隸屬特定單位）		諮議官，無定員，不作為實缺，不限定常川在部，仿商部顧問官之例，分為四等：一等視丞，二等視參議，均由學部奏派；三等視郎中、員外郎，四等視主事，均由學部委派。凡學部有重要籌議之件，隨時諮詢，該員於教育有所建議，均得隨時分別函呈，以備採擇。
編譯圖書局		以學務處原設之編書局改辦。其局長由學部奏派，其局員均由局長酌量聘用，無庸別設實官；並於局中附設研究所，專研究編纂各種課本。
京師督學局		視學官（暫無定員，約十二人以內），秩正五品，視郎中專任，巡視京外學務，其巡視地方及詳細規則，當另定專章奏明辦理。
		置師範教育、中等教育、小學教育三科，每科設科長一人；其局長由學部奏派，其科長可酌派部中司員兼任，其科員則以聘用員充之。

▼表 5-6　學部組織職掌一覽表（續）

單位名稱	人員職稱及職掌
學制調查局	專研究各國學制，以資考鏡，預備隨時改良章程。其局長由學部奏派，其局員由視學官內派充，別設譯官數人，以任翻譯。以上各局長由原官兼充，體制視左右丞、左右參議。
高等教育會議所	屬本部尚書、侍郎監督，其議員選派本部所屬職官、直轄各學堂監督、各省中等以上學堂監督，及京外官紳之學識宏通，於教育事業素有閱歷者充任。定期每年會議一次，又遇有重要事件時，臨時召集會議。諸議員均奏請派充，其議長則就議員中公選。其應議事項，議員資格及會議規則，當另定章程。又所中設庶務員二人，掌理所務，即由本部酌派司員兼理。
教育研究所	延聘精通教育之員，定期講演，以教育原理及教育行政為主，本部人員均應按時聽講。應設庶務員一人、編輯員一人，即由本部酌派司員兼理。

資料來源：學部總務司：《學部奏咨輯要》，卷 1：19-22。

　　㈡各業務執行單位之設，與張之洞、寶熙的主張頗有異曲同工之妙，大概均仿照日本成例，斟酌修改之。

　　㈢設置附屬單位均各具功能。如高等教育會議所，兼有內部業務諮詢之功能；教育研究所，則具有部內人員在職進修之功能；學制調查局，負有調查各國學務情況，以為改良本國情形的參考功能；編譯圖書局，負責編纂或翻譯各級各類學堂之應用圖書之功能。

　　㈣將實業教育正式列入教育行列，徹底改正傳統教育不重實用的弊病，對於爾後職業教育之發展當有其助益。

　　至於學部與禮部的權限劃分，則奏定學部官制的同日，學部與禮部會奏〈學禮兩部辦事界限摺〉，將舊日科舉考試相關事宜概歸禮部，學部則負責學堂設立以後的學生出身及游學生相關事務。如表 5-7。

三、地方教育行政制度的改革

　　地方教育行政制度概分為省級和廳州縣級，各省設提學使司提學使，各廳州縣則設置勸學所，兩者皆與中央連成一氣，共謀教育之推廣。

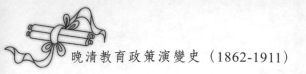

▼表 5-7　學部與禮部職掌劃分表

部別	職掌
學部	由學堂出身之進士、舉人、優拔、副歲貢、廩增附生，暨出洋游學畢業生，並國子監歸併學部後在學部領照之監生考試、引見、解卷、行文，以及改籍、更名，就職報捐一應事宜，統由學部查照新章，分別核辦。
禮部	從前之貢士、舉人、恩拔、副歲優貢、並廩增附生、例貢、監生考試、引見、解卷、行文，以及改籍、更名，就職報捐一應事宜，統由禮部仍照例章分別核辦。

資料來源：學部總務司：《學部奏咨輯要》，卷 1：33。

在省級方面，光緒三十二年（1906）四月二日，學部與政務處會奏〈遵議裁撤學政設立直省提學使司摺〉，奏摺指出裁撤學政的理由：「各省地方遼闊，將來官立公立私立之學堂日新月盛，勢不能如歲科各試分棚調考之例，而循吏按臨，更有日不暇給之慮，勞費供張，無裨實事。學政舊制，自宜設法變通。」因此，建議各省改設提學使司、置提學使一員、秩正三品，視同按察使，統轄全省地方學務，歸督撫節制；仿漢代辟召之例，選官紳之有學行者，由提學司詳請督撫札派；提學使司養廉，一仍學政之舊，仍量加公費以資津貼，僚佐薪費皆以公款支給，所有從前之棚規供應，一概禁絕。並於省會地方設置學務辦公場所，在提學使下分設總務、普通、專門、實業、會計、圖書等六課，每課設課長、副課長、課員，分權辦事。另設學務議紳四人，由提學使延訪本省學望較崇之紳士充選；並設議長一人，由學部慎選奏派。其舊有學政衙門之胥吏，一律裁革（學部總務司，1985，卷 1：12-13）。

有關提學使司之組織及人員職掌，學部於光緒三十二年（1906）四月二十日，奏〈各省學務官制辦事權限並勸學所章程摺〉，指出：「興學之道，期於普及，而各省幅員遼闊，風氣不齊，全賴辦事官紳通力合作，廣施誘掖勸導之方，徐收劃一整齊之效，為是地方官應辦之學務，統系不定則推諉恆多，權限不明則侵軼可慮。」因此，就各省現在辦學情形，參酌東西各國地方興學制度，凡提學使司以下人員，均予以釐定職司，分科辦事，以專責成

▼表5-8　直省提學使司組織職掌一覽表

單位名稱	人員職稱及職掌
提學使司本部	1. 每省設提學使司提學使一員，秩正三品，在布政使之次，按察使之前，總理全省學務，考核所屬職員功課。其舊有之學務處，俟提學使到任後即行裁撤，以專責成。 2. 各省提學使司提學使員缺，擬由學部以京外所屬學務職員開單奏請簡放。
	設議長一人，議紳四人，佐提學使參畫學務，並備督撫諮詢。議紳由提學使延聘，議長由督撫咨明學部奏派。
	提學使下設省視學六人，承提學使之命令，巡視各府廳州縣學務，各省省視學，由提學使詳請督撫札派曾習師範或出洋游學，並曾充學堂管理員、教員，積有勞績者充任。
總務課	掌辦理機密文書事件，收發一切公文、函電、案卷、冊籍，編纂統計報告及各種學務報告，並編印教育官報，檢定教員，考核所屬職官教員功過，及其任用、升黜、更調，核定關於本省學務全體之規則章程，並掌理僱聘外國人，考查公所人役一切雜項事務；又各學堂衛生事務，亦歸管理。
專門課	掌理本省高等學堂及各種專門學堂教課規程、設備規則，及關於管理員、教員、學生等一切事務，並保護獎勵各種學術技藝及海外游學生事務。
普通課	掌理本省優級、初級師範學堂、中等學堂、女子師範學堂、女子中學堂、小學堂教課規程、設備規則，及關於管理員、教員、學生，等一切事務；又凡通俗教育、家庭教育、教育博物館及與中小學堂相類之學堂，一切事務均歸辦理。
實業課	掌理本省農業學堂、工業學堂、商業學堂、實業教員講習所、實業補習普通學堂、藝徒學堂，及各種實業學堂之設立維持，教課規程、設備規則，及關於管理員、教員、學生等一切事務，並考查本省實業情形，籌劃擴張實業教育費用。
圖書課	掌理編譯教科書、參考書，審查本省各學堂教材圖籍，翻譯本署往來公文書牘，集錄講義，經理印刷，並管理圖書館、博物館等事務。
會計課	掌本所經費之收支、報銷，核算省會及各府廳州縣教育費用是否合度，並稽核各學堂經費，凡各學堂建造營繕之事，亦歸考核經理。
教育官練習所	由督撫監督，由提學使選聘本國或外國精通教育之員，講演教育學、教授管理諸法，及教育行政、視學制度等，以謀補充識力；每日限定鐘點，自提學使以下，所有學務職員，至少每星期須上堂聽講三次。

資料來源：學部總務司：《學部奏咨輯要》，卷1：24-29。

（學部總務司，1985，卷1：24）。有關學務公所的組織、人員遴聘和職掌，
彙整如表5-8。

綜合上述，得知省級的教育行政機關與學部之組織略有上下聯貫之意，
於興辦學堂之初，能有如此規模之制定，不得不稱為完備妥善。

至於廳州縣勸學所之設置，學部於光緒三十二年（1906）四月二十日，

▼表5-9　各廳州縣勸學所任務及辦事規則彙整表

任務	辦事規則
設置公所	各廳州縣應各於本城擇地特設公所一處，為全境學務之總匯，即名曰某處勸學所，每星期研究教育，即附屬其中，凡本所一切事宜，由地方官監督之。
分定學區	各屬應就所轄境內畫分學區，以本治城關附近為中區，以次推至所屬村坊市鎮，約三、四千家以上即畫為一區，少則兩三村，多則十餘村，均無不可，在本治東即名東幾區，在本治西即名西幾區，推之南北皆然，由第一區至數十區，可因所轄地之廣袤酌定。
選舉職員	勸學所以本地方官為監督，設總董一員，綜核各區之事務，每區設勸學員一人，任一學區內勸學之責，總董由縣視學兼充，勸學員由總董選擇本區土著之紳矜品行端正、夙能留心學務者，稟請地方官剳派，其薪水公費多寡，各就本地情形酌定。
統合辦法	勸學員於本管區內調查籌款興學事項，商承總董擬定辦法，勸令各村董事切實舉辦，此項學堂經費，皆責成村董就地籌款，官不經手；但隨時稽查報告，於勸學所每年兩學期之末，由勸學所造具表冊，彙報本地方官，一面榜示各區，以昭核實；若提學使派遣省視學查驗時，應由勸學所總董將各區學堂情形詳述，以便省視學酌赴各區調查。
講習教育	各區勸學員應先於本城勸學所會齊，開一教育講習科，研究學校管理法、教育學、奏定小學章程、管理通則等類，限兩個月畢業，再赴本區任事；以後每月赴本城勸學所會集一次，呈交勸學日記，由總董彙核；有商訂改良各事，即於是日研究條記，攜歸本區實行；凡會集之期，地方官及總董必須親到。
推廣學務	勸學員既係本區居住之人，自於本地情形熟悉，平時宜聯合各家及本村學董，查有學齡兒童隨時冊記，挨戶勸導，並任介紹送入學堂之責，使學務日見推廣，每歲兩學期以勸募學生多寡定勸學員成績之優劣。其辦法有五：

▼表 5-9　各廳州縣勸學所任務及辦事規則彙整表（續）

任務	辦事規則
推廣學務 －勸學	以下各款為勸學員之責： 1.婉言勸導不可強迫，一次勸之不聽，無妨至再至三。 2.說明學堂為培養學童之道德，並不得誤認新奇自生疑阻。 3.宣講聽科舉與學堂之諭旨，使知捨此則無進身之階。 4.說入學於某生治家大有裨益，說入學之兒童可以強健身體。 5.遇貧寒之家，可勸其子弟入半日學堂。 6.遇私塾塾師課程較善者，勸其改為私立小學，並代為稟報。 7.遇紳商之家，勸其捐助興學，裨益地方。 8.對所勸之家，勸其復向親友處輾轉相勸，並於開學時，引導各鄉 　父老參觀。
推廣學務 －興學	以下各款為本村學堂董事之責，唯須與勸學員會議。 1.計算學齡兒童之數，須立若干初等小學。 2.計各村人家遠近，學堂須立於適中之地。 3.查明某地不在祀典之廟宇，鄉社可租賃為學堂之用。 4.定明某地學童須入某學堂，籌劃某地學堂屋宇多寡可容若干人， 　為定分班之數。 5.頒行課程、延聘教員、選用司事、稽查功課及款項，設立半日學 　堂，每學期製學堂一覽表。
推廣學務 －籌款	以下各款為勸學所總董之責，唯須據勸學員之報告，聯合村董辦理： 考查迎神賽會演戲之存款；紳富出資建學，為稟請地方官獎勵；酌 量各地情形令學生交納學費。
推廣學務 －開風氣	以下情形由勸學員隨時報知本城勸學所總董辦理：訪有急公好義、 品行端方之紳者，倩其襄助學務，擇本區適中之地，組織小學師範 講習所或冬夏期講習所，組織宣講所、閱報所，有好學之士，可介 紹於本府初級師範學堂或本城傳習所，使肄業科學。
推廣學務 －去阻力	以下情形由勸學員查出，通知本城勸學所稟明地方官分別辦理：各 地劣紳地棍之阻撓學務者；各地愚民之造謠生事者；頑陋塾師禁阻 學生入學堂者；娼寮煙館等所之附近學堂有妨管理者。
實行宣講	1.各屬地方一律設立宣講所，遵照從前宣講聖諭廣訓章程，延聘專 　員，隨時宣講。 2.村鎮地方，亦應按集市日期，派員宣講一切章程規則。 3.統歸勸學所總董經理，而受地方官及巡警之監督。 辦事規則如下八款：
實行宣講 －第一款	宣講應首重聖諭廣訓，凡遇宣講聖諭之時，應肅立起敬，不得懈怠。

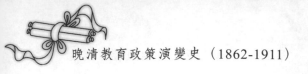

▼表 5-9　各廳州縣勸學所任務及辦事規則彙整表（續）

任務	辦事規則
實行宣講 －第二款	忠君尊孔尚公尚武尚實五條諭旨為教育宗旨所在，宣講時應反覆推闡，按條講說；其學部頒行宣講各書及國民教育、修身、歷史、地理、格致等淺近事理，以迄白話新聞，概在應行宣講之列；唯不得涉及政治演說一切偏激之談。
實行宣講 －第三款	宣講員由勸學所總董延訪，呈請地方官札派，以師範畢業生及與師範生有同等之學力，確係品行端方者為合格；如一時難得其人，各地方小學堂教員亦可分任宣講之責；其不合以上資格者，概不派充。
實行宣講 －第四款	宣講時無論何人均准聽講，即衣冠襤褸者亦不宜拒絕，唯暫不准婦女聽講，以防弊端。
實行宣講 －第五款	宣講時限日期，得由勸學所總董隨時酌定。
實行宣講 －第六款	宣講員每期宣講事項，應備簿存記目錄，以備地方官及勸學所總董隨時稽查。
實行宣講 －第七款	宣講所附在勸學所或借用儒學明倫堂，及城鄉地方公地或賃用廟宇或在通衢。
實行宣講 －第一款	宣講應首重聖諭廣訓，凡遇宣講聖諭之時，應肅立起敬，不得懈怠。
實行宣講 －第八款	宣講時，巡警官得派明白事理之巡警員旁聽，遇有妨礙治安之演說，可使之立時停講。
詳繪圖表	勸學員應商同本區各村董事，就所轄地方，遵照學部頒行格式，繪成總分各圖，註明某地有學堂幾處，每學堂若干齋室，隨時報明本城勸學所存查，其學生班次人數課程及出入款項，分別造具表冊，分期報明本城勸學所彙齊，另造表冊交由地方官申報提學衙門，每半年一次。
定權限	各屬勸學所總董與勸學員及各村學堂董事，均為推廣學務而設，不准於學務以外干涉他事，如有包攬詞訟、倚勢凌人者，經地方官查實，輕則立時斥退，重則稟明提學司究辦。
明功過	勸學所各員如辦理合法著有成效，應隨時記功，其有特別勞勣者記大功，年終按記功之多寡，由地方官稟明提學司予以獎勵，其固陋怠惰或辦理不善者，隨時稟撤另舉。

資料來源：學部總務司：《學部奏咨輯要》，卷 1：29-32。

奏〈勸學所章程〉，規定各地方勸學所應確實結合在地士紳與政府的力量，共謀教育發展。有關勸學所任務及辦事規則，彙整如表 5-9。

　　地方主管教育行政機關，除各省提學使司及廳州縣的勸學所之外，學部尚於光緒三十二年（1906）六月八日，奏〈各省教育會章程摺〉，企圖結合民間力量，提供教育發展的有利環境。奏摺指出設置教育會的理由：「教育之道，普及為先，中國疆域廣遠，人民繁庶，僅恃地方官吏董率督催，以謀教育普及，戛戛乎其難之也。勢必上下相維，官紳相通，藉紳之力以輔官之不足，地方學務乃能發達。」尤其學堂興辦之初，深明教育理法之人，已屬罕見，若無互相切磋、互相研究，實不足以盡朝廷勸導之責，亦無由備顧問之選。而且，自科舉停止以來，各省地方士紳熱心教育，開會研究者不乏其人，唯因章程不一，窒礙實多；有完善周密毫無流弊者，亦有權限義務尚欠分明者。有鑑於此，學部乃明定章程，就其權限予以齊一之規定，俾明其義

▼表 5-10　各省教育會章程規定一覽表

章程規定	內容
宗旨	教育會設立之宗旨，期於補助教育行政，圖教育之普及，應與學務公所及勸學所聯絡一氣。
設立	1.教育會之設立，在省會則議紳、省視學、各學堂監督、堂長及學界素有聲譽者，均有發起總會之責；在府州縣則學務總董、縣視學、勸學員、各學堂監督、堂長及學界素有聲譽者，均有發起分會之責。 2.各地方紳民發起教育會者，應化除私見、集合同志，遵守本章程之宗旨，斟酌該地情形，擬定詳細會規，稟經該省提學司批准後，並陳明地方官立案，方為成立。
總會與分會	各省教育總會為統籌全省教育而設，各地方教育會為籌一地方教育而設，其範圍之廣狹雖異，而宗旨則無不同，各地方教育會，自應互相維繫。凡分會之於總會不為隸屬，唯須聯絡統合，以圖擴充整理，至如何聯絡統合之處，應由總會與各分會商定詳細辦法，呈請提學司核准。
會員資格	1.會長、副會長，須品學兼優、聲譽素著或於本地教育有功者，由會中公舉，稟請提學司審察，確能勝任，方可允准選充，各以三年為一期，期滿復被推舉經提學司審察成績優良者，准其接充，如期未滿，而自請告退者聽，但須將事由報明提學司。 2.會員須品行端正、有志教育者，呈具入會願書，由確實之介紹人加保證書，請會長審察允許，若會員屬本會發起人，則無庸另具願書及保證書，會員因有事故自行請退，應將事由報明會長而後出會。 3.名譽會員以品學兼優或以財力贊助該會，而譽望素無虧損者充之。

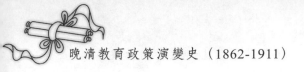

▼表 5-10　各省教育會章程規定一覽表（續）

章程規定	內　　容
會員資格	4.外籍旅居該地之紳民依本條第三項辦法得為會員。 5.現為學堂之學生不得為會員。 6.凡學堂曾經黜退之學生及游學外國因事開除之學生，均不得為會員，尤不得自與發起之列。
會務	1.立教育研究會以求增進學識：選聘講師定期講演（內容包含教育史、教育原理、教授法、管理法、教育制度及他種科學），會員一律聽講。 2.立師範傳習所：選聘講師，至短以一年為期，傳授師範學科，以地方舉貢生員之年在三十五以上、四十五以下，不能入各學堂肄業者充傳習生；卒業時應稟請提學司派員檢定，就其所學出題考試，合格者即予以憑照，得任小學堂副教員。設立時，先須將教員姓名及課程表呈請提學司查核，若所聘教員及一切課程不合，須飭令更定方准設立。 3.調查境內官立私立各種學堂後開事項：管理教授之實況；教科用之圖書器具其種類程度是否完備合式；校地及衛生之合否；學生之行檢如何。地方各學堂管理教授一切課程，如有不合之處，於私立學堂，應直接規勸助其改正；於官立學堂，則條陳於本管官吏或本省提學司，聽候酌辦。 4.作境內教育統計報告當詳記後開事項：地方戶口與學齡兒童之數，此條應與勸學所會商辦理；官私立小學若干所及建立年月；各種學堂若干所及建立年月；各學堂管理員教員之籍里姓名；各學堂學生人數；各學堂學科及教授時間；各學堂經費數目及所自出。每年於四月十日編成表冊，呈報提學司以備稽查。 5.參考他處興學之法，詳察本地風土所宜，得隨時條陳於提學司，並時應提學司及地方官之諮詢，但止宜聽候採擇，不得有要求之事。 6.擇地開宣講所，宣講聖諭廣訓，並明定教育宗旨之上諭及原奏，以正人心而厚風俗，他如破迷信、重衛生、改正猥鄙之細曲謠等事，均應隨時注意，設法勸戒，並可採用影燈油畫之法，以資觀感。 7.籌設圖書館、教育品陳列館及教育品製造所，並蒐集教育標本，刊行有關教育之書報等，以益學界。
解散與獎勵	1.各學會應由提學司稽查，若有犯後開各條者，即令解散。徒襲用教育會之名，並不設研究所以求學問；干涉教育範圍以外之事，如關於政治之演說等；勒索捐款，取圖私利；會員時起爭端，不能融和；挾私聚眾，阻礙行政機關。 2.各學會每屆三年由提學司考核一次，成績優良者得詳請督撫酌給獎勵，其會員中品學修明、任事篤實者，則選任本省學務議紳，並擇其相宜之事，酌予委任。 3.此項章程，凡以後各省及各地方設立教育會時，一切遵行；其章程未頒行以前所立之教育會，亦當一律遵用，不得歧異。

資料來源：學部總務司：《學部奏咨輯要》，頁 44-48。

務，以振興教育（學部總務司，1985，卷1：43）。有關各省教育會之章程內容，茲分析整理如表5-10。

肆、頒布教育宗旨

　　教育宗旨乃國家實施教育之最高指導原則，宗旨就如同領航員一般，引領教育走向既定的目標。然而，清代的傳統教育，並無任何機關明列教育宗旨，只有皇帝對士子的訓飭規定；晚清學部頒布教育宗旨，實為中國教育史上的第一次，反應出當時朝廷對於人才培育的需求與見識。以下將分別探討頒布教育宗旨的過程，描述有識之士對於教育宗旨的討論，並分析學部所頒布教育宗旨的內容。

一、有識之士對教育宗旨的討論

　　光緒二十七年（1901）八月二日，諭令各省全面興辦大中小各級學堂，部分關心教育發展之士，即開始討論擬定教育宗旨的相關問題。光緒二十八年（1902），梁啟超撰〈論教育當定宗旨〉，他認為教育愈發達，就愈接近文明國家的層次；而中國歷經甲午戰爭之後，教育的根苗即開始萌芽，再經庚子拳亂，對於教育發展的呼聲，乃不絕於耳，這正是逐漸進入文明層次的一種表徵。然而，「未有無宗旨而能完成之事業者也」，教育為百事之一，亦須宗旨的指引；其他事業若無宗旨，尚可苟且遷就，唯獨教育事業，無宗旨則寸毫不能有成。尤其是「宗旨生於希望，希望生於將來；……宗旨為將來之核，今日不播其核，而欲他日之有根有芽有莖有幹有葉有果，必不可期之數也。」而且，「一國之公共教育，所以養成一種特色之國民，使之結為團體，以自立競存於優勝劣敗之場，然欲達此目的，決非可以東塗西抹。」（梁啟超，1974：668-669）由是以觀，宗旨對於教育之重要性自不待言。

　　既然教育必定宗旨，那麼教育宗旨的內容是什麼？梁啟超認為，教育宗旨在「使其民備有人格，享有人權，能自動而非木偶，能自主而非傀儡，能

自治而非土蠻，能自立而非附庸，為本國之民，而非他國之民，為現今之民，而非陳古之民，為世界之民，而非陬谷之民。此則普天下文明國教育宗旨之所同，而吾國亦無以易之者也。」（梁啟超，1974：676）

由梁啟超的論述觀之，他對教育宗旨內容的界定，涵蓋的範圍實在是相當廣泛，若予以統整而言，則可謂：教育宗旨乃在培養學生自動、自主、自治、自立的人格特質，並成為具備現代觀與世界觀的本國國民。

光緒二十八年（1902）三月，羅振玉（1991：155）於《教育世界》撰〈學制私議〉一文，第一條即指出教育宗旨的內容。他提出三項：

㈠守教育普及之主義。先教道德教育、國民教育之基礎及人生必須之知識技能（即小學教育），再進入高等普通教育（即中等教育）之學習，最後才進入國家必須之學術技能的理論與精義之學習（即大學教育），必須循序漸進，不得紊亂次序。並定小學前四年為義務教育。

㈡守儒教主義，使學與教合一。他認為，「其他宗教皆主神道福利之說，故宜教與學分，儒教主倫理致用，故宜學與教合。」

㈢以本國語言文字為主，而輔之以外國文字。小學教育全用本國語言文字，至中學開始教授外國語，以為接受專門學科教育之預備；專門教育則以外國語言文字授課，但不得專尚外國語言。

羅振玉所提三項教育宗旨，就其內容觀之，實屬推展教育之綱要，層次尚不及宗旨，雖對一般教育實施可能有所幫助，但若欲以之引導教育的方向，尚有一段差距。

綜觀梁啟超與羅振玉的論述，皆在壬寅學制頒布之前。光緒二十八年（1902）七月十二日，張百熙上奏學堂章程時，亦未明定教育宗旨，僅於京師大學堂章程第一章提出十一條規定，稱為「全學綱領」，且要求各級學堂對於前三條均應一律遵守。茲敘述如下（璩鑫圭等，1991：235）：

「第一，京師大學堂之設，所以激發忠愛，開通智慧，振興實業；謹遵

此次諭旨，端正趨向，造就通才，為全學之綱領。

第二，中國聖經垂訓，以倫常道德為先；外國學堂于智育體育之外，尤重德育，中外立教本有相同之理。今無論京外大小學堂，于修身倫理一門視他學科更宜注重，為培植人才之始基。

第三，歐、美、日本所以立國，國各不同，中國政教風俗亦自有所以立國之本；所有學堂人等，自教習、總辦、提調、學生諸人，有明倡異說，干犯國憲及與名教綱常顯相違背者，查有實據，輕則斥退，重則究辦。」

以此觀之，第一條稱為教育目的應無疑義，第二條應載於課程標準之列，第三條則應載於學堂管理規則或教職員管理規則之內。因此，這三條亦僅為實施教育的準則而已，欲稱為教育宗旨尚有待質疑之處。

光緒二十九年（1903）六月，王國維於《教育世界》發表〈論教育之宗旨〉，提出智育、美育和道德等三項，以為教育之宗旨。他認為，人類的精神分為三部分：智力、感情及意志；對此三者，而有真、美、善之理想；「真者智力之理想，美者感情之理想，善者意志之理想也。完全之人物，不可不備真、美、善之三德。欲達此理想，於是教育之事起。教育之事亦分為三部，智育、德育（即意志）、美育（即情育）是也。」因此，完全之教育實脫離不開智、德、美三育（王國維，1991：161）。茲分析如下：

智育：生活在現代的社會，不可缺乏現代之知識。知識又分為理論與實際二種，「溯其發達之次序，則實際之知識，常先于理論之知識，然理論之知識發達後，又為實際之知識之根本也。……理論之知識，乃人之天性上所要求者；實際之知識，則所以供社會之要求，而維持一生之生活。」所以，知識之教育，實為現代人民必不可缺者。

道德：有知識而無道德，則無法得一生之福祉，亦不得保社會之安寧，此非完全之人。古今中外之哲學家，莫不以道德重於知識；故古今中外之教

育，莫不以道德為中心點。人之至高之要求，在於福祉，而道德與福祉，實有不可分離之關係。愛人者人恆愛之，敬人者人恆敬之；不愛敬人者反是。因此，教育的重任即在培養學生的道德意識。

美育：王國維認為，「人心之動，無不束縛于一己之利害，獨美之為物，使人忘一己之利害，而入高尚純潔之域，此最純粹之快樂也。」古希臘以音樂為普通學之一科，實有其深層之意義。所以，「美育者，一面使人之感情發達，以達完美之域，一面又為德育與智育之手段，此又教育者所不可不留意也。」（王國維，1991：162）

由是以觀，王國維以學生智、德、美三育為教育的重要內涵，並以其均衡發展再加上身體的訓練，以培養完全之人物，實已具備教育宗旨之雛型。

光緒二十九年十一月二十九日（1904），張之洞奏癸卯學制，卻仍未明定教育宗旨之內容，僅於〈學務綱要〉第一條指出：「京外大小文武各學堂，均應欽遵諭旨，以端正趨向、造就通才為宗旨，正合三代學校選舉德、行、道、藝四者。」其欲稱為教育宗旨未免太過簡略。

二、教育宗旨內容的分析

光緒三十二年（1906）三月一日，學部奏陳教育宗旨摺，指出東西各國推展教育，因為能夠明定宗旨，並極力推行，所以國內無論貧富、貴賤、男女、老幼，皆能知書，通大義。因此，「中國振興學務，固宜注重普通之學，令全國之民無人不學，尤以明定宗旨、宣示天下為握要之圖。」並指出：

「教育之繫於國家密且大矣。若欲審度宗旨以定趨向，自必深察國勢民風、強弱貧富之故，而後能滌除陋習，造就全國之民。竊謂中國政教之所固有，而亟宜發明以距異說者有二：曰忠君、曰尊孔，中國民質之所最缺，而亟宜箴砭以圖振起者有三：曰尚公、曰尚武、曰尚實。」（璩鑫圭等，1991：534-535）

於是，正式以「忠君、尊孔、尚公、尚武、尚實」為中國的教育宗旨。朝廷頒布諭旨允准施行時，還特地將此五項做一概括性的說明：

> 「總之君民一體，愛國即以保家；正學昌明，翼教乃以扶世。人人有合群之心力，而公德以昭；人人有振武之精神，而自強可恃。務講求農、工、商各科實業，物無棄材，地無遺利，期有益於國計民生；庶幾風俗純厚，人才眾多，何患不日臻上理。」（《光緒實錄》，卷557：1）

以下再分別闡述其內容。

忠君：晚清西洋文化輸入中國之後，不但影響中國人的生活習慣，及對器物的看法，更間接影響中國人對傳統文化和國家政體的質疑，加上內亂外患不斷，朝廷執政能力受到嚴重的挑戰，人民對於滿清政府的信心正逐漸消失中。這種普遍的現象，刺激反對勢力躍然而起，有些蠢蠢欲動，有些則已經付諸行動。朝廷和學部主事者鑒於朝廷之危機四伏，遂提出「忠君」以為學堂教育之宗旨，實係期待壓制人民反動的力量，繼續效忠滿清政府。茲摘述學部奏摺之內容如下：

> 「我朝深仁澤厚，漸被歷數百年，苟非狂悖不逞之徒，斷無自外復載之事。比年以來，宵旰憂勤，孜孜求治，稍有知識者，皆曉然於主慢臣辱之義。……我國夙稱禮義之邦，忠愛根於性生，感發尤易為力。欲謀普及教育，宜取開國以來列祖列宗締造之艱難，創垂之宏遠，以及近年之事變，聖主之憂勞，外患之所由乘，內政之所當亟，捐除忌諱，擇要編輯，列入教科；務使全國學生每飯不忘忠義，仰先烈而思天地高厚之恩，睹時局而深風雨飄搖之懼，則一切犯名干義之邪說皆無自而萌。」（璩鑫圭等，1991：535）

尊孔：清代沿襲明制，採用八股文取士，考試內容即為傳統的四書五經，即使後來變通考試方式，廢除八股文程式，仍以四書五經為命題範圍，

這是專制政體箝制人民思想最便捷的途逕。洋務運動時期開始創辦同文館等西式學堂，課程除西洋科學技術之外，學生仍然必須學習中國的傳統經典，並聘請漢教習督促，唯恐學生學習西學之後，變成夷人或為夷所用。甚至派遣幼童赴美國游學及船政學堂學生赴歐洲游學，都要求學生在學習西洋技術外，對於經典絕對不能放棄。以至於後來的壬寅學制和癸卯學制，都有經典學習的時數規定，而最虔誠的經典守護者，則非張之洞莫屬，他甚至著《勸學篇》〈宗經〉一篇，積極宣導在西式學堂內講求中國經典。所以，朝廷亦感到持續對人民思想控制的必要，遂於忠君之外再加上「尊孔」，俾更嚴密地進行思想監控。茲摘述學部奏摺之內容如下：

> 「孔子之道大而能博，不但為中國萬世不祧之宗，亦五洲生民共仰之聖。……無論大小學堂，宜以經學為必修之課目，作贊揚孔子之歌，以化末俗澆漓之習；春秋釋菜及孔子誕日，必在學堂致祭作樂以表歡欣鼓舞之忱。其經義之貫徹中外，洞達天人，經注經說之足資羽翼者，必條分縷析，編為教科，頒之學堂以為圭臬。但學生各有程度，則學課自有淺深，高等以上之學堂，自可力造精微；中學堂以下則取其淺近平實，切於日用，而尤以身體力行不尚空談為要旨；務使學生於成童以前，即已薰陶於正學，涉世以後，不致漸漬於奇邪。國教愈崇，斯民心愈固。」（璩鑫圭等，1991：535-536）

尚公：滿清政府歷經數次戰爭的失敗之後，逐漸檢討出失敗真正的原因，除了武器不如人，練兵養兵不如人，官兵的國家觀念亦不如人。尤其是官兵勇於私鬥、怯於公戰的習性，屢次導致軍隊潰敗。而入伍當兵者，皆以私利為優先，純粹為薪餉而從軍，並非為保衛國家而作戰。至於士子窮畢生心力於科舉考試之準備，莫非求有朝一日，能夠金榜題名。雖然平日「十年寒窗無人問」，一旦科考及第，卻可「一舉成名天下知」，屆時更可光宗耀祖、榮耀鄉里。而且，從此以後，只要按資循格，縱使表現平庸，只要大過

不患，就算小錯不斷，亦可升至大員，享受一生的榮華富貴，視國家興亡如浮雲，與己無關。由於私心作祟，官場弊端無人問，吏治敗壞無人管，以致腐敗至極無可挽救。於是，學部在教育宗旨提倡以公德為先，以公利為主，以國家利益置於個人利益之上，期望藉以扭轉人民「人不為己，天誅地滅」的心態。茲摘述學部奏摺之內容如下：

> 「學堂所誘迪皆尚信義，重親睦，如修身、倫理、歷史、地理等科，無
> 不啟合校生徒之感情，以養其協同一致之性質。故愛國合群之理，早植
> 基於蒙養之初，是即孔子之教弟子孝弟謹信而進之以泛愛親仁也。……
> 今欲舉支離渙散者而凝結之，盡自私自利者而滌除之，則必於各種教科
> 之中，於公德之旨，團體之效，務分縷析，輯為成書，總以尚公為一定
> 不移之標準，務使人人皆能視人猶己，愛國如家。蓋道德教育莫切於此
> 矣。」（璩鑫圭等，1991：536-537）

　　尚武：中國傳統「好漢不當兵，好鐵無打釘」的錯誤觀念，以致軍人在社會的地位普遍低落，一般人更認為打勝仗的將領只是孔武有力，或是有奇門遁甲之法術。於是，遇有國家遭遇外患，實行徵調作業時，被徵調者全家大小呼天搶地，似乎是面臨一去不回的命運；未被徵調者，全家老小則是謝天謝地，感謝祖宗庇佑，免受征戰之苦。因此，自洋務運動開始，即有疆臣大吏創辦軍事學堂，除教授現代化的軍事技能與知識外，最重要的則是培養舉國皆兵的義務觀念。於是，學部提出「尚武」以為教育宗旨之一端，藉以提倡為國而戰，為效忠朝廷而犧牲的觀念。茲摘述學部奏摺之內容如下：

> 「東西各國，全國皆兵，自元首之子以至庶人，皆有當兵之義務，與我
> 中國天子元子齒於太學之義亦相符合。各國謂兵為民之血稅，而天子乃
> 與庶人同之，真可謂上下同心矣。……今朝廷銳意武備，以練兵為第一
> 要務，然欲薄海之民咸知捐一生以赴萬死，則尤恐不能深恃者何也？餉

精之心厚而忠義之氣薄，性命之慮重而國家之念輕也。欲救其弊，必以教育為挽回風氣之具，凡中小學堂各種教科書，必寓軍國民主義，俾兒童熟見而習聞之。國文、歷史、地理等科，宜詳述海陸戰爭之事蹟，繪畫砲台兵艦旗幟之圖形，敘列戍窮邊使絕域之勳業；於音樂一科，則恭輯國朝之武功戰事演為詩歌，其後先死綏諸臣尤宜鼓吹闡揚，以勵其百折不回視死如歸之志；體操一科，幼稚者以遊戲體操發育其身體，稍長者以兵式體操嚴整其紀律，而尤時時勖以守秩序，養威重，以造成完全之人格。」（璩鑫圭等，1991：537）

尚實：洋務派創辦實業學堂，就是重視實業教育的最佳明證，而辦理礦產、交通事業及發展民生工業，正是他們感受並見識到實業對國家富強的密切關係。張之洞更著書宣導實業理念，身體力行創辦各項實業，如漢陽鋼鐵廠等，都足以證明他積極倡導實用的觀念和做法。癸卯學制亦將實業教育納入正式的教育體制內，為發展實業教育，開導人民實用觀念，均有其助益。學部的組織也設立實業司，作為主管全國實業學堂的最高單位，統一規劃實業教育的發展方向。於是，學部提出「尚實」以為教育宗旨之一端，實屬水到渠成，不用費吹灰之力的舉動。茲摘述學部奏摺之內容如下：

「學所以可貴者，唯其能見諸實用也。……今欲推行普通教育，凡中小學堂所用之教科書，宜取淺近之理與切實可行之事以訓諭生徒，修身、國文、算術等科皆舉其易知易從者勖之以實行，課之以實用；其他格致、圖畫、手工皆當視為重要科目，以期發達實科學派；教員于講授之際，凡有事實之可指者，必示以實物標本，使學生知聞並進，且時導學生于近地游行，以為實地研究之助。……方今環球各國，實利競尚，尤以求實業為要政，必人人有可農可工可商之才，斯下益民生，上裨國計，此尤富強之要圖，而教育中最有實益者也。」（璩鑫圭等，1991：538）

第四節　分析與檢討

本節分兩個部分：一、慈禧新政教育政策決策歷程的分析；二、慈禧新政教育政策執行成效的檢討。

壹、慈禧新政教育政策決策歷程的分析

一、政策形成的脈絡

張之洞是慈禧新政教育政策的主要擬稿者與推動者，雖然他必須時時仰慈禧之鼻息而行事，更必須處處防範滿臣守舊者對教育政策的破壞與阻撓。但是，他以衛道者的精神及改革派不屈不撓的堅強毅力，在國家財政極度困難的不利情況下，孜孜矻矻地、一點一滴地推動著他的理想，終於締造出相當不錯的成績。

張之洞是傳統教育制度下所培養出來的政府官員，他在洋務運動的末期，已經開始參與洋務事業的舉辦，並有逐漸取代李鴻章成為洋務代表人物之勢。他所辦理的洋務事業，包括學堂和實業兩大宗，尤其是創辦學堂的數量，當時更是無人能出其右，而他也累積這些辦學的經驗，逐步形成《勸學篇》的內容架構。直至庚子拳亂以後，張之洞以湖廣總督角色，逐漸轉進朝廷，擔任學務的主要管理人員，使得他的理想有逐漸實現的機會。於是，張之洞乃將其「中體西用」的改革理想，應用在許多學務規章的訂定。

二、決策模式的解釋

慈禧新政教育政策的決策歷程，主要是由張之洞主導，而且更值得重視的是，張之洞獲得慈禧的支持，可以充分施展他的抱負，守舊份子的阻撓力量遂相形見絀。所以，本研究僅運用菁英模式，以解釋慈禧新政教育政策的

決策歷程。該模式的四個要點已於第三章第五節解釋過，此處不再贅述。以下分就四個要點來解釋：

一、無論頒布學堂章程、改革教育行政制度、廢除科舉制度及頒布教育宗旨，都可以顯現「建立教育體制」已經成為此時期的教育政策主軸，而其形成過程，得力於張之洞最多，因此這些具體的措施，隨處可見張之洞「中體西用」的影子。

二、張之洞在擬定學堂章程、廢除科舉制度奏摺時，均曾參考同僚的意見，而在章程的擬定過程，更曾斟酌參考日本制度，所以這些具體措施的呈現，都是由張之洞本於個人的教育理念及改革理想所決定，無摻雜其他社會大眾的意見。

三、張之洞是慈禧新政教育政策的制定者，幾乎所有的法令規章都是由他制定的，其解釋也是透過他的價值取向而為，整個國家的發展方向和所有廣大群眾必須走的方向，也是由他來決定。

四、張之洞是清朝專制政體下的受益者，尤其他受到慈禧的重用之後，更可以盡情發揮自己的辦學經驗，實現教育改革的理想；或許他廢除科舉制度的做法會引起守舊派的強烈反彈，但是他仍有配套措施；如籌措舊昔舉貢生員之出路，並規定在學堂畢業，經過考試之後，可以授予舊時科名之獎勵。諸如此類，都可以證明他所走的路線也是漸進式的，並非革命式的。

貳、慈禧新政教育政策執行成效的檢討

張之洞主導慈禧新政的一切措施，其中最令他特別注意的是教育改革的內容和推動的情形。由於慈禧的大力支持，所以張之洞並未遭受明顯的守舊勢力之反對，因此他可以將其理念完全灌注於改革方案之內，陸續制定教育改革的相關法令規定。而且，他遵循著「建立教育體制」的政策方向，執行的成效亦頗有可觀之處，如下面第第一項至第三項。但是，亦有值得注意的缺失存在，如第四、第五項。以下分別敘述之。

一、建立嶄新的教育制度

張百熙所制定的壬寅學制，是中國教育史上第一套有關教育制度的法令規定，卻因政治因素而無法持續實行。正因如此，給予張之洞一個表現的最佳機會。

張之洞在最短的時間內擬就癸卯學制，隨即公布施行。內容包括三段六級的正式學制，並且將師範教育、實業教育、公務人員在職教育等，納入整套學制之內，讓癸卯學制變得更為周延，增加其實行上的優勢。而這種教育制度的建立，是傳統教育所沒有的，在中國的教育史上確實是一件極為重要的大事。

再者，張之洞透過循序漸進的方式，建議廢除科舉制度，讓這套無法培育應用人才的舊考試機器，正式走入歷史。此一舉動，不但全面改變士子的讀書習慣、學習內容，更是解放人心、扭轉人民觀念最直接的方式。由於廢除科舉制度，學堂得以興辦，各種東西洋的現代知識，才能順利地輸入中國。這對於爾後的各項改革活動，都具有決定性的引導作用。

二、快速興辦各級學堂

慈禧在庚子拳亂後，於光緒二十七年（1901）八月二日，下詔興學，除要求整頓京師大學堂之外，更命令各省督撫確實興辦中小學堂。此一詔書已經成為各級學堂成立的最新依據，它對於學堂的發展有著極重要的貢獻。而興辦學堂的成效，似乎在百日維新的基礎上已經取得令人振奮的成績。表5-11 即是一項明證。

▼表5-11　光緒二十八年、二十九年全國學堂數及學生數統計表

光緒二十八年		光緒二十九年	
學堂數	學生數	學堂數	學生數
無資料	6,943	769	4,876

資料來源：陳啟天：《近代中國教育史》，頁 190-1、190-2。

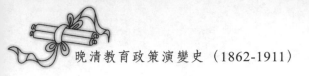

晚清教育政策演變史（1862-1911）

根據表 5-11 得知，光緒二十八年（1902）的學生數已將近七千人，此一成果應該是興學詔的功勞。然而，光緒二十九年（1903）為何降至四千八百餘人，原因可能是當時俄國在東三省境內的軍隊不肯撤退，消息曝光後，引發一連串的學生運動，導致學堂的發展受到暫時性的干擾。

直至光緒三十年（1904）以後，癸卯學制正式公布實施，學生數則暴增到九萬人，已將近是光緒二十八年（1902）學生數的十三倍。在短短的二年之間，能獲得如此可觀的成效，確實是拜癸卯學制之賜。之後，學生數更以最快的速度成長，光緒三十四年（1908）的學生更將近一百三十萬人。從表 5-12 與表 5-13 即可看出教育單位在興學上的努力。

這些成效的出現，勸學所的努力亦應該獲得正面的肯定。因為學部於光緒三十二年（1906）四月二十日，奏〈勸學所章程〉，規定各地方勸學所應確實結合在地士紳與政府的力量，共謀教育發展。至宣統元年為止，在短短的三年內，全國廳州縣設立的勸學所已經高達 1,588 所，未設勸學所之廳州縣僅占五分之一弱，推行之速，可以想見。總計全國勸學所的總董有 1,577 人，勸學員 23,645 人（陳啟天，1969：117-119），平均一處勸學所約有十四至十五位勸學員，對於推廣各州縣中小學教育能夠發揮積極的作用，並對普及教育之推展，助益極大。

▼表 5-12　光緒三十年至三十二年全國學堂數及學生數統計表

光緒三十年		光緒三十一年		光緒三十二年	
學堂數	學生數	學堂數	學生數	學堂數	學生數
4,222	90,002	8,277	230,776	19,830	457,842

資料來源：陳啟天：《近代中國教育史》，頁 190-1、190-2。

三、重視師資素質的提升

興辦學堂最重要的就是師資，尤其是中小學師資的素質，是決定學生學

▼表 5-13　光緒三十三年、三十四年全國學堂數及學生數統計表

學堂類別	學堂數		學生數	
	光緒三十三年	光緒三十四年	光緒三十三年	光緒三十四年
高等以上學堂	79	90	14,117	18,629
中小學以下學堂	35,241	41,819	958,600	1,227,985
實業學堂	140	192	8,835	13,778
師範學堂	553	595	36,608	33,155
總　　計	36,013	42,696	1,018,160	1,293,547

註：1.資料來源：陳學恂：《中國近代教育史教學參考資料（下）》，頁 293-303、310-321。
　　2.光緒三十四年京師督學局所屬兩等小學堂缺乏學生數資料，未列入該表內之學生數總計。

習成果的最大關鍵，更影響著未來公民的素質。張之洞對此亦有深刻而明白的認識，於是將師範教育納入學制中，並分成優級師範、初級師範等兩種正式的師資培育制度，再加上其他各種速成的科別，構成一套師資培育的制度，此一制度已經具備相當高程度的完整性。

　　表 5-14 顯示出光緒三十三年（1907）、三十四年（1908）師範生的數據資料。為何光緒三十四年的師範生反較光緒三十三年少？這種現象不但不是退步，反倒是一項值得可喜的進步情形。因為光緒三十三年的完全科學生，僅占全部師範生比例的 20%，光緒三十四年的完全科學生，卻又提高四個百分點，可見中小學師資的培育過程逐漸受到重視。寧願採用較正統的完全科培育方式，而捨棄速成的訓練。

　　表 5-15 是光緒三十三年、三十四年中小學以下學堂教員資格的統計資料。由此表可以得到幾項寶貴的訊息：

　　㈠師範畢業的教員比例，從光緒三十三年的 37%，至光緒三十四年已進步為 51%。

　　㈡若據表 5-14 及表 5-15 為準，計算該兩年中小學堂的學生與教師比例，光緒三十三年約 26：1；光緒三十四年則驟降為 18：1；如此之學生與教師比例，較之現代的中小學，絕不遜色。

▼表5-14　光緒三十三年、三十四年各省師範學堂數及學生數統計表

類別	學堂數		學生數	
	光緒三十三年	光緒三十四年	光緒三十三年	光緒三十四年
完全科	66	86	6,917	8,261
其他	475	495	27,174	24,811
總　計	541	581	34,091	33,072

註：(1)資料來源：陳學恂：《中國近代教育史教學參考資料（下）》，頁300-301、318-319。
　　(2)其他包括：優級師範學堂之選科、專修科，初級師範學堂之簡易科，以及傳習所、講習科等，屬於速成式的師資培育體制。

▼表5-15　光緒三十三年、三十四年中小學以下學堂教員資格統計表

資格別	光緒三十三年	光緒三十四年
師範畢業者	13,728	34,632
非師範畢業者	23,246	33,262
總　計	36,974	67,894

註：資料來源：陳學恂：《中國近代教育史教學參考資料（下）》，頁308-309、326-327。

㈢若以師範畢業者計算與學生之比例，光緒三十三年約71：1，光緒三十四年則降低為35：1；由此可見，正式師範學堂畢業的師資正逐漸增加中，而且其速度還相當驚人。

綜合上述，學部在師資素質提升的努力，絕對值得肯定。

四、忽略女子教育

張之洞在癸卯學制未將女子教育納入學制之中，並將女子教育窄化為家庭教育，而與蒙養院章程合併為一，他在章程中說明為何女子不能上學。他認為，對女子的教育，「教以為女、為婦、為母之道也」。而且，中國傳統強調男女之別甚為嚴謹，「少年女子，斷不宜令其結隊入學，游行街市；且不宜多讀西書，誤學外國習俗，致開自行擇配之漸，長蔑視父母、夫婿之風。」因此，對女子之教育，只可於家庭中實施，「女學之無弊者，唯有家

庭教育」。他並且提出在家庭實施女子教育的原則：「或受母教、或受保姆之教，令其能識應用之文字，通解家庭應用之書算物理，及婦職應盡之道，女工應為之事，足以持家、教子而已。其無益文詞概不必教；其干預外事、妄發關係重大之議論，更不可教。」

　　由此觀之，雖然西風已經輸入中國達六十年之久，中國傳統上「女子無才便是德」的觀念仍未破除，甚至連主導改革大政的張之洞，仍然認為女子只須相夫教子即已盡職責。強加在女子身上的各種枷鎖，既然未能拆除，那麼將近二億人口的女子，其人力資源就有可能被繼續荒廢。此一錯誤與不合時宜的決定，確實成為整體改革措施中的一大敗筆。

五、賞官獎勵之錯誤

　　張之洞在擬定癸卯學制時，科舉制度尚未廢除，為增加士子入學堂讀書的意願，於是他提出授予學堂畢業生科名的變通措施。只要是中等實業學堂以上之畢業生，都可以獲得一定的科名獎勵。此項原意為提升入學率的做法，在科舉制度廢除之後，依然繼續實施，隨即發現弊端叢生，並遭遇來自民間的諸多抨擊。所謂實官獎勵，其本意乃以舊科名鼓舞新學堂之學子，期能以科舉榮譽促其專心向學；然而，立意雖佳，流弊亦多。茲述如下：

㈠名實不符

　　進士、舉人、秀才、廩生、增生、附生……等名稱，均為科舉制度下的產物，但光緒三十一年廢除科舉制度後，此等科名即不復存在，然政府卻仍以此名目張冠李戴，豈不落人笑柄？因此，時人已有所批評。如顧實曾舉出三項名實不符的弊端（《教育雜誌》，第二年第五期）：

1. 舉子之得科名，往往以一日之試，定個人學習成就之短長，是無異於賭博；然學堂之學生，所應受之科目，何等繁密，何等切實，限時刻日，不能以毫釐假借，其得名之情形與舊舉子實有大異。

2. 所謂舉人者，舉以為人者。世界各國小學教育，必以為養成人格之階段，然我國卻以高等學堂畢業方得舉人，豈不表示自中學堂以下之學生皆非人？

3. 科舉已廢，既無以藩庫開支食餼，何來廩生？又學堂名額既無限制，何來增生？附生？

　　因此，實官獎勵之做法，恰與教育宗旨「尚實」一條相反。

㈡所學非所用，所用非所習

　　御史陳曾佑認為，各類新式學堂逐漸設立後，分科必細，或理、或工、或醫、或商等科，然畢業獎勵卻予以「翰林院編修、檢討」之名；「*不知所編者何書？所討者何事？*」顯然所授之科名，與所習之學科大相逕庭。再者，以大學堂考列下等者，授以知縣之職，而掌一縣之政，其能力是否相當，亦不無商榷之處。且以實科畢業生，授以直州同、州同等官，「*仍於所學無涉，徒以官級意為支配而已。*」（《光緒政要》，卷 31：16）而且，教育法令研究會亦認為，「*官有專司，學有專長，諳法律者未必精於理財，明外交者未必嫻於民政。*」（《教育雜誌》，第二年第六期）所習非所用，所用非所習的結果，徒增浪費教育資源、未能人盡其才之錯誤。

㈢以官職誘學生，使青年沉迷利祿

　　實官獎勵的做法受到當時社會輿論強烈批評時，曾有人力圖改之，主張廢除中學堂以下之獎勵，而中學堂以上之獎勵仍沿用，以避免學生因實官獎勵，而受功名利祿誘惑。但是，顧實卻頗不以為然地予以駁斥：

> 「*勿謂中等教育以上之學生皆人才，其德性堅定、學問純粹，必不為科名虛榮所搖撼也；其有能不為科名虛榮所搖撼者，特少數之人耳。比者有以醫科舉人之頭銜，而到任候補知縣者矣；醫甚良之職業也，何以醫之不為而為官，則正為科名虛榮所搖撼者。*」（《教育雜誌》，第二年

第五期）

　　同時，教育法令研究會亦以實官獎勵將導致吏治敗壞為由，嚴正地提出忠告：「設學所以教民，設官所以治事，官人之法，決不能混於學制之中。……唯以官職為歆動學生之具，將使吏治日弊，而民俗日偷，其去教育之真意愈遠矣。」（《教育雜誌》，第二年第六期）

　　顧實及教育法令研究會提出批評時，科舉已經廢除，但一般士子響往科名之夢想仍未有改，而以實官、科名獎勵，正是符合士子「十年寒窗無人問，一舉成名天下知」的宿願，但如此之舉，唯有增強其追求功名利祿之心態而已。

　　民國以後，梁啟超對實官獎勵仍批評甚力。他說：「前清學制之弊，至今猶令人痛恨不已，其誤國最甚者，莫如獎勵出身之制，以官制為學生受學之報酬，遂使學生以得官為求學之目的，以求學為得官之手段。」因此，無論在國內就學或游學海外之學生，畢業以後，即拋棄學業而勉力作官。「故中國興學十餘年，不僅學問不發達，而通國學生，且不知學問為何物，前清學制之害，庸可勝言也。」（梁啟超，1960：41）

四設官數不及畢業生數目之增長

　　舊社會之所以得科名為貴，乃因得舉之名額有嚴格限制，所謂「物稀為貴」，得舉之額少，得舉之人必榮登富貴之階。但陳曾佑認為，「學堂普及而後，每省中學卒業數千人不為多，盡作為拔貢優貢，則名器太濫，不足以勸。」（《光緒政要》，卷 31：16）況且，官有定額，一省之知縣僅少數，然學子數量之成長速度，遠超過官額之十倍、百倍，豈能以一知縣之職，授予多位畢業生？崇有對此說明最詳，他曾列出「科舉人數與畢業生比較表」及「職官員額與畢業生授職比較表」，用以闡述此一現象之嚴重性（《教育雜誌》，第二年第一期）。

▼表 5-16　科舉人數與畢業生數比較表

科舉時代人數	畢業生額數	倍　數
進士每年 105 人	13,000	124
舉人每年 537 人	96,960	125
貢生每年 990 人	353,380	346
總計每年 1,632 人	463,340	284

▼表 5-17　職官員額與畢業生授職比較表

官名	設官額數		畢業生授職額數	倍數
第一級	編修	127	分科大學畢業生 13,000 人	36
	檢討	18		
	庶吉士	62		
	主事	151		
	合計	358		
第二級	內閣中書	124	高等學堂、法政學堂、高等實業學堂及優級師範學堂之畢業生計 96,960 人	58
	中書科中書	6		
	各部司務	14		
	知州	146		
	知縣	1,325		
	通判	130		
	州同	37		
	合計	1,662		
第三級	州判	49	初級師範學堂及中等實業學堂之畢業生計 180,360 人（中學堂及高等小學堂之畢業生未授職）	57
	府經	179		
	主簿	97		
	教授	197		
	教諭	1,117		
	訓導	1,501		

實官獎勵自光緒二十九年頒訂以後，受到輿論各界之強烈批評，直至宣統三年（1911）七月十七日，學部奏〈停學堂實官獎勵並定畢業名稱摺〉後，才停止獎勵。學部指出，得實官獎勵之學生，不免有投閒置散的情形，奏摺稱：「比年以來，畢業人數逐漸增加，而官缺之增設有限；學生得官以後，仍復置之閒散。」而且，文官考試任用章程，即將於本年頒布施行，故實官獎勵一節，與將來文官任用之規定，將會有所牴誤。因此，擬自文官考試任用章程施行之日起，無論何項學堂畢業者，概不給予實官之獎勵。而游學畢業生之廷試，「明年亦擬不復舉行；另由內閣會同各部，規定文官考試資格，以及技術官教育官須用專門人才之辦法，以昭核實而勵賢能。」（《教育雜誌》，第三年第九期）

由此觀之，實官獎勵的實施約有八年的時間，學部亦在社會輿論的壓力下，才決定停止是項措施。然而，學部鑒於興學不易，為避免實官獎勵一旦停止後，造成學堂人數銳減，於是規定畢業生之名稱，仍沿用舊科名：大學畢業者仍稱「進士」；高等及與高等同程度之學堂畢業者，仍稱「舉人」；中學及與中學同程度之學堂畢業者，統稱「貢生」；高等小學及初等實業學堂畢業者，統稱「生員」，均以考試畢業列中等以上者為限；其大學及師範實業暨法政醫學等專門學堂畢業者，均加某科進士或某科舉人字樣，俾有區別；其得進士、舉人、貢生者，亦一律自文官考試任用章程施行之日起，不准截取就職，以示限制（《教育雜誌》，第三年第九期）。由此可見，科名的觀念至此仍未完全根除，尚須以虛名授予實學有成之畢業生，直至民國成立，所有實官獎勵之措施才徹底根絕。

綜合以上各段所述，癸卯學制頒布後，中國的教育邁入一個全新的開始，對於中國未來的國家發展，存在關鍵性的作用。對於教育政策的執行成效，則出現功過參半的說法。Marianne認為，新式教育與傳統教育仍有絕大的不同，它不似舊式教育那樣強調個人成就，而是注重團隊合作與紀律，故能成功地灌輸青年自覺的意識。而學生發現集體行動的威力之後，常常用它

來發動許多罷課和抗議運動。而且，儘管創辦人用心良苦，但他們的計畫支離破碎，與中國現實情況脫節，所提供的師資常常訓練不足，學校很少支持清廷，反而常常鼓勵學生向政府抗議或請願（Marianne: 1987, 627）。

　　費正清指出，新學堂畢業生可以應舉，而科舉內容也將略事增改，以遷就這批新學生。可嘆的是，很快就發現，學生們大都仍以舊式科舉為志業，認為科考功名更具威信，而且是晉身捷徑。對於新式學堂花了更多經費開辦的新知識科門，學生多不願學。況且，舊秩序在新學制頒布之後，頓時喪失原來的知識根據，並失去原來的哲學思想內聚力。繼起的學生階級，勢將遭受零亂不完整的中西知識思想的連連打擊。從此教育就變成各色成分的混雜，學生學了一科科專門知識技能，這些知識本身卻不能建立起一個道德秩序。理學的綜合知識已經無用，一時卻又找不到可以取而代之的東西（費正清，1994：272）。

　　至於科舉制度的廢除，雖然是中國教育史上的一大要事，但史景遷卻認為那是一種模糊性的改革政策。就某種意義而言，取消科考讓社會各階層與各行各業傑出之士有更多的機會，但實際上，無論新式學堂是位於國內或國外，都是富有而又野心勃勃的傳統菁英份子之子弟入學就讀。如此一來，這項制度改變所欲達到的平等受教權以作為投票與服公職的依據，可能也強化了少數地方富室的優勢（史景遷，2001：305）。

附　註

註1：科舉制度始於西元 605 年，迄 1905 年廢除止，剛好實施了一千三百年。（參見周愚文：《中國教育史綱》，頁 161）

註2：有關兩種學制的詳細條文內容，壬寅學制請參見張百熙：《欽定學堂章程》，台北縣：文海出版社，1986。癸卯學制請參見張之洞：《奏定學堂章程》（湖北學務處本），台北縣：文海出版社，1966。

註3：張之洞對於遞減科舉錄取名額的具體建議，請參見本章第二節「肆、二、（二）」。

第六章

立憲運動時期的教育政策
——培養現代國民——

光緒二十九年十二月（1904），日本和俄國為爭奪中國東三省的領土，引起日俄戰爭。中國雖然表示中立，卻劃定中國境內的領土範圍，任憑日俄蹂躪其間。光緒三十一年（1905），俄國戰敗，日本以一個新興的立憲國家，於十年之間，竟戰勝專制的俄國，於是立憲派乃振振有辭，說這並不是日本的武力戰勝俄國，乃是立憲政體戰勝專制政體的結果；並積極倡導中國切勿蹈俄國之覆轍，繼續走著專制帝國的滅亡道路，而是應該揚棄專制政體，學習日本改採立憲政體，才能使中國有富強的一天。因此，這股要求立憲的浪潮，和反對立憲的聲音，交織而成滿清政府最後一次的改革運動——立憲運動。

本章將分三個部分探討立憲運動時期之教育政策：一、說明朝廷籌備立憲的經過，包括簡派大臣出洋考察各先進國家憲政體制，以及預備立憲的宣布和策劃；二、探討立憲的正反面意見，分析正反兩方陣營的歧異主張；三、探討教育體系為預備立憲所做的準備工作。

第一節　朝廷預備立憲的行動

光緒三十一年（1905）六月十四日，簡派親貴及大臣出使各國考察政治的諭旨，揭開滿清政府籌備立憲的序幕。隨著考察團的返國，預備立憲詔書的頒布，以及設置各種推動立憲的組織，擬定各項法令規定和計畫等工作的展開，立憲運動就在晚清傾覆前的六、七年間，幾乎成為全面性的國家改造運動。本節將討論出使大臣考察的經過與心得，並探討朝廷預備立憲的種種措施。

壹、簡派大臣出洋考察

滿清政府承受立憲聲浪的壓力，早在日俄戰爭爆發前已經存在，而朝廷對立憲訴求的首度回應，就是光緒三十一年（1905）六月十四日，諭令載

澤、戴鴻慈、徐世昌、端方等，隨帶人員，分赴東西洋各國考察一切政治。
諭旨稱：「方今時局艱難，百端待理，朝廷屢下明詔，力圖變法，銳意振
興，數年以來，規模雖具而實效未彰，總由承辦人員向無講求，未能洞達原
委，似此因循敷衍，何由起衰弱而救危。」（《光緒實錄》，卷 546：8）
言下之意，似乎僅止於要求出使大臣考察政治，尚未言明實行憲政體制。但
是，諭旨亦指出，考察外國政治是為了「擇善而從」，並有「嗣後再行選
派，分班前往」的承諾。由此得知，朝廷對於憲政的實行，似乎已經開始有
心理準備。

　　六月二十五日，朝廷加派商部右丞紹英，隨同出洋（《光緒實錄》，卷
546：15）；七月二十八日，載澤等正式奏〈出洋考察政治請調員隨同差委
摺〉指出，講求變法乃時勢所趨，不得不然：「臣等伏維通變化裁，古有明
訓，方今各國政治藝術，日新月異，進步甚速，博采而參觀之，取善從長，
良多裨益。」但是，中國自實施新政以來，「非不派學生出洋，遣員游歷，
卒未聞卓著成效者，則由於提倡之不力，研究之不精，是以風氣雖開，而持
論者或參成見，規模雖?，而任事者絕少專門，僅襲皮毛，難言實濟。」然
而，深慶朝廷用心變革，簡派重臣出國考察。因此，所有隨同人員，必須
「擇其心地純正，識見開通者，方足以分任其事。」（載澤等，1981：2）

　　八月十九日，載澤等五大臣請訓後，料理起程事宜，訂於二十六日乘火
車出京；八月二十六日巳刻，載澤等已經登車，正擬開行，卻聞轟震之聲甚
為劇烈，並見煙氣彌漫，窗戶皆碎。經查係某名為吳樾之徒，乘上車擁擠之
際，暗行施放（註1）。載澤額角受微傷，回家調理；紹英耳後髮際及臂上
受傷略重，赴醫院醫治；二十七日，載澤專摺稟報出京乘火車遇炸情形；步
軍統領那桐，亦於當日上奏表示，已飭員查緝（佚名，1981：2-4）。朝廷
隨即頒布諭旨，指責匪徒於光天化日之下，「竟如此橫行，實屬目無法紀」，
並責成步軍統領衙門、順天府尹、工巡局、督辦鐵路大臣等，「嚴切查拏，
徹底根究，從重懲辦，以儆凶頑。」所有外城工巡局委員及南營參將、鐵路

車站委員，疏於防範，均必須予以議處（《光緒實錄》，卷 548：17）。

爆炸事件發生後，原派考察人員徐世昌及紹英自請退出；朝廷雖受此突來橫禍，仍然未改其派員出國考察的初衷，遂於九月改派山東布政使尚其亨及順天府丞李盛鐸，按照原定計畫進行（左舜生，1977：265）。於是，考察團兵分二路，分別於光緒三十一年的十一月及十二月，由不同路線前往各國考察。

第一團，由戴鴻慈、端方擔任領隊，於光緒三十一年（1905）十一月十一日，先行啟程出京，取道天津；十一月二十日行抵上海，購定美國西伯里亞輪船船票；十一月二十三日放洋，首批出使各國考察政治大臣，終於順利成行；十二月二十九日，先抵達美國，考察結束後，於光緒三十二年二月十三日，再抵德國考察，並於三月二十四日至四月十日期間，分赴北歐之丹麥、瑞典及挪威等三國游歷考察；四月十日由德國柏林起程，於十六日行抵奧京維也納；四月二十四日由奧起程赴俄羅斯，於二十六日抵達俄京森彼得堡，於閏四月初六日行抵荷京海牙；二十三日抵義大利首都羅馬。最後，於閏四月三十日，乘坐德國籍輪船返國。統計此行在外約八個多月，除舟車往來，游歷考察的時間約在半年左右，以德國考察最久，美國次之，其餘俄、奧、義等國，皆先派員前往考察。戴鴻慈等，返國後隨即彙整考察報告，於光緒三十二年九月六日，將其編纂的《歐美政治要義》一書，呈報朝廷。

第二團，由載澤、尚其亨、李盛鐸擔任領隊，光緒三十一年十二月二十日（1906）乘法國公司船，由吳淞口開往日本，二十二日抵達神戶，二十三日乘火車抵京都。因京都為日本舊都，制度較為完備，出使大臣遂留住考察團人員三日，以資考察一切行政辦法。二十六日乘車至名古屋；二十七日由名古屋登車；二十八日抵達東京。光緒三十二年正月二十日由日本橫濱乘坐美籍輪船赴美，二月初六日抵美國西亞得埠，十五日抵紐約，十六日抵華盛頓。十八日復返紐約府（佚名，1981：8）。二十日由紐約乘坐英國公司輪船渡大西洋，二十八日抵英國利物浦，駐英使臣汪大燮前往迎接，英國外部

亦派翻譯官璧利南陪同，隨即乘坐專車於是晚行抵倫敦。三月二十五日，行抵法京巴黎，四月份並前往比利時考察，於閏四月十九日，由法國乘船返國。李盛鐸於考察事竣，隨即赴比利時任出使大臣，未返國。

以下將分別闡述各考察大臣對各國政治制度的見識及考察後的心得。

一、考察英國政治的心得：稱道地方自治之實施

光緒三十二年（1906）二月二十八日，載澤等一行人趕抵英國首都倫敦，隨即展開參訪行程，並於三月二十四日，奏〈在英考察大概情形暨赴法日期摺〉，稟報對英國考察的心得（載澤等，1981：11）。

載澤等人認為英國為歐洲文物最著之國，一切政治規模與東方各國大有異同。若考其政治上的種種措施，實係數百年積漸修改的結果，以致「條理煩賾，倉猝未易洞悉源流」。大體而言，英國政治，「立法操之議會，行政責之大臣，憲典掌之司法，君主裁成於上，以總核之。」舉凡應興應革諸政事，大都由上下兩議院議妥，後經樞密院呈於君主簽押施行。再者，有關外交、軍政之重要事務，各部門之間皆有協調的機制，以確立行政之規模。然而，英國精神所在，雖顯現於海軍之強盛與商業之繁榮，而其特色實在地方自治之完密。奏摺中簡述英國的做法：「全國之制，府分為鄉，鄉分為區，區有長，鄉有正，府有官司，率由各地方自行舉充，於風土民情，靡不周知熟計。」而以在地人經營在地事，皆能鉅細靡遺，奏摺稱：「凡地邑民，溝渠道路，勸工興學，救災卹貧諸事，責其興辦，委曲詳盡，纖悉靡遺。」因此，實行地方自治的結果，可以得到以下的好處：「以地方之人，行地方之事，故條規嚴密，而民不嫌苛，以地方之財，供地方之用，故徵斂繁多，而民不生怨。」最後，政府以監督機制獎懲良窳，「得稽其賢否而獎督之，計其費用而補助之」，故能「厚民生而培民俗」。所以英國地方自治之制度，「深合周禮之遺制，實為內政之本原」（載澤等，1981：11）。

二、考察法國政治的心得：深得羅馬政法餘緒

載澤等人在英國考察竣事後，隨即赴法國考察。光緒三十二年（1906）四月十五日，載澤等奏〈在法考察大概情形並再赴英呈遞國書摺〉，稟報在法國的考察心得（載澤等，1981：14）。

載澤等認為，法國雖稱民主國家，統治權實與帝國相似。因法國地近羅馬，政法實得其綱要，又經拿破崙之雄才偉略，訂定立國治民之法，使得公私上下權限分明，數十年來雖屢有變革，但其理法條目遺意一脈相承，並無多大差異。所以，其變革者，為政府機構而已，其不變者，卻為其立法之精神；故考其現行成法，大權仍集於政府，「居中馭外，條理秩如」。至於設官分職，「三權互相維繫，無輕重偏倚之嫌，其地方自治，則都府秉成中樞，有指臂相聯之勢。」若與之英國相較，「一則人民先有自治之力，而後政府握其綱，一則政府實有總制之規，而後人民貢其議」；而載澤等人認為，「施之廣土眾民之國，自以大權集一為宜。」（載澤等，1981：14-15）言下之意，法國的制度應該比較適合中國採用。

三、考察美國政治的心得：以工商發展為焦點

光緒三十一年十二月二十九日（1906），戴鴻慈、端方等一行人抵達華盛頓，呈遞國書、謁見美國總統後，隨即由美國官方派員引導參觀各處。光緒三十二年（1906）正月二十三日，戴鴻慈等奏〈在美考察大概情形並赴歐日期摺〉，稟報考察美國的心得（戴鴻慈等，1981：7）。

戴鴻慈等人認為，美國係以工商立國，人民擁有極高程度的權利，與中國政體差異極大，實不能要求中國與之相提並論。然而，各項政事之規劃周詳，秩序有條不紊。至於「商業之發達，工作之精良，包舉恢宏，經營闊大」，舉凡學堂、工廠建造所耗經費，動輒超過千百萬金，不僅中國無法與之看齊，即使歐洲各國亦慨嘆不已。因為美國為新建立的國家，魄力正處雄

厚階段，故其一切措施，中國難以驟相仿效。至於太平洋之航運商機，則為中國與美國共同擁有，此為中國應該急宜注意競爭，刻不容緩者（戴鴻慈等，1981：7-8）。由此以觀，考察人員對於美國的民主政治制度，係抱持著不能仿效的心態，因為它與中國政體本不相同；而把焦點注意在商業利益上，認為中國應在商業與美國競爭。

四、考察德、奧政治的心得：以軍事、教育改革為焦點

戴鴻慈等人於光緒三十二年（1906）二月十三日抵達德國首都柏林，隨即與德國首相及外部接洽，請派員引導參觀各處。並於三月十六日，戴鴻慈奏〈到德後考察大概情形暨赴丹日期摺〉，稟報考察德國的心得（戴鴻慈等，1981：9）。

戴鴻慈等人受到德皇「必以練兵為先，至於政治措施，正宜自審國勢，求其各當事機，貴有獨具之規模，不在徒摹夫形式」觀點的影響，遂將注意力集中在軍事方面的考察，他們認為「德國以咸定霸，不及百年，而陸軍強名，幾震歐海。」考查立國原意，則專注於練兵，故國民皆有尚武之精神，亦無不以服從政府為國民應盡之義務。至於用人行政，則多以兵法摻雜其間，「氣象森嚴，規矩正肅」。至於人民習俗，頗有勤儉樸實之風，實與中國最為相近。而其長處，「在朝無妨民之政，而國體自尊，人有獨立之心，而進步甚猛。」所以，日本自實施明治維新以來，凡事取資於德國，實行三十餘年，遂為一等強國。中國近年多羨慕日本之強盛，卻不知追其根源，正應當以德國為效法的對象（戴鴻慈等，1981：9-10）。

光緒三十二年（1906）四月十六日，戴鴻慈一行人抵達奧地利首都維也納，由現任使臣李經邁陪同，逐日參觀訪問；四月二十四日，戴鴻慈等奏〈到奧後大概情形並赴俄日期摺〉，稟報在奧考察的心得（戴鴻慈等，1981：16）。

戴鴻慈等人認為奧地利「注重軍隊、考求武備，專用全國皆兵主義，與

德國如出一途，論者謂其兵儉樸耐勞，實為此邦特色。」而且兵工廠中，槍砲、子彈、魚雷、鐵甲占數相當多，規模與制度亦極其詳細完備。如史高德砲廠、曼里夏子彈廠、懷鐵特魚雷廠等，其經營妥善得法，幾乎可以和德國克虜伯砲廠相抗衡。再者，奧地利海口極少，但製造戰艦卻不遺餘力，其自造頭等戰艦三艘，皆重一萬餘噸。而各項機器靈巧輕便，經常出產新款式，歐洲各國均稱許其所造之砲對於海軍最適合，於是訂購者幾無虛日，至於各廠所製造的子彈，亦大半兼應他國之需。由此可知，「外人備戒不虞，各有不敢一日忘戰之心，其能力正不可及。」至於奧地利之教育，以強迫教育為先，其辦法章程亦與德國大致相合。因此，他們已經認識到「外人之馴致富強，仍不外教育之普及，製造之精良，要皆不恥相師，期於盡善而已。」（戴鴻慈等，1981：16）

由此以觀，考察人員主張德國與中國的民風習俗相近，實為可以模仿的對象，尤其在軍事方面的改革，更應以德國為參考，並獨創符合中國國情之制度。而對於奧地利的看法，亦與德國相似，唯對其兵工廠之武器製造，覺得有相當可取之處；同時，他們已經觀察到外國強盛之道，是以教育和軍事作為兩大利器。

五、考察俄國政治的心得：注意籌備立憲情形

戴鴻慈等人於光緒三十二年（1906）四月二十六日抵俄京森彼得堡。閏四月四日，奏〈到俄考察大概情形摺〉，稟報考察俄國的心得（戴鴻慈等，1981：17）。

戴鴻慈等人抵達俄國時，正值日俄戰爭俄國失敗之際，所以內亂尚未弭平，所有學堂、工廠人數稍多之區，皆已停辦。所見之事，亦僅有陸軍馬隊與步隊，及未經停工的船廠、槍砲廠數處，其餘全賴駐俄使臣胡唯德所翻譯的各項文件，以為考察之資。然而，俄國政府正積極推動憲政制度，正是中國可以格外注意的。戴鴻慈等人認為俄國由於從前兵力強盛，民間雖懷有要

求立憲之心，卻不敢存有以暴動之舉而達目的想法，直至戰敗之後，才開始
有各種要求。而俄國政府迫於形勢，遂不能不急圖振作，尤其近來籌借國
債、增練新軍等事，已使政府威權稍有恢復振作之勢，但人民要求開設議院
等事，政府尚未能事事允准實行，故「上下相持，頗滋疑沮」。經查俄國預
備立憲已逾百年，終因民間知識猶未盡開，一時之間無法實現；而此次宣布
立憲，政府一方面不能不曲從輿論；另一方面又不能滿足民間的要求，所以
亂事之消除尚需假以時日。俄國此次雖經戰敗而亂，卻能於武備經營不遺餘
力，自籌借鉅款後，訓練更加勤奮。至所見陸軍即新募之眾，由俄皇親自校
閱，軍容亦頗見雄壯整齊。而俄國本有船廠多處，目前增造軍艦，有重至一
萬七千噸者，其餘他國代為建造或修理者，亦所在多有，其他如槍砲、子彈
等武器設備，亦頻頻向外國大量訂購製造。舉凡其他國家有槍彈等兵工廠
者，俄國多半已有訂購，並派俄國兵官前往監督製造，「是其補苴籌借，正
復謀慮周詳，實有未容輕視者矣。」（戴鴻慈等，1981：18）

　　由是以觀，戴鴻慈等人選在俄國戰敗之後前往考察，雖於正常的政治運
作無法得見，卻可以藉此觀察俄國籌備立憲的情形，以及政府與民間為立憲
相關事宜爭論的畫面，無疑也是相當寶貴的一趟行程。

六、考察日本憲政的心得：引為中國效法之綱本

　　朝廷曾經兩次派遣親貴重臣赴日本考察，第一次是光緒三十一年底，考
察五大臣的第二團，由載澤領隊，考察重點以學校教育為焦點。第二次則是
光緒三十三年（1907）十月，朝廷另行諭令達壽前往日本考察實施憲政的情
形。

　　光緒三十一年十二月二十八日（1906），載澤等一行人抵達東京，於謁
見日本天皇，呈遞國書後，連日率同隨員展開參訪行程。光緒三十二年正月
二十日，載澤等奏〈在日本考察大概情形暨赴英日期摺〉，稟報在日本考察
的心得（載澤等，1981：5）。

載澤等人在考察日本完竣，提出考察的心得，認為：日本自維新以來，一切政治均取法歐洲，復斟酌國內人情風俗之異同，以為擬定行政措施之依據；而且邊做邊改，於是章程、法律時有增刪修訂之處，頭緒紛繁，非實地參觀訪問，實不易得其要領。大體而言，載澤等人認為日本之所以能在短時間內興起，而為列強之國，實得力於「改良律法，精練海陸軍，獎勵農工商各業，而其根本則尤在教育普及。」同時，奏摺指出日本自維新之初，即實行強迫教育，無論男女皆須入學讀書，全民形成一股學習的風潮，在各自的領域貢獻所學，終能成就日本獨特的國家風格（載澤等，1981：6）。

以上是第一次考察日本的情形，後來在光緒三十三年（1907）十月，當時朝廷已經頒布預備立憲詔書，故特派遣達壽專程前往日本考察實行憲政的相關事宜。

光緒三十四年（1908）七月十一日，達壽返國後奏〈考察日本憲政情形摺〉，向朝廷提出萬餘言的考察日本憲政心得報告。觀其奏摺，大概可以分為八個部分予以說明。

㈠開宗明義即向朝廷提出兩項建議：⑴政體急宜立憲；⑵憲法亟當欽定。達壽在奏摺開始即指出，朝廷亦已宣布立憲詔書，明定立憲期限。然而，毋庸置疑的，立憲實為未來政體之趨勢。但是，立憲的利害得失，以及預備期限之長短，必須審慎為之。而世界大勢以立憲為宗，中國絕對不可能置身事外。

總而言之，政體採取立憲制度，則國之根本穩固而皇室可安然無恙；憲法由朝廷制定，則國體存而主權固。這些都是有百利而無一害之事（達壽，1981：25）。

㈡達壽分析國體與政體之差異。他認為，「國體者，根於歷史而固定者也。政體者，隨乎時勢而流動者也。」達壽確認中國屬於君主國體，因為數千年來都是如此。既然是君主國體，則無論政體為專制或為立憲，國家大權皆操之於朝廷，並無旁落之憂慮（達壽，1981：26）。當時朝廷的官員，尤

其是滿族親貴，普遍存在著一旦立憲則無權無勢之說，但達壽認為那是庸人自擾而已，根本不必擔心。

　　㈢達壽根據考察日本憲政的結果，探討日本預備立憲的經過。他指出：日本昔為封建制度，「幕府專政，垂數百年，歷代天皇，虛擁神器。」等到將軍歸政，王室復興，即有立憲之議。最後，「天皇果敢，英斷獨抒，先酌古而斟今，決從人而捨己」，遂派遣木戶孝允、大久保利通、伊藤博文等重臣，先後赴歐美各國，考察憲政體制。天皇則於考察大臣回國後，召開御前會議，斷然決定縮短發布憲法的期限，並亟定開設國會之期限，詔書一下，萬民額首稱慶。乃於明治二十二年頒布憲法，即於二十三年召開國會；而此時距離伊藤博文等考察憲政返國，亦不過七年的時間。所以，日本可以「一戰而勝，再戰而勝，名譽隆於全球，位次躋於頭等，非小國能戰勝於大國，實立憲能戰勝於專制也。」（達壽，1981：28-29）

　　㈣達壽積極遊說，表示立憲可以增加國民的競爭力，並鞏固國家的根本。他認為，國際上的各項競爭者，並非甲國之君與乙國之君競爭，而是甲國之民與乙國之民競爭；故欲立國家於世界各國之上者，必先厚植國民之競爭力。而國民之競爭力有三種，包括戰鬥之競爭力、財富之競爭力及文化之競爭力；同時具備這三種競爭力的國家，帝國主義即可實行（達壽，1981：29-30）。

　　因此，唯有實行立憲政體，才能夠厚植國民之競爭力，使國家實行帝國主義於世界，不為世界大勢所淘汰。達壽更進一步說明其理由。他指出，凡是立憲國家，人民皆有納稅、當兵之義務，以此二義務，換得一參政之權利。據此而行，君主乃訂定憲法以為臣民權利之保障，而臣民又獲得在國會協助君主立法之舉動，並能實行監督國家財政之權利。本此君臣民一心之國勢，若談戰鬥，「則舉國團結一致，為對外之舉，所謂臣三千唯一心者是也，而戰鬥力足矣。」若談財富，則平時君主政府常藉國力以獎勵殖民政策，並保護人民貿易行為，戰時則藉國家之信用，募集國內之款項，而人民

因欲獲得身命財產安全之保障，不得不先割捨財產之一部分，以應國家之要需。若談文化，則教育之事，地方可以各出財力以謀求發展，政府並訂定監督獎勵之辦法；反之，如果不實行憲政體制，「則其國家之機關不完，其在上也，不能謀國民之發達，而下之國民，亦因被上之拘束，不能自謀其發達。」既然國民已不能自求發達，競爭力必立即衰退，更不足以立於國際競爭之戰場，而欲以衰退之國民競爭力，實行國家主義，此為地球未曾發生之事（達壽，1981：30）。由此可知，唯有立憲始能強化君主為民謀福利之舉，並凝聚民心，增強國民競爭力，讓國家屹立於世界而不搖，而日本就是最佳的例證。

㈤達壽分析，實行立憲可以令皇室安穩而無傾覆之虞。他指出，專制政體的國家，皇室與國家相互牽連，故往往國家政變發生，必影響皇室安危，日本昔日亦如此。自從實行明治維新以後，改革制度，凡於人民發達有直接關係之事，則移諸國家，而於天皇有直接關係之事，則歸諸皇室。皇室、國家之劃分，純以責任為標準；有責任者，由國務大臣負之，無責任者，則命宮內大臣任之。這種劃分的方式，則稱為間接政治，即依據憲法組織實行政事之機關，而皇室則不插手政事之推動。因為君主國體，皇位本為世襲，其間難保無一、二失德之主，若非行間接政治，則施發號令一旦拂逆民情，便有可能危及皇室。而現今立憲各國，「則內閣旦夕有更迭之事，君主萬年無易位之憂，責任所關，可以睹矣。」（達壽，1981：31-32）由此以觀，達壽本著君主國體之觀念，強調立憲對於皇室僅有百利而無一害。

㈥立憲國家行政、立法、司法三權分立的做法，於君權並無妨礙，達壽特以日本為例，分析其理由。以司法為例，裁判官直轄於天皇，不受他機關之節制，而以此稱為司法獨立，但實際上司法權並未逾天皇之權。以立法為例：日本議會之功能，僅止於協助天皇立法，至於裁決與否，則屬天皇之大權；如此而行，立法權並未干涉天皇之大權。至於行政部分：內閣完全屬於天皇施政之機關，內閣大臣對於國家之事務，如有涉及重大關係者，必須奏

請天皇裁決始得施行。由此可知，國務大臣之行政權對君權易無損害。因此，達壽總結立憲對皇室的好處：「君權未嘗減少，而此間接政治，既可以安皇室，又可以利國家，元首為其總攬機關，皇室超然於國家之上，法之完全，無過此者。」（達壽，1981：33）

(七)憲法之制定，必須採取欽定憲法，如此而行，始可存君主國體而鞏固皇室之權。達壽為此提出三項理由以說明之：

1.欽定憲法不礙君主之權：日本憲法由於欽定，開宗明義即條列天皇大權，即使未經條列之事，亦為天皇固有之權。而日本憲法規定天皇之大權包括發議改正憲法之大權等十二項。這些大權皆為歐洲各國憲法所罕有。將來中國制定憲法，對於皇帝之大權，無妨援日本條列之法，詳細規定，既可避免將來疑問之端，亦不致開設國會時為法律所限制（達壽，1981：35）。

2.臣民自由權利有所限制：凡立憲國家臣民權利自由之獲得，必間接由法律規定而來，並非由憲法上直接產生效力，且立憲國家均極重視行政命令之處分。未來中國制定憲法，亦應於法律之中明定臣民之權利自由，「必使出於上之賜與，萬不可待臣民之要求」（達壽，1981：35-36）。

3.實行憲政可確立政府體制：凡立憲國家，必置國務大臣，又以國務大臣組織內閣，而國家行政之機關乃能完備。且君主之神聖不可侵犯，故日本憲法明定國務大臣有輔弼天皇之責任，而一切命令之頒布，均須副署。然而，若國務大臣認為天皇所下命令有違背憲法之虞，可以拒絕副署，不經國務大臣之副署，天皇命令終不得施行，此又所以防專制之弊者。雖然，中國歷代已有封還詔書及署紙尾之事，可見中西制度不謀而合。未來若行立憲，「不過復中書省之舊制而已，豈有損君權於萬一哉？」（達壽，1981：36-37）

(八)達壽建議朝廷應制定皇族內規：他認為，皇室為國家之主體，亦即憲法所由來，故日本臣民對於皇室典範，與憲法同視為國家根本之大法。因此，未來制定憲法時，皇室之事自應與憲法同時制定，以同列為國家之根本

法，或詳載於憲法之內，或如日本，另訂皇室內規（達壽，1981：40）。

　　根據達壽此份考察報告以觀，他積極強調立憲對於朝廷的好處，希望藉此催生憲法之訂定。最後，他以總結性的語氣再度呼籲朝廷實行憲政：「非實行立憲，無以弭內憂，亦無以消外患，非欽定憲法，無以固國本而安皇室，亦無以存國體而鞏主權。大權政制，不可不仿行，皇室典章，不可不並重。」（達壽，1981：41）

貳、頒布諭旨籌劃立憲

　　朝廷在預備立憲的努力上，除諭派親貴大臣出國考察外，還做了四件極具意義的事：一、宣誓立憲決心；二、設置推動立憲的組織；三、制定相關法規和計畫；四、擬定憲法大綱。以下就此四件事一一探討。

一、宣誓立憲決心

　　朝廷諭派親貴大臣出國考察各國政治之後的四個月，光緒三十一年（1905）十月二十九日，諭派政務處王大臣設立考察政治館，「延攬通才，悉心研究，擇各國政法之與中國治體相宜者，斟酌損益，纂訂成書，隨時呈進，候旨裁定。」（《光緒實錄》，卷550：17）於是，朝廷展開預備立憲的動作。

　　光緒三十二年（1906）夏，出使各國考察大臣陸續返國之後，提出實行憲政的建議，朝廷遂於七月十三日頒布諭旨，宣示預備立憲先行釐定官制，此即歷史上所謂的「預備立憲詔」。此道諭旨有三個重點（《光緒實錄》，卷562：8-9）：

　　㈠諭旨指出派遣大臣出國考察政治，係因中國之積弊已久，實有確實改革之必要：「我國政令積久相仍，日處阽險，憂患迫切，非廣求智識，更訂法制，上無以承祖宗締造之心，下無以慰臣庶治平之望，是以前派大臣分赴各國考察政治。」

㈡說明載澤等出使大臣之意見，以實行憲政為其共識，故朝廷從善如流，曉喻大小臣工，積極籌備立憲：「時處今日，唯有及時詳析甄核，仿行憲政，大權統於朝廷，庶政公諸輿論，以立國家萬年有道之基。」

㈢指示實行憲政必由改革官制入手，再廣興教育、清理財政，需俟諸政事已理後，始得有效建立憲政制度：「著內外臣工，切實振興，力求成效，俟數年後規模粗具，查看情形，參用各國成法，妥議立憲實行期限，再行宣布天下，視進步之遲速，定期限之遠近。」

「預備立憲詔」顯然是滿清政府首度公開表示願意實行憲政的證據，自此以後，有關立憲的議論愈來愈多，無論大小臣工，無論士人輿情，皆自各個角度提出對於立憲的看法。

光緒三十三年（1907）五月二十八日，朝廷再度頒布諭旨，要求大小臣工就立憲乙事，「凡有實知所以預備之方施行之序者，准各條舉以聞。」因此，除原已獲准專摺奏事各員外，「其餘在京呈由都察院衙門，在外呈由各地方大吏詳加甄覈，取其切實正大者選錄代奏。」但是，朝廷訓飭臣工，所條陳之事不得陳腔濫調，「亦無取煩文詞費，只要切合時勢、實在可行者，逐一具陳，以便省覽而資采擇。」最後，強調「此事既官民各有責任，即官民均應講求，務使事事悉合憲法，以馴致富強。」（《光緒實錄》，卷574：8）

光緒三十四年（1908）六月二十四日，朝廷諭令憲政編查館及資政院迅將議院未開以前，逐年應行籌備各事，分期擬議，臚列具奏呈覽，以為宣布開設議院年限之準（《光緒實錄》，卷593：13）。八月一日，憲政編查館及資政院會奏〈憲法大綱暨議院法選舉法要領及逐年籌備事宜摺〉，認為預備立憲之年限，最快必須三、五年始能有成，最慢亦不致於延宕十年之久。因此，提出「自本年光緒三十四年起，至光緒四十二年止，限定九年將預備各事一律辦齊」的建議；並希望朝廷「責成內外臣工實力奉行，不得稍有推宕。」（憲政編查館等，1981：57）同日，朝廷即諭令：「開設議院，應以逐年籌備各事辦理完竣為期，自本年起，務在第九年內將各項籌備事宜一律

辦齊，屆時即行頒布欽定憲法，並頒布召集議員之詔。」（《光緒實錄》，卷 595：2）至此，即確定以九年為預備立憲之期限；而這項期限之訂定，迄頒布立憲詔書之時已兩年有餘，確實令立憲派人士有質疑朝廷立憲決心之口實。

光緒三十四年（1908）十月，光緒和慈禧相繼去世後，由宣統即位，載灃攝政，立刻於同年的十一月十日，頒布諭旨重申，仍以宣統八年為限實行憲政。諭旨強調：本年八月一日，朝廷嚴飭內外臣工務在第九年內將各項籌備事宜一律辦齊，屆時即行頒布欽定憲法，並頒布召集議員之詔等諭，「煌煌聖訓，薄海同欽。自朕以及大小臣工均應恪遵前次懿旨，仍以宣統八年為限，理無反汗，期在必行。」並藉此再度要求內外諸臣，「斷不准觀望遷延，貽誤事機，尚其激發忠義，淬厲精神，使憲政成立，朝野乂安。」（佚名，1981：69）

宣統元年（1909）二月十五日，又再度重申實行預備立憲，諭旨稱：「國家預備憲政，變法維新，疊奉先朝明諭，分年預備，切實施行。……國是已定，期在必成，嗣後內外大小臣工皆當共體此意，翊贊新猷。」（佚名，1981：71）

閏二月四日，又頒布諭旨指出：「現在朝廷預備立憲，各該部院衙門，舉凡應辦要政及一切關於預備立憲各事宜，皆當次第籌畫，督率所屬官員認真辦理。」（佚名，1981：72）由此以觀，京內外各臣之配合立憲的進度相當緩慢，於是朝廷有一再申飭之舉。

後來，因有立憲派呈請速開國會之陳情活動，朝廷遂於宣統二年（1910）十月三日，諭令將九年的預備期縮短為五年，並決定於宣統五年開設議院。此道諭旨有三個重點，非常值得注意（佚名，1981：78-79）：

㈠企圖為遲遲不開國會之舉脫罪，強調中國民智未盡開通，若遽行召開國會，恐將產生欲速則不達之弊，並表示即使無陳情之舉，不待臣民之請求，朝廷亦已經逐步規劃立憲。

㈡表示朝廷願意從善如流，斟酌臣民之請求，將預備立憲期即行縮短為五年，但必須先釐訂官制，並制定相關法令規範。

㈢藉此諭旨再度申飭京內外官員務當積極籌劃，絕不允許再有因循觀望之心態與作為，對於乘機作亂之愚民，亦將有懲處措施。

朝廷諭令縮短預備年限後十日，宣統二年（1910）十月十三日，又頒布諭旨要求憲政編查館，將所奏籌備的成績隨時稽核，如查有「措辦遲逾或因循敷衍毫無實際者，據實糾參」。並將按溺職例懲處失職人員，「紀綱具在，絕不姑寬」。同時，訓飭內外諸臣，「須知此項要政，上稟前謨，下慰民望，關繫至為重大。自茲以往，益當振刷精神，認真整頓，無取乎虛文粉飾，務底於成，斷不可遇事畏難，互相諉過。」無論大小臣工更應該「共矢和衷，屏除私見，毋黨同而伐異，毋勤始而急終，庶幾上下一心，弼成郅治。」（佚名，1981：80-81）

根據朝廷歷次諭旨以觀，表示立憲聲浪的壓力愈來愈大，朝廷遂不得不一再頒布諭旨表示立憲誠意。直至宣統三年（1911）九月九日，各地的革命活動已有愈演愈烈之勢，朝廷為安撫民心，遂頒布實行憲政諭。由原來的九年縮短到五年，現在又再縮短為三年。諭旨指出宣統即位三年以來的各種弊端，似有罪己之意，諭旨稱：

「用人無方，施治寡術。政地多用親貴，則顯戾憲章，路事朦於僉壬，則動違輿論。促行新治，而官紳或藉為網利之圖，更改舊制，而權豪或祇為自便之計。民財之取已多，而未辦一利民之事，司法之詔屢下，而實無一守法之人。馴致怨積於下而朕不知，禍迫於前而朕不覺。」

因此，特提前布告天下，宣誓與軍民維新更始，實行憲政的決心。同時，對於湖廣地區發生的革命活動，歸罪於瑞澂等「乖於撫馭，激變棄軍」，對這些革命軍釋出「果能幡然歸正，決不追究既往」的善意。最後，朝廷希望「國民扶持，軍人翼戴，期納我億兆生靈之幸福，而鞏我萬世一系之皇

基。使憲政成立，因亂而圖存，轉危而為安，端恃全國軍民之忠弛。」（佚名，1981：96-97）

綜合上述，滿清政府原來同意立憲之舉，看似有敷衍的心態。但隨著民間立憲聲浪的不斷高漲，以及各地革命活動的此起彼落，都一再迫使朝廷不得不採取更為積極的作為，朝廷確也顯現較高的立憲決心。最後，朝廷乾脆將預備期限提前為三年，企圖討好立憲派與革命黨。可是為時已晚，朝廷的任何行動都無異於困獸之鬥。

二、設置推動立憲的組織

朝廷籌備立憲的舉動，始於光緒三十一年（1905）十月二十九日的諭設考察政治館，該館亦為朝廷推動立憲的第一個正式組織。光緒三十三年（1907）七月五日，慶親王奕劻等奏請將考察政治館改為憲政編查館，由軍機處王大臣總理其事，仍設提調二員，即以原派之提調改充，專辦編制法規、統計政要各事項。嗣後遇有關係憲政及各種法規條陳，並請飭交該館議覆，以歸一律。至館中應辦之事，俟允准之日，再由督飭館員，詳定妥善章程，認真辦理，以符合朝廷實行憲政之至意（奕劻，1981：45）。同日，朝廷諭准奕劻之奏請，並指示資政院未設以前，暫由軍機處王大臣督飭原派該館提調詳細調查編定。所有軍機大臣、大學士、參預政務大臣會議事宜，改由內閣辦理（《光緒實錄》，卷576：4-5）。

諭旨允准憲政編查館的改制後，奕劻乃於七月十六日，奏〈擬呈憲政編查館辦事章程摺〉指出，法制與統計兩大端，「頭緒紛繁，關繫重大，於憲政為經始之圖。」所以，憲政編查館即以此兩項工作為其主要職掌。在法制方面，奕劻等認為：「立憲各國，無不以法治為主義，而欲達法治之域，非先統一法制不可。各項法制規模大具，然後憲法始有成立之期。」因此，建議由憲政編查館一面調查各國成例，擬定草案，一面於各部院、各省所訂各項法制，悉心參考，漸謀統一之法。俟資政院設立後，隨時將該館已核定之

法案，送交資政院陸續議決。至於統計的職責，重在查驗國家財政之盈虧情形，及評估國家財力之強弱，經過相互比較後，藉以擬定施政方針，故宜「**內考全國之情勢，外覘世界之競爭**」。因此，應該參考各國每年有統計年刊之例，彙集各項統計，使人民可以一覽而知。此後各部院、各省應就其所管業務範圍，詳細列表按期咨送憲政編查館，該館彙整各表後，即可據以推估國家現在的實際情形（奕劻，1981：48）。

憲政編查館既已成立，其統計業務之執行必須飭下各省配合，所以在光緒三十三年（1907）九月十六日，奕劻依據憲政編查館辦事章程第十三條之規定，奏〈請飭各省設立調查局摺〉，指出中國的情形，「**疆域廣袤，風俗不齊，雖國家之政令，初無不同，而社會之情形，或多歧異。**」所以，必須由各省分任調查之責，俾能對於民情風俗，無不周知，將來考核各種法案，亦得以有所依據，才能避免中央與各省的統計資料互相牴觸。然而，中國統計學剛處於萌芽階段，加以名稱繁雜，冊報參差。於是，憲政編查館在綜合外國成規並斟酌本國情形之後，正式提出各省設立調查局的建議，以為憲政編查館編制法規、統計政要之助。並奏請要求各省調查局遵照以下的原則：「**開辦之始，必須事事先求其簡明確實，斷不可參以虛飾之詞，敷衍之見，乃可望由疏而至密，袪偽以存真。**」而此項調查局的工作，即由各省疆臣，注重講求，遴選妥員，實地考察，隨時編列，彙交憲政查館，俾得京內外資料互相貫串，且報告不為具文，對憲政編查館的法規擬定工作，才能有所裨益（奕劻，1981：51-52）。

憲政編查館的奏摺，獲得朝廷的支持。於是在光緒三十三年（1907）九月十六日，諭令各省設立調查局一所，由各省督撫遴選適當人員，按照憲政編查館之建議，切實辦理，隨時將調查所得之文件，咨報憲政編查館。同時，諭令中央各部院設立統計處，由該部院堂官派定專門人員，按照憲政編查館所定表格，詳細臚列，按期咨報，以備刊行統計年鑑之用（《光緒實錄》，卷 580：1）。

　　光緒三十四年十二月十一日（1909），憲政編查館鑒於同年的八月一日已經確定預備立憲之期限為九年，在議院尚未召開以前，應籌備各項事宜。因此，奏請設立專責單位，以考核各省預備立憲的進度，奕劻在〈設立專科考核議院未開前應行籌備事宜酌擬章程摺〉指出：於憲政編查館設立專科，派員管理，名曰「考核專科」，遴派總辦以下各員，專司考核京外各衙門應行籌備各事，遵照欽頒九年定限清單，按期查核。並依據「期屆則先事督催，報到則認真考察」的要領，彙整各省資料後，由憲政編查館主管大臣等分別奏咨辦理，務使九年期限內所有各項籌備事宜，一律辦齊（奕劻，1981：69）。

　　綜合上述，考察政治館為朝廷推動立憲的主要機構，後來該館改名為憲政編查館，內設法制、統計兩個局，分別主管法規草擬與各省立憲資料之彙整，並設考核專科，以督促各省立憲進度。由此觀之，朝廷對於立憲的勢在必行，應當是有所知覺的。

　　然而，直至宣統三年（1911）四月十日，朝廷頒布諭旨任命內閣人事，始知主政者實無誠意立憲。是日授奕劻為內閣總理大臣，那桐與徐世昌為協理大臣；梁敦彥為外務大臣、唐景崇為學務大臣、盛宣懷為郵傳部大臣、善耆為民政大臣、載澤為度支大臣、廕昌為陸軍大臣、載洵為海軍大臣、紹昌為司法大臣、溥倫為農工商大臣、壽耆為理藩大臣（佚名，1981：566）。以上共十三位大臣，漢人僅占四人，滿蒙占九人，其中皇族又占五人，因此被稱為「皇族內閣」。此項人事命令由於受到立憲派的極度不滿，宣統三年（1911）九月十一日，內閣中的皇族成員紛紛請辭，朝廷遂諭令開去奕劻等皇族內閣職務，並於九月十九日正式改派袁世凱為內閣總理大臣，命其組織完全內閣（佚名，1981：599-601）。從此以後，袁世凱即成為主導國家大局的重要人物。

三、制定相關法規和計畫

朝廷對於立憲相關法規和計畫的擬定，大概始於光緒三十三年（1907）十一月二十日。是日朝廷諭令憲政編查館會同民政部，妥擬「政事結社條規」，藉以規範民眾集會結社之舉動。此道諭旨有五項重點，值得予以分析（《光緒實錄》，卷 583：4-5）：

㈠諭旨表示，法令規範為立憲國家必備之條件，唯有法令規範完備無虞，始能有效推動立憲：「必須上有完備之法度，下知應盡之義務，方可宣布憲法，定期施行。」

㈡對於立憲的言論必須有所規範，所有民眾的集會結社，都必須在法律範圍許可的前提下進行：「民間集會結社，暨一切言論著作，莫不有法律為之範圍，各國從無以破壞綱紀干犯名義為立憲者。」

㈢指出近來部分不法之徒乘機作亂，口出浮言，以擾動人心遂行其破壞立憲的目的，若長此以往，憲政之推動必將無疾而終。

㈣立憲雖賦予人民發表言論之自由，但並非人人皆有發表言論的資格，亦非所有政事人民皆得以干預，而是必須透過有關機構的轉呈，始符體制。

㈤表示將對好事之徒祭出嚴厲的懲罰：「儻有好事之徒，糾集煽惑，構釀鉅患，國法具在，斷難姑容，必宜從嚴禁辦，並著京外各衙門督飭所屬，懍遵此次諭旨，實力奉行。儻敢瞻徇故縱，養成禍患，該管衙門不得辭其責。」

朝廷既然已諭令憲政編查館制定民眾集會結社條規，並指定各省諮議局為人民陳情言事之代表，故於光緒三十四年（1908）六月二十四日，頒布諭旨允准憲政編查館與資政院會奏之〈各省諮議局各議員選舉各章程摺〉。諭旨指出：「諮議局為采取輿論之所，並為資政院預儲議員之階，議院基礎即肇於此。」隨即要求各省督撫迅速舉辦，實力奉行，自奉到章程之日起，限一年內一律辦齊。同時，諭旨藉此機會積極宣導諮議局對於立憲的功能，期

望各省切實執行，勿以一己之私利，害全省之公益（佚名，1981：54）。有
關選舉議員的原則，諭令各省督撫「率各該地方有司認真監督，精擇慎選，
斷不准使心術不正行止有虧之人託足其內，致妨治安。」（《光緒實錄》，
卷 593：13）

至於開設議院年限之宣布，朝廷表示：「必須切實預備，慎始圖終，方
不致託空言而鮮實效。」因此，諭令憲政編查館與資政院主管大臣等，率館
院內諳習法政人員，「甄采列邦之良規，折衷本國之成憲」，迅速擬定君主
憲法大綱，及議院（指國會言）、選舉各法擇要編輯，並將議院未開以前，
逐年應行籌備各事，分期擬議，臚列具奏呈覽。俟朝廷親裁後，必當隨即將
開設議院之年限欽定宣布（《光緒實錄》，卷 593：13）。

光緒三十四年（1908）八月一日，憲政編查館與資政院會奏〈憲法大綱
暨議院法選舉法要領及逐年籌備事宜摺〉，正式將未來國會議員的選舉辦
法，以及預備立憲期間每年應行辦理事項，奏報朝廷閱覽。奏摺指出，議院
法及選舉議員之法，均與憲法相輔而行，舉凡議事的權限，選舉人與被選舉
人之資格，「非有一定之準繩，必啟臨時之紛擾，亦應肇括大意，豫為籌
定，以便將來纂輯條文，有所依據。」因此，擬具議院法要領十一條，及議
院選舉法要領六條，以為爾後制定法令之參據（憲政編查館等，1981：56、
59-61）。

至於開設議院以前，應行籌備各事，憲政編查館認為「頭緒至為紛繁，
辦理宜有次第」。遂指出籌備的綱要：「預備自上者，則以清釐財政，編查
戶籍為最要，而融化滿漢畛域，釐定官制，編纂法典，籌設各級審判廳次
之。預備自下者，則以普及教育增進智能為最要，而練習自治事宜次之。」
並說明這些預備事項的舉行，皆有其立憲上的重要功能，如未能辦理完善，
則僅徒襲立憲之名，而難有其實。因此，擬訂光緒三十四年（1908）起，至
光緒四十二年止，以九年為預備立憲之期限，屆時應將預備各事一律辦齊。
同時，憲政編查館請旨訓飭天下臣民，對於逐年應行籌備事項，務當實力執

行，藉以制止紛紛擾擾之舉動，平息沸沸揚揚之聲浪（憲政編查館等，1981：56-57）。

　　有關九年應行籌備事項，大概以憲政編查館所列綱要內的項目為主。學部主辦之事項，彙整如表6-1。

　　憲政編查館與資政院的奏摺獲得朝廷的允准，遂於光緒三十四年（1908）

▼表6-1　九年預備立憲期學部應行籌備事項一覽表

預定年度	應行籌備事項
光緒三十四年（預備立憲第一年）	編輯簡易識字課本、編輯國民必讀課本
光緒三十五年（預備立憲第二年）	頒布簡易識字課本、創設廳州縣簡易識字學塾、頒布國民必讀課本
光緒三十六年（預備立憲第三年）	推廣廳州縣簡易識字學塾
光緒三十七年（預備立憲第四年）	創設鄉鎮簡易識字學塾
光緒三十八年（預備立憲第五年）	推廣鄉鎮簡易識字學塾
光緒三十九年（預備立憲第六年）	
光緒四十年（預備立憲第七年）	人民識字義者須得百分之一
光緒四十一年（預備立憲第八年）	人民識字義者須得五十分之一
光緒四十二年（預備立憲第九年）	人民識字義者須得二十分之一

八月一日頒布諭旨，首先訓飭臣民應當同心協力，諭旨稱：「現值國勢積弱，事變紛乘，非朝野同心，不足以圖存立，非紀綱整肅，不足以保治安，非官民交勉，互相匡正，不足以促進步而收實效。」至於應行籌備事項，諭旨要求將籌備清單及此道諭旨，「刊印謄黃，呈請蓋用御寶」，分發在京各衙門，在外督撫、府尹、司道，敬謹懸掛堂上，即責成內外臣工遵照單開各節，依限舉辦。每屆六個月，將籌辦成績臚列奏聞，並咨報憲政編查館查核。各部院領袖堂官、各省督撫及府尹，遇有交接情形，繼任人員應會同前任人員將前任辦理情形，詳細奏明，「以期各有考成，免涉諉卸。」凡中央各部院及外省同辦事宜，部臣本有糾察外省之責，「應嚴定殿最分別奏聞」。同時，訓飭言官應據實考察，不得有誤。另外，朝廷亦藉此諭旨向內外臣工

積極呼籲：「當此危急存亡之秋，內外臣工同受國恩，均當警覺沈迷，掃除積習。」至於人民應行練習自治及教育各事，「在京由該管衙門，在外由各督撫，督飭各屬隨時催辦，勿任玩延。」如此而行，則第九年將預備事項全部辦齊，朝廷即行頒布欽定憲法，並頒布召集議員之詔書。最後，朝廷再度向內外臣工動之以情，希望贏得配合立憲的動作，諭旨稱：「凡我臣民皆應淬厲精神，贊成郅治……。總期國勢日臻鞏固，民生永保昇平，上慰宗廟社稷之靈，下答薄海臣民之望。」（《光緒實錄》，卷 595：1-3）

　　光緒三十四年（1908）九月二十九日，再度頒布諭旨澄清，清單內所列事項，僅就與開設議院最切要者為主，固宜積極辦理，即使未列入清單之事項，各部院亦不能輕忽。並要求各衙門統限六個月內，按照憲政編查館與資政院所奏清單格式，各就該管事宜，以九年應有辦法，分期臚列奏明，交憲政編查館會同覆核，請旨遵行，以專責成而杜遷延（《光緒實錄》，卷 596：14-15）。

　　宣統元年（1909）八月十四日，憲政編查館、資政院會奏〈覆核各衙門九年籌備未盡事宜摺〉，這是朝廷首次考核各部院預備立憲之進度。奏摺指出，預備立憲應由各部院自定宗旨及實施要領，並按年自行考核，始能有效推行。否則，僅賴憲政編查館之考核，恐有掛一漏萬之虞。而且，考核之真正的精神，在期望各部院切實執行，以免九年一到，落得有名無實之譏。再者，憲政編查館對學部做出以下的評語：「該部所奏歷年籌備事宜，由粗以及精，窮源而竟委，誠屬窺見要領，條緒井然，於灌輸科學之中，仍寓保存國粹之意，尤為能見其大。」（憲政編查館，1981：72-75）

　　立憲預備期限既已擬訂，亦有逐年籌備事項之頒布，且於宣統二年（1910）十月三日，諭令縮短期限為五年，於是朝廷乃於宣統二年十月四日，諭派溥倫、載澤為纂擬憲法大臣，要求溥倫、載澤務必悉心討論，詳慎擬議，隨時逐條呈候欽定。如應添派協同纂擬人員，允准隨時奏報，候朝廷簡派，以期迅速辦理，如期告成（佚名，1981：79）。

　　宣統二年（1910）十月十一日，朝廷頒布諭旨，飭令各主管衙門，對所有關於憲法之各項法令及一切組織架構，切實籌備。如學部應籌辦教育普及等項，均屬關係重要，不容置為緩圖，該管衙門具有應盡之責任，應該速將提前辦法，通盤籌劃。凡召開議院、召集議員之期限以前，必須完成之各項事宜，均應分別最要、次要之先後順序，詳細奏明，請旨辦理（佚名，1981：81）。

　　宣統二年（1910）十月二十九日，奕劻等奏〈考核京外各衙門第三年第一次籌備憲政情形摺〉指出，學部預備立憲之重點為推廣廳州縣簡易識字學塾，前經學部將簡易識字課本通行各省在案。經查各省設立學塾較多者，如四川已設二千六百餘所；直隸、湖北已設一千餘所；浙江、山東已設七百餘所；廣西已設六百餘所；河南、江西、福建、廣東、湖南、陝西、甘肅均設塾在三、四百所以上；奉天、吉林、黑龍江、江蘇、山西均設塾在一百餘所以上。唯安徽、貴州、新疆等省成立較少。其學生名額較多之數，如直隸、浙江、湖北已達二萬餘名；福建、廣東、廣西已達一萬餘名；陝西已達七千餘名；河南、江西、湖南已達四、五千名；奉天、吉林、江蘇、山西已達二、三千名；浙江核與議案規畫全省之數，已逾百所。其餘成立較少省分，請旨飭下安徽、貴州、新疆等省撫臣，嚴飭所屬認真趕辦，以期普及（奕劻，1981：86）。

　　宣統二年（1910）十一月五日，朝廷諭令憲政編查館就所有籌備清單各項事宜，分別縮短年限，切實進行，並將修正後清單奏明，請旨辦理（佚名，1981：88）；二十四日，又再度諭令飭令憲政編查館，除將修正籌備清單，迅速擬訂外，並應將內閣官制，一律詳填，纂擬具奏，候朝廷披覽詳酌（佚名，1981：89）。由朝廷頒布諭旨頻率如此密切觀之，立憲的壓力已經逼迫朝廷不得不加快腳步。

　　宣統二年十二月十七日（1911），奕劻奏〈呈修正憲政逐年籌備事宜摺〉，遵照諭旨指示，將九年清單一律提前為五年。此次修正的重點，分為

三個部分：一、提前各項，如頒布施行內外官制及宣布憲法皇室大典等；二、增人各項，如設立內閣，頒布行政審判法等；三、變通各項，如續辦地方自治，續籌八旗生計等。至於續辦地方自治各條，均應循序漸進，並非旦夕所能成功，仍應按年續辦，以求實際而免阻礙。此外，有關巡警、教育等項，皆屬普通行政事務，故此次清單內未予列入，仍應責成主管衙門，按照原定清單，分別最要、次要，妥籌辦理。奏摺中也再次呼籲，希望內外臣工確實執行清單內各事（奕劻，1981：89）。

宣統三年（1911）九月八日，當時的局勢已經是革命活動風起雲湧、不可抑遏，遂有資政院總裁世續等奏〈請速開黨禁以收拾人心摺〉的舉動。奏摺強調，欲弭平亂事，唯有收拾人心，而「士者民之倡導，未有士心不固，而民心能固者也。」而且，清代本無黨禁之說，只是中外海通以來，世界政治學識在中國各地隨處傳播，有識之士因藉西洋政治理論與實際，而見中國政府之腐敗。其中雖有一二「桀黠之輩，簧鼓革命」，為中國之害。然而，亦有「睠懷祖國，感激舊恩，忠愛之忱，歷久不變者」；至於「僅冒嫌疑，並無實跡，痛心永棄，企望見收者，亦復不少。」但是，歸納言之，開黨禁有三點理由（世續，1981：92-93）：

㈠為實行憲政起見，不可不速開黨禁。考查各國立憲之成例，與民更始，未有不於開國會時大弛黨禁者。而今中國距召開國會僅有一年，如於此時「宏頒渙號，與以更新，使人民復公權之平等，國家得政黨之互劑。」不但借表真誠，亦可收實效。

㈡為護惜人才起見，不可不速開黨禁。近年以來，中國人才之消乏情形極為嚴重，上位者實應亟宜維持。革命黨人中，「實有文章學問度越恆流，而且艱阻備嘗，深增閱歷，無論躋之政界，置之社會，出其蘊抱，必足仰助休明。如赦使來歸，將見人望所存，風從者眾，彙征之吉，即為消長之機。」

㈢為消解禍亂起見，不可不速開黨禁。奏摺指出，人心失望之餘，往往鋌而走險。「況匪黨脅從者已奉明詔准其投誠，則與亂事無涉之黨，更無不

許自新之理。」

　　基於上述的理由，世續建議朝廷，「特沛德音，凡因戊戌政變而獲咎者，與前後因犯革命嫌疑懼罪逃匿者，以及此次亂事雖被脅附而自拔來歸者，悉皆赦其既往，俾齒齊民。」並昭告天下，所有大清帝國臣民，如不逾越法律範圍之外，本皆在國家保護之列；嗣後，地方官吏若非根據法律，不得以嫌疑之故，逮捕無辜。如是而行，天下人民必「曉然於皇恩之浩蕩，悔禍者深自被濯，觀望者無復猜疑。士心一固，民心自固。」（世續，1981：93）

　　世續建議開黨禁的奏摺，獲得朝廷允准，遂於宣統三年（1911）九月九日，諭令速開黨禁，諭旨指出：「黨禁之禍，自古垂為炯戒，不獨戕賊人才，抑且消沮士氣。」由此可見，朝廷已經向革命黨人釋出善意，並承認革命黨人之言論或許有可採之處：「時事日有變遷，政治隨之遞嬗，往往所持政見，在昔日為罪言，而在今日則為讜論者。」因此，接納世續的建議，不但明白宣示不追究政治犯，表示保護人民之誠意。最後，更希望「被赦人等，尤當深自被濯，抒發忠愛，同觀憲政之成，以示朝廷咸與維新之意。」（佚名，1981：96）

　　世續奏請開黨禁的同日，亦奏〈請明詔將憲法交院協贊摺〉，建議詔進臣民，共商憲法之制定。世續認為，革命黨之勢力愈來愈大，必有足以鼓煽人心之理由。他推測其原因，都是由於人民不相信朝廷願意立憲，不相信朝廷的誠意。然而，朝廷為立憲所作的努力，都是有名無實，「在政府以為可借此以敷衍人民，在人民終不能因此而信愛政府。」於是，人民「憤政府之疲緩，官吏之酷虐，法律之不備，審判之不平，人民生命財產之無所保障，權利義務之不能確定，國勢之陵夷，民族之衰弱。」如此一來，革命學說更易於傳播，而革命之勢力於是大盛。故革命黨人所藉口者，「其初恐朝廷之不立憲，其繼憤政府之假立憲，其後乃不欲出於和平立憲，而思以鐵血立憲。」（世續，1981：94）

因此，欲維繫人心、弭平禍亂，唯有示人民以真正立憲，而所謂的真正立憲，就是頒布憲法。然而，頒布憲法若不使人民參與，則人民「信守之意不堅，愛護之誠不至，服從之效不篤」。鼓吹革命者，更以無人民參與之憲法非真正立憲，繼續鼓煽人民。況且，憲法為萬法之母，為君民共守之信條，「又曷不於規定之始，詔進臣民，一為商榷。」而且，所謂協贊，乃在纂擬之後，欽定之前，對於先朝聖訓欽定之本義，毫無妨害（世續，1981：95）。

朝廷對於世續主張應由資政院協贊憲法的建議表示同意，遂於宣統三年（1911）九月九日，諭令溥倫等敬遵欽定憲法大綱，迅將憲法條文擬齊，交資政院詳慎審議，候朕欽定頒布，用示朝廷開誠布公，與民更始之至意（佚名，1981：97）。

宣統三年（1911）九月十二日，朝廷諭令袁世凱組織完全內閣，並將所有大清帝國憲法著即交資政院起草，奏請裁奪施行，「用示朝廷好惡同民，大公無私之至意。」（佚名，1981：97-98）

朝廷所有預備立憲的舉動，至此幾乎全盤崩潰，皇朝地位已經搖搖欲墜。雖然於宣統三年（1911）九月十五日，諭准革命黨人按照法律改組政黨（佚名，1981：104），九月十六日又釋放糾眾請願開國會之主導者（佚名，1981：98），企圖釋出更多的立憲誠意，但似乎全都於事無補，阻擋不了革命黨顛覆滿清政府的決心。

四、擬定憲法大綱

光緒三十四年（1908）八月一日，憲政編查館資政院會奏〈憲法大綱暨議院法選舉法要領及逐年籌備事宜摺〉，首度提出制定憲法的大綱。奏摺首先分析各國立憲的形成過程，有由下而上者，亦有由上而下者。由上而下，稱為欽定憲法；由下而上，稱為民定憲法。中國如欲採行憲政制度，則必須以欽定憲法為原則，「宜使議院由憲法而生，不宜使憲法由議院而出。」而

且，憲法乃國家之根本大法，為君民所共守，自天子以至庶人，皆當遵循，不容踰越。再考查東西各君主立憲國家，國體雖有不同，憲法互異，但其最主要的精神則有三項：「一曰君主神聖不可侵犯，二曰君主總攬統治權，按照憲法行之，三曰臣民按照法律，有應得應盡之權利義務而已。」總之，憲法乃在鞏固君權，兼保護臣民者。因此，憲法大綱應首列君上大權事項，「以明君為臣綱之義，次列臣民權利義務事項，以示民為邦本之義。」（憲政編查館，1981：55-56）

憲政編查館所擬的憲法大綱，放在朝廷三年多，仍未頒布。直至宣統三年（1911）九月十三日，滿清政府的局勢已經相當緊張，陸軍統制張紹曾等仍奏〈請願意見政綱十二條〉，呈請朝廷儘速頒布施行，以定國危，而弭亂端。奏摺一再論述頒布憲法大綱之必要性，且企圖說服朝廷，表示憲法大綱必無損朝廷之權利。奏摺稱：「要求之改革目的，於我皇上地位之尊榮，無絲毫之損，而於我國家基礎之鞏固，有邱山之益。」（張紹曾，1981：99）

宣統三年（1911）九月十三日，資政院總裁李家駒等奏〈請將草擬憲法內重大信條先行頒示並請准軍人參與憲法起草意見摺〉，指出憲法為弭亂之根本：「急切挽救之方，約千萬語為一言，仍不外視憲法良否以為關鍵。」因此，如能頒布憲法內重大信條，「天下軍民皆欣欣喜色相告曰，吾君果順臣民之請，廓然大公，掬誠相見。風聲騰布，固已勝於百萬之師。」（李家駒，1981：101-102）李家駒的建議，朝廷慨然允准，立即諭令擇期宣誓太廟，並頒布君主立憲重要信條。

第二節　立憲的正反主張

　　民間主張立憲的聲音，最早出現在朝廷籌備立憲之前。後來，隨著日俄戰爭的結束，以及朝廷諭派大臣出國考察政治的舉動，對於立憲的討論則愈形激烈。贊成立憲者，京內外官員及在野人士都有，其中又以張謇所領銜的立憲派活動影響最大。至於反對立憲者，亦遍布京內外官場和社會上的知識階層，其中又以革命黨反對由滿洲人主導立憲最為激烈。本節擬探討立憲的正反主張，闡述正反陣營各自的立場、理由，以及策略。

壹、立憲的倡導

　　張謇雖於光緒二十七年（1901）著《變法平議》，提出設置議政院及府縣議會的主張，但民間密集倡導立憲，應當是由報章雜誌發表言論開始的。日俄戰爭初期，中國境內的多家報章雜誌即開始討論日本連戰皆捷的原因，而探討的結果，幾乎都歸因於日本的立憲政體戰勝俄國的專制政體。

　　光緒三十年（1904）一月，《東方雜誌》甫創刊，即刊載崇有的〈論中國民氣之可用〉一文。崇有開宗明義即指出：「俄羅斯以四十餘倍之地，三倍之人，歷數年之經營，據形勝之要地，竟為區區日本所大困。」並認為「日人生質勇敢，游俠武士道之風，遍於全國，不若吾民之委靡不振也。」再者，崇有指出中國傳統士大夫的觀念和做法：「我中國向以寬柔為教，文人學士，以好勇鬥狠為屬戒，以從軍行役為至苦。」然而，民間經常出現為家鄉為族人而勇敢械鬥從不退卻的現象。雖然平日沒有軍事的訓練，朝廷也沒有勳爵之獎賞，更沒有留名青史的觀念，而民眾卻願意毅然決然地置生命財產於度外，誓無反顧；因為他們認為一鄉一族之勝敗，實為一己之勝敗；一鄉之族之榮辱，實為一己之榮辱。但是，一遇國家有戰事，「召募士卒，其趨而應之者，皆此鄉僻愚民及窮無聊賴者也，一旦臨敵，各鳥飛獸散，無

復平日氣概，勇於私鬥，怯於公戰。」崇有歸納其原因，在於人民無國家思想，故視國家勝敗榮辱與己似乎毫不相干；而人民無國家思想，非人民之罪，實政體之咎。而國家如欲得人民之誓死效忠，非授以政權不可。因此，崇有建議朝廷應開誠布公，經常灌輸人民以國家危難之說，施以普及教育，並限期開議院。如此而行，使人民皆知自己與國家的關係，必可抵禦外侮；否則，全國上下離心離德，終將成為列強的俎上肉，任人宰割（崇有，1904：5-7）。

崇有建議開設議院的言論一出，立即引發諸多的回響。光緒三十年（1904）三月的《中外日報》，刊載一篇名為〈論中國前途有可望之機〉的社論，以更堅定的語氣強調專制政體必亡。該社論認為，日俄戰爭之後，若日勝俄敗，天下局勢必將全改，且將有一新世界出現在人類的眼前。該社論主張，日俄戰爭對於世界最大的影響乃在於令世界各國體悟：「專制政體為亡國辱種之毒藥，其例確立，如水火金刀之無可疑，必無人再敢嘗試。」俄國歷經此挫折之後，若改為憲政，則其政策必與今日之俄國大異，其國威亦將顯耀於世界。而中國為黃種人之專制國，若鑒於日本之勝，深知黃種人亦可以興起，數十年已死之心，即將復活。此種觀念，影響人心的時間將極為深遠，感動人民的速度亦極為快捷，未來的數年，中國必有大風波，軒然而起，即使滿清政府竭力阻擋，亦已不能（《中外日報》，1904：53-55）。

光緒三十年（1904）三月二十七日，《中外日報》又再度發表社論，名為〈論中國內政〉，檢討中國內政的兩項問題。該社論一開始即指出，當時朝廷的主事者對日俄戰爭所引發的國際情勢發展，漠然處之，並批評掌權者之愚昧無能。至於內政之問題，該社論提出二項（《中外日報》，1904：35-36）：

一、國家的重要職官如尚書、侍郎，以至巡撫、司道、實缺知府，不識字者幾乎占半數。固然中國不識字者較列強為多，難道就連少數之要津人物，亦無可用之才？長此以往，國家進用不識字者為官，則人民將以為識字

與不識字已經無異，甚至文理之通與不通，學問智識之有與無，都不重要了。

二、朝廷進用官員之途徑花樣百出。「最奇者，朝廷有時亦因孝敬之故而有不次之賞，……彼固何所取而有此，而天下皆熟視而無覩，以為當然。」

歸納而言，無論京內外官員，處於優勢地位者，必為善於逢迎其上，刻薄於下者；處於劣勢地位者，亦非大賢君子，日思有所以致高位之道。因此，造成一股極為腐敗的官場風氣。基於以上的認識，該社論提出警告：「中國若永遠閉關，不與外人遇，而由今之道，無變今之俗……至一二千年，而復返於野番，三、四千年，而種滅矣。」然而，如今唯一可以改變中國命運者，只有速行憲政一途（《中外日報》，1904：36-37）。

以上三篇文章，皆發表於日俄戰爭初期，雖然日勝俄敗之跡已現端倪，但終非定局。直至戰爭的末期，光緒三十一年（1905）七月二十三日，《南方報》即發表〈論立憲為萬事根本〉的社論，直接指陳唯有立憲始能救中國積弊。該社論首先指出中國尋求變法已五十餘年，但卻無成效。於是，該社論以極為感嘆的語氣指出：「創之於列邦而為善治矣，及其行之中國，幾無不與初意大左，而利害適相反焉。」而其主要原因，則在於政體不立所害。因此，欲救中國長久以來的積弊，唯有實行憲政（《南方報》，1905：170）。

同時，該社論亦指出，日俄戰爭乃上天故意對中國示警，希望中國藉此機會即刻覺醒，力圖振作。但是，卻有頗令人憂心之處，即因循怠惰之人，必然拖累整體憲政的推行（《南方報》，1905：171）。

日俄戰爭結束後，光緒三十一年（1905）八月二十八日，《領東報》乃發表〈論今日新政之缺點〉的社論，檢討當前時政的弊病。該社論指出，朝廷之所以銳意維新，主要是受到日俄戰爭的影響。然而，政府變法必先改革政體：「政府變法，必先改革政體，政體者萬事之本，而治道之原，其再不容稍有遲疑，稍有吝祕，以為進化之梗固也。」隨後，該社論乃指出當前新政的幾項缺失，如科舉既廢，而捐輸不停；刑法既改，而官制不變；冗員方

裁,而政出多門;日言練軍,而不許各省製造軍器(《嶺東報》,1905:225-231)。

在捐輸的弊端方面:該社論認為,實施一千三百年之科舉制度,已毅然廢除,捐輸卻依然如故。朝廷公然賣官鬻爵,運用各種計謀以廣捐輸,若勸捐有效,且得巨額獎賞。況且科舉制度下產生的人才,所學非所用而已,但捐輸卻可以不必學。既然已經廢除科舉,卻不停止捐輸之例,如此新政推行必然自相衝突而已,豈有進步之日?(《嶺東報》,1905:227)

綜合以上各篇報章雜誌之論述,顯見在日俄戰爭之後,中國境內已經掀起一股要求立憲的聲浪,這股波瀾壯闊的立憲訴求,勢必影響朝廷的一舉一動,對於各項立憲預備工作的展開,應當存在著催促的作用。

貳、立憲的必要性

光緒三十一年(1905),出使各國考察政治大臣載澤等奏〈請以五年期改行立憲政體〉指出,「憲法者,所以安宇內,御外侮,固邦基,而保人民者也。」此段話已經扼要說明立憲的必要性與好處。載澤等也分析近百年的國際情勢,以立憲為各國政體之趨勢,奏摺稱:「環球諸君主國,無不次第舉行。……觀於今日,國無強弱,無大小,先後一揆,全出憲法一途。」(載澤等,1981:110-111)

由此可見,立憲對於國家的整體利益實多。若再詳述,立憲的倡導者,對於國家必須實行立憲的必要性,各有其主張,大體不外乎對內與對外兩端。對內者,倡導者認為立憲可以鞏固皇權、培養人民的愛國思想、實施徵兵制度以強化國家武力、弭平內亂、化解滿漢之畛域、實施強迫教育以增進國民智識、發行公債以募集國家財源、改革司法弊端以保護人民基本權益。對外者,倡導者認為中國若實行立憲政體,即成為國際社會的一員,因此,可以獲得世界各國以國際公法公平對待、減輕列強侵略中國的機會,並能以明確的法令規範處理層出不窮的教案。以下分述之:

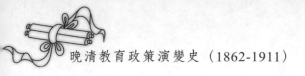

一、鞏固皇權

這項理由對於朝廷最具說服力，因為唯有保證滿清朝廷的權力不受影響，滿清皇族才肯願意推動立憲。

光緒三十一年（1905）六月九日，當時日俄戰爭尚未正式結束，出國考察政治大臣亦尚未成行，《中外日報》即刊登一篇名為〈立憲淺說〉的社論，分析立憲的各種益處，其中第一項即說明立憲對於君上之利益。該社論表示，立憲國的君主，有權利而無責任；雖然表面上權利有所限制，然其在國內，仍然是神聖不可侵犯的。而且，今日中國欲立憲，則必採行欽定憲法，與歐洲各國之民定憲法殊異，與日本之立憲類似；因此，立憲之後，皇帝所享受之權利，仍可與日本天皇相比擬，故不能說是權利不足。而立憲國家，有明確的法令規範，皇帝仍得善用其於憲法上所賦與之權利（《中外日報》，1905：147-148）。

民間表示立憲仍可鞏固皇權之說於前，考察政治大臣返國又安撫朝廷於後，似乎已讓朝廷吃下一顆定心丸，半推半就地勉強推動憲政。光緒三十二年（1906），出使各國考察政治大臣載澤等奏〈請宣布立憲密摺〉時指出，憲法頒布之後，在外各督撫，在內諸大臣，「其權必不如往日之重，其利必不如往日之優，於是設為疑似之詞，故作異同之論，以阻撓於無形。」這些大臣的心理並非忠愛朝廷，而是保護一己之私權及私利而已，更會冠冕堂皇地表示反對立憲是防範損失皇權，殊不知君主立憲，大意在於「尊崇國體，鞏固君權」，並無皇權損失之疑慮。載澤等更說明立憲可以保住皇權的理由：「立憲之國君主，神聖不可侵犯，故於行政不負責任，由大臣代負之。……故相位旦夕可遷，君位萬世不改。」（載澤等，1981：173-175）

二、培養人民的愛國思想

光緒三十三年（1907）八月十二日，福建布政使尚其亨奏〈憲法立則公

法行公法行則外侮靖摺〉指出,「外交之難易,視內政之得失,內政之得失,視民格之高下」。實行憲法,確能造就國民品格使進步於文明,居於不可侮辱之境界。而憲法更有限制之涵義,國與國交際各有限制,不得侵他國之自由。一國共守之法稱為憲法,萬國共守之法稱為公法,其義相通。我國之君且不能侵國民之自由,而他國之君豈能侵我國民之自由?故憲法即國際公法之基礎。至於憲法上所謂限制者,並非國君自行拋棄其權利,自由者,亦非國民得任意逾越該有之規範,實有法律為其範圍(尚其亨,1981:260)。由此觀之,憲法成立之後,君主與全國人民共同在憲法的規範之下,得以享有自由,並有所限制;國家更可經由外在形式的保護與限制,進而培養人民內在的愛國思想,促使人民願意共守此法,共保國家安全。

三、實施徵兵制度以強化國家武力

中國由於未實行憲法,所以人民對於國家缺乏向心力,一遇國家戰事,能夠避免徵調絕對避免,因此軍隊欠缺戰力乃勢所必然。欲有效增強軍隊戰力,就必須實行憲法,以一定的規範實施徵兵制度。

光緒三十一年(1905)七月二十三日,《南方報》在〈論立憲為萬事根本〉的社論,即提出「必立憲而後能行徵兵制度」的主張。該社論指出,東西各國實行徵兵制度,大約自二十歲以上,均應編入軍隊,而其民奉行其制,亦無不視為當然者。而這些實行徵兵制的國家,大半屬於立憲國家,國民皆享有憲法上之權利,並視國家為自己權利的一部分;既然成為國家的公民,而享受應得之權利,則必當盡保衛國家之義務,也可視為保衛自己的權利。但是,專制國家的人民從軍,只不過為自己生計,勉強保護他人之權利而已;一旦遇有緊急危難,必欲逃之而後快,豈有戰死沙場之榮譽?所以,專制國家欲募集兵力,猶有困難,更別說是實施徵兵(《南方報》;1905:173-174)。

四、弭平內亂

光緒三十二年（1906），出使各國考察政治大臣載澤等奏〈請宣布立憲密摺〉時認為，立憲可以弭平內亂。奏摺指出，中國濱海地區人民以專制政體徒事壓制為由，聚眾結黨，常有作亂之事，若改行立憲政體，則朝廷有世界文明國家之作為，雖民欲倡亂必無據（載澤等，1981：175）。

五、化解滿漢畛域

滿族人有贊成立憲者，亦不乏反對者，其反對理由，皆為主張立憲之後，滿族權利必有損失。但是，載澤等出國考察政治大臣卻對此說頗不以為然。他們認為，清朝自入關以來，已近三百年，從前粵捻回之亂，勘定之功，將帥兵卒，皆以漢人居多，滿漢已無界限可言。尤其當今中國處於列強逼迫之劣勢，即使集合中國全體人民之力，尚恐不足以抵禦外侮，「豈有四海一家，自分畛域之理」。至於計較滿漢差缺之比例，競爭權利之多寡者，載澤等皆斥之為不知大體者。因為，「擇賢而任，擇能而使，古今中外，此理大同。」若滿人果真賢能堪用，「何患推選之不至，登進之無門？」如果不肖且無能，自應在摒棄之列。而且，「官無倖進，正可激勵人才，使之向上，獲益更多。」滿族人若未能體會國難當頭，必有覆亡之虞（載澤等，1981：175-176）。由此觀之，載澤等認為滿族人應當在此國家危難之際，摒棄以前養尊處優的惡習，一律以國家發達為目標，而不應再要求給予特別之權利與待遇。

六、實施強迫教育以增進國民智識

中國由於人民智識淺陋，缺乏競爭力，所以自從與外國通商、海禁大開以來，屢屢受挫，屢嘗敗戰。究竟中國人民有都愚蠢？貍照在〈立憲私議〉一文中指出，當前有許多人皆以為晚明氣象已現，一切成敗委之於定數，凡

事皆有屈於天命之想法。且中國開明之人，僅占全國人數的百分之一二。故這種委之天命的觀念，已導致國內流言不止（貍照，1905：217-218）。更令人憂心者，全國人民志氣消沉，不但生平無大志，皆將成敗歸於果報（貍照，1905：220）。

然而，值得慶幸的是，中國已有預備立憲之舉，而且人民所承擔的權利義務，一切均以法令為依歸；此外，「更有至尊無對之憲法，為上下所依循，遂不能因私人之喜怒，而有溢美溢惡之斷制。」（貍照，1905：220）由此可知，憲法一行，人民在法令的引導下，可以充分瞭解自己的權利與義務，除可避免自怨自艾，更能夠奮發振作，力圖自強。

根據貍照的看法，實行憲政可以增進人民的視野，開拓更寬廣的智識。而《南方報》在貍照之前，已經發表〈論立憲為萬事根本〉的社論，提出「必立憲而後能行強迫教育」的主張。該社論認為，強迫教育之實施，「立憲國行之而順，專制國為之而逆者也。」因為，立憲國家的人民，屬於國家的公民；相反的，在專制國家，即使人民不被視為奴隸，卻未必視為公民。因此，專制國家的教育，只不過於千萬人中拔取一、二以教育之，以供專制君主之趨而已，絕無普及之可能。因此，「欲教育之進步完全，不可不趨於強迫干涉也，是非改定政體以徇教育不為功矣。」（《南方報》，1905：175）

七、發行公債以募集國家財源

《南方報》在名為〈論立憲為萬事根本〉的社論中，也提出「必立憲而後能行國債」的主張，分析專制國家與立憲國家在籌措財源上的差異。舉凡募集國債的舉動，必須仰賴政府與人民之間的信用，並非可以強迫人民。然而，專制之政府，平時已無信用可言，且朝廷施以莫大之威力，絕對之神權；於是，人民極為害怕自己一生的積蓄毀於一旦，藏之唯恐不及，政府欲募集談何容易？但是，西洋各國之財政，「大半出於租稅，雖重斂而民無黷

言，猶患不足，則有臨時募債之舉。」至於當前的中國，對人民募集財源，國債之發行，係出於國家籌措財源已經黔驢技窮的不得已措施，其急迫性隱然若見；如能確實改行立憲，即使加稅都不難，而何況是發行國債？（《南方報》，1905：174-175）

八、改革司法弊端以保護人民基本權益

光緒三十一年（1905）七月十六日，《晉報》刊出陸宗輿的〈立憲私議〉，指出中國司法的弊端，並強調唯有立憲之後始能有效地進行司法改革。陸宗輿認為，凡擔任法官者，唯有進用法律專家，「而後斷獄能盡情、能平允」；故各國法官，「皆以專門專職終其身，而不另遷他途。」反觀中國，以行政官員任法官之職，弊端極多。況且，行政官員之法學素養必有所不及，以一人兼兩職，遂使地方政治愈趨敗壞，政事愈不堪聞問（陸宗輿，1905：167）。

因此，陸宗輿提出司法改革的方案。以刑部為法部，專管全國司法之政務，以刑部之問案歸入大理寺，為大審院；以臬司為一省最高法庭；每府則仿前明推觀舊制設府法官；州縣則以通判為地方法司，皆以通律學者任之。一切改良，悉照各文明國家之制度而斟酌修改之，則立憲國之司法制度於焉建立（陸宗輿，1905：167-168）。

根據陸宗輿的規劃，中國一旦實行立憲，必能一併推動司法改革，藉以保障人民的基本權益。《南方報》也在〈論立憲為萬事根本〉的社論中，提出「必立憲然後能自保其民」的主張，批評中國保民措施不佳，逼迫人民甘願離開家鄉，改歸外國籍。這些現象的產生，皆因不行立憲而來，欲謀解救之方，亦唯有實行立憲而已。因此，中國若欲自保其民，則不可以不宣布立憲。因為立憲之後，「官吏既受憲法之制裁，而人民亦得憲法之保障，無患於苛政，而可以安存，則庶幾有所止耳，故憲法者，實有國者所以干城其民之具也。」（《南方報》，1905：171-172）

九、獲得國際公法的公平對待

中國因為行專制政體，故被外國視為不同類型之國家，甚至被列為未開發之國家，被不平等地對待。於是，外交工作不斷受挫，列強諸國更以瓜分中國為能事。之所以如此，皆因不行立憲而來，欲謀救之之方，則唯有立憲一途。因此，《南方報》在〈論立憲為萬事根本〉的社論中，乃提出「必立憲而後可以善處外交」的主張。該社論指出，當前列強之外交政策，對中國均採取「利用少數之政府，以馴制多數之人民」的方法；列強並以劫持和巧誘等二計，利用滿清政府專制政體的特性遂行其目的。假使中國為立憲國家，則執政者之一舉一動攸關國家大計及人民安危時，議院和人民皆有抗議之管道。如此一來，列強的劫持和巧誘二計，便無所可施之勢。總之，專制政體之毒非但害及內政，甚且危及外交（《南方報》，1905：172-173）。

光緒三十二年（1906），出使各國考察政治大臣載澤等奏〈請宣布立憲密摺〉時亦指出，立憲可使中國的外患漸輕，理由是：「今日外人之侮我，雖由我國勢之弱，亦由我政體之殊，故謂為專制，謂為半開化，而不以同等之國相待。一旦改行憲政，則鄙我者轉而敬我，將變其侵略之政策為平和之邦交。」（載澤等，1981：175）

綜上所述，中國唯有實行立憲政體，始能與列強諸國同享國際公法之保障，獲得外國的敬重，減少外國對中國的侵擾。

十、有效處理層出不窮的教案

西洋國家到中國傳教的過程中，受到許多的阻礙，逐漸演變成教徒與人民之間的衝突，卻因中國無明確法令規範，且前後處理態度不一，因主辦者而異，所以這些教案又轉變成中國政府與國際間的外交問題，而其主因皆起於不立憲。光緒三十一年（1905）七月十六日，陸宗輿撰〈立憲私議〉，提出實行立憲可以遏教權的想法。他指出，中國對教案處理失當，卻招致外國

人輕視。於是，中國的司法權、行政權，甚至國家大權都受到極大的干涉。追究其因，實起於行政、司法不分界限（陸宗輿，1905：167）。總之，實行立憲之後，法令規範可以明確公布周知，則不論任何案子，皆依法判決即可，不致牽涉行政官員，則無所謂的教案問題。

參、推動立憲的準備事項

立憲的倡導者對於預備立憲期間的應行事項，有各自的看法。綜觀其見解，大要不出以下四端：一、頒布立憲宗旨；二、開辦地方自治；三、制定相關法規；四、鼓勵研究憲法。

一、頒布立憲宗旨

光緒三十一年（1905），載澤等奏〈請以五年期改行立憲政體〉，建議朝廷宣示立憲宗旨：「**使全國臣民，奉公治事，一以憲法意義為宗，不得稍有違悖。**」（載澤等，1981：111）

光緒三十二年（1906）閏四月十六日，江蘇學政唐景崇奏〈預籌立憲大要四條摺〉，認為「**發明立憲宗旨**」乃預備立憲之第一要緊事。因為，立憲之舉為中國有史以來的第一次，守舊者必因生畏而阻礙。所以，他建議在頒布憲法之前，應當向全國人民宣誓，表示勢在必行的決心。如此而行，必能君民同心協力以爭存於世界，藉憲法之頒布以祛除數百年中有司舞弊，胥吏玩法，上下不通之積習。於是，「**朝野皆曉然於宗旨之所歸，而無所用其阻礙，綸音一布，先定人心，其餘諸政次第措之裕如矣。**」（唐景崇，1981：113-114）由此觀之，宣示立憲宗旨具有安定人心，表達決心的作用。

頒布憲法前除應宣示宗旨外，更應裁定以君主立憲為未來擬定憲法之準據。唐景崇強調，頒布憲法以前，應就君主憲法與民主憲法的差異，分析清楚，並應以日本的君主憲法為模仿的藍本。因為，中國向來屬於君主國體，故憲法必當訂自君主，以符體統。最重要的是，君主立憲的優點在於君主得

免其行政之罪,而歸國務大臣負責,故行君主立憲,則「大臣之責守專斷,無㥉規越矩之為,而君主最高之威權,益覺尊嚴無上。」(唐景崇,1981:114-115)

光緒三十二年(1906),載澤等奏〈請宣布立憲密摺〉,就立憲宗旨的宣示問題做出建議。他認為此時頒布立憲,只是言明開始預備,並非立即實行。中國必須俟有完全程度之國民,始得頒布立憲明詔。因此,必須先宣布立憲明文,「樹之風聲,庶心思可以定一,耳目無或他歧,既有以維繫望治之人,即所以養成受治之人格。是今日宣布立憲明詔,不可以程度不到為之阻撓也。」(載澤等,1981:175)

光緒三十三年(1907)八月十八日,徐敬熙奏〈整飭行政立法司法機關摺〉指出,「治國之道,首定國是,國是之定,在於誠信。」如今憲政已經預備,官制已經改革,不但無尺寸之功,乃益形棼亂,有變法之名,卻無變法之實。考究其原因,在於中國積弊相沿,非因循即粉飾,一言以蔽之,曰不誠不信。因此,中國欲定大計,首須定國是,欲定國是,首在「率下以誠,取下以信」。於是,徐敬熙建議朝廷頒布詔書,明定立憲年限,限期於十年或十五年內,先將憲法要義條示大綱公布海內,使天下臣民均曉然於宮廷意旨之所在,以培植人民對朝廷的信心,而不敢以似是而非之莠言以進(徐敬熙,1981:261-263)。

徐敬熙既已提出立憲期限的說法,署理廣西提學使李翰芬,亦於光緒三十三年(1907)十月五日,條陳預備憲政施行之方,建議「實行憲政期限宜速」。他認為,立憲已經成為當前拯救中國的唯一途徑,其實行之急已刻不容緩,因此建議明定頒布憲法及推行其他措施的時間表。而且,內閣宜儘速成立。因為,憲法規定的內閣,上對君主,下對議院,均負絕大之責任,故必須內閣確立之後,而後憲政乃有系統可言(李翰芬,1981:300)。

出使參贊吳壽全,繼李翰芬之後,亦表達宣示立憲宗旨的訴求,他於光緒三十三年十二月十一日(1908),奏〈請宣示憲法規則以杜民氣囂張摺〉

強調，一旦設議院、開國會，實施地方自治並普及教育，即為完全立憲之國家。然而，議院之設，自治之方，教育之廣，皆當求之於廣大民眾，所以「立憲之基礎，不難在朝廷，而難在百姓。」因為，立憲國家的人民必須曾經接受教育，略曉法律，而後能公舉代表以為議員，而無所用其私心。吳壽全認為朝廷於近日殷切博訪輿論，優予民權的做法，雖令人欣喜，但人民學習未完全，一般程度尚淺。然而，在預備立憲的期間，未能舉憲政之全體而實行之，於是建議飭下憲政編查館詳細核議，應如何條列憲法規則，迅速請旨宣示，「使天下咸知法律範圍、自由權限，固有萬不能稍為侵越者」，期能藉以「別權限，而靖人心，似於立憲之道，尤為當務之急也。」（吳壽全，1981：315）

綜合上述，倡導立憲者概以頒布立憲宗旨為第一急務，唯有宗旨定，始能百事興，憲政事業才能持續順利地推動，而無阻礙。

二、開辦地方自治

出使各國考察政治大臣載澤等，於光緒三十一年（1905）奏〈請以五年期改行立憲政體摺〉，提出宜先舉行者三事，第二項為「布地方自治之制」。因為以異地之人治在地之事必有其扞格不入者，必須採取各國成例，實施地方自治，以在地人治在地事；議員由在地人公舉，令行政官員任其責，議會董其成，始能達成休戚相關的目的（載澤等，1981：111-112）。

載澤等建議實施地方自治，確能掌握預備立憲的要訣，唯當時人民的智識未開，法律程度不足，若貿然行之，恐未收其利已蒙其害。於是，光緒三十一年（1905）七月十六日，陸宗輿（光緒三十一年：166）撰〈立憲私議〉一文，主張議院的設置應循序漸進，並認為朝廷應「考證中外，斟酌盡善，分省會府縣鄉邑等，各定以自治條章，垂為定制，頒行全國，其尤裨益於治道者，凡一切地方之鄉團保衛，小學教育，清查保甲，徵兵準備，以及道路水利衛生等政，無不可一任紳士辦理。」若依此而行，必能「因地制宜，費

省情熟，而事易舉，由是而鄉政風行，民智大開」，然後全國人民皆具立憲國家之國民資格，而可與議國家大政（陸宗輿，1905：166-169）。

光緒三十二年（1906）三月，舜修撰〈論立憲當有預備〉，亦提出「先立地方議會，以富人民政治上之經驗」的主張。舜修指出，地方議會乃人民自治之基礎。因為各地方之地理、歷史、風俗習慣以及財政等，各具有特殊之性質，天然之區劃，無法迫其相同；必設地方議會，然後一切應興應革之舉，方無隔膜之虞，故地方議會實與立法之國會，相輔相成。所以，他建議：憲法雖尚未頒布實行，民間卻不能不先於各府縣及市鎮町村，廣設地方之議會，使舉國之人均能充實政治經驗，而嫺熟於當地之措施，「則根基既植於立憲之前，效果自不難收於立憲以後。」（舜修，1906：47）

江蘇學政唐景崇亦認為，「地方自治政策，所以培成立憲基礎，乃今日所最宜注重者也。」他在光緒三十二年（1906）閏四月十六日，奏〈預籌立憲大要四條摺〉指出：東西各國商業之發達，製造之精巧，鐵道、汽船之交通，森林、礦山之日闢，以及學務、兵務、警務，莫不井然有序，漸臻進步文明之境，皆因其人民富於地方自治之力。因此，他建議採取西洋國家各地分治的精神，讓人民充分貢獻其心力於地方事務。而且，所謂分治者，並非侵越中央政府之權力，而是就地方事務之繁簡，斟酌衡量其應興應革者，當國力、官力有所未逮時，則分權力於個人，合無數人民之聰明才力，興辦一地之公事，結成鞏固之範圍。於是，當今施行憲法，應先斟酌區域之廣狹，飭下各地方開設議會；凡各項應辦事宜，允許民間開會集議；其有才識學行為地方所公認者，應由朝廷特予鄉官榮銜，以示風勵，以專議會責成，而仍以地方官任監督之責。至選舉鄉官之法，則採日本市町村制用單選法，郡制、府縣制用複選法，再由國家制定選舉法（唐景崇，1981：117）。

立憲當先有預備之方，已為倡導立憲者之共識，尤其對於地方自治之實行，更為預備之急務。接續舜修、唐景崇等人的論述後，內閣中書劉坦亦於光緒三十二年（1906）六月九日，奏〈條陳預備立憲之法呈〉，提出預備立

憲之法有四，第一即是「先行地方自治」。因為，中國人民尚無選舉議員之知識，亦無可擔任議員之人才，則先行地方自治為教育人民之法。再者，地方自治議會之組織及投票選舉，實為議院選舉之基礎，人民之政治經驗與知識，因練習而逐漸熟悉，不難養成適合立憲國家之國民資格。如能速定地方自治規則，頒發各省，即刻舉行，數年之後，國家立憲之基礎已經穩固，便可水到渠成，順利實行憲政（劉坦，1981：120-121）。

光緒三十三年（1907）十月五日，李翰芬亦主張「宜速行自治議會」。他建議，於一省中之府州縣，以地方之貧富、風氣之開閉為準，分為數級，雖下等之省，下級之州縣，而城邑所在，必令設立自治議會。而且，可以就各省所設之法政學堂及憲法研究所之畢業生，派充指導地方自治之實施。並應飭下各省大吏，以地方自治之發達為將來州縣官政績考核之依據，庶責任專而效驗易期（李翰芬，1981：303）。

三、制定立憲的配套法規

立憲之實行，除根本大法之頒布外，其餘相關法令規定之制定，亦不得輕忽。這些相關法規，大概包括集會、言論、出版、通信、警政、學堂等。

光緒三十一年（1905），載澤等奏〈請以五年期改行立憲政體摺〉，即提出「定集會、言論、出版之律」的主張。奏摺指出，集會、言論、出版三者，乃各立憲國家允許民眾之基本自由，而人民亦以得此自由與否，為生活幸福之準據。因此，建議採取英、德、日本諸君主立憲國家之現行條例，編為集會律、言論律、出版律，迅速頒布實行，以一趨向而定民志（載澤等，1981：112）。

江蘇巡撫陳夔龍，於光緒三十二年（1906）八月二十八日，奏〈報紙電信集會演說宜範圍於法律之內摺〉指出：「各處報紙、電信、演說、開會等事，皆為廣開民智之階梯，得其道則裨益良多，失其道則阻礙特甚。」並分別闡述其理由如下。

在報紙方面：考察外國報館林立，多者萬餘家，從未有本國新聞紙借用外國人出名保護者，且其立論皆具愛國思想，每次出報必受官吏之檢視，故報館有利而無弊。然而，中國報業缺乏律例以資遵循，則報紙之發行，必成為立憲之阻礙。因此，建議飭下外務部與各國公使，特訂專條：凡通商口岸開設中文報者，無論華股或洋股，均應遵守中國報律；買辦何人，主筆何人，必須先赴主管衙門註冊，查有不合，該衙門有即刻禁止出報之權，情罪較重者，由中國自行處治，外人毋得干預，以免妨害治安（陳唼龍，1981：149-150）。

在電信方面：陳唼龍認為電信事業發達，可使「京外一氣靈通，無悮事機，而商民專輪貿易，亦藉以速達。」尤其近年官督商辦者，獲利更為豐厚，但是，有關章程尚有待斟酌者。否則，匪黨利用電信密碼，編成暗號，透漏消息，雖屢有所聞，主管衙門卻無從覺察。因此，應請飭下電政大臣，通行各省商電局，凡有以上情事者到局發電，必須令其妥覓保人，方准代傳（陳唼龍，1981：150）。

在演說集會方面：陳唼龍指出，中國前有規定，凡演說集會十五人以上者，須報明地方官查考，但遵行者實不多見。「若漫無稽核，勢必橫議成風，妄言妄聽，職為亂階」，類此情況皆演說足以阻礙立憲進步者。至於集會，屢有意在殞費之情事，參與者良莠不齊，對地方一切公事，更是「越俎撓輿，甚且恃眾抵抗，⋯⋯各植黨類，假公益以便私圖」，此又足證開會之阻礙立憲進步。因此，為有效規範集會演說之範圍，避免脫序行為出現，應請飭下巡警部，妥立演說則例、開會則例、通飭各省督撫督同巡警委員，切實檢查，不得視為具文，有名無實，徒滋流弊（陳唼龍，1981：150-151）。

陳唼龍所提建議，概以言論自由的規範為主，廣州漢軍副都統李國杰認為，除言論自由的規範外，更應增加警章和學堂管理法。他於光緒三十三年（1907）七月十一日，奏〈請訂立警章報律學堂管理法摺〉，指出法治對立憲的重要性：「東西洋各國預備立憲，無不以組織法律政府為首圖，而尤以

造就法律國民為要義，誠以上者非憑藉法律，無以圖治，下者非諳曉法律，無所適從。」因此，值此預備立憲之際，必視法律為入手要端（李國杰，1981：209）。

在警章部分，必須從速嚴密釐訂，務求完備，不厭煩瑣。因為，「警章為官民相處不可須史離棄之物，規則雖嚴，而理法平易，官吏依法施行，不患失出失入，而愚夫愚婦，亦可以日習而通曉，則警章故可於法律未經修訂完美之前，代為民間普通法律，國家即藉此為造就法律國民張本。」（李國杰，1981：209-210）

在學堂管理法部分，應斟酌各國成例，凡高等學校以下，至蒙養院各階段，約束學生之法，均應納入其中，使其習慣成自然。迨其升入大學堂以迄服官，自能行為循規蹈矩，言論合理中節（李國杰，1981：210）。

以上所述，均為個別法律之訂定，李翰芬則就一般情形，論述憲法及各法均宜妥速編定。他認為，憲法雖為國家之根本大法，但其規定為世界各國所認同者，卻僅規定運用大政之綱領，至其詳細規範，則宜寄之於各法。然而，舉凡法令之制定，茲事體大，「必參酌中外因革損益，乃能行之天下而無弊。」因此，建議由憲政編查館，儘速調查各國成例，擬妥各項法令規章，逐次交付資政院議決。除憲法應限期頒布外，其餘各法亦應隨時請旨頒行，以速憲政之發達（李翰芬，1981：302-303）。

光緒三十三年（1907）八月十八日，度支部主事陳兆奎條陳〈開館編定法規等六策〉指出，改革之初，若不編定法典頒發各省遵守施行，終將難免隔閡之弊。因此，他建議，於京師開設法律館，蒐集研討德、英、日、美之法規，聘請中外法學專家，考察各國國體及民俗之異同（陳兆奎，1981：264-265）。

光緒三十三年十二月十一日（1908），御史黃瑞麒奏〈籌備立憲應統籌全局分年確定辦法摺〉，亦就一般法令規定之制定，提出看法。他認為：所謂立憲國，質言之，即是法治國。法治國與非法治國之差異在於：「法治國

任法而不任人，人失而法不失，故其國能長治久安。非法治國任人而不任法，人失則法亦失，故常朝治而夕亂。」今欲使中國由非法治國進為法治國，捨立憲則別無他途。而所謂立憲，則是以法律規範全體臣民。如今欲立憲必先預備，而欲於預備期內切實講求，則應先講求中國之所以不合於法治者。再者，他也指出當前最大的弊端，與法治國最不相合者，在於辦事任人而不任法（黃瑞麒，1981：315-317）。

綜上所述，實行立憲係以憲法為其骨架，並以各項配套之法令規定為其神經和手足；因為徒有憲法不足以行憲政，唯有在憲法精神下制定的各項法令規定，才是與民眾最切身相關者。

四、研究並宣導憲法內容與精神

憲政之實行，必以全體國民為基礎，而國民之資格更有賴造就之；造就之法，在於朝廷鼓勵各省官紳勤加研究，並宣導憲法內容與精神。

閔闇於光緒三十一年（1905）十一月，曾撰〈中國未立憲以前當以法律遍教國民論〉指出，當前立憲的聲浪高漲，唯因中國實行專制主義已數千年，臣民受制於政府威令之下，一般基層民眾對於憲法之精神與實際內容，未能知悉者仍多。因此，他建議採取宣講的做法：以本國向有之律例為素材，選擇人民日用所不可廢，人與人交際所不可缺，而官與民又兩皆平允者，輯成淺易文書，使初級小學生背誦而習之，經過二、三年學堂普遍設立後，此套淺易之律書亦已遍行。另外，又可編成白話文，令鄉塾教員，每遇休假日，即以此書演說。以上兩法並行，若能徹底執行，不出數年，「必轉使官府清平，鄉里安謐，其有不公不法之事，必能集團體合群力以與有權者相抗，雖在十室之邑，百戶之鄉，亦宜有通曉事理之人，出而任事，斯時而言地方自治，乃真可舉而措之矣。」（閔闇，1905：221-224）總之，閔闇期望透過宣講演說的途徑，向人民宣導憲法相關知識，俾使人民儘早瞭解國家實行立憲的宗旨，成為具有立憲資格的國民。

　　光緒三十二年（1906）三月，舜修接續閔閣之後，撰〈論立憲當有預備〉一文，提出「廣派俊士前往各國考察政治，以備參訂憲法」的主張。舜修指出，朝廷雖曾於光緒三十一年特簡親貴，分赴各國，考察政治之舉，唯隨員僅三十餘，又皆宦海中人，不足為國民代表。然而，民間卻未聞分赴外國考察憲政之舉，此皆令人大不惑。因為，肩負考察憲政之責任，既屬諸少數之達官，則將來訂立憲法時，亦必少數之意見為依歸。如此一來，則憲法上所賦予的人民權利，將可能遭到刪除或削減，實不符合立憲的精神。因此，他建議各省皆宜於本省人中，公舉明達幹練、負時重望、有代表全省人之資格者數人，分往各國，考其立法行政諸機關，及其組織方法（舜修，1906：46-47）。由此可知，舜修擔憂民間無知悉憲政制度之精髓者，朝廷便可大權一把抓，制定出一套只重君權不重民權的欽定憲法，如此則不如不立憲。

　　光緒三十二年（1906）六月九日，內閣中書劉坦提出「各省官紳設憲法研究所」的主張。他認為：「一國政務賴官紳之執行，而憲法之精神與百執事，均有相維之勢。」當今各省官紳能明悉立憲宗旨者，可能不多，即使頒布憲法之後，亦如同有舟而無槳。雖然各省已倡設法政學堂，卻因額數有限，未能普及，應飭下各省普設憲法研究所，令省內各級文武官紳皆入研究所講求憲法，庶幾頒布憲法之後，百執事之措置不背立憲之本旨。同時，他又提出「編輯憲法說明書」的建議。他認為，憲法臚列政體之大綱，明定於條文之內，君民世代共守之，乃中國古代未有之舉，非博學之士鮮知其原委，「昧然頒布憲法，必成具文而已。」而各國立憲政體之完善，非徒有憲法條文，而令舉國人民，無論智愚婦孺，皆洞悉國家憲法之精神，熟知憲法之條款，故能因勢利導，百事勃興。然而，當前中國人民無立憲知識，是不知也，非不能也。因此，他建議飭下考察政治館編纂憲法說明書，說明憲法之原理及各國憲法之異同，頒發各省，責成督撫通飭所屬，均派宣講員按日宣講，「一以防邪說謬解之歧入，一以為立憲變政之先河。」如此而行，

「至憲法頒布，已習焉不驚，自能喻化遵守，共臻隆盛之治矣。」（劉坦，1981：121-122）由此觀之，劉坦期望藉著官紳研究憲法，及朝廷編纂憲法說明書，以教育廣大的基層民眾，瞭解憲法的原意，及其對國家的正面功能，期能造就具備立憲資格的國民。

光緒三十三年（1907）十月五日，李翰芬提出「特設憲法報章」的建議。他主張應於內閣或資政院附設憲政官報局，編纂憲政有關之諭旨、奏摺、各地方自治情形等，除任人自由購閱外，仍配銷於京外大小實缺候補供差人員，俾得官民能實力研求，增廣憲法知識。並由民政部通行國中報館有勢力者，凡關於立憲之歷史、辦法、利益諸事項，將之選編，以白話文逐日登報，對於憲政啟蒙之事，更易成功（李翰芬，1981：304）。

肆、張謇與國會請願活動

張謇為光緒二十年（1894）狀元，他不僅是晚清時期的實業家、教育家，更在立憲運動時期擔任江蘇省諮議局局長一職，其一舉一動均攸關當時各省的立憲活動。張謇在其〈年譜自序〉中表示：「立憲所以持私與公之平，納君與民於軌，而安中國億兆人民於故有，而不至顛覆眩亂者也。」然而，主張革命者視立憲為助清，朝廷又「上疑而下沮，甲唯而乙否，陽是陰非，徘徊遷延而瀕於澌盡。」張謇當其間，「有一時一地一人一事之見端而動關全局者，往往親見之，親聞之。」（宋希尚，1966：289）在立憲運動的高潮期，他曾領導各省諮議局代表，前往京師表達立即召開國會，並實行憲政的強烈訴求。以下將分兩個部分：一、探討張謇倡導立憲的經過；二、說明各省諮議局的開國會請願活動。

一、張謇倡導立憲的經過

光緒二十七年（1901）二月，張謇作《變法平議》曰：「變法須財與人，財不勝用也，行預算審稅目而已，人不勝用也，設學堂行課吏而已。」

（宋希尚，1966：422）在此書中，關於立憲的建議有兩項：一、置議政院；二、設府縣議會。

置議政院部分：張謇指出，「凡制定新法，改正舊章，上有所建，交院議行，下有所陳，由院議達，故下無不通之情，上無不行之法。」因此，宜由京內外四、五大臣領銜，賦予遴選議員之權，「慎選通才，集思廣益，分別輕重緩急，采輯古今中外政治法之切於濟變者，鳌定章程，分別付行法司法之官次第舉行，隨時斟酌損益，不必專事督促，復蹈操切之轍。」（張怡祖，1983：52-53）

在設府縣議會部分：張謇建議，「仿日本設府縣議會，以地方大小，定議員多寡，……均以有家資或有品望者充之。」每二年以抽籤定去留，每次汰換一半；議員不支薪俸，但可領往來交通住宿費用。府縣政事以地方稅支辦，預算之額數，徵收之方法，由議會決定。若有重大利害關係者，議員得上其議於內務卿。因為選舉之人，被選舉之人，皆必紳士，紳士雖不盡曉新法，而有文告以曉諭之，權限以示之，必與無識無知者有異（張怡祖，1983：59-60）。

光緒三十年（1904）四月，張謇為張之洞與魏光燾擬請立憲奏稿，「經七易，磨勘經四五人，語婉甚而氣亦怯。」此時朝廷尚未派遣親貴大臣出洋考察，而張謇已經代張之洞等人擬稿請行憲法，由此可見，其早已關心並實際參與立憲運動。六月，張謇甚至自刻日本憲法，以十二冊透過關係送達內庭。據聞此書入覽後，慈禧於召見樞臣時諭曰：「日本有憲法，於國家甚好。」然而，樞臣相顧而望，不知所對，唯唯諾諾而已。張謇感慨地說：「樞臣奉職不識古義，涖政不知今情，以是謀人家國，寧有幸乎？」八月，更刻印日本憲法義解、議會史，送達鐵良，並與之談論憲法（宋希尚，1966：426-427）。

光緒三十一年（1905）八月，政府派遣五大臣出洋考察各國憲法，臨行前於車站遇炸彈事件，當時革命之說極盛，各地革命活動頗見頻繁。然而，

張謇對革命卻有不同的看法：「不若立憲可以安上全下，國猶可國。」（宋希尚，1966：429）由此觀之，張謇企圖以比較溫和的手段促使朝廷進行改革，而不願投入如此激烈的革命行動。

朝廷派遣大臣出洋考察，是有其緣由的，張謇記述如下：「先是鐵良、徐世昌輩於憲法亦粗有討論，端方入朝召見時，又反覆言之，載振又為之助，太后意頗覺悟，故有五大臣之命。既盛宣懷倡異議，袁世凱覘候風色不決，故延宕至三月之久，重有是事也。」（宋希尚，1966：429）由此可見，當時的滿漢樞臣對於立憲的態度相當不一致，故有非驢非馬之預備立憲。

光緒三十二年（1906）五月，端方與戴鴻慈從外洋考察完竣返國，張謇與二使談論憲法，擬議成立憲法會。鄭孝胥共同議設預備立憲公會，會成，主急主緩，議論紛擾；張謇則謂：「立憲大本在政府，人民則宜各任實業教育為自治基礎，與其多言，不如人人實行，得尺則尺，得寸則寸。」（宋希尚，1966：430）以此觀之，張謇雖倡言立憲，但對於朝廷與臣屬之間的上下倫理關係亦極注重，故有人民應落實地方自治，而朝廷制定憲法之觀念。

宣統元年（1909）二月，張謇至江寧，尋覓江蘇諮議局地址。四月二十六日，在江寧召開諮議研究會，各縣議員到會者二百三十餘人，張謇獲得一百九十六票，當選為會長，並會議如何籌集地方自治經費；八月三日，諮議局正式開會，到會者九十五人，決選，張謇得五十一票，為議長（宋希尚，1966：433-434）。

當時，張謇覺得：立憲固然要政府先有感悟，願意主持實施，然而人民也得要一齊起來發動，先用一般團結研究的工夫。所以，他每遇見官員或友人，無論談話或通信，沒有不勸解磋摩各種立憲的問題（張孝若，1970：138）。正由於這種熱心立憲的精神，使得張謇成為全國眾所矚目的立憲運動領導者。

張孝若舉例說明剛成立時的江蘇諮議局，其議員的大公無私，及問政態度的專注，真是令人欽佩莫名。

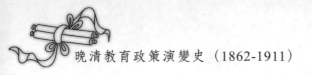

㈠當時議員從各地當選，差不多完全是人民的意志自動的認為優秀可靠，就選他出來；拿最大的代表責任和地位，加在他身上；勢力和金錢的作用，在那時竟沒有人利用，也沒有受利用的人。那當選的議員，也人人自命不凡，為代表民意力爭立憲而來；拿所有的心思才力，都用在這帶來的責任上。所以彼此的交接，和自處的來路，都是極純正清白，大家都沒有一點含糊（張孝若，1970：141）。

㈡在開議時，陳述理由，滔滔不絕，大家都息心靜聽；一到辯論的時候，各逞詞鋒，好像臨陣殺敵，你一刀、我一鎗，毫不退讓，完全在正理和事實的範圍以內，爭論出一個真理來。到了議決以後，大家就拋棄成見，服從多數；就是遇到了不能立時解決的爭執，只要議長一聲停止，那全場就立刻收起陣來，鴉雀無聲。這才叫表示議員本身的人格，議長領導的重望，和議會地位的尊嚴（張孝若，1970：142）。

㈢遇到總督有違法的地方，也就毫不客氣、毫無忌憚地提出彈劾，當時的政府，似乎還說諮議局不錯，判斷總督的不是（張孝若，1970：142）。

江蘇諮議局在張謇的擘劃和主持下，成為全國各省的龍頭諮議局，領導各省共同推動立憲。

宣統三年（1911）四月，朝廷組織「皇族內閣」，張謇批評「舉措乖張，全國為之解體」。因此，聯合湯壽潛、趙鳳昌等人上書陳情，更引咸同間舊事，當重用漢大臣之有學問閱歷者。「是時舉國騷然，朝野上下，不啻加離心力百倍，可懼也。」（宋希尚，1966：436-437）

宣統三年（1911）八月二十五日，張謇代江蘇巡撫程德全擬稿，奏請改革朝政。張謇指出當時革命活動之頻繁，全係朝廷立憲無方所致；而且，當時的輿論已經對皇族內閣大肆抨擊，似有不可收拾之勢，於是張謇建議朝廷撤除皇族內閣成員，並頒布詔書罪己，以謝天下（張怡祖，1983，政聞錄卷三）。

二、諮議局請願開國會

各省諮議局請願立即召開國會的行動，共有三次；第一次是宣統元年十二月（1910）；第二次在宣統二年（1910）五月；第三次在宣統三年（1911）二月。而其緣起，則必須溯至諮議局之成立。

光緒三十三年（1907）九月十三日，朝廷頒布諭旨著各省速設諮議局，指示各省督撫「慎選公正明達官紳創辦其事，即由各屬合格紳民公舉賢能作為該局議員，斷不可使品行悖謬營私武斷之人濫廁其間。凡地方應興應革事宜，議員公同集議，候本省大吏裁奪施行。」（《光緒實錄》，卷 579：14-15）由此觀之，諮議局的地位屬於督撫的諮詢機構，並無要求督撫施行其決議事項的權利。

憲政編查館接奉各省設諮議局之諭旨後，隨即展開制定諮議局及選舉議員章程，並於光緒三十四年（1908）六月二十四日，將〈擬訂各省諮議局並議員選舉章程摺〉奏請朝廷裁奪頒布施行。根據憲政編查館的原意，「議院乃民權所在，然其所謂民權者，不過言之權而非行之權也。議政之權雖在議院，而行政之權仍在政府。」因此，諮議局本為諮詢機構，並無權力干涉或監督各省督撫施政之方向（憲政編查館，1981：669）。同日，朝廷諭准憲政編查館所奏之章程，並要求各督撫自奉到章程之日起，限一年內一律辦齊（佚名，1981：683-684）。

諮議局之成立雖已奉旨允准，但督撫之權力大於諮議局甚多，而且督撫對於諮議局的決議更有否決權，於是各省諮議局在宣統元年九月一日同時開議後，各省諮議局與督撫衝突之消息，時有所聞。但是，此種情形只會促使議員加入要求立即召開國會的運動（市古宙三，1987：447；李守孔，1986：59）。

宣統元年（1909）十一月，十六省的五十一位諮議局代表，會議於上海預備立憲公會，決議上書請願召開國會，並訂定進京代表團規約十二條，以

約束各代表進京後行動進退一致（李守孔，1986：62；宋希尚，1966：433-434）。

宣統元年十二月初六日（1910），代表團成員首度呈遞召開國會請願書，但都察院不願代奏，求見都御史亦不見。後來在十四日，都察院不得已才准代呈請願書。二十日，朝廷頒布諭旨嘉獎，唯不允所請。各代表乃於二十八日開會決議，請各省儘速增設分會，以便繼續進行請願活動（李守孔，1986：64-65）。

宣統二年（1910）四月，各省諮議局派代表齊集京師，組織「國會請願代表團」，推舉孫洪伊等十人為職員，進行第二次的大規模請願活動；五月十日，各代表以三十萬大眾，分別以呈摺十封遞交都察院，請為代奏；二十一日奉諭旨，仍俟九年籌備完成，再行降旨定期，召集議院（李守孔，1986：65；黃鴻壽，1973，卷77：1）。

宣統三年（1911）二月，當時朝廷已經諭令將九年的預備期縮短為五年，並決定於宣統五年開設議院。但是，各省代表仍然不滿意朝廷的拖延因循，遂第三次集會於京師，進行第三次的請願活動。在此之前，代表團規劃由各省發起請願召開國會簽名運動，須普及農工商各界，每省人數至少須百萬以上，簽名冊限宣統十二月底彙齊；而請願期間，各府廳州縣均須各派一二名代表到京聲援，近省至少須百人以上，遠省須五十人以上（李守孔，1986：65）。

由此可見，各省諮議局對於朝廷曾經寄予厚望，希望以比較柔性的、循體制內的方式表達儘速立憲、開議院的訴求。但是，諮議局給朝廷的機會，最後仍被朝廷自己搞砸了！各省諮議局眼見朝廷因循觀望，顯似無真正立憲之誠意，遂於第三次請願宣告失敗後，已有部分諮議局人員向革命黨靠攏，成為同情並支持革命活動的生力軍。

伍、反對立憲的聲浪

滿清政府官員中，無論滿漢，皆有反對立憲者。他們面對倡導立憲的主張，當然也有一套說詞，並且旁徵博引地論述立憲之非，指責憲政體制不適於中國，高分貝地呼籲勿重蹈泰西立憲覆轍。歸納言之，他們的焦點在於兩個方面：一是擔憂立憲將會促使君權遭受剝削，甚至有快速瓦解之虞；二是他們質疑立憲將會增加地方的權力，終究以地方包圍中央。

一、立憲導致君權旁落

滿清政府頒布預備立憲，目的僅在安撫人心，誠意甚鮮。然而，尚有皇族更擔憂者，就是實行憲政制度後，君權是否因而削減的問題，而這一項問題的預防，正是皇族在預備立憲過程中最在意的事。許多反對立憲者，與皇族基於相同的理由，亦持立憲將導致君權旁落的論點，以反駁立憲倡導者的主張。

光緒三十一年十二月二十日（1906），朝廷甫派遣考察大臣出洋，江西道監察御史劉汝驥即奏〈請張君權摺〉，表達反對立憲的立場。他認為，當前世界各國之國體有三，曰君主，曰民主，曰君民共主；其國政亦有三，曰專制，曰立憲，或曰共和立憲；然而其本旨皆在「抑君權以張民權」。自表面觀之，專制政體不如立憲，歐洲人都相當明瞭；因為，歐洲在百年前，受專制之害，故以立憲救之。而中國卻苦於「官驕吏窳，兵疲民困，百孔千瘡，其病總由於君權之不振，何有於專，更何有於制？」於是，他批評倡導立憲者僅知立憲之利，未明其害，且於中國民情風俗更無深悉，故立憲殊非治國良方（劉汝驥，1981：107-108）。

劉汝驥更強調，立憲雖具美妙的外在特質，在歐美行之卻已弊端叢生。而且，即使考察政治大臣一心嚮往的日本憲政體制，其議院之設置，國會之召集，尚在預備立憲後之十年、二十年，則雖曰明治天皇實為專制之君亦

可。因此他認為：「積民之權以為權者也，故君為本位，而民為動位者，分君之權以為權者也，故民為分子，君為分母，未有君權弱而民權獨贏者也。」由此觀之，劉汝驥強調君權是民權的根本，君權若不振，則民權將消乏。所以，他認為觀察外國政治清明與否，必須以君權之消長為斷；假使某國法度修明，百廢俱修，必有駿發嚴肅之君，且其君必神聖而不可侵犯。再者，稍微考察埃及、波蘭等國家立憲的經過，即可得知立憲之弊。這些國家的教訓，正是當前倡導立憲者不得不深思引以為戒者（劉汝驥，1981：109）。

最後，他再度強調：「政無新舊，唯順乎民情，學無中西，唯求諸實事。試進而考諸中古，賢能有書，則人民有選舉權也可知。謀及庶人，詢于芻蕘，則人民有議政權也可知。」並且，提出建議：「學宗諸先聖，則士夫之氣平。國統於一尊，則巨室之覬覦靖。是非正則學術明，學術明則民志定，民志定則君權不至旁落。」總之，國家之強盛，端賴朝廷之決斷而行（劉汝驥，1981：109-110）。

劉汝驥對於立憲已有相當高度的質疑，福建道監察御史趙炳麟對立憲亦提出相同的問題與憂慮。趙炳麟於光緒三十二年（1906）八月二十一日，奏〈立憲有大臣陵君郡縣專橫之弊並擬預備立憲六事摺〉時，出洋考察政治大臣均已返國，並提出實行立憲的建議；然而，趙炳麟仍認為，君主立憲的國家，其君主應有極大的權力，藉以制衡大臣囂張的氣燄（趙炳麟，1981：124）。

但是，當前倡議採行君主立憲諸大臣，頗有欲置君權於不顧者。若按照這種憲政實行，或許身為大臣者自有天良，斷無異志，然行之日久，京內外臣工但知有二、三位大臣，卻不知有皇帝；雖然大臣之進退操於君主之手，「而黨羽既成，根柢深固，天子號令不出一城，雖欲進退之，烏從下手，是流弊必至陵君。」如此一來，立憲本欲尊君，而其弊乃至陵君，實與立憲初衷未合（趙炳麟，1981：124-125）。

內閣學士兼禮部侍郎文海，又緊接著趙炳麟之後，於光緒三十二年

（1906）八月二十二日，奏〈立憲有六大錯請查核五大臣所考政治並即裁撤釐定官制館摺〉，指出立憲的六大錯，第一大錯即指責立憲已削減君主之權。他說：「當時明降諭旨考察政治，並未專指立憲而言，乃該大臣回國覆奏，竟以立憲為請。細繹立憲各節，並無裕國便民之計，似有削奪君主之權。」（文海，1981：139）由此可知，文海認為當時派遣考察大臣出洋，純係考察各國政治制度，並未言明立憲，而考察大臣返國後卻頻頻以改行立憲為請，足見該大臣等之居心叵測。

光緒三十二年（1906）八月二十八日，內閣中書王寶田等條陳〈立憲更改官制之弊呈〉，指出當前倡議立憲者，列舉歷代相承之官法制度，全部予以變更，其影響範圍之廣，均已超越中國歷代之改革。然而，倡導之大臣如此用心計較實行立憲，其結果恐有事與願違者，他說：「處心積慮欲以振國勢，而勢愈微，欲以尊主權，而權愈削，至其微削之極，則權與勢不移之於下，即奪之於外。而顧悻悻然執詞牢固，將以上蔽朝廷，下箝群議，而天下大局之潰敗決裂，其後患固有不可量者。」（王寶田等，1981：151-152）同時，他認為日本所以致富強者，以其能振主權而伸國威。如今倡議者不考察其本源，而切切以立憲為務，「是殆欲奪我自有之權，而假之以自便其私也，是蹈日本已往之覆轍，而益屬其來軫也。」日本因強收將軍大權而存其國，如今倡議大臣卻出以限制君權而速其禍，不可謂善謀國者（王寶田等，1981：153）。

二、立憲擴增地方權力

反對立憲者認為，實行立憲除削減君權外，更因此增加地方的權力，使得中國成為二十幾個小國，各自獨立，不聽朝廷指揮。

光緒三十二年（1906）六月十九日，浙江道監察御史王步瀛奏〈改官制開議院投票舉員地方自治之弊摺〉，指出投票選舉官員之弊：任命官員出於上意，即使所用未能盡當，其失不過一、二人，其患尚小；若任用之事出於

下舉，「黨援倖進之風，將自此而啟。」至於地方自治者，鑒於「明季紳士歸田，肆行鄉曲，百姓不敢與之相抗」之前車，實應深思地方之事必用在地士紳之窒礙難行（王步瀛，1981：123）。

福建道監察御史趙炳麟與王步瀛之論點，實有異曲同工之妙。他於光緒三十二年（1906）八月二十一日，奏〈立憲有大臣陵君郡縣專橫之弊並擬預備立憲六事摺〉指出：「郡縣貪暴，民受其虐，今已甚矣，而議者猶欲重郡縣權。台諫之職罷，疾苦既無由上聞，監司之官裁，冤抑又無從上訴。」雖有高等裁判院，將可制衡地方判決之不公，然而郡縣離省城數千里，離京城更數萬里。而且，有資格專摺具奏直達君主者，各省僅總督一人，京內則僅數大臣，「貪酷橫行，暗無天日，必千百倍於今朝，是流弊必至虐民。」故立憲本亦即在保民，而其弊卻在虐民（趙炳麟，1981：124-125）。根據趙炳麟的觀點，立憲賦予地方的權力，適足以假官員虐待人民之大權，而人民將受限於地方自治的困境，無法上達民情，甚至比生活於專制政體下更糟。

光緒三十二年（1906）八月二十八日，內閣中書王寶田等指出，實行立憲卻自廢吏部與戶部，簡直是放縱官員私欲，與君主爭黔首。他們認為，倡議立憲者於歐洲之制既未深考，於中國之部務亦未能盡悉，卻以吏、戶二部之職守，不便其為所欲為，故建議改革之。因為，官員銓選之政既分之於中央各部院，又散之於各行省督撫之手，則朝廷即無選擇官員之權力（王寶田等，1981：158）。

揀選知縣舉人褚子臨等，從設置地方議會和地方官員的問題著手，於光緒三十三年（1907）七月十八日，條陳〈憲政八大錯十可慮呈〉。他們指出：「若憲政一行，則司道束手，州縣承風，而內政之不便於己者，且可派官抗議，其威力權勢固過於前代諸道藩鎮萬萬也。」而且，「地方大吏，積重已久，因仍習慣，漸至驕悖，亦勢之所必至也。」於是，他們提出持危定傾之道有四：一、定國是；二、尊主權；三、正學術；四、飭吏治。如此而行，則「修舉廢墜，滌除煩苛」，然後再講求東西洋憲政制度之精髓，擇其

有益於吾國吾民者，審慎之以圖實行，即可事得其理，人安其政（褚子臨，1981：231-233）。

陸、革命黨的立憲主張

民間組織反對立憲者，即是革命黨。然而，革命黨之論調，並非反對實行憲政，而是反對由滿清皇帝所主導的君主立憲；他們推動立憲的方法是，先以最激烈的革命手段消滅滿漢之間的種族界限，讓漢族與滿族立於平等的地位，進而完成由漢民族所主導的共和立憲。

革命黨抱持著種族革命的情懷，主張中國若欲實行立憲，必須由漢族主導，因為滿族無實行立憲之資格與能力；而滿族為當前統治者，故欲達成立憲目的，必須出以革命手段，先將滿清政府推翻，再由漢族以其優越的品格和能力實行立憲。所以，革命黨不遺餘力地宣傳以革命為立憲的手段，企圖營造一股種族革命的風潮。

《民報》第一號出刊時，即由朱執信以筆名「蟄伸」撰〈論滿洲雖欲立憲而不能〉一文，正告天下：「中國立憲難，能立憲者唯我漢人，漢人欲立憲則必革命，彼滿洲即欲立憲，亦非其所能也。」（蟄伸，1905：31）

蟄伸為強調滿洲人無力實行立憲，遂從對外與對內兩個角度，以分析滿清政府的弊端和困難。對外之難：滿清政府之治久已不足為外人所信外，外人雖經常表達希望滿清改革的態度，其實意在指滿清政府之無能。假使中國能夠成立革命的新組織，必令外人感動而給予支持，屆時實行立憲，則將為外人所矚目，並祝賀中國順利推行。對內之難：蟄伸認為滿清政府在國內已經面臨兩難困境，因為若欲實行立憲，必使漢族與滿族平等，如此則無法對滿洲人交待，若實行立憲，卻又以不平等待漢族，則無以謝漢族，故其左右為難已明（蟄伸，1905：39-40）。

最後，蟄伸做出結論：論立憲之難易，當先論其能不能，而後論其欲不欲，能立憲者唯有漢族，而漢族能行革命始能立憲；如欲以立憲對抗革命

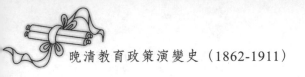

者，可以毋須白費力氣（蟄伸，1905：41）。

陳天華為宣揚漢族立憲之說，則以「思黃」為筆名撰〈論中國宜改創民主政體〉，直接揭發滿清政府的立憲陰謀：「滿洲以民族之公而行其君主專制之私，政敝而不能久存也，而況虎視鷹瞵環于四鄰者。……言中國變革而盛誦君主立憲之美者，為彼少數異種方握政權者計，而非為我漢族光復於將來者計也。」（思黃，1905：41）同時，他從三方面說明漢族可以實行立憲之理由（思黃，1905：43-49）：

一、漢族有實行立憲之能力：他認為，漢族的聰明才智在世界各民族中是屬一屬二的，只是被壓制於歷代的暴君污吏，稍稍失其本來，但是潛能依然存在。

二、漢族推動立憲可以速成：思黃認為，「西人未脫榛狉之時，吾族之文明實達於極點」，雖曾有沉睡的過去，但如今已然醒悟，醒悟之後，「發奮自雄，五年小成，七年大成，孰能限制之？」

三、漢族有資格享受完全之權利：世人皆以日本軍人特具武勇，並指中國人為懦弱，但是思黃認為，中國行軍以札硬塞、打死仗為要義。而且，中國不武勇係因輕視軍人之政策而消失，假使改易其政策，必能養成中國人武勇之精神。若由漢族實行立憲，當興立興，當革立革，雷厲風行，毫無假借，必有可觀之成績展現在世人眼前。

寄生（汪東的筆名）繼蟄伸與思黃之後，直接以〈論支那立憲必先以革命〉為名，發表革命思想於《民報》第二號。寄生認為，中國現象已屬急症，不容緩治。他甚至主張，無論欲實行君主立憲或民主立憲，革命是唯一的途徑。況且，立憲論者主張，憲政的實行應讓主權操於上，以避免殺人流血之暴禍。但是，寄生卻對此提出反駁。他認為滿漢二族本為不相隸屬之文化，強迫使之行一共同之立憲事業，實屬不可能之事。既然推誠布公之改革已不可得，因此改革之權勢不得不操之於在下者之手，改權力操諸在下，則上位者必以殘暴之手段壓抑之，而下位者必復出其相當之能力反抗之，又因

時機相迫，非行疾雷不及掩耳之革命則不可得（寄生，1906：1-4）。無論如何，革命事業是漢族尋求立憲唯一能走的路。

革命黨積極宣揚革命思想的同時，滿清政府曾向伊藤博文請益制憲之訣竅，消息一出，精衛（汪兆銘的筆名）乃撰〈希望滿洲立憲者盍聽諸〉一文，極力駁斥伊藤博文見解之謬誤，企圖喚醒主張君主立憲的漢族同胞。他首先以強烈的語氣表示，出洋大臣遇炸彈事件，仍無法震醒頑固者（精衛，1906：0355）。接著，他提出警告，認為如果載澤等按照伊藤博文「將來施行憲法之時，必須歸之君主，而不可旁落者也」之建議，則立憲者之希望將無實行之日（精衛，1906：0359）。而且，伊藤博文那種「自由乃法律所定，出於政府之畀與，非人民之可隨意自由」的論點，亦令精衛期期以為不可。他強調，自由是人類與生俱來的，不假外求即可擁有的：「人非於法律之範圍內享有自由，乃於法律之制限外享有完全之自由。」（精衛，1906：0361）最後，他強調民權能製造憲法，但憲法不能產出民權（精衛，1906：0370）。因此，唯有革命取得民權後，始能實行憲政。

《民報》第八號，精衛再度質疑滿清政府立憲的誠意，他撰〈滿洲立憲與國民革命〉，揭發滿清立憲實際上是行中央集權的陰謀詭計（精衛，1906：1113-1115）。

同時，他亦分析何以滿洲必行中央集權？他提出兩個理由：

一、滿洲人數少於漢族。滿族以五百萬之人，踞於四萬萬漢人之上，欲行地方分權制度實不可得。只有實行中央集權，使一國政治之權全萃於中央政府，以少數滿洲人把持之。故各省文武官吏，雖漢人星羅棋布，而不足以搖動滿洲政府主權之毫末。此為中央集權之所以有利於滿族（精衛，1906：1116）。

二、滿洲人無地方自治之資格。所謂地方自治，在以本地之人治本地之事，故必人民與土地之關係，相當密切，然後能舉其實。但是，因為滿清政府的政策，致使滿洲人民與土地之關係相當疏離，若行地方分權，則以漢土

517

養漢人，以漢人治漢土，滿族豈能染指？（精衛，1906：1117-1118）而且，自咸豐年間太平軍突起之後，督撫威權愈重，中央集權之勢幾乎已不復存在；滿洲人知彼之勢已衰落，遂於出洋考察回國後，建議朝廷亟圖解決之法，希望藉變法之名，再收集權之實，然而徒言變法，仍不得達其目的，於是有立憲之說興起。

扼要言之，精衛認為「立憲者，更變政體之事也，政體既變，則官制將隨以俱變，於更變官制之際，狹地方行政官之權限，則中央政府權力得以拓展於無形。」故足以證明滿族立憲之野心：「以立憲為表，以中央集權為裡，以立憲為餌，以中央集權為釣，陽收漢人之虛望，陰殖滿人之實權。」（精衛，1906：1123-1124）

精衛既已指出滿清政府立憲之陰謀，因此希望喚醒漢族立即採取抵制措施。他強調，革命事業大者有二：

一、先占地方自治權。他認為，漢族應乘其未能舉中央集權之實際時，急謀自治之方，收聚權力於地方團體。舉凡今日文明國家行政事務，均可納入地方自治之範圍：㈠關於國民之物質生活者，如農工商業等；㈡關於國民之精神生活者，如教育等；㈢關於公共之救恤者，如賑災等；㈣關於公共之安寧者，如司法、警政、軍務等；㈤關於財政者。而這五項政事中，以教育最為緊要。甲午以來，各省奮興教育，學堂林立，任其事者多在民間，於朝廷並無多大關係；然而，近者忽設學部以謀統一，此亦滿清政府之野心。故為今之計，地方團體宜乘中央政府權力所未及，急起而謀教育事業，教育事業由地方團體任之，則教育權固在掌握之中。總之，「天下唯盡義務者乃能享權利，漢人多創一事業，即多獲一權利，地方團體權利既盛，根本自固，中央政府孤立於上，無能為也。」（精衛，1906：1126-1130）

二、收復主權。精衛強調，主權一日不收復，漢族一日為亡國之民，而欲收復此主權，非撲滅滿清政府不可，若不能於根本上著手，而徒枝枝節節以為之，雖漢人肝腦塗地，而滿人勢力之根據，未嘗動搖。無論如何，主權

尚在滿族之手，則所謂開明專制與立憲皆殘賊漢人之具而已，漢族宜於根本處著手，以革命為收復主權之唯一方法，然後民族的國民之目的乃可以達成（精衛，1906：1131-1134）。

第三節　教育配合立憲的措施

　　立憲的倡議者，無論出洋考察大臣、京內外官員政要或民間輿論，皆將立憲的關鍵指向「立憲國民的資格」，即如何培養現代國民。唯有人民具備足夠的知識水準，並在預備立憲期間瞭解憲法的精神與內容，並充分練習憲政經驗，才能建立一個健全無弊的立憲國家。而此一任務自然交付予教育單位，於是教育單位被賦予造就立憲國民的重責大任，其成敗將攸關憲政的順利推行與否。因此，「培養現代國民」即成為立憲運動時期的教育政策主軸。

　　光緒三十三年十二月十一日（1908），御史黃瑞麒奏〈籌備立憲應統籌全局分年確定辦法摺〉，指出教育之準備事項。他說：「立憲之遲速，視乎國民程度之高低，國民程度之高低，視乎教育之興廢，此教育為預備之根本，國家當為人民謀，而不能諉諸人民。」既然教育為預備立憲之根本，國家即應負起規劃之責任，不能任由人民各自為政。於是，他提出一套近似完整的規劃案，茲說明如下（黃瑞麒，1981：317）：

　　一、既當興普通教育以進國民之知識，並宜興高等教育以應人才之急需。欲言高等，宜有普通以為根基；欲言普通，宜有師範以為前導。

　　二、普通教育若何始能普及，高等教育何者最宜先興，應責成學部分年預計，十五年內，某年能得速成師範若干人，能設小學若干所，某年能得完全師範若干人，能設中學若干所，某年能盡用安全師範以教小學，某年能盡用高等師範以教中學，某年應有初等小學畢業生若干人，應設高等小學若干所，某年應有高等小學畢業生若干人，應設中學若干所，何時可行強迫教育法，何時能徵地方教育稅，一一預計，以十五年為一律普及之期。

　　三、高等教育，則某地應置某項高等，某地應置某項專科，何時宜預設，何者宜踵興，何年可成專長，何學急須應用，一一預計，以十五年為足備任使之期。

　　由此觀之，黃瑞麒對於教育配合立憲措施的看法，雖言普通教育與高等教育並舉，但由其規劃案得知，他對普通教育著墨較多。

　　宣統元年（1909）閏二月二十八日，學部奏報〈分年籌備事宜摺〉，指出：「教育大綱分為普通教育、專門教育，為國家根本之計，憲政切要之圖。」同時，對於普通教育和專門教育之急迫性，分別予以說明（多賀秋五郎，1976：603）。

　　在普通教育方面：「立憲政體期於上下一心，必普通教育實能普及，然後國民之知識道德日進，國民程度因之日高，庶幾地方自治選舉議員各事，乃能推行盡利，而庶政公諸輿論，始無慮別滋弊端，此普通教育所以亟宜籌備者也。」

　　在專門教育方面：「立憲之效，必以富強為歸，富強之政，斷非人才不舉，中國大政未興，百端待理，患在專門之學未精，專門之才太少，若不研究高等之學術，即不能得應用之人才，而富強之圖終鮮實濟，此專門教育所以亟宜籌備者也。」

　　至於九年預備立憲期間，教育應行籌備事項，學部總計提出八十六項，茲彙整如表 6-2。

　　學部雖奏報分年籌備事項，但因宣統四年以後為歷史所無，故其進度僅及於預備立憲的第四年。本節將就學部在宣統三年（1911）以前，為預備立憲而做出的各項教育措施，分別予以探討。這些措施大概包括幾項：一、重視女子教育；二、規劃實施強迫教育；三、推行憲政教育；四、實施社會教育；五、整頓學務。

▼表 6-2　教育配合立憲籌備事項一覽表

預定年度	籌備事項
宣統元年 預備立憲第二年	頒布簡易識字學塾章程、頒布簡易識字課本、頒布國民必讀課本、頒布視學官章程、頒布檢定兩等小學教員及優待教員等項章程、頒布初等小學各科教科書、頒布中學堂初級師範學堂教科書審定書目、頒布女學服色章程、頒布圖書館章程、增補學堂管理章程、編定兩等小學堂中學堂教授細目、編定各種學科中外名詞對照表、京師籌辦各科大學、京師開辦圖書館、京師及各省設簡易識字學塾、各省優級師範學堂中等實業學堂初級師範學堂及各府中學堂於本年一律設齊、各廳州縣及城鎮鄉推廣兩等小學堂、各省訂定各項學堂整頓辦法、各省就師範教育普通教育實業教育專門教育等四項擬定籌備順序、實行各省提學使之考核、編訂全國學堂統計表、編纂學部則例，計二十二項。
宣統二年 預備立憲第三年	頒布高等小學教科書、頒布小學中學教授細目、審定各高等專門學堂所選講義、編輯中學堂教科書、編輯初級師範教科書、編定官話課本、編訂初級師範學堂教授細目、編輯女子小學教科書、編輯女子師範教科書、改正已發行之教科書、編輯各種辭典、頒布檢定中學教員及優待教員等項章程、頒布檢定初級師範教員及優待教員等項章程、實行檢定兩等小學教員及優待教員等項章程、各省就城鎮鄉已定之界域分劃學區、各省預估教育經費中央與地方之比例、各省一律設立存古學堂、各省一律開辦圖書館、各省城初級師範學堂及中小學堂兼學官話、派視學官分查各省學務、派員查看華僑學堂、擬定蒙藏各地方興學章程，計二十二項。
宣統三年 預備立憲第四年	京師籌設專門醫學堂、京師籌設專門農業學堂、頒布中學教科書、頒布初級師範教科書、頒布初級師範教授細目、頒布女子師範教科書、頒布女子小學教科書、頒布檢查學生體格章程、頒布官話課本、京師設立官話傳習所、各省設官話傳習所、編譯高等專門以上學堂各種科學用書、修定各學堂畢業獎勵章程、實行檢定中學教員及優待教員等項章程、實行檢定初級師範教員及優待教員等項章程、擬定學堂教員列為職官章程、派視學官分查各省學務，計十七項。
宣統四年 預備立憲第五年	京師籌設專門工業學堂、京師籌設專門商業學堂、各省清查十五歲以下幼童數及未就學人數、各省就地方自治經費內劃分學務經費、各省推廣官話傳習所、試行學堂教員列為職官章程、定選派大學分科畢業生出洋留學章程、派視學官分查各省學務，計八項。
宣統五年 預備立憲第六年	各省確查全省人民識字人數、各省所有府直隸州廳初級師範學堂及中小學堂兼學官話、編訂中學堂法制課本、預算明年學部及京外學務經費、派視學官分查各省學務，計五項。

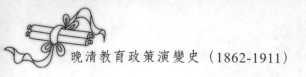

▼表 6-2　教育配合立憲籌備事項一覽表（續）

預定年度	籌備事項
宣統六年 預備立憲第七年	奏報全國人民識字人數、續行編纂學部則例、派視學官分查各省學務，計三項。
宣統七年 預備立憲第八年	頒布強迫教育章程、京師籌設音樂學堂、奏報全國人民識字人數、派視學官分查各省學務，計四項。
宣統八年 預備立憲第九年	試行強迫教育章程、各省所有廳州縣中小學堂兼學官話、奏報全國人民識字人數、派視學官分查各省學務（宣統九年查遍第三週，以後每三年遍查一次），派員分查蒙藏回各地方學務，計五項。

註：原刊《大清宣統新法令》第三冊，頁 50-52，轉引自多賀秋五郎：《近代中國教育史資料‧清末編》，
　　台北縣：文海出版社，頁 603-604。

壹、重視女子教育

　　晚清對於女子教育的討論，鄭觀應早在百日維新前已經提出相關論述，呼籲國內重視占一半人口的女子之教育問題，惜於百日維新期間並無出現具體的規劃方案。庚子拳亂後，朝廷重用張之洞提倡變法，由於張之洞對於女子教育的觀點在於養成賢妻良母，遂將女子教育與家庭教育相互結合，未納入正式教育體制。因此，輿論乃提出批評。

　　光緒三十一年（1905）八月二十八日，《領東報》刊登一篇名為〈論今日新政之缺點〉的社論，抨擊慈禧新政的各項缺失，第一項即指出「謀教育普及而未興女學」。所以，各項新政雖為天下人所同聲稱快，然而卻是自相矛盾，自相乖戾。該社論認為，近來政府之所為，頗有決心變計之勢，自派遣大臣游歷之諭下，屢次飭令疆臣推廣學校，要求使臣保護游學生，又令各府州縣選擇士紳游歷外洋；「舉凡足以開通風氣，增長智識者，莫不百計獎勵，其於教育一端，可謂籌之深而倡之力矣。」然而，卻未能重視女子教育，且無任何促辦之諭旨頒布，頗令人百思不解，該社論說：

　　「女學者，蒙小學之本也，女學不進，一國生計必不充，人種必不強，

社會必不良，而於教育尤大有障礙，無女學則無兒童教育，無兒童教育則教育之基礎不立，教育之功效不廣，此其理今人多能言之，即執政者亦未有不深明及此，無待吾再道也，夫其事之當行而顯見者如此，朝廷曾不聞有一敦促興辦之特諭，以為之倡，是豈所以為強國福民之計也哉？」（《領東報》，1905：225-226）

　　《領東報》之言論發表於預備立憲詔書頒布之前，俟朝廷宣布立憲後，學部乃有相關之規劃，並於光緒三十三年（1907）正月二十四日，奏定女學堂章程，內容包括女子師範學堂章程與女子小學堂章程，此舉成為中國教育史上明文規範女子教育的第一次。

　　學部的奏摺首先指出女學之重要性：「王化始於正家，倘使女教不立，婦學不修，則是有妻而不能相夫，有母而不能訓子。家庭之教不講，蒙養之本不端，教育所關，實非淺鮮。此先聖先王化民成俗所由，必以婦學為先務也。」而且，當今朝廷銳意興學，兼採日本、歐美規制，京外臣工條奏請辦女學堂不止一人一次，而主張緩辦者亦復有人；然而「中外禮俗各異，利弊務宜兼權。」自欽派學務大臣以至設立學部以來，「歷經往復籌商，亦復審慎遲回，未敢輕於一試。」故奏定學堂章程，將女學歸入家庭教育法，以為將來設立女學之籌備。迨預備立憲訂定官制，將女學列入學部職掌，以待日後之推行。於是，學部「詳徵古籍，博訪通人，益知開辦女學，在時政為必要之圖，在古制亦實有吻合之據」，且近來京外官商士民創立女學堂者所在多有。學部鑑於職任女學攸關，若不預定章程，「則實事求是者既苦於無所率循，而徒務虛名者或不免轉滋流弊。」因此，擬定女子師範學堂章程三十六條，女子小學堂章程二十六條，採取的原則是：「凡東西各國成法，有合乎中國禮俗，裨於教育實際者，則仿之，其於禮俗實不相宜者則罷之，不能遽行者則姑緩之。」最後，學部要求各省，如一時女教習難得，不能開辦女子小學堂者，務須遵照家庭教育章程之規定，藉資補助；已開辦各女學堂，

務須遵照此次章程，以示準繩。倘有不守定章漸滋流弊者，管理學務人員及地方官均當實力糾正，總以「啟發知識、保存禮教」兩不相妨為宗旨（學部總務司，1985，卷3：1）。

　　有關女子師範學堂與女子小學堂之立學總義、教學原則及學科程度要旨等，敘述如下：

一、女子師範學堂

　　有關設立標準，章程中做了以下的規定：

1. 女子師範學堂，以養成女子小學堂教習、並講習保育幼兒方法，期於裨補家計、有益家庭教育為宗旨。

2. 女子師範學堂，須限定每州、縣必設一所；唯此時初辦，可暫於省城及府城由官籌設一所；餘俟隨時酌量地方情形，逐漸添設。

3. 女子師範學堂由官設立者，其經費當就各地籌款備用，女子師範生無庸繳納學費。

4. 女子師範學堂亦許民間設立，唯須由地方官查明，確係公正紳董經理者，方許設立；並須先將詳細辦法稟經提學使批准，與章程符合，方許開辦。

5. 開辦之後，倘有劣紳地棍造謠誣蔑、藉端生事者，地方官有保護之責。如該學堂辦理未合者，地方官應隨時糾正。

　　至於女子師範學堂的教學原則，章程亦提出十條的規定，茲述如下：

1. 中國女德，歷代崇重，凡為女、為婦、為母之道，徵諸經典史冊先儒著述，歷歷可據。今教女子師範生，首宜注重於此務，時勉以貞靜、順良、慈淑、端儉諸美德，總期不背中國向來之禮教與懿嫻之風俗。其一切放縱自由之僻說（如不謹男女之辨及自行擇配，或為政治上之集會演說等事），務須嚴切摒除，以維風化。（中國男子間有視女子太卑賤，或待之失平允者，此亦一弊風；但須於男子教育中注意矯正改良之。至於女子之對父母、夫婿，總以服從為主。）

2. 國家關係至為密切，故家政修明，國風自然昌盛；而修明家政，首在女子普受教育，知守禮法。又女子教育為國民教育之根基，故凡學堂教育，必有最良善之家庭教育以為補助，始臻完美。而欲家庭教育之良善，端賴賢母；欲求賢母，須有完全之女學。凡為女子師範教習者，務於此旨體認真切，教導不怠。

3. 無論男女均須各有職業，家計始裕。凡各種科學之有關日用生計及女子技藝者，務注意講授練習，力祛坐食交謫之弊風。

4. 女子必身體強健，斯勉學持家能耐勞瘁。凡司女子教育者，須常留意衛生，勉習體操，以強固其精力。至女子纏足，尤為殘害肢體，有乖體育之道，務勸令逐漸解除，一洗積習。

5. 教授女師範生，須副女子小學堂教科、蒙養院保育科之旨趣，使適合將來充當教習、保姆之用。

6. 教授各學科，當體認各學科之性質要旨，於今日世界情形之適宜者，用意教導。

7. 講堂教授，固貴解本題之事理，尤貴使學生於受業之際，領會教授之次序法則。

8. 言語明瞭正確，為教習者最宜加意。凡當教授之際，宜時使學生演述所學，以練習語言。

9. 學習之法，不可但憑教授，尤當勖勉學生使其深造學識，研精技藝。

10. 各種科學，務以官定之教科書為講授之本（學部總務司，1985，卷 3：3-4）。

　　再者，有關各學科要旨程度之規定，彙整如表 6-3。

二、女子小學堂章程

　　有關立學總義，章程做出以下的規定：

1. 女子小學堂以養成女子之德操與必須之知識技能，並留意使身體發育為

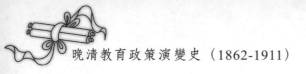

▼表6-3　女子師範學堂各學科要旨程度一覽表

學科名稱	要旨程度
修身	其要旨在涵養女子之德性，期於實踐躬行。其教課程度，首宜徵引嘉言懿行，就生徒日用常習之故，示以道德之要領；次教以言容動作諸禮節，次教以修己治家及對於倫類國家當盡之責任，次授以教授修身之次序法則。
教育	其要旨在使理會女子小學堂教育、蒙養院保育及家庭教育之旨趣法則，並修養為教育者之精神。
國文	其要旨在使能解普通之言語及文字，更能以文字自達其意，期於涵養趣味，有裨身心。
歷史	其要旨在使知歷史上重要之事蹟，省悟群治之變遷、文化之由來，及強弱興亡之故，正邪忠佞之分。
地理	其要旨在使知地球形狀運動，並地球表面及人類生存之情狀，且使理會本國及外國之國勢。
算學	其要旨在使習熟計算，適於日用生計，且練習其心思，使進於細密精確。
格致	其要旨在使知各種物質天然之形狀、交互之關係，及物質對於人生之關係，俾適於日用生計，有益於技藝職業。
圖畫	其要旨在使精密觀察物體，能肖其形象神情，兼養成其尚美之心性。
家事	其要旨在使能得整理家事之要領，兼養成其尚勤勉、務節儉、重秩序、喜周密、愛清潔之德性。
裁縫	其要旨在使習得關於裁縫之知識技能，兼使之節約利用。
手藝	其要旨在使學習適切於女子之手藝，並使其指手習於巧致，性情習於勤勉，得補助家庭生計。
音樂	其要旨在使感發其心志，涵養其德性，凡選用或編製歌詞，必擇其有裨風教者。
體操	其要旨在使身體各部均齊發育，動作機敏，舉止嚴肅，使知尚協同，守規律之有益。

資料來源：學部總務司：《學部奏咨輯要》，卷3：4-6。

宗旨。

2. 女子小學堂與男子小學堂分別設立，不得混合。

3. 女子小學堂分為女子初等小學堂、女子高等小學堂；兩等並設者，名為女子兩等小學堂。

4. 女子初等小學堂使七歲至十歲者入之，女子高等小學堂使十一歲至十四

歲者入之。

5. 凡設立女子小學堂，須先將辦法情形，稟經地方官核准，方許開辦。該地方官並應隨時將辦法情形，稟申本省提學使，以備查核。

6. 開辦之後，倘有劣紳地棍造謠誣蔑、藉端生事者，地方官有保護之責。如該學堂辦理有未合者，地方官應隨時糾正（學部總務司，1985，卷3：9-10）。

　　有關各學科之程度，章程規定如下：

1. 女子初等小學堂之教科凡五科，曰修身、國文、算術、女紅、體操。圖畫、音樂二科為隨意科，得斟酌加入。

2. 女子高等小學堂之教科凡九科，修身、國文、中國歷史、地理、算術、格致、圖畫、女紅、體操。音樂一科為隨意科，得斟酌加入。

3. 女子初等、高等小學堂修業年限，均為四年。其星期授業鐘點，在女子初等小學堂，至少以二十四鐘點為率，多不得過二十八點鐘；在女子高等小學堂，至少以二十八點鐘為率，多不得過三十點鐘。但依地方情形，有只教半日者，則年限、鐘點可酌量變通（學部總務司，1985，卷 3：10）。

　　至於女子初等、高等小學堂之教學原則，章程規定如下：

1. 中國女德，歷代崇重，今教育女兒，首當注重於此，總期不悖中國懿嫻之禮教，不染末俗放縱之僻習。

2. 無論何種學科，苟有與道德教育、國民教育相關之事理，各教習均當留意指授之。

3. 教授知識技能，須選適於日用生計者，使之反復練習，應用自如。

4. 童年身體，期於發達健全。凡教授各種學科，須合女子心身發達之程度，勿得逾量增課，致有耗傷。

5. 女子纏足，最為殘害肢體，有乖體育之道，各學堂務一律禁除，力矯弊習。

6. 女子性質及將來之生計，多與男子殊異，凡教女子者，務注意辨別，施

以適當之教育。

7. 凡教授學科，期無誤其旨趣及法則，尤務使各學科互相聯絡，以謀補益（學部總務司，1985，卷3：10）。

　　再者，有關各教科要旨，章程之規定彙整如表6-4。

▼表6-4　女子初等、高等小學堂各教科要旨一覽表

教科名稱	要　旨
修身	涵養女子德性，使知高其品位，固其志操。
國文	使知普通言語，日用必須之文字，能行文自達其意，且啟發其智慧。
算術	使習熟計算，適於日用生計，且練習其心思，使進於細密精確。
中國歷史	使知中國歷代重要事實，兼養成國民之志操。
地理	使知地球表面及人類生存之情狀，並本國國勢之大要，兼養成其愛國心。
格致	使知天然物質及自然形象之大略，並使理會其相互之關係及對於人生之關係。
圖畫	使觀察通常形體，能確實畫出，兼養成其尚美之心性。
女紅	使習熟通常衣類之縫法、裁法；並學習凡女子所能為之各種手藝，以期裨補家計，兼養成其節約、利用、好勤勉之常度。
體操	使身體各部發育均齊，四肢動作機敏，咸知守規律、尚協同之公義。
音樂	使學習平易雅正之樂歌。凡選用或編製歌詞，必擇其切於倫常日用有裨風教者，足感發其性情，涵養其德性。

資料來源：學部總務司：《學部奏咨輯要》，卷3：11-14。

　　綜合上述，此時的女子教育有幾點特別值得注意者：

　　㈠根據章程的規定，教育女子的目的，在於培養女子婚前具備傳統美德，婚後更應成為賢妻良母，且女子服從父母及夫婿的觀念是絕對必要的。

　　㈡女子的教育不僅強調傳統美德的教學，更注重職業教育的陶冶，舉凡有關日用生計及各項計須技藝者，務當勤勉學習，確實袪除坐食交謫之弊端。

　　㈢注重女子身體健康的維護，故有體操課之安排，且嚴禁入學堂之女子纏足，實為中國教育上的一大進步。

　　㈣強調男有分、女有歸的必要性，故女子教育不得與男子共同進行，男女之別更應在教育過程中不斷地被注意，務必養成傳統女德為要。

㈤女子師範學堂的教育目標僅在培養女子小學堂教習與幼兒保育人員，毋須研究高深學問，故缺乏外國語言文字的學習。

女子學堂章程頒布實行後，光緒三十三年（1907）九月二十二日，分省補用道程淯條陳〈開民智興實業裕財政等項呈〉，指出女學宜注重職業教育，並應與男學並重。他首先說明女子教育的重要性，實不亞於男學：「女子苟無教育，安望其能誕育佳兒，且為家庭間天然之師表，以此知女子為國民之母，女子之教育，即亦國民教育之母也。故處今日而言普及教育，女學實宜與男學並重。」而他特別注重女子的職業教育，建議飭下各省遵照辦理，凡女學未興之處，亟應推廣普設；課程除普通學外，尤以家事、裁縫、手藝與修身並重。宜令各省於女子教育職業各事，因地制宜，盡力擴充，「程度不求過高，但期普及切於實用。」至於外國語言文字，非女子人人所必需，各省私立學堂有視為重要學科者，似可斟酌刪除，以節省女子學習時間的浪費。再者，幼稚園為蒙養初基，日本國內往往以二、三姊妹組織一幼稚園，以為入小學之基礎，經費無多，獲益甚大；建議飭下各省普遍興辦，以端始基（程淯，1981：280-281）。

由此觀之，當時一般人的觀念總是將女子教育鎖定在眷養一身即可，而更重要的則是培養結婚後持家的本領，除此之外，毋須擔負更多的社會責任。事實上，這種教育政策是無法有效培養人力資源的。

貳、規劃實施強迫教育

根據學部的九年預備立憲籌備事項，計畫在宣統七年，即預備立憲的第八年，頒布強迫教育章程，宣統八年試行。因此，該項計畫未曾實行。然而，一般輿論對於強迫教育之討論是相當熱烈的。

覺民於光緒三十一年十二月（1906），在《東方雜誌》發表〈論立憲與教育之關繫〉一文，論述教育對立憲的重要性。他認為，憲政之實行，必須全國人民皆具有政治知識及自治能力，「而後能措置裕如，秩序不紊，非可

鹵莽滅裂而強以行之也。」而且，立憲運動的展開，必須在民智大開、民力膨脹之後；因此，所謂的憲政，必由人民之要求而後得，非君主之所肯施捨，而人民之要求立憲，亦必在民智大啟、民力大進以後，而非淺化之民所能夢見者。然而，當時的中國人民仍處於愚夫愚婦的狀態，他指出這種現象：「泯泯昏昏，蠢如鹿豕，知書識字者，千不得一，明理達時者，萬不得一，家庭之中無禮教，鄉里之中無團體，郡縣之間視同秦越，省界一分，爾詐我虞。」（覺民，1906：243-244）所以，他主張尚不得將憲政之權交由人民，而是應該進行強迫教育之後，俟人民具備一定的知識水準之後，始能實行立憲。

他強調，教育普遍之後，國民智識提高，政治知識皆深植人民腦中，而後自治之能力，隨時可以發揮，再以之充當議員之選，與聞國家政事，即能遊刃有餘。反之，當教育未及之前，決不能遽行立憲，若逆其道而行之，適足以增異日之障，極不可取。因此，他建議仿照日本成法，先頒令於國中，以六年為期，實行立憲，使全國人民，皆得有所預備，而不致手足無措，此乃萬全之策（覺民，1906：245）。

覺民為論述強迫教育之重要，乃說明各國小學之情形，他說：各國小學，皆有國民教育一門，所以講明國民之關係，及人民生存之要素，「以鼓舞兒童之愛情，提倡社會之公德，故及其長成，莫不具有國家思想。」又設政法一科，採節法制編為教科，故其國人民，法律思想最強，自治能力亦最長。然而，當前中國人民之冥頑不靈者，實居最大多數，勿論法律之學，非所素習，即使國家與人民之關繫，亦多茫然不知。今欲矯正其弊端，似宜模仿各國小學，於課程中增入國民教育及政法二者，方為正辦（覺民，1906：247）。

覺民的言論發表於出洋考察大臣甫成行時，當時京內外官員討論強迫教育者尚少，覺民的言論實有可取之處，唯其重點乃在國民教育，並未明言普及的問題。舜修則於光緒三十二年（1906）三月，發表〈論立憲當有預備〉

一文，直接提出「普及教育，以期養成國民資格」的主張。他認為，「中國社會之窳敗，民智之幼稚，以言預備立憲，談何容易？」因為，立憲政體之所以為世人接受並贊譽者，以其立法權操諸國會，君主於法律之外無任何特權，而國會議員又皆選自多數人民之內，所以舉國人民皆有參政之權，故其民氣可紓解而民隱可上達。然而，若全體國民知識未豐，徒以襲立憲美名而賦予人民參政權，恐怕最後會演變成國會專制。他指出：如果全國絕大部分的人民，「蒙昧未開，不知政治為何事，不解人權為何物」，唯獨極少部分人享有教育，且政治上之能力亦極豐富，則被選為國會議員者，必為此少數人；而國民之智識能力，又不足以監督之，則國會之行動，自然無法避免脫序的演出，此是以國會專制易君主專制而已。同一專制，改革何用？故欲造就一個完全無缺之立憲政體，必先養成多數完全無缺之立憲國民，使全體人民智識之程度相當，自治之能力亦相當，足以參與國政之資格亦莫不相當；「夫而後議員無濫竽之慮，國會無專橫之憂，則立憲政體，自見其利而不見其害矣。」（舜修，1906：45-46）

光緒三十二年（1906）閏四月十六日，江蘇學政唐景崇在其〈預籌立憲大要四條摺〉中，亦提出「國民普及教育，所以造成立憲資格」的主張。他認為，各國的憲政精神，皆係主治者代謀被治者之安全，如民有害己之事訴於國家以求保護，謂之赴訴權，有利己之事訴於國家以求援助，謂之鳴願權。由於憲法對於人民的保障極為周全，甚至無微不至，因此各國均極為重視教育，俾使全國人民無人不受教育，「無人不陶鎔於法律之中，用能互相維持，互相親愛，全國之人皆服從於數十條規則之下，而人格不得不自尊。」因為，憲法既賦予國民應享之權利，亦必課以應盡之義務，否則人民但知有權利，而不肯盡義務，「則蕩檢逾閑，借此以自便私圖，弊有不可勝言者。」（唐景崇，1981：115）

況且，議院乃立之先聲，泰西國政均許民間代議，日本於華族院外，另眾議院以參與政權，若以未經教育之人濫廁議院之中，「則築室道旁，三

年無成，徒然擾亂，無益於治。」職此之故，各國實行憲政均以普及教育為其急務。然而，當今中國之人民智識未大開，「公德猶未盡立，其稍黠者或從洋教，或託洋商，或隸洋籍，卒之民與民紛爭，風氣遂囂然不靖，其稍懦而弱者，又懾伏於官吏之積威，莫籌所以自立之策。」故今日不行憲法則已，若必行憲法，應以普及教育為入手之方（唐景崇，1981：115-116）。

唐景崇為說明普及教育對立憲的重要性，特舉土耳其和俄國為例說明之。他指出：土耳其領土最大，以無教育之故，憲法不成，國勢至於削弱。俄雖為歐洲強國，卻因教育闕如，「民無公德，憲法不修，與日本一交綏而立蹶，此其成迹較然者也。」因此，唯有教育普及之後，憲法乃有樹立之時。他認為中國近年來廣設學堂之風漸開，士人多爭改革教育互相勉勵；所以，擬請旨飭下各省督撫再趕緊設法，於省、府、廳、州、縣徧立專門政法學堂，其要尤在各處府、州、縣鼓勵地方官紳開辦義務教育，以極淺顯之文詞，開導基層民眾，以立憲上種種之公德教之，並以立憲後種種之利益宣導之，使人民產生對社會對國家之觀念。「如此家喻戶曉，視聽一傾，憲法之成自然推行盡利矣。」（唐景崇，1981：116）

前述覺民、舜修與唐景崇之主張，皆以普及教育或國民教育為主，尚未觸及強迫的概念。光緒三十二年（1906）八月二十二日，內閣校籤中書兼大學堂監學官殷濟，在條陳〈籌建經費建海軍等二十四條呈〉時，則正式提出「請實行強迫教育並添設校外生」的主張。此摺為首度提及強迫教育之文件，不能不說是教育觀念上的一大進步。殷濟指出：東西各國規定已屆學年之子弟，有不送入學校者，經巡警查明，罪其父母，即為強迫教育之意；然而，對於貧窮無力入學者，由國家擔負費用。中國近年普設學堂，業已大有可觀，唯俱未能從蒙小學堂入手，及多設普通工藝學堂。「是但造就年將弱冠之人才，而未下及毫無知識之幼稚，但成全中上官商之子弟，而未普及下流社會之子孫，尚非探本窮源之道。」於是，他建議飭下學部堂司一面實行強迫教育之令，一面添設校外學生一門，將來畢業時，假使成績可觀，無論

官立、公立、私立各學堂學生，及無力入學在家誦習者，俱准報名考試，比較程度，一體辦理，「庶殷實者不至任意荒嬉，孤寒者亦得隨時研究」（殷濟，1981：132）。

殷濟提出強迫教育的概念之後，京內外官員亦有人響應。光緒三十三年（1907）正月二十六日，御史徐定超奏〈請飭廣設蒙養學堂摺〉，建議飭令各省郡縣廣設蒙養學堂，作為未來實施強迫教育之基礎。

徐定超認為，大中小學各有不同的目的，故應循序漸進，不得稍有躐等，他說：「為學有序，非可凌節而失也，故有小學、有中學、有大學。小學學立本，中學學肆應，大學學成德。何謂立本，孝、弟、忠、信是也。何謂肆應，通達萬變是也。循序以進，各明其理之所當然，而就其事之所終極，乃可收事半功倍之效。」然而，他根據考查當前設學的情形，發現普遍成績不理想，於是他歸納出三點原因（徐定超，1981：978）：

一、人民因費無著落，故不願令子弟就學：他強調，古時入學不擇貧富，所以「鑿壁偷光，猶成魁碩，茹蔬食淡，亦有名儒。」如今學費卻超過古時許多，「中人之產，耗以一年，富者得以登堂，貧者望而卻步，雖欲嚮學，其道無由。」

二、教習難得，故學堂難以普設：他認為，科舉制度未廢以前，「家塾黨庠，時聞弦誦，良以課程首重六經，父兄多所素習，子弟自可遵循。」當今則科學盛行，舊學漸墜，「謂語言必須多譯，而經傳幾等贅瘤，雖有宿儒碩彥，大半謙讓未遑。」

三、學堂忽視中學的學習，多數人自暴自棄：他認為，設學初意，乃講求中西並重，而承辦學務者，「大都急於求新，疏於崇古」。所以，新設的學堂概以西學為重，「襲泰西之薄技，則詫為神奇，擅漢宋之兼長，或譏為迂遠，先進斂退以深藏，後生效尤而自棄。」

徐定超根據前述三點原因，發出警語：「木之根不厚，則其植不蕃，水之源不澄，則其流必濁。今之日言之，學固急期於致用，然未有本源不裕，

而可遞得小用小效、大用大效之財者也。」於是，他建議應該先從根本做起，飭下各省督撫，督促所屬多設蒙養學堂；大縣百餘處，小縣數十處，「勸民自立，不由官費，延聘本地立品而有學行者為之師，但使改良教術，不必兼習西文。」此項變通措施，雖與學部奏定小學堂章程不符，「然官立之學堂，欲期風向而無異，宜定其格以示整齊，民立之學堂，欲其費輕而易舉，宜寬其途以宏造就。」如果能夠令官立與民立小學堂並行不悖，皆得勸學之效（徐定超，1981：978-979）。

　　光緒三十三年（1907）四月二十二日，出使奧國大臣李經邁奏〈興學宜重普及教育理財宜由調查入手摺〉，雖僅係重提前述普及教育之建議，但亦有股濟強迫教育概念之擴充。他認為，東西洋各國富強之基礎，皆由於教育普及，而中國雖亦模仿而廣興教育，卻幾乎全部注重於高等、中等以上，而於蒙小學堂尚未認真舉辦，與普及之意未能盡合。考查普及教育之宗旨，雖須培植少數之人才為國效用，更重要的是培養絕大多數人民的國民公德與資格，必使人人讀書識字，有國家思想，而後憲政之實行，議員之選舉，以及納稅、徵兵諸要政，乃得推行而無弊。此即中小學以下學堂之所宜廣設之由（李經邁，1981：200）。

　　李經邁指出，根據奧國的制度，凡一鄉中有年及六歲之幼童四十人以上，且離他學堂在四公里以外者，即須另建一小學堂。當今中國即使不能驟仿，亦宜取法其立意，再逐漸推廣，以立未來普及教育之基礎。然而，為使普及教育有所依據，他建議旨飭下學部，將蒙小學堂教科書迅速編定，更飭下各省提學使按巡各府州縣，嚴定地方官功過，未設者速行籌辦，已設者力求擴充（李經邁，1981：200-201）。由此觀之，李經邁仍然僅強調普及教育，以漸開民智，逐步提升人民的知識水準與程度，一方面為未來的強迫教育鞏固基礎；一方面為立憲的實行做預備。

　　光緒三十三年（1907）六月三日，南書房翰林袁勵準奏〈預備立憲須無人不學請廣勸興學摺〉，從鼓勵民間興辦蒙小學堂的角度出發，獻上強迫教

育的配套措施。他認為，「今日而言立憲，不患無立憲之師資，而患無立憲之人格，誠欲切實預備，要以無人不學為歸，乃能確有成效。」然而，當前國家財政困窘，勢必不能儘由官費普設學堂，如欲收無人不學之效，「則非杜絕他途，廣勸興學，優給獎勵，其道無由。」於是，他提出兩項建議，彼此相輔相成：

一、停止各項非經學堂出身的保舉：袁勵準根據其觀察指出，「比年以來，科舉廢，捐納停，然項之習科舉者，自舉貢以至諸生，皆為分籌出路，其因停捐以後不得者，則又力圖保舉為進身之階，如此而欲無人不學，為他日立憲之預備，是欲南轅而北其轍也。」因此，建議凡是未經學堂者，均應停止其出路及保舉。

二、制定鼓勵民間興學之辦法：他建議朝廷飭下吏部、學部，變通優獎民立學堂之章程，凡捐資興學，而學生畢業後考驗合格者，除學生得按照奏定學堂章程獎勵外，其捐資而又躬親其事，且管理合法者，「量其學堂之階級，計其學生之多寡，核其經費之鉅細，分別酌給京外各項實官，庶使全國之人，非涉獵於學界者，無由躐幾於政界。」

袁勵準相信，若能據此推行，十年以後，民立學堂愈推愈廣，朝廷可收提高人民普通程度之效，則立憲之人格漸次增高，「乃能上下同心，內外一氣，不致徒託空言。」（袁勵準，1981：980）

內閣中書張嘉謀，於光緒三十三年（1907）八月十八日條陳〈學務及巡警應行事宜呈〉，提出強迫教育的變通策略。他認為，昔日未變法時，州縣歲試皆達數千人，如今倡導設學，卻是一州縣或立一校，學生三、四十人，鄉村數十里間，往往無學堂一所，是名為興學，如同廢學。同時，他根據代理視學的經驗，發現各縣紳董，率多以籌款為難，無意興學，且官立學堂亦多腐敗。為何諭令各省興學已多年，卻得如此無成效的結果？張嘉謀（1981：997）指出兩個原因：

一、各省督撫因循怠惰：他認為，各省奉行新政，多未見有起色者，雖

部分原因是民智不開，然而督撫未善盡督促之責，亦是關鍵。而督撫之心態，亦由朝廷造成的，因為學堂章程雖已經頒布施行，但是「善辦不聞得獎，敷衍無礙升階，難惰之分，賞罰之所不及，誰肯為此難於見功而易於見過之事乎？」

二、設立學堂的配套措施不足：他指出，學生畢業年限延長，教科書絕少善本，學生入學之一切費用較往昔為多，管理教授多不得法，「富者或不願入，貧者力又不逮，長此不圖，殊屬可慮。」

因此，張嘉謀就當前興學的困難，提出實施強迫教育的建議（張嘉謀，1981：998）：

一、諭飭學部制定強迫教育章程，先期頒布，逐漸施行。

二、勸令各府州縣迅速增設師範學堂，務必備辦完全、簡易兩級，增實業為必修科目，兼得援優級例，分設選科，寒士專修一類或數類者聽。

三、官立各小學堂，務必完善，以為模範。劃定學區，每區限設公立小學堂若干所，經費由官紳籌派，並以官立學堂數量與辦理成效，作為官吏功過。

四、私立之校，既無官款補助，但能粗具規模，皆准立案。

五、學童現未能一律七歲入學，擬酌減初、高兩等小學堂縮為七年畢業，並減暑假為二十日，以防荒嬉。《易經》深奧，可移入中學堂講授，以《禮記》為高等小學正科，或恢復乾隆前分經之法，裁併歷史、地理於國文課內，以免兒童記憶之。

六、中學堂以上，則應嚴定畢業升學之考試。

七、現在官制既未盡改，一切責在守令，應責督撫照頒學務處分，嚴定考成，每計吏時必列為專條。

光緒三十三年（1907）九月二十二日，程淯接續殷濟強迫教育的概念，提出「強迫教育先施官場及其子弟」的建議，並將強迫教育實施的對象擴及官吏和官吏的子弟。

在官吏方面：他認為，當今言普及民智者，必先從官吏入手為要；因為，中國仕途紛雜，官吏無普通知識，欲開民智，宜先開官智，考查世界各國情形，斷無民智不開而國運可以倖進之理。今值中國預備立憲之際，卻以舊習慣之官吏，強迫其執行新政，「學非素具，非阻礙即敷衍，即有欲竭力辦事者，亦苦無正當辦法，故新政雖頒，上行而下不能效。」因此，他建議飭下各省，將課吏館與政法專門學堂相輔而行，考取文理通順具有血性之官員入館肄習，不求陳義太高，但必選擇淺顯切實可用之事，遴聘有學問者擔任講員。舉凡內政外交，國勢民情，以及學務、路礦、實業等政事，「權利我關，外人對我如何，我對外如何，政教所關，上對朝廷如何，下對人民如何，務為誠懇痛切，以激發其固有之天良，而旁及報章小說，以感觸其天然之興趣。」如此而行，均以政法為演講綱要，一、二年後卒業，「委以差缺出省，其實心辦事，雖難盡冀，然必較有希望。」（程清，1981：279）

在官吏子弟方面：他認為，學部近擬劃分學區實行強迫教育，卻因諸多困難，教員既乏，經費又絀，故時機未至，斷非一朝一夕可成。然而，官吏為人民之表率，應當從官吏的子弟入手，將省城各省會館改為各省學堂，令其入學。再將會館團拜、演劇、讌會各費一律革除，經費即由實缺候補人員量力攤派，不准缺少分文。子弟有及學齡卻不入學者，必嚴懲該官，以為勸戒之方。如此而行，事簡而易行，亦頗具強迫之至意。唯宜妥定章程教法，寄宿舍管理尤須十分完善，俾差缺出省之子弟，留校可以安心，務得實益。根據過去的惡例，官場子弟往往未及成童，已為捐納官職，近年停捐之際，有其人尚無子嗣，已預捐道府州縣者，獨於教育一端，絕不留意；似宜嚴定章程，凡若干歲以下之員非學堂出身者，一概不准入官，否則出身臨民，流毒地方豈可勝言？（程清，1981：279）

光緒三十四年（1908）四月十一日，御史秦望瀾奏〈理財用人興學為憲法之命脈摺〉，提出實施強迫教育的變通策略。他建議飭下學部變通章程，凡蒙小學堂無庸儘為官立，每堂不拘人數；但擔任教習者，令各州縣先行嚴

加考試，必擇其人品端正、學識明通者，給予文憑，始准到堂授讀。學生「天資有智愚，不得合為一班，而強其同，生業有貧富，不必專講形式，而多虛費。」每屆年終，由各省提學使飭令地方官嚴加考試，其國文全通者或通過半者，准以初等小學畢業；其通數經或通一經者，准以高等小學畢業，然後入官立中學堂，循序漸進（秦望瀾，1981：339）。

綜合上述，從覺民於光緒三十一年十二月（1906），在《東方雜誌》發表普及教育的言論之後，引起許多京內外官員對此議題的探討，並將焦點逐漸鎖定強迫教育之實施。對於紛紛訴求實施強迫教育的言論，學部雖然未能立即具體回應，但在宣統三年以前，曾經兩次改訂初等小學堂修業年限，期能在形式上促進強迫教育的提早實施。學部對於初等小學堂修業年限的改訂，大概是受到江蘇教育會的影響。

張謇所領銜的江蘇教育會，於宣統元年（1909）初，彙集研究江蘇各地小學堂之成績，以及當前中國教育之程度，向學部提出縮短初等小學堂修業年限的建議，以期強迫教育之漸可實行。張謇指出，中國之初等小學堂，較日本當時之尋常小學已增多一年，各省奉行此項章程已達五年，主持學務者提倡於上，熱心教育者鼓吹於下，而初等小學堂仍未能多於私塾。況且，「以江南號稱財賦之區，凡小學生徒能畢初等五年之業而不為家族生計所迫以致中輟者，尚寥寥焉，其他貧瘠之省，更復何望？」考其原因，則以中國擔負賠款之故，人民生計日益艱困，「每興一學，歲費不資，窮鄉僻壤，聞風生畏」，所以初等小學堂之設置未能普遍，人民入學的意願極低。為增加初等小學堂入學率，張謇舉出日本和女子小學堂的做法，以為學部參考（《教育雜誌》，第一年第五期）。

日本維新初期的小學教育，明治四十年以前，尋常小學僅修身、國語、算術、體操為必修科；隨意科則有圖畫、手工、唱歌等；歷史、地理、理科即包含於國語，而修身教科書則多採本國及外國人之嘉言懿行，亦頗融合中國之經訓，而易以淺近之文詞，故其實行易，而收效速。因此，中國的初等

小學科目亟宜變通。再如光緒三十三年頒布女學堂章程，定初等小學畢業期為四年，而科目亦較簡，時論認為方便人民入學（《教育雜誌》，第一年第五期）。

再者，張謇等經辦學務，深悉地方財政之短絀，又目擊教員備課極為辛苦，兒童學習之情狀極其艱困，推究人民未來生計與小學之關係，講求目前普及教育之方法，則以初等小學之年限愈短、科目愈簡，則教育之普及愈易（《教育雜誌》，第一年第五期）。

學部獲悉江蘇教育會之建議後，隨即展開研究工作，並於宣統元年（1909）三月二十六日，奏〈請變通初等小學堂章程摺〉，進行第一次的初等小學修業年限之改訂。學部的奏摺指出，依據奏定學堂章程之規定，本有初等小學堂分為完全科與簡易科兩種。唯近年以來，稽查各省冊報資料，揆度地方情形，大抵都會城鎮，設立初等小學堂者尚多；鄉僻之區，學堂極寡，即小學簡易科亦寥寥無幾。原因可能有三：一、各州、縣官盡心教育者極為罕見，但求襲學堂外貌，姑設一、二以塗飾耳目，「足以搪塞上司之文檄而止，並不詳解定章，分別勸導」；二、經辦學堂之士紳往往無埋財觀念，就現有學費任意開支，且不為節用求實之計；三、村儒不譯奏章，因循觀望，非但新式學堂極鮮，即使私塾、義學、蒙館之類，亦日漸減少，子弟廢弛者多。有鑒於此，必應及時籌劃，亟圖擴充，應該針對「經費多則立學甚難，課程繁則師資不易，讀經卷帙太多，不能成誦，國文時刻太少，不能勤習」的問題，做一徹底的改善（學部，1991：543-544）。於是，擬將初等小學教育分為兩類三種：

第一類，初等小學堂：為各級學堂系統之開端，畢業後將升入各學堂之初階。課程必求完備，以求將來升學時，可以程度適合。必修科目由原來八科省併為五科，包括修身、讀經、中國文學、算術、體操。隨意科仍為手工、圖畫。仍以五年畢業。

第二類，小學簡易科：係為輔助初等小學堂之不足，課程較簡，經費更

省，凡地方瘠苦，公私款項無多，不能多設初等小學堂者，以及民間自立私塾，教其子弟，不能仿照初等小學堂辦理者，准予設立小學簡易科。必修科目為三：修身及讀經、中國文學、算術。體操一科，學堂若設在城鎮者，列為必修，在鄉村者列為隨意科。再分兩種：一種程度較深，定為四年畢業；一種程度較淺，定為三年畢業（學部，1991：545）。

由此觀之，學部為顧及原定章程造就現代國民之本意，並配合人民實際的需求，遂將初等小學堂的修業年限分為三種，分別是三至五年，不能不說是企圖提前完成強迫教育的變通做法。

宣統二年十一月二十九日（1910），學部奏〈改訂兩等小學堂課程摺〉，再度修改初等小學的修業年限。學部指出，東西立憲各國，莫不以小學教育為急務，「而欲養成明倫愛國，遐邇一致之民風，必須有因時制宜、整齊劃一之學制。」尤其是近來詳加訪察，並核閱學部視學官之報告，咸論四年畢業最為適宜；因為五年完全科既期限過長，貧民或窮於擔負；三年簡易科又為時過短，學力頗有參差之虞；而且三種章程並列，聽人自由選擇，倘辦學者有所偏重，反而有礙於普及教育之進行。因此，學部折衷再計，以為初等小學與其分為三種，易啟紛端，不如併為一種，簡而易從，遂建議「一律以四年為畢業期限，並刪除簡易科名目」，以符名實。最後，學部強調小學教育對於當前局勢的重要性：「近歲以來，內訌外患，在在可危；加以生計艱窘，民情浮動；非增進人民程度，合群策群力，不足以宏濟艱難。而非由小學教育入手，以鞏固其道德之根基，則流弊亦何堪設想。」因此，請旨飭下各省，自宣統三年始，一律按照此次改訂年限，認真辦理，並設法迅速推廣小學堂，「以裕強迫教育之基，而收學制統一之效」（學部，1991：550-552）。

除此之外，學部為提前實施強迫教育，達到教育普及的目的，以配合預備立憲之作業，特奏請設立中央教育會，以結合民間的力量，共謀教育之發展和普及。而且，為表示慎重起見，中央教育會章程之奏請，還提高層級，

由內閣總理大臣奕劻，於宣統三年（1911）五月四日，奏〈普及教育有關憲政特設中央教育會以利推行摺〉。由此觀之，朝廷對於強迫教育之實施極為重視。

奕劻在奏摺中指出，「教育之興廢，為國家強弱所由繫，教育之良否，為人民智昧所由分」，東西各國莫不注重教育，集合全民的力量，積極籌劃，以求奠定強國智民之根本。但是，「教育理法極為博深，教育業務又益繁重」，絕非一、二執行教育之人所能盡其義蘊。因此，奕劻以日本高等教育會議為例，認為類似組織能夠彙集教育名家，討論並研議教育事項，上自大學，下至初等小學，均可列作議案，文部省頗收集思廣益之效，意美法良，足資仿傚（奕劻，1981：1012）。

再者，奕劻表示，自從興辦學堂以來，分科大學及專門、高等各學堂，各學務主管衙門皆能竭力籌設。然而，中學畢業生尚少，不敷升入大學或高等專門學堂之額，且教育經費困難，中學以下之學堂規劃均未能驟期完備。可是，中學堂以下之學堂與普及教育密切相關，對於預備立憲尤為關係至鉅；且預備立憲已縮短為五年，開設議院之舉，轉瞬即至，故普及教育實有迫不及待之勢。「唯以中國幅員遼闊，民主艱窘，其間土俗人情，又各自為風氣，措辦學務，每多扞格，其普及教育之推廣、維持、教授、管理，在在均須廣集教育經驗有得人員，周諮博訪，始足以利推行而免阻礙。」因此，擬斟酌採行日本高等教育會議之章程，予以變通辦理，於京師設立中央教育會，由學部負責監督研議中學以下各項事宜，每年於暑假期間開會，以三十日為限。期能對於未來強迫教育之實施，有所裨益（奕劻，1981：1012）。

有關中央教育會應行研議事項及會員資格等事項，彙整如表6-5。

根據上述資料得知，中央教育會之會員人數極多，組織極為龐大，且每年訂於暑假期間開會三十日，對於尚未步入正軌的中學以下教育之發展和普及，確能發揮督促的功能。

宣統三年（1911）五月二十四日，朝廷正式諭派張謇為中央教育會會

▼表 6-5　中央教育會研議事項及會員資格彙整表

研議事項	1.關於中學學堂教育之主旨及關於學科程度設備管理事項。 2.關於兩級師範中等以下各學堂督察事項。 3.關於教科用圖書事項。 4.關於兩級師範中等以下各學堂職員資格事項。 5.學齡兒童就學義務及小學學費事項。 6.國語調查事項。 7.推廣義務教育事項。 8.擔任維持學務經費事項。 9.國家及地方補助學堂計畫事項。 10.學堂衛生事項。 11.此外學務大臣認為必要之事得臨時提議。
會員資格	1.學部丞參及各司司長、參事官、各局局長。 2.學部曾派充視學人員。 3.學部直轄各學堂監督。 4.民政部內外廳丞及民治司司長。 5.陸海軍部軍學司司長。 6.京師督學局二人。 7.各省學務公所議長或議紳及教育總會會長、副會長，由提學使推舉一人或二人。 8.各省學務公所課長及省視學，由提學使遴派一人。 9.各省兩級師範及中學堂之監督、教員及兩等小學堂長，由提學使遴派二人。 10.著有學識或富於教育經驗者，由學部酌派三十人。 ＊學務大臣認有必要事項，於前條會員外，得臨時派員到會與議，惟不得加入可否之數。

資料來源：奕劻奏〈普及教育有關憲政特設中央教育會以利推行摺〉。

長，張元濟和傅增湘為副會長（佚名，1981：1014）。並於宣統三年六月二十日至閏六月十八日，於京師首度召開會議。到會者一百三十八人，共開會十八次，議決十二案，由學務大臣交議的提案有：⑴軍國民教育案；⑵國庫補助推廣初等小學經費案；⑶試辦義務教育章程案；⑷劃定地方教育經費案；⑸振興實業教育案。由會員提議的有：⑴停止實官獎勵案；⑵變通考試章程案；⑶初級完全師範學堂改由省轄案；⑷全國學校討論會辦法大綱案；⑸統一國語辦法案；⑹國庫補助養成小學教員經費案；⑺變更初等教育方法

案。會議並議決實施四年制的普及義務教育，這是我國首次提出的具有官方色彩的義務教育方案（喻本伐等，1995：538）。此項決議，與宣統二年（1910）十一月二十九日，學部改訂初等小學堂為四年畢業之奏，相互輝映，亦使四年制的強迫教育之實施，具備更廣泛的民意基礎。

參、推行憲政教育

預備立憲最重要者為造就現代國民，除從根本做起，實施強迫和普及教育，提升學齡兒童之知識水準外，更應就一般社會大眾施以憲政教育，令人民皆能瞭解憲法之精神與內涵，始能擔負實行憲政之重責大任。而憲政教育之推行，則必須兼顧各級學堂和一般人民。

覺民是最早提出推行憲法研究者。光緒三十一年十二月（1906），他發表言論，認為「通商之埠、都會之區，人文薈萃，英傑輩起，其中非無熟諳憲法、研究政治之人」，宜藉著通商口岸與外界接觸較為頻繁的優勢條件，號召學望兼俱之有志士紳，召集同志，組織團體，於各省會及各商埠，設立憲法研究會。其任務則就各國立憲之歷史及現行之法規，詳加研究，並提出建議，指出何者行於中國為有利，何者行於中國為有弊，「秩然鏊然，無使紊亂」。再對中國現行律例，逐條討論，斟酌地理環境特性與民俗之強弱，決定何者應沿用，何者應改革，「集其大成，編為議案」。然後，公舉代表，向政府提出決議案，要求政府承認，載入憲法條文之內，如此憲政之根柢始固，而立國家萬世之基礎（覺民，1906：246-247）。由此觀之，覺民建議成立的憲法研究會，重在草擬憲法條文，代替人民向政府爭取權益，雖有研究之實質，但無推廣教育之行動，所以對一般基層民眾作用甚鮮。

光緒三十二年（1906）六月九日，劉坦主張在各學堂增設憲法教科，這是京內外官元員提出憲法教育的第一次。他認為，對於法律的解釋眾說紛紜，乃現今各國不能免之事實；然而，一國憲法之精神內涵斷不能有異同。尤其是中國風氣初開，已是眾口龐雜，苟不設法使之統一，勢必分派攻擊，

養成政黨之禍。請旨飭下各省，無論官私立大中小各學堂，均令增設憲法一科為特別課程，並一律以憲法說明書為教授之根據，則學生畢業後皆能知悉憲法之要旨，憲政之實行即能統一而不亂（劉坦，1981：121）。

暫署黑龍江巡撫程德全，於光緒三十三年（1907）八月十一日奏〈陳預備立憲之方及施行憲政之序辦法八條摺〉，亦提出「學科宜增法制以充智識」的建議。他認為，泰西各國咸以法律學為權利義務之學，其人有不知義務權利者，則被視為未開化之民。尤其是英人權利思想最重，故經濟戰勝於五洲；日人義務責任最大，故民氣暢行於世界，此皆法律思想普及之結果。然而，中國能瞭解權利義務者，百無一人，若遽行憲政，「竊恐責以納稅之義務，則以為煩苛，課以兵役之義務，更以為紛擾，且畀以選舉、被選舉諸權利，亦將委棄而不知惜。」因此，為預備立憲計，應於各學堂普通學科中添設法制一門，則國民皆知汲汲於自身權益之維護，並自知當盡之義務，若集合全國人民精力以研究法律，相信必能抵制列強之侵略，中國之治化必日臻進步（程德全，1981：256）。

自程德全發表言論後，響應者愈來愈多。光緒三十三年（1907）八月十八日，度支部主事陳兆奎條陳〈開館編定法規等六策呈〉，提出「學堂宜編列教科」的主張。陳兆奎認為，中國自興辦新式學堂以來，士人漸知有與國共休戚之誼，唯因法政未列學科，「故留心時務者莫會其典規，守舊自好者亦樂於緘口。」因此，除法政學堂應於各省積極興辦外，更應仿照日本中學校之例，以法制列為必修科目，藉以「增進普通之知識，啟發負擔之義務」（陳兆奎，1981：265）。

光緒三十三年（1907）十月五日，李翰芬亦提出「推行憲政教育」的主張。他認為，國家既設資政院、省諮議局、州縣議會，以為監督行政之機關，則必造就議員之資格，而欲造就議員資格，捨教育不為功。且國家的國民教育，必有特別之精神，「此精神有本其固有性質而發達之者，有即其最缺乏之性質而補助之者。」以目前而論，憲政教育即是最缺乏之性質，而亟

於補助者。因此，他建議採取下列做法（李翰芬，1981：302）：

一、高等學堂、優級師範學堂、中學堂，皆有法律一科，唯僅講授法制總論及民法，應再增列憲法內容。

二、各學堂所有法律課程，及初級師範、簡易師範等學堂原無法律者，應一律加習憲法學科，俾將來教習高等小學須講憲法大端，使初受教育之國民，咸具憲政思想。

三、省府州縣所立之教育會，本應附設宣講所，應由各省憲政研究所，編纂憲政白話說帖，交付宣講所辦理宣導，使學堂以外之人，亦曉然立憲之刻不容緩。

四、從前各省設立之法政學堂，應極力推廣以造就議員之資格，並培養自治之人才。

李翰芬的建議，對象包括各級學堂之學生及基層民眾，其完整性頗值得稱許。光緒三十三年十二月十八日（1908），劉寶和亦提出憲政教育之方。他認為，預備立憲之方，「不在徒慕立憲之美名，而貴求憲政之實際，論施行之序，不在專模立憲之形式，而當造憲政之精神。」尤其預備立憲，必先求國民教育之普及，欲使全國人民皆受國民教育，盡具普通知識，各具完全之人格，其功效絕非二、三年內所能驟見，因此，不得不先造成官紳之賢者與士民之秀者，以為經營憲政之基。況且，當今立憲事業，「無一不有待於學問，其成敗可兩言而決，有學問者其事成，無學問者其事敗。……學為世用而已，能言而不能行，此章句之學，非經世之學也。」因此，他建議實事求是，以實用為研究憲法之原則，並提出兩項辦法（劉寶和，1981：328-329）：

一、飭下在京各部院，在外各督撫，各於公署內特設一憲政研究所，每二日召集所屬人員分班研究。舉凡內政、外交、軍事、財政、學校、巡警、農工、商務、民刑訴訟之類，在京各部院則以本署之所職掌為限，在外各督撫則以本省之所管轄為範圍，分而研究之，合而討論之，以詳探利害得失之

由，藉為坐言起行之助。

二、各省紳商士民，應由官府提倡，令其各就本地情形，廣設自治學會或法政講習會；舉凡朝章國故、律例章程，及一切約章、稅則等書，皆當與現今之風俗人情、地方利弊相互印證，切實研究，「以期學識並進，養成議員資格」。

若能據此而行，移官紳士民有用之精神，致力於法律、政治學之研究，「風會所趨，皆曉然於國民程度日漸增高，無學無識決不能自託於立憲國民之上，求庇於立憲政體之下。庶官紳之智大開，各奮其急公益祛私利之心，以為庶民之先導，然後普及教育，乃可有所藉手以推行。」

光緒三十四年（1908）四月五日，御史徐定超奏〈請進講時添講憲法並將欽定憲法講義發交地方官研究各學堂加課摺〉，將憲政教育的觸角伸至深宮朝廷。他認為，自從朝廷頒布預備立憲詔書之後，雖已有多項配合措施，逐步進行中，唯「細察京外人心，憲政一事，信者固多，疑者亦復不少。信者豔於各國立憲之治安，疑者諍於中國古法所未有，不知各國憲制學說紛歧，亦不免有支離之處。」因此，他建議在進講之時，添講君主立憲之相關法制知識，經皇太后、皇上閱覽之後，即飭憲政編查館，將講義頒發各省督撫、將軍，責令大小屬官，切實研究。並令各省提學司，將欽定憲法講義，發至中學以上各學堂，按時加課，俾人人明瞭朝廷銳意立憲與憲法並非難行之意（徐定超，1981：1001-1002）。

學部對於憲政教育的訴求，其具體的回應表現在法政學堂的設立與改訂。光緒三十二年十二月二十日（1907），學部奏〈京師法政學堂章程摺〉，決定於光緒三十三年（1907）於京師設立法政學堂。然而，「因為法政為專門之學，非普通學科已具根柢，兼研東西各國語言文字者，未易遽言深造；而各部院已未服官之人，年力富強，有志肄業，尤應廣為造就，以資任使。」於是，設預科、本科、別科三類。預科二年畢業後，升入本科，分習法律、政治，各以三年畢業，俾求專精。別科則專為各部院候補、候選人員及舉、

貢、生、監年歲較長者在堂肄習，不必由預科升入，俾可速成，以應急需（學部，1991：561-562）。

　　宣統二年（1910）四月二十六日，學部奏〈議覆浙撫奏變通部章准予私立學堂專習法政摺〉，開放私人設立法政學堂，講求法律、政治之學問。學部指出，自從預備立憲詔書頒布以來，各項組織機構已次第成立，各省諮議局亦已逐步成型。所有議員、自治職員、審判官吏等，非有法治素養者不能勝任，值此需才甚眾之際，若專恃官立法政學堂，勢必無法及時培養辦理地方自治所需之人才，因此，稍為變通昔日「不准私立學堂學習法政」之規定，准私立學堂專習法律與政治。唯私立法政學堂，必應在省會地方，經費充裕、課程完備者，始准呈請設立。更不得設別科，避免因陋就簡，致滋流弊。而已設之地方自治講習所等類似組織，皆不得冒稱法政學堂，以杜魚目混珠（學部，1991：563-564）。

　　宣統二年（1910）十一月十九日，學部再度為改訂法政學堂之規定上奏〈改訂法政學堂章程摺〉。包括四個重點：一、法律學門以專講中國法律為主；二、本科延長一年，為四年畢業，並廢除講習科；三、於法律、政治二門外，增設經濟一門，以培養整理財政之人才；四、私立法政學堂得設別科，以因應中學堂畢業生無多之情況，俟將來中學畢業生增多後，漸次廢除別科（學部，1991：565）。

肆、實施社會教育

　　預備立憲為培養現代國民，除應積極辦理各級各類學堂外，更應致力於社會教育之實施，其目的係為提高國民識字率，而其入手則為簡易識字學塾之廣設，以及各式宣講活動的辦理。而對於社會教育之討論，覺民可稱為第一人。他認為，若待小學生以迄成材，必在十五年以後，而立憲之期，至遲不過六年，若必待今日小學之學生悉行成材以後，始舉行憲政，未免有「河清難俟」之感。因此，建議於普及小學以外，另行廣設補習學堂，舉凡年長

失學或農工商賈中之識字明理者皆入學，授以普通學科，以養成普通之知識；「並特設政法一門，以啟導其法律之思想，三四年畢業，於立憲之事，固已粗知崖略，雖不及各國民之資格，而償事之弊吾知免矣。」另外，對於「肩挑貿易之徒，與夫作苦自給之輩」，則非教育之力所能及，應以演說與戲劇二者引導其瞭解憲政思想之淺義。在演說方面，多派嫻熟憲政之士紳，分赴各地演說，使眾人皆知今日中國危弱已極，非立憲無以自存，立憲之事非自治無以成立之故，「而後人人有思危亡之痛，人人知振作之方。」至於戲劇，宜選擇各國立憲史中之事實，編為戲曲，在劇場演出，俾使老弱婦孺均能耳濡目染，亦知立憲之為何事，而恍然大悟（覺民，1906：247-248）。由此觀之，覺民對於運用社會教育從事預備立憲之方，提出的策略有三：一、補習學堂；二、演說；三、戲劇，頗能切合人民實際的需要。

光緒三十三年（1907）九月二十二日，程清提出「報紙言論宜收為憲政機關、各省宜開辦白話演說各報以補學堂之不及」等兩項主張，作為培養立憲國民資格之方。

在報紙方面：程清認為，報紙實有促進文明之異常效果。然而，中國官吏素與報紙隔閡甚深，「官吏不以報紙之言論為然，報紙不以官吏之設施為當，於是各報紙譏彈笑罵無所不至。」但是，立憲之道全在上下同心，內外一氣，若欲收同心一氣之效，其工具未有比報紙更佳者；「雖報紙持論未嘗無悖謬偏激之處，然切合時勢者，亦往往有之。但使推誠相與，各報紙執筆均係赤心愛國之士，斷無於國家進步轉意存妨阻者。」因此，他建議遠師歐美，近法日本，積極籌劃運用報紙之策，以為鼓吹憲政之助（程清，1981：276）。

在演說方面：他認為，中國人民不知對內對外之情，以及圖存救危自立之道者極多，「似此因襲故常，茫無感覺，究其流極，終等於畫餅療饑。」故為今日之人心國本計，唯在使全國之官紳士庶，「咸具有自立之心，雪恥之志」，則演說一法，實轉捩全國之無上關鍵。因此，他建議飭令各省學務

處，開辦白話演說報，「凡忠君愛國，自立自強，興學理財，改良風俗等事，於報章切實發揮。」省城由提學使，省外由各州縣學官督飭士紳，無論城鎮鄉社，均持報演說，此實為輸入人民以普通知識之緊要辦法，足以補教育之不及。又各省既有勸學所，宜大開學術演說會，凡績學之士及東西各國教習、游歷員，均請其到會演說。只須由各省提學使稍加提倡，「但令嚴加閑檢，不准稍參悖謬奇衺之論，斷可無虞流弊之生。」（程清，1981：280）

　　光緒三十三年十二月十八日（1908），劉寶和亦提出運用宣講以為預備立憲之方。他認為，預備立憲之時，宜運用宣講者，「當就本國政法、禮俗及社會習慣，與夫民生利弊，剴切申明，反復詳說，使人人有法律政治之思想，以造成立憲國民。」因此，他建議飭下會議政務處，妥訂宣講憲政章程，頒發各省一律遵行。凡近年歷此立憲相關的諭旨，皆應由憲政編查館按年彙輯，陸續出版；發交各省督撫，轉飭各府廳州縣，選派通曉時務之官紳，分赴各村鎮集市廣為宣講，不斷地宣講立憲要旨及各項新政內容。除此之外，並將會典、律例、則例、賦役全書、海關稅則、中外通商議和約章、路鑛專約、商律商勳章程等類，選擇切於時用者，節取精要，各自成編，由各省刊印頒發，列入宣講教材，或分給各地方能讀書識字之民，令其轉相講述。「如此則海澨山陬，莫不共喻朝廷音旨，人情大順，下令有如流水之源矣。」（劉寶和，1981：330）

　　綜合上述，以社會教育推動預備立憲的方法，包括廣設補習學堂、演說和宣講、戲劇、報紙等四種。學部為具體回應這些需求，則專注於編輯國民必讀課本、簡易識字課本及設立簡易識字學塾等三項工作。

　　光緒三十四年十二月二十八日（1909），學部奏〈編輯國民必讀課本簡易識字課本情形摺〉，說明編定此項課本之宗旨。

　　在簡易識字課本方面：其宗旨在使人人皆知人倫道德及應用之知識。而編纂的原則是「宗旨必須純正，事理亦期通達，要在簡而不陋，質而不俚，始為合用。」學部在編纂之前，曾先蒐集坊間所出各本，詳加核閱，發現有

五大弊端：「一、事多假設，不能徵實；二、雜列名詞，無復抉擇；三、方言詭語，不便通行；四、文義艱深，索解不易；五、卮言異說，惑亂人心。」因此，必須祛除這五弊，始能符合人民之需要。而其文字深淺的編排方式，大致由單字進於短句短文，所選教材，無取精深，即就倫常日用易知易行之事物教授之，俾其卒業以後，能再入學校固善，即無力更求深造，亦可藉以謀生，不致流於邪僻。再者，為因多方面的需求，總共編纂三種識字課本：第一種，「舉凡道德知能之要，象數名物之繁，詳徵約取，備著於篇」，約三千二百字，期以三年完成。第二種，於第一種課本中，「去其理解稍高深，事物非習見者」，約減為二千四百字，期以二年完成。第三種，「但取日用尋常之字，目前通行之文」，約之再三，定為一千六百字，實屬無可再減，期以一年完成（學部，1981：1008-1009）。

　　至於國民必讀課本，蒐集列聖諭旨及聖賢經傳，以示標準而資遵循。分為兩種：第一種，「理解較淺，範圍較狹，徵引書史較少」，其天資較高者，期以一年畢業，遜者一年半畢業。第二種，「理解較深，範圍較廣，徵引書史較博」，其天資高者，期以二年畢業，遜者三年畢業。編輯之法，各分上下二卷：上卷慎選經傳正文，以大義明顯者為主，兼選秦漢唐宋諸儒之說以證明之；正文之下附加按語，「凡群經大義切於修身之要者，前史名論益於涉世應事之宜者，以及諸子文集、外國新書，於今日國家法政世界大局有相關合者，皆為今日應用之知識，均可擇要採取，推闡發揮，以淪其智慮，拓其心胸。」下卷則敬輯列聖諭旨，凡有關於制度典章之重要者，慎選輯錄，仿聖諭廣訓直解之例，敬附解釋，俾易領會。「蓋有聖訓及經傳大義以堅定其德性，復有解釋發明以開睿其知識，既合古人正德厚生之教，更符近世德育智育之法，庶幾鄉曲愚氓皆明於忠君報國之義，而識字較多，智識較靈，並可藉以為謀生學藝之資矣。」（學部，1981：1009-1010）

　　宣統元年十一月二十九日（1910），學部奏〈簡易識字學塾章程摺〉，指出辦學與就學之困難各二項。「民瘠則經費難籌，地僻則師資缺乏，為辦

學之困難；生計抗作之鮮暇，書籍用品之無資，為就學之困難。」因此，於立憲九年預備單內奏設簡易識字學塾，欲以輔助小學教育之不及，而期以無人不學為目的。而此項學塾既以簡易為名，則一切章程必使易知易從，始能發揮彈性變通之功效。至其具體辦法如下：舉凡官立、公立、私立各項學堂經費稍為充裕者，皆令附設此項學塾，則短期間內，即可廣為設立。而推廣設立者，並得租借祠廟及各項公所零星開辦，但取經費極力從省，圖書器具不必求備，略可敷用為主。教員之資格，亦不必求全佳，但使文理通順，略具普通知識者，即可為之，避免經費難籌、教員缺乏之弊。學生一律不收學費。其畢業年限定為三年以下、一年以上，其授課時間定為每日三時或二時，俾便貧寒無力入學之子弟及年長失學之人，皆可縮短上課時間，以從事於生計之業，避免就學困難之弊（學部，1981：1010-1011）。

伍、整頓學務

立憲倡導者建議積極整頓學務，大概有三個原因：

一、興辦西式學堂，對於傳統教育機構的教習而言，是一項莫大的考驗，也攪亂了他們慣常的生活步調；再者，張之洞建議徵收寺廟公產以為學堂經費的做法，也在民間引起極大的反彈。

二、廢除科舉，對一般窮畢生心力準備科舉考試的讀書人而言，更是生涯規劃上的重大轉折；許多已經摩拳擦掌多時，準備迎向人生美好前景的儒生，突然之間不知所措，生活頓失目標，遂日夜思索攫官之道。

三、獎勵游學之舉，雖然允許大量的中國學生赴歐美日等先進國家學習先進科技和法政制度，卻因學生吸收自由民主開放的空氣之後，思想觀念起了根本的變化，而造就一股反動的力量。

綜合這三個原因，晚清的中國社會經常出現人心浮囂、士風紛擾甚至敗壞的現象。士子潛心向學、循規蹈矩者雖有之，但乘機作亂、藉端生事者亦大有人在，加以革命風潮方興未艾，隨時牽動著傳統士子的情緒和行動。凡

此種種異常現象，對於亟欲推動預備立憲的滿漢官員而言，心裡當然不是滋味，於是紛紛建議採取更嚴格的整頓措施，企圖齊一士習，方有益於立憲之實行。

光緒三十三年（1907）三月十三日，候選道吳劍豐條陳〈改良財政、言路、吏治、學務、陸海軍、警察等六事呈〉，專就游學生的監督管理措施，提出改良建言。他認為：當前游學日本的學生，約在萬人以上，唯急宜整頓，而不宜限制。因為，唯有人民思想發達，國勢才得以強盛，而欲人民思想發達，則捨人人向學莫由；尤其正值預備立憲之際，急求人民知識進步，豈可閉聰塞明、因噎廢食？況且，中國境內學堂有限，少年子弟已苦無讀書之處，而科舉又停，出身之路受阻，不得已只有自費出洋游學。雖然，在日本的游學生有參加革命黨者，不過為數甚少，斷不得以少數害及多數，且一經限制，國內學堂又未增加，「人無去路，益將怨及朝廷，弱者忍饑待斃，強者犯上作亂，此不可不慮及者也。」（吳劍豐，1981：192-193）因此，當前急務乃亟圖改良之方，而非尋求限制之道。

吳劍豐強調，革命黨在日本號稱黨員甚眾，純屬誤解，絕非事實。而部分參加革命黨，並積極參與演說活動者，「多係無知之徒，皆屬被動，毫無主見，隨聲附和。」該等游學生實係受革命黨之煽惑，「其罪可誅，其愚可憫」，而致此流弊之因，概起於監督不周。他指出，日本學堂唯有振武學校和成城學校管理最嚴，其餘學校則授予學生相當高的自由；「雖其中堅苦向學者不乏其人，而徒博留學之名者亦所常有。」而游學生之怪異現象有：「或官費得之數年，而無一學堂畢業者，或一年而易數學堂者，或平日並不聽講，臨期考試請人代理者。」因此，他提出幾項加強游學生監督管理的方法（吳劍豐，1981：193-194）：

一、凡年紀過小，中學無根柢者，只准學普通學，不准學速成、師範、法政、警察等科。

二、各項實業學科，如理化、槍砲、電學、鐵道、郵政、稅關、石油、

紙業、硫酸、玻璃、瓷器等，舉凡中國目前所缺之人才，皆應就游學生中考選送入相關學堂肄習，並請駐日公使特別交涉。

三、凡自費出洋游學者，准其一體向中國駐該國公使報告，註明家族、住址及何學堂，皆得發給紹介書。各學堂畢業者，由公使咨明學部註冊，並分別咨回原籍督撫，以資適才任用。

四、游學生欲入法政、警察、師範等科者，必須中學略有根柢，如無科甲之名，應試驗中學策問一道。

五、對於游學生之考核，應於總監督、副監督之外，另派各省分監督，以分攤考核工作。因為，游學生多至萬餘人，四處分散，以一、二人之精力，勢必難以兼顧，必致有考查之名，而無考查之實。

六、各監督各司專職，且均應有革退補充之權，「否則形同贅疣，徒供學生欺侮。」總監督負責與日本文部省交涉及關於國際事務者；副監督負責稽查各省監督辦事之功過優劣；各省監督則直接面對學生，負責考核作業。

七、各省監督之人選，「宜官不宜紳，紳則同鄉情誼，動多顧忌」；唯需慎選明白學務、毫無官氣者，方能勝任，否則監督與學生隔閡，適得其反。

八、各省監督為遂行監督任務，應當秘密派遣妥當之人，分置各學堂，循環稽查游學生之品行、學課，「如有行止不正，上課不勤，議論狂悖者，即行革退，不可以專查革命黨為名，徒使學生衝突也。」

吳劍豐關注游學生之監督管理機制，鑾儀衛候補經歷王芷升則將焦點鎖定國內各級學堂管理辦法之整頓。王芷升於光緒三十三年（1907）七月十八日，條陳〈考察民情選練忠義軍獎勵工藝整頓學務等項呈〉，提出「規定學制以開風氣而端心術」的建議。

王芷升認為，學部所訂各項學堂章程，均亟於教育普及，而民間卻不甚踴躍原因在於：「學堂出身期限，閭閻未甚明曉，及所定教科不能盡服人心也。」詳細而論，則有三項弊端（王芷升，1981：225）：

一、初等、高等兩小學堂，經史、輿算之課太少，唱歌、畫圖之課太

多，且講授之時雖多，「而不嚴考問，不講記誦，故學生外貌雖若可觀，而根柢不能堅固。況四書五經為中國宗教所關，而定課太少，此實人心浮囂之漸。」

二、各學堂雖訂有畢業期限，卻有未屆畢業之期，即可升入高一級學堂者，亦有私自轉學他項學堂者；於是，「學生未嘗卒業，而舍此就彼，無由屬禁，其學業之鹵莽滅裂，實不能免。」

三、學生出身有未屆畢業期限即給予畢業，並用生員、舉貢者；有已屆畢業期限，而僅予文憑者；有屆畢業期限卻不給予畢業者；「京畿與外省不同，此省與彼省不同，學制紛紜，莫衷一是。」

有鑒於此，王芷升（1981：225）提出四項整頓策略：

一、初級小學堂雖重普通學科之學習，必宜先入為主，以四書之講解背誦為首務。

二、高等小學堂，每日讀經應有兩小時，而經史、輿算之課宜增多，物理、圖畫、體操、唱歌之課宜減少，其教授講解考問不可太寬。

三、中學堂與高等學堂皆應制定一律之規制與課程，及畢業期限、出身階級等，不准稍有參差及擅行變更，倘有參差及變更者，按律議處。

四、即使原定章程稍未合適，當俟畢業後再行改訂，不得中途議改，使前功盡棄。

王芷升相信，若能積極訂定學制，頒行天下各府廳州縣，「榜示城鎮，俾眾周知」，即能收「人知向學，通才自多，更不患離經畔道」之效，而實行憲政之基礎亦得以鞏固不移（王芷升，1981：225）。

光緒三十三年（1907）十一月二十一日，朝廷頒布諭旨，表示要整頓學務，似有回應官員奏摺之至意。此道諭旨大致可分為四部分予以說明（《光緒實錄》，卷583：6-7）：

一、說明學堂章程對於學生獎懲之規定極為嚴明，以勉勵士子潔身自愛，奮發向學，勿為浮言所惑，甚至乘機作亂，諭旨稱：

「國家興賢育才，采取前代學制及東西各國成法創設各等學堂，節經諭令學務大臣等詳擬章程，奏經覈定，降旨頒行。獎勵之途甚優，董戒之法亦甚備。如不准干預國家政治及離經畔道、聯盟糾眾、立會演說等事，均經懸為屬禁，原期海內人士束身規矩，造就成材，所以勖望之者甚厚。」

二、指出當前學務的各種弊病，已經影響人民風俗隨之腐壞，所以不得不嚴加整頓，論旨稱：

「乃比年以來，士習頗見澆漓，每每不能專心力學，勉造通儒，動思踰越範圍，干預外事。或侮辱官師，或抗違教令，悖棄聖教，擅改課程，變易衣冠，武斷鄉里，甚至本省大吏拒而不納，國家要政任意要求，動輒捏寫學堂全體空名電達樞部，不考事理，肆口詆諆，以致無知愚民隨聲附和，奸徒游匪藉端煽惑，大為世道人心之害。不獨中國前史本朝法制無此學風，即各國學堂亦無此等惡習。士為四民之首，士風如此，則民俗之敝隨之，治理將不可問。欲挽頹風，非大加整飭不可。」

三、指示整頓的方法，包括四項：㈠要求學部，通行京外有關學務各衙門，將學堂管理禁令、章程規定及考覆、勸戒之辦法，「廣為刑布，嚴切申明」；若原定章程有未盡完備者，得另訂補充規定，務必實力奉行為要。㈡要求學部隨時選派視學官，分往各處認真考察，「如有廢棄讀經講學功課荒棄國文不習而教員不問者，品行不端不安本分而管理員不加懲革者，不唯學生立即屏斥懲罰，其教員、管理員一併重處，決不姑寬。」㈢要求順天府尹、各省督撫及提學使，指其皆具教士之責，「乃往往任其僨越，違道干譽，貌似姑息見好，實則戕賊人才」；因此，飭令順天府尹、各省督撫及提學使，務須對於各學堂監督、提調、堂長、監學、教員等，「慎選器使，督飭妥辦」。倘該府尹、各省督撫及提學使等，「仍敢漫不經心，視學務士習

為緩圖，一味徇情畏事，以致育才之舉，轉為釀亂之階」，除查明該學堂教員、管理員予以嚴懲外，恐怕該府尹、各省督撫及提學等，「均不能當此重咎」。㈣飭令各學堂務必視「敦品勵學，化行俗美」為己任，俾得賢才漸多，以副朝廷造士安民之至意；並要求各管學衙門暨大小各學堂，一律將此道諭旨恭錄一通，懸掛學堂明顯處所；各學堂畢業生文憑，亦應將此諭旨「刑錄於前，俾昭法守」。

四、朝廷再度曉喻各學務官員，務必將影響學生根本的道德教育，視為學堂之急務，實力奉行朝廷之訓飭，諭旨稱：

「總之，以聖教為宗，以藝能為輔，以禮法為範圍，以明倫愛國為實效，若其始敢為離經畔道之論，其究必終為犯上作亂之人。蓋藝能不優，可以補習，智識不廣，可以觀摩，唯此根本一差，則無從挽救，故不率教必予屏除，以免敗群之累，違法律必加懲儆，以防覆霜之漸。」

綜合上述，朝廷整頓學務的焦點在於加強控制學生的行為規範。因為，自從西學輸入中國，並正式成為學堂課程之後，不但西洋的科學知識直接衝擊中國傳統的科學觀，更培養學生對於知識的懷疑態度和習慣。而且，西方民主國家的自由學風，也隨著洋教習和游學外洋的中教習，直接或間接地影響學生，連帶地學生在行為上也比較無法遵守傳統的禮教規範。科學與民主對甫創辦西式學堂的中國教育界，帶來無可避免的震盪，學生的行為表現已經不是舊教育體制的道德倫理所能管束的。所以，朝廷必須亟圖挽救之方，以免學生逾越常規過甚，成為顛覆滿清政府的另一股力量。

第四節　分析與檢討

本節分兩個部分：一、立憲運動期間，滿清政府教育政策決策歷程的分析；二、教育政策執行成效的檢討。

556

壹、立憲運動教育政策決策歷程的分析

一、政策形成的脈絡

晚清立憲運動的推動，主要依靠三股力量。第一股力量，主要來自於京內外的滿漢要員，包括出洋考察政治五大臣、朝廷部分皇族成員、部分邊省督撫等。他們的目標是希望透過憲法的制定，提升皇室的權力，以便對實行憲政後可能產生的行政和立法部門之間的紛紛擾擾，進行仲裁並發揮制衡的作用，藉此保有滿清政府永久的統治權。他們主張憲法應由皇室制定後頒布施行，因此強調中央政府擁有絕對的制憲權，地方政府和人民只是居於被動的地位，對憲法的制定僅具建議權而無決定權。所以，這一股力量可以稱為「欽定憲法派」。

第二股力量，主要來自於民間的立憲倡議者，包括各省諮議局的議員、部分社會輿論的發聲者等。他們認為憲法應該由人民參與制定，皇室的權力則由憲法或以其他法令做特別的規範。他們強調在保存君主的前提下，進行溫和的、漸進式的立憲運動，不主張廢除滿清皇帝，以避免因為皇族的反對，而與人民產生激烈的流血衝突。因此，這一股力量可以稱為「君主立憲派」。

第三股力量，主要來自於孫文所領導的革命黨。他們抱持著種族革命的觀念思想，主張應由占絕大多數人口的漢族來負責立憲的推動。他們強調滿清政府在檯面上積極推動立憲，暗地裡卻不斷進行中央集權的陰謀，以便徹底削減各地方的權力，達成永久統治中國的目標。因此，革命黨呼籲漢族同胞應該參與革命，藉著革命的手段，將滿清政府推翻之後，再建立以漢族為主的立憲政體。因此，這一股力量可以稱為「革命立憲派」。

這三股力量，欽定憲法派堅持由滿清政府頒布憲法的心態未曾改變，只是為遷就現實而曾經兩次將預備立憲的期限縮短，甚至於宣統三年即宣布召開國會，終究仍未獲得成功。君主立憲派，則是依違於欽定憲法派與革命立

憲派之間。最初，他們與欽定憲法派站在同一陣線，反對流血的改革措施，希望爭取與欽定憲法派合作的機會和空間，因為他們希望在立憲過程中取得人民參與制憲的代表權，並在立憲政體中取得一定的政治地位。後來因為皇族內閣的宣布成立，對他們而言是一大打擊，他們不再對滿清政府寄予厚望。有些憤而轉趨採取激烈的手段，成為革命黨的贊助者。至於革命立憲派，堅持以革命手段推動立憲的做法未曾改變，最後愈演愈烈，逐漸擴充革命勢力，在全國各地策動革命反清活動，終於獲得最後的成功。

　　這三股力量，縱然在推動立憲的手法上有所不同，但是對於教育在預備立憲的角色功能之看法，卻有極大的共識，而各項措施都是由欽定憲法派所制定出來的。他們都相信，就長期的規劃而言，實施學齡兒童的普及教育，甚至於推動強迫教育和義務教育，是實現立憲政體的重要關鍵；就短期的規劃而言，針對一般失學民眾，實施普遍性的識字教育和憲政教育，則是推動立憲最須亟辦之措施。因此，立憲運動期間各項為實現教育政策之措施的推出，似乎未曾遭受其他二股力量的攻擊或批評。如果勉強說有，也是一般民眾囿於現代知識缺乏、教育觀念不足的抗學行動，但均未曾改變過教育政策之下的各項重點工作。

二、決策模式的解釋

　　本研究認為，立憲運動時期，滿清政府的教育政策，基本上朝野菁英份子彼此之間是有共識的，因此其歷程可運用菁英模式予以解釋（該模式的四個要點請參見第三章第五節）。以下分述之：

　　㈠立憲運動時期的社會菁英，包括欽定憲法派、君主立憲派及革命立憲派等三股力量，他們均認為實施普及教育是推動立憲的重要工作，而訓練人民具備憲政知識，成為熟練地方自治的現代公民，亦是教育政策的主要內容之一。因此，預備立憲的教育措施，必須涵蓋普及教育、憲政教育等。這些措施的制定，就是社會菁英的價值觀表現。

㈡欽定憲法派在頒布教育措施前,各京內外官員及報紙雜誌都曾對相關議題做過或多或少的討論,而這些討論的聲音,到最後都匯集成一股要求學部做出相關決定的力量。如張謇所領銜的江蘇教育會,曾經上書學部將初等小學的修業年限縮短為四年,學部遂規定全國所有初等小學一律縮短為四年。浙江巡撫曾奏請允許私立學堂學習法政學科,學部亦從善如流,頒布相關規定。諸如此類,可見政策的形成都是當時各派菁英的決定。

㈢為使普及教育能夠順利實施,政府要求各地將廟產捐出作為學堂之經費,所以當時舉辦學堂的社會菁英,便能有權處理大大小小的各處寺廟,也就是說能對社會價值進行分配,並且決定民眾未來要走的方向。

㈣欽定憲法派與君主立憲派都是封建社會體制下的受益者,他們的利益必須依靠此一體制持續下去,始能繼續享有。因此,他們所提出來的各項教育措施,都是針對以前的問題,在不妨害現行利益的前提下進行漸進式的改革。

貳、立憲運動教育政策執行成效的檢討

滿清政府在傾覆前五年,推動君主立憲運動,顯然沒有成功。原因可分為中央與地方兩個部分來談。

在中央,清廷希望藉由頒布欽定憲法,加上政府改制,來強化中央行政權,繼而給壯大中的省級政府一些好處,以使他們持續效忠。因此,在光緒三十二年(1906)年至宣統三年(1911)間,朝廷積極進行這個二元計畫,要將行政革新與立憲結合在一起。然而,這種改革卻同時在中央政府之內與中央和地方政府之間引起激烈的權力鬥爭。而且,按照光緒三十二年所改的新制,原來的六部擴大為十一部,同時議定保留與行政系統平行的軍隊和監察系統,再添上純粹的諮詢機構以傳達輿論民意。改制的結果,距離設置一個立法系統與行政、司法鼎足而三的理想,相去甚遠。沒有法律至上的概念,根本無從實施分權(費正清,1994:274-275)。

在地方，各省諮議局是推動立憲的重要組織。根據規定，選舉議員的人限定必須府州學畢業的教育程度或任教三年以上者，或資產額在五千元以上者。因此，有投票權的國民僅一百七十萬人，約為全國四億人口的 0.4%。首屆當選議員者，有十分之九是有科舉功名的士紳。因此，費正清認為，在議員中，僅有極少數人學會在大庭廣眾前高談闊論，大多數人仍避免做此種令人尷尬的賣弄。議員的組織，仍以派系或私人關係圈子為原則，並不按立法性質方針組成。大多數議員只講崇高的陳腔濫調，具備法律素養而能夠擬定法案者，簡直是寥寥無幾（費正清，1994：275-276）。

然而，立憲運動以「培養現代國民」為教育政策的主軸，在執行上雖曾出現許多困難，卻也具有相當可觀的成績。以下分三方面來說：

一、在推動女子教育方面：雖然光緒二十九年的癸卯學制未能提供女子受教育的機會，但在光緒三十二年（1906）七月十三日朝廷頒布「預備立憲詔」之後，大約半年的時間，光緒三十三年（1907）正月二十四日，學部即行奏定女學堂章程，內容包括女子師範學堂章程與女子小學堂章程，成為中國教育史上明文規範女子教育的第一次。自此以後，即開啟女子受教育的大門。或許以當時的民風和觀念，礙於女子僅須相夫教子的封閉思想，未能如男子學堂般迅速發展，但畢竟已經有了起點。假使清廷未預備立憲，學部又未奏定女學章程，則女子教育之門何時能夠開啟，想必無人能夠預料。故清廷及學部的做法，應該獲得後世正面的肯定。

根據表 6-6 得知，宣統元年（1909）全國初等教育機構學生數計一百五十三萬餘人，女學生數僅一萬四千餘人，未達百分之一。

再據《中國第一次教育年鑑》的統計資料顯示，民國元年（1912）有中學生 52,100 人，女學生僅有 677 人，約占 1.3%（吳相湘等，1971：194）。至於初等教育的學生數雖有 279 萬 3,633 人，但缺乏男女學生數之分析資料，故無從瞭解究竟有多少女學生。但是，若依女中學生的比例計算，那麼在初等教育機構的女學生可能將近 36,000 人，比宣統元年（1909）又增加二萬二

▼表 6-6　宣統元年全國初等教育統計表

小學堂	高等小學堂	學堂數	2,039	蒙養學堂	學堂數	93
		學生數	112,551		學生數	2,704
	兩等小學堂	學堂數	3,513	半日學堂	學堂數	975
		學生數	199,018		學生數	25,545
	初等小學堂	學堂數	44,749	女子小學堂	學堂數	308
		學生數	1,177,874		學生數	14,054
			總　　　計		學堂數	51,677
					學生數	1,532,746

註：⑴資料來源：陳學恂：《中國近代教育史教學參考資料（下）》，頁 329、337-338。
　　⑵京師督學局所屬兩等小學堂缺乏學生數資料，未列入該表內之學生數總計。

千餘人。此一比例雖然與男生的就學率相差懸殊，但卻不能就此否定學部在滿清傾覆前五年，對於女子教育的努力。而且，女子教育的推動，對於立憲的預備，亦有其積極的作用。

　　二、在實施強迫的普及教育方面：張玉法認為，清廷對於普及教育的努力，是值得肯定的。他指出，清政府為訓練人民參政，著意發展現代教育；清季的教育改革，不管在學校及學生的數量上，還是在課程內容的更新上，都有相當成就（張玉法，1986：695）。

　　根據統計資料顯示，即可看出學部的努力。由表 6-6 得知，宣統元年（1909）的全國初等教育學生數已經達到 153 萬人，若與光緒三十三年（1907）的 95 萬人，及光緒三十四年（1908）的 122 萬人比較，可以發現，每年幾乎以三十萬人的速度增加。因此，學部在癸卯學制的基礎上，積極努力推動普及教育，已經獲得相當不錯的成績。

　　再者，根據統計資料顯示，民國元年（1912）初等教育的學校數有 86,318 校，學生數已達 2,793,633 人（吳相湘等，1971：193-194、747）。比起宣統元年（1909）的 153 萬餘人，約增加 127 萬人。

　　由此觀之，初等教育的實施在晚清最後的四、五年間，其發展的速度是相當驚人的。這種成效，必須歸功於三項措施：⑴學部將全國初等小學的修

業年限，一律由五年縮短為四年，無形中提高一般民眾讓子女就學的意願；(2)單級教授法的引進，讓財源窘困的地區，可以只聘一位教員，即擔任各年級學生的教學工作，大幅度節省初等教育的開辦和維持經費；(3)透過地方自治的推動，鼓勵並督促各地私立小學的開辦，有效彌補地方政府經費不足的缺憾。職此之故，薛玉琴等認為，晚清地方自治運動承擔了義務教育的大量發動和組織工作，從輿論的宣傳、學堂的創辦，到資金的籌集等等，使全國初等小學堂數量及質量在短短幾年即有較快的增長，甚至把新式教育引向窮鄉僻壤，其歷史進步意義不可抹煞（薛玉琴等，2004）。

三、在推動憲政教育方面：立憲運動期間，各地報紙和雜誌如雨後春筍般興起，言論自由的程度亦較過去提高許多。於是，立憲派利用報紙和雜誌作為宣傳工具，且善用報刊的合法地位，可以四處流布，不管是批評清政府的政治腐敗，或是號召群眾參與政治事務，可以說都是對國民進行政治教育，此一教育乃為中國國民所需要（張玉法，1986：695）。由此可知，報紙和雜誌對於一般民眾憲政知識的提升，確有其不可抹滅的貢獻，對預備立憲的進展，亦是一大突破。

再者，憲政教育的推動成效，也表現於高等教育法政學科的設置上。根據表6-7得知，宣統元年（1909）高等教育學生總數20,572人，其中法政學科已有 12,282 人，約占 60%。其因有三：(1)因為當時預備立憲，必須培養各省地方自治之推廣人才，因此學部奏請設立京師法政學堂，後來又推廣至各省各地，使得法政學科成為學部預備立憲的重點工作之一；(2)因為法政學科設有別科、講習科，為速成性質，入學限制較寬，可以大量招收學生；(3)因為學部奏請私立學堂亦得增設法政學科，使得私立法政學堂紛紛興起，大幅度增加法政學科的學生人數。

由此觀之，學部對於憲政教育的推動，已經獲得初步的成效。再經過三年的努力之後，民國元年（1912）的高等教育學校數雖然僅增加五校，為115校；但是學生數卻已經增加一倍，成為41,709人；其中法政科學生更高

▼表 6-7　宣統元年全國高等教育統計表

大學堂	學堂數	3	法政科	學堂數	47
	學生數	749		學生數	12,282
高等學堂	學堂數	24	醫科	學堂數	8
	學生數	4,203		學生數	336
文科	學堂數	18	藝術科	學堂數	7
	學生數	2,306		學生數	485
理科	學堂數	3	總計	學堂數	110
	學生數	211		學生數	20,572

資料來源：陳學恂：《中國近代教育史教學參考資料（下）》，頁 328、331-332。

達 30,808 人，為宣統元年的 2.5 倍（吳相湘等，1971：14-15、145）。由此可知，雖然清廷計畫藉由建立立憲政體，以延長國祚的做法未能奏效；但是學部在預備立憲過程的努力，已經培養許多推動憲政的人才，更為各省地方自治培養無數的幹部。

　　以上所述，為學部教育政策的執行成效。但是，普及教育的推動過程，卻出現許多的困難和弊病。薛玉琴等指出：各地在辦理自治事務時，尤其是在有關義務教育經費的徵收上，或多或少地沾染了一些「官氣」，有的甚至「抑勒過甚」，造成了一些不良影響。根據報載，江寧自治研究所畢業生到鄉下後，不但「夜郎自大，誇耀鄉曲，武斷行事，廣刷報紙，散卷開貨」，而且，「為斂財計，甚有勒派分資者」（薛玉琴等，2004）。

　　除此之外，為興辦小學堂而徵收廟產的做法，也引起地方普遍的反彈與抗議。以江蘇省為例，學堂占用寺廟情形，計有 208 處，其中南通一地的十座寺廟均為初等小學占用（王樹槐，1986：526）。而這種由地方民眾發起的反彈聲浪與抗議行動，也就成為清廷預備立憲、推動地方自治過程中，亟待解決的教育問題。

　　根據王樹槐（1986：518-521）的研究，民眾反對地方自治的方式，最先是從反對學堂的興建開始的，而且從改書院為學堂時即已開始。自宣統二

年（1910）正月起至宣統三年（1911）二月止，江蘇省總計有五十餘所學堂遭到鄉村或市鎮一般民眾的搗毀，光是宜興一處，即發生十餘件，而參與的民眾可能高達數萬人以上。甚至有毀損教育會及勸學所者、將教員投入糞坑的事件發生。

江蘇發生抗學事件的原因，主要是人民知識程度不夠，教育尚未普及。雖然江蘇素為人文薈萃之區，但只限於中等以上人家，而大多數貧苦之輩，仍是知識不足，尤其鄉間為甚。毀損學堂事件多發生在鄉間，因為鄉下民眾知識水準普遍低落，易受煽惑而抗爭。另外，也因為學堂捐而起衝突（王樹槐，1986：524）。

再者，王淑慧（1987：240-241）曾經歸納學堂興辦之初，遭遇抗爭的原因，約有五項：

一、新式學堂多以寺廟改建，並撥用廟產作為常年經費，此舉引起僧侶之不快，加上鄉民迷信害怕褻瀆神明，遂生事變。

二、辦學之人過於操切從事，引起民怨，而且劣紳植黨霸阻學務，貪獎勒捐，學堂監督舞弊傾學，倡學之士巧立名目強行籌捐，更使人民仇學、毀學。

三、地方以公款辦理學堂，然當時待舉者尚有警務、實業、衛生等項，亦須同時興辦，無形中挪用學款，地方官倡議加捐以濟學堂，士紳出入公門，派捐四鄰，漁肉鄉里，按戶斂錢，分飽私囊，鄉民不勝其苦，往往激而生變。

四、學務人士擔任立憲工作之戶口調查一事，也因民間風氣未開，常有危言惑眾、聲稱政府將開人口捐等情形，致使調查員從事不順，經常與人民發生口角，人民懷恨，則以毀學為報復手段。

五、部分地方官藉口興學，專事搜括，臨事又多坐視不救，既不能將事變消弭於事前，復又不能維持安定於事後，導致事態益形嚴重。

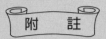

附　註

註1：吳樾攻擊出使大臣時，同盟會在東京成立僅一個月，《民報》
　　並未出版，故吳樾此舉純出於自動，非經同盟會唆使。而吳
　　樾此舉，本擬攻擊陸軍部的鐵良，因無機會下手，剛好載澤
　　等出國，於是乃以該五人為對象，而奮身一擊。查吳樾攻擊
　　出使大臣之本意，乃擔憂立憲一旦出現，將成為國民革命之
　　障礙，其用意曾顯現在寄給友人的一封信。（參見左舜生：
　　《中國近代史四講》，頁 264-265）

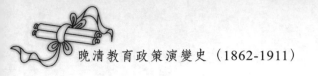

第七章

回顧與前瞻

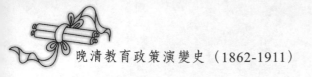

第一節　回顧

　　本研究根據第二章至第六章的研究成果，提出以下五點結論，以為晚清教育政策演變之回顧。

　　一、晚清教育政策演變的背景因素有三項：㈠傳統教育的困境；㈡列強勢力的擴張；㈢有識之士訴求變法。以下分述各項背景對於教育政策影響的情形。

　　清代的傳統教育沿襲明代的體制，大體上仍是封閉的、保守的，與外面的世界幾乎完全隔絕，士子只在書本中求取功名，不聞不問世間俗事；國家僅偏重為國舉才的人才教育，對於中等以下教育的規劃，以及學生日常生活的學習與瞭解，是完全不予理會的。而且，自順治皇帝以後，即頒布各種教條，對士子進行思想的教育和控制；康熙、雍正、乾隆三朝，訓飭士子的相關條規，更是極其嚴苛。因此，教育的目標，僅在培養專制政體下忠君愛國的臣子。再者，科舉制度大行其道，學校教育內容經常隨著科舉的改變而轉移，「考試領導教學」的現象一再重演；演變至極，科舉考試專以八股取士，僅重文字聲調之優美，不管論述內容對國家治理是否有益。所以，學校教育儼然成為科舉制度的附庸，且科舉制度實施已久，對於人才之阻斷、導致士子學非所用、造成士子投機取巧的心態等弊端，都已經為時人所唾棄。因此，單就教育方面的因素，即有改革之必要；只是改革須等待機會，而此一機會卻是列強對中國的侵略。

　　列強諸國挾著強大武力的優勢，於晚清時期在中國境內引爆多次戰爭，這些戰爭都是列強為擴張自己國家利益而起的。中英鴉片戰爭，打醒了沉睡已久的古老帝國，中國在此次戰爭中敗下陣來，部分有識之士已經有所覺悟，於是要求變法以圖自強的聲浪逐漸出現在中國各地；然而，這只是極少數曾經與英夷有接觸經驗者的主張，他們極微弱的呼籲，無法引起滿清政府

龐大官僚體系的注意，所以未出現任何具體的改革策略。直到英法聯軍攻陷北京之後，咸豐皇帝倉促出走熱河，更多的滿漢官員才有所震驚，這種有如晴天霹靂的打擊，也促使朝廷開始推動洋務運動，對教育的影響則是創設許多學習西洋技藝的學堂和游學運動。經過約三十年的推動，洋務事業在甲午戰爭期間幾乎徹底破產，於是有要求全面改革的呼聲，教育制度受到全面性的批判，走向根本改革的道路。然而，正當這股改革風潮如火如荼地進行時，以慈禧為首的守舊勢力，仍然昧於國際情勢，無知地挑起與列強諸國的戰爭，最後造成「八國聯軍攻陷北京、慈禧和光緒逃亡西安」的悲劇；於是，制度全面變革的議題再度被提到檯面上，教育制度亦藉此機會獲得具體化的成果。緊接著，日俄戰爭所引發的立憲運動，則為實施普及教育提供一個良好的契機。

傳統教育所產生的弊病，在中英鴉片戰爭前，已受到極少數有識之士的批評。俟列強勢力藉由強大的軍事力量逐步向中國內地擴張之後，有識之士的人數才不斷地增加，終於形成一股強大的改革原動力，他們一致的訴求就是主張進行改革，唯有改革，中國才有生存的空間。而隨著時間的往後推移，與國內外情勢的變化，他們所提出來變法的策略有著根本上的不同。最早，鴉片戰爭期間及其結束後，變法策略的焦點在於器物層面，有識之士強調只要擁有強大的軍事武力，即毋庸擔心列強的侵略。後來，由於中外交通的日漸頻繁，他們才想到必須培育具備現代知識的人才，以便與外人打交道。再者，中國人與外國人接觸愈來愈多之後，視野開闊了，想法也變新了，於是對於西學、西政的接受程度也提高了，於是有講求西學和興辦學堂的教育主張出現。

綜上所述，這三項背景是彼此關聯、不能分割的。如果沒有對傳統教育弊端的批判，就缺乏改革的心理準備；如果沒有外力的刺激，恐怕滿清政府還在做著春秋大夢，豈有改革的可能？如果缺乏有識之士聲嘶力竭的持續倡導，教育政策豈能有向前推進的動力？

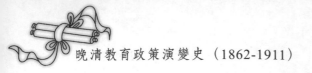

　　二、晚清教育政策的發展可以分為四個時期，依時間先後順序為洋務運動時期、維新運動時期、慈禧新政時期與立憲運動時期，每個時期教育政策的主要理念與取向各有不同。分述如下：

　　㈠洋務運動時期：教育政策的主要取向是「學習西洋技藝」。因為滿清政府在歷經中英鴉片戰爭與英法聯軍兩次戰爭的失敗之後，部分有識之士才覺悟到英法兩國之所以戰勝中國，其所憑藉的就是船堅砲利，也就是因為他們具備強大武力的現代化軍隊，才能夠屢次打敗中國。因此，這些有識之士，即歷史上所稱的「洋務派」，相信只要向西洋國家學習精湛的科學技術，組織現代化的海陸軍隊，即可以有效抵制外人的侵略；換言之，師夷長技之後，必能制夷。所以，洋務派舉辦教育事業時，均將其焦點放在如何學習西方先進的科學技術，傾全力想要學到這些先進技術的精髓，最後的目的則是要超越西洋，成為世界的強國。

　　㈡維新運動時期：教育政策的主要取向是「提倡根本改革」。因為洋務派「師夷長技以制夷」的理想與美夢，在中日甲午戰爭時遭到徹底的粉碎；事實證明，洋務派強調學習西洋技藝即可救中國的做法，是禁不起考驗的。因此，有一派主張應該進行國家全面的改革，取代洋務派成為改革思潮的主流，這一派即歷史上所稱的「維新派」。維新派強調，當時的世界情勢，已經迫使中國到了不得不從事全面改革的時候了；唯有進行國家制度的全部改革，才能求得生存；若是從事枝枝節節的表面性改革，或是悍然不為所動而不走改革之路，則中國人都將成為亡國奴。因此，他們主張從教育著手，先將教育制度做一番徹底的革新，培養出能夠適應時代需要的人才之後，才能有效從事其他方面的改革，也才能使中國立於不敗之地。

　　㈢慈禧新政時期：教育政策的主要取向是「建立教育體制」。以慈禧為首的守舊派滿清政府，「成功」扼殺光緒所主導的百日維新之後，引起另一場與國際社會的軒然大波。慈禧在列強諸國的多方壓力之下，不得不假借改革的名義，以求保住自己的掌權大位；於是，陸續頒布詔書，要求群臣就學

校、科舉、軍政、財政等領域，提出改革的策略。因此，教育的改革就在維新運動的基礎上，往前推進一大步。綜觀此時期的教育改革措施，無疑就是百日維新期間維新派所提出來的各項改革主張，只是在此時得到慈禧的首肯，才得以將其制度化；所以，維新派的教育改革主張，在此時才能獲得具體的實踐。

㈣立憲運動時期：教育政策的主要取向是「培養現代國民」。因為立憲運動的興起，係受到日俄戰爭日勝俄敗的刺激，國內有識之士紛紛以實行立憲為請，並建議採取日本君主立憲的模式，將中國改為憲政體制的現代化國家。然而，以當時中國人民一般知識普遍低落的情形，是無法執行憲政相關事務的；於是，有所謂「九年預備立憲」的規劃，期望在預備期間，將人民訓練成為具備現代知識的立憲國家之國民。因此，教育被賦予極為重大的責任，欲將全體國民，無論學齡兒童或一般失學的年長民眾，都必須納入教育政策的實施對象，一律在預備立憲期限屆滿之後，都成為能夠擔負起執行憲政事務的現代國民。

綜合上述，晚清四個時期教育政策的發展，除了洋務運動期間以西洋的技藝學習為其政策主軸之外，自第二期的維新運動開始，即已著重在教育制度的變革。因此，後來中國教育規劃的雛型，在維新運動期間顯然已經燦然大備。經過慈禧新政時期將制度化的理想予以落實之後，中國現代教育制度宣告建立完成，而立憲運動正好考驗此一制度的成效。

三、晚清各時期教育政策的制定者，都與外人有直接或間接互動的經驗，他們對教育政策的看法，及其決策形成的歷程，都受到外人不同程度的影響。以下分別敘述各時期的主要決策者、推動的力量與決策形成的歷程。

㈠洋務運動時期：最早與外人接觸的經驗來自於龔自珍、林則徐與魏源等三人，他們都對於英夷有過深入的瞭解。而中國在鴉片戰爭的失利，令林則徐與魏源有更深一層的感受。尤其是魏源，他奮發撰著《海國圖志》與《聖武記》，目的即是藉此激發朝野人士對於世界情勢的瞭解，並提倡海防

的重要性與策略。到了英法聯軍攻陷北京，中國與英法簽定《北京條約》之後，奕訢因與英法人士的接觸經驗，遂有感而發地認為，通曉外國語言文字的人才乃是當今必須急為培養的。至於曾國藩、李鴻章、左宗棠等洋務事業的主要推動者，都曾經因為平定內亂而與外人有最直接的接觸，他們也都相信船堅砲利確實是洋人最大的憑藉；所以，絕大部分的洋務教育事業，幾乎與此一觀念脫離不了關係。

（二）維新運動時期：維新派人士率多年輕氣盛的知識份子，他們大都具有游歷外洋或與外人接觸的經驗，所以對於外國政治、經濟、教育、軍事等制度，有著較洋務派更深一層的認識。例如，福建船政學堂學生前往法國游學時，馬建忠雖是以隨員身分一併前往，但他曾進入巴黎的學校修習法政相關學科，對於西洋政治制度有過深入的探討；鄭觀應則是以商人的身分游歷外洋，對於外國教育制度的完善有許多稱道的地方。至於百日維新的主導人物康有為，則是透過國內介紹西方世界的書籍，以及各種西學著作，對於西洋有著相當豐富的認識。因此，他們認為，應該對教育制度進行根本的改革，以順應世界的教育潮流，讓中國在世界的洪流之中可以屹立不搖。

（三）慈禧新政時期：主要決策者為張之洞，他在洋務運動的末期已經開始嶄露頭角，並屢有聘請外國人規劃學堂規模和教學的經驗；因此，他在教育制度方面的知識和理解，來自於外人的影響是相當可觀的。而且，他倡導多派游學生赴日本學習師範學科的做法，表示他對於日本的教育制度有著相當程度的認識，並認同日本的學制是符合中國需要的；所以，他奉命擬定學制章程時，即以日本學制作為主要的參考資料。再者，比較值得重視的是，張之洞乃一典型的中國傳統知識份子，對於中國固有的傳統文化之美，有著極高程度的愛戀，即使在西方潮流大肆衝擊中國的時候，他仍然堅持學生應該學習傳統的經典；於是，「中體西用」的影子在癸卯學制中隨處可見。

（四）立憲運動時期：日俄戰爭對於中國知識份子的衝擊是相當深刻的，滿清政府在立憲浪潮下亦不得不順應民情，跟著立憲主張者邁向實行憲政之

路。在這一股龐大的立憲浪潮下，滿漢重要官員中，比較早接觸西洋憲政制度者，為出洋考察五大臣。他們歷經將近一年的考察，返國後彙整所有考察意見後，即以仿照日本實行「君主立憲」為請，促使朝廷頒布預備立憲詔書，開始進行立憲的準備工作。而教育部門在預備立憲期間，幾乎所有措施都參考日本的做法。例如，初等小學年限由五年縮短為四年、中央設立教育會等。

綜合上述，晚清教育政策的制定者，受到外國教育制度的影響甚深。至於決策模式的應用，再分述如下：

㈠洋務運動時期的教育政策，由於其決策歷程幾乎是洋務派人士各自為政，所以在各項洋務教育的決策過程中，有時出現以菁英為主導的情形，有時則出現洋務派與守舊派兩個團體的角力，有時卻是毫無計畫的、隨意的。因此，洋務教育的決策歷程可以運用菁英模式、團體模式及垃圾桶模式等三種決策理論予以解釋。

㈡維新派教育政策的決策歷程，主要是由康有為所主導，所以菁英模式的軌跡是相當明顯的；再者，以慈禧為首的守舊派，在決策過程中不斷地與維新派產生衝突與抗衡，因此也出現團體模式的決策歷程。所以，維新派教育政策的決策歷程，可以運用菁英模式與團體模式予以解釋。

㈢慈禧新政教育政策的決策歷程，主要是由張之洞主導，而且更值得重視的是，張之洞獲得慈禧的支持，可以充分施展他的抱負，守舊份子的阻撓力量遂相形見絀。所以，該時期的教育政策可以運用菁英模式予以解釋。

㈣立憲運動時期的教育政策，基本上朝野菁英份子彼此之間是有共識的，因此其歷程可運用菁英模式予以解釋。

四、晚清各時期教育政策均擬定實踐的具體策略，並且與政策本身息息相關係，茲分述如下：

㈠洋務運動時期：洋務派基於辦理洋務的經驗和需求，發現有三種人才是當前最需要的：⑴通曉外國語言文字的人才；⑵辦理實業的人才；⑶現代

化軍隊的將領；因此，設立的學堂以不超出這三種範圍為原則。「外國語言文字學堂」以京師同文館等七所最具代表性；「實業學堂」則以福建船政學堂等六所較具代表性；「軍事學堂」則以天津水師學堂等四所為代表。另外，曾國藩接受容閎的建議，選派一百二十名幼童赴美國游學，主要是希望由普通教育為基礎，再繼續向上延伸至大學教育，以便能完整地學習西洋技藝的精髓。李鴻章選派船政學堂學生赴英法學習駕駛與造船技術，亦是以西洋技藝為深造的範圍。

㈡維新運動時期：維新派因為感到教育制度若無根本的改革，勢必無法適應時代變遷的需求，於是落實教育政策的具體策略都與教育制度的改革有密切關係。這些策略包括興辦學堂、改革科舉、翻譯外書、選派游歷、倡辦報紙及獎勵創新等。興辦學堂以京師為大學之地，省府州縣則分別設立中小學，希望構成一套完整的學堂系統。改革科舉，則是興辦學堂的輔助手段，因為科舉的內容和方法若無改變，則一般民眾進入學堂的意願便會大大降低。至於翻譯外書、選派游歷、倡辦報紙及獎勵創新等，則是中國在民智初開之時，對於年長者的一種社會教育措施，亦是學堂教育的輔助工具。

㈢慈禧新政時期：張之洞以「中體西用」的理念，制定癸卯學制、廢除科舉制度、改革教育行政制度及頒布教育宗旨等，都是在建立教育體制為政策主軸的具體策略。「癸卯學制」的頒布，使得中國教育制度得以確立，不但正規學制的大中小學堂系統已然建立，甚至旁系的師範教育、實業教育等，也都能夠於此時期確定規模，成為日後推展各級教育的重要張本。「廢除科舉制度」，則是將所有的讀書人導入學堂系統的一種必要手段。再者，中央設立學部，以便統整規劃全國教育事務，確實是高瞻遠矚的做法；而於省改設提學使司、縣增設勸學所，都使得學堂系統的建立增加一股推動的力量。至於教育宗旨的頒布，則是中國有史以來首次將教育宗旨形諸文字，對於教育的推展，頗具指導性意義。

㈣立憲運動時期：實行立憲必須以全體國民均具備憲政知識為前提。因

此，學部首先注意到「女子學堂制度」的確立，唯有讓女子也接受教育，才能在家庭發揮相夫教子的功能，成為輔助學堂的重要力量。其次，學部規劃實施普及和強迫教育，則是希望由奠定基礎著手，以達到培養現代國民的目標。再者，推行憲政教育，乃是為預備立憲的必要措施；實施社會教育，則是針對失學的年長者一種補救措施，令這些民眾也能知悉憲政理念和經驗。最後，學部採取整頓學務的做法，乃是期望藉此規範全體學生的思想行為，尤其是游學日本的學生，以便達成君主立憲的最終目的。

五、晚清各時期的教育政策，在形式上多未能成功，但卻對爾後的教育發展發揮深遠的影響。以下分述各時期教育政策的執行成效。

㈠洋務運動時期：洋務派所創辦的西式學堂，及辦理游學美國、歐洲的舉動，為晚清的政治、外交、軍事、實業、教育各領域，培養許多相當傑出的人才。縱然這些洋務教育事業「師夷長技以制夷」的政策目標，未能真正實現，它們在甲午戰爭受到殘酷的打擊，似乎已被宣判徹底的失敗。但是，這些學堂生及游學生，在滿清政府傾覆之前，甚至民國建立以後，主導政局者大有人在，這也算得上是洋務教育事業的意外收穫了。

㈡維新運動時期：百日維新的短暫改革，卻帶給爾後中國無限大的影響。學堂制度在此時已略具雛型，而科舉內容的改革與廢除八股的做法，則為日後科舉制度的完全廢除奠定良好的基礎。再者，翻譯外書、選派游歷、倡辦報紙及鼓勵創新等策略，對於中國民智之大開，裨益極多。因此，維新派的改革主張，雖然未能於改革期間內獲得實踐的機會，卻為後來的改革奠下不變的大方向；所以，維新運動留給後來的改革者，是一筆相當龐大的教育遺產。

㈢慈禧新政時期：「癸卯學制」是學堂制度確立的重要依據，它對於中國教育的發展確實是大功一件。各級學堂的興辦速度上，不斷地加快，學生人數的成長都令人欣慰；甚至對於師資培育的問題，亦有所注意。凡此種種成效，均值得後人注意與景仰。雖然，學堂獎勵制度所殘留下來的科舉遺

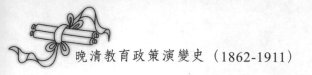

毒，危害教育界的情形實在不容忽視，但卻不能就此抹煞「癸卯學制」的重大貢獻。而且，科舉制度在此時期正式宣告走入歷史，對於中國知識份子的思想解放，真是功德無量。再者，學部的建立，為教育事務獨立於各部之外，做出極大的貢獻，也為民國建立以後的「教育部」，確立雛型。

㈣立憲運動時期：學部頒布女子學堂章程，為中國女子教育開啟一扇大門；雖然女子受教人數極少，但那是民智未開之故，並非學部之罪。培養現代國民的教育政策，在學部及地方勸學所的積極努力推動下，學生人數之成長速度比慈禧新政時期還要快，對於普及民智實在是功勞一件，也藉此開展義務教育、強迫教育與普及教育的觀念和做法。而學部為預備立憲所推動的憲政教育與高等教育，也為日後實施地方自治培養許多人才，更為各地學堂的興辦，奠定良好的基礎。

<h2 style="text-align:center">第二節　前瞻</h2>

本研究根據第二章至第六章的研究成果，提出五點值得吾人省思的議題，以前瞻於未來教育政策之制定與執行。

一、教育與政治應保持良性的互動關係

晚清的政治改革係受到列強的刺激，而教育改革寄身於其中，其目的莫過於為政治服務，以遂行政治改革的目的，並圖國富兵強，令列強不敢再犯中國。

教育政策是公共政策的一環，係政治人物基於政治改革的考量或國家發展的前景，對教育發展做出相關措施的決定。因此，教育政策的發展必須寄身於政治改革的大前提下，既無法不理會政治的動向，更不能脫離政治圈而獨自在教育的真空場域中運行；所以，教育必須與政治密切地結合，亦不得不結合，此為教育政策發展過程中的必然現象。論者或謂：讓政治歸政治，

教育歸教育。此說非但不可能於現實環境中立足，更無異於癡人說夢；因為：「政」就是眾人之事，「治」就是管理，管理眾人之事便是「政治」。而毋庸置疑的，教育（更具體說是教育政策）即是對眾人接受教育的相關事務之管理機制，所以教育當然是人類政治行為的一種；換言之，教育政策制定的歷程與執行的過程，都必然會與政治活動息息相關。因此，吾人僅能呼籲：政治人物應對教育專業人員的意見有更多的尊重與採納；卻不能一味地排斥或拒絕政治力涉入教育活動，更無法把政治人物完全排除在教育的場域之外。

教育專業人員應該願意學習如何與政治人物妥協、磋商，與政界人士保持著微妙的關係，並透過強而具說服力的立論基礎，促使政治人物接受說服，認同教育的專業，進而支持並推動教育的專業計畫。然而，教育與政治共進，並非要求或允許教育專業人員完全屈就於政治的現實環境，而是期許教育專業人員充分發揮論理的能力，在政治掛帥的情勢下，仍能有為有守，甚至出污泥而不染，主導大局，才能真正為教育做出最大的貢獻。教育專業人員應該放開心胸、擴大格局，去看整體政治生態對教育的衝擊和影響，而不是對於教育措施的枝微末節處錙銖計較。

在政治局勢動盪不安的情況下，教育政策難有穩健發展的機會；即使在政治安定的有利條件下，教育政策依然必須以政治的趨向馬首是瞻。檢討教育的問題和教育政策的執行困難，不能僅著眼於教育的觀點，而是應該擴大視野，從整體的政治動向和公共政策的導向，去思索探求問題的根本癥結所在。

二、教育政策制定者的個人因素將影響政策的執行成效

晚清教育政策的制定歷程，均可以發現社會菁英的力量；然而，這些社會菁英的出身、人格特質、人際關係網絡、處理事情的態度，以及所屬黨派勢力之強弱，均與政策的執行息息相關。

　　總理衙門的首任大臣奕訢，主掌和議大局時，年僅三十歲左右，而且他是咸豐皇帝的親弟弟，又協助慈禧完成辛酉政變，取得朝政大權。因此，洋務運動開始時，他的地位可以說是如日中天，無人能與之匹敵。正因為他的地位崇高，所以辦理洋務事業的態度是相當強硬的，甚至有些獨斷獨行。不但理想性相當高，又顯得熱情有餘、理性不足，無法與守舊派溝通，不能取得大多數滿清守舊官僚的認同。導致守舊派雖未敢明目張膽與之作對，一旦逮到機會，便使出渾身解數，攻訐洋務教育。如奕訢計畫在京師同文館內設置天文算學課程，倭仁等守舊派官員即挺身而出，全力批評奕訢決策之不當。終於，天文算學館是成立了，但報考人數卻寥寥無幾，全是受到守舊派的阻撓所致。

　　游學美國的提倡者容閎，早年即就學於教會學校，後來又赴美念書，返國時已年逾二十歲，成長的過程幾乎皆處於自由開放的環境之中，所以養成一種講求民主的處事態度，對於游美幼童的言行舉止有著較多的包容。然而，他既非科舉出身，又與滿清官僚有著不同的人生閱歷，對許多事情的看法都顯得極為獨特。因此，他的做法卻與陳蘭彬等守舊派的觀念格格不入，時有衝突發生。而且，他以單槍匹馬的姿態，置身於龐大的守舊官僚集團之中，當然是寡不敵眾，最後還是以游學事務所的關閉作為游學運動的結束。他的理想，終究石沉大海。

　　百日維新的核心人物康有為，早年即對於八股舉業痛恨至極，所以對參加科考是意興闌珊的，只有懾於父執輩的權威逼迫之下，他才不得已應試。俟有機會接觸西學之後，眼界大開，更是視科舉如敝屣，欲去之而後快，而且更加瞧不起那些終日為舉業奮鬥的讀書人。因此，康有為得光緒之力實現變法的理想時，他的心態與守舊派的觀念處於壁壘分明的狀態，他要改革的對象正是龐大的守舊派官僚集團。而且，他在百日維新期間，不但不願與守舊派進行溝通，更運用光緒的權力不斷地打擊守舊官僚，令他在變法之路是愈走愈狹窄，終究以慈禧訓政收場，他的變法理想，也隨之灰飛煙滅。

　　洋務大將李鴻章，出生在一個官宦家族，父親是道光年間的進士，與曾國藩是同科進士。所以，李鴻章的早年與一般讀書人沒兩樣，努力準備參加科舉考試。而他的出線與嶄露頭角，正是得力於曾國藩的賞識與提拔。以當時曾國藩在朝廷的威望，對於李鴻章的事業是有極大幫助的。因此，李鴻章是一位典型的傳統知識份子，在守舊派集團內，他一樣可以來去自如；且其官場之順利，不知羨煞多少讀書人，甚至以李鴻章為其生涯規劃的典範。由於這些優勢，加上李鴻章本身特具觀察情勢變化的能力，令他在新舊衝突的關鍵時刻，總能避開紛紛擾擾的口舌之爭；如奕訢正忙於和倭仁打筆仗時，李鴻章雖然見解與奕訢相似，卻未挺身支援奕訢。歸納言之，李鴻章的洋務教育事業總算創造出還算不錯的成績；如果不是甲午戰爭的打擊，恐怕他在歷史上的地位還會更上一層樓。

　　中體西用的主要倡導人物張之洞，也是出生在一個官宦家庭，早年的讀書經歷，所接觸者皆為科場前輩。而他在眾多科舉舊人的指導之下，加上本身用功讀書，十四歲即中了秀才，十六歲更考取順天鄉試第一名舉人，二十七歲即高中進士；如此顯赫的科考資歷，正是絕大多數讀書人心目中的標竿。而且，他在仕途上的順利，即使是守舊派官僚都難與之相抗衡。更重要的是，他接觸學務相當的早，不但瞭解傳統舊教育的問題與特點，更熟悉中國對現代新教育的需求殷切。所以，他真是一位學貫古今、兼通中西的滿清官員。再者，最難能可貴的，他擅長等待時機，不做逾分之求，才會以六十餘歲的高齡，進入朝廷擔任草擬學制的重責大任。因此，他可以用一種局內人的身分與角色，挾著受慈禧重用的權威，進行教育的改革，而受到的阻力就比較少。

　　綜合上述，教育政策的制定者，若能善於和反對者溝通，或是本身即出身於教育內部者，便能以其出身和威望服人；更要緊的是，必須耐心等待政策之窗的開啟，擅長等待機會的來臨，即時把握機會，才能創造教育政策執行的成效。

三、教育政策的制定必須兼顧配套措施的擬定

教育政策是一種廣泛的概念，是一種指導性的原則，所以不能只有政策而沒有策略，更重要的是，必須針對受政策影響者，擬定配套措施。

張之洞在廢除科舉制度前，曾經建議各項科舉改革的方案，觀其內容，即可知循序漸進的步驟相當明顯；而且，每一套的改革方案之下，都有另一套配合的措施，讓讀書人即使不參加科舉考試，一樣可以有生涯發展的機會。甚至在科舉制度完全廢除之後，張之洞還規劃讓那些素以舉業為生者，進入新式學堂擔任國文課程的教學工作，為他們籌謀出路，解決他們的生涯問題。

至於興辦學堂方面，張之洞亦擬定許多配套的措施。如興辦學堂缺乏經費，他即建議徵收寺廟道觀的財產作為學堂經費的來源。但是，為緩和僧侶的反彈聲浪，他的規劃並非全部強制徵收，而是採取部分徵收的方式，讓僧侶不致因興辦學堂而生活無著落。更令人敬佩的，張之洞甚至建議對自動捐出廟產以協助興學的僧侶，報請朝廷給予獎勵；如僧侶不願受獎，還可以轉移給俗家父母親人。

如此近乎完善的教育政策配套措施，都對張之洞的教育政策執行成效具有加分的效果。

反觀容閎與康有為的教育改革計畫，在配套措施方面則覺得遺憾頗多。例如容閎帶領游學生在美國學習，守舊派一直堅持要求學生學習中國傳統的經典，並遵守學生應有的規範。這些要求對終日飽吸自由空氣的游學生而言，確實是一種思想與行動上的限制，於是有心或無心的逾越行為，勢所難免。但是，游學生對這些要求的遵守，卻是安定守舊派心理的重要因素。因為，守舊派對於西學與美國風氣向來不熟悉，一旦終日看見游學生不符合中國禮儀規範的行為出現，對守舊派而言是一種威脅的表示，也是對守舊派權威地位的一種挑戰。偏偏容閎未解守舊派的心意，更不清楚其用意，只是終

日以自己的教育計畫為念，凡是與其計畫無關者，均不在其注意範圍內；所以，容閎時常與守舊派人員為了學生言行舉止的看法，發生衝突，日積月累之後，終於爆發不可收拾的悲劇。由此觀之，游學事務所之終結，又豈能全怪罪於守舊派之無知，容閎對於配套措施的忽略，亦是難辭其咎的。

至於康有為所擬定興辦學堂的辦法，已經在張之洞之前提出徵收寺廟道觀財產的建議。但是，康有為與張之洞不同的是，他將所有的寺廟、道觀統稱為「淫祠」，一味批評它們腐蝕中國民心的罪過，站在一種審判者的角色，欲置寺廟、道觀於死地為止，當然會引起諸多的反彈與抗議。而且，他提出徵收的辦法，是一種強制性的辦法，完全不理會受政策影響者的心理反應，只是單方面的主張光緒應該乾剛獨斷，以極大的魄力要求各級官員徹底執行政策。事實證明，他是失敗的。

綜上所述，教育政策如果缺乏配套措施，極有可能成為一種空洞的口號，成為一種看得到失敗、見不著成功的夢想；反之，若能兼顧配套措施的擬定，照顧受影響者的權益，勢必加速政策的順利執行；但是，仍然無法絕對保證百分之百的成功。簡言之，配套措施是教育政策順利執行的必要條件，但非充分條件。

四、守舊派及不明就理者之掣肘常是扼殺政策的元兇，這是政策制定者的不幸，也是時代的悲劇

教育政策制定者終究是理想與見識超越凡夫俗子的一群人，他們的費心與用意，是一般人無法理解與體會的；而且，他們追求改革通常是心急如焚的，於是就會缺乏進行政策溝通的時間與耐心。如此一來，守舊派因為既得利益遭受侵害而反對政策，不明究裡者因為無知而反對政策；最後，這些反對的勢力，集合成一股極為強大的反彈力量，集中火力攻擊政策，必定壓得政策制定者喘不過氣來。所以，政策制定者通常必須花費極大的精神與時

間，去應付和平息這些反彈聲浪，如果無法有效化解執行的阻力，將迫使教育改革大計葬身在改革派與守舊派的權力鬥爭當中。

且看洋務派的奕訢，為了在京師同文館內設置天文算學課程，就必須花費極大的精神與時間去應付以倭仁為守的守舊派之口誅筆伐，即使是形式上獲得勝利，卻於實質上徹底失敗，怎能不令改革者為之氣結呢？康有為滿腔熱血，滿懷理想抱負，欲救中國於危急存亡之秋，無奈受制於守舊派的愚昧無知，卻被誤以為權力的追求者，遭受來自守舊派如此強大的壓力與打擊，最後甚至亡命海外，昔日的奮鬥夥伴更因而殉難，或受革職、流放等懲罰，怎能令維新事業的同情者甘願接受這樣的事實呢？

吳相湘說得極好：「中國自古重庸人主政，二三獨立特行忠心為國者，每難以伸其志業，商鞅王安石如此，恭王李鴻章又豈能例外？」（吳相湘，1976：125）行筆至此，除了為眾多甘願犧牲自己卻永不後悔的改革者，掬一把同情的眼淚之外，又能如何？事實上，失敗的結局，總是伴隨著改革者的腳步，這是改革者自己必須深自體認的。

五、教育政策制定前必須分析內外在環境與掌握資源的多寡，因為政策的制定是一種溫和改革的手段，而不是激烈的革命手法

林則徐奉派前往廣東查禁鴉片煙之後，隨即進行夷情資料之蒐集，並訪查通曉英夷事務者，藉以瞭解敵人的情勢，以為後續應變之依據。這樣的舉動，對政策的制定是有相當幫助的。許多改革成功的案例，都是能夠徹底分析內外在環境情勢，並能提出應對策略的，而且內外在環境的瞭解是缺一不可的；反之，若僅憑恃著一股改革的熱忱，在真空中完成改革計畫的擬定，事先排除所有可能發生的內外在變化，那麼該項改革計畫的失敗便是可以預期的。

奕訢對國際情勢的瞭解，以及對外在環境的考察，顯然是促使他推動洋務教育的重要因素，但卻忽略內部守舊派的反彈勢力，且未提出應付的策

略，則使他的事業無法創造良好的成績。容閎瞭解西洋學術對中國自強的重要性，於是有游學教育計畫的擬定，然而他忽視守舊派在游學事務中可能造成的各種傷害，亦無事先推演出降低傷害的可行方案，才使游學事務半途而廢。康有為深悉科舉制度的弊端，更瞭解中國需要現代知識與制度的急迫性，卻誤以為光緒的權威足以主導一切，忽略了守舊派這個龐大官僚集團可能製造出多少問題來，所以百日維新亦僅能維持百日而已。

張之洞對於傳統教育弊端的深刻瞭解，以及長期接觸學務的經驗為基礎，又善於考察外部的情勢，集合資源於一身；在無法施展抱負時，絕不強出頭，以免未站穩即被擊垮；一旦時機來臨，他又能善加把握，運用慈禧對他重用的優勢，將其教育改革的理想全盤提出，獲得掌權者的支持，遂能成就一番不平凡的教育改革事業。

職此之故，唯有充分考察內外在環境可能產生的變化，再擬定應變方案；並瞭解可以掌握資源的方法，將有利於政策執行的各種資源集合起來；最後，再綜觀全局制定出適合時代需要的教育政策，才能保證執行的成效。而且，政策制定者必須充分瞭解：改革是溫和的布新，革命是激烈的除舊。

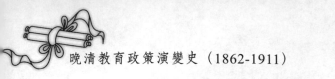

附　錄

附錄一　晚清教育政策重要記事與政治局勢對照表

（1838-1911）

帝號年代歲　次（西曆）	教育政策重要記事	政治局勢
道光 18 年以前		道光六年，魏源應江蘇布政使賀長齡之邀，參與主編《皇朝經世文編》。 道光九年，龔自珍作〈上大學士書〉一文中，倡導變法。
道光 18 年戊戌（1838）		正月，龔自珍上書禮部堂官，闡述四司政體宜沿宜革之事，提出三千餘言的建議。 閏四月，鴻臚寺卿黃爵滋，奏請嚴禁鴉片煙。 十一月十五日，皇帝諭命林則徐為欽差大臣，前往廣東查進鴉片。
道光 19 年己亥（1839）		二月起，林則徐強制英商繳煙。 五月十五日，銷煙完畢。
道光 20 年庚子（1840）		五月，爆發中英鴉片戰爭。 十二月二十六日，琦善與英方訂定《穿鼻草約》。
道光 21 年辛丑（1841）		正月初五日，道光皇帝下詔對英宣戰。
道光 22 年壬寅（1842）	魏源出版《海國圖志》和《聖武記》。	七月二十四日，中英訂定《江寧條約》，鴉片戰爭結束。
道光 23 年癸卯（1843）		八月十五日，中英訂定《虎門條約》。
道光 24 年甲辰（1844）		五月十八日，中美訂定《望廈條約》。 九月十三日，中法訂定《黃埔條約》。

附錄一　晚清教育政策重要記事與政治局勢對照表（1838-1911）

帝號年代 歲　次 （西曆）	教育政策重要記事	政治局勢
道光 25 年 乙巳 （1845）		
道光 26 年 丙午 （1846）		
道光 27 年 丁未 （1847）		
道光 28 年 戊申 （1848）		
道光 29 年 己酉 （1849）		
道光 30 年 庚戌 （1850）		六月，洪秀全在廣西桂平縣金田起義，「太平天國之亂」開始（至同治三年止）。
咸豐元年 辛亥 （1851）		
咸豐 2 年 壬子 （1852）		左宗棠入湖南巡撫張亮基幕府。
咸豐 3 年 癸丑 （1853）		二月，太平軍進占南京，大敗清軍。
咸豐 4 年 甲寅 （1854）		四月，曾國藩以自練湘軍將太平軍逐出湖南，又進而收復湖北武漢等地。 英法美俄四國聯合要求修約改訂稅則。

帝號年代 歲　次 （西曆）	教育政策重要記事	政治局勢
咸豐 5 年 乙卯 （1855）		
咸豐 6 年 丙辰 （1856）		九月，英法聯軍進攻中國，爆發「第二次鴉片戰爭」。
咸豐 7 年 丁巳 （1857）		秋，英法聯軍攻陷廣州。
咸豐 8 年 戊午 （1858）		四月初四日，英法聯軍攻陷大沽口。中俄訂定《璦琿條約》。 四月初四日起，中國分別與英法美俄四國訂定《天津條約》。 十二月，李鴻章加入曾國藩幕府。
咸豐 9 年 己未 （1859）		五月二十七日，清將僧格林沁在大沽口重創英法聯軍。
咸豐 10 年 庚申 （1860）		七月，曾國藩保舉李鴻章辦理水師。 八月，英法聯軍攻陷北京城。 中英法簽訂《北京條約》。 曾國藩任兩江總督。 十二月，成立總理衙門。
咸豐 11 年 辛酉 （1861）	馮桂芬完成《校邠廬抗議》。	九月，奕訢協助慈禧完成政變，取得政權。 年底，曾國藩創建「安慶內軍械所」。
同治元年 壬戌 （1862）	七月，設立京師同文館。	四月，李鴻章展開獨立帶領軍隊作戰的軍旅生涯。
同治 2 年 癸亥 （1863）	正月二十二日，李鴻章奏請於上海添設「外國語言文字學館」。	左宗棠出任閩浙總督。

帝號年代 歲　次 （西曆）	教育政策重要記事	政治局勢
同治 3 年 甲子 （1864）	毛鴻賓奏設廣州同文館。	洪秀全病逝，朝廷宣告「平定太平天國之亂」。
同治 4 年 乙丑 （1865）		曾國藩設立「江南製造局」。
同治 5 年 丙寅 （1866）	同文館學生隨總稅務司赫德出洋游歷。 十一月，左宗棠奏設「福建船政學堂」。 十一月初五日，奕訢奏請於京師同文館內開設「天文算學館」，與倭仁等守舊派展開論戰。	
同治 6 年 丁卯 （1867）	五月二十九日，天文算學館之論戰正式結束。 曾國藩從容閎之建議，設立「上海機器學堂」。 遴派志剛、孫家穀等赴各國游歷考察。	四月，李鴻章建立現代化的機器廠。
同治 7 年 戊辰 （1868）		
同治 8 年 己巳 （1869）		
同治 9 年 庚午 （1870）	容閎向曾國藩提出派遣幼童赴美游學的建議。	五月二十五日，發生「天津教案」，朝廷命曾國藩與崇厚辦理。 李鴻章繼任兩江總督。

帝號年代 歲　次 （西曆）	教育政策重要記事	政治局勢
同治 10 年 辛未 （1871）	「游美預備學校」成立，劉開成任校長。	
同治 11 年 壬申 （1872）	李鴻章主持規劃中國第一批的幼童赴美游學。七月初八日，第一批游美學生三十名由陳蘭彬率領自上海啟程。	二月，曾國藩去世。李鴻章奏設「輪船招商局」。
同治 12 年 癸酉 （1873）	五月十八日，第二批游學生赴美。	左宗棠任陝甘總督。
同治 13 年 甲戌 （1874）	八月初九日，第三批游學生赴美。	
光緒元年 乙亥 （1875）	三月，沈葆楨挑選船政學堂學生隨日意格前往英、法學習。九月十六日，第四批游學生赴美。	李鴻章奏請開採煤礦。
光緒 2 年 丙子 （1876）	三月，李鴻章首次奏派船政學堂學生赴歐洲游學。丁日昌奏請設立「福州電報學堂」。	
光緒 3 年 丁丑 （1877）		
光緒 4 年 戊寅 （1878）	容閎欲薦送程度較高之學生進入「美國陸海軍	
光緒 5 年 己卯 （1879）		

帝號年代 歲　次 （西曆）	教育政策重要記事	政治局勢
光緒 6 年 庚辰 （1880）	李鴻章奏設「天津水師學堂」、「天津電報學堂」、「天津水師學堂」。 張樹聲奏設「廣東實學館」。 王韜出版《弢園文錄外編》。	李鴻章奏准自築鐵路二十里。
光緒 7 年 辛巳 （1881）	五月，游美事務正式結束，游學生逐批召回。 十一月，第三批船政學堂學生赴歐洲游學。	
光緒 8 年 壬午 （1882）		
光緒 9 年 癸未 （1883）		十月二十九日，中法在越南爆發戰爭。
光緒 10 年 甲申 （1884）	鄭觀應出版《盛世危言》	七月六日，朝廷下詔對法宣戰。 日本煽動朝鮮親日派，發動「甲申政變」。
光緒 11 年 乙酉 （1885）	五月，李鴻章奏設天津武備學堂。	三月四日，中日簽訂《天津會議專條》。 四月二十四日，中法簽訂《越南條款》。 九月五日，台灣建省，劉銘傳為首任巡撫。 九月六日，「海軍衙門」成立。
光緒 12 年 丙戌 （1886）	三月，第四批船政學堂學生赴歐洲游學。	
光緒 13 年 丁亥 （1887）	三月，劉銘傳創辦「台灣西學堂」。 六月，張之洞奏設「廣東水陸師學堂」。 劉錦棠設立「新疆俄文館」。 何啟、胡禮垣出版《新政真詮》。	

帝號年代 歲　次 （西曆）	教育政策重要記事	政治局勢
光緒 14 年 戊子 （1888）	三月，吉林將軍希元奏請設立「琿春俄文書院」。 九月，康有為上〈清帝第一書〉。	「北洋艦隊」成軍。
光緒 15 年 己丑 （1889）		二月初三日，光緒親政。
光緒 16 年 庚寅 （1890）	李鴻章奏設「威海衛劉公島水師學堂」。 安徽巡撫沈秉成奏請設立「江南水師學堂」。	
光緒 17 年 辛卯 （1891）	七月，康有為在廣州設立「萬木草堂」。	
光緒 18 年 壬辰 （1892）	張之洞創設「湖北礦業學堂」。 陳虬出版《治平通議》。	
光緒 19 年 癸巳 （1893）	張之洞設立「湖北自強學堂」。	
光緒 20 年 甲午 （1894）	馬建忠著〈擬設翻譯院書議〉。	三月，朝鮮「東學黨起義」。 六月，爆發「中日甲午戰爭」。
光緒 21 年 乙未 （1895）	四月，康有為主導「公車上書」（第二次上書清帝）請願活動。 五月，康有為〈上清帝第三書〉。 閏五月，康有為〈上清帝第四書〉。	三月，中日簽訂《馬關條約》。 嚴復在〈論世變之亟〉一文強調變法自強之急迫性。

帝號年代 歲　次 （西曆）	教育政策重要記事	政治局勢
光緒 22 年 丙申 （1896）	陳熾出版《庸書》。	四月二十二日，《中俄密約》簽訂後，「東三省」即淪為俄國的勢力範圍。 梁啟超在〈論不變法之害〉一文呼籲變法，並於〈論變法不知本原之害〉一文，指出變法之大成在變官制。
光緒 23 年 丁酉 （1897）	十二月，康有為〈上清帝第五書〉。	十月，義和團之大刀會殺害山東曹州府二名德國傳教士。
光緒 24 年 戊戌 （1898）	正月八日，康有為上〈統籌全局疏〉（上清帝第六書），建議三事：大集群臣以定國是、立對策所以徵賢才、開制度局而定憲法。 正月，康有為〈上清帝第七書〉。 四月，康有為上〈請停弓刀石武試改設兵校摺〉。 四月，康有為上〈請廢八股試帖楷法試士改用策論摺〉。 五月，康有為上〈請開學校摺〉。 五月，康有為上〈請飭各省改書院淫祠為學堂摺〉。 五月，康有為上〈請廣譯日本書派游學摺〉。 五月，康有為上〈請屬工藝獎創新摺〉。 六月，康有為上〈請尊孔聖為國教立教部以孔子紀年而廢淫祠摺〉。 七月，康有為上〈請開農學堂地質局摺〉。 （有關百日維新教育新政諭旨參見附錄二）	三月，康有為召開「保國會」。 閏三月，黃桂鋆奏〈禁止莠言摺〉，彈劾保。 國會等民間團體。 四月，康有為上〈請告天祖誓群臣以變法定國是摺〉。 四月二十三日，光緒頒布《國是詔書》，宣誓推行維新事業。 五月一日，康有為上〈敬謝天恩並統籌全局摺〉。 六月，康有為上〈請定立憲開國會摺〉。 八月六日，慈禧宣布訓政，結束了僅有一百零三天的變法維新。 八月十三日，「戊戌六君子」遭斬。 （有關百日維新光緒宣誓變法諭旨參見附錄二）

帝號年代歲　次（西曆）	教育政策重要記事	政治局勢
光緒 25 年己亥（1899）		山東巡撫毓賢，令義和團眾舉著「扶清滅洋」的旗幟，大肆作亂。
光緒 26 年庚子（1900）	六月十五日，諭令暫緩恩科及鄉試。	三月十八日，慈禧頒布諭旨袒護義和拳眾。五月，「八國聯軍」進攻中國。五月二十五日，慈禧下詔向各國同時宣戰。七月二十日，八國聯軍攻陷北京城。七月二十一日，慈禧與光緒逃離京城。九月初四日，慈禧與光緒到達西安，設立行在政府。十二月初十日，慈禧假光緒名義下詔變法。十二月二十六日，慈禧下詔罪己。
光緒 27 年辛丑（1901）	四月十七日，諭令開經濟特科。五月，命出使大臣訪察游學生咨送回國，聽候錄用。七月十六日，諭令自光緒二十八年鄉會試起，均試策論，不准使用八股文程式。並諭令永遠停止武生童試，及武科鄉會試，俟各省設立武備學堂後，再行酌定挑選考試章程，以儲將才。七月二十九日，諭令各省會建立「武備學堂」。八月初二日，諭令切實整頓京師大學堂，並著將各省所有書院，於省城均改設「大學堂」，各府、廳、直隸州均設「中學堂」，各州縣均設「小學堂」，並多設「蒙養學堂」。	三月初三日，慈禧下詔設立「督辦政務處」。四月十日，諭令銷毀六部所有則例，裁汰書吏，督飭司員，躬親部務，以落實政事之實施。四月，諭令各省仿照六部，將所有則例徹底釐清，刪繁就簡，各衙門書吏差役，分別裁汰裁革，不准假以事權。五月二十七日、六月四日及六月五日，張之洞與劉坤一連名上變法三摺。六月九日，諭令總理衙門改為「外務部」，列位六部之上，專辦外交事務。七月，中國與俄國等十一國駐京公使，簽定《辛丑和約》十二條。八月二十四日，慈禧與光緒自西安啟蹕回京。九月，李鴻章去世。十一月二十八日，慈禧與光緒返抵北京。

帝號年代歲　次（西曆）	教育政策重要記事	政治局勢
	八月初五日，諭各省派學生出洋肄業。 八月二十日，諭令群臣講求變法，命各省督撫按照變法三摺所陳，隨時設法，擇要舉辦，以圖自強。 十二月初一日，諭派張百熙為京師大學堂管學大臣。 十二月初五日，諭令將所有從前設立之同文館，歸入京師大學堂。	
光緒 28 年壬寅（1902）	七月十二日，公布「壬寅學制」。	三月，中俄簽定《東三省條約》。
光緒 29 年癸卯（1903）	四月四日，京師大學堂師範生上書請朝廷拒絕俄國無理要求。 十一月二十六日，公布「癸卯學制」。諭令各省督撫，趕緊督促各府廳州縣，建設學堂，並將逐年減少科舉名額。	
光緒 30 年甲辰（1904）		（光緒 29 年）十二月，爆發「日俄戰爭」。
光緒 31 年乙巳（1905）	八月四日，諭令永遠停止科舉制度。 十一月十日，諭令設立「學部」。	六月十四日，朝廷簡派出洋五大臣，出國考察各國政治。 八月，日俄簽訂和約，俄將在華利益無條件讓予日本。 八月二十六日，出洋五大臣臨行前遭炸彈攻擊。

帝號年代 歲　次 （西曆）	教育政策重要記事	政治局勢
		十月二十九日，諭派政務處王大臣設立「考察政治館」。 十一月，中日簽訂《東三省條約》，中國被迫承認日本接收俄國在中國的一切利益。 十一月十一日，第一團出洋考察人員由戴鴻慈、端方擔任領隊，自北京啟程。 十二月二十日，第二團出洋考察人員由載澤、尚其亨、李盛鐸擔任領隊，自上海啟程。
光緒32年 丙午 （1906）	三月一日，諭令公布「忠君、尊孔、尚公、尚武、尚實」為中國的教育宗旨。 十二月二十日，學部奏請於光緒三十三年設立「京師法政學堂」。	七月十三日，頒布「預備立憲詔」。
光緒33年 丁未 （1907）	正月二十四日，頒布「女學堂章程」。 十一月二十一日，諭令整頓學務。	五月二十八日，頒布諭旨要求大小臣工就立憲乙事，各自提出看法或建議。 七月初五日，諭准將「考察政治館」改為「憲政編查館」。 九月十三日，諭著各省速設「諮議局」。 九月十六日，諭令各省設立「調查局」一所，並諭令中央各部院設立「統計處」。 十月，特派達壽專程前往日本考察實行憲政的相關事宜。 十一月二十日，諭令憲政編查館會同民政部，妥擬「政事結社條規」。
光緒34年 戊申 （1908）	十二月二十八日，學部奏報「編輯國民必讀課本及簡易識字課本」之情形。	六月二十四日，諭令憲政編查館及資政院迅將議院未開以前，逐年應行籌備各事，分期擬議，臚列具奏呈覽。諭准憲政編查館與資政院會奏之〈各省諮議局各議員選舉各章程一摺〉。 八月初一日，諭令以九年為「預備立憲期」。諭准憲政編查館與資政院會奏〈憲法大綱暨議院法選舉法要領及逐年籌備事宜摺〉。

帝號年代歲　次（西曆）	教育政策重要記事	政治局勢
		九月二十九日，頒布諭旨澄清，九年預備清單內所列事項，僅就與開設議院最切要者為主，固宜積極辦理，即使未列入清單之事項，各部院亦不能輕忽。 十二月十一日，於憲政編查館內設立「考核專科」。
宣統元年己酉（1909）	閏二月二十八日，學部奏報〈分年籌備事宜摺〉。 三月二十六日，學部奏〈請變通初等小學堂章程摺〉，進行第一次的初等小學修業年限之改訂。 十一月二十九日，學部奏請廣設「簡易識字學塾」。	十一月，「國會請願同志會」在上海成立。 十二月六日，國會請願同志會發動第一次國會請願。
宣統2年庚戌（1910）	四月二十六日，學部奏准開放私人設立「法政學堂」，講求法律、政治之學問。 十一月十九日，學部奏〈改訂法政學堂章程摺〉。 十一月二十九日，學部奏改初等小學堂一律以四年為畢業期限。	五月十日，國會請願同志會發動第二次國會請願。 九月二十日，國會請願同志會發動第三次國會請願。 十月三日，諭令將九年的預備期縮短為五年，並決定於宣統五年開設「議院」。 十月四日，諭派溥倫、載澤為纂擬憲法大臣。
宣統3年辛亥（1911）	五月初四日，學部奏請特設「中央教育會」。 五月二十四日，諭派張謇為中央教育會會長，張元濟和傅增湘為副會長。	四月十日，朝廷頒布諭旨任命內閣人事。 九月九日，頒布實行憲政諭。諭令速開黨禁。 九月十一日，內閣中的皇族成員紛紛請辭，朝廷遂諭令開去奕劻等皇族內閣職務。

帝號年代 歲　次 （西曆）	教育政策重要記事	政治局勢
	六月二十日至閏六月十八日，「中央教育會」於京師召開首次會議。七月十七日，學部奏准停止學堂實官獎勵並定畢業生名稱。	九月十九日，正式改派袁世凱為內閣總理大臣，命其組織完全內閣。

附錄二　光緒變法維新之諭旨及慈禧訓政後廢除教育新政之諭旨一覽表

百日維新前光緒教育類變法維新之諭旨	
光緒二十一年十二月二十一日，諭令設立官書局。	
光緒二十二年正月二十一日，諭派工部尚書孫家鼐為管理官書局大臣。 五月二日，諭飭孫家鼐，依據李端棻奏摺內容，籌辦京師大學堂相關事宜。	
光緒二十四年正月六日，諭令總理衙門迅速訂定特科與歲舉之詳細章程。 正月二十五日，諭令積極籌辦京師大學堂。 正月二十七日，諭旨指示國家登進人才材，必須言行相符，而後可收實況。	
光緒二十四年二月二十六日，諭准軍機大臣與兵部所擬武備特科之章程。	

百日維新期間光緒變法維新之諭旨	
教育類	總類
	四月二十三日，頒布〈《國是詔書》〉。 四月二十五日，准翰林院侍讀學士徐致靖的保薦，諭令工部主事康有為，刑部主事張元濟，均著於四月二十八日，預備召見。 四月二十八日，光緒召見工部主事康有為及刑部主事張元濟後，諭令康有為在總理各國事務衙門章京上行走。
五月二日，諭准總理衙門對李端棻奏摺之擬議。 五月五日，諭令廢除八股文，改試策論。 五月八日，諭令積極籌辦京師大學堂。 五月十日，諭令將譯書局納入京師大學堂。 五月十二日，諭准宋伯魯所奏，將鄉會試與經濟歲舉，併為一科。 五月十五日，諭准總理衙門所奏京師大學堂章程。	五月二十日，以文悌不勝御史之任為由，諭令斥退其回原衙門行走。

教育類	總類
五月十五日，光緒召見梁啟超，命其呈進《變法通議》，閱看之後大加獎勵，於是正式諭令賞梁啟超六品銜，命其辦理譯書局事務。 五月十七日，諭令總理衙門擬定獎勵士民創新之相關章程，俾利於推廣新政。 五月十八日，諭准禮部呈進各項考試策論分場命題詳細章程，嗣後一切考試，均著毋庸用五言八韻詩。 五月十八日，諭准大理寺少卿於南洋公學內設立譯書院，選師範生翻譯東西洋書籍。 五月二十二日，諭令改書院為學堂，並對捐建學堂之獎勵、民間祠廟改為學堂及學堂用書予以規定。 五月二十五日，諭准總理衙門會同禮部所奏經濟特科章程。 五月二十五日，諭准總理衙門所奏獎勵創新章程，並令咨行各直省將軍督撫，通飭所屬，將章程出示曉諭，以動觀聽而開風氣。 五月二十九日，准孫家鼐之奏，諭令直隸總督榮祿將《校邠廬抗議》刷印一千部。	
六月一日，諭准張之洞所規劃的科舉考試場次、內容、錄取規則。 六月六日，諭令孫家鼐於五城添立小學堂中學堂。 六月七日，准翰林院代奏侍講黃紹箕之奏，諭令將所備副本四十部，由軍機處頒發各省督撫學政各一部，俾得廣為刊布，實力勸導，以重名教而杜卮言。 六月八日，諭准孫家鼐所奏，將上海《時務報》改為官報。	六月十五日，頒布諭旨要求大小臣工，各抒讜論。 六月二十三日，頒布諭旨要求大小臣工確實推廣新政。

教育類	總類
六月十一日，諭令各直省督撫就各省在籍紳士，選擇品學兼優能孚眾望之人，派令管理各學堂一切事宜。 六月十二日，諭准御史鄭思贊所奏，要求經濟特科應嚴防濫保之事。 六月十五日，諭允准總理衙門所奏游學章程，並要求諮詢各部院，如有講求時務願往游學人員，出具切實考語，一併咨送，均毋延緩。 六月十七日，諭令五城御史，設法勸辦中、小學堂，務期與大學堂相輔相行。 六月二十二日，管學大臣孫家鼐奏〈籌辦大學堂大概情形摺〉，提出八大辦學方針，獲得光緒諭准。 六月二十二日，諭示開辦官報對於推動新政之意義。 六月二十三日，諭設水師學堂，以儲備海軍將領人才。 六月二十九日，諭旨指示辦理譯書局相關事宜。	
七月二日，諭令各省督撫，就學堂中挑選聰穎學生，有志上進，略諳東文英文者，酌定人數，剋日電咨總署覈辦選，俾以派往日本游學。 七月三日，諭電寄各省督撫，催促各省急覆辦學情形。 七月三日，諭令停止朝考，不以楷法為去取標準。 七月初五日，諭准設立華僑學堂。 七月六日，諭電直隸總督榮祿，要求趕緊籌辦學堂。 七月十日，諭准梁啟超於上海設立翻譯學堂。 七月十二日，諭旨訓飭兩廣總督譚鍾麟未即時開辦學堂。	七月三日，諭令湖南巡撫陳寶箴，傳知湖南在籍庶吉士熊希齡，迅即來京預備召見。 七月十日，諭旨指責劉坤一、譚鍾麟及榮祿等三位總督。 七月十一日，頒布諭旨再度提示推動新政之應興應革事項，並分別指出中央樞臣及邊省疆臣的職責。 七月十三日，諭令內閣候補侍讀楊銳、刑部候補主事劉光第、北洋差委候補道嚴復、內閣候補中書林旭等四員，預備召見。 七月十六日，諭旨怒斥禮部尚書懷塔布等人。

教育類	總類
七月十四日，諭令不裁撤同文館，俟大學堂規模大定，再行查酌辦理。 七月十六日，諭飭譚鍾麟確實開辦學堂。 七月二十一日，諭令孫家鼐就京師設立武備大學堂妥議具奏。 七月二十四日，諭准孫家鼐所奏，設立醫學堂。 七月二十七日，諭准日講起居注官黃思永所奏，試辦速成學堂。 七月二十七日，瞿鴻禨奏，江陰南菁書院，遵改學堂，並將沙田試辦農學，光緒諭旨褒獎配合政策的相關人員。 七月二十七日，諭准大學士瑞洵於京城創設報館，翻譯新報。	七月十七日，諭令都察院，對於士民上書言事者，著赴都察院呈遞，毋得稍有阻格，一律毋需拆看，不准稽壓。 七月十九日，諭令禮部尚書懷塔布、許應騤、左侍郎堃岫、署左侍郎徐會灃、右侍郎溥頲、署右侍郎曾廣漢，均著即行革職。至禮部主事王照，不畏強禦，勇猛可嘉，著賞給三品頂戴，以四品京堂候補。 七月二十日，光緒諭令候補侍讀楊銳、刑部候補主事劉光第、內閣候補中書林旭、江蘇候補知府譚嗣同，均著賞加四品卿，在軍機章京上行走，參預新政事宜。 七月二十二日，諭旨宣導各州縣地方官在推動新政上的重要角色。 七月二十三日，諭令陳寶箴令湖南在籍舉人王闓運，來省察看，該舉人品學年力是否尚堪起用，迅速電奏。 七月二十四日，諭令軍機大臣等，嗣後若有呈請代遞之件，隨到隨即分日進呈，不必拘定值日之期。諭令翰林院編修江標，以四品京堂候補，江蘇候補同知鄭孝胥以道員候補，均派在總理各國事務衙門章京上行走。 七月二十七日，頒布最後一道諭旨，勸戒臣工積極推動新政。諭令各省督撫應確實將四月二十三日以後，所有關乎新政之諭旨，均迅速照錄，刊刻謄黃，切實開導；諭令各衙門，對於變法條陳之上書，均必須立即於次日進呈閱看。 七月二十八日，諭令各省督撫，傳知藩臬道府，凡有條陳，均令其自行專摺具奏，毋庸代遞，其州縣等官言事者，仍由督撫將原封呈遞，任何士民上書者，均逕由該省督撫立即進呈。諭令撤查兩廣總督譚鍾麟。

慈禧訓政後廢除教育新政之諭旨
光緒二十四年，八月十一日，慈禧以建言者未提出有效的改革策略為由，諭令裁撤《時務報》。
八月二十一日，慈禧以「跡近黨植」為由，諭令張之洞迅速裁撤湖南省城新設南學會及保衛局等機構，並將南學會所有學約、界約、劄說、答問等書，「一律銷燬，以絕根株」。
八月二十四日，慈禧頒布諭旨，恢復八股文取士之制、停罷經濟特科、並查禁各地報館。
九月十八日，慈禧頒布諭旨，恢復武科舊制。

註：光緒頒布之諭旨「總類欄」包括，宣誓變法決心、納言求才及懲治舊黨等三方面。

參考書目

壹、時人論述與論摺官書類

《大公報》：光緒二十九年（1903）四月七、十一、十五、十六日。

《大清德宗景（光緒）皇帝實錄》，台北市：新文豐出版公司，1978。

于淩辰：〈請無庸開設二館以弭朋黨之禍摺〉，收於高時良編：《中國近代
　　　教育史資料匯編：洋務運動時期教育》，上海市：上海教育出版
　　　社，1992，頁 16-17。

不著撰人：〈勸學篇書後〉，收於《中央研究院漢籍電子文獻‧清代經世文
　　　編資料庫‧皇朝經世文統編》，2004。

不著撰人：〈論科舉改制之善〉，收於《中央研究院漢籍電子文獻‧清代經
　　　世文編資料庫‧皇朝經世文四編》，2004。

不著撰人：〈論中國宜設立文部之關係〉，收於《中央研究院漢籍電子文
　　　獻‧清代經世文編資料庫‧皇朝經世文四編》，2004。

文　悌：〈嚴參康有為摺稿〉，收於蘇輿（清）輯：《翼教叢編》，台北
　　　市：台聯國風出版社，1970，頁 79-93。

文　海：〈立憲有六大錯請查核五大臣所考政治並即裁撤釐定官制館摺〉，
　　　收於佚名輯：《清末籌備立憲檔案史料》，台北縣：文海出版社，
　　　1981，頁 139-140。

王　照：〈禮部代遞奏稿〉，收於楊家駱主編：《戊戌變法文獻彙編》第二
　　　冊，台北市：鼎文書局，1973，頁 351-355。

王　韜：《弢園文錄外篇》，收於楊家駱主編：《戊戌變法文獻彙編》第一
　　　冊，台北市：鼎文書局，1973，頁 131-149。

王　韜：《弢園尺牘》，台北縣：文海出版社，1973。

王光祈譯：《瓦德西拳亂筆記》，台北縣：文海出版社，1966。

王芷升：〈考察民情選練忠義軍獎勵工藝整頓學務等項呈〉，收於佚名輯：《清末籌備立憲檔案史料》，台北縣：文海出版社，1981，頁223-226。

王培佑：〈奏變法自強當除蒙蔽痼疾摺〉，收於王延熙、王樹敏輯：《道咸同光奏議彙編》，台北縣：文海出版社，1966，卷六下，頁9-10。

王步瀛：〈改官制開議院投票舉員地方自治之弊摺〉，收於佚名輯：《清末籌備立憲檔案史料》，台北縣：文海出版社，1981，頁122-123。

王延熙、王樹敏輯：《皇清道咸同光奏議》，台北縣：文海出版社，1969。

王煥琛主編：《留學教育——中國留學教育史料》，台北市：國立編譯館，1980。

王樹楠編：《張文襄公全集》，台北縣：文海出版社，1966。

王寶田等：〈立憲更改官制之弊呈〉，收於佚名輯：《清末籌備立憲檔案史料》，台北縣：文海出版社，1981，頁151-162。

王國維：〈論教育之宗旨〉，收於璩鑫圭、唐良炎編：《中國近代教育史資料匯編·學制演變》，上海市：上海教育出版社，1991，頁161-163。

中外日報：〈論中國前途有可望之機〉，刊於東方雜誌第一卷第三期，光緒三十年（1904）三月，頁53-55。

中外日報：〈論中國內政〉，《東方雜誌》第一卷第四期，光緒三十年（1904）四月，頁35-37。

中外日報：〈立憲淺說〉，《東方雜誌》第二卷第九期，光緒三十一（1905）年九月，頁147-151。

方熊飛：〈請造戰船疏〉，收於魏源：《海國圖志》，台北市：成文出版社，1967，頁3039-3046。

毛承霖編：《毛尚書（鴻賓）奏稿》，台北縣：文海出版社，1966。

世　續：〈請速開黨禁以收拾人心摺〉，收於佚名輯：《清末籌備立憲檔案

史料》，台北縣：文海出版社，1981，頁 92-93。

世　續：〈請明詔將憲法交院協贊摺〉，收於佚名輯：《清末籌備立憲檔案
史料》，台北縣：文海出版社，1981，頁 94-95。

左宗棠：〈覆陳籌議洋務事宜摺〉，收於楊家駱主編：《洋務運動文獻彙
編》第一冊，台北市：世界書局，1963，頁 16-19。

左宗棠：〈試造輪船先陳大概情形摺〉，收於高時良編：《中國近代教育史
資料匯編：洋務運動時期教育》，上海市：上海教育出版社，1992，
頁 279-283。

左宗棠：〈請派重臣總理船政摺〉，收於高時良編：《中國近代教育史資料
匯編：洋務運動時期教育》，上海市：上海教育出版社，1992，頁
279-283。

左宗棠：〈詳議創辦船政章程摺〉，收於高時良編：《中國近代教育史資料
匯編：洋務運動時期教育》，上海市：上海教育出版社，1992，頁
284-288。

朱有瓛：《中國近代學制史料》第二輯上冊，上海市：華東師範大學出版
社，1987。

多賀秋五郎：《近代中國教育史資料・清末編》，台北縣：文海出版社。

李家駒：〈請將草擬憲法內重大信條先行頒示並請准軍人參與憲法起草意見
摺〉，收於佚名輯：《清末籌備立憲檔案史料》，台北縣：文海出
版社，1981，頁 101-104。

李經邁：〈興學宜重普及教育理財宜由調查入手摺〉，收於佚名輯：《清末
籌備立憲檔案史料》，台北縣：文海出版社，1981，頁 200-202。

李國杰：〈請訂立警章報律學堂管理法摺〉，收於佚名輯：《清末籌備立憲
檔案史料》，台北縣：文海出版社，1981，頁 209-210。

李翰芬：〈條陳五年預備立憲及速立內閣等事宜摺〉，收於佚名輯：《清末
籌備立憲檔案史料》，台北縣：文海出版社，1981，頁 299-305。

宋希尚：《張謇的生平》，台北市：中華叢書編審委員會，1966。

吳汝綸編：《李文忠公全集》，台北縣：文海出版社，1980。

吳壽全：〈請宣示憲法規則以杜民氣囂張摺〉，收於佚名輯：《清末籌備立憲檔案史料》，台北縣：文海出版社，1981，頁 313-315。

吳劍豐：〈改良財政言路吏治學務陸海軍警察等六事呈〉，收於佚名輯：《清末籌備立憲檔案史料》，台北縣：文海出版社，1981，頁 178-197。

汪毅、張承棨、許同莘編：《道光條約》，台北縣：文海出版社，1983a。

汪毅、張承棨編：《咸豐條約》，台北縣：文海出版社，1983b。

汪毅、張承棨、許同莘編：《光緒條約》，台北縣：文海出版社，1983c。

沈葆楨：〈奏派前後學堂學生赴英法深造摺〉，收於高時良編：《中國近代教育史資料匯編：洋務運動時期教育》，上海市：上海教育出版社，1992，頁 903-904。

佚名輯：《清末籌備立憲檔案史料》，台北縣：文海出版社，1981。

何　啟、胡禮垣：《新政真詮》，收於楊家駱主編：《戊戌變法文獻彙編》第一冊，台北市：鼎文書局，1973，頁 187-216。

宋伯魯：〈請經濟歲舉歸併正科並各省生童歲科試迅即改試策論摺〉，收於楊家駱主編：《戊戌變法文獻彙編》第二冊，台北市：鼎文書局，1973，頁 347-348。

宋伯魯：〈改時務報為官報摺〉，收於楊家駱主編：《戊戌變法文獻彙編》第二冊，台北市：鼎文書局，1973，頁 349-351。

李端棻：〈請推廣學校以勵人才摺〉，收於王延熙、王樹敏輯：《道咸同光奏議彙編》，台北縣：文海出版社，1966，頁 386-389。

李提摩太：〈論新學部亟宜設立〉，收於《中央研究院漢籍電子文獻‧清代經世文編資料庫‧皇朝經世文統編》，2004。

沈桐生：《光緒政要》，台北縣：文海出版社，1970。

邵作舟：《邵氏危言》，收於楊家駱主編：《戊戌變法文獻彙編》第一冊，
　　　　台北市：鼎文書局，民 1973，頁 181-185。

林則徐：《林文忠公政書》，台北縣：文海出版社，1966。

周維立：《清代四名人家書》，台北縣：文海出版社，1966。

尚其亨：〈憲法立則公法行公法行則外侮靖摺〉，收於佚名輯：《清末籌備
　　　　立憲檔案史料》，台北縣：文海出版社，1981，頁 260-261。

奕　訢：〈同文館添設天文算學館摺‧附清單〉，收於楊家駱主編：《洋務
　　　　運動文獻彙編》第二冊，台北市：世界書局，1963，頁 34-27。

奕　訢：〈請飭派徐繼畬為總管同文館事務大臣摺〉，收於楊家駱主編：
　　　　《洋務運動文獻彙編》第二冊，台北市：世界書局，1963，頁
　　　　27-28。

奕　劻：〈請改考察政治館改為憲政編查館摺〉，收於佚名輯：《清末籌備
　　　　立憲檔案史料》，台北縣：文海出版社，1981，頁 45。

奕　劻：〈擬呈憲政編查館辦事章程摺〉，收於佚名輯：《清末籌備立憲檔
　　　　案史料》，台北縣：文海出版社，1981，頁 47-51。

奕　劻：〈請飭各省設立調查局摺〉，收於佚名輯：《清末籌備立憲檔案史
　　　　料》，台北縣：文海出版社，1981，頁 51-52。

奕　劻：〈設立專科考核議院未開前應行籌備事宜酌擬章程摺〉，收於佚名
　　　　輯：《清末籌備立憲檔案史料》，台北縣：文海出版社，1981，頁
　　　　69-71。

奕　劻：〈考核京外各衙門第三年第一次籌備憲政情形摺〉，收於佚名輯：
　　　　《清末籌備立憲檔案史料》，台北縣：文海出版社，1981，頁
　　　　80-88。

奕　劻：〈呈修正憲政逐年籌備事宜摺〉，收於佚名輯：《清末籌備立憲檔
　　　　案史料》，台北縣：文海出版社，1981，頁 88-92。

奕　劻：〈普及教育有關憲政特設中央教育會以利推行摺〉，收於佚名輯：

《清末籌備立憲檔案史料》，台北縣：文海出版社，1981，頁
1011-1014。

思　黃：〈論中國宜改創民主政體〉，民報第一號，1905 年 11 月 26 日，頁
41-50。

南方報：〈論立憲為萬事根本〉，刊於東方雜誌第二卷第十期，光緒三十一
年（1905）十月，頁 170-176。

高時良編：《中國近代教育史資料匯編：洋務運動時期教育》，上海市：上
海教育出版社，1992。

唐景崇：〈預籌立憲大要四條摺〉，收於佚名輯：《清末籌備立憲檔案史
料》，台北縣：文海出版社，1981，頁 113-118。

徐定超：〈請飭廣設蒙養學堂摺〉，收於佚名輯：《清末籌備立憲檔案史
料》，台北縣：文海出版社，1981，頁 978-979。

徐定超：〈請進講時添講憲法並將欽定憲法講義發交地方官研究各學堂加課
摺〉，收於佚名輯：《清末籌備立憲檔案史料》，台北縣：文海出
版社，1981，頁 1001-1002。

徐敬熙：〈整飭行政立法司法機關摺〉，收於佚名輯：《清末籌備立憲檔案
史料》，台北縣：文海出版社，1981，頁 261-264。

殷　濟：〈籌建經費建海軍等二十四條呈〉，收於佚名輯：《清末籌備立憲
檔案史料》，台北縣：文海出版社，1981，頁 128-138。

秦望瀾：〈理財用人興學為憲法之命脈摺〉，收於佚名輯：《清末籌備立憲
檔案史料》，台北縣：文海出版社，1981，頁 338-340。

袁勵準：〈預備立憲須無人不學請廣勸興學摺〉，收於佚名輯：《清末籌備
立憲檔案史料》，台北縣：文海出版社，1981，頁 980。

容　閎：《西學東漸記》，台北縣：文海出版社，1966。

馬建忠：《適可齋記言記行》，收於楊家駱主編：《戊戌變法文獻彙編》第
一冊，台北市：鼎文書局，1973。頁 163-176。

孫家鼐：〈官書局奏定章程疏〉，收於楊家駱主編：《戊戌變法文獻彙彙編》第二冊，台北市：鼎文書局，1973，頁 422-424。

孫家鼐：〈議覆開辦京師大學堂摺〉，收於王延熙、王樹敏輯：《道咸同光奏議彙編》，台北縣：文海出版社，1966，頁 401-404。

孫家鼐：〈請飭刷印校邠盧抗議頒行疏〉，收於王延熙、王樹敏輯：《道咸同光奏議彙編》，台北縣：文海出版社，1966，卷六下，頁 18。

孫家鼐：〈遵議上海時務報改為官報摺〉，收於楊家駱主編：《戊戌變法文獻彙編》第二冊，台北市：鼎文書局，1973，頁 432-433。

孫家鼐：〈奏籌辦大學堂大概情形摺〉，收於王延熙、王樹敏輯：《道咸同光奏議彙編》，台北縣：文海出版社，1966，頁 404-406。

高燮曾：〈請設武備特科摺〉，收於王延熙、王樹敏輯：《道咸同光奏議彙編》，台北縣：文海出版社，1966，頁 486。

張之洞：《勸學篇》，台北縣：文海出版社，1966。

張之洞：《奏定學堂章程（湖北學務處本）》，台北縣：文海出版社，1966。

張之洞：《張文襄公全集奏稿》，台北縣：文海出版社，1966。

張之洞：《勸學篇》〈勸學篇序〉，收於中華民國開國五十年文獻編纂委員會編：《中華民國開國五十年文獻・清廷改革與反動》（第八冊），台北市：黨史編纂委員會，1969，頁 420-422。

張之洞：《勸學篇》〈同心〉，收於中華民國開國五十年文獻編纂委員會編：《中華民國開國五十年文獻・清廷改革與反動》（第八冊），台北市：黨史編纂委員會，1969，頁 422-424。

張之洞：《勸學篇》〈循序〉，收於中華民國開國五十年文獻編纂委員會編：《中華民國開國五十年文獻・清廷改革與反動》（第八冊），台北市：黨史編纂委員會，1969，頁 424-425。

張之洞：《勸學篇》〈遊學〉，收於中華民國開國五十年文獻編纂委員會編：《中華民國開國五十年文獻・清廷改革與反動》（第八冊），

　　　　　台北市：黨史編纂委員會，1969，頁 425-426。

張之洞：《勸學篇》〈學制〉，收於中華民國開國五十年文獻編纂委員會
　　　　　編：《中華民國開國五十年文獻・清廷改革與反動》（第八冊），
　　　　　台北市：黨史編纂委員會，1969，頁 426-427。

張之洞：《勸學篇》〈廣譯〉，收於中華民國開國五十年文獻編纂委員會
　　　　　編：《中華民國開國五十年文獻・清廷改革與反動》（第八冊），
　　　　　台北市：黨史編纂委員會，1969，頁 427-429。

張之洞：《勸學篇》〈鑛學〉，收於中華民國開國五十年文獻編纂委員會
　　　　　編：《中華民國開國五十年文獻・清廷改革與反動》（第八冊），
　　　　　台北市：黨史編纂委員會，1969，頁 435-436。

張之洞：〈妥議科舉新章摺〉，收於楊家駱主編：《戊戌變法文獻彙編》第
　　　　　二冊，台北市：鼎文書局，1973，頁 465-471。

國史館：《清史稿校註》，台北縣：國史館，1990。

梁啟超撰，林志鈞編《飲冰室合集・文集第一冊》，上海市：中華書局，
　　　　　1936。

梁啟超：《飲冰室文集類編》，台北市：華正書局，1974。

梁啟超：《戊戌政變記》，台北市：台灣中華書局，1979。

梁啟超：《中國近三百年學術史》，台北市：里仁書局，1995a。

梁啟超：《清代學術概論》，台北市：里仁書局，1995b。

許應騤：〈明白回奏並請斥逐工部主事康有為摺〉，收於蘇輿（清）輯：
　　　　　《翼教叢編》，台北市：台聯國風出版社，1970，頁 73-77。

魚返善雄：《康熙皇帝聖諭廣訓》，台北縣：文海出版社，1974。

張怡祖：《張季子九錄》，台北縣：文海出版社，1973。

張紹曾：〈請願意見政綱十二條〉，收於佚名輯：《清末籌備立憲檔案史
　　　　　料》，台北縣：文海出版社，1981，頁 98-101。

張嘉謀：〈學務及巡警應行事宜呈〉，收於佚名輯：《清末籌備立憲檔案史

料》，台北縣：文海出版社，1981，頁 997-999。

張盛藻：〈天文算學等事宜歸欽天監、工部，無庸招集正途學習摺〉，收於
　　　　楊家駱主編：《洋務運動文獻彙編》第二冊，台北市：世界書局，
　　　　1963，頁 28-29。

張樹聲：〈籌設西學館事宜摺〉，收於楊家駱主編：《洋務運動文獻彙編》
　　　　第二冊，台北市：世界書局，1963，頁 124-126。

張樹聲：〈建造實學館工竣延派總辦酌定章程片〉，收於楊家駱主編：《洋
　　　　務運動文獻彙編》第二冊，台北市：世界書局，1963，頁 126-127。

崇　實：〈同文館招考天文算學無須限定正途摺〉，收於高時良編：《中國
　　　　近代教育史資料匯編：洋務運動時期教育》，上海市：上海教育出
　　　　版社，1992，頁 17-19。

陳　虬：《治平通議》，收於楊家駱主編：《戊戌變法文獻彙編》第一冊，
　　　　台北市：鼎文書局，1973，頁 217-229。

陳　熾：《庸書》，收於楊家駱主編：《戊戌變法文獻彙編》第一冊，台北
　　　　市：鼎文書局，1973，頁 231-248。

陳兆奎：〈開館編定法規等六策呈〉，收於佚名輯：《清末籌備立憲檔案史
　　　　料》，台北縣：文海出版社，1981，頁 264-267。

陳曾佑：〈奏請變通學堂畢業獎勵出身事宜摺〉，收於光緒政要，卷 31，
　　　　頁 61。

陳學恂：《中國近代教育史教學參考資料（下）》，北京市：人民教育出版
　　　　社，1986。

陳夔龍：〈報紙電信集會演說宜範圍於法律之內摺〉，收於佚名輯：《清末
　　　　籌備立憲檔案史料》，台北縣：文海出版社，1981，頁 149-151。

教育法令研究會：〈研究各學堂獎勵章程〉，刊於教育雜誌第二年第六期（宣
　　　　統二年（1910）六月十日），附錄，頁 15-22，總頁 01849-01856。

梁啟超：《飲冰室合集第十一冊‧飲冰室文集之二十九》，台北市：台灣中

華書局，1960。

崇　　有：〈論中國民氣之可用〉，刊於東方雜誌第一卷第一期，光緒三十年
　　　　　（1904）一月，頁 5-7。

崇　　有：〈學堂獎勵章程疑問〉，刊於教育雜誌第二年第一期（宣統二年
　　　　　（1910）一月十日），評論，頁 1-5，總頁 01329-01333。

康有為：《戊戌奏稿》，台北縣：文海出版社，1966。

康有為：〈上清帝第一書〉，收於楊家駱主編：《戊戌變法文獻彙編》第二
　　　　　冊，台北市：鼎文書局，1973，頁 123-131。

康有為：〈上清帝第二書〉，收於楊家駱主編：《戊戌變法文獻彙編》第二
　　　　　冊，台北市：鼎文書局，1973，頁 131-154。

康有為：〈上清帝第三書〉，收於楊家駱主編：《戊戌變法文獻彙編》第二
　　　　　冊，台北市：鼎文書局，1973，頁 166-174。

康有為：〈上清帝第四書〉，收於楊家駱主編：《戊戌變法文獻彙編》第二
　　　　　冊，台北市：鼎文書局，1973，頁 174-188。

康有為：〈上清帝第五書〉，收於楊家駱主編：《戊戌變法文獻彙編》第二
　　　　　冊，台北市：鼎文書局，1973，頁 188-197。

康有為：〈上清帝第六書〉，收於楊家駱主編：《戊戌變法文獻彙編》第二
　　　　　冊，台北市：鼎文書局，1973，頁 197-202。

康有為：〈上清帝第七書〉，收於楊家駱主編：《戊戌變法文獻彙編》第二
　　　　　冊，台北市：鼎文書局，1973，頁 202-206。

康有為：〈請飭各省改書院淫祠為學堂摺〉，收於楊家駱主編：《戊戌變法
　　　　　文獻彙編》第二冊，台北市：鼎文書局，1973，頁 219-222。

康有為：〈康南海自編年譜〉，收於楊家駱主編：《戊戌變法文獻彙編》第
　　　　　四冊，台北市：鼎文書局，1973，頁 107-169。

盛宣懷撰：《愚齋存稿》‧卷一，台北縣：文海出版社，1974。

崑　　岡：《欽定大清會典事例》，台北縣：新文豐出版公司，1976。

畢乃德：〈記天津電報學堂〉，收於高時良編：《中國近代教育史資料匯編：洋務運動時期教育》，上海市：上海教育出版社，1992，頁546-548。

陸宗輿：〈立憲私議〉，刊於《東方雜誌》第二卷第十期，光緒三十一年（1905）十月，頁165-169。

寄　生：〈論支那立憲必先以革命〉，《民報》第二號，1906年1月22日，頁1-4。

教育雜誌：第一年第五期，1909年4月。

黃宗羲：〈科舉〉，收於《中央研究院漢籍電子文獻・清代經世文編資料庫・皇朝經世文編》，2004。

黃桂鋆：〈禁止莠言摺〉，收於楊家駱主編：《戊戌變法文獻彙編第二冊》，台北市：鼎文書局，1973，頁464-466。

黃瑞麒：〈籌備立憲應統籌全局分年確定辦法摺〉，收於佚名輯：《清末籌備立憲檔案史料》，台北縣：文海出版社，1981，頁315-320。

黃鴻壽：《清史紀事本末》，台北市：三民書局，1973。

馮桂芬：《校邠廬抗議》，台北縣：文海出版社，1966。

葉德輝：〈長興學記駁義〉，收於蘇輿（清）輯：《翼教叢編》，台北市：台聯國風出版社，1970，頁241-300。

曾國藩：〈覆陳購買外洋船砲摺〉，收於楊家駱主編：《洋務運動文獻彙編》第二冊，台北市：世界書局，1963，頁224-226。

閔　閻：〈中國未立憲以前當以法律遍教國民論〉，刊於《東方雜誌》第二卷第十一期，光緒三十一年（1905）十一月，頁221-225。

程　清：〈開民智興實業裕財政等項呈〉，收於佚名輯：《清末籌備立憲檔案史料》，台北縣：文海出版社，1981，頁273-290。

程德全：〈陳預備立憲之方及施行憲政之序辦法八條摺〉，收於佚名輯：《清末籌備立憲檔案史料》，台北縣：文海出版社，1981，頁

254-259。

楊深秀：〈請正定四書文體以勵實學摺〉，收於王延熙、王樹敏輯：《道咸同光奏議彙編》，台北縣：文海出版社，1966，頁 2183-2184。

楊家駱主編：《洋務運動文獻彙編》（第一，二冊），台北市：世界書局，1963。

楊家駱主編：《戊戌變法文獻彙編》第一冊，台北市：鼎文書局，1973。

楊家駱主編：《曾文正公全集》，台北市：世界書局，1991。

載澤等：〈出洋考察政治請調員隨同差委摺〉，收於佚名輯：《清末籌備立憲檔案史料》，台北縣：文海出版社，1981，頁 1-2。

載澤、尚其亨、李盛鐸：〈在日本考察大概情形暨赴英日期摺〉，收於佚名輯：《清末籌備立憲檔案史料》，台北縣：文海出版社，1981，頁 5-6。

載澤、尚其亨、李盛鐸：〈在英考察大概情形暨赴法日期摺〉，收於佚名輯：《清末籌備立憲檔案史料》，台北縣：文海出版社，1981，頁 10-11。

載澤、尚其亨、李盛鐸：〈在法考察大概情形並再赴英呈遞國書摺〉，收於佚名輯：《清末籌備立憲檔案史料》，台北縣：文海出版社，1981，頁 14-15。

載澤等：〈請以五年期改行立憲政體〉，收於佚名輯：《清末籌備立憲檔案史料》，台北縣：文海出版社，1981，頁 110-112。

載澤等：〈請宣布立憲密摺〉，收於佚名輯：《清末籌備立憲檔案史料》，台北縣：文海出版社，1981，頁 173-176。

達壽：〈考察日本憲政情形摺〉，收於佚名輯：《清末籌備立憲檔案史料》，台北縣：文海出版社，1981，頁 25-41。

舜修：〈論立憲當有預備〉，《東方雜誌》第三卷第三期，光緒三十二年（1906）三月，頁 44-47。

榮　祿：〈請參酌中外兵制設武備特科片〉，收於王延熙、王樹敏輯：《道
　　　　咸同光奏議彙編》，台北縣：文海出版社，1966，頁 487。

榮孟源：〈清季中西曆對照表〉，收於楊家駱主編：《新修清季史三十九
　　　　表》，台北市：鼎文書局，1973。

領東報：〈論今日新政之缺點〉，《東方雜誌》第二卷第十一期，光緒三十
　　　　一年（1905）十一月，頁 225-231。

貍　照：〈立憲私議〉，《東方雜誌》第二卷第十一期，光緒三十一年
　　　　（1905）十一月，頁 217-220。

趙炳麟：〈立憲有大臣陵君郡縣專橫之弊並擬預備立憲六事摺〉，收於佚名
　　　　輯：《清末籌備立憲檔案史料》，台北縣：文海出版社，1981，頁
　　　　123-128。

褚子臨等：〈憲政八大錯十可慮呈〉，收於佚名輯：《清末籌備立憲檔案史
　　　　料》，台北縣：文海出版社，1981，頁 227-233。

精　衛：〈希望滿洲立憲者盍聽諸〉，《民報》第三號，1906 年 4 月 25 日，
　　　　頁 0355-0371。

精　衛：〈滿洲立憲與國民革命〉，《民報》第八號，1906 年 10 月 8 日，
　　　　頁 1113-1134。

鄭思贊：〈特科大典請嚴定濫保處分摺〉，收於楊家駱主編：《戊戌變法文
　　　　獻彙編》第二冊，台北市：鼎文書局，1973，頁 447。

鄭觀應：《盛世危言》，收於楊家駱主編：《戊戌變法文獻彙編》第一冊，
　　　　台北市：鼎文書局，1973，頁 39-129。

鄭觀應：《盛世危言增訂新編》，台北市：台灣學生書局，1976。

劉　坦：〈條陳預備立憲之法呈〉，收於佚名輯：《清末籌備立憲檔案史
　　　　料》，台北縣：文海出版社，1981，頁 120-122。

劉坤一：〈捐資生息儲養洋務人才摺〉，收於高時良編：《中國近代教育史
　　　　資料匯編：洋務運動時期教育》，上海市：上海教育出版社，1992，

頁 523-525。

劉汝驥：〈請張君權摺〉，收於佚名輯：《清末籌備立憲檔案史料》，台北縣：文海出版社，1981，頁 107-110。

學　部：〈停學堂實官獎勵並定畢業名稱摺〉，《教育雜誌》第三年第九期（宣統三年（1911）九月十日），法令，頁95-96，總頁03207-03208。

學　部：〈請變通初等小學堂章程摺〉，收於璩鑫圭、唐良炎編：《中國近代教育史資料匯編‧學制演變》，上海市：上海教育出版社，1991，頁 543-546。

學部總務司：《學部奏咨輯要》，台北縣：文海出版社，1986。

憲政編查館、資政院：〈憲法大綱暨議院法選舉法要領及逐年籌備事宜摺〉，收於佚名輯：《清末籌備立憲檔案史料》，台北縣：文海出版社，1981，頁 54-67。

憲政編查館、資政院：〈憲法大綱暨議院法選舉法要領及逐年籌備事宜摺〉，收於佚名輯：《清末籌備立憲檔案史料》，台北縣：文海出版社，1981，頁 54-67。

憲政編查館、資政院：〈覆核各衙門九年籌備未盡事宜摺〉，收於佚名輯：《清末籌備立憲檔案史料》，台北縣：文海出版社，1981，頁 71-78。

憲政編查館：〈擬訂各省諮議局並議員選舉章程摺〉，收於佚名輯：《清末籌備立憲檔案史料》，台北縣：文海出版社，1981，頁 667-683。

學　部：〈改訂兩等小學堂課程摺〉，收於璩鑫圭、唐良炎編：《中國近代教育史資料匯編‧學制演變》，上海市：上海教育出版社，1991，頁 550-552。

學　部：〈京師法政學堂章程摺〉，收於璩鑫圭、唐良炎編：《中國近代教育史資料匯編‧學制演變》，上海市：上海教育出版社，1991，頁 561-562。

學　部：〈議覆浙撫奏變通部章准予私立學堂專習法政摺〉，收於璩鑫圭、唐良炎編：《中國近代教育史資料匯編・學制演變》，上海市：上海教育出版社，1991，頁 562-564。

學　部：〈改訂法政學堂章程摺〉，收於璩鑫圭、唐良炎編：《中國近代教育史資料匯編・學制演變》，上海市：上海教育出版社，1991，頁 564-565。

學　部：〈編輯國民必讀課本簡易識字課本情形摺〉，收於佚名輯：《清末籌備立憲檔案史料》，台北縣：文海出版社，1981，頁 1008-1010。

學　部：〈簡易識字學塾章程摺〉，收於佚名輯：《清末籌備立憲檔案史料》，台北縣：文海出版社，1981，頁 1010-1011。

總理衙門：〈遵議開設經濟特科摺〉，收於王延熙、王樹敏輯：《道咸同光奏議彙編》，台北縣：文海出版社，1966，頁 451-452。

總理衙門：〈遵議特設商務大臣及特派近支宗室游歷外國事宜摺〉，收於王延熙、王樹敏輯：《道咸同光奏議彙編》，台北縣：文海出版社，1966，頁 825-826。

總理衙門：〈遵議遴選生徒游學日本事宜片〉，收於楊家駱主編：《戊戌變法文獻彙編》第二冊，台北市：鼎文書局，1973，頁 409-410。

總理衙門：〈遵籌開辦京師大學堂摺〉，收於楊家駱主編：《戊戌變法文獻彙編》第二冊，台北市：鼎文書局，1973，頁 410-412。

總理衙門：〈遵議優獎開物成務人才摺〉，收於楊家駱主編：《戊戌變法文獻彙編》第二冊，台北市：鼎文書局，1973，頁 413-417。

璩鑫圭、唐良炎編：《中國近代教育史資料匯編・學制演變》，上海市：上海教育出版社，1991。

戴鴻慈、端方：〈在美考察大概情形並赴歐日期摺〉，收於佚名輯：《清末籌備立憲檔案史料》，台北縣：文海出版社，1981，頁 7-8。

戴鴻慈、端方：〈到奧後大概情形並赴俄日期摺〉，收於佚名輯：《清末籌

備立憲檔案史料》，台北縣：文海出版社，1981，頁 15-16。

戴鴻慈、端方：〈到俄考察大概情形摺〉，收於佚名輯：《清末籌備立憲檔案史料》，台北縣：文海出版社，1981，頁 17-18。

戴鴻慈、端方：〈在意考察大概情形並啟程回國日期摺〉，收於佚名輯：《清末籌備立憲檔案史料》，台北縣：文海出版社，1981，頁 21-23。

戴鴻慈、端方：〈到德後考察大概情形暨赴丹日期摺〉，收於佚名輯：《清末籌備立憲檔案史料》，台北縣：文海出版社，1981，頁 9-10。

蟄　伸：〈論滿洲雖欲立憲而不能〉，《民報》第一號，1905 年 11 月 26 日，頁 31-41。

羅振玉：〈教育私議〉，收於璩鑫圭、唐良炎編：《中國近代教育史資料匯編‧學制演變》，上海市：上海教育出版社，1991，頁 148-151。

羅振玉：〈學制私議〉，收於璩鑫圭、唐良炎編：《中國近代教育史資料匯編‧學制演變》，上海市：上海教育出版社，1991，頁 155-161。

蘇　報：光緒二十九年（1903）四月念四日。

魏　源：《古微堂內外集》，台北縣：文海出版社，1966。

魏　源：《海國圖志》，台北市：成文出版社，1967。

魏　源：《聖武記》，台北市：中華書局，1981。

魏　源：〈皇朝經世文編‧五例〉，收於《中央研究院漢籍電子文獻‧清代經世文編資料庫》，2004。

魏　源：〈皇朝經世文編‧敘〉，收於《中央研究院漢籍電子文獻‧清代經世文編資料庫》，2004。

嚴　復：《嚴幾道文鈔》，台北縣：文海出版社，1966。

嚴　修：〈請設經濟專科摺〉，收於王延熙、王樹敏輯：《道咸同光奏議彙編》，台北縣：文海出版社，1966，頁 449-450。

覺　民：〈論立憲與教育之關繫〉，《東方雜誌》第二卷第十二期，光緒三

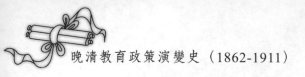

十一年（1905）十二月，頁 243-249。

實　鋆等修：《同治朝籌辦夷務始末》，台北縣：文海出版社，1966。

顧炎武：〈科場〉，收於《中央研究院漢籍電子文獻‧清代經世文編資料庫‧皇朝經世文編》，2004。

顧　實：〈論學堂獎勵〉，刊於《教育雜誌》第二年第五期（宣統二年（1910）五月十日），社說，頁 43-57，總頁 01661-01675。

龔自珍：《龔自珍全集》，台北市：河洛圖書出版社，1975。

貳、今人論著類

丁致聘：《中國近七十年來教育記事》，台北市：國立編譯館，1970。

方炳林：〈我國新教育萌芽之研究〉，《師大學報第十三期》，1968，頁 1-65。

王卓群：《清代教育行政制度之研究》，國立政治大學教育研究所碩士論文，未出版，台北市，1979。

王炳照：《中國近代教育史》，台北市：五南圖書出版公司，1994。

王信忠：〈記船政學堂沿革〉，收於高時良編：《中國近代教育史資料匯編：洋務運動時期教育》，頁 387-391，上海市：上海教育出版社，1992。

王鳳喈：《中國教育史》，台北市：正中書局，1988。

王爾敏：〈近代中國知識份子應變之自覺〉，收於中華文化復興運動推行委員會主編：《中國近代現代史論集‧第十八編近代思潮（上）》，頁 173-236，台北市：台灣商務印書館，1985。

王爾敏：〈清季知識份子的中體西用論〉，收於中華文化復興運動推行委員會主編：《中國近代現代史論集‧第十八編近代思潮（上）》，頁 261-276，台北市：台灣商務印書館，1985。

王淑慧：《清末學部研究》，東海大學歷史研究所碩士論文，未出版，台中

市，1987。

王樹槐：〈清末江蘇地方自治風潮〉，收於中華文化復興運動推行委員會主
　　　編：《中國近代現代史論集》第十六編清季立憲與改制，頁
　　　511-535，台北市：台灣商務印書館，1985。

毛禮銳、邵鶴亭、瞿菊農：《中國教育史》，台北市：五南圖書出版公司，
　　　1989。

市古宙三：〈政治與制度的改革〉，收於費正清主編：《劍橋中國史・第十
　　　冊晚清篇（下）》，頁423-462，台北市：南天書局，1987。

史景遷著、溫洽溢譯：《追尋現代中國－最後的王朝》，台北市：時報文化
　　　出版公司，2001。

左舜生：《中國近代史四講》，香港：友聯出版社，1977。

江芳盛：〈垃圾桶模式在教育政策分析上的應用〉，《教育政策論壇》第一
　　　卷第二期，頁13-25。

伍振鷟：《中國大學教育發展史》，台北市：三民書局，1985。

吳相湘、劉紹唐主編：《第一次中國教育年鑑・第二冊》，台北市：傳記文
　　　學出版社，1971。

吳相湘：《晚清宮廷實紀》，台北市：正中書局，1976。

朱志宏：《公共政策》，台北市：三民書局，1991。

宋　晞：〈容閎與一百二十名官學生──中國早期留美史略〉，收於中華文
　　　化復興運動推行委員會主編：《中國近代現代史論集・第六編自強
　　　運動（一）通論》，頁425-463，台北市：台灣商務印書館，1985。

李守孔：《中國近代史（近代史及現代史）》，台北市：三民書局，1979。

李守孔：〈李鴻章與同光新政〉，收於中華文化復興運動推行委員會主編：
　　　《中國近代現代史論集・第六編自強運動（一）》通論，頁
　　　227-263，台北市：台灣商務印書館，1985。

李守孔：〈論清季之立憲運動〉，收於中華文化復興運動推行委員會主編：

《中國近代現代史論集・第十六編清季立憲與改制》，頁 1-107，
台北市：台灣商務印書館，1985。

宋恩榮：《近代中國教育改革》，北京市：教育科學出版社，1994。

李雲漢：《中國近代史》，台北市：三民書局，1998。

李國祁：〈由左宗棠的事功論其經世思想〉，收於中央研究院近代史研究所
編：《近世中國經世思想研討會論文集》，頁 413-471，台北市：
中央研究院近代史研究所，1984。

何大進：《晚清美國教會學堂述評》，引自中國大陸教育網站（http://www.
cernet.edu.cn），2004。

呂實強：〈馮桂芬〉，收於鄭大華等：《中國歷代思想家（十七）：包世
臣、龔自珍、魏源、馮桂芬》，台北市：台灣商務印書館，1999，
頁 215-258。

林子勛：《中國留學教育史（一八四七至一九七五年）》，台北市：華岡出
版有限公司，1976。

林忠山：《清末民初中央官僚體制變革之研究—取士之分析》，國立台灣大
學政治研究所博士論文，未出版，1990。

林作嘉：《清末民初廟產興學之研究》，東海大學歷史學系碩士，未出版，
2000。

林清芬：《庚子拳亂後清廷教育政策之研究》，文化大學歷史研究所碩士論
文，未出版，1979。

周愚文：《中國教育史綱》，台北市：正中書局，2001。

洪妙娟：《葉德輝的政治思想與活動》，國立清華大學歷史學研究所碩士論
文，未出版，1998。（引自全國博碩士論文摘要，http://datas.ncl.
edu.tw）

胡美琦：《中國教育史》，台北市：三民書局，1978。

孫子和：〈魏源海國圖志與林則徐〉，收於中華文化復興運動推行委員會主

編：《中國近代現代史論集・第六編自強運動（一）通論》，頁
169-178，台北市：台灣商務印書館，1985。

徐中約：〈清季外交關係，1866-1905〉，收於費正清主編：《劍橋中國史・
第十冊晚清篇（下）》，頁 77-151，台北市：南天書局，1987。

莊吉發：《京師大學堂》，台北市：國立台灣大學文學院，1970。

夏東元：《洋務運動史》，上海市：華東師範大學出版社，1992。

陳啟天：《近代中國教育史》，台北市：台灣中華書局，1969。

陳景蓀：〈記船政學堂簡史〉，收於高時良編：《中國近代教育史資料匯
編：洋務運動時期教育》，頁 391-395，上海市：上海教育出版社，
1992。

郭廷以：《近代中國史綱》，台北市：南天書局，1980。

郭廷以：〈自強運動：西洋技藝的追求〉，收於費正清主編：《劍橋中國
史・第十冊晚清篇（上）》，台北市：南天書局，1987，頁
581-637。

郭孝義：《中國近代史》，上海市：華東師範大學出版社，1990。

張玉法：〈學者對清季立憲運動的評估〉，收於中華文化復興運動推行委員
會主編：《中國近代現代史論集・第十六編清季立憲與改制》，台
北市：台灣商務印書館，1985，頁 665-705。

張孝若：《南通張季直先生傳記》，台北市：台灣學生書店，1970。

陸寶千：〈龔自珍〉，收於鄭大華等：《中國歷代思想家（十七）：包世
臣、龔自珍、魏源、馮桂芬》，台北市：台灣商務印書館，1999。
頁 135-153。

張　灝：〈思想的轉變和改革運動〉，收於費正清主編：《劍橋中國史・第
十冊晚清篇（下）》，台北市：南天書局，1987，頁 301-375。

喻本伐、熊賢君：《中國教育發展史》，台北市：師大書苑，1995。

黃士嘉：〈清末新教育的萌芽（1862-1901）〉，《近代中國》，第 114 期，

1996。

黃士嘉：《晚清教育政策之研究（1862-1911）》，國立高雄師範大學教育學
　　　系博士論文，2004。

費正清：《費正清論中國》，台北市：正中書局，1994。

董守義：《縱橫韜略—李鴻章》，台北縣：沛來出版社，2000。

葉忠達、梁綺華、林文政：《組織行為》，新加坡：商時代明鏡股份有限公
　　　司，1997。

葉龍彥：《清末民初之法政學堂》，文化大學歷史研究所博士論文，未出
　　　版，1974。

雷國鼎：〈清末教育行政制度之演變〉，《教育資料集刊》第八輯，1983，
　　　頁 267-389。

鄭世興：《近代中外教育家思想》，台北市：台灣書店，1986。

劉秀生、楊雨青：《中國清代教育史》，北京市：人民出版社，1994。

劉廣京：〈十九世紀初葉中國知識分子〉，收於中華文化復興運動推行委員
　　　會主編：《中國近代現代史論集·第六編自強運動（一）通論》，
　　　台北市：台灣商務印書館，1985，頁 109-168。

駱雪倫：〈從曾國藩和魏源的經世思想看同光新政〉，收於中華文化復興運
　　　動推　行委員會主編：《中國近代現代史論集·第六編自強運動
　　　（一）通論》，台北市：台灣商務印書館，1985，頁 179-196。

薛玉琴、劉正偉：〈清末地方自治與近代義務教育的興起〉，引自中國大陸
　　　教育網站（www.cernet.edu.cn），2004。

賴惠蘭：《清末留美幼童之研究》，文化大學中美關係研究所碩士論文，未
　　　出版，1985。

台灣省文獻委員會編：《台灣省通志·卷五教育志制度沿革篇》，台北市：
　　　台灣省文獻委員會，1970。

瞿立鶴：〈福州船政學堂〉，《師大學報》第十三期，1968，頁 255-265。

瞿立鶴：《清末教育西潮》，台北市：國立編譯館，2002。

Marianne Bastid-Bruguiere：〈社會變遷的趨勢〉，收於費正清主編：《劍橋中國史·第十冊晚清篇（下）》，頁 599-675，台北市：南天書局，1987。

Wakeman, Frederic：〈廣州貿易與鴉片戰爭〉，收於費正清主編：《劍橋中國史·第十冊晚清篇（上）》，頁 191-253，台北市：南天書局，1987。

參、英文著作類

Ayers, W.：*Chang Chih-Tung and educational reform In China*, Cambridge, Harvard University Press, 1971.

Dye, T.：*Understanding Public*, Englewood Cliffs, NJ：Prentice-Hall, 1992.

國家圖書館出版品預行編目資料

晚清教育政策演變史（1862-1911）／黃士嘉著. -- 初版. --
　臺北市：心理，2006（民 95）
　面；　公分. --　（教育史哲；2）

　ISBN 978-957-702-953-9（平裝）

1. 教育－政策－中國－晚清（1862-1911）

526.192　　　　　　　　　　　　　　　　95018282

教育史哲 2　　**晚清教育政策演變史(1862-1911)**

作　　　者：黃士嘉
執行編輯：林怡倩
總　編　輯：林敬堯
出　版　者：心理出版社股份有限公司
社　　　址：台北市和平東路一段 180 號 7 樓
總　　　機：(02) 23671490　　傳　　真：(02) 23671457
郵　　　撥：19293172　心理出版社股份有限公司
電子信箱：psychoco@ms15.hinet.net
網　　　址：www.psy.com.tw
駐美代表：Lisa Wu　　tel: 973 546-5845　　fax: 973 546-7651
登　記　證：局版北市業字第 1372 號
電腦排版：辰皓國際出版製作有限公司
印　刷　者：辰皓國際出版製作有限公司
初版一刷：2006 年 11 月

定價：新台幣 680 元　　◆有著作權・侵害必究◆
ISBN-13　978-957-702-953-9
ISBN-10　957-702-953-1

讀者意見回函卡

No. _____　　　　　　　　　　　　　填寫日期：　年　月　日

感謝您購買本公司出版品。為提升我們的服務品質，請惠填以下資料寄回本社【或傳真(02)2367-1457】提供我們出書、修訂及辦活動之參考。您將不定期收到本公司最新出版及活動訊息。謝謝您！

姓名：_____　性別：1□男　2□女

職業：1□教師 2□學生 3□上班族 4□家庭主婦 5□自由業 6□其他____

學歷：1□博士 2□碩士 3□大學 4□專科 5□高中 6□國中 7□國中以下

服務單位：_____　部門：_____　職稱：_____

服務地址：_____　電話：_____　傳真：_____

住家地址：_____　電話：_____　傳真：_____

電子郵件地址：_____

書名：_____

一、您認為本書的優點：（可複選）

　❶□內容 ❷□文筆 ❸□校對 ❹□編排 ❺□封面 ❻□其他____

二、您認為本書需再加強的地方：（可複選）

　❶□內容 ❷□文筆 ❸□校對 ❹□編排 ❺□封面 ❻□其他____

三、您購買本書的消息來源：（請單選）

　❶□本公司 ❷□逛書局⇨_____書局 ❸□老師或親友介紹

　❹□書展⇨____書展 ❺□心理心雜誌 ❻□書評 ❼其他_____

四、您希望我們舉辦何種活動：（可複選）

　❶□作者演講 ❷□研習會 ❸□研討會 ❹□書展 ❺□其他____

五、您購買本書的原因：（可複選）

　❶□對主題感興趣 ❷□上課教材⇨課程名稱_____

　❸□舉辦活動 ❹□其他_____　　（請翻頁繼續）

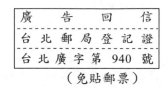

| 廣　告　回　信 |
| 台 北 郵 局 登 記 證 |
| 台 北 廣 字 第 940 號 |

（免貼郵票）

 心理出版社 股份有限公司

台北市 106 和平東路一段 180 號 7 樓

TEL: (02) 2367-1490
FAX: (02) 2367-1457
EMAIL:psychoco@ms15.hinet.net

沿線對折訂好後寄回

六、您希望我們多出版何種類型的書籍

❶□心理　❷□輔導　❸□教育　❹□社工　❺□測驗　❻□其他

七、如果您是老師，是否有撰寫教科書的計劃：□有□無

書名／課程：＿＿＿＿＿＿＿＿＿＿＿＿＿＿＿＿＿

八、您教授／修習的課程：

上學期：＿＿＿＿＿＿＿＿＿＿＿＿＿＿＿＿＿

下學期：＿＿＿＿＿＿＿＿＿＿＿＿＿＿＿＿＿

進修班：＿＿＿＿＿＿＿＿＿＿＿＿＿＿＿＿＿

暑　假：＿＿＿＿＿＿＿＿＿＿＿＿＿＿＿＿＿

寒　假：＿＿＿＿＿＿＿＿＿＿＿＿＿＿＿＿＿

學分班：＿＿＿＿＿＿＿＿＿＿＿＿＿＿＿＿＿

九、您的其他意見

謝謝您的指教！　　　　　　　　　　　41602